谨以此书
纪念作者在最高人民法院工作的岁月
并献给所有挚爱法律的同行者

执行异议之诉精讲

原理阐释与裁判思路

司伟 著

AN IN-DEPTH ANALYSIS OF EXECUTION OBJECTION LAWSUITS
ELUCIDATION OF PRINCIPLES AND ADJUDICATIVE REASONING

图书在版编目（CIP）数据

执行异议之诉精讲：原理阐释与裁判思路／司伟著.
北京：法律出版社，2025（2025.8重印）. -- ISBN 978-
7-5244-0267-1

Ⅰ. D925.04

中国国家版本馆 CIP 数据核字第 20255LQ845 号

| 执行异议之诉精讲：原理阐释与裁判思路
ZHIXING YIYI ZHISU JINGJIANG：
YUANLI CHANSHI YU CAIPAN SILU | 司 伟 著 | 责任编辑 慕雪丹 章 雯
装帧设计 鲍龙卉 |

出版发行 法律出版社	开本 710 毫米×1000 毫米 1/16
编辑统筹 法商出版分社	印张 33.25　　字数 558 千
责任校对 赵明霞	版本 2025 年 8 月第 1 版
责任印制 胡晓雅	印次 2025 年 8 月第 2 次印刷
经　　销 新华书店	印刷 河北晔盛亚印刷有限公司

地址：北京市丰台区莲花池西里 7 号（100073）

网址：www.lawpress.com.cn　　　　　　　销售电话：010-83938349

投稿邮箱：info@lawpress.com.cn　　　　　客服电话：010-83938350

举报盗版邮箱：jbwq@lawpress.com.cn　　　咨询电话：010-63939796

版权所有·侵权必究

书号：ISBN 978-7-5244-0267-1　　　　　　定价：136.00 元

凡购买本社图书，如有印装错误，我社负责退换。电话：010-83938349

序

欣闻司伟教授的新著《执行异议之诉精讲：原理阐释与裁判思路》即将付梓，嘱我作序。展读书稿，感慨良多。

大约十多年前，我带领最高人民法院与民事审判工作相关的各部门法官一起起草民事诉讼法司法解释（稿）。这部司法解释内容十分丰富，涉及民事诉讼程序的方方面面，其中当然包括执行异议之诉。在司法解释起草过程中，我发现，执行异议不仅涉及复杂的民事诉讼程序，还涉及大量实体法律适用问题。2015年，民事诉讼法司法解释由最高人民法院审判委员会通过以后，我就要求民一庭领导安排专门人员研究执行异议之诉的实体法律适用问题。民一庭领导当时安排了业务水平较高的同志开展此项工作。由于涉及的问题比较多，且难度较大，此项工作在我退休之前一直没有完成。此事也让我一直比较遗憾。我退休以后，负责该项司法解释起草工作的同志因为工作调动等原因，前后换了好几茬人。人虽然在不断换，但起草工作一直没有中断，后任同志总是在前任同志的基础上不断出新。现在这一司法解释出台了，接力赛终于结束。真是"十年磨一剑"啊！我也算如愿以偿了。

执行程序涉及公民基本权利和财产的实际归属，与破产程序类似，是各方当事人利益激烈冲突的"战场"。一面是申请执行人在审判中被认可的权利能否实现，另一面则是民事执行行为是否会伤及无辜案外人的合法权益。执行异议之诉，正是为了更精准地依法维护人民群众的合法权利，让人民群众在每一个司法案件中感受到公平正义。

回顾我国执行异议之诉制度的发展，是一条不断探索、应时而动的演进之路。1991年《民事诉讼法》仅在执行程序中规定案外人对执行标的物享有实体权利时有程序异议权。到2007年《民事诉讼法》修正，又对执行行为异议与执行标的异议进行了区分，规定了不同的执行救济路径，建立了执行异议之诉制度。其后，最高人民法院通过多部关于民事诉讼法和民事执行程序的司法解释，细化了执行异议之诉的许多具体程序问题和实体问题。尤其是2015年颁布民事诉讼法司法解释对管辖法院、起诉条件、诉讼主体、审理程序、判决结果、原执行异议裁定的效力等程序性内容作了较为细致的规定，同时明确案外人就"其对执行标的享有足以排除强制执行的民事权益"承担举证证明责任。2015年颁布的执行异议和复议规定就案外人执行异议的实体性裁判规则针对部分权利类型作出了列举性规定，其所体现的标准与规则至今仍被司法实践广泛参照适用。

尽管如此，司法实践中仍存在大量问题亟须解决。例如，下列程序性问题就一直困扰各级法院，并直接影响着司法公信与执行效率：另案确权判决的效力如何认定；执行标的已处分完毕以及被执行人破产时，执行异议之诉还要不要继续审理；如何防范虚假诉讼，等等。在实体权利方面，如何理解"足以排除强制执行的民事权益"的内涵与外延，其与抵押权、工程款优先权等优先受偿权的顺位如何排列，如何在案外人权利与申请执行人权利之间寻求平衡，也一直是各方争论的焦点。这些裁判规则的缺失，导致了实践中的裁判尺度不一，影响了司法的确定性和可预期性。正是在这样的背景下，系统性地厘定实体规则，统一裁判标准，成为人民法院必须完成的重要课题。执行异议之诉司法解释既对部分执行异议之诉的程序性问题予以明确，又结合《民法典》等实体法重点对与不动产有关的实体审理规则进行了规范，其重要性不言而喻。

执行异议之诉是程序法与实体法融汇交叉的领域，对研究者与裁判者都提出了极高的要求。司伟同志在这方面有着得天独厚的优势。一方面，他在民商事审判岗位工作多年，对民事程序较为熟稔，因而能够从程序法的视角审视执行异议之诉中的各种程序交织的复杂问题。另一方面，他的民商法理论功底扎实，又经过了在最高人民法院审理近千件疑难复杂案件的历练，因而具备敏锐而丰富的实体问题意识，能够从实体法的视角探寻执行异议之诉中各类权利冲突时的解决之道。更重要的是，司伟同志曾作为执行异议之诉司法解释的执笔人，亲历了这部司法解释起草的许多重要阶段，对制度构建的初衷和规则适用的关窍有着独到且深入的理解。虽然他之后因工作变动离开了最高人民法院，但这段宝贵的经历对他撰写这本书，无疑有极大的帮助。

司伟同志于三年前投身法学教育事业，完成了从法官到教授的身份转换。他现在从学者的视角，将这段宝贵的司法解释起草的历练和经验沉淀，升华为成果并分享，更体现了一位法律人的责任与情怀。可以说，本书的诞生，恰恰得益于这种独特的双重视角：既有身处司法解释起草者时对立法原意的深入思考，又有现在司法圈子之外作为"学术研究者"对制度体系的冷静反思。这种理论与实践的深度结合，奉献给读者思考问题更全面的视角和更多维度。这是难能可贵的。

展读书稿，令我印象深刻。从执行异议之诉与执行程序、破产程序的关系，到多重查封时执行异议之诉的程序安排与判决效力；从商品房消费者优先权的构成与效力，到借名买房人权利的细节体察；从涉共有关系、买卖关系、租赁关系的权利拆解，到涉股权、担保权的权利性质与顺位……本书对一系列理论与实务中的"硬骨头"都进行了深入细致的分析，展现了作者深厚的学养与实践洞察力。

长江后浪推前浪，前浪化绵助后浪。看到曾经的年轻同事取得如此成绩，欣慰之情，油然而生。书出版了，法律的智慧凝聚其中。希望本书能够成为广大法律同人的良师益友，也期待司伟教授在学术道路上继续探索，取得更丰硕的成果，为我国的法治建设事业作出新的、更大的贡献。

是为序。

杜万华[*]

2025 年 7 月 25 日

---

[*] 最高人民法院咨询委员会原副主任兼秘书长、最高人民法院审判委员会原副部级专职委员。

自 序

用"十年磨一剑"来形容执行异议之诉司法解释的面世,恐怕是再恰如其分不过的了。这部司法解释由最高人民法院在2015年隆冬立项,而如今已是2025年盛夏,其间恰是十载春秋。

在这场十年的"长跑"中,我有幸作为主要执笔人,亲历了其中的大部分过程。我清楚地记得,作为"第一棒"的毓莹教授在2017年去最高人民法院第一巡回法庭巡回审判,庭里安排我"接力"执笔。当时我执笔起草的物权法司法解释(一)刚出台不到一年时间,所以我心气很盛,想着在毓莹教授打下的良好基础上一鼓作气完成任务。但随着工作的推进,我对执行异议之诉面对的复杂局面了解得越来越深:在天平的一端,是登记制度、外观主义所代表的形式安定性与法律的确定性追求;而在另一端,则是无数个案中第三人对实质公平与信赖保护的迫切呼唤。法条的拟定,既要回应案外人实体权利与程序权利的保障之需,又要兼顾申请执行人对债权早日实现的期盼。可以说,每一次措辞的反复斟酌,每一个条文的最终落定,都伴随着对不同价值的反复权衡与艰难取舍。为了司法解释能高质量地回应实践问题,我联系各地法院开展密集调研,邀请专家学者多次论证,在此基础上对司法解释稿持续打磨。其间的艰辛与审慎,让我至今难忘。如今,这部司法解释终于"撞线",让人倍感欣慰。

法学家罗纳德·德沃金曾言,法律是一种不断完善的实践,它并非一套静止的规则,而是在持续的解释与适用中,向着更融贯、更公正的目标不断迈进的动态过程。我想,司法解释的使命,也不可能意在创造一套完美无瑕、一劳永逸的规则体系,而只是在为司法实践这场永不停歇的"价值对话",提供一个更为清晰、理性的阶段性共识罢了。因此,执行异议之诉司法解释的颁布,远非终点,而恰恰是新一轮"解释性实践"的起点。条文的生命力,终究要用千千万万的案件去检验、阐释与发展。

于我而言,也经历了从一名法官和规则制定者到大学教授、理论研究者的身份转换,这也为我提供了新的审视距离。从内部视角转向外部审思,我看到,司法解释为实践提供了航标，但远远未能标明实践海洋里的全部暗礁；我看到，法官们在个案中展现出高超的司法智慧，努力填补着规则的缝隙；我也看到，律师们在庭审中提出精妙的观点，不断挑战着我们对规则的既有认知。这一切，都印证着德沃金的论断——法律的生命，正在于这场由立法者、司法者、学者与所有法律人共同参与的、永不落幕的"长跑"。

正是基于这样的思考与感怀，我选择撰写这本《执行异议之诉精讲：原理阐释与裁判思路》。它既是我作为一名法官，深度参与司法解释起草工作的心得总结；也是我作为一名学者，立于民商法与民事诉讼法理论高地，审视实践疑难问题的研究新篇。

本书的内容，涵盖了从程序定位、判决效力等基础理论，到不动产买受人、商品房消费者、以物抵债债权人、建设工程价款优先权人、租赁权人等常见的权利冲突类型。我希望，本书不仅是一部对既有规则的梳理与注解的作品，更能成为连接理论应然与实践实然的一座桥梁。因此，本书在结构上，每一讲都力求体现三重维度：

法理阐释——旨在溯本求源，探究每一项规则背后的价值考量与制度逻辑。我深信，唯有理解"为何如此"，方能真正掌握"如何适用"。

规范依据——全面整理相关法律、司法解释及指导性文件，为读者构建一个清晰、准确的规范体系地图。

典型案例——本书始终强调"原理与案例的双向奔赴"，精选最高人民法院公报案例、人民法院案例库等权威案例，以期为规则适用提供极具参考价值的"司法标尺"。

我真诚地希望，本书能为不同角色的法律共同体成员，都提供一份有价值的参考。对于身处审判一线的法官同人，我希望它能成为一份便利的裁判指南与思路参考；对于在诉讼中奔波的律师朋友，我希望它能成为一件称手的"兵器图谱"与论辩利器；对于致力于学术研究的学者与法科学生，我则希望它能成为一个观察我国民商法与民事执行法演进的生动样本与激发进一步思考的学术基石。

写作的过程，亦是再一次的学习与沉淀。若本书能为读者在迷雾重重的执行异议之诉中，点亮一盏或明或暗的灯火，引发一些有益的思考与探讨，共同推动这项制度在"不断完善的实践"中走向更为公正与融贯的未来，则幸甚至哉！

是为序。

司　伟

2025 年 7 月 23 日于北京

凡 例

1. 本书所涉我国法律、行政法规名称中带有"中华人民共和国"字样的,均统一省去,如《中华人民共和国民事诉讼法》简称为《民事诉讼法》。

2. 本书中下列司法解释及相关文件使用简称:

名　称	发文字号	简　称
最高人民法院《关于审理执行异议之诉案件适用法律问题的解释》	法释〔2025〕10号	《执行异议之诉解释》
最高人民法院《关于适用〈中华人民共和国民法典〉有关担保制度的解释》	法释〔2020〕28号	《担保制度解释》
最高人民法院《关于适用〈中华人民共和国民法典〉物权编的解释(一)》	法释〔2020〕24号	《物权编解释(一)》
最高人民法院《关于适用〈中华人民共和国民法典〉合同编通则若干问题的解释》	法释〔2023〕13号	《合同编通则解释》
最高人民法院《关于适用〈中华人民共和国民法典〉婚姻家庭编的解释(一)》	法释〔2020〕22号	《婚姻家庭编解释(一)》
最高人民法院《关于适用〈中华人民共和国民法典〉婚姻家庭编的解释(二)》	法释〔2025〕1号	《婚姻家庭编解释(二)》
最高人民法院《关于审理买卖合同纠纷案件适用法律问题的解释》	法释〔2020〕17号	《买卖合同解释》
最高人民法院《关于审理商品房买卖合同纠纷案件适用法律若干问题的解释》	法释〔2020〕17号	《商品房买卖合同解释》

续表

名　　　称	发文字号	简　　　称
最高人民法院《关于审理城镇房屋租赁合同纠纷案件具体应用法律若干问题的解释》	法释〔2020〕17号	《房屋租赁合同解释》
最高人民法院《关于审理融资租赁合同纠纷案件适用法律问题的解释》	法释〔2020〕17号	《融资租赁合同解释》
最高人民法院《关于审理涉及国有土地使用权合同纠纷案件适用法律问题的解释》	法释〔2020〕17号	《国有土地使用权合同解释》
最高人民法院《关于审理民间借贷案件适用法律若干问题的规定》	法释〔2020〕17号	《民间借贷规定》
最高人民法院《关于适用〈中华人民共和国公司法〉若干问题的规定（三）》	法释〔2020〕18号	《公司法解释（三）》
最高人民法院《关于建设工程价款优先受偿权问题的批复》	法释〔2002〕16号	《建工优先权批复》
最高人民法院《关于审理建设工程施工合同纠纷案件适用法律问题的解释（一）》	法释〔2020〕25号	《建工解释（一）》
最高人民法院《关于适用〈中华人民共和国企业破产法〉若干问题的规定（二）》	法释〔2020〕18号	《破产法解释（二）》
《最高人民法院关于商品房消费者权利保护问题的批复》	法释〔2023〕1号	《商品房消费者权利保护批复》
最高人民法院《关于适用〈中华人民共和国民事诉讼法〉的解释》	法释〔2022〕11号	《民诉法解释》
最高人民法院《关于适用〈中华人民共和国民事诉讼法〉执行程序若干问题的解释》	法释〔2020〕21号	《执行程序解释》
最高人民法院《关于人民法院执行工作若干问题的规定（试行）》	法释〔2020〕21号	《执行工作规定》
最高人民法院《关于人民法院民事执行中查封、扣押、冻结财产的规定》	法释〔2020〕21号	《查封规定》

续表

名　　称	发文字号	简　　称
最高人民法院《关于人民法院民事执行中拍卖、变卖财产的规定》	法释〔2020〕21号	《拍卖变卖规定》
最高人民法院《关于人民法院办理执行异议和复议案件若干问题的规定》	法释〔2020〕21号	《执行异议复议规定》
最高人民法院《关于人民法院办理财产保全案件若干问题的规定》	法释〔2020〕21号	《财产保全规定》
最高人民法院《关于人民法院办理仲裁裁决执行案件若干问题的规定》	法释〔2018〕5号	《仲裁裁决执行规定》
最高人民法院《关于公证债权文书执行若干问题的规定》	法释〔2018〕18号	《公证债权文书执行规定》
最高人民法院《关于人民法院强制执行股权若干问题的规定》	法释〔2021〕20号	《强制执行股权规定》
最高人民法院《关于执行案件立案、结案若干问题的意见》	法发〔2014〕26号	《执行案件立案结案意见》
最高人民法院《关于交叉执行工作的指导意见》	法发〔2024〕9号	《交叉执行意见》
《全国法院民商事审判工作会议纪要》	法〔2019〕254号	《九民会纪要》
最高人民法院《关于深入开展虚假诉讼整治工作的意见》	法〔2021〕281号	《虚假诉讼整治意见》

3.未注明修正年份的法律、司法解释，即为现行有效的法律、司法解释。引用非现行有效的法律、司法解释时均注明修正年份或文号，如《民事诉讼法》（2017修正）、《商品房买卖合同解释》（法释〔2003〕7号）。

简 目

上编 执行异议之诉中的程序性问题

第一章 执行异议之诉的程序定位 003

第二章 执行异议之诉与执行程序的关系
——以执行终结、执行标的已处分的情形为例 047

第三章 执行异议之诉与确权、给付请求及诉讼的关系 058

第四章 多重查封情形下执行异议之诉的程序构造 072

第五章 执行异议之诉的其他主要程序问题 094

下编 执行异议之诉中的实体问题

第六章 一般不动产买受人针对金钱债权执行提起的执行异议之诉 129

第七章 商品房消费者针对金钱债权执行提起的执行异议之诉 171

第八章 新建商品房买受人因购房款返还提起的执行异议之诉 200

第九章 代为清偿不动产买受人针对金钱债权执行提起的执行异议之诉 225

第十章 不动产所有权预告登记权利人针对金钱债权执行提起的执行异议之诉 236

第十一章	被征收人针对金钱债权执行提起的执行异议之诉	252
第十二章	以物抵债债权人针对金钱债权执行提起的执行异议之诉	267
第十三章	借名买房人针对金钱债权执行提起的执行异议之诉	294
第十四章	涉房地产合作开发的执行异议之诉	316
第十五章	涉违法建筑的执行异议之诉	323
第十六章	涉动产买卖关系的执行异议之诉	332
第十七章	涉存款货币的执行异议之诉	362
第十八章	涉租赁关系的执行异议之诉	375
第十九章	涉股权执行的执行异议之诉	396
第二十章	涉共有关系的执行异议之诉	438
第二十一章	涉担保权的执行异议之诉	458
第二十二章	涉到期债权执行的执行异议之诉	479

附录一	解释原文	496
附录二	答记者问	502
附录三	各地高级人民法院发布的有关执行异议之诉的指导性文件	508

详 目

上编 执行异议之诉中的程序性问题

第一章 执行异议之诉的程序定位　003
一、执行异议之诉的概念与法律性质　003
　（一）执行异议之诉的概念与特征　003
　（二）执行异议之诉的法律性质　008
二、执行异议之诉制度概览　017
　（一）我国执行异议之诉制度的沿革　017
　（二）部分大陆法系国家（地区）执行异议之诉制度　020
三、案外人救济制度中的执行异议之诉　026
　（一）案外人执行异议之诉与案外人申请再审　026
　（二）案外人执行异议之诉与第三人撤销之诉　032
四、执行救济程序下的执行异议之诉　033
　（一）执行行为异议与执行异议之诉　033
　（二）案外人异议与执行异议之诉　036
五、执行异议之诉与破产程序的冲突与衔接　038

第二章 执行异议之诉与执行程序的关系
　　　　——以执行终结、执行标的已处分的情形为例　047
一、执行程序终结的含义　047
二、执行异议之诉审理中未对执行标的进行处分的情况下执行终结时的处理　050
三、执行异议之诉诉讼过程中针对执行标的执行程序终结时的处理　051

第三章　执行异议之诉与确权、给付请求及诉讼的关系　　058
　　一、案外人在提起执行异议之诉的同时提出确权、给付请求的处理　　058
　　二、另案确权诉讼与执行异议之诉的关系　　061
　　　　（一）关系样态　　061
　　　　（二）观点争议　　063
　　　　（三）实然规范——实用主义导向下的诉的强制合并　　065
　　　　（四）深化思考——基于既判力的相对性　　067

第四章　多重查封情形下执行异议之诉的程序构造　　072
　　一、既判力相对性原则框架下的执行异议之诉判决效力范围　　073
　　二、同一执行标的上存在多个查封时排除执行的现实困境　　076
　　三、多重查封情形下执行异议之诉的程序构造路径考察之一：既判力相对性原则下的合并审理模式　　080
　　　　（一）通过共同诉讼实现合并审理模式之考察　　080
　　　　（二）通过诉讼第三人制度实现合并审理模式之考察　　082
　　　　（三）小结　　088
　　四、多重查封情形下执行异议之诉的程序构造路径考察之二：既判力主观范围扩张下的案外人申请解封加许可执行之诉模式　　090

第五章　执行异议之诉的其他主要程序问题　　094
　　一、执行异议之诉中的当事人　　094
　　　　（一）原告　　094
　　　　（二）被告及第三人　　096
　　二、受理条件　　098
　　　　（一）一般条件　　098
　　　　（二）执行异议之诉中原告撤诉后是否允许其再行起诉　　099
　　　　（三）公益诉讼移送执行时案外人能否提起执行异议之诉　　099
　　三、举证责任分配　　100
　　四、执行异议之诉审理期间执行依据再审时的处理　　101
　　五、执行异议之诉再审发现原判决支持排除执行错误时的处理　　103

六、执行异议之诉裁判主文的内容	104
七、管辖	106
八、虚假诉讼的防范与规制	108
（一）虚假诉讼的"穿透式"审查与常见形态	109
（二）虚假诉讼的责任主体	110
（三）虚假诉讼的法律后果	111

下编　执行异议之诉中的实体问题

第六章　一般不动产买受人针对金钱债权执行提起的执行异议之诉	129
一、不动产物权变动规则与不动产登记的法律效力	130
二、我国不动产买受人权利保护的现实困境与规则实践	134
（一）不动产买受人权利保护的现实困境	134
（二）我国不动产买受人权利保护的制度沿革	135
三、不动产买受人的法律地位辨析	136
四、一般不动产买受人排除金钱债权强制执行构成要件的规范适用	142
（一）合同要件	142
（二）占有要件	146
（三）支付价款要件	148
（四）过错要件	149
五、一般买受人与商品房消费者身份竞合时的处理	155
六、一般不动产买受人能否排除抵押权等优先权人就执行标的的强制执行	156
七、房屋次买受人排除金钱债权强制执行的审查规则	162
第七章　商品房消费者针对金钱债权执行提起的执行异议之诉	171
一、商品房消费者超级优先权的制度沿革与正当性基础	171
（一）制度沿革	171
（二）正当性基础	174
二、商品房消费者房屋交付请求权排除金钱债权执行的构成要件	177

（一）交易类型限于一手房买卖 ... 177
（二）购房人须为商品房消费者 ... 178
（三）在查封之前已签订合法有效的商品房买卖合同 ... 179
（四）需以满足家庭居住生活需要为购房目的 ... 180
（五）支付全部价款 ... 187
三、排除抵押债权申请执行后商品房消费者房屋交付请求权的实现 ... 190

第八章 新建商品房买受人因购房款返还提起的执行异议之诉 ... 200

一、商品房消费者购房款返还请求权排除金钱债权执行的规范适用 ... 200
（一）构成要件 ... 200
（二）商品房消费者可以排除执行的购房款范围 ... 205
（三）责任财产范围 ... 209
（四）商品房消费者购房款返还优先权的实现路径 ... 213
二、新建商品房买受人预售资金监管账户内已付购房款返还优先权的
法理基础与规范适用 ... 214
（一）法理基础 ... 215
（二）构成要件 ... 218
（三）权利客体的分野：与建设工程价款优先权及抵押权的并行关系 ... 220
（四）预售资金监管账户内资金不足时的购房款返还分配原则 ... 221
三、小结 ... 222

第九章 代为清偿不动产买受人针对金钱债权执行提起的执行
异议之诉 ... 225

一、代为清偿不动产买受人权利的法理基础 ... 225
二、代为清偿不动产买受人权利排除金钱债权执行的构成要件 ... 229
（一）主体要件 ... 229
（二）合同要件 ... 229
（三）行为要件 ... 231
三、排除执行的法律效果 ... 233

第十章 不动产所有权预告登记权利人针对金钱债权执行提起的执行异议之诉 　　236

一、预告登记权利排除执行的前提条件 　　237
（一）查封前已存在真实有效的交易关系 　　237
（二）预告登记有效 　　237

二、预告登记的保全效力 　　240

三、预告登记权利与查封 　　243

四、预告登记权利与拍卖、变卖、折价 　　246

五、预告登记权利与基于优先受偿权的强制执行 　　248

第十一章 被征收人针对金钱债权执行提起的执行异议之诉 　　252

一、有关被征收人安置补偿权利的规范沿革 　　252
（一）有关法律、行政法规 　　252
（二）有关司法解释和司法政策 　　253

二、被征收人安置补偿权利的性质 　　254

三、被征收人安置房屋交付请求权排除金钱债权执行的规范适用 　　258
（一）征收补偿性质的协议的签订时间 　　259
（二）安置补偿房屋位置明确特定 　　260
（三）可被排除的执行债权的范围 　　260
（四）排除执行判决的效力及于建设工程价款优先受偿权、抵押权的涤除 　　261
（五）延伸探讨：非安置补偿房屋特定情形下的被征收人权利 　　261

第十二章 以物抵债债权人针对金钱债权执行提起的执行异议之诉 　　267

一、以物抵债的性质与类型化 　　267
（一）以物抵债的法律性质 　　267
（二）以物抵债的主要类型 　　268

二、以物抵债债权排除金钱债权执行效力的理论探析 　　270
（一）以物抵债债权排除金钱债权执行的实践分歧 　　270
（二）以物抵债债权排除金钱债权执行的理论依据 　　272

三、以不动产抵债债权排除金钱债权执行的构成要件 275
　　（一）案外人与被执行人之间存在真实债权债务关系且债务履行期限届满，查封前签订合法有效的以物抵债协议 275
　　（二）查封前以物抵债债权人已合法占有该不动产 277
　　（三）抵债金额与不动产的实际价值基本相当 278
　　（四）非因以物抵债债权人原因未办理不动产所有权转移登记 280
四、以不动产抵工程款债权执行异议之诉的审查规则 280
　　（一）构成要件 281
　　（二）法律效力 286

第十三章　借名买房人针对金钱债权执行提起的执行异议之诉 294

一、借名行为的效力 294
　　（一）是否构成通谋虚伪表示 295
　　（二）是否违反法律、行政法规的强制性规定 295
　　（三）是否构成违背公序良俗 297
　　（四）是否构成恶意串通损害他人合法权益 301
二、借名买房的物权归属 302
　　（一）借名买房物权归属的观点分歧 302
　　（二）《民法典》框架下的解释进路 303
三、借名买房人的民事权益能否排除强制执行的审查规则 307
　　（一）是否可参照适用《执行异议之诉解释》第14条的规定 307
　　（二）非交易关系下的执行债权人是否可纳入未登记不得对抗之"第三人"范畴 308
　　（三）不能排除执行是否让借名人承担了过重的法律后果 311
　　（四）例外情形之考量 312

第十四章　涉房地产合作开发的执行异议之诉 316

一、房地产合作开发的概念及特征 316
二、房地产合作开发关系下的房屋权属认定与排除执行 317
三、隐名合作方权利排除金钱债权强制执行的进一步思考 320

第十五章　涉违法建筑的执行异议之诉　　323
一、违法建筑的含义　　323
二、违法建筑的权利属性　　326
三、涉违法建筑执行异议之诉的程序处理　　328

第十六章　涉动产买卖关系的执行异议之诉　　332
一、普通动产买受人针对金钱债权执行提起的执行异议之诉的处理　　332
　（一）普通动产买受人排除金钱债权执行的基本原则　　332
　（二）作为涉普通动产买卖关系下排除执行依据的动产所有权变动　　335
二、特殊动产买受人针对金钱债权执行提起的执行异议之诉的处理　　337
　（一）一则案例引发的思考　　337
　（二）特殊动产物权变动中的交付(占有)、登记与物权归属　　338
　（三）特殊动产买受人排除金钱债权执行的规则考量　　339
　（四）特殊动产借名买卖中的借名人针对金钱债权执行提起的执行异议之诉的处理——以借名买车为例　　345
三、特殊动产挂靠中的挂靠人排除金钱债权强制执行的规则　　346
四、涉所有权保留买卖排除金钱债权强制执行问题　　350
　（一）所有权保留买卖的概念及法律性质　　350
　（二）出卖人保留所有权的担保属性、登记对抗与排除执行　　351
　（三）出卖人行使取回权与排除执行　　353
　（四）买受人主张排除执行的处理　　356

第十七章　涉存款货币的执行异议之诉　　362
一、既有观点分歧　　362
　（一）关于账户借用人对存款货币的权利是否足以排除强制执行　　362
　（二）关于错误汇款人对所汇款项的权利是否足以排除强制执行　　364
二、"占有即所有"原则与存款货币的权利归属认定　　366
三、特定化作为"占有即所有"原则例外的适用　　370

第十八章　涉租赁关系的执行异议之诉　375

- 一、标的物上负担租赁权的强制执行处理原则　375
- 二、涉租赁关系的执行异议救济方式　376
  - （一）承租人提起执行异议救济程序的区分　376
  - （二）申请执行人针对带租赁执行的异议救济　378
- 三、租赁权排除金钱债权执行的处理　380
  - （一）租赁权排除金钱债权执行的基本规则　380
  - （二）租赁关系及占有事实的审查要点　383
- 四、融资租赁关系下出租人排除承租人的金钱债权人申请执行问题　387
  - （一）融资租赁的概念及法律性质　387
  - （二）出租人对租赁物所有权的担保属性、登记对抗与排除执行　387
  - （三）出租人取回与排除执行　388

第十九章　涉股权执行的执行异议之诉　396

- 一、股权受让人针对受让股权执行异议的审查规则　396
  - （一）股权变动模式的比较考察　397
  - （二）股权受让人权利排除金钱债权执行的裁判观点　406
  - （三）股权受让人权利排除金钱债权执行的构成要件　407
- 二、实际出资人对被代持股权执行异议的审查规则　411
  - （一）股权代持的法律性质　412
  - （二）股权代持协议的效力　416
  - （三）股权代持关系下股权归属的认定　420
  - （四）关于商事外观主义的适用之辩　422
  - （五）小结　424
- 三、股权让与担保情形下排除金钱债权执行问题　425
  - （一）股权让与担保的性质　425
  - （二）股权让与担保的效力　427
  - （三）股权让与担保权排除金钱债权执行的思考　429
- 四、涉股份（股票）排除金钱债权执行问题　431
  - （一）股份与股权的关系　432

（二）涉股份执行异议之诉的处理思路　　432

第二十章　涉共有关系的执行异议之诉　　438
　一、案外人基于共有权提起的执行异议之诉　　438
　　（一）按份共有人提起的执行异议之诉　　438
　　（二）共同共有人提起的执行异议之诉　　439
　二、配偶一方针对夫妻共有股权执行提起的执行异议之诉　　442
　　（一）涉夫妻共有股权执行异议之诉的裁判理念与难点　　442
　　（二）司法实践的选择及考量　　443
　　（三）隐名配偶的权利排除股权强制执行的思考　　445
　三、被执行人原配偶基于离婚财产分割协议关于房产权属约定提起的
　　　执行异议之诉　　447
　　（一）观点分歧及辨析　　447
　　（二）离婚财产分割协议排除金钱债权执行的要件考量　　450

第二十一章　涉担保权的执行异议之诉　　458
　一、担保权人是否有权提起执行异议之诉的观点分歧及评析　　458
　　（一）担保权人是否有权提起执行异议之诉的观点分歧　　458
　　（二）担保权人是否有权提起执行异议之诉的观点评析　　461
　二、担保权是否可以排除执行的类型化分析　　463
　　（一）关于抵押权　　463
　　（二）关于质权　　465
　　（三）关于留置权　　466
　　（四）关于非典型担保权　　468

第二十二章　涉到期债权执行的执行异议之诉　　479
　一、对到期债权提起执行异议之诉的适格主体　　479
　二、案外人以其为到期债权受让人为由提起的执行异议之诉的审查规则　　481
　三、实际施工人以其对发包人享有工程价款债权为由提起的执行异议之
　　　诉的处理　　483

（一）实际施工人的认定　　483

（二）实际施工人对发包人的工程价款请求权　　486

（三）实际施工人对发包人的工程价款请求权是否得排除金钱债权执行审查中应考虑的其他重要因素　　490

附录一　解释原文　　496
最高人民法院关于审理执行异议之诉案件适用法律问题的解释
（2025年7月23日）　　496

附录二　答记者问　　502
最高法民一庭、执行局负责人就执行异议之诉司法解释答记者问
（2025年7月23日）　　502

附录三　各地高级人民法院发布的有关执行异议之诉的指导性文件　　508

上编

执行异议之诉中的程序性问题

第一章　执行异议之诉的程序定位

一、执行异议之诉的概念与法律性质

强制执行涉及公民基本权利的保护和财产的实际归属,涉及申请执行人权利和被执行人权利、当事人权利和案外人权利、利害关系人权利和协助执行人权利、私权利和公权力等多种利益冲突。[1] 贯彻"有权利必有救济"和"以权利制约权力"的原则,执行异议之诉在给执行程序中的相关当事人及利害关系人提供宝贵的救济途径方面,发挥着不可或缺的重要作用。

执行异议之诉是由执行程序派生出来的对第三人提供权利救济的诉讼制度。本章在对执行异议之诉的概念与法律性质加以分析的基础上,从案外人救济制度、执行救济制度以及债务清理制度三个层面对执行异议之诉的体系定位加以探讨。

(一)执行异议之诉的概念与特征

1. 执行异议之诉的概念

执行异议之诉在概念上有广义与狭义之别。广义的执行异议之诉,是指执行程序中,案外人对人民法院正在执行的标的物排除执行的实体权利以及请求排除追加为被执行人时;或者是申请执行人请求将特定的标的物列入被执行人的责任财产范围以及请求追加案外人为被执行人时;或者是债权人、被执行人对分配方案主张实体异议时;或者是公证债权文书的被执行人对公证债权文书主张不予执行的实体异议时,通过诉讼的方式进行救济的程序。[2] 按照诉讼标的的不同,广义的执行异议之诉主要可分为以下三类:一是针对特定财产的执行异议之诉,也就

---

[1] 参见齐树洁:《执行程序的局部修正与整体改革——兼论司法改革的整体性》,载《法律科学(西北政法大学学报)》2007年第6期。

[2] 参见范向阳主编:《执行异议之诉的规则与裁判》,人民法院出版社2019年版,第3页。

是下文所称的狭义的执行异议之诉；二是针对特定主体的执行异议之诉，主要是针对执行程序中追加、变更被执行人的情形而赋予被追加人或者申请追加人相应的诉讼救济，故称为追加、变更被执行人异议之诉；三是针对参与分配程序中制作的财产分配方案的执行异议之诉，异议人可针对分配方案所确定的分配数额、分配顺序提出执行异议之诉。2020年12月之前，最高人民法院颁布的《民事案件案由规定》将"执行异议之诉"作为二级案由，下辖"案外人执行异议之诉""申请执行人执行异议之诉""执行分配方案异议之诉"三个三级案由。显然，此处的"执行异议之诉"采用了广义的理解。

所谓狭义的执行异议之诉，以案外人的视角观之，是指执行程序的案外人基于对执行的标的物有足以排除执行的实体权益，从而在强制执行程序终结前，提出不允许对执行标的物强制执行的诉讼。在学理上又称为第三人异议之诉，由于该诉系基于第三人就强制执行标的物有妨碍强制执行之权利，故亦称"关于执行标的物之异议"[1]。它"是执行救济的一种方法和手段，其目的在于阻止或撤销执行机关对执行标的的执行"[2]。依据提起诉讼的主体不同，狭义的执行异议之诉又可分为案外人执行异议之诉与申请执行人执行异议之诉。上述定义就是以案外人为视角进行的界定，而申请执行人执行异议之诉，实际上与案外人执行异议之诉一样，均是基于对执行标的权益而对执行异议裁定不服之后提出的诉讼，只不过是在案外人提出的异议在执行程序中为执行法院所支持的情况下，申请执行人对这一处理不服而提起的诉讼。申请执行人执行异议之诉与案外人执行异议之诉实系"一枚硬币之两面"，或者可以把其视为是案外人执行异议之诉的"镜像"，在绝大多数问题上应当按照相同标准进行审查处理。鉴于此，本书下文对执行异议之诉的探讨也主要是以案外人执行异议之诉为基础展开。根据最高人民法院《关于修改〈民事案件案由规定〉的决定》（法〔2020〕346号），最高人民法院将作为二级案由的"执行异议之诉"修改为"执行程序中的异议之诉"下辖"执行异议之诉""追加、变更被执行人异议之诉""执行分配方案异议之诉"三个三级案由，而将"案外人执行异议之诉""申请执行人执行异议之诉"降格为"执行异议之诉"下辖的四级案由。显然，最高人民法院改采狭义概念，执行异议之诉中的案外人

---

[1] 赖来焜：《强制执行法总论》，台北，元照出版公司2007年版，第645页。
[2] 张卫平：《案外人异议之诉》，载《法学研究》2009年第1期。

执行异议之诉实际上就是学理上的第三人异议之诉。限于本书的主题,本书亦在狭义上使用这一概念。

2. 执行异议之诉的特征

执行异议之诉是为了解决强制执行行为不当执行案外人财产问题而设计的一种特殊诉讼,这使其兼具了救济性与纠纷性的特点,与普通民事诉讼相比,可将执行异议之诉的主要特点概括如下:

(1)诉因的公法性。一般情况下,当事人提起民事诉讼是因为其私法上的权利受到对方当事人行为的侵害,为维护其私法权利选择向法院提起诉讼。案外人执行异议之诉的原告是因为其合法财产权受到不当执行行为的侵害,为阻止执行行为不得已向法院提起诉讼;申请执行人执行异议之诉的原告则是因已经启动的对特定标的物的强制执行程序因案外人的异议被执行法院认可后,申请执行人为了恢复对该标的物的执行而提起的诉讼。由此可见,普通民事诉讼的起因是个人的私法行为,而执行异议之诉的起因是执行机关的公法行为,①其诉讼目的在于通过诉讼阻却或恢复对特定标的物的执行。

(2)诉讼的派生性。执行程序中的实体争议是在执行程序推进过程中产生的新争议,它和执行程序相伴而生,从属于执行程序。执行异议之诉的目的是解决一项财产属不属于可供执行的财产范围,以及案外人在该项财产之上有无排除执行或交付的实体权利。因此,执行异议之诉是与执行程序密不可分的诉。发生在执行程序之前的争议,或者发生在执行程序之后的争议,除非法律有特殊的规定,否则不属于执行异议之诉的审理范围。如果执行程序已经终结,执行异议之诉也失去了意义。可以说,执行异议之诉因执行程序而产生,围绕执行标的而展开,服务于执行行为能否成立。② 对此,我国的相关司法解释作出了明确规定。《民诉法解释》第462条规定:"根据民事诉讼法第二百三十四条③规定,案外人对执行标的提出异议的,应当在该执行标的的执行程序终结前提出。"

(3)诉讼当事人的特定性。普通民事诉讼对诉讼当事人、管辖法院等没有特殊的要求,诉讼当事人是符合一般当事人诉讼资格要件的当事人,管辖法院是符合管辖规定要求的法院。执行异议之诉则有别于此。提起本诉的主体必须是执

---

① 参见曹春梅:《第三人异议之诉研究》,西南政法大学2015年博士学位论文。
② 参见范向阳主编:《执行异议之诉的规则与裁判》,人民法院出版社2019年版,第4页。
③ 现为《民事诉讼法》第238条。——编者注

行当事人以外的第三人(案外人执行异议之诉)或申请执行人(申请执行人执行异议之诉),即不受执行名义效力所及的权利所有人以及对该所有人的财产有管理及处分权的人。①

(4)管辖法院的专属性。执行异议之诉的管辖也具有特殊性,管辖法院专属于执行法院(或管辖强制执行地法院)。执行异议之诉专属管辖的法理基础在于执行救济较之普通民事诉讼救济具有独立的程序价值。"良好的制度设计促使第三人为了最大限度地保护自己的利益,不可能绕过执行异议之诉而另行针对债务人提起独立的普通民事诉讼(如物之返还、物之交付),以主张原本作为执行异议之诉理由的民事实体权利。同时,受裁判既判力主观范围的限制,该生效的普通民事裁判也不可能对可能在后的执行异议之诉发生任何直接的效力,因为两个诉讼的当事人不同。"②执行异议之诉的专属管辖集中体现了执行救济程序对普通民事诉讼程序的吸收功能和排斥性。排斥性体现在第三人不可能以独立提起普通民事诉讼的方式代替执行救济,也不可能在启动了执行救济程序后再独立提起普通民事诉讼。吸收性体现在执行异议之诉的诉讼请求包含两个层面:对标的物主张实体权利要求确权和排除执行。审理中,要对执行标的相关的基础性法律关系——争议执行标的的相关民事法律行为的效力、执行标的的权利性质及其归属进行实体审理,而这是普通民事诉讼要解决的问题,在此基础上来判断案外人是否享有权利,是否足以排除强制执行。③

此外,在我国,执行异议之诉还具有受理程序的前置性特点。根据《民事诉讼法》第238条、《民诉法解释》第303条的规定,提起该诉还需具备前置程序要件,即案外人必须是在其提出的书面异议被执行法院裁定驳回后,其主张的权利与原判决、裁定无关的,方可提起异议之诉。提起执行异议之诉还要受到期限限制,案外人必须在书面异议被执行法院驳回的裁定书送达之日起15日内起诉,这里的15日是不变期间。当然,从理论上讲,异议前置程序是否必备,存在争议。如有学者认为,基于非讼程序不能妥善处理具有强烈对抗性、复杂性的不当执行实体争

---

① 参见刘学在、朱建敏:《案外人异议制度的废弃与执行异议之诉的构建——兼评修改后的〈民事诉讼法〉第204条》,载《法学评论》2008年第6期。

② 赵秀举:《论民事执行救济:兼论第三人执行异议之诉的悖论与困境》,载《中外法学》2012年第4期。

③ 参见王静:《民事执行异议之诉问题研究》,载《河南财经政法大学学报》2021年第4期。

议的致命缺陷,以及案外人执行异议程序不仅没有提高执行效率,反而成为案外人拖延执行的合法途径,因此,未来的民事强制执行法应当采取直接起诉模式。①民事强制执行法的立法过程中也存在两种观点的反复。②

3. 执行异议之诉的制度意义

民事强制执行是国家权力强制性地进入市民的私人生活领域,这必然要求法院在作出执行行为或执行裁决时,严格遵守法律规定和执行程序要件,如有违反,损害执行当事人、第三人合法权益时,要给予相应的救济,填补损害、恢复和实现受阻的主权利,此即执行救济权。有学者指出,民事强制执行程序的正当性可能遭遇的挑战来自两个方面:其一,执行依据本身就缺乏正当性;其二,执行过程中错列执行标的或者在执行标的上设有其他应当保护的权利。前者是审判本身既存的问题,应当通过再审程序实施救济;后者则是执行程序需要考虑的问题,而"请求异议之诉"和"第三人异议之诉"就是诉讼立法在执行程序中所提供的实体性救济程序。③

由于强制执行强调效率,故执行机关对某一财产是否属于债务人的责任财产的认定采用外观主义,仅进行形式审查,因而不排除将第三人享有所有权或其他权益的财产作为执行标的予以执行的状况。例如,在执行机关将执行债务人从第三人那里借来的电脑予以扣押的情形,由于扣押的是执行债务人占有的动产,在外观上该动产归属于执行债务人,则执行法院的执行行为并不构成违法,第三人无法对执行行为提出相应的异议。此时,执行法院就执行标的的权属得允许第三人请求法院通过实体审查对具体执行标的上的权利义务关系的外观与真实状态是否相符进行慎重判断,并在此基础上决定是否阻止强制执行。④ 正是在这一意义上,执行异议之诉给身处强制执行程序之外的案外人提供了诉讼救济途径,使其有机会在执行标的面临公权力的强制执行,从而导致其民事权益受损的最后关头仍有机会申明权利,阻断执行。

---

① 参见庄诗岳:《论案外人实体性执行救济路径的模式抉择——以案外人执行异议程序的批判为中心》,载《当代法学》2024年第4期。
② 参见最高人民法院起草的《民事强制执行法(草案)》过程稿以及最高人民法院发布的《民事强制执行法(草案)》(征求意见稿)。
③ 参见唐力:《论民事执行的正当性与程序保障——以第三人异议之诉为中心》,载《法学评论》2009年第5期。
④ 三ヶ月章『民事執行法(オンデマンド版)』(弘文堂,2008年)137頁参照。

（二）执行异议之诉的法律性质

1. 问题的提出——一则案例引发的思考

（1）案情简介

青岛市李沧区李村街道办事处东北庄社区居民委员会（以下简称东北庄居委会）于2009年3月27日以青岛豪伦置业有限公司、青岛万信置业有限公司为被告向青岛市中级人民法院提起民事诉讼，请求确认青岛市李沧区308国道1138号甲户、辛户两处房屋归其所有。青岛市中级人民法院于2009年8月19日作出（2009）青民一初字第33号民事判决，驳回东北庄居委会的诉讼请求。东北庄居委会提起上诉，山东省高级人民法院于2009年12月8日作出（2009）鲁民一终字第299号民事调解书，各方当事人确认涉案房产归东北庄居委会所有。案外人郭玉凤不服该调解书申请再审，最高人民法院于2010年4月30日作出（2010）民申字第272号民事裁定，指令山东省高级人民法院再审。山东省高级人民法院于2010年12月10日作出（2010）鲁民再终字第51号民事裁定，撤销二审调解书和一审判决，发回青岛市中级人民法院重审。青岛市中级人民法院于2011年12月5日作出（2011）青民再重字第3号民事判决书，确认位于青岛市李沧区308国道1138号甲户、辛户房产归东北庄居委会所有。郭玉凤不服该判决，向山东省高级人民法院申请再审，山东省高级人民法院于2012年7月5日作出（2012）鲁民再申字第30号民事裁定，驳回郭玉凤的再审申请。郭玉凤向最高人民法院提出申诉。

案涉房屋于2006年7月19日因另案被青岛市市北区人民法院查封。[1]

（2）裁判情况[2]

最高人民法院认为，2008年《执行程序解释》第17条规定："案外人依照民事诉讼法第二百零四条规定提起诉讼，对执行标的主张实体权利，并请求对执行标的停止执行的，应当以申请执行人为被告；被执行人反对案外人对执行标的所主张的实体权利的，应当以申请执行人和被执行人为共同被告。"因此，执行异议之诉虽然以确认案外人的实体权利为基础，但由于该类诉讼是将执行行为作为诉讼

---

[1] 参见最高人民法院民事裁定书，（2014）民提字第112号。
[2] 本书案例中所援引的法律规定均为裁判时生效的相关规定。

标的,申请执行人作为强制执行请求权人应当直接成为该类诉讼的被告。本案中,东北庄居委会的诉讼请求虽仅为确认其对案涉房屋享有所有权,而不包括请求停止执行的内容,但本案诉讼标的物系另案中已经处于执行阶段的被查封房产,本案的诉讼结果将会直接影响郭玉凤的权利,故本案诉讼实质应系《民事诉讼法》第227条规定的执行异议之诉。对此种情形,最高人民法院《关于执行权合理配置和科学运行的若干意见》(法发〔2011〕15号)第26条规定:"审判机构在审理确权诉讼时,应当查询所要确权的财产权属状况,发现已经被执行局查封、扣押、冻结的,应当中止审理;当事人诉请确权的财产被执行局处置的,应当撤销确权案件;在执行局查封、扣押、冻结后确权的,应当撤销确权判决或者调解书。"最高人民法院《关于依法制裁规避执行行为的若干意见》(法〔2011〕195号)第9条规定:"严格执行关于案外人异议之诉的管辖规定。在执行阶段,案外人对人民法院已经查封、扣押、冻结的财产提起异议之诉的,应当依照《中华人民共和国民事诉讼法》第二百零四条和《最高人民法院关于适用民事诉讼法执行程序若干问题的解释》第十八条的规定,由执行法院受理。案外人违反上述管辖规定,向执行法院之外的其他法院起诉,其他法院已经受理尚未作出裁判的,应当中止审理或者撤销案件,并告知案外人向作出查封、扣押、冻结裁定的执行法院起诉。"因此,一审判决违反了2012年《民事诉讼法》第227条、2008年《执行程序解释》第17条的规定。遂裁定撤销山东省青岛市中级人民法院(2011)青民再重字第3号民事判决;驳回东北庄居委会的起诉。

(3)引发的思考

若排除本案中第三人存在恶意以规避执行异议之诉,利用另案确权之诉的裁判结果对抗、拖延执行的可能,则本案非常典型地反映了当事人认为通过确认之诉实现确权即可实现对强制执行的阻却目的的心态,背后所体现出的深层次问题其实是对执行异议之诉法律性质的模糊认识。类似的模糊认识其实非常普遍,并且不仅出现在当事人中,审理案件的法官也经常陷入这种错误的认知状态中,进而影响对案件的正确裁判。仅以此案为例,确认之诉与执行异议之诉之间是何关系?在执行程序进行期间,第三人分别提起确认之诉和执行异议之诉,两诉是否构成重复起诉?应如何处理两诉之间的关系?这些问题的解决均与对执行异议之诉法律性质的认识密切相关。对案件诉讼性质的确定,可以规范当事双方的诉讼行为,界定法院审查范围。例如,对于确认之诉,当事人仅需对权属争议展开攻防即可;对于形成之诉,当事双方需要针对形成权成立要件进行举证与辩论;若为给付之诉,除确认权属外,还要审查标的物的可执行性等问题。可以说,诉讼性质的确定不但影响着诉讼程序的构建,也影响着整个诉讼的进行,[1]关系到执行异议之诉的功能或目的、诉讼标的、既判力的客观范围等一系列核心问题。因此,正确认识执行异议之诉的法律性质尤为重要。

2.关于执行异议之诉法律性质的观点争鸣

自1877年《德国民事诉讼法》建立第三人异议之诉制度以来,学界就其法律性质问题就一直争议不休,形成了种类繁多的理论学说。在日本,诉讼法学界以传统三分法的诉之类型划分方案为线索,塑造了关于案外人异议之诉属性的确认之诉说、给付之诉说和形成之诉说,以及随着理论的发展而创新地提出了救济之诉说和命令之诉说。[2] 在我国学界大多沿袭日本诉讼法学界的研究方法,故本部分将概括介绍确认之诉说、给付之诉说、形成之诉说、救济之诉说、命令之诉说、新形成之诉说以及复合之诉说等学说观点。

(1)确认之诉说

该说认为,第三人异议之诉是请求法院作出具体执行标的不属于执行债务人的责任财产这一消极确认,或者具体执行标的属于作为原告的第三人这一积极确认的诉讼,而不得对该具体执行标的的执行,只是确认判决对执行机关的反射效果。[3] 前者又称为"消极确认之诉说",后者又称为"积极确认之诉说"。确认之诉说在日本较为盛行,日本学者兼子一、伊东乾和近藤完尔等采此观点。[4] 本书前述案例亦反映出在我国的司法实践中,该说亦有相当的市场。

对确认之诉说的批评主要集中在以下三个方面:第一,第三人为适格当事人面临解释困境。也就是说,对于确认执行标的物不属于债务人的责任财产,第三人是否存在确认利益,是否属于适格当事人?第二,执行行为的合法性问题。由于执行机关仅需通过形式审查即可确定执行标的物的权属,并进而决定是否为债务人的责任财产而可得执行。因此,执行行为的合法性不应因嗣后实质审查确认第三人对执行标的物的实体权利而遭到否定。既然如此,确认判决为何可以阻却

---

[1] 参见孔祥承:《第三人执行异议之诉性质理论之"回归"》,载《西部法学评论》2017年第1期。
[2] 参见陈荣宗:《民事程序法与诉讼标的理论》,台北,三民书局1977年版,第6页。
[3] 兼子一『増補強制執行法』(酒井书店,1955年)59页参照。
[4] 参见赖来焜:《强制执行法总论》,台北,元照出版公司2007年版,第648页。

一个合法的执行行为? 第三,由此则进展到确认判决的效力范围问题。按照确认之诉判决效力的一般理论,其确认的效力仅应及于当事人之间,即判决的效力仅应及于标的物实体权利的确认而无法阻碍执行的实施。为此,该说运用所谓的"反射效果"理论对此加以修正,认为通过借助此效力,则确认判决具备了排除强制执行的效力,但这一理论的依据并不充分。①

(2) 给付之诉说

与确认之诉说类似,给付之诉说也可以分为消极说与积极说。前者认为诉讼标的为第三人对债权人之不作为给付请求权,异议之诉的主要任务一方面在于消极确认债权人之给付请求权,另一方面命令执行机关排除执行,此时异议之诉在功能与方向上与普通给付之诉正好相反。② 德国学者 Goldschmidt、日本学者吉川大二郎等持此观点。后者认为第三人异议之诉的争论焦点是执行标的物是否属于责任财产问题,进而确认债权人对于第三人的强制执行行为是否违法,诉之目的在于获得法院的排除与不作为判决,执行机关可以根据这种判决停止或撤销执行,第三人异议之诉的判决效力不仅能排除已经执行的状态(如查封、扣押),而且执行债权人不得对同一标的物再次申请强制执行,判决的既判力还及于当事人,双方当事人均应受既判力的约束。如果第三人受到败诉判决,其不得以执行为原因另行起诉请求损害赔偿或不当得利。德国学者 Blomeyer 是该说的代表。③

在此基础上,有学者进一步指出,对执行标的采取执行行为实质上是一种特殊侵权行为。一般的侵权行为的被害人在其权利受到侵害时可提起给付之诉;在执行行为这个特殊侵权中,执行机关是直接侵权人,而从中间接获益的债权人是间接侵权人。从侵权行为的本质看,第三人异议之诉与民法上规定的一般侵权行为并无不同,既然在诉讼法上已经公认排除侵权行为的诉讼是给付之诉,第三人异议之诉也应该是给付之诉。④ 该说又被称为"特殊的给付之诉说"。

---

① 参见赖来焜:《强制执行法总论》,台北,元照出版公司2007年版,第649页;孔祥承:《第三人执行异议之诉性质理论之"回归"》,载《西部法学评论》2017年第1期。

② See Goldschmidt,Zivilprozessreeht 2. Aufl. ,92;吉川大二郎『強制執行法』(法律文化社,1958年) 236页。转引自赖来焜:《强制执行法总论》,台北,元照出版公司2007年版,第647-648页。

③ See Blomeyer,Rechskraft - und Gestaltungswirkung der Urteile im Prozess auf Vollstreckungsegenklage und Drittwidersprunchsklage,ACP165,481 ff. 转引自赖来焜:《强制执行法总论》,台北,元照出版公司2007年版,第648页。

④ 参见陈荣宗:《民事程序法与诉讼标的理论》,1984年自版发行;林翔荣:《案外人异议之诉若干问题研究》,载齐奇主编:《执行实务与新类型法律问题研究》,人民法院出版社2010年版。

对给付之诉说的批评在于,申请强制执行是债权人在获得胜诉裁判后获得的公法上的权利,难以解释第三人虽然享有不作为给付请求权,债权人不得对执行标的物强制执行,但该权利却能使债权人必须承担不得行使其公法上的权利的不作为义务,以及阻止执行机关已经开启的执行行为。

(3)形成之诉说

该说认为,国家机关凭借债权人有执行力的执行依据依法进行的执行行为是公法行为,即使误将第三人财产执行,该执行行为并不自始无效或违法。第三人欲撤销不当执行行为,必须有法院判决宣告撤销该强制执行。这种宣告撤销强制执行,实质上就是第三人根据自己对执行标的物拥有足以排除强制执行的权利而取得的对抗强制执行的异议权,故第三人异议之诉的诉讼标的是诉讼法规定的异议权,并非第三人在实体法上享有的足以阻止强制执行的实体权利。由于诉讼法上的异议权是程序法上的形成权,仅以变更执行法上的法律效果为目的,因此,第三人异议之诉是诉讼法上的形成之诉,其胜诉判决为形成判决,可直接变动强制执行的法律效果。① 形成之诉说是德国、日本及我国台湾地区诉讼法学界的通说。

第三人提起执行异议之诉的目的是排除对标的物的强制执行,而形成之诉说直接将第三人的权利界定为诉讼法规定的异议权,将执行异议之诉界定为形成之诉,使执行异议之诉的目的与形成之诉有机结合起来,因而具有相当强的合理性和说服力。但形成之诉说在理论上也有其自身难以回避的缺陷。既然该说认为第三人在实体权利受到执行机关侵害时得以对抗强制执行的异议权,是第三人异议之诉的诉讼标的,那么第三人对执行标的享有的直接排除强制执行的实体权利,并非第三人异议之诉的诉讼标的,仅能成为判决的事实理由,不能受到既判力的约束。由此,既判力仅及于异议权的判断,而不及于实体权利或实体法律关系的判断。② 那么,在判决确定时,当事人仅对异议权存在与否的问题不得再行起诉,但对异议事由的实体权利或法律关系则可另行起诉,则有可能造成对同一事实重复诉讼,也难以避免前后诉裁判矛盾的现象。事实上,形成之诉说过于看重第三人异议之诉的程序功能,对其诉讼标的的认识犯了因果关系颠倒的错误。概

---

① 参见 Jonas – Munzberg,ZPO 19. Aufl. §771 I 16)c);Schonke – Baur,7 Aufl. S. 172f BGHZ 22,54ff;鈴木忠一=三ヶ月章『注解民事執行法(1)』(第一法規,1984 年)659 頁(鈴木忠一執筆部分)。转引自赖来焜:《强制执行法总论》,台北,元照出版公司 2007 年版,第 649 – 650 页。

② 参见赖来焜:《强制执行法总论》,台北,元照出版公司 2007 年版,第 649 – 650 页。

言之,形成之诉说的最大缺陷在于以抽象的执行请求权为基础,将当事人之间的实体法律关系与当事人、执行机关之间的执行法律关系截然分开,主张只要据以执行的生效裁判文书在形式上符合要求,即使实体法律关系并不存在,执行行为亦属合法。但为了保护第三人的财产权利免受不当执行行为的侵害,又不得不在程序上赋予第三人异议权,使之能对抗执行机关的强制执行,由此造成第三人异议之诉的司法实践和理论研究复杂化,带来不必要的麻烦。①

(4)救济之诉说

由于上述传统的三种诉讼类型均无法圆满地回答第三人异议之诉的法律性质问题,一些学者提出了构建新诉讼类型的解释方式。救济之诉说认为,第三人异议之诉的特征结合了确认之诉与形成之诉两种类型,同时具有确定实体权利和排除强制执行力的双重功能,这使其诉讼目的具有救济功能,所以称为救济之诉。日本学者三少月章教授和石川明教授等人主张此说。② 我国最高人民法院大法官刘贵祥也认为,案外人异议之诉最直接的功能在于阻止、排除对执行标的的强制执行,故其具有形成之诉的性质。同时,案外人所主张的实体法律关系是异议权的先决问题,案外人异议之诉中往往须对此问题先行解决,否则难以作出是否排除执行的判决。故案外人异议之诉同时具有确认第三人所主张的实体权利的功能,从而兼具确认之诉的性质。案外人异议之诉兼具两种性质与两种功能,不同于传统诉讼类型,属于一种特殊的救济诉讼。③

根据救济之诉说,第三人异议之诉是以确认之诉说为基础,同时兼具形成之诉的一种特殊的诉讼类型,所以必须以第三人的异议原因即实体法律关系作为诉讼标的,第三人获得胜诉判决后,不仅对实体权利有既判力,而且对执行机关又有排除强制执行力的形成效果。

救济之诉说另辟蹊径,兼采确认之诉说与形成之诉说之长,既有效排除强制执行,又可以避免另行起诉引发的矛盾裁判的问题。但该说的问题在于将第三人异议之诉视为一种新的诉讼类型,在诉讼法理论上存在不足。由于确认之诉的诉讼标的是实体权利,形成之诉的诉讼标的是形成权,两者如何揉合而形成一个有

---

① 参见曹春梅:《第三人异议之诉研究》,西南政法大学2015年博士学位论文。
② 参见赖来焜:《强制执行法总论》,台北,元照出版公司2007年版,第650页。
③ 参见刘贵祥:《案外人异议之诉的功能定位与裁判范围》,载《人民法院报》2014年6月4日,第8版。

机的整体,成为救济之诉的诉讼标的?如果救济之诉是传统三大诉讼类型之外的第四诉讼类型,那么,为何将确认之诉与形成之诉合并,就可以形成一种新的诉讼类型?如此推演,是否将确认之诉与给付之诉合并,也可以构成一种新的诉讼类型呢?由此可见,救济之诉说若要在诉讼法理论上立足,必须论证它在概念、特征、功能、诉讼标的、既判力等基本理论上有不同于三大诉讼类型之处。对这些问题,救济之诉说尚未能给出明确有力的回答。

(5)命令之诉说

与救济之诉说类似,该说亦认为,第三人异议之诉具有二重构造,既确定执行债权的实体权利,又根据确定结果命令执行机关不许强制执行。第三人异议之诉在法律性质上是命令执行机关不许强制执行,故被称为命令之诉说。根据该说,第三人异议之诉以确认实体法律关系为基础,加以行政机关的上下级隶属关系,根据审理结果,命令执行机关停止强制执行,这种诉讼类型不同于传统的诉讼类型,同样是一种新类型的诉讼。命令之诉说为德国学者库特纳所创,并得到了戈尔德施密特、布鲁斯等人的支持。[①]

命令之诉说除了具有与救济之诉说相同的问题,还在审判机关与执行机关的关系问题上存在缺陷。该说认为,执行异议之诉判决命令执行机关不许执行,但审判机关与执行机关并不存在隶属关系,而且执行机关也并非执行异议之诉的当事人,此时审判机关为何可以命令执行机关停止执行?在并未排除执行依据之执行力的情形下,单是从"命令"的角度宣告执行机关须为一定的行为,似乎难以解释原执行依据不能予以执行的问题。

(6)新形成之诉说

如前文所述,按形成之诉说,第三人异议之诉的诉讼标的乃是执行法层面的异议权。这同时意味着,第三人异议之诉的诉讼标的不是实体法上的权利,因而实体法上的权利存在与否不受第三人异议之诉判决的既判力影响。那么,第三人即便在第三人异议之诉中败诉后,仍然可以主张同样的实体法上的权利,以执行债权人或执行债务人为被告,提起不当得利返还诉讼或者损害赔偿请求诉讼,如此纠纷便无法一次性解决。

---

① 参见赖来焜:《强制执行法总论》,台北,元照出版公司2007年版,第651页;Kuttner, Urteilswirkungen außerhalb des Zivilprozesses; Goldschmidt, Zivilprozessrecht 2. Aufl., 92; Bruns, Zwangsvollstreckungsrecht S.67f。转引自曹春梅:《第三人异议之诉研究》,西南政法大学2015年博士学位论文。

为了弥补形成之诉说的上述缺陷,有论者提出新形成之诉说。该说认为第三人异议之诉的目的在于排除执行名义对具体执行标的的执行力。但与形成之诉说不同在于,新形成之诉说认为,第三人异议之诉的诉讼标的乃是第三人得以就该具体执行标的请求排除执行名义之执行力的法律地位是否存在。[①] 除此之外,也有论者主张法院应当通过中间确认之诉[②]来判定第三人在实体法上的权利是否存在,从而产生既判力,防止第三人在第三人异议之诉中败诉后再次提起不当得利返还诉讼或者损害赔偿请求诉讼。[③] 新形成之诉说的特点在于引入争点效理论来解决传统形成之诉说的缺陷。由于第三人所主张之实体权利或法律关系,是异议权存在与否之先决问题,故判决理由所认定的实体权利或法律关系也有既判力。由此,也可以避免当事人另行起诉,防止先后裁判之冲突。[④]

借助新诉讼标的理论,新形成之诉说在克服传统形成之诉说的缺陷方面确实值得肯定。但受制于其所依托的新诉讼标的理论以及争点效理论尚处于争论未定状态的影响,将新理论运用于对执行异议之诉性质的解释,需要先进一步回答争点效的客观范围、诉讼标的与既判力范围的协调等许多基础性理论问题。

(7) 复合之诉说

除上述六种学说外,我国学界提出了复合之诉说。该说认为执行异议之诉性质可以通过复合型诉讼的形式进行分析。代表性观点为确认给付之诉说以及确认形成之诉说。前者认为,第三人执行异议之诉可以认为是确认之诉与给付之诉说的简单累加,是两种诉讼形式的合并,由此可以推出其胜诉判决的既判力包含两个方面:一是确认第三人对执行标的物享有的可排除执行的实体权利,二是判令执行债权人是否得以执行的作为或不作为给付。[⑤] 后者认为,第三人异议之诉具有确认实体法律关系与排除执行机关强制执行的双重功能,确认实体法律关系和排除强制执行共同构成第三人异议之诉的主要内容,两者不可分割。确认实体法律关系是排除强制执行的前提和基础,排除强制执行是确认实体法律关系的结

---

① 中野貞一郎＝下村正明『民事執行法』(青林書院,2016年)281页参照。
② 《日本民事诉讼法》第145条第1款规定:"最终的裁判取决于构成审理过程中的争点之法律关系成立与否的,当事人可以扩张诉讼请求,请求法院就该法律关系作出确认判决,但该确认请求由其他法院专属管辖的情形不在此限。"
③ 平野哲郎『実践民事執行法・民事保全法(第2版)』(日本評論社,2013年)105页参照。
④ 参见赖来焜:《强制执行法总论》,台北,元照出版公司2007年版,第651页。
⑤ 参见胡轶凯:《执行异议制度在实践中的适用与完善》,载《律师与法制》2005年第6期。

果和目的。因为第三人异议之诉具有确认和形成的双重功能,所以,第三人异议之诉是确认之诉和形成之诉融合而成的合成之诉,是一种新的特殊诉讼类型。①

笔者认为,确认给付之诉说在本质上其实仍是消极的给付之诉说,确认形成之诉说也并未脱离形成之诉说或救济之诉说的框架,只是以此为基础试图通过诉的简单合并的方式构建一个解释框架,在说服力上并未超过前述六说。

3. 本书的观点

如前文所述,界定执行异议之诉的法律性质俨然已经成为理论上的棘手难题,任何一种观点虽然都存在一定的合理性,但又在解释了执行异议之诉的部分问题的同时,伴生了另外的缺陷,即使在传统的三大诉讼类型之外提出新的诉讼类型的观点也是如此。客观而言,各种学说都有着不易被超越的理论优势,也存在难以跨越的理论"瓶颈",对其争论持续了上百年之久,本书当然也无力给出一个超越既有学说的观点。但结合我国执行异议之诉的特点,笔者倾向于在传统的诉讼类型框架下,通过"打小补丁"的方式解决这一问题,故新形成之诉说可为首选。

首先,从执行异议之诉的目的来看,虽然第三人对执行标的物享有的实体权利是判断其是否能够排除强制执行的依据,但除非第三人在起诉时同时请求确认对标的物的权属或给付相应的标的物,否则,第三人提起执行异议之诉的根本目的并不在于确权,对标的物权属状态的审查仅是法院实体审查从而最终判断第三人排除强制执行请求能否得到支持的中间状态。如果第三人的财产受到执行机关的不当执行,无论第三人提起的是单纯的给付之诉还是确认之诉,都不可能使执行机关停止强制执行,即单纯的给付之诉判决或确认之诉判决不能对抗强制执行。为了阻止强制执行,第三人只能提起执行异议之诉。因此,执行异议之诉的根本目的就是排除强制执行,确权或给付均非其主要诉讼目的。事实上,当原告不仅提出排除强制执行的诉讼请求,还提出确认实体法律关系的诉讼请求时,此时的诉讼是构成了执行异议之诉与确认之诉的合并,并不需要执行异议之诉将其他类型的诉合并进来而成为一个复合的或新的诉讼类型。

其次,从执行异议之诉性质争论的重要分歧——强制执行请求权究竟是抽象执行请求权还是具体执行请求权。抽象执行请求权说认为,执行机关接受执行债

---

① 参见匡青松、肖述华:《第三人异议之诉性质的新思考》,载《法学杂志》2011年第4期。

权人之请求而实施强制执行时,仅需在形式上就执行债权人有无执行依据进行程序性审查,而无须就其实体法上之请求权是否真正存在进行审查。具体执行请求权说则认为,强制执行制度存在之目的在于满足执行债权人实体法上之请求权,故其欲主张强制执行请求权,必须先享有具体类型之实体法上的请求权。通常采抽象执行请求权说的学者,将执行异议之诉定性为形成之诉;而采具体执行请求权说的学者,大多将其定性为确认之诉或给付之诉,以及救济之诉、命令之诉。笔者赞同前一种观点。审判机关负责审判,执行机关负责执行,这是审执分离原则的基本要求,我国司法体系也概莫能外。因此,判断实体法请求权是否存在属于审判机关的任务,应通过诉讼程序进行,执行机关因债权人(申请执行人)申请开始强制执行时,只需在形式上审查债权人有无执行文书(具有执行力的生效裁判文书等),无须在实质上审查债权人有无实体法请求权。由此可见,强制执行请求权的成立不以实体法请求权的存在为前提。因此,确认之诉、给付之诉均与执行异议之诉不相契合。

最后,从诉讼标的来看,执行异议之诉的目的是达到排除执行机关强制执行的法律效果,该法律效果与实体权利义务无关,是诉讼法特别规定的执行程序中的法律效果,故第三人异议之诉属于诉讼法上的形成之诉。但前已述及,如果第三人对执行标的享有的直接排除强制执行的实体权利,并非第三人异议之诉的诉讼标的,而仅能成为判决的事实理由,不能受到既判力的约束,那么重复诉讼与矛盾判决的问题将难以避免。新形成之诉说则通过依据新诉讼标的理论引入争点效理论,这一途径很好地弥补了这一缺陷。至于争点效的客观范围、诉讼标的与既判力范围的协调等新诉讼标的的一些基础性理论问题,仍有待学界研究进一步深化,但不能因噎废食而成为执行异议之诉法律性质定位的障碍。

二、执行异议之诉制度概览

(一)我国执行异议之诉制度的沿革

我国执行异议之诉制度经历了从无到有、从萌芽到创立又逐步完善的发展阶段。案外人异议审查制度在1982年颁布的《民事诉讼法(试行)》中已有规定,是最早为法律所确认的执行救济制度。1991年《民事诉讼法》第208条及相关司法解释延续了类似规定。由于该阶段我国执行工作整体价值仍然定位于实现债权人的权利,根据上述法律、司法解释的规定,对案外人执行异议的救济的唯一途径是案外人执行异议,由执行员对案外人的异议进行审查,因此,并不存在独立的案外人执行异议之诉。这一制度虽然对案外人实体权利的保护起到了一定的作用,但其缺陷也非常明显。首先,仅规定了实体性救济,未规定程序性救济,对案外人权利的保护不够全面。其次,对案外人实体权利的救济由执行员负责审查,剥夺了案外人的诉权,混淆了审判权与执行权的界限。仅凭程序性的审查手段难以准确判断案外人权益的真实性、合法性和优先性,且存在执行权替代审判权的嫌疑,也不利于对案外人实体权利的保护。再次,驳回案外人异议的裁定不能上诉,一裁终局,剥夺了案外人的审级利益,对案外人程序权利的保护不够充分。最后,中止执行与终结执行的区分不科学,对执行标的物的审查过程一致,仅依据其是否属于法律文书指定的特定物,分别裁定中止执行或终结执行并不科学。①

随着经济社会和法治的不断发展,消除上述案外人异议审查制度的弊端,给案外人实体权利提供充分的诉讼救济,逐渐成为学界与实务界的共识。为了顺应呼声,2007 年修正的《民事诉讼法》在第 204 条正式规定了案外人执行异议之诉制度,我国的案外人执行异议之诉制度正式确立。2012 年《民事诉讼法》第 227 条对该制度予以承继。该条后段规定的"与原判决、裁定无关的,可以自裁定送达之日起十五日内向人民法院提起诉讼"成为案外人执行异议之诉的根据。2008 年《执行程序解释》第 15～20 条对案外人执行异议之诉的具体程序问题进行了规定。2015 年《民诉法解释》第 311～313 条对案外人执行异议之诉作了更为细致的规定,如规定了"足以排除强制执行民事权益"证明责任的承担,以及对案外人提起执行异议之诉与申请执行人提起的执行异议之诉的不同处理情形。2015 年施行的《执行异议复议规定》对案外人执行异议的实体性裁判规则针对部分类型作出了一定的列举性规定,其所体现的标准与规则至今仍被司法实践广泛参照适用于案外人执行异议之诉案件的裁判中。此后,最高人民法院又陆续颁布了《财产保全规定》《仲裁裁决执行规定》《公证债权文书执行规定》等司法解释,将案外人执行异议之诉的适用领域延伸到保全裁定执行、仲裁裁决执行和公证债权文书执行中,进一步扩大了执行异议之诉的覆盖范围。2025 年,最高人民法院颁布了《执行

---

① 参见常怡、崔婕:《完善民事强制执行立法若干问题研究》,载《中国法学》2000 年第 1 期;邵正洪:《执行异议与执行异议之诉——关于改革执行异议制度的思考》,载《法律适用(国家法官学院学报)》2001 年第 8 期;褚丽:《论民事执行救济制度的完善》,载《兰州学刊》2005 年第 4 期;杨红朝:《论我国执行救济制度的缺陷与完善》,载《郑州航空工业管理学院学报(社会科学版)》2005 年第 3 期。

异议之诉解释》,对执行异议之诉的若干程序与实体问题进一步细化。总之,经过十几年的历程,案外人执行异议之诉制度在程序和实体上得到了长足的发展,具备了较为完善的程序体系,实体裁判标准的统一也在向前迈进。案外人执行异议之诉制度的发展历程见表1-1。

表1-1 案外人执行异议之诉制度的发展历程[1]

时间	法律规范	内容	主要发展变化
1982年	《民事诉讼法(试行)》	规定了执行异议的审查程序	确立了执行案外人救济制度
1991年	《民事诉讼法》	同上	同上
1998年	最高人民法院《关于人民法院执行工作若干问题的规定(试行)》	规定了案外人异议的形式要件、审查程序以及案外人异议审查与执行程序的衔接	细化了案外人异议的审查程序
2004年	最高人民法院《关于人民法院民事执行中查封、扣押、冻结财产的规定》	规定了被执行人与案外人所涉财产是否可以查封、扣押、冻结的标准	为案外人异议审查提供了部分实体标准
2007年	《民事诉讼法》	规定了案外人执行异议之诉制度	案外人执行异议之诉制度正式确立
2015年	最高人民法院《关于适用〈中华人民共和国民事诉讼法〉的解释》	对案外人执行异议之诉的程序性事项作出了完善的规定	规范了案外人执行异议之诉的受理标准和裁判方式
2015年	最高人民法院《关于人民法院办理执行异议和复议案件若干问题的规定》	对案外人执行异议的实体性裁判规则作出了一定的列举	进一步明确了案外人异议审查的实体标准,实践中被广泛参照适用于案外人执行异议之诉的审理之中
2016-2018年	最高人民法院《关于人民法院办理财产保全案件若干问题的规定》、最高人民法院《关于人民法院办理仲裁裁决执行案件若干问题的规定》、最高人民法院《关于公证债权文书执行若干问题的规定》	将案外人执行异议之诉的适用领域延伸到保全裁定执行、仲裁裁决执行和公证债权文书执行活动中	案外人执行异议之诉制度覆盖了绝大部分执行领域

---

[1] 参见刘洋:《执行异议之诉立法方向探究》,载《山东法官培训学院学报》2020年第2期。

续表

时间	法律规范	内容	主要发展变化
2025年	最高人民法院《关于审理执行异议之诉案件适用法律问题的解释》	规定了执行异议之诉的管辖、多重查封时执行异议之诉的判决效力等程序性问题，以及不动产买卖等情形下实体权利排除执行的审理规则	对执行异议之诉的若干程序与实体问题进一步细化，尤其是首次为执行异议之诉中部分实体权利排除执行的审理规则提供了明确依据

(二)部分大陆法系国家(地区)执行异议之诉制度

1. 德国

德国的执行救济大致可分为程序性与实体性两种，前者属于执行程序内的救济，一般仅指向执行程序本身，相对比较简单，由执行法院适用裁定程序处理；①后者则是基于实体法上的权利主张，基于实体法的诉讼不是确保遵守强制执行法，而是通过一个强制执行程序外的(事前或事后)诉讼程序来矫正强制执行法得出的结果，使之与实体法相符。基于实体法的特殊强制执行诉讼主要包括:《德国民事诉讼法》第767条规定的执行异议之诉、类推《德国民事诉讼法》第767条的执行名义反对之诉、《德国民事诉讼法》第771条规定的第三人异议之诉、《德国民事诉讼法》第805条规定的优先受偿之诉、《德国民事诉讼法》第878条及以下规定的分配程序中的异议之诉。《德国民事诉讼法》第767条规定，对于判决所确定的请求权本身有抗辩时，债务人可以第一审的受诉法院提起诉讼。② 由此可见，《德国民事诉讼法》第767条的执行异议之诉实际上是债务人为阻止强制执行程序的进行而提起的异议之诉，也可以称为债务人异议之诉，这与我国法上通常以执行异议之诉指代第三人异议之诉是不同的。

与我国法律意义上的执行异议之诉相当的诉讼类型规定在《德国民事诉讼法》第771条。该条规定，第三人主张在强制执行的标的物上有阻止让与的权利时，可以向实施强制执行的地区的法院提起异议之诉。

---

① 参见曹春梅:《第三人异议之诉研究》，西南政法大学2015年博士学位论文。
② 参见[德]奥拉夫·穆托斯特:《德国强制执行法》(第2版)，马强伟译，中国法制出版社2019年版，第245页。

（1）异议事由

第三人在标的物上享有一个阻止让与的权利,这是第三人提起该诉的权利基础。就权利类型而言,主要是第三人对执行标的物享有所有权,这包括按份共有或共同共有,主流观点认为也包括担保所有权、保留所有权。[1] 此外,可以产生阻止强制执行的权利还包括以下情形:第三人是债权的权利"所有"人,或者享有基于信托关系产生的权利,或者是限制物权(质权、用益权等)人等。[2]

（2）管辖

第三人异议之诉开启的是一个新的诉讼纠纷,由执行地的普通法院专属管辖。即使标的物在扣押后转移到其他法院的辖区,在对债务人或其他权利人进行执行时,也由发布扣押命令的执行法院所在地的普通法院专属管辖。

（3）审判

法院受理后,如果第三人依据的异议事由成立,则法院应判决基于该执行名义在特定标的物上的强制执行是不合法的。根据《德国民事诉讼法》第776条第1款的规定,已经实施的执行措施应由相应执行机关撤销。[3]

2. 日本[4]

《日本民事执行法》第38条(第三人异议之诉)规定:"对具体执行标的享有所有权及其他足以阻止执行标的转让或交付的权利的第三人,可以为请求排除强制执行而对债权人提起第三人异议之诉。前一款规定的第三人可以与同款的诉讼合并,就具体执行标的对债务人提起诉讼。第一款的诉讼由执行法院管辖。与第一款的诉讼有关的停止执行的裁判,准用前两条的规定。"

（1）适用对象

第三人异议之诉适用于所有财产的执行,换言之,具体执行标的的财产种类在所不问。只要第三人就具体执行标的所享有的权利或应受保护的法律地位有可能受到强制执行的不当侵害,便可提起第三人异议之诉,请求排除执行。需要注意的是,依照《日本民事保全法》第46条的规定,第三人异议之诉准用于保全措

---

[1] 少数观点则认为,这两种权利下第三人只享有优先受偿权。
[2] 参见[德]奥拉夫·穆托斯特:《德国强制执行法》(第2版),马强伟译,中国法制出版社2019年版,第245页。
[3] 参见[德]奥拉夫·穆托斯特:《德国强制执行法》(第2版),马强伟译,中国法制出版社2019年版,第264页。
[4] 本部分主要参考了北京航空航天大学法学院刘颖教授提供的资料,在此特别表示感谢。

施的情形。如果不应受到保全措施约束的第三人的权利因保全措施而受到侵害,那么就有必要保护该第三人的权利。这一点与执行措施的情形并无不同,因而在此情形下,该第三人可以准用《日本民事执行法》第38条的规定提起第三人异议之诉。①

(2)当事人

第三人异议之诉的原告是主张具体执行标的不属于执行债务人之责任财产的主体。该主体的债权人也可以基于《日本民法典》第423条所规定的债权人代位权提起第三人异议之诉。② 第三人异议之诉的被告为执行债权人。一般认为,执行债务人不具有第三人异议之诉的被告资格。如果执行债务人欲就具体执行标的与第三人之间诉争某一权利的,则其可以自己为原告、以该第三人为被告提起所有权确认之诉等其他诉讼,并请求法院将该诉讼与第三人异议之诉合并审理。③ 由于第三人异议之诉的目的是排除强制执行,因此,原则上只有在自执行程序开始到执行程序终结的这段时间内,第三人才可以提起第三人异议之诉。但是,在以特定物的交付或腾出为内容的强制执行的情形中,由于具体执行标的在执行程序开始前已经被执行名义所特定,并且执行程序将在开始后迅速终结,因此作为例外,第三人在执行程序开始前也可以提起第三人异议之诉。④

与此相对应,无论是哪种内容的强制执行的情形,在执行程序终结后,第三人异议之诉均因欠缺诉的对象而丧失诉的利益。因此,若此时第三人起诉的,法院应当裁定不予受理或予以驳回。但是,第三人将诉讼变更为不当得利返还请求诉讼或损害赔偿请求诉讼的情形,则不在此限。

(3)异议事由

依照《日本民事执行法》第38条第1款的规定,第三人"对具体执行标的享有所有权及其他足以阻止执行标的转让或交付的权利"时,可以提起第三人异议之诉。这里的"所有权及其他足以阻止执行标的转让或交付的权利"乃是第三人异议之诉的理由(诉的原因事实),在学理上又被称为"异议事由"。由于立法并未

---

① 山本和彦ほか編『新基本法コンメンタール民事保全法』(日本評論社,2014年)177頁(伊東俊明執筆部分)参照。
② 平野哲郎『実践民事執行法・民事保全法(第2版)』(日本評論社,2013年)117頁参照。
③ 中西正=中島弘雅=八田卓也『民事執行・民事保全法』(有斐閣,2010年)101頁参照。
④ 中西正=中島弘雅=八田卓也『民事執行・民事保全法』(有斐閣,2010年)101頁参照。

对异议事由进行明确的列举,因而异议事由的类型化便成为解释论的主要任务。学界一般认为,所有权、预告登记、占有权、共有权、用益物权以及租赁权、质权、留置权、债权请求权可以成为异议事由。

(4)管辖

依照《日本民事执行法》第38条第3款的规定,第三人异议之诉由执行法院管辖。这里的执行法院,是指官署意义上的执行法院,即具体执行标的所在地的地方法院,如东京地方法院或大阪地方法院;而不是指具体实施执行程序的执行机关意义上的执行法院,如东京或大阪的执行中心。由于第三人异议之诉的审理对象在于具体执行标的上的权利义务关系或法律关系,因而出于便利审理的考虑,立法者将诉讼交由具体执行标的所在地的地方法院管辖。[1]

(5)审理

第三人异议之诉的审理按照普通程序进行,原则上应当进行口头辩论。在诉讼中,审理的对象为第三人是否享有"足以阻止执行标的转让或交付的权利",而执行名义所判定的权利义务关系是否存在,即执行债权是否存在,则不构成审理的对象。[2]

在审理过程中,作为诉的原因事实,原告应当主张其享有"足以阻止执行标的转让或交付的权利",并对此承担证明责任。相反,被告除对原告主张的异议事由予以否认外,还可以主张足以反驳异议事由的抗辩事实。另外,判例认为,被告可以提出的抗辩还包括原告对异议事由的主张违背诚实信用原则。[3]

(6)判决

法院经审理认为存在异议事由的,则应当判决支持原告的诉讼请求,即在判决主文中宣告不得对特定的财产(具体执行标的)执行。该第三人异议之诉的原告胜诉判决确定后,在当事人之间排除对具体执行标的的执行力,因而执行债权人不得基于其执行名义开始或继续强制执行。但需要注意的是,依照《日本民事执行法》第39条第1款第1项、第40条第1款的规定,作为原告的第三人将已确定的胜诉判决之正本提交到执行机关后,始发生停止或撤销执行的效果。换言

---

[1] 中西正=中島弘雅=八田卓也『民事執行・民事保全法』(有斐閣,2010年)100頁参照。
[2] 山本和彦ほか編『新基本法コンメンタール民事執行法』(日本評論社,2014年)114頁(松村和徳執筆部分)参照。
[3] 最判平成17年7月15日民集59巻6号1742頁。

之,第三人异议之诉本身不具有停止执行的效力。

另外,由于第三人异议之诉判决之既判力的客观范围并不包括具体执行标的上实体权利的归属,即第三人是否享有"足以阻止执行标的转让或交付的权利",它只不过是出现在判决理由中而非判决主文中。因此,第三人异议之诉的当事人就所有权是否存在另行起诉,不与第三人异议之诉的判决之既判力相抵触。当然,第三人异议之诉的判决在后诉中被当事人作为书证提出后,该判决理由中的判断必然会对后诉法院的心证形成产生一定的影响。①

3. 我国台湾地区

我国台湾地区的执行救济制度是指,在当事人或利害关系人受到违法执行或不当执行侵害时请求救济的制度。其中,不当执行是指程序形式合法,但实体上已经侵害债务人或第三人的权利。② 对于违法执行的救济包括声请与声明异议;对不当执行的救济包括债务人与第三人异议之诉。

我国台湾地区"强制执行法"第15条规定:"第三人就执行标的物有足以排除强制执行之权利者,得于强制执行程序终结前,向执行法院对债权人提起异议之诉。如债务人亦否认其权利时,并得以债务人为被告。"

(1)适用对象

第三人异议之诉系第三人对强制执行标的物有足以排除强制执行权利所设之救济制度,而强制执行标的物系一定之财产,事实上亦仅有财产始生第三人有无排除强制执行之权利可言,故第三人异议之诉适用于所有财产之强制执行。凡对于财产执行,不论其请求权性质如何,无论执行系金钱债权强制执行,还是物之交付请求权强制执行,第三人财产权受侵害时,均得提起第三人异议之诉。③

第三人应于强制执行程序终结前提起第三人异议之诉。所谓强制执行程序终结,是指执行标的物的强制执行程序终结,并非指执行名义之执行程序终结。④ 对于金钱债权的强制执行,应当在执行法院开始执行后方可提起异议之诉。对于强制执行程序终结后,如果执行标的物已经拍定,则因拍卖程序不能撤销,执行标的物之强制执行亦无法排除。但执行标的物虽然经拍卖终结,尚未将价金交付债

---

① 平野哲郎『実践民事執行法・民事保全法(第2版)』(日本評論社,2013年)118頁参照。
② 参见吴光陆:《强制执行法》,台北,三民书局2007年版,第169页。
③ 参见赖来焜:《强制执行法总论》,台北,元照出版公司2007年版,第654页。
④ 参见沈建兴:《强制执行法逐条释义》(上),台北,元照出版公司2014年版,第343页。

权人时,第三人仍得提起第三人异议之诉,至于已终结之拍卖程序,不能予以撤销,该第三人仅得请求交付卖得价金。对于执行程序终结前起诉但诉讼中执行程序已经终结的情形,则因此时已丧失依第三人异议之诉排除执行的对象,故如果第三人不变更诉讼请求为损害赔偿或返还不当得利,则应驳回起诉。①

(2)当事人

第三人异议之诉的原告是主张就执行标的物有足以排除强制执行权利的第三人。所谓第三人,是指执行当事人之外的人,即执行名义所示债务人以及我国台湾地区"强制执行法"第4条之二所规定执行名义主观效力所及之人以外的第三人。被告则是申请强制执行的债权人或其继受债权人地位的续行执行人。②

(3)异议事由

对于何种权利足以排除强制执行,我国台湾地区没有明确规定。根据其理论与实践,第三人提起异议的事由一般包括所有权、委建及合建契约房屋之权利、共有权、用益物权、担保物权、保留所有权、让与担保、信托财产权、占有、债权请求权、假处分权利等。③

(4)管辖

第三人的异议应由执行法院专属管辖。具体而言,应由执行处所属法院的民事庭负责审理此类案件。如果需委托其他法院执行时,则应向受委托执行的法院提起第三人异议之诉。④

(5)审理

第三人异议之诉与一般诉讼无异,故应按照通常诉讼程序或简易诉讼程序审理。在举证责任方面,原告应就其主张有排除强制执行的权利负举证责任。被告就原告主张的权利不发生、消灭、妨碍、变更或其他不具对抗要件抗辩的理由负主张与举证责任。在审理时,法院仅须调查原告就执行标的物有无足以排除强制执行的权利,对于被告据以申请强制执行的依据,即是否为虚假债权,并无审查权限,这是债务人异议之诉审查处理的问题。⑤

---

① 参见沈建兴:《强制执行法逐条释义》(上),台北,元照出版公司2014年版,第343-344页。
② 参见赖来焜:《强制执行法总论》,台北,元照出版公司2007年版,第699-701页。
③ 参见赖来焜:《强制执行法总论》,台北,元照出版公司2007年版,第654-699页。
④ 参见赖来焜:《强制执行法总论》,台北,元照出版公司2007年版,第705-710页。
⑤ 参见赖来焜:《强制执行法总论》,台北,元照出版公司2007年版,第714-718页。

(6)判决

第三人的起诉如果无理由,执行法院应判决驳回声明。如果有理由,在执行程序尚未终结时,执行法院应依第三人的声明判决撤销执行程序;在执行程序已经终结时,应判决驳回。第三人获得胜诉判决后,仍须向执行机关报告,才能产生撤销执行程序的效力。①

三、案外人救济制度中的执行异议之诉

在大陆法系的民事诉讼立法传统中,对已确定的民事判决的瑕疵设有救济性的程序规则,即"依法定程序、据法定事由撤销或变更已确定之民事判决并用新的民事判决予以取代,或在后续诉讼程序中作出新的判决以对抗或覆盖已确定民事判决之效力的程序规则"。综观大陆法系的代表性立法例,针对确定判决的瑕疵救济程序主要规定有四种途径:再审之诉、第三人撤销之诉、特别上诉程序以及执行异议之诉。② 在我国法律上,2012年《民事诉讼法》修正增加第三人撤销之诉后,我国的三大案外人救济制度得以正式确立,即案外人申请再审、第三人撤销之诉以及案外人执行异议之诉。由于执行异议系由案外人启动,因此,执行异议之诉的程序定位当然也需建立在与同为案外人救济制度的案外人申请再审、第三人撤销之诉的比较基础之上。

对此,《九民会纪要》进一步梳理了各救济途径之间的关系,对程序启动后案外人不享有程序选择权、案外人依据另案生效判决提起执行异议之诉的处理等诸多热点难点问题进行了回应。《民诉法解释》在规定了第三人撤销之诉和执行异议之诉,明确了诸多具有可操作性的细节,并在第301条、第420条至第422条对第三人撤销之诉、案外人申请再审和执行异议之诉的交叉问题进行了规定。

(一)案外人执行异议之诉与案外人申请再审

《民事诉讼法》第238条规定:"执行过程中,案外人对执行标的提出书面异议的,人民法院应当自收到书面异议之日起十五日内审查,理由成立的,裁定中止对该标的的执行;理由不成立的,裁定驳回。案外人、当事人对裁定不服,认为原判

---

① 参见吴光陆:《强制执行法》,台北,三民书局2007年版,第251-252页。
② 参见丁宝同:《执行异议之诉:比较法视野下的谱系解读》,载《比较法研究》2015年第4期。

决、裁定错误的，依照审判监督程序办理；与原判决、裁定无关的，可以自裁定送达之日起十五日内向人民法院提起诉讼。"据此，诉讼请求是否与原判决、裁定无关就成为区分案外人执行异议之诉与案外人申请再审程序的标志。

为何要将诉讼请求与原判决、裁定是否相关作为区分案外人执行异议之诉与案外人申请再审程序的条件呢？这源于两者所要处理的法律关系的不同。案外人异议之诉针对的是执行标的物的执行行为是否妥当，而案外人申请再审则是针对执行依据所确认的基础关系。具言之，案外人申请再审程序的理论基础，是既判力相对性原则的弱化以及既判力主观范围对案外人的扩张。由于再审程序是为了纠正已经生效裁判的错误而对案件再次进行审理的程序，其所要处理的纠纷是原诉所涉及的纠纷，是在例外情况下允许冲破既判力的程序，因此立法者将原判决、裁定错误作为案外人申请再审程序的适用前提。实践中，原判决、裁定错误的典型情形有二：一是原判决、裁定错误地判令被执行人将案外人所有的特定物交付给申请执行人；二是原判决、裁定错误地将无须承担担保责任的案外人的财产作为担保财产，并判令申请执行人对担保财产享有优先受偿权。

案外人执行异议之诉所要面对的是申请执行人、被执行人和执行机关之间的执行法律关系。其中，执行机关与被执行人之间的法律关系，称作干涉关系。在干涉关系中，执行机关基于国家公权力可以根据执行依据载明的实体法上的请求权强制执行被执行人的财产以满足申请执行人的权利，被执行人负有忍受的义务。不过，此种干涉只能根据法律规定的方式、程序、措施进行。其中，关于被执行人的财产的查明，奉行形式化原则。但因形式物权、权利外观与实质物权、真实权利并非完全一致，故执行机关与被执行人之间的干涉关系可能发生偏离，即干涉关系的承受客体可能由被执行人的财产变成案外人的财产。问题是，因执行依据载明的实体法上的请求权具有相对性，故只有属于被执行人所有或受其支配而用以实现申请执行人实体法上请求权的财产，才能构成执行标的。换言之，申请执行人只能申请执行被执行人的财产，而不能通过执行案外人的财产实现权利。此时，关于执行机关能否执行特定执行标的物即会产生争议，且大陆法系国家和地区赋予案外人的救济路径是执行异议之诉。因此，案外人执行异议之诉所要处理的纠纷，是因执行机关错误干涉案外人的财产，这一不当执行行为引发的关于执行行为或者执行法律关系的纠纷，与申请执行人据以申请强制执行的执行依据所涉及的纠纷，即因当事人的侵权、违约等私法行为引发的关于民事权益或者实体法律关系的纠纷截然不同,是一个全新的纠纷。既然案外人执行异议之诉所要处理的纠纷与申请执行人据以申请强制执行的执行依据所涉及的纠纷毫无关联,案外人执行异议之诉的诉讼请求当然与原判决、裁定无关。①

因此,案外人以其对执行标的享有所有权等足以排除强制执行的民事权益为由,提起执行异议被驳回后,其进一步的诉讼救济方式是提起执行异议之诉,还是对执行依据依照审判监督程序申请再审,关键在于案外人是否对作为执行依据的裁判本身提出异议。案外人执行异议之诉是案外人就执行标的享有足以排除强制执行的权利,请求法院不许对该标的实施执行的诉讼。或者说,案外人执行异议之诉是对驳回其执行异议的裁定不服,请求对执行标的物停止执行而提起的与原裁判无关的诉讼。也就是说,案外人并不认为原裁判内容错误而是有充分的理由能够对抗判决的执行。案外人的诉讼请求与申请执行人据以申请强制执行的执行依据所涉及的纠纷毫无关联,相反,案外人执行异议之诉是以尊重执行依据的裁判结果、承认申请执行人的权利为前提的,即案外人执行异议之诉既不挑战执行依据的既判力,也不废弃执行依据的执行力,而只涉及执行依据对案外人主张民事实体权益的特定执行标的物是否具有执行力。② 案外人申请再审,即案外人对驳回其执行异议的裁定不服,认为原裁判内容错误损害其民事权益的,依照审判监督程序向法院申请再审。此时,案外人的诉讼请求直接与作为执行依据的原判决、裁定所涉及的因当事人的侵权、违约等私法行为引发的关于民事权益或者实体法律关系的纠纷密切相关,案外人申请再审是认为判决、裁定据此作出的认定错误。由此可见,案外人执行异议之诉与案外人申请再审的区别主要体现在:在针对的对象上,案外人执行异议之诉针对的是执行行为所指向的执行标的,而案外人申请再审针对的是已经发生法律效力的判决、裁定、调解书;在提出的主体上,提起案外人执行异议之诉的是执行当事人以外的其他人,案外人申请再审中的案外人是对法院驳回其执行异议的裁定不服,认为原判决、裁定、调解书内容损害其民事权益的案外人。

---

① 参见肖建国、庄诗岳:《指导案例154、155、156号释评——以案外人执行异议之诉相关规定的理解适用为中心》,载微信公众号"人民法院报"2021年3月19日,https://mp.weixin.qq.com/s/K3V69suojUd9grgnxNDFLw。

② 参见肖建国、庄诗岳:《指导案例154、155、156号释评——以案外人执行异议之诉相关规定的理解适用为中心》,载微信公众号"人民法院报"2021年3月19日,https://mp.weixin.qq.com/s/K3V69suojUd9grgnxNDFLw。

综上,案外人在提起执行异议被驳回后,进一步的诉讼救济方式应当根据与原生效法律文书是否有关来选择:案外人执行异议之诉最直接的功能在于排除对执行标的的强制执行,而案外人申请再审的目的在于改变原裁判的结果。故案外人执行异议之诉中,法院执行标的与裁判的标的不同,案外人并不针对裁判本身不服,而对执行标的被强制执行有异议;案外申请再审中,执行标的与裁判标的竞合,案外人既对执行标的有意见又对裁判结果有意见。因此,执行异议之诉针对的仅是执行标的本身,核心在于以案外人是否对执行标的具有足以排除强制执行的民事权益为前提,就强制执行应当继续还是应该停止作出评价和判断;如案外人权利主张所指向的民事权利义务关系或者其诉讼请求所指向的标的物,与作为执行依据的裁判确定的民事权利义务关系或者该权利义务关系的客体具有同一性,执行标的就是生效裁判确定的权利义务关系的特定客体,则属于"认为原判决、裁定错误"的情形,应依照审判监督程序办理。

案外人执行异议之诉与案外人申请再审一般是区别分明的,但在担保物权等优先受偿权人在生效裁判确认了其优先权后,就其优先权客体申请强制执行的情况下,案外人所提异议究竟是否系针对作为执行依据的生效裁判,则在一定程度上存在界限模糊,导致实践中存在认识分歧。一种观点认为,案外人对执行标的享有所有权等民事权益的主张,已经涉及优先权是否合法成立的问题,属于与原判决、裁定有关的事项,系认为原判决、裁定认定抵押权成立错误,因此应通过审判监督程序办理;另一种观点则认为,执行依据没有涉及案外人对执行标的主张所有权等民事权益是否影响优先权成立的问题,案外人对执行标的主张民事权益,不论是否对优先权的成立造成实质影响,均独立于执行依据诉讼标的和裁判范围之外,属于新的实体请求,与原判决、裁定无关,可以提起案外人异议之诉寻求救济。笔者认为,实践中,担保物权等优先受偿权与案外人据以主张排除执行的民事权益成立时间有先后,对相关权益能否有效设立以及是否具有对抗力影响甚巨,故对此问题作"一刀切"式的判断,难免失之于武断,可以区分不同情形加以分析。

1. 担保物权等优先受偿权依法成立后,优先权客体被处分的

(1) 执行依据确定后优先权客体被处分的

需要说明的是,由于能否排除执行的民事权益类型的多样化,故此处所说的"处分"并不限于物权法中的处分行为,而是包括了所有权等权属转让、担保物权设定以及出租等行为。

优先权客体被处分发生于执行依据确定后,执行依据当然不可能对该处分后形成的相关权利作出任何评判,故案外人的实体权益主张与执行依据无关,故其应当通过案外人执行异议之诉寻求救济。

(2) 执行依据确定前优先权客体被处分的

如果执行依据只是对申请执行人有权就该财产优先受偿进行了确认,但由于在优先权成立之后该优先权客体的买受人、担保权人或租赁权人与执行依据所涉案件并非同一法律关系,故该执行依据并未涉及该权益与优先受偿权之间关系。此时,对于优先受偿权的清偿顺位以及是否存在排除优先受偿权实现的其他权利,并非执行依据所认定或裁判的内容,而是应当以该财产实现优先受偿时的具体情况而定。案外人针对该财产主张享有排除强制执行的权利,并非对生效裁判的异议,因此,案外人应当通过案外人执行异议之诉程序寻求进一步的救济。

如果执行依据已经对担保物权等优先受偿权成立后,被执行人处分执行标的的争议问题作出裁决,并认定申请执行人有权就该财产优先受偿,那么案外人无论是基于买受人、担保权人还是租赁权人等身份,均应受执行依据法律效力约束。案外人对此不服的,实际上系对生效裁判存有异议,属于执行依据裁判范围之内的当事人而非执行程序中的案外人,故应通过对执行依据申请再审(如其符合民事诉讼法规定的案外人的,则可通过案外人申请再审)的途径寻求救济。

2. 优先权客体被处分后,担保物权等优先受偿权依法成立的

此种情形在实践中主要表现为:房屋等不动产出卖人(被执行人)将不动产出卖给案外人但未办理转移登记时又为出卖人的债权人(申请执行人)设定抵押并办理了抵押登记;不动产出租人(被执行人)将不动产出租给案外人后又为出卖人的债权人(申请执行人)设定抵押并办理了抵押登记;不动产出卖人(被执行人)将不动产抵押给案外人并办理了抵押登记后又为出卖人的债权人(申请执行人)设定抵押并办理了抵押登记。建设工程价款优先受偿权系法定优先权,产生于承包人承揽工程并开始建设之时,不会晚于建设工程或所建设的不动产被处分,故不符合此情形。金钱质权人系对特定账户中的金钱享有质权,而金钱权属转移适用占有即所有原则,故亦不会存在于此情形下。至于留置权人申请执行与案外人的权利冲突,实践中则极少发生。

(1) 执行依据对优先受偿权成立作出认定的

此时,在案外人对执行标的主张所有权并提出执行异议的情况下,实际上涉

及担保物权的善意取得问题,由于执行依据已经就担保物权的享有作出了认定。因此,担保物权善意取得问题已经被作为执行依据的生效裁判效力所及,案外人属于受执行依据法律效力羁束的当事人,不属于执行程序中的案外人,其对申请执行人的担保物权成立有异议的,应通过申请再审等其他法律途径救济。

不动产出租人(被执行人)将不动产出租给案外人后又为出卖人的债权人(申请执行人)设定抵押并办理了抵押登记,根据《民法典》第406条的规定,此时租赁关系不受该抵押权的影响。据此,案外人是否与被执行人形成了真实有效的租赁关系以及租赁关系形成的时间,对租赁权人能否排除去租约拍卖产生影响。故租赁权人提起排除执行的异议,并非对抵押权成立的异议,因而也并非对执行依据存有异议,故其不应通过对执行依据申请再审来寻求救济,对其可考虑赋予提起执行异议之诉的权利。

不动产出卖人(被执行人)将不动产抵押给案外人并办理了抵押登记后又为出卖人的债权人(申请执行人)设定抵押并办理了抵押登记的,案外人作为抵押权人仅享有对抵押物被执行后的价款的优先受偿权,故其非能够排除强制执行的民事权益,无权提起执行异议之诉。

(2)执行依据未涉及案外人的民事权益是否影响优先受偿权成立问题的

基于前述,这里的民事权益主要是指所有权。既然担保物权等优先受偿权成立于优先权客体被处分之后,则执行依据应当对案外人是否对执行标的享有所有权以及是否影响优先权成立的问题作出认定,这涉及优先权是否合法成立的问题,属于与原判决、裁定有关的事项。此时该执行依据却未予涉及,当事人提出的异议在实质上系认为原判决、裁定认定优先权成立错误,因此应通过审判监督程序办理。

综上分析,就此问题可得出以下结论:金钱债权执行中,作为执行依据的判决、裁定已经确认申请执行人对于执行标的享有担保物权等优先受偿权,案外人提起执行异议被裁定驳回后能否再通过提起执行异议之诉寻求诉讼救济,应当按照下列情形分别处理:(1)案外人主张排除执行的民事权益发生于担保物权等优先受偿权依法成立之后的,案外人可提起执行异议之诉,但执行依据确定前优先权客体被处分的,且执行依据已经对担保物权等优先受偿权成立后被执行人处分执行标的的争议问题作出裁决的除外。(2)案外人主张排除执行的民事权益发生于担保物权等优先受偿权依法成立之前的,案外人无权提起执行异议之诉,但案外人以其对执行标的享有租赁权为由,请求排除去租约拍卖的除外。

对案外人对于担保物权、建设工程价款优先受偿权等优先受偿权人依据生效判决的执行提出异议的诉讼救济程序问题,最高人民法院在2021年2月19日发布的指导案例154号、155号,回应了长期以来的认识分歧。

(二)案外人执行异议之诉与第三人撤销之诉

《民事诉讼法》第59条第3款规定:"前两款规定的第三人,因不能归责于本人的事由未参加诉讼,但有证据证明发生法律效力的判决、裁定、调解书的部分或者全部内容错误,损害其民事权益的,可以自知道或者应当知道其民事权益受到损害之日起六个月内,向作出该判决、裁定、调解书的人民法院提起诉讼。人民法院经审理,诉讼请求成立的,应当改变或者撤销原判决、裁定、调解书;诉讼请求不成立的,驳回诉讼请求。"故第三人撤销之诉是第三人认为原裁判错误损害其民事权益而提起的诉讼。

从上述规定看,第三人撤销之诉与案外人执行异议之诉存在以下区别:(1)功能不同。执行异议之诉的目的在于排除对特定标的的执行;第三人撤销之诉则是通过提起新诉改变生效判决、裁定或者调解书,维护第三人因此受到损害的民事权益。(2)程序不同。执行异议之诉是在执行程序开始后引发的诉讼,须经过执行机构审查和作出裁定的前置程序;第三人撤销之诉可由第三人直接提起,无前置程序要求。(3)主体范围不同。执行异议之诉中的主体有案外人、第三人,案外人可以是实体权利因执行受到损害的不特定第三人;第三人撤销之诉中的第三人,则是因不能归责于本人的事由未参加诉讼的有独立请求权的第三人或无独立请求权的第三人。(4)与原判决、裁定的关系不同。执行异议之诉与原判决、裁定无关;第三人撤销之诉与原判决、裁定相关,针对的仍然是生效法律文书的对错问题,且在诉讼终结后的一定期限内均可适用,而不限于执行阶段。两者的区别与案外人申请再审与执行异议之诉的区别类似,故不再赘述。

此外,根据法律的规定,两者的区别还体现在程序启动后的选择权限制方面。案外人执行异议程序与第三人撤销之诉是两种不同的救济途径,根据《民诉法解释》第301条的规定,按照启动程序的先后,当事人只能选择一种相应的救济程序,不能同时启动两种程序,一旦选定则不允许变更。提出案外人执行异议即属于进入了案外人执行异议救济途径,无论是驳回执行异议裁定作出前还是作出后,均应受所选择的救济途径的约束,对驳回其执行异议裁定不服的,应按照《民事诉讼法》第238条规定要么提起执行异议之诉,要么通过审判监督程序救济;此时当事人提起第三人撤销之诉的,人民法院不予受理。对此,《九民会纪要》第122条也作出了相应的解释。

四、执行救济程序下的执行异议之诉

法谚云:"无救济就无权利。"国家通过立法授予人民法院强制执行的权力应当依法规范行使。由于强制执行权具有范围的广泛性和效力的强制性,并在客观上具有侵犯执行案件当事人以及案外人的潜在风险,因此其如何行使以及是否依法行使,对强制执行程序中所有参与方的利益影响甚巨。这就需要对其进行规范及限制,以确保强制执行权在法律规定的边界内有序运行,避免对执行当事人、利害关系人及案外人的合法权益造成侵害,执行救济制度就是重要的环节。执行救济,通常是指当事人、利害关系人或者案外人的合法权益因违法或不当执行行为受到侵害时,请求给予相应补救的法律制度。[①]

(一)执行行为异议与执行异议之诉

对执行标的进行强制执行,毫无疑问要依托于执行行为方可进行,如此一来,第三人提出的异议所直接指向的均是执行行为。对此,按照当事人或第三人提出异议所依据的权利性质系程序性权利还是实体性权利为标准,可将执行救济分为程序性救济与实体性救济。《民事诉讼法》第236条、第238条即依据这一标准赋予当事人、利害关系人在其合法权益因强制执行受到侵害后的两种救济途径:执行行为异议和案外人实体异议,与此对应的进一步救济程序是执行复议和执行异议之诉。那么,如何在执行程序中对这两者作出正确的区分,就是准确定位执行异议之诉的首要任务。

所谓执行行为异议,从《民事诉讼法》第236条的表述可知,就是对违法执行行为的救济程序,是指针对执行法院作出的具体执行行为是否合法提出的程序性异议,即当事人、利害关系人认为执行行为违反法律规定,侵害其程序性权益的主张。这里的违法执行行为,指的就是强制执行行为违反法律规定侵害了当事人、

---

① 参见江必新主编:《强制执行法理论与实务》,中国法制出版社2014年版,第421页。

利害关系人程序法上的利益,如超标的查封、违法变更执行措施、未经拍卖直接变卖、未先期公告直接查封等。在《韩国民事执行法》中规定有33项可提执行异议之事由,像执行之方法、执行之程序以及其他侵害利益的情况,最终会导致相关利害关系人的权利受损。但其围绕的还是执行程序上是否有形式或程序上的缺陷,因为这是一个事实关系而不是实体法上理由,所以不能获得执行异议之诉的救济。①《执行异议复议规定》对此进行了明确列举性的规定。其中,第5条规定了以下几种情形和兜底条款:(1)认为人民法院的执行行为违法,妨碍其轮候查封、扣押、冻结的债权受偿的;(2)认为人民法院的拍卖措施违法,妨碍其参与公平竞价的;(3)认为人民法院的拍卖、变卖或者以物抵债措施违法,侵害其对执行标的的优先购买权的;(4)认为人民法院要求协助执行的事项超出其协助范围或者违反法律规定的;(5)认为其他合法权益受到人民法院违法执行行为侵害的。第7条第1款针对执行过程中或者执行保全、先予执行裁定过程中执行行为规定了两种情形和兜底条款:(1)查封、扣押、冻结、拍卖、变卖、以物抵债、暂缓执行、中止执行、终结执行等执行措施;(2)执行的期间、顺序等应当遵守的法定程序;(3)人民法院作出的侵害当事人、利害关系人合法权益的其他行为。

因此,除了执行异议之诉与执行行为异议分别处于审判程序和执行程序这种形式上显而易见的区别之外,两者的区别主要可归纳为以下几点:

1. 依据的基础权利不同。案外人提出执行行为异议的依据是其程序权利受到了侵害,其表现情形已如前述。执行异议之诉则依托于执行程序中案外人提出的实体异议,这一实体异议所依据的基础权利是其实体权利受到了侵害。一般表现为所有权、地役权等物权性质的权利,但也可能是特殊的债权。② 需要说明的是,除了当事人,法律对于提起执行行为异议的称为利害关系人,而提起实体异议的则称为案外人,两者其实都是案外人,只不过前者是程序权利受到侵害的案外人,后者是实体权利受到侵害的案外人。

2. 程序目的不同。执行行为异议指向的是法院的执行程序,目的是纠正违法

---

① 参见[韩]姜大成:《韩国民事执行法》,朴宗根译,法律出版社2010年版,第170-171页。转引自陈克:《执行异议之诉的处理框架、审理阶段及可变因素(一)》,载微信公众号"天同诉讼圈"2018年9月4日,https://mp.weixin.qq.com/s/UL6eqMZSjktrdkowLxc6oA。

② 参见江必新、刘贵祥主编:《最高人民法院关于人民法院办理执行异议和复议案件若干问题规定理解与适用》,人民法院出版社2015年版,第110页。

的执行行为,保证公民公法上的程序权利和利益不受非法侵害,并不以排除执行行为必要。案外人实体异议指向的是法院正在执行的标的物,目的是排除法院对某一执行标的物的执行,保护其私法上的实体权利不受侵害。[1] 后者解决是确定哪个权利具有支配地位。根据案外人所享权利对标的物支配程度之差异,有的权益根本就不能容忍查控阶段的查封、扣押、冻结措施对其侵害,像完全所有权;有的权益侵害到变价阶段才不能接受,像生效裁判确定的基于不转移财产权属为目的的合同项下返还请求权。[2]

3. 程序的功能不同。执行行为异议的功能就在于纠正违法的执行行为,故要围绕着执行行为的合法性进行审查,审查的结果是撤销或者变更执行行为。案外人实体异议以及执行异议之诉的功能则在于识别执行标的是属于被执行人的责任财产还是案外人的财产,并进而判断案外人对执行标的的权利是否足以排除强制执行,并不关注执行行为是否合法的问题。

实践中,当然也不排除程序上的缺陷与实体上的缺陷并存之可能,该案外人可主张合法占有权提起执行异议之诉,也可因执行瑕疵提起执行行为异议。[3] 对此,《执行异议复议规定》第 8 条采用"基础权利+目的"标准进行了区分:(1)"基础权利及目的竞合"的情形。案外人提出两类异议,所依据的基础权利都是实体权利,提出异议的目的也都是请求人民法院停止对特定标的物的执行,但其形式上既对执行标的又对执行行为提出异议。此时,只要对其实体异议进行审查,执行行为异议就没有审查的必要,此即实体异议吸收程序异议。[4] 究其原因,这种吸收的基础在于异议的根源只有一个,即异议人对执行标的的实体权利。因为如果案外人对执行标的不享有实体利益,那么即使执行程序违法,也与案外人没有实质上的法律关系,案外人根本就没有提起程序异议的利益;如果案外人对执行标的排除执行的实体权利成立,则随着对执行标的执行行为的阻却,案外人关于执

---

[1] 参见江必新、刘贵祥主编:《最高人民法院关于人民法院办理执行异议和复议案件若干问题规定理解与适用》,人民法院出版社 2015 年版,第 110 页。

[2] 参见陈克:《执行异议之诉的处理框架、审理阶段及可变因素(一)》,载微信公众号"天同诉讼圈"2018 年 9 月 4 日,https://mp.weixin.qq.com/s/UL6eqMZSjktrdkowLxc6oA。

[3] 参见[韩]姜大成:《韩国民事执行法》,朴宗根译,法律出版社 2010 年版,第 170-171 页。转引自陈克:《执行异议之诉的处理框架、审理阶段及可变因素(一)》,载微信公众号"天同诉讼圈"2018 年 9 月 4 日,https://mp.weixin.qq.com/s/UL6eqMZSjktrdkowLxc6oA。

[4] 参见江必新、刘贵祥主编:《最高人民法院关于人民法院办理执行异议和复议案件若干问题规定理解与适用》,人民法院出版社 2015 年版,第 112 页。

行行为违法的程序异议实质上也变相得到了支持。(2)"主体竞合"的情形。当事人以外的人既以实体权利为基础提出案外人异议,又提出与实体权利无关的执行行为异议。异议的目的分别是阻止对特定标的物的执行和纠正违法的执行,实际上是同一个异议主体分别作为案外人和利害关系人提出了两类不同性质的异议,[1]实体异议和程序异议没有法律上的联结点,故自然可以适用不同的救济程序加以处理。

(二)案外人异议与执行异议之诉

与德国、日本的程序设计均不同,我国《民事诉讼法》将案外人异议程序作为执行异议之诉的前置程序,案外人或申请执行人提起异议之诉前,必须先经案外人异议程序审查并作出裁定。之所以作出这样的程序设计,是因为考虑到审判程序比较复杂,如果对所有的案外人提出的异议不经审查便直接进入审判程序,不仅影响执行效率,还可能给一部分债务人拖延履行留下空间,不利于债权的及时实现。实际上,一部分案外人异议仅通过执行机构的初步审查即可得到解决。[2]

案外人异议程序和执行异议之诉虽然同属于对执行程序中的案外人提供的救济程序,并且都是对案外人对执行标的是否享有民事权益、是否足以排除强制执行进行审查判断,但在审查标准上存在差异。这主要是因为强制执行贵在迅速、及时,因此,执行机关在执行程序中面对案外人异议也主要遵循的是形式判断原则,即依外观事实对是否属于被执行人的财产予以认定。换言之,基于执行效率及审执分离的要求,强制执行仅对执行标的物的权属状况进行形式审查,对具有权利外观的执行标的的强制执行即为合法执行。[3] 囿于该程序的设置目的和审查期限的限制,即便进行一定的实体审查,也不可能非常全面和深入,更不可能替代审判程序的功能。执行异议之诉作为衔接执行异议的后续诉讼程序,是一个独立于执行异议的完整实体审理程序,其价值取向是公平优先、兼顾效率,通过实质审查的方式对执行标的权属进行认定,进而作出案外人享有的民事权益是否足以

---

[1] 参见江必新、刘贵祥主编:《最高人民法院关于人民法院办理执行异议和复议案件若干问题规定理解与适用》,人民法院出版社2015年版,第112页。
[2] 参见姚红主编:《中华人民共和国民事诉讼法释义》,法律出版社2007年版,第324-325页。
[3] 参见许士宦:《强制执行法》(第2版),台北,新学林出版股份有限公司2017年版,第159页。

排除强制执行的判断,以实现对案外人或者申请执行人民事权益的实体性救济。①通过执行异议之诉,就案外人的权益可否排除执行进行实质审查,这是为当事人提供必要的诉讼救济的需要,也是审执分离原则下的必然选择。执行异议之诉系普通民事诉讼程序、实体性救济程序,当然应当以实体法为审查依据,故应当坚持实体审查原则,而不应混淆执行异议和执行异议之诉的审查标准,直接以执行异议的审查标准代替执行异议之诉的审查标准则更不可取。

强制执行属于非基于法律行为而发生的物权变动,被强制执行的应为被执行人的财产,此时应实事求是地根据财产的实质归属确定执行标的物,不适用外观主义。② 执行救济制度与强制执行密切联系,③旨在维护被执行人与案外人的正当权益。④ 案外人异议之诉为案外人对抗国家公权力侵害提供了救济渠道,案外人通过提供证据证明其享有权利的正当性,以真实权利排斥权利表象,⑤以此来排除法院不当执行给其造成的实体损害,确保执行行为的正当性。⑥ 因此,案外人异议之诉应当穿透外部公示而注重其内部实质财产权益归属,从而确保执行行为的合法性和正当性,兼顾执行效率与公平。在执行异议之诉中,案外人是否享有排除执行标的转让、交付的实体权利,是审理该类案件所要审查的核心内容。这涉及民法典、公司法、知识产权法等诸多实体法领域,因此,执行异议之诉案件的裁判必然无法脱离实体法规范而独立运行。与执行异议程序中原则上进行形式审查不同,在执行异议之诉中,判断案外人是否享有足以排除执行的实体权利,应当进行实质性审查,从案外人提出执行异议所依据的实体权利类型出发,审查其主张实体权利的相应法律基础,如民法典中关于财产权属、担保权、夫妻共同财产认定的规定,公司法中关于股权认定的规定,知识产权法中关于无形资产产权认定的规定等。

---

① 参见最高人民法院民事判决书,(2022)最高法民终34号,载《最高人民法院公报》2023年第6期。
② 参见崔建远:《论外观主义的运用边界》,载《清华法学》2019年第5期。
③ Brox/Walker, Zwangsvolstrechungsrecht, 8. Aufl. ,2008, S.537.
④ 参见张卫平:《案外人异议之诉》,载《法学研究》2009年第1期。
⑤ 参见肖建国:《执行标的实体权属的判断标准——以案外人异议的审查为中心的研究》,载《政法论坛》2010年第3期。
⑥ 参见唐力:《案外人执行异议之诉的完善》,载《法学》2014年第7期。

五、执行异议之诉与破产程序的冲突与衔接

债务人陷入被强制执行的境地本身就在一定程度上说明其责任财产的匮乏，以及因资不抵债而滑入破产程序的可能。因此，在执行异议之诉审理过程中，人民法院又受理了被执行人破产申请的情况并不少见。此时，执行异议之诉是否能够继续审理？现行法律对此并无明确规定。对此问题，存在不同认识。

一种观点认为，破产重整程序是对债务人财产进行清理或对破产企业重新整合的法定程序，无论企业最终是重整还是清算，均不能替代对债权人债权优先性的实体确定。通过执行异议之诉的审理确认各方当事人的实体权益，是破产程序中确认债务人破产财产范围的前提和依据之一。因此，被执行人进入破产程序不影响申请执行人提起执行异议之诉的诉权。[1]

另一种观点认为，被执行人进入破产程序后，执行程序应当中止，保全措施也应解除。如已不存在对执行标的恢复执行的可能，则执行异议之诉的前提与基础已不存在，而且被执行人进入破产程序后，申请执行人的债权应向管理人申报，在破产程序中清偿。案外人可通过行使取回权等方式在破产程序中实现利益，因此无论是申请执行人还是案外人，对执行异议之诉不再具有诉的利益。[2] 因此，人民法院受理破产申请后，执行异议之诉没有继续审理的必要。

笔者认为，上述两种观点均过于绝对。第一种观点没能够正确区分执行异议之诉与取回权诉讼的功能。执行异议之诉和案外人行使取回权的过程中均需审查案外人对争议财产是否享有民事权益，但该两种制度不能相互替代，执行异议之诉并不能完全实现破产取回权制度的功能。执行异议之诉聚焦于单个的强制执行程序中特定的案外人与申请执行人之间对执行标的的权利比较；取回权诉讼则是需要审视在该标的物上存在的全部权利，在此基础上判断是否属于债务人财产。因此，案外人能够请求排除强制执行，但不一定能在破产程序中从管理人处取回财产。譬如，无过错不动产买受人提起的请求排除普通金钱债权执行的执行异议之诉应符合的条件要比排除享有担保物权的金钱债权的执行条件低。因此，如果案外人获得了排除普通金钱债权执行的胜诉判决，但由于该执行标的上存在担保物权，且案外人并不具备排除享有担保物权的金钱债权的执行，故案外人即

---

[1] 参见最高人民法院民事判决书，(2022)最高法民终34号，载《最高人民法院公报》2023年第6期。
[2] 参见最高人民法院民事裁定书，(2017)最高法民申3099号。

便获得了执行异议之诉的胜诉判决,但由于该标的物上存在担保物权,案外人也无法通过执行异议之诉的胜诉判决在破产程序中行使取回权。[①] 此外,就行使程序看,在取回权诉讼之前,破产管理人享有判断案外人能否取回争议财产的职权。因此,如果以执行异议之诉的结果直接作为取回权行使的依据,则破产管理人就没有行使其自我判断的职权空间,相当于架空了破产管理人的部分职权。[②] 因此,不能因为执行异议之诉也涉及责任财产的判断问题就认为其可在破产程序启动后替代破产取回权诉讼,进而认为执行异议之诉就应当继续审理。第二种观点则没有能够认识到破产程序走向的复杂性。执行异议之诉必须以执行程序的存在为基础。受理破产后,破产程序的走向会有多种,而这与强制执行程序会否恢复存在直接关系,因此执行异议之诉案件是否还应继续审理主要需根据破产程序的不同阶段而确定。

对此问题,《执行异议之诉解释》第9条规定:"执行异议之诉案件审理或者再审申请审查期间,人民法院裁定受理被执行人破产案件的,执行异议之诉案件应当中止审理或者审查,管理人接管债务人财产后,执行异议之诉案件可以继续审理或者审查。"该条规定看起来似乎只是对《企业破产法》第20条的规定在执行异议之诉方面的重复,对于管理人接管债务人财产之后执行异议之诉的走向,其似乎倾向于第一种观点,即继续审理。但笔者认为不应这么理解。该条规定应当理解为开放式的不完全法条,其仅仅指出了在被执行人进入破产程序后执行异议之诉存在继续审理的可能性,但并未对此进一步具体化。实际上,根据《企业破产法》第19条的规定,被执行人进入破产程序的,针对其的执行程序应当中止,此时以排除执行为目的的执行异议之诉原则上也应相应中止。在此原则基础上,应进一步根据破产程序的不同阶段确定执行异议之诉是否应继续进行。

1. 人民法院受理破产申请后至破产宣告前,执行程序中止但未确定是否终止时,执行异议之诉应中止审理。根据《企业破产法》第19条的规定,人民法院受理破产申请的法律效果是执行程序的中止而非终止。根据《企业破产法》第12条的规定,在人民法院受理破产申请后至破产宣告前,发现债务人不符合破产条件,应

[①] 参见谢素恒:《破产程序启动对执行异议之诉审理的影响》,载《人民法院报》2019年8月29日,第7版。

[②] 参见谢素恒:《破产程序启动对执行异议之诉审理的影响》,载《人民法院报》2019年8月29日,第7版。

当驳回破产申请。因此,在破产申请受理后还存在执行程序恢复的可能。在恢复强制执行后,执行异议之诉当然有继续审理的必要。只是因为执行程序的走向不明,为诉讼经济的考虑,在破产宣告之前执行异议之诉以中止审理为宜。

2. 人民法院受理破产申请后至破产宣告前,执行程序已确定终止时,执行异议之诉应终止审理。破产程序启动后,根据《企业破产法》第70条、第95条、第107条的规定,破产程序还有重整、和解与清算三条路径。根据《企业破产法》的相关规定,破产宣告前,重整计划或者和解协议经人民法院裁定批准后,对债务人和全体债权人或和解债权人均有约束力。如果债务人不能执行或者不执行重整计划或和解协议的,人民法院应当裁定终止重整计划或者和解协议,并宣告债务人破产。如果重整计划或者和解协议执行成功的,各债权人的利益将通过重整计划或者和解协议得以实现。因此,只要重整计划或者和解协议得到人民法院批准,则破产程序的走向就基本可以确定,即要么因重整或和解成功而清偿相应债务、减免相应债务或顺延债务清偿期限,要么因重整或和解失败而进入破产清算程序。无论哪种走向,执行程序均不可能再行恢复。故此时执行异议之诉应终止审理。

3. 破产宣告前,人民法院裁定终结破产程序后,执行异议之诉是否继续审理需根据破产终结原因来确定。根据《企业破产法》第108条的规定,破产宣告前,第三人为债务人提供足额担保或为债务人清偿全部到期债务,或者债务人已清偿全部到期债务的,人民法院裁定终结破产程序。在这种情况下,根据《破产法解释(二)》第8条第1款的规定,人民法院应按照原有保全顺序恢复原有保全措施。因此,如果终结破产程序的原因是全部到期债务得到清偿,则不会恢复原有强制执行,执行异议之诉应终止审理。如果终结破产程序的原因是第三人提供足额担保,则恢复原有保全措施仍存在对原执行标的继续强制执行的问题,则执行异议之诉应继续审理。①

4. 破产宣告后,债务人进入破产清算程序。此时,通过破产清算程序这一概括清偿程序来对债务人企业的责任财产进行分配。分配完结后或者无财产可供分配的,破产程序终结,债务人企业也将予以注销,此时,不存在对执行标的恢复强制执行程序的可能,执行异议之诉当然应终止审理。

---

① 参见谢素恒:《破产程序启动对执行异议之诉审理的影响》,载《人民法院报》2019年8月29日,第7版。

规范依据

《民事诉讼法》

第五十九条 对当事人双方的诉讼标的,第三人认为有独立请求权的,有权提起诉讼。

对当事人双方的诉讼标的,第三人虽然没有独立请求权,但案件处理结果同他有法律上的利害关系的,可以申请参加诉讼,或者由人民法院通知他参加诉讼。人民法院判决承担民事责任的第三人,有当事人的诉讼权利义务。

前两款规定的第三人,因不能归责于本人的事由未参加诉讼,但有证据证明发生法律效力的判决、裁定、调解书的部分或者全部内容错误,损害其民事权益的,可以自知道或者应当知道其民事权益受到损害之日起六个月内,向作出该判决、裁定、调解书的人民法院提起诉讼。人民法院经审理,诉讼请求成立的,应当改变或者撤销原判决、裁定、调解书;诉讼请求不成立的,驳回诉讼请求。

第二百一十条 当事人对已经发生法律效力的判决、裁定,认为有错误的,可以向上一级人民法院申请再审;当事人一方人数众多或者当事人双方为公民的案件,也可以向原审人民法院申请再审。当事人申请再审的,不停止判决、裁定的执行。

第二百三十六条 当事人、利害关系人认为执行行为违反法律规定的,可以向负责执行的人民法院提出书面异议。当事人、利害关系人提出书面异议的,人民法院应当自收到书面异议之日起十五日内审查,理由成立的,裁定撤销或者改正;理由不成立的,裁定驳回。当事人、利害关系人对裁定不服的,可以自裁定送达之日起十日内向上一级人民法院申请复议。

第二百三十八条 执行过程中,案外人对执行标的提出书面异议的,人民法院应当自收到书面异议之日起十五日内审查,理由成立的,裁定中止对该标的的执行;理由不成立的,裁定驳回。案外人、当事人对裁定不服,认为原判决、裁定错误的,依照审判监督程序办理;与原判决、裁定无关的,可以自裁定送达之日起十五日内向人民法院提起诉讼。

《企业破产法》

第十二条 人民法院裁定不受理破产申请的,应当自裁定作出之日起五日内送达申请人并说明理由。申请人对裁定不服的,可以自裁定送达之日起十日内向上一级人民法院提起上诉。

人民法院受理破产申请后至破产宣告前,经审查发现债务人不符合本法第二条规定情形的,可以裁定驳回申请。申请人对裁定不服的,可以自裁定送达之日起十日内向上一级人民法院提起上诉。

第十九条 人民法院受理破产申请后,有关债务人财产的保全措施应当解除,执行程序应当中止。

第二十条 人民法院受理破产申请后,已经开始而尚未终结的有关债务人的民事诉讼或者仲裁应当中止;在管理人接管债务人的财产后,该诉讼或者仲裁继续进行。

第七十九条 债务人或者管理人应当自人民法院裁定债务人重整之日起六个月内,同时向人民法院和债权人会议提交重整计划草案。

前款规定的期限届满,经债务人或者管理人请求,有正当理由的,人民法院可以裁定延期三个月。

债务人或者管理人未按期提出重整计划草案的,人民法院应当裁定终止重整程序,并宣告债务人破产。

第八十六条 各表决组均通过重整计划草案时,重整计划即为通过。

自重整计划通过之日起十日内,债务人或者管理人应当向人民法院提出批准重整计划的申请。人民法院经审查认为符合本法规定的,应当自收到申请之日起三十日内裁定批准,终止重整程序,并予以公告。

第八十八条 重整计划草案未获得通过且未依照本法第八十七条的规定获得批准,或者已通过的重整计划未获得批准的,人民法院应当裁定终止重整程序,并宣告债务人破产。

第九十三条第一款 债务人不能执行或者不执行重整计划的,人民法院经管理人或者利害关系人请求,应当裁定终止重整计划的执行,并宣告债务人破产。

第九十八条 债权人会议通过和解协议的,由人民法院裁定认可,终止和解程序,并予以公告。管理人应当向债务人移交财产和营业事务,并向人民法院提交执行职务的报告。

第九十九条 和解协议草案经债权人会议表决未获得通过,或者已经债权人会议通过的和解协议未获得人民法院认可的,人民法院应当裁定终止和解程序,并宣告债务人破产。

第一百零四条第一款 债务人不能执行或者不执行和解协议的,人民法院经和解债权人请求,应当裁定终止和解协议的执行,并宣告债务人破产。

第一百零五条 人民法院受理破产申请后,债务人与全体债权人就债权债务的处理自行达成协议的,可以请求人民法院裁定认可,并终结破产程序。

第一百零七条 人民法院依照本法规定宣告债务人破产的,应当自裁定作出之日起五日内送达债务人和管理人,自裁定作出之日起十日内通知已知债权人,并予以公告。

债务人被宣告破产后,债务人称为破产人,债务人财产称为破产财产,人民法院受理破产申请时对债务人享有的债权称为破产债权。

《民诉法解释》

第三百零一条 第三人提起撤销之诉后,未中止生效判决、裁定、调解书执行的,执行法院对第三人依照民事诉讼法第二百三十四条规定提出的执行异议,应予审查。第三人不服驳回执行异议裁定,申请对原判决、裁定、调解书再审的,人民法院不予受理。

案外人对人民法院驳回其执行异议裁定不服,认为原判决、裁定、调解书内容错误损害其合法权益的,应当根据民事诉讼法第二百三十四条规定申请再审,提起第三人撤销之诉的,人民法院不予受理。

第四百二十条 必须共同进行诉讼的当事人因不能归责于本人或者其诉讼代理人的事由未参加诉讼的,可以根据民事诉讼法第二百零七条第八项规定,自知道或者应当知道之日起六个月内申请再审,但符合本解释第四百二十一条规定情形的除外。

人民法院因前款规定的当事人申请而裁定再审,按照第一审程序再审的,应当追加其为当事人,作出新的判决、裁定;按照第二审程序再审,经调解不能达成协议的,应当撤销原判决、裁定,发回重审,重审时应追加其为当事人。

第四百二十一条 根据民事诉讼法第二百三十四条规定,案外人对驳回其执行异议的裁定不服,认为原判决、裁定、调解书内容错误损害其民事权益的,可以自执行异议裁定送达之日起六个月内,向作出原判决、裁定、调解书的人民法院申请再审。

第四百二十二条 根据民事诉讼法第二百三十四条规定,人民法院裁定再审后,案外人属于必要的共同诉讼当事人的,依照本解释第四百二十条第二款规定处理。

案外人不是必要的共同诉讼当事人的,人民法院仅审理原判决、裁定、调解书对其民事权益造成损害的内容。经审理,再审请求成立的,撤销或者改变原判决、裁定、调解书;再审请求不成立的,维持原判决、裁定、调解书。

《执行异议之诉解释》

第九条 执行异议之诉案件审理或者再审申请审查期间,人民法院裁定受理被执行人破产案件的,执行异议之诉案件应当中止审理或者审查,管理人接管债务人财产后,执行异议之诉案件可以继续审理或者审查。

《九民会纪要》

122.【程序启动后案外人不享有程序选择权】 案外人申请再审与第三人撤销之诉功能上近似,如果案外人既有申请再审的权利,又符合第三人撤销之诉的条件,对于案外人是否可以行使选择权,民事诉讼法司法解释采取了限制的司法态度,即依据民事诉讼法司法解释第303条的规定,按照启动程序的先后,案外人只能选择相应的救济程序:案外人先启动执行异议程序的,对执行异议裁定不服,认为原裁判内容错误损害其合法权益的,只能向作出原裁判的人民法院申请再审,而不能提起第三人撤销之诉;案外人先启动了第三人撤销之诉,即便在执行程序中又提出执行异议,也只能继续进行第三人撤销之诉,而不能依《民事诉讼法》第227条申请再审。

典型案例

1. 指导案例154号:王四光诉中天建设集团有限公司、白山和丰置业有限公司案外人执行异议之诉案

案例索引: 人民法院案例库入库编号2021-18-2-471-001/民事/执行异议之诉/最高人民法院/2019.03.28/(2019)最高法民再39号/再审/入库日期:2023.08.24。

裁判要旨: 在建设工程价款强制执行过程中,房屋买受人对强制执行的房屋提起案外人执行异议之诉,请求确认其对案涉房屋享有可以排除强制执行的民事权益,但不否定原生效判决确认的债权人所享有的建设工程价款优先受偿权的,属于民事诉讼法第二百二十七条规定的"与原判决、裁定无关"的情形,人民法院应予依法受理。

2. 指导案例155号:中国建设银行股份有限公司怀化市分行诉中国华融资产管理股份有限公司湖南省分公司等案外人执行异议之诉案

案例索引: 人民法院案例库入库编号2021-18-2-471-002/民事/执行异

议之诉/最高人民法院/2019.09.23/(2019)最高法民终603号/二审/入库日期：2023.08.24。

裁判要旨：在抵押权强制执行中，案外人以其在抵押登记之前购买了抵押房产，享有优先于抵押权的权利为由提起执行异议之诉，主张依据《最高人民法院关于人民法院办理执行异议和复议案件若干问题的规定》排除强制执行，但不否认抵押权人对抵押房产的优先受偿权的，属于民事诉讼法第二百二十七条规定的"与原判决、裁定无关"的情形，人民法院应予依法受理。

3. 孙昌明与江苏威特集团有限公司、盐城经济开发区祥欣农村小额贷款有限公司案外人执行异议纠纷案

案例索引：最高人民法院(2013)民提字第207号民事裁定书，载《最高人民法院公报》2015年第7期(总第225期)。

裁判要旨：执行异议之诉是对案外人权利保护提供的司法救济途径，针对的是执行行为本身，核心在于以案外人是否对执行标的具有足以阻却执行程序的正当权利为前提，就执行程序应当继续还是应该停止做出评价和判断。如案外人权利主张所指向的民事权利义务关系或者其诉讼请求所指向的标的物，与原判决、裁定确定的民事权利义务关系或者该权利义务关系的客体具有同一性，执行标的就是作为执行依据的生效裁判确定的权利义务关系的特定客体，其则属于"认为原判决、裁定错误"的情形，应依照审判监督程序办理。

4. 中国建设银行股份有限公司怀化市分行与中国华融资产管理股份有限公司湖南省分公司等案外人执行异议之诉案

案例索引：最高人民法院(2022)最高法民终34号民事判决书，载《最高人民法院公报》2023年第6期(总第322期)。

裁判要旨：执行异议之诉案件可参照适用《最高人民法院关于人民法院办理执行异议和复议案件若干问题的规定》进行审查处理，同时需基于案件具体情况对案外人是否享有足以排除强制执行的民事权益进行实质审查。

5. 马艳香诉中国华融资产管理股份有限公司甘肃省分公司、陕西航龙置业有限公司、李龙官、刘美容案外人执行异议之诉案

案例索引：(2019)最高法民终520号，最高人民法院第六巡回法庭2019年度参考案例之二十二。

裁判要旨：依据民事诉讼法第二百二十七条规定，案外人执行异议被驳回后，其异议与原判决、裁定无关的,可以向人民法院提起案外人执行异议之诉。据此,虽执行标的系生效裁判文书确认的抵押物,但案外人的诉讼请求并不否定生效裁判文书关于确认抵押权的内容,而是主张其对执行标的享有的民事权益足以排除强制执行的,人民法院应予受理。

6. 杜某某诉天津某百货站、天津某物业公司案外人执行异议之诉案

案例索引:人民法院案例库入库编号 2023-01-2-471-001/民事/执行异议之诉/最高人民法院/2021.11.02/(2021)最高法民终 581 号/二审/入库日期:2024.02.21。

裁判要旨:案外人针对人民法院作出的保全裁定或者保全裁定实施过程中的执行行为不服,基于实体权利对被保全财产提出书面异议,提起案外人执行异议之诉的前提条件为被保全财产为"对诉讼争议标的以外的财产"。本案原告的诉讼请求为金钱债权,与被保全查封房产不属同一争议标的。案外人起诉主张排除对保全房屋的查封行为,属于"对诉讼争议标的以外的财产"提出异议,人民法院应予受理。

7. 某村民小组、某经济合作社诉某贸易公司、林某沅、某实业公司案外人执行异议之诉案

案例索引:人民法院案例库入库编号 2024-01-2-471-001/民事/执行异议之诉/广东省高级人民法院/2023.10.10/(2023)粤民终 4470 号/二审/入库日期:2024.12.11。

裁判要旨:执行异议之诉不涉及对执行依据本身对错的评判问题。案外人所提执行异议和执行异议之诉指向的特定标的物不应是执行依据已经确定执行的标的物。执行异议之诉的当事人,不能提出意在推翻作为执行依据的法院生效裁判的诉讼主张。当事人对作为执行依据的生效裁判不服,可以通过审判监督程序寻求救济。案外人认为作为执行依据的生效裁判存在错误损害其合法权益的,可以通过第三人撤销之诉或案外人申请再审制度寻求救济。在执行依据为仲裁裁决和仲裁调解书的情况下,当事人可以依法申请法院不予执行仲裁裁决和仲裁调解书,但不能通过执行异议之诉提出意在推翻仲裁裁决事项的主张。

第二章 执行异议之诉与执行程序的关系

——以执行终结、执行标的已处分的情形为例

执行异议之诉的重要特征之一就是其衍生诉讼的地位。执行程序是执行异议之诉存在的基础,执行异议之诉是执行程序的衍生诉讼。执行异议之诉因执行程序而产生,围绕执行标的而展开,服务于执行行为能否成立。[1] 因此,执行程序的演进与执行异议之诉的关系,是执行异议之诉中必须面对的基础性问题。执行异议之诉要解决的就是案外人对执行标的是否享有足以排除强制执行的民事权益并进而排除强制执行。因此,根据《民事诉讼法》第 238 条、《民诉法解释》第 462 条的规定,案外人对执行标的提出异议的,应当在该执行标的的执行程序终结前提出。否则,将因人民法院审查的对象不复存在而使执行异议及执行异议之诉的审查没有意义。但实践中存在执行异议之诉案件审理过程中发生了执行标的已处分或执行程序终结的情形,此时执行异议之诉应如何处理,《民事诉讼法》《民诉法解释》未作规定。《执行异议之诉解释》第 6 条、第 7 条针对这一情况进行了规定,本章以此为中心展开探讨。

一、执行程序终结的含义

所谓执行程序终结,有广义和狭义之分。广义的执行程序终结,是指基于执行依据所为之强制执行程序完全终了,主要包含因申请执行人的债权得到全部清偿,或虽未得到全部清偿但存在法律规定的其他情形而导致执行程序终结两种情况。根据《执行案件立案结案意见》第 15 条第 1 款的规定,被执行人自动履行完毕、经人民法院强制执行已全部执行完毕,或者是当事人达成执行和解协议,且执行和解协议履行完毕,均可以以"执行完毕"方式结案。也就是说,在强制执行程

---

[1] 参见范向阳主编:《执行异议之诉的规则与裁判》,人民法院出版社 2019 年版,第 4 页。

序中,申请执行人的债权要么已经通过强制执行得以实现,要么通过自动履行、执行和解等方式得到清偿,此时申请执行人的债权已经实现,强制执行程序自然也没有继续下去的必要。

根据《民事诉讼法》第268条、《执行案件立案结案意见》第17条第1款的规定,存在以下情形之一的,应当裁定终结执行:申请人撤销申请或者是当事人双方达成执行和解协议,申请执行人撤回执行申请的;据以执行的法律文书被撤销的;作为被执行人的公民死亡,无遗产可供执行,又无义务承担人的;追索赡养费、扶养费、抚育费案件的权利人死亡的;作为被执行人的公民因生活困难无力偿还借款,无收入来源,又丧失劳动能力的;作为被执行人的企业法人或其他组织被撤销、注销、吊销营业执照或者歇业、终止后既无财产可供执行,又无义务承受人,也没有能够依法追加变更执行主体的;被执行人被人民法院裁定宣告破产的;以及提级执行、指定执行或委托执行的。在上述情形下,申请执行人的债权显然处于未得到清偿或未得到完全清偿的状态,但因具有法定情形,执行程序也因此而终结。

这里需要注意终结本次执行程序与终结执行的区别。终结本次执行程序是指对确无财产可供执行的案件,法院将暂时终结执行程序并做结案处理,待发现财产后继续恢复执行的一项制度。根据最高人民法院《关于严格规范终结本次执行程序的规定(试行)》(法〔2016〕373号)第1条之规定,终结本次执行程序需要同时符合以下条件:(1)已向被执行人发出执行通知、责令被执行人报告财产;(2)已向被执行人发出限制消费令,并将符合条件的被执行人纳入失信被执行人名单;(3)已穷尽财产调查措施,未发现被执行人有可供执行的财产或者发现的财产不能处置;(4)自执行案件立案之日起已超过三个月;(5)被执行人下落不明的,已依法予以查找;被执行人或者其他人妨害执行的,已依法采取罚款、拘留等强制措施,构成犯罪的,已依法启动刑事责任追究程序。根据最高人民法院《关于严格规范终结本次执行程序的规定(试行)》(法〔2016〕373号),发现被执行人有可供执行财产,申请人或法院可申请或依职权恢复执行。由此可见,终结本次执行程序是一种暂时性的终结,主要针对被执行人暂时无财产可供执行或财产暂时无法处置的情况;而终结执行则是对执行程序的彻底终结,适用于一些法定的、不可逆的情形。因此,终结本次执行程序并非意味着终结执行,因而对执行异议及异议之诉的提出与审查不构成影响。

狭义的执行程序终结,是指对于执行标的物个别之强制执行程序终结。[①] 由于执行异议之诉系以排除对执行标的物的强制执行为目的,故执行异议之诉中的执行程序终结更多的是指狭义的执行程序终结。

对于狭义的执行程序终结,应以何种标准认定？我国台湾地区的理论认为,执行标的物经拍卖终结而未将其卖得价金交付债权人时,对于该执行标的物之强制执行程序,不得称为已终结,第三人仍得提起异议之诉。依同一执行名义,就属于一债务人或数债务人之数种财产为强制执行,其中一种财产已经拍卖终结,并将卖得价金交付债权人时,对于该种财产之强制执行程序即为终结。对于他种财产之强制执行程序虽未终结,亦不得对于已经终结之强制执行程序声明异议或提起第三人异议之诉。对于竞买人,若债权人为最终买受人的,是否标准应有不同,存在争议。有观点认为应当采用相同标准,有观点认为在买受人未取得所有权之前,仍需请求撤销强制执行程序。[②]

针对执行标的受让人是执行当事人(申请执行人或被执行人)或此外的第三人,《执行异议复议规定》第6条对终结的标准进行了区分：一是执行标的物由当事人以外的第三人受让时,案外人提出阻止执行的实体权利异议的,应当在执行标的执行程序终结之前。主要考虑是,受让人通过司法拍卖程序已经取得了执行标的的所有权,为了维护司法拍卖的公信力,不应允许案外人再提出异议。最高人民法院在对《执行异议复议规定》第6条如何理解适用进行说明时曾认为,考虑到我国目前的实际情况,这里所指的"执行标的执行程序"终结之前,是指人民法院处分执行标的所需履行法定手续全部完成之前。例如,对于不动产和有登记的动产或者其他财产权,是指协助办理过户登记的通知书送达之前；对于动产或者银行存款类财产,是指交付或者拨付申请执行人之前。[③] 需要注意的是,《执行异议复议规定》颁布实施于2015年,但2016年颁布实施的最高人民法院《关于适用〈中华人民共和国物权法〉若干问题的解释(一)》(已失效)在第7条规定"……人民法院在执行程序中作出的拍卖成交裁定书、以物抵债裁定书,应当认定为物权法第二十八条所称导致物权设立、变更、转让或者消灭的人民法院、仲裁委员会的

[①] 参见赖来焜：《强制执行法总论》,台北,元照出版公司2007年版,第706页。
[②] 参见赖来焜：《强制执行法总论》,台北,元照出版公司2007年版,第707页。
[③] 参见江必新、刘贵祥主编：《最高人民法院关于人民法院办理执行异议和复议案件若干问题规定理解与适用》,人民法院出版社2015年版,第88页。

法律文书"。此后的《物权编解释（一）》仅作了小幅修改。《民诉法解释》第491条、《拍卖变卖规定》第26条均相应规定，不动产、动产或者其他财产权拍卖成交或者抵债后，该不动产、动产的所有权、其他财产权自拍卖成交或者抵债裁定送达买受人或者承受人时起转移。据此，执行标的物由当事人以外的第三人受让时，针对执行标的的执行终结时间应以拍卖成交或者抵债裁定送达买受人或者承受人时为准。二是当执行标的由申请执行人或者被执行人受让的，案外人提出异议的时间应在执行程序终结之前。此处的执行程序终结即指生效法律文书确定的债权实现后执行程序完全终结。这是因为对申请执行人和被执行人而言，因错误执行案外人财产所获得的利益理所应当予以返还，不存在信赖利益保护的问题，只要执行程序尚未结束，案外人提出异议的期限就不应届至。①

二、执行异议之诉审理中未对执行标的进行处分的情况下执行终结时的处理

虽未对执行标的进行处分，但若申请执行人的债权已经通过其他方式得到清偿，或者申请执行人撤销申请、据以执行的法律文书被撤销等《民事诉讼法》第268条规定的法定原因而终结执行的，因导致相关当事人通过执行异议之诉所要排除的"强制执行"问题不复存在，此时案外人已经不再具有诉的利益。对于此时执行异议之诉应作何处理，实践中有不同观点。有观点认为，此时应先向案外人释明撤回起诉，案外人不撤诉的，按照第一审程序审理的，人民法院应当裁定驳回起诉；按照第二审程序审理的，人民法院应当裁定撤销一审判决，驳回起诉。② 也有观点认为，此时应当裁定终结诉讼。终结诉讼是指在诉讼过程中，由于法定的原因，使诉讼无法继续进行或者没有必要继续进行时，法院以裁定的方式结束诉讼程序的一种诉讼制度。驳回起诉是指人民法院对已受理的案件，经审查发现原告的起诉不符合民事诉讼法规定的起诉条件，而依法裁定予以驳回的行为。执行程序终结发生在执行异议之诉诉讼过程中时，原告起诉时符合起诉条件，只不过执行异议之诉因其构造和性质在执行程序终结的情况下无继续进行之必要，显然

---

① 参见江必新、刘贵祥主编：《最高人民法院关于人民法院办理执行异议和复议案件若干问题规定理解与适用》，人民法院出版社2015年版，第88页。

② 参见2019年最高人民法院《关于审理执行异议之诉案件适用法律问题的解释（一）》（向社会公开征求意见稿）第3条。

适用终结诉讼方式更为契合。但《民事诉讼法》第 154 条规定可以裁定终结诉讼的情形只有四种且无兜底条款,执行异议之诉审理中未对执行标的进行处分的情况下执行终结的并不属于其规定的情形。考虑到执行异议之诉这种特殊程序诉讼的特点,《民事诉讼法》第 154 条作为一般条款对此未予涉及不应意味着对采用终结诉讼方式的绝对排斥。因此,《执行异议之诉解释》第 7 条最终采纳了后一种观点,即此时应终结诉讼或者终结审查。此时,需要注意的是,原执行程序中针对案外人异议所作出的执行异议裁定在性质上并非执行程序中的形成性法律文书,故不具有创设或确认物权的法律效力,因而并不会对案外人另行对原执行标的主张确权构成障碍。但为了防止实践中对这一问题可能会存在错误认识,《执行异议之诉解释》第 7 条还特别强调"原由执行法院作出的执行异议裁定失效"。不过严格来讲,这种表述其实并不准确。

三、执行异议之诉诉讼过程中针对执行标的执行程序终结时的处理

对于在执行异议之诉审理过程中,案外人异议所针对的执行标的已经执行终结的情况下,执行异议之诉是否还应继续审理,存在认识分歧。一种观点认为,执行终结但争议还在,执行异议之诉应当对此予以处理,并对案外人是否享有权益作出结论,以便于案外人后续通过其他途径寻求救济。[①] 另一种观点认为,在执行异议诉讼过程中,执行终结的,执行异议之诉终止审理。[②]《执行异议之诉解释》第 6 条最终采纳了前一种观点,其规定虽然在表述上与 2019 年征求意见稿不同,但背后所体现的理念是一致的,即强调无论执行标的是否已处分,均不影响执行异议之诉案件的审理,而是需要对案外人是否对执行标的享有足以排除强制执行的民事权益作出判决。这种做法值得商榷。对此,需要从诉讼主体与诉讼客体两方面加以考察。

从诉讼主体的角度,就是考察在特定的当事人之间所涉纠纷有无必要进行裁判,即当事人适格问题。所谓当事人适格,是指对于具体的诉讼有作为本案当事

[①] 如 2019 年最高人民法院《关于审理执行异议之诉案件适用法律问题的解释(一)》(向社会公开征求意见稿)第 2 条规定:"案外人执行异议之诉案件审理或者再审申请审查期间,针对案外人异议指向的执行标的的执行完毕的,不影响人民法院对案件继续审理或者审查。人民法院经审理,判决不得执行该执行标的的,案外人可依法另行主张权利。"

[②] 参见林巧玲:《涉房案外人执行异议之诉问题研究》,载《人民司法·应用》2014 年第 9 期。

人实施诉讼,要求对本案判决的资格。① 若诉讼不是在适格当事人之间进行,那么该诉讼就没有实际意义,也就没有判决的必要性和实效性。执行异议之诉对当事人适格的特殊要求是较为明显的,就是提起异议的当事人必须是对于正在进行的强制执行的标的基于实体权益主张排除该强制执行的执行案外人。因此,法律明确规定,作为原告的案外人必须有明确的排除对执行标的的执行的诉讼请求②,显然,该请求不能脱离对异议标的强制执行而独立存在,两者具有直接相关性。若原告在提起执行异议之诉时针对异议标的的强制执行已经完毕或终结,则这一相关性已不存在,则将相应的诉讼因当事人不适格不会被法院受理。在执行异议之诉进行中若出现同样情况,如前文所述,则应终结诉讼。

  从诉讼客体的角度,就是考察作为当事人提出的诉讼请求本身是否具有必要性和实效性,也就是诉的利益问题。诉的利益是大陆法系民事诉讼理论上的概念,是指对于具体的诉讼请求,是否具有进行本案判决的必要性和实效性(判决所能够实现的实际效果)。③ 诉的利益与原告、被告乃至法院均有关。原告的利益是显而易见的,就是原告可以通过诉讼获得司法判决以维护自己的实体权利或权益。被告则是被动地卷入诉讼中来而导致人力、物力和精力的消耗。诉的利益与法院或国家的利益关联在于,法院或国家是诉讼制度的运营者,因此,法院或国家必须考虑运营的必要性和实效性。对于法院而言,没有诉的利益的案件必将浪费有限的司法资源,增加法院的审理负担。④ 对于执行异议之诉而言,所要解决的就是强制执行程序中对特定标的物是否应当执行,案外人的权利是否可以排除执行的问题。在提起执行异议之诉时针对异议标的的强制执行已经完毕或终结时,这一目标已经无法实现。此时,执行异议之诉的诉讼标的已经不复存在。即使当事人仍对异议标的是否存在实体权利有确认或给付需求,也并非执行异议之诉所要关注问题,实质上应交由确认之诉或给付之诉加以解决。由此可见,因为执行行为的时效性,使某些案件在争议裁决之后已经丧失了实际意义,也就是丧失了诉讼的实效性。例如,在请求变更公司董事的诉讼中,公司已经通过新的股东大会

---

① 参见[日]新堂幸司:《新民事诉讼法》,林剑锋译,法律出版社2008年版,第204页。
② 参见《民诉法解释》第303条。
③ 参见张卫平:《诉的利益:内涵、功用与制度设计》,载《法学评论》2017年第4期。
④ 参见张卫平:《诉的利益:内涵、功用与制度设计》,载《法学评论》2017年第4期。

选任了新的董事,原来的诉讼请求已经变得没有意义。① 即使当事人提出执行异议符合法定条件,但如果在执行异议之诉案件审理过程中发生了案外人异议的执行标的执行程序终结的情形,则再通过执行异议之诉程序对是否不得强制执行作出认定已没有必要。此时,案外人对执行异议之诉的标的不再具有诉的利益。即使强制执行损害了案外人的权益,但在这种情况下案外人的权利转化为了针对申请执行人或被执行人的不当得利的权利,故可另行向申请执行人、执行担保人主张不当得利返还或者请求损害赔偿。而且,基于执行异议之诉的审理范围限于案外人对于尚未执行完毕或执行终结的执行标的是否具有阻却执行的权利,虽然对于执行标的的争议还在,但已经不再属于执行异议的范畴,故执行异议之诉不应再继续对此加以审理。

不终止审理观点的不正确还在于其对于执行异议裁定效力会对案外人另行寻求救济造成障碍的认识,实质上是混淆了执行行为违法和案外人异议事由成立两个概念。金钱债权执行中,对第三人名下的财产,法院在没有生效法律文书或者其他书面证据充分证明属于被执行人的财产的情况下,采取执行措施并执行完毕,构成执行行为违法,涉及的是国家赔偿的问题。此时既可以由执行异议程序先认定行为违法,再申请赔偿,也可以直接申请国家赔偿。但不管怎样,均应对执行行为违法与否作出判断,这是判断责任构成的前提。在案外人异议事由成立的情形,由于执行的是被执行人名下的财产,或者是生效法律文书或者其他书面证据充分证明属于被执行人的财产,执行行为不仅于法有据,而且也是正当的、合理的。案外人基于实体地位,另行提起不当得利或者侵权等诉讼时,法院并不需要审理执行行为是否合法和正当,不必理会执行的对错。将案外人异议事由成立与执行行为违法混淆,是逻辑体系上的错位。若再按照这个逻辑把正当的执行活动归入"乱执行"的范畴,将让法院执行工作背上不能承受的包袱。②

当然,在执行异议之诉若终止审理案外人是否需要另行提起诉讼的程序问题上,出于方便当事人诉讼之目的,法院可在执行异议之诉中即向案外人释明可变更诉讼请求。若案外人变更其诉讼请求为返还不当得利或请求损害赔偿的,亦无

---

① 参见[日]新堂幸司、[日]福永有利主编:《注解民事诉讼法》(5),有斐阁1991年版,第70、71页。转引自张卫平:《诉的利益:内涵、功用与制度设计》,载《法学评论》2017年第4期。

② 参见邵长茂:《标的执行完毕后案外人执行异议之诉的处理》,载《人民法院报》2021年4月21日,第7版。

不可;若案外人经释明后仍不变更诉请的,则应裁定驳回起诉,案外人可另行提起诉讼主张权利。

在执行标的由申请执行人或者被执行人以外的第三人受让的情形下,如前文所述,该不动产、动产的所有权、其他财产权自拍卖成交或者抵债裁定送达买受人或者承受人时起转移,故即使法院未办理登记或未将执行标的交付给买受人或承受人,因权属已转移,故针对执行标的的执行已终结,基于对善意第三人的保护,不应再对执行标的进行追索。此时,以排除对执行标的执行为请求的执行异议之诉不应再继续审理。若将变价款视为执行标的的代位物,则此时执行异议之诉可作为终止审理情形的例外,但法院应当释明案外人变更诉讼请求为主张阻却将执行标的的变价款执行发放给申请执行人,并向被执行人退还剩余变价款,其在性质上可视为不当得利返还预防之诉。如已经发放或退还的,则构成不当得利,执行异议之诉不应继续,但案外人可变更诉讼请求为请求申请执行人、被执行人返还变价款,以及赔偿由此造成的损失,并请求执行担保人承担担保责任。《执行异议之诉解释》第6条第1款第3项的规定显然寄希望通过执行异议之诉继续审理而解决这些问题,但没有规定释明变更诉讼请求的程序,使执行异议之诉容纳了太多本不应属于其审理范围的内容,并导致判非所请。同时却又将损害赔偿问题交由另诉解决,没有将诉讼经济原则贯彻到底,平添诉累。

在执行标的由申请执行人或者被执行人受让的情形下,如前文所述,执行依据确定的债权实现后执行程序方才完全终结。因此,只要执行债权尚未完全实现,无论执行标的的权属是否已转移,均不影响执行异议之诉继续审理。若执行债权因此即可完全实现,执行标的的权属虽已因拍卖成交或者抵债裁定送达买受人或者承受人而转移,但在执行实施机构暂缓交付标的物或发出协助办理转移登记的通知等情形下,执行实施机构对执行标的仍有控制权,出于一次性解决纠纷之目的,以及申请执行人不应从被执行人责任财产以外的财产中获益的原则,根据《执行异议之诉解释》第6条第1款第2项规定,此时执行异议之诉审理仍不受影响,只要认定不得执行该执行标的,即可判决排除执行。但是《民事诉讼法》及相关司法解释均未进一步明确规定此后执行部门对执行标的的执行措施应当作何处理。

从比较法上看,《日本民事执行法》第39条第1项第6款以及第40条规定,执行法院应停止执行,并撤销已为之执行处分。① 我国台湾地区"强制执行法"对此虽没有明确规定,但学者均认为判项正本一经提出,执行法院应即停止执行,并撤销已为之执行处分。② 因此,在判决不得执行该执行标的执行异议之诉判决生效后,不仅应当停止在案涉强制执行程序中对该执行标的的执行,相应的执行行为应当解除或撤销。

《执行异议之诉解释》第6条第1款第2项填补了前述漏洞,明确规定此时应同时撤销已生效的拍卖成交裁定书、以物抵债裁定书,以消除排除执行的障碍,实现权属回复。

规范依据

《执行异议之诉解释》

第六条 案外人执行异议之诉案件审理期间,申请执行人请求人民法院继续执行并提供相应担保的,由负责审理执行异议之诉的人民法院裁定是否准许。执行法院依法继续执行的,案外人执行异议之诉案件按照下列情形分别处理:

(一)案外人就执行标的不享有足以排除强制执行的民事权益的,判决驳回诉讼请求;

(二)案外人就执行标的享有足以排除强制执行的民事权益,执行标的由申请执行人通过拍卖、抵债等执行程序受让的,判决不得执行该执行标的,并撤销相关拍卖或者抵债裁定;已向申请执行人交付的,同时判决申请执行人返还,拒绝返还的,强制执行;

(三)案外人就执行标的享有足以排除强制执行的民事权益,执行标的已由他人通过拍卖、变卖等执行程序合法取得的,判决不得执行该执行标的变价款,执行法院向案外人发放变价款;已向申请执行人发放变价款或者已向被执行人退还剩余变价款的,同时判决申请执行人、被执行人返还,拒绝返还的,强制执行;执行法院向案外人释明执行标的已由他人合法取得而案外人拒绝受领变价款的,应当将变价款予以提存,并告知案外人自提存之日起五年内可以随时领取。

在前款第二项、第三项规定情形下,案外人认为申请执行人请求继续执行错

---

① 参见张登科:《强制执行法》,台北,三民书局2015年版,第211页。
② 参见张登科:《强制执行法》,台北,三民书局2015年版,第211页;赖来焜:《强制执行法总论》,台北,元照出版公司2007年版,第721页。

误，给其造成损失的，可以依法另行向申请执行人、执行担保人等主张权利。

《民诉法解释》

第四百九十一条 拍卖成交或者依法定程序裁定以物抵债的，标的物所有权自拍卖成交裁定或者抵债裁定送达买受人或者接受抵债物的债权人时转移。

《拍卖变卖规定》

第二十六条 不动产、动产或者其他财产权拍卖成交或者抵债后，该不动产、动产的所有权、其他财产权自拍卖成交或者抵债裁定送达买受人或者承受人时起转移。

《执行异议复议规定》

第六条 当事人、利害关系人依照民事诉讼法第二百二十五条规定提出异议的，应当在执行程序终结之前提出，但对终结执行措施提出异议的除外。

案外人依照民事诉讼法第二百二十七条规定提出异议的，应当在异议指向的执行标的执行终结之前提出；执行标的由当事人受让的，应当在执行程序终结之前提出。

典型案例

1. 李某霖诉西藏某信托有限公司案外人执行异议之诉案

案例索引：人民法院案例库入库编号 2024-16-2-471-005/民事/执行异议之诉/最高人民法院/2024.04.19/（2024）最高法民再30号/再审/入库日期：2024.10.09。

裁判要旨：(1)在执行标的被执行法院裁定交付申请执行人抵偿债务的情形下，对于执行标的由申请执行人受让的，属于《最高人民法院关于人民法院办理执行异议和复议案件若干问题的规定》第六条第二款规定的"执行标的由当事人受让"的情形，案外人提出异议的时限应为"执行程序终结之前"，而不是"异议指向的执行标的执行终结之前"。(2)"执行标的的执行终结"是指人民法院已完成处分执行标的所需履行的法定手续，而"执行程序终结"则一般包含执行完毕和终结执行两种情形。在以物抵债裁定发生法律效力的情况下，虽然针对执行标的的执行已经终结，但只要申请执行人尚未获得全额清偿，则执行程序并未终结；此时，案外人提出的执行异议符合《最高人民法院关于人民法院办理执行异议和复议案件若干问题的规定》第六条第二款规定的时限条件。

2. 云南某房地产公司诉徐某某、罗某某案外人执行异议之诉案

案例索引：人民法院案例库入库编号2023-16-2-471-006/民事/执行异议之诉/最高人民法院/2022.04.25/(2022)最高法民再58号/再审/入库日期：2024.02.23。

裁判要旨：案外人提出执行异议时间限于本次执行程序终结前，即被采取强制执行措施的特定标的物权属转移前，或执行标的物变价后代位价款分配前。执行程序中不动产网络司法拍卖成交，但尚未将拍卖成交裁定送达买受人的，该不动产所有权尚未转移，案外人有权提起执行异议及执行异议之诉。

3. 黔南州荔波县茂兰镇下甲介煤矿与张学新、贵州甲盛龙集团矿业投资有限公司案外人执行异议之诉案

案例索引：最高人民法院(2021)最高法民再141号民事判决书，载《最高人民法院公报》2022年第11期(总第315期)。

裁判要旨：支付定金后即变更采矿权人登记系兼并重组政策的要求，登记权利人仅支付定金未实际经营，申请执行人应当知晓案外人系案涉采矿权的实际权利人，对采矿权登记在登记权利人名下不产生信赖利益保护，案外人提出执行异议的，人民法院应予支持。

执行异议之诉中，案涉采矿权在判决作出前已通过以物抵债裁定变更到申请执行人名下，当人民法院判决不得执行该采矿权时，如不涉及维护司法拍卖、变卖程序安定性及不特定第三人利益保护等问题，则不得执行的范围可以及于该以物抵债裁定书，以物抵债裁定书应予以撤销，并解除查封等强制执行措施。

4. 上诉人谢某与被上诉人海口某建筑工程有限公司及原审第三人保亭某房地产开发有限公司案外人执行异议之诉案

案例索引：海南省高级人民法院(2018)琼民终617号民事判决书，海南省高级人民法院发布关于审理执行异议之诉纠纷案件的裁判指引(试行)及典型案例之八。

裁判要旨：案外人执行异议之诉案件审理期间，根据《中华人民共和国民事诉讼法》第二百五十七条的规定，执行程序因申请执行人的债权已经通过其他方式得到清偿、申请执行人撤销申请、据以执行的法律文书被撤销等事由而终结，案外人未撤回起诉的，二审法院应当裁定撤销一审判决，驳回起诉。

第三章　执行异议之诉与确权、给付请求及诉讼的关系

案外人执行异议之诉旨在平衡申请执行人的债权实现与案外人实体权益保护之间的内在张力。然而，当案外人的实体权益主张与排除执行的程序性请求交织，当独立的确认或给付之诉与执行异议之诉在程序上相遇，一系列复杂的诉讼法问题便应运而生，成为困扰理论界与实务界的焦点。

本章的核心议题即围绕执行异议之诉在两个维度上的边界与关系展开：

第一个维度是诉讼内部的客体范围问题。案外人能否在提起执行异议之诉的同时，合并提出旨在明确权利归属的确权请求，甚至是要求被执行人履行义务的给付请求？对此，司法政策经历了一个从保守到开放的演变过程。

第二个维度，也更为棘手，是诉讼外部的程序竞合与冲突问题。面对已被司法查封的标的物，案外人是必须通过执行异议之诉这一法定渠道寻求救济，还是依然保有另行提起普通确权之诉的程序选择权？这一问题背后，潜藏着两种价值的碰撞：一方是维护执行秩序安定、防范虚假诉讼、追求纠纷一次性解决的实用主义考量；另一方则是保障当事人诉权、尊重民事诉讼基本原理的法理坚守。不同的诉讼路径选择，将直接影响裁判的既判力范围、执行程序的安定性以及当事人之间实体权利的最终归属。

因此，本章将聚焦于执行异议之诉与确权、给付等诉讼的关联与分野。梳理司法解释与重要文件对于诉的合并的立场演进，进而深入剖析另案确权在不同时间节点介入执行程序时引发的诸多争议，并最终尝试从既判力相对性等基本原理出发，对当前司法实践中以实用主义为导向的"强制合并"规范路径进行审视与反思，以期厘清权利救济与执行效率之间的妥当逻辑。

一、案外人在提起执行异议之诉的同时提出确权、给付请求的处理

对于案外人在提起执行异议之诉同时提出确权请求应否一并审理的问题，

《民诉法解释》第310条已经给出了明确回答。虽然根据传统大陆法系的理论,案外人执行异议之诉只解决能否排除执行的问题,不解决权利归属的问题,对于权属争议第三人可以另诉。但也有观点认为,权属问题是认定能否阻却执行的前提,诉讼应将当事人之间的实体法律关系及阻止执行之问题一并解决,否则既浪费司法资源,造成案外人讼累,难以避免判决的冲突,也不符合普通民众的法律观念。最高人民法院认为后一种观点更符合我国审判实际和国情。无论案外人是否提出了确认其权利的诉讼请求,人民法院都需要对执行标的的权属作出认定,才能就能否支持案外人排除对该执行标的的执行的诉讼请求作出判断。因此,执行标的的"真实权属"和"能否阻止执行"两项内容都应纳入执行异议之诉的审查范围。不过,毕竟本诉的直接目的是解决执行问题,对于权属的判决受限于当事人的诉讼请求,所以,《民诉法解释》第310条第2款规定如果案外人同时提出确认其权利的诉讼请求的,人民法院可以在判决中一并作出裁判。[①]《执行异议之诉解释》第4条延续了这一原则,并进一步明确应将被执行人列为被告。

但对于案外人在提起执行异议之诉同时提出给付请求的应否一并审理的问题,则一直存在不同认识和做法。一种观点认为,案外人在执行异议之诉中除请求排除对执行标的强制执行之外,还提出被执行人继续履行合同、交付标的物或支付违约金等给付性请求,这些请求与进一步判断其排除执行的主张是否成立并无逻辑上的关联。因此,这些具有给付内容的诉讼请求因与排除执行的诉讼目的无关,故不属于执行异议之诉案件的审理范围,在执行异议之诉案件审理中应当不予理涉。[②] 如果当事人提出这些诉请的,人民法院对此不予审理,可以告知案外人就此另行主张权利。另一种观点则认为,为减轻当事人的诉累,应当在执行异议之诉中对于当事人的给付请求进行审理。[③]

客观而言,上述两种观点均各有一定道理。观点一考虑到执行异议之诉还要

---

① 参见最高人民法院修改后民事诉讼法贯彻实施工作领导小组编著:《最高人民法院民事诉讼法司法解释理解与适用》,人民法院出版社2015年版,第839页。

② 参见王毓莹:《执行异议之诉案件的裁判思路》,载杜万华主编:《民事审判指导与参考》2016年第3辑(总第67辑),人民法院出版社2017年版;李正、阚道祥:《王某诉秦某等案外人执行异议之诉案——不动产买受人排除强制执行要件及执行异议之诉的审理范围之考察》,载最高人民法院中国应用法学研究所编:《人民法院案例选》2023年第7辑(总第185辑),人民法院出版社2023年版。

③ 参见最高人民法院民事审判第二庭编著:《〈全国法院民商事审判工作会议纪要〉理解与适用》,人民法院出版社2019年版,第603页。

注意兼顾执行效率原则,在执行异议之诉中合并审理与排除执行诉请无关的给付诉请,不仅与执行异议之诉的制度目的不符,而且无疑将对执行异议之诉案件的审理进度产生较大影响,进而影响执行效率,故认为没有必要合并审理、一并处理。观点二的合理之处在于,现行法律以及司法解释没有明确规定当事人不得提出其他诉讼请求,而且合同效力等问题往往是判断案外人民事权益是否成立的前提条件。因此,当事人提出给付请求的,应尊重当事人意愿对相关诉讼请求进行审理并作出判决。这也有利于纠纷的一次性解决。

在《九民会纪要》颁布之前,第一种观点无论是在最高人民法院还是在地方法院,均系主流观点。如最高人民法院在中国华融资产管理股份有限公司甘肃省分公司与李某甲、陇西航龙置业有限公司、李某乙、刘某某案外人执行异议之诉案中认为,案外人提出的要求被执行人协助办理房屋产权登记等具有给付内容的诉讼请求,不属于案外人执行异议之诉的审理范围,不应在案外人执行异议之诉案件中一并审理。① 各地高级人民法院出台的规范性文件也多体现了这一观点。②

但《九民会纪要》对此问题却改弦更张,第119条明确规定:"……案外人既提出确权、给付请求,又提出排除执行请求的,人民法院对该请求是否支持、是否排除执行,均应当在具体判项中予以明确……"该条规定符合方便当事人诉讼、一次性解决纠纷的诉讼经济原则,值得肯定。《执行异议之诉解释》第5条将《九民会纪要》规定精神上升到司法解释层面,规定除法律另有规定不宜合并审理需要分别立案的外,人民法院对案外人提出的返还原物、返还价款或者交付标的物、办理转移登记手续等给付请求的,原则上可以合并审理。通过对相关诉求合并审理、实质性化解矛盾纠纷,可以防止程序空转,遏制虚假诉讼,减少当事人诉累,有利于实现纠纷的一次性解决,也是人民法院坚持以人民为中心,切实推动"案结事了人和"的重要举措。③

---

① 参见最高人民法院民事判决书,(2019)最高法民终537号,本案系最高人民法院第六巡回法庭2019年度参考案例。

② 如吉林省高级人民法院《关于审理执行异议之诉案件若干疑难问题的解答》问题八,江苏省高级人民法院《执行异议及执行异议之诉案件办理工作指引(一)》"三、5.",江西省高级人民法院《关于执行异议之诉案件的审理指南》(赣高法〔2021〕18号)第3条,广东省高级人民法院《关于审查处理执行裁决类纠纷案件若干重点问题的解答》第2条,山东省高级人民法院民事审判第一庭《关于审理执行异议之诉案件若干问题的解答》第1条。

③ 参见《最高法民一庭、执行局负责人就执行异议之诉司法解释答记者问》,载微信公众号"最高人民法院"2025年7月23日。

二、另案确权诉讼与执行异议之诉的关系

(一)关系样态

如上文所述,案外人在执行异议之诉中同时提出确权请求的,人民法院可以合并审理。但在实践中,由于各种原因,有的当事人不通过执行异议之诉,而是另行提起确权诉讼,然后再依据确权裁判结果主张排除强制执行;有的当事人在提起执行异议之诉后,另行在其他法院或仲裁机构提起确权诉讼;有的当事人则在执行异议之诉败诉后,再行提起确权诉讼;当然,还存在确权诉讼已经提起后,案涉标的物才被采取强制执行措施的情况。

实践中,按照另案起诉、判决及标的物被查封、扣押、冻结等主要时间节点,有以下几种关系。①

1. 另案确权裁判先于标的物被查封

如图3-1所示,主张标的物所有权的甲,依据买卖合同、继承等基础法律关系向法院提起确权之诉,获确权判决支持后,标的物被另案查封,甲可在执行程序中提起执行异议并进而提起执行异议之诉。一般认为,此时甲依据查封前确权判决请求排除强制执行应当得到支持。对此,《执行异议复议规定》第26条第1款

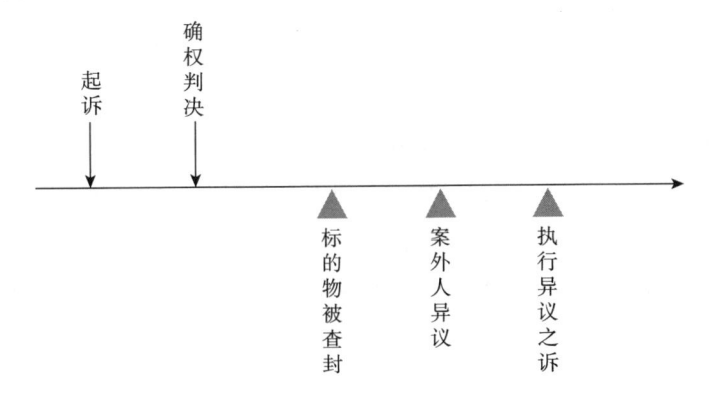

图3-1 另案起诉(判决)与标的物被查封
及提出执行异议(之诉)时间关系图(一)

---

① 参见张文利:《案外人异议程序与另案确权之困境及出路研究——以金钱债权执行为切入点》,载微信公众号"审判前沿"2019年8月6日。

第1项规定予以了明确①,实践中争议不大。

2. 另案裁判后于查封先于案外人异议

如图3-2所示,主张标的物所有权的甲,基于基础法律关系向法院起诉,法院审理过程中,标的物被另案查封,但依然作出了确权判决。甲持该确权判决向另案执行部门提出案外人异议乃至异议之诉。此种情形下,实践产生较多争议:一方面,法院是否应当在作出确权判决前负有查询义务,发现标的物被查封时是否应当驳回起诉或中止审理;另一方面,案外人异议的审查是否应当遵循另案判决的确权结果。

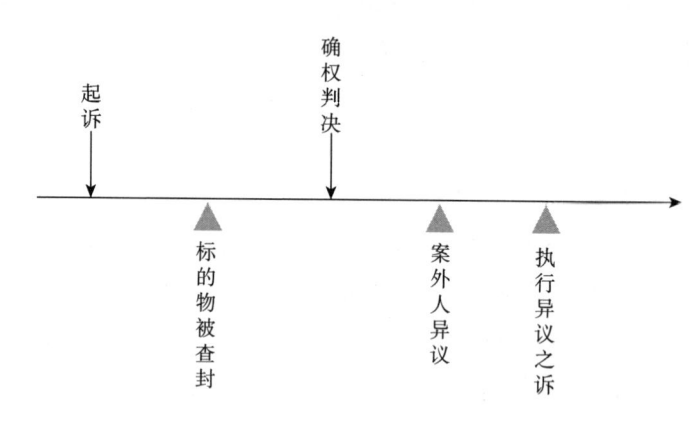

图3-2 另案起诉(判决)与标的物被查封及提出执行异议(之诉)时间关系图(二)

3. 另案起诉后于标的物查封,裁判先于案外人异议之诉作出

如图3-3所示,标的物被查封后,案外人在提起案外人异议之前或同时,依据基础法律关系提起另案确权诉讼,被受理后作出确权判决,案外人以此提起案外人异议之诉对抗执行。此种情形下,也存在争议:一方面,另案法院(仲裁机构)是否应当受理确权诉讼;另一方面,确权裁判的结果对案外人异议之诉的结果是否有影响。

---

① 《执行异议复议规定》第26条第1款规定:"金钱债权执行中,案外人依据执行标的被查封、扣押、冻结前作出的另案生效法律文书提出排除执行异议,人民法院应当按照下列情形,分别处理:(一)该法律文书系就案外人与被执行人之间的权属纠纷以及租赁、借用、保管等不以转移财产权属为目的的合同纠纷,判决、裁决执行标的归属于案外人或者向其返还执行标的且其权利能够排除执行的,应予支持;……"

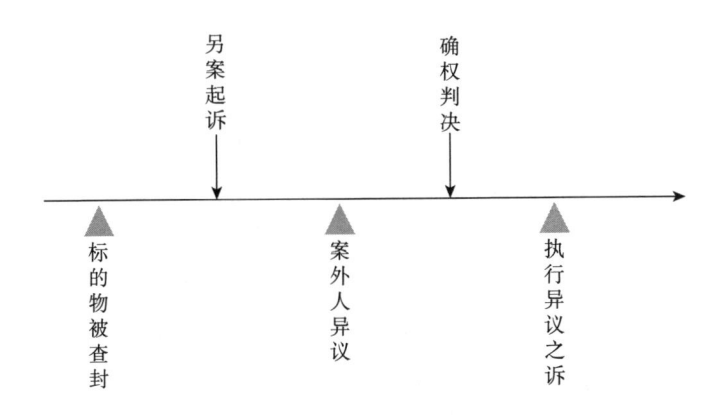

图 3-3　另案起诉(判决)与标的物被查封
及提出执行异议(之诉)时间关系图(三)

4. 另案起诉(提起仲裁)后于案外人异议之诉判决

如图 3-4 所示,案外人先向执行法院提起异议之诉,败诉后依据与被执行人的基础法律关系提起另案确权诉讼。实践中对此情形的争议主要存在于是否涉及重复起诉,另案是否应当受理并作出裁判。

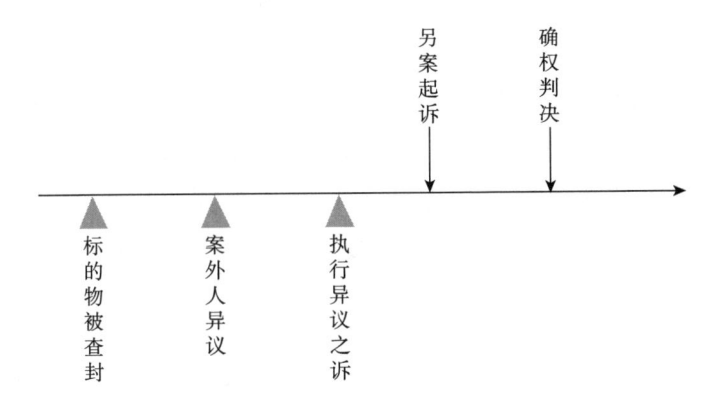

图 3-4　另案起诉(判决)与标的物被查封
及提出执行异议(之诉)时间关系图(四)

(二)观点争议

由于执行异议之诉要判断案外人对于执行标的享有何种民事权益,从而进一步判断是否足以排除强制执行,而确权诉讼则直接指向标的物的权属,因此两者因案外人对特定标的物是否享有权利这一焦点而联系在一起。那么,在这种情况下,执行异议之诉与确权诉讼之间的关系是什么？两者之间的关系应如何处理？这成为理论与实践中争议非常激烈的问题。

一种观点认为,在执行法院对执行标的已经采取强制措施后,既然法律已经通过设置执行异议与执行异议之诉来解决权属争议,似乎并无必要在此之外允许当事人另行提起确权之诉。如果允许当事人提起确权之诉,就可能带来一系列难以处理的问题,如案外人与被执行人恶意串通通过另案确权来对抗强制执行。因此,在执行法院就执行标的采取强制执行措施后,案外人只能先提出执行异议,并在其异议没有得到支持的情况下提起执行异议之诉,以解决权属争议,而不应允许案外人另案确权。① 若案外人对被执行标的另行提起确权之诉的,则应当与执行异议之诉合并审理。也就是说,对执行异议之诉与确权之诉采取强制合并审理,以迅速实现生效裁判文书确定的权利,防止通过恶意诉讼规避执行,避免出现矛盾判决,高效、彻底地解决纠纷。②

另一种观点认为,上述观点在一定程度上限制了当事人的诉权,并不妥当。案外人请求确认对执行标的享有民事权益是独立的诉讼请求,立法并未规定该项请求由执行法院专属管辖,也未规定该项请求必须与执行异议之诉请求强制合并审理。③ 因此,案外人对此有选择权,即使在执行程序中,案外人也有权不提起执行异议之诉,而对执行标的另行起诉确权。④ 如果案外人另案诉讼取得确认其对执行标的享有民事权益的生效裁判,也仅仅是确认案外人对执行标的享有某项民事权益,但该项民事权益是否达到足以排除对标的执行的效力,另案审理法院无权审理和作出判断。因此,另案生效裁判并不直接产生排除对标的的强制执行的效力。⑤

---

① 参见《执行异议之诉中案外人另行主张权利如何处理》,载杜万华主编:《民事审判指导与参考》2016年第3辑(总第67辑),人民法院出版社2017年版。
② 参见吴英姿:《论案外人异议之诉的强制合并——兼与张永泉教授商榷》,载《法治现代化研究》2019年第6期;庄诗岳:《论被执行人在案外人异议之诉中的诉讼地位》,载《海南大学学报(人文社会科学版)》2024年第6期。
③ 参见张永泉:《案外人另案裁判在执行异议之诉中的审查原理与规则》,载《法治现代化研究》2019年第6期。
④ 参见最高人民法院修改后民事诉讼法贯彻实施工作领导小组编著:《最高人民法院民事诉讼法司法解释理解与适用》,人民法院出版社2015年版,第821页。
⑤ 参见张永泉:《案外人另案裁判在执行异议之诉中的审查原理与规则》,载《法治现代化研究》2019年第6期。

客观来讲,两种观点各有利弊。第一种观点考虑到社会关系的纷繁复杂,认为通过规定查封后取得的生效法律文书对执行产生何种影响的方式来处理另案诉讼与执行异议之诉审理的关系即可,没有必要不当地限制民事主体提起诉讼和申请仲裁的权利,这显然体现了对案外人诉讼权利的保障精神,但缺点是不利于同一法院、不同法院审判机构与执行机构的工作衔接,可能纵容恶意案外人另行起诉以阻碍执行。第二种观点则立足于实用,最大限度地保证了同一法院、不同法院审判机构之间、审判机构与执行机构之间的顺畅衔接,统一了裁判尺度,避免了不同裁判文书存在矛盾冲突的现象,并考虑到了案外人恶意向另一法院提起诉讼的情况,避免了另一法院(尤其是上级法院)确权之诉对执行法院造成不良影响等。但其缺点也非常明显,就是对案外人的诉讼权利产生了一定的限制,并且这种限制缺乏法律依据,也不符合民事诉讼法基本原理,因为案外人就查封的执行标的另案提起确权诉讼,并非执行异议之诉;且另案提起的确权之诉种类很多,涉及不动产争议的还有专属管辖问题等。总之,"一刀切"地规定不得另案起诉过于绝对,缺乏正当性。①

(三)实然规范——实用主义导向下的诉的强制合并

出于担心实践中案外人恶意规避执行异议之诉,利用另案确权之诉的裁判结果,对抗、拖延执行,或者在申请执行人提起执行异议之诉后,案外人另行在其他法院提起确权诉讼,干扰、影响执行异议之诉审理,司法实践中以实用主义为导向,通过最高人民法院以及各地高级人民法院的司法政策文件,通过专属管辖的规定,逐渐构建起了一套执行异议之诉排斥、合并确权诉讼的规范路径,即确立案外人对已经被法院查封、扣押、冻结的财产不得另行提起确权之诉,已经提起确权之诉的也应当中止审理,实际上是倒逼案外人在执行异议之诉中合并提起确权之诉,反映了案外人执行异议之诉与确权之诉强制合并的理念。② 最高人民法院通

---

① 参见张永泉:《案外人另案裁判在执行异议之诉中的审查原理与规则》,载《法治现代化研究》2019 年第 6 期。
② 参见庄诗岳:《论被执行人在案外人异议之诉中的诉讼地位》,载《海南大学学报(人文社会科学版)》2024 年第 6 期。

过《关于执行权合理配置和科学运行的若干意见》（法发〔2011〕15号）第26条①、《关于人民法院立案、审判与执行工作协调运行的意见》（法发〔2018〕9号）第8条②的规定,在实际操作层面实际上形成了案外人对已经被法院查封、扣押、冻结的财产主张确权的,应当交由执行法院通过执行异议之诉合并审理的原则。这些司法政策文件也从反面规定了违反这一原则的后果：一是受理层面,执行法院之外的法院受理确权之诉后发现当事人诉请的财产被采取查封、扣押、冻结等措施的,应中止审理或裁定驳回起诉；二是判决层面,已经取得生效裁判文书的,应当由相应法院对确权判决按照审判监督程序进行再审。通过将查封、扣押、冻结后的确权诉讼纳入执行异议之诉经由执行法院审理,保障申请执行人发表意见的权利,同时避免了不同法院之间裁判的冲突。

青岛市李沧区李村街道办事处东北庄社区居民委员会与青岛豪伦置业有限公司、青岛万信置业有限公司所有权确认纠纷案较为典型地反映了最高人民法院当时对于执行异议之诉与确认之诉之间关系的态度。在该案裁定书中,最高人民法院指出,执行异议之诉虽然以确认案外人的实体权利为基础,但由于该类诉讼是将执行行为作为诉讼标的的,申请执行人作为强制执行请求权人应当直接成为该类诉讼的被告。该案中,东北庄居委会的诉讼请求虽仅为确认其对案涉房屋享有所有权,而不包括请求停止执行的内容,但该案诉讼标的物系另案中已经处于执行阶段的被查封房产,该案的诉讼结果将会直接影响郭玉凤的权利,故该案诉讼实质应系执行异议之诉。因一审法院违反了最高人民法院《关于执行权合理配置和科学运行的若干意见》（法发〔2011〕15号）第26条、最高人民法院《关于依法制裁规避执行行为的若干意见》（法〔2011〕195号）第9条规定的由执行法院专属管辖的规定,故裁定撤销先前判决,驳回东北庄居委会的起诉。③

在最高人民法院裁判态度的指引下,多地高级人民法院的指导意见中也对此

---

① 最高人民法院《关于执行权合理配置和科学运行的若干意见》第26条规定："审判机构在审理确权诉讼时,应当查询所要确权的财产权属状况,发现已经被执行局查封、扣押、冻结的,应当中止审理；当事人诉请确权的财产被执行局处置的,应当撤销确权案件；在执行局查封、扣押、冻结后确权的,应当撤销确权判决或者调解书。"

② 最高人民法院《关于人民法院立案、审判与执行工作协调运行的意见》第8条规定："审判部门在审理确权诉讼时,应当查询所要确权的财产权属状况。需要确权的财产已经被人民法院查封、扣押、冻结的,应当裁定驳回起诉,并告知当事人可以依照民事诉讼法第二百二十七条的规定主张权利。"

③ 参见最高人民法院民事裁定书,（2014）民提字第112号。

问题作出了类似规定。①

上述禁止案外人就查封标的另案向执行法院以外的法院提起确权诉讼,把确权请求强制纳入执行法院专属管辖的规定,实质上就是要求将案外人就其主张享有民事权益的诉讼请求与排除执行的诉讼请求强制合并审理。对此,有学者指出,案外人异议之诉的合并属于因牵连关系而形成的必要共同诉讼,既有主体的强制合并,也有客体的强制合并。此种诉的强制合并是以当事人的诉权和程序选择权为前提的,其本质特征是当事人选择在一个诉讼程序中一并提出数个诉,法院就应当合并审理。此时的所谓强制是对审判权的约束。同时,防范规避执行、保证强制执行目标实现的司法政策考量占了很大比重,因此需要限制当事人另案诉讼的反向选择权。另外,根据我国《民事诉讼法》的规定,执行法院对案外人异议之诉具有法定管辖权。在性质上,执行法院对案外人与被执行人之间的确权之诉的管辖权是因诉的强制合并而取得,属于牵连管辖。这种牵连管辖的强制性很高,即便确权之诉涉及不动产权利争议,当事人也不能以专属管辖为由提出管辖异议权。②

(四)深化思考——基于既判力的相对性

从实然规范的考察可知,不允许当事人对处于执行程序中的标的另行提起确权诉讼的主要原因在于防范被执行人与案外人以逃避执行为目的的恶意诉讼,避免另案生效裁判会对执行异议之诉的审理产生影响,或者另案生效裁判结果会与执行异议之诉的裁判结果产生冲突。这一顾虑或结论产生的根源其实在于对另案生效裁判的既判力的认识。如果不能正确理解另案处理结果应有的法律效力,另案处理结果也就必将成为规避正当执行的工具。③

---

① 参见浙江省高级人民法院《关于审理案外人异议之诉和许可执行之诉案件的指导意见》第3条,北京市高级人民法院《关于审理执行异议之诉案件法律适用若干问题的指导意见(试行)》第3条,广东省高级人民法院《关于执行异议诉讼案件受理与审理的指导意见(试行)》(粤高法发〔2011〕43号)第14条第1款,江苏省高级人民法院《执行异议及执行异议之诉案件办理工作指引(一)》"三、5.",山东省高级人民法院民事审判第一庭《执行异议之诉案件审理观点综述》第7条,江西省高级人民法院《关于执行异议之诉案件的审理指南》(赣高法〔2021〕18号)第13条,海南省高级人民法院《关于审理执行异议之诉纠纷案件的裁判指引(试行)》第3条。

② 参见吴英姿:《论案外人异议之诉的强制合并——兼与张永泉教授商榷》,载《法治现代化研究》2019年第6期。

③ 参见张卫平:《另案处理结果对本案民事执行的效力及处置原则研究》,载《河北法学》2020年第3期。

实际上,对于另案确权诉讼与执行异议之诉的关系问题,还可根据既判力相对性原则加以细化。如果不是具有对世性的民事法律关系的争议,而是劳动关系或商事主体关系之外的一般民事法律关系纠纷,则法院对该争议作出的判决就只能在该纠纷当事人之间发生约束力,对其他人没有约束力,这就是所谓判决既判力的相对性原则。既判力相对性原则意味着如果不是该诉讼的当事人,也就不受该判决中判断的约束。法院的另案判决与本案执行发生牵连的情形有两种:其一,案外人以申请执行人或被执行人为被告提起的涉及执行标的确权的诉讼;其二,案外人以执行当事人之外的人提起的涉及执行标的权属的诉讼。对于后者,该确认之诉的作用仅在于确认案外人与相对人之间关于执行标的权属的争议,与他人没有关系。此种确认之诉的判决效力也仅作用于争议的当事人之间,对于其他人没有约束力。① 由于执行当事人均不在此诉中,判决对于执行当事人均无约束力,因此,没有必要对于该种情形下的确权诉讼加以限制。上述规范意见并未对此区别对待而是一概加以限制,显然有欠妥当。

对于前者,在执行异议之诉中,一旦确认执行标的归属于案外人,案外人的异议主张成立,则本案关于执行标的之执行都将被取消。执行异议之诉之所以有这样的效力,也正是基于执行标的权属的诉讼是在案外人与执行当事人之间,经过这一诉讼过程法院所作出的确认判决对案外人与执行当事人之间发生作用。法院对这一特定的当事人之间的判决也就具有排除本案执行力的效力。因此,在法律设置了执行异议之诉制度的情形下,案外人要想通过诉讼排除执行,就只能通过执行异议之诉,而其他普通诉讼即使是在案外人与被执行人之间的诉讼,法院就此作出的关于执行标的权属的判决也不能排除本案的执行。②

对此,最高人民法院的认识也在逐步深化。在 2015 年 8 月 27 日全国法院执行工作座谈会上,刘贵祥大法官在谈到"关于被人民法院查封后的财产,案外人主张权利的,能否另案提起确权或其他诉讼的问题"时,即明确指出:"《异议复议司法解释》规定,案外人依据执行标的被查封、扣押、冻结后作出的另案生效法律文书提出排除执行的异议的,人民法院不予支持。这一规定表明,对执行法院已经

---

① 参见张卫平:《另案处理结果对本案民事执行的效力及处置原则研究》,载《河北法学》2020 年第 3 期。

② 参见张卫平:《另案处理结果对本案民事执行的效力及处置原则研究》,载《河北法学》2020 年第 3 期。

查封、扣押、冻结的财产,案外人如果要排除执行,最有效的途径是直接依据《民事诉讼法》第二百二十七条的规定提出异议和诉讼。如果去另案诉讼或仲裁,即使取得了生效法律文书,并不能因此当然地排除执行。但这一规定是否意味着对于执行法院查封、扣押、冻结的财产,案外人根本就不能再另行起诉或申请仲裁?或者正在进行的诉讼、仲裁必须因此而中止、终结或者撤销?这一问题在最高人民法院过去的规范性文件中有过规定,但理论和实践存在很大争议。经反复研究,我们认为,司法实践中各种法律关系极其复杂,司法政策制定中既要考虑对执行债权人利益的保护,也要兼顾其他当事人及相关利害关系人的合法权益。查封后取得的生效法律文书对执行产生何种影响,对这一问题我们可以作出规定,但另一方面,不应武断地规定对执行标的一律不能另行诉讼或仲裁,否则就不当地限制了民事主体提起诉讼和申请仲裁的权利,也难以有效调整纷繁复杂的社会关系。"[1]

结合上述基于既判力相对性原则的分析,笔者认为,对于案外人以执行当事人之外的人另行提起的涉及执行标的权属的诉讼,不应加以限制;对于案外人在执行异议之诉之外以被执行人为被告另行提起的涉及执行标的确权的诉讼,由于与执行标的具有实际利害关系的申请执行人一般无法参与案外人另行提起的确权诉讼,只有在执行异议之诉中才能参与进来,只有对查封标的另行提起确权的诉讼加以限制,才能够保障两者基于真正的利益的对立从而展开真实有效的诉辩,也有利于纠纷的一次性解决。因此,在法律层面未形成将确权诉讼与执行异议之诉强制合并规则的情况下,可扩展专属管辖的适用范围,将针对查封标的提起的确权诉讼纳入执行法院专属管辖。

规范依据

《民诉法解释》

第三百一十条 对案外人提起的执行异议之诉,人民法院经审理,按照下列情形分别处理:

(一)案外人就执行标的享有足以排除强制执行的民事权益的,判决不得执行该执行标的;

---

[1] 吴光荣:《国家法官学院教授解析执行异议之诉与确权之诉的关系》,载微信公众号"法盏"2018年9月10日,https://mp.weixin.qq.com/s/Zf5p6mZWLqccicG-55qJFA。

（二）案外人就执行标的不享有足以排除强制执行的民事权益的，判决驳回诉讼请求。

案外人同时提出确认其权利的诉讼请求的，人民法院可以在判决中一并作出裁判。

《执行异议之诉解释》

第四条 案外人提起执行异议之诉并依照《民法典》第二百三十四条等规定就执行标的的归属提出确权请求的，以被执行人为被告。

第五条 案外人提起执行异议之诉并以被执行人等为被告提出返还原物、返还价款或者交付标的物、办理转移登记手续等给付请求的，人民法院可以合并审理，法律另有规定不宜合并审理的，应当分别立案。

《九民会纪要》

119.【案外人执行异议之诉的审理】案外人执行异议之诉以排除对特定标的物的执行为目的，从程序上而言，案外人依据《民事诉讼法》第227条提出执行异议被驳回的，即可向执行人民法院提起执行异议之诉。人民法院对执行异议之诉的审理，一般应当就案外人对执行标的物是否享有权利、享有什么样的权利、权利是否足以排除强制执行进行判断。至于是否作出具体的确权判项，视案外人的诉讼请求而定。案外人未提出确权或者给付诉讼请求的，不作出确权判项，仅在裁判理由中进行分析判断并作出是否排除执行的判项即可。但案外人既提出确权、给付请求，又提出排除执行请求的，人民法院对该请求是否支持、是否排除执行，均应当在具体判项中予以明确。执行异议之诉不以否定作为执行依据的生效裁判为目的，案外人如认为裁判确有错误的，只能通过申请再审或者提起第三人撤销之诉的方式进行救济。

最高人民法院《关于依法制裁规避执行行为的若干意见》（法〔2011〕195号）

9.严格执行关于案外人异议之诉的管辖规定。在执行阶段，案外人对人民法院已经查封、扣押、冻结的财产提起异议之诉的，应当依照《中华人民共和国民事诉讼法》第二百零四条①和《最高人民法院关于适用民事诉讼法执行程序若干问题的解释》第十八条的规定，由执行法院受理。

案外人违反上述管辖规定，向执行法院之外的其他法院起诉，其他法院已经

---

① 对应2023年修正后的《民事诉讼法》第二百三十八条。——编者注

受理尚未作出裁判的,应当中止审理或者撤销案件,并告知案外人向作出查封、扣押、冻结裁定的执行法院起诉。

11. 对于当事人恶意诉讼取得的生效裁判应当依法再审。案外人违反上述管辖规定,向执行法院之外的其他法院起诉,并取得生效裁判文书将已被执行法院查封、扣押、冻结的财产确权或者分割给案外人,或者第三人与被执行人虚构事实取得人民法院生效裁判文书申请参与分配,执行法院认为该生效裁判文书系恶意串通规避执行损害执行债权人利益的,可以向作出该裁判文书的人民法院或者其上级人民法院提出书面建议,有关法院应当依照《中华人民共和国民事诉讼法》和有关司法解释的规定决定再审。

最高人民法院《关于执行权合理配置和科学运行的若干意见》(法发〔2011〕15号)

26. 审判机构在审理确权诉讼时,应当查询所要确权的财产权属状况,发现已经被执行局查封、扣押、冻结的,应当中止审理;当事人诉请确权的财产被执行局处置的,应当撤销确权案件;在执行局查封、扣押、冻结后确权的,应当撤销确权判决或者调解书。

最高人民法院《关于人民法院立案、审判与执行工作协调运行的意见》(法发〔2018〕9号)

8. 审判部门在审理确权诉讼时,应当查询所要确权的财产权属状况。需要确权的财产已经被人民法院查封、扣押、冻结的,应当裁定驳回起诉,并告知当事人可以依照民事诉讼法第二百二十七条的规定主张权利。

典型案例

某企业公司与俄罗斯某公司案外人执行异议之诉纠纷案

案例索引:人民法院案例库入库编号2023-10-2-471-001/民事/执行异议之诉/最高人民法院/2019.11.26/(2019)最高法民终1429号/二审/入库日期:2024.02.22。

裁判要旨:被执行人就已经查封、扣押、冻结的财产所作的移转、设定权利负担或者其他有碍执行的行为不得对抗申请执行人,在执行查封、扣押、冻结后进行财产确权的,应当撤销确权判决或者调解书。

第四章　多重查封情形下执行异议之诉的程序构造

自1991年《民事诉讼法》正式颁行以来,禁止在同一财产上重复查封就一直是我国民事强制执行领域的一项基本原则。[1] 但这一原则存在许多问题,也与世界较为通行的民事执行原则不符。为此,2004年最高人民法院联合建设部、国土资源部发布《关于依法规范人民法院执行和国土资源房地产管理部门协助执行若干问题的通知》,创设了不动产查封、预查封的轮候制度。最高人民法院随后发布了《查封规定》,借鉴美英"优先分配制度"和日本"再查封制度",以司法解释的形式正式确立了轮候查封制度,并将适用范围由以房地产为主的不动产扩展到所有财产。[2] 根据《查封规定》第26条的规定,轮候查封是指对已经被查封的财产再进行的查封。轮候查封不产生正式查封的效力,待在先查封解除后,轮候查封自动转为正式查封。通过轮候查封,不同法院或者同一法院可以"前后相序"的方式对同一财产进行错位式查封,实际上是认可了人民法院在同一财产上的多个查封行为。自此,轮候查封在司法实践中被广泛应用。[3] 那么,同一被执行人的某一财产在不同案件中先后被多次查封时,案外人是否需逐一对正式查封提起异议及异议之诉以达成排除强制执行的目的,还是案外人获得了排除首封法院对该标的强制执行的生效判决,就可据此当然排除轮候查封法院对该标的执行的结论呢? 若允许案外人对轮候查封提出执行异议及异议之诉,相应的生效判决针对首封的效力又如何呢? 这涉及执行异议之诉裁判的既判力以及同一执行标的上存在多个查封时案外人执行异议救济的程序安排问题。本章即结合《执行异议之诉解释》的规定,对此问题加以探讨。

---

[1] 参见《民事诉讼法》(1991年)第94条第4款,现行《民事诉讼法》第106条第2款。
[2] 参见《查封规定》第26条。
[3] 参见姚宝华:《轮候查封疏议》,载《法律适用》2022年第8期。

一、既判力相对性原则框架下的执行异议之诉判决效力范围

通说认为,既判力是实现"解决纠纷"之民事诉讼制度目的不可或缺的制度性效力。既判力是终局判决一旦确定,该判决针对请求所作出的判断就成为规制双方当事人今后法律关系的规范,当双方当事人对同一事项再度发生争执时,就不允许当事人提出与此相矛盾的主张,而且当事人不能对该判断进行争议,法院也不能作出与之相矛盾或抵触的判断。[1] 由此可见,既判力的核心意义是禁止当事人对既判事项再争议以及禁止法院对既判事项的再判断。就禁止当事人对既判事项再争议而言,其逻辑前提是,必须赋予当事人充分争议的机会保障,只有获得争议的机会保障后,既判力才获得法律意义上的正当性。[2]

以此为着眼点,既判力相对性原则主要包含以下三个维度的内涵:一是主观范围相对性。判决效力原则上仅拘束诉讼当事人,未参与程序的案外人不受前诉裁判约束。这一限制的正当性基础在于程序保障原则——第三人因未获得陈述意见、举证质证等诉讼权利,自然不应承受他人诉讼结果的不利影响。[3] 二是客观范围相对性。将既判力严格限定于判决主文对诉讼标的的判断,排除判决理由中事实认定或法律适用的拘束力。例如,在所有权确认之诉中,法院对权属关系的认定仅约束原被告双方,案外人仍可基于独立请求权另行主张权利。[4] 三是时间范围相对性。以事实审言词辩论终结时为基准时点,既判力仅针对该时点前的法律关系状态。若基准时后发生新事实(如合同履行期届满后债务人取得清偿能力),当事人仍可提起后诉主张权利。[5] 值得注意的是,矛盾判决的合法性是该原则的必然衍生特征。例如,甲诉乙的所有权确认判决与丙诉乙的同类判决可能得出相反结论,但这恰体现民事诉讼解决相对性纠纷的本质属性,只要不引发执行冲突即具正当性。[6]

---

[1] 参见[日]高桥宏志:《民事诉讼法重点讲义:导读版》(上),林剑锋译,张卫平导读,法律出版社2023年版,第562-563页。
[2] 参见林剑锋:《既判力相对性原则在我国制度化的现状与障碍》,载《现代法学》2016年第1期。
[3] 参见张卫平:《既判力相对性原则:根据、例外与制度化》,载《法学研究》2015年第1期。
[4] 参见张卫平:《既判力相对性原则:根据、例外与制度化》,载《法学研究》2015年第1期;金印:《既判力相对性法源地位之证成》,载《法学》2022年第10期。
[5] 参见张卫平:《既判力相对性原则:根据、例外与制度化》,载《法学研究》2015年第1期;汪蓓:《民事判决既判力的理论探源与体系优化》,载《政法论丛》2025年第1期。
[6] 参见金印:《既判力相对性法源地位之证成》,载《法学》2022年第10期。

既判力相对性原则是比较法上的通行规则[1],也已逐渐为我国法学理论界所认同。但学界在具体理论构建和制度设计方面仍存在诸多显著分歧:(1)主观范围扩张的正当性边界引发持续论争。支持扩张者认为,在合伙债务执行等特定情形下,将既判力及于未参诉合伙人可提升诉讼效率、避免执行僵局[2];反对者则强调,未经程序保障的效力扩张将侵蚀第三人诉权,建议通过诉讼告知、职权追加等程序补强替代[3]。(2)客观范围之争呈现"严格限定"与"适度扩张"的不同路径。前者认为应坚持"诉讼标的=既判力客观范围"的公式,主张将效力严格限定于判决主文[4];而后者提出,对经充分辩论的关键争点(如合同效力认定)应赋予争点效,以防止当事人滥用诉讼程序。

我国《民事诉讼法》及相关司法解释并未明确规定既判力相对性原则,但通过司法解释与司法案例,既判力相对性原则已经在司法实践层面得到了一定程度的体现。《民诉法解释》第247条确立的"三同一"重复起诉标准,实质上遵循了既判力客观范围的相对性原则;第93条对预决事实证明力的限制,则体现对判决理由无既判力的认可。在上海汽车西安联营销售公司与陕西航天建设集团有限公司合同纠纷案中,最高人民法院指出,根据民事诉讼生效裁决既判力理论,人民法院的生效裁判或者仲裁机构的仲裁裁决作出后,无论该裁决结果如何,当事人及法院(包括作出生效判决的法院以及其他法院)均要接受裁决内容的约束,当事人不得就该裁决的内容再进行相同的主张,更不得提出与裁决内容相反的主张,人民法院也不得就该裁决的内容再作出相矛盾的判决。[5] 在广州乾顺房地产信息咨询有限公司与张家港市滨江新城投资发展有限公司财产损害赔偿纠纷案中,最高人民法院认为,裁判理由的内容,既可能包括案件所涉的相关事实阐述,也可能包括对法律条文的解释适用,或者事实认定与法律适用二者之间的联系。但裁判理由部分所涉的相关事实,并非均是经过举证、质证和认证活动后有证据证明的案件

---

[1] 大陆法系国家和地区如《德国民事诉讼法》第325条第1款、《日本民事诉讼法》第115条第1款第1项、《法国民法典》第1355条、《意大利民法典》第2909条、我国台湾地区"民事诉讼法"第401条;在英美法系国家,既判力相对性也通过先例获得了法源地位。参见金印:《既判力相对性法源地位之证成》,载《法学》2022年第10期。

[2] 参见张卫平:《既判力相对性原则:根据、例外与制度化》,载《法学研究》2015年第1期。

[3] 参见汪蓓:《民事判决既判力的理论探源与体系优化》,载《政法论丛》2025年第1期。

[4] 参见张卫平:《既判力相对性原则:根据、例外与制度化》,载《法学研究》2015年第1期。

[5] 参见最高人民法院民事裁定书,(2022)最高法民再312号。

事实,因此不能被认定为裁判文书所确认的案件事实。一般来说,裁判文书中裁判理由的内容无论在事实认定还是裁判结果上对于其他案件均不产生拘束力和既判力。① 上述案例分别体现了对既判力主观范围相对性与客观范围相对性的认可。

但我国法律并未明确规定既判力相对性原则,导致司法实践中如何适用存在相当大的模糊性和不确定性。如在法官群体的实践中就普遍存在判决既判力主观范围绝对化的认识倾向,即只要是被生效裁判所确定的,不管是事实问题还是法律问题都具有绝对性法律效力,而且,这种效力无论是对于谁、对于什么事项,都具有绝对化的作用与意义。② 在这种观点的影响下,由于生效裁判的效力可以及于当事人之外的第三人③,案外人就只能通过变更或撤销原判决的方式维护自己的实体权利④。

综上,既判力相对性原则的确立是民事诉讼现代化的重要标志。我国理论界对其必要性有着基本共识,但在具体应用上存在显著争议。《民事诉讼法》对此未作明确规定,但通过司法解释和司法案例,司法实践在相当程度上采纳了既判力相对性原则,但仍只呈现出碎片化的状态,并未形成体系化的制度。

回到执行异议之诉,执行异议之诉审查的核心内容是案外人是否享有足以排除强制执行的实体权利。我国允许多个执行债权人、多个法院对同一执行标的轮候查封,不同顺序的查封措施甚至能使债权产生先后受偿的效果。在这样的制度下,案外人提起的执行异议之诉只能是针对特定查封予以排除,⑤而非泛指在该执行标的上的全部执行行为。执行异议之诉的审理,本质上是案外人对执行标的所享有的实体权利与申请执行人对被执行人享有的债权之间的对比。由于对比要考虑的因素非常复杂,有些可能是物权优先于债权等具有普遍意义的一般规则,有些则可能是在两个债权之间通过价款支付、占有情况乃至当事人的身份、经济

---

① 参见最高人民法院民事裁定书,(2021)最高法民申7088号。
② 参见黑龙江省高级人民法院民事裁定书,(2020)黑民再102号。
③ 参见吴兆祥、沈莉:《民事诉讼法修改后的第三人撤销之诉与诉讼代理制度》,载《人民司法·应用》2012年第23期。
④ 两种案外人救济程序就是典型体现,即《民事诉讼法》第59条第3款规定的第三人撤销之诉以及第238条规定的案外人申请再审。
⑤ 参见邵长茂:《多手查封情况下案外人一次性排除执行的路径探析》,载《人民法院报》2022年12月22日,第8版。

状况等细微因素进行衡量。因此,每个案件都是特殊的,即使案外人的权利因素不变,申请执行人的债权也可能会千差万别。姑且不论在某强制执行程序中的申请执行人的债权可能是一般债权,而在另一强制执行程序中的债权可能是抵押权等优先受偿权,从而无法将两者等量齐观。即便不同强制执行程序中的执行债权性质相同,但与案外人权利在形成时间、形成时的外部条件、对于权利形成是否存在过错等方面也可能并不相同,在比对时唯有进行个案分析方可得出结论。因此,基于既判力客观范围的相对性,一案排除执行的判决不应适用于对该执行标的采取强制措施的所有执行案件。

就既判力主观范围而言,既判力仅在诉讼当事人之间产生,案外第三人不受他人诉讼的判决既判力的拘束。既然参与某一具体执行异议之诉审理的债权人是该案件的申请执行人,其他查封债权人并未参与其中,从而也不可能享有在该程序中的诉讼权利,故本案执行异议之诉的裁判自然不应约束这些查封债权人。

二、同一执行标的上存在多个查封时排除执行的现实困境

基于上述,案外人在针对首封提出执行异议之诉获得的胜诉判决,只针对该案中的首封行为,案外人若要排除在执行标的上的多个查封,需要逐一针对特定(轮候)查封再提起执行异议之诉。但实践中被执行人下落不明是执行中的常见现象,因而只能通过公告送达推进程序进展,逐案诉讼无疑将导致审理周期进一步延长,执行标的也因此可能长期处于"封冻"状态,既影响当事人权益的实现,又不利于法院执行工作的高效推进。因而,实践中就存在案外人为降低时间成本,不待首封解除、轮候查封生效而直接提出执行异议以及执行异议之诉的客观需求。但对于轮候查封,案外人是否有权提起执行异议之诉,一直存在争议。

一种观点认为,没有侵害,则不存在救济,故实体权利受到侵害是提起案外人异议的首要标准,而轮候查封其本质上是一种等候查封,在转化为正式查封之前,这种排队等候的权利不会产生强制执行的效果,不会损害案外人对标的物享有的实体权利,故也不应当认为对查封标的的实际权利人造成利益上的损害。因此,案外人如仅仅针对轮候查封提起执行异议,不属于执行异议审查受理范围。[①] 如河南省高级人民法院在(2020)豫民终1127号民事裁定中认为:"轮候查封在性质

---

① 参见刘瑜:《仅针对轮候查封提起的执行异议应不予受理》,载《人民司法·案例》2015年第2期。

上不属于正式查封,并不产生正式查封的效力。轮候查封产生的是一种预期效力,在转化为正式查封前,其效力处于未定状态,不会产生强制执行的效果,也不会直接影响当事人的实体权利。而案外人异议的目的是阻却执行标的的转让和交付,故案外人异议所针对的应当是正式查封。本案中……濮阳中院作为轮候查封法院,并未取得对轮候查封物的实际控制权,无权对查封物进行处分,不存在被查封标的物权利人以异议阻止执行的前提,故建投公司向轮候查封法院濮阳中院提出执行异议于法无据。"河北省高级人民法院在(2019)冀民终653号民事裁定中认为:"轮候查封在未转化为正式查封之前,仅是一种待定的执行措施,查封财产的处置权属首封法院,轮候查封并不直接侵害案外人对案涉财产享有的实体权利。本案中,薛玉鹏对廊坊中院轮候查封提出执行异议没有事实基础和法律依据,不具备依照《民事诉讼法》第二百二十七条规定提起案外人异议程序的前提条件,故而胜芳支行提起的本次申请执行人执行异议之诉不属执行异议之诉案件受理范围,应当不予受理,已经受理执行异议之诉的应裁定驳回起诉。"这一观点也体现在部分地方高级人民法院出台的规范性文件中。[①]

另一种观点则认为,法律和司法解释并未禁止案外人向轮候查封的人民法院提出异议,亦未规定案外人仅能向首先查封的人民法院提出异议。轮候查封是具有法律效力的查封,查封一经作出,无辜的案外人的财产就处在因轮候查封自动生效而被强制执行的危害之中。如果不受理案外人对轮候查封的执行异议,先行查封无论是因执行了被执行人的其他财产而解除,还是因案外人的异议而解除,轮候查封就会自动生效,这时案外人再对轮候查封提起执行异议往往就来不及了,轮候查封法院也可能抢先执行案外人的财产。因此,案外人针对轮候查封的执行异议人民法院应予以受理。[②] 如北京市高级人民法院在(2019)京执复138号案裁定中即认为:"法律和司法解释并未禁止案外人向轮候查封的人民法院提出异议,亦未规定案外人仅能向首先查封的人民法院提出异议。轮候查封虽未产生查封的效力,但有转为查封的可能,对案外人的权益具有影响,故案外人有权向轮

[①] 如北京市高级人民法院《关于审理执行异议之诉案件适用法律若干问题的指导意见(试行)》第12条,江西省高级人民法院《关于执行异议之诉案件的审理指南》(赣高法〔2021〕18号)第10条,山东省高级人民法院《执行疑难法律问题解答(二)》第4条,广东省高级人民法院执行局《关于执行程序法律适用若干问题的参考意见》问题二。

[②] 参见韩松:《案外人针对轮候查封的执行异议法院应予受理》,载《人民法院报》2017年1月4日,第8版。

候查封的人民法院提出异议。本案中,二案外人依法有权向北京二中院提出异议,该院应当适用《民事诉讼法》第二百二十七条的规定进行审查。"

笔者赞同后一种观点。首先,轮候查封在效力上虽然有别于正式查封,但轮候查封与正式查封一样,同样是保全行为的一种类型。最高人民法院、原国土资源部、原建设部《关于依法规范人民法院执行和国土资源房地产管理部门协助执行若干问题的通知》第19条、第20条,《不动产登记暂行条例实施细则》第91条,都对轮候查封登记作了明确规定。因此,不能认为轮候查封因最终未实际保全到财产或者仅处于轮候状态而不发生任何法律效力。换言之,轮候查封是否实际发生了保全财产的效力,不影响其作为保全行为本身的效力。

其次,不能仅因轮候法院未取得处置权,即否定轮候查封对不动产的保全效力。事实上,轮候查封一旦登记,即为针对不动产物权上设立的权利负担之一,对不动产权利人的权利产生实际影响。根据《查封规定》第26条的规定,轮候查封自在先查封解除后自动生效,产生查封的效力。因此,轮候查封虽然没有正式查封一样的法律效力,但具有轮候查封的效力,包括依照轮候查封顺位递补成为正式查封、依照轮候查封顺位获得清偿、被执行人在轮候查封之后在财产上设定权利负担等行为不得对抗轮候查封的申请执行人等,对案外人事实上有影响。而且,正式查封解除时,轮候查封自动生效。换言之,两种查封措施之间是"无缝对接"和"自动对接"的。因此,一旦解除正式查封,案外人的权益必因轮候查封自动生效而受到侵害,此种侵害是可预见的、必然的。从保护案外人的民事权益的角度出发,应当承认案外人此时具有提起执行异议之诉的利益。[1]

最后,如果不允许案外人对轮候查封提出异议,在存在多个查封的情况下,案外人只能逐一静待轮候查封自动生效后再提出异议,将陷入漫长的"诉讼战"中。此外,如果只赋予申请执行人请求轮候查封的权利,而不允许案外人针对轮候查封提起执行异议之诉,有违平等原则。[2] 允许案外人对轮候查封提出异议,不仅有利于保护案外人的利益,而且有利于人民法院及时查明情况,正确行使查封的权力和强制执行的权力。同时,申请执行人也可以及时申请查封真正被执行的财产,以免轮候查封的长久等待后,又被案外人异议撤销,从而不能实现其债

---

[1] 参见邵长茂:《执行法律适用方法与常见实务问题327例》,人民法院出版社2024年版,第199 – 201页。

[2] 参见庄诗岳:《论案外人执行异议之诉的管辖法院》,载《法治社会》2023年第2期。

权;或者即使其债权实现,又因被执行财产属于案外人而被执行回转,从而遭受损失。[1]

当然,这种解决方法也并非最优解。若执行标的上存在不同法院的数个查封,则案外人难免要分别向不同法院的执行部门提出异议,由此引发的执行异议之诉也将分属不同法院管辖,这不仅并未从根本上解决当事人的诉累问题,而且从法院的视角出发,案件数量也因此增加。

而且,最高人民法院对于这一问题的观点也存在摇摆。如在一起执行复议案件中,最高人民法院认为,《财产保全规定》第27条第1款规定:"人民法院对诉讼争议标的以外的财产进行保全,案外人对保全裁定或者保全裁定实施过程中的执行行为不服,基于实体权利对被保全财产提出书面异议的,人民法院应当依照民事诉讼法第二百二十七条规定审查处理并作出裁定。案外人、申请保全人对该裁定不服的,可以自裁定送达之日起十五日内向人民法院提起执行异议之诉。"本案中,虽然黑龙江省高级人民法院对案涉房屋的查封为轮候查封,不属于正式查封,能否产生正式查封的法律效力处于待定状态,但案外人张某伟系基于对案涉房屋主张实体权利而提出异议,符合前述司法解释规定的情形,人民法院应当受理并依据《民事诉讼法》的规定审查处理,作出裁定。黑龙江省高级人民法院认为张某伟所提异议不符合执行异议案件受理条件,属适用法律错误,应予纠正。[2] 但在人民法院案例库2024年入选的张某诉门某、孙某申请执行人执行异议之诉案中,裁判要旨仍认为,轮候查封在性质上不属于正式查封,并不产生正式查封的效力,其效力处于待定状态,亦不会损害案外人对查封标的物所享有的实体权利。案外人对轮候查封提出执行异议,不具备依照《民事诉讼法》提起执行异议的前提条件,亦不具备依据《民事诉讼法》规定提起执行异议之诉的前提条件,此类案件法院应当裁定不予受理,已经受理执行异议之诉的应裁定驳回起诉。[3]

因此,在同一执行标的上存在多个查封时,优化执行异议之诉的程序安排有其必要性。

---

[1] 参见韩松:《案外人针对轮候查封的执行异议法院应予受理》,载《人民法院报》2017年1月4日,第8版。
[2] 参见最高人民法院执行裁定书,(2021)最高法执复9号。
[3] 参见黑龙江省高级人民法院民事裁定书,(2020)黑民再102号。

三、多重查封情形下执行异议之诉的程序构造路径考察之一：既判力相对性原则下的合并审理模式

既然执行异议之诉排除执行的判决仅针对特定执行，而无法及于其他执行，那么，在坚持既判力相对性原则的前提下，欲实现通过合并审理程序一次性解决执行标的上的多个查封是否得以排除问题，可能使用的制度无非有二：一是共同诉讼制度，二是诉讼第三人制度。下面分别考察其适用性。

（一）通过共同诉讼实现合并审理模式之考察

共同诉讼属于诉的主观合并，即当事人的合并，是我国《民事诉讼法》规定的一个重要诉讼制度，分为普通共同诉讼和必要共同诉讼两类。①《民事诉讼法》第55条对必要共同诉讼与普通共同诉讼的区分标准作出了明确规定：前者以诉讼标的同一性为核心特征，强调当事人对争议权利义务关系的不可分割性；后者则以诉讼标的同种类为基础，允许法院在当事人申请或同意合并审理时合并审理。

必要共同诉讼又有固有必要共同诉讼和类似必要共同诉讼之分。前者是指所有的利害关系人必须全体一同起诉和被诉，当事人方为适格，法院合一判决的诉讼。这以共同共有人分割共有财产之诉为典型。后者也称非固有必要共同诉讼、非真正的必要共同诉讼，是指仅由全体利害关系人中的一人或数人起诉或被诉，仍不失为当事人适格，但若数人起诉或被诉，则必须采取共同诉讼的形态，法院对此作出合一判决的诉讼。对于类似必要共同诉讼，那些本该成为本案共同诉讼人的人未参加诉讼，并不影响法院对该案的审理，法院不得依职权追加，但判决的效力及于未参加诉讼的利害关系人。

从比较法上看，对于案外人提出执行异议之诉欲排除多个执行的情况，我国台湾地区将其作为类似必要共同诉讼处理——"债权人为数人时，如第三人（案外人）对于全体债权人均主张其对之有排除强制执行之权利时，不论各债权人之债权系个别存在之债权，或系共有一债权，第三人之异议权即诉讼标的，对于全体债权人应属必须合一确定，故应属类似必要共同诉讼。"②但两岸在查封制度上存在

---

① 参见江伟、肖建国主编：《民事诉讼法》（第9版），中国人民大学出版社2023年版，第151页。
② 陈计男：《强制执行法释论》，台北，元照出版公司2012年版，第239－240页。

差异。我国台湾地区,对于已查封的财产,其他债权人申请强制执行的,理论上属于强制执行的参加,执行程序因发生竞合而应合并办理,并就合并执行的变价款,比照分配程序予以处理;在前的查封行为效力,应当及于后加入的债权人。[①] 因此,即便同一债务人有多个债权人,该债务人名下特定责任财产上的查封也仅有一个。案外人若选择一并起诉各申请执行人,因各申请执行人之间的诉讼标的是共同的,故应属类似必要共同诉讼。

《民事诉讼法》虽然也禁止重复查封,但司法解释通过轮候查封制度的创设,事实上允许同一执行标的上存在多个查封,且对于多个执行债权人申请执行同一执行标的,不采取合并执行方式。因此,在多个查封情境下,案外人针对不同查封债权人提出的排除执行请求虽指向同一执行标的,案外人与各查封债权人之间争议的诉讼标的均为案外人的实体权利能否排除强制执行,但各债权人的权利基础(如普通债权、抵押权、建设工程优先权)具有独立性,故其诉讼标的应认定为同一种类而非同一。例如,案外人对普通债权人主张的实体权利抗辩与对抵押权人的优先权排除请求,二者在权利性质与构成要件上存在显著差异。因此,案外人选择一并起诉各申请执行人且法院合并审理的,仅构成普通共同诉讼。[②]

采普通共同诉讼模式对案外人针对多个查封提起的异议之诉合并审理,无疑可以实现通过一次程序集中审查多个查封债权人的权利与案外人权利之间的关系,不仅能够有效降低案外人逐案起诉的诉累负担,还可避免司法资源的重复投入,同时消弭因分散审理可能引发的裁判冲突风险。此外,多个执行债权人作为共同被告参与诉讼程序,亦能充分保障各方当事人的举证、质证与辩论权利,契合正当程序原则的内在要求。

然而,采普通共同诉讼模式合并审理的弊端亦不容忽视。抛开合并审理实现的前提需要案外人同时起诉多个查封债权人,以及此时管辖法院的确定需要司法解释对专属管辖规则加以调整等可调整因素不论,首先,在普通共同诉讼模式下,即使法院认为可以合并审理,根据《民事诉讼法》第 55 条第 1 款之规定,还需要征求当事人的意见,当事人同意的,方可合并审理。因此,在其他执行债权人不同意合并审理的情况下,法院不能强制合并,这一程序性要求足以使通过普通共同诉

[①] 参见陈计男:《强制执行法释论》,台北,元照出版公司 2012 年版,第 313－314 页。
[②] 参见程立、熊诗岚:《执行标的多个查封下案外人执行异议之诉的重塑——以许可执行之诉作为既判力扩张之程序补强》,载《法律适用》2022 年第 1 期。

讼模式实现对案外人针对多个查封的执行异议之诉合并审理,以一次性解决是否可排除多个查封的制度预期落空。其次,合并审理需同时处理多个执行债权人的差异化抗辩主张,使得庭审焦点分散,证据审查量激增,法律适用更为复杂,法院也未必会主动选择合并审理。最后,执行标的上的查封是动态变化的,随时可能会因新的强制执行申请而产生新的查封,新的查封若出现在执行异议之诉审理中,则执行异议之诉可能会因新的共同被告的不断加入而久拖不决;新的查封若出现在执行异议之诉判决生效后,则后续新增的查封债权人因未参与诉讼而不受既判力约束,案外人仍需另行提起执行异议及异议之诉,这使试图避免通过多个执行异议之诉方可实现案外人排除对执行标的的执行的解决方案难以真正实现。此外,现行法律框架下的异议前置程序与普通共同诉讼存在制度性冲突,在相关法律未作修订前,该模式可能构成对法定程序的实质性突破。

由此可见,采普通共同诉讼模式对案外人针对多个查封提起的异议之诉合并审理的方案虽在理论层面具有程序集约化的理想图景,但其实际运行可能将会面临重重困境而终成"镜花水月"。

(二)通过诉讼第三人制度实现合并审理模式之考察

那么,诉讼第三人制度是否可以更好地契合多个查封下执行异议之诉的程序问题呢? 诉讼第三人,是指对当事人争议的诉讼标的具有独立的请求权,或者虽无独立的请求权,但案件处理结果同他有法律上的利害关系,从而参加到他人已开始的诉讼中去的人。① 就形成了本诉与参加诉讼的合并审理。

根据《民事诉讼法》第 59 条,以参加诉讼的方式和在诉讼中的地位为标准,诉讼第三人可以分为有独立请求权第三人和无独立请求权第三人。有独立请求权第三人,是指对他人争议的诉讼标的认为有独立的请求权,因而提出独立的诉讼请求,并加入已经开始的诉讼中的第三方当事人。无独立请求权第三人是对当事人双方的诉讼标的虽然没有独立请求权,但是案件处理结果同他有法律上的利害关系,可以申请参加诉讼或者由人民法院通知他参加诉讼的人。对于何为"案件处理结果同他有法律上的利害关系",法律语焉不详,司法解释也未作阐释,学界则观点纷纭。第一种观点认为,当事人一方对第三人或者第三人对当事人一方,

---

① 参见王瑞贺主编:《中华人民共和国民事诉讼法释义》,法律出版社 2023 年版,第 1113 页。

享有可能的返还请求权或者赔偿请求权①;第二种观点认为,第三人与当事人一方的法律关系同当事人之间的法律关系存在权利、义务上的牵连,一旦一方当事人败诉,败诉方就有权要求有牵连的一方赔偿损失或承担义务②;第三种观点则认为,诉讼的判决或调解书认定的事实结果将直接影响到第三人的民事权益或者法律地位③。由此,对于债权人是否属于无独立请求权第三人范围的问题,理论上存在重大争议,司法实践中适用不一。

否定说认为,债权人就前诉中的标的物不能独立地主张实体权利,不是该案的有独立请求权第三人。债权具有相对性和独立性,债权人与前诉诉讼结果仅具有经济上的利害关系而非法律上的利害关系,不是无独立请求权第三人。部分肯定说则认为,不可将债权作为整体一概而论,债权人根据性质可分为金钱债权人与非金钱债权人,金钱债权人又可分为优先权债权人和普通债权人,非金钱债权人与优先权债权人不仅对争议的诉讼标的存在法律上的利害关系,而且享有独立的请求权,否定说仅原则上适用于普通债权人,且普通债权人在一定情形下也可能构成无独立请求权第三人。《九民会纪要》第120条关于债权人能否提起第三人撤销之诉的规定即体现了后一种观点。④

笔者认为,部分肯定说的观点是从完善我国第三人撤销之诉制度的角度提出的有益探索,值得肯定,但对于同属于第三人救济制度的执行异议之诉的适用性,还需进一步分析。对于金钱债权执行而言,若查封债权人对执行标的享有优先受偿权(如抵押权、建设工程价款优先受偿权),其可申请参加首封程序的执行分配,在这种情况下,其对针对首封的执行异议之诉的诉讼标的并不享有独立于原、被

---

① 参见柴发邦主编:《民事诉讼法学新编》,法律出版社1992年版,第176页。
② 参见江伟、单国军:《论民事诉讼中无独立请求权第三人的确定》,载《中国人民大学学报》1997年第2期。
③ 参见廖中洪主编:《民事诉讼改革热点问题研究综述:1991-2005》,中国检察出版社2006年版,第117页。
④ 《九民会纪要》:"120.【债权人能否提起第三人撤销之诉】第三人撤销之诉中的第三人仅局限于《民事诉讼法》第56条规定的有独立请求权及无独立请求权的第三人,而且一般不包括债权人。但是,设立第三人撤销之诉的目的在于,救济第三人享有的因不能归责于本人的事由未参加诉讼但因生效裁判文书内容错误受到损害的民事权益,因此,债权人在下列情况下可以提起第三人撤销之诉:(1)该债权是法律明确给予特殊保护的债权,如《合同法》第286条规定的建设工程价款优先受偿权,《海商法》第22条规定的船舶优先权;(2)因债务人与他人的权利义务被生效裁判文书确定,导致债权人本来可以对《合同法》第74条和《企业破产法》第31条规定的债务人的行为享有撤销权而不能行使的;(3)债权人有证据证明,裁判文书主文确定的债权内容部分或者全部虚假的。债权人提起第三人撤销之诉还要符合法律和司法解释规定的其他条件。对于除此之外的其他债权,债权人原则上不得提起第三人撤销之诉。"

告之外的请求权,而是处于与首封债权人相同的诉讼地位,故查封债权人应为共同被告而非有独立请求权第三人。若优先债权人已另行申请强制执行,则其虽然仍可主张在首封法院继续执行标的物后就变价款优先受偿,但其所针对的继续执行与针对首封的执行异议之诉的执行并非同一执行,故诉讼标的并不相同,其并非有独立请求权第三人;而且,即便判决支持案外人排除执行的诉请,结果仅为首封解除,该优先债权人申请的强制执行并不会因此受到不利影响,故其也并非无独立请求权。若查封债权人仅享有普通金钱债权,则其对执行标的并不享有实体法上的优先权,而是执行程序中对执行标的受偿的顺位优先权,无论针对首封的执行异议之诉作出何种判决,其享有的实体权利即债权均不会受到影响。而且,一旦判决支持案外人排除执行的诉请,将导致首封解除,则排序第一的轮候查封将生效,其他轮候查封的顺位依次递升,就此而言其他查封债权人的利益也并未因此受到不利影响。由此看来,普通查封债权人不仅并非有独立请求权第三人,将其作为无独立请求权第三人的依据也存在不足。

由此可见,通过诉讼第三人制度实现对多个查封下的执行异议之诉合并审理存在依据不足的问题。但考虑到执行异议之诉往往会合并确权之诉,即使案外人未提出确权请求,案外人的权利性质认定也是判断是否可排除执行的关键争点,而在实践中,这将对另案执行异议之诉认定债权性质相同的申请执行人是否还可通过执行该标的而实现债权产生重大影响。甚至如上一章所述,基于对判决效力的错误认识,实践中认为因为包含着确权争点或合并作出确权判决,故执行异议之诉判决具有对世效力的观点非常普遍,因此,将普通查封债权人作为无独立请求权第三人具有一定的现实合理性。生效判决的反射效理论为此提供了解释空间。

生效判决的反射效力是指生效判决通过满足实体法要件,间接改变案外人(第三人)权利义务状态的法律效果。[①] 因其效力作用于诉讼当事人之外的第三人,故反射效力又被称为既判力的第三方效力。[②] 判决的反射效力不同于既判力扩张。前者主要是实体法效果,基于实体法的一般规定,是权利相关性的自然结果;后者是程序法效果,基于程序法的特别规定,目的在于维护既判力的权威,确

[①] 参见王福华:《民事判决反射效力研究》,载《当代法学》2022年第5期。
[②] 参见[德]罗森贝克、[德]施瓦布、[德]戈特瓦尔德:《德国民事诉讼法》(上),李大雪译,中国法制出版社2007年版,第1181页。

保判决确定的权利义务得以实现。① 也就是说,在判决发生反射效力的情形中,判决如同太阳光一般,直接照射的是当事人,只是因为第三人与当事人间特殊的实体法律关系存在,如同一面镜子,将判决的效力进行反射,第三人只能感受到太阳光的亮度,而不会感受到热度。第三人可能因反射效力而在事实上受到影响,但是其权利义务关系本身不会因为反射效力的存在而有所变化。②

因此,反射效力主要适用于实体法上存在依存关系的第三人。例如,连带债务人(或连带债权人)所受判决对其余连带之人会产生反射效力。基于连带债务的结构,各连带债务人对外有共同的目的,体现为给付上的同一性。任意债务人为给付行为,则全部债务消灭。因此,从债权人的角度来看,连带债务人往往被当作一个整体。不管前诉的债务人是否获得了胜诉判决,其他债务人在事实上都会受到判决的影响。③ 又如,债权人为多数的情形,债权人之一提起代位诉讼,如果债务人和其他债权人无法参与诉讼,那么在代位诉讼胜诉后,生效判决反射于其他债权人,其他债权人可援用其效力。再如,《民法典》第807条规定的建设工程价款优先受偿权,是附属于工程款债权的担保权利,随工程款债权的转让而转让,发包人与承包人之间的建设工程款纠纷判决(承包人胜诉),受让人能做有利自己的援用。④

执行异议之诉审理的焦点是案外人是否享有足以排除强制执行的民事权益,这个强制执行仅为特定执行行为。严格来讲,多个查封下的不同查封债权人虽然可能都是普通金钱债权人,但处于不同的强制执行程序,相互之间一般并无如上述典型情形中的那种实体法上的依存关系,故前案判决也无从借助实体法而发生发射效力。但不可否认的是,多个执行债权虽然依托于不同的执行程序,但案外人的权利性质是基于实体法的权利,并不会因执行程序的不同而不同,其对于相同性质的债权在排除执行的效力上也应在相当程度上同频共振。因此,针对首封的执行异议之诉对于案外人是否享有排除执行的民事权益的认定及判决,在现实

---

① 参见吴英姿:《连带责任整体性的诉讼程序表达》,载《济南大学学报(社会科学版)》2025年第1期。
② 参见吴英姿:《我国第三人撤销之诉的"神"与"形"——第148-153号指导性案例研究》,载《政法论坛》2021年第6期。
③ 参见唐明月:《论我国第三人撤销之诉的改造——基于受不利影响之案外第三人的类型分析》,载《西部法学评论》2023年第1期。
④ 参见王福华:《民事判决反射效力研究》,载《当代法学》2022年第5期。

效果上会外溢于外部空间，间接影响到后案诉讼法院对其他查封债权人申请的执行程序能否继续的审查，而这既属于其他查封债权人的执行程序权利，又勾连着其债权的实现与否以及实现程度，多个查封债权人因在同一执行标的上的多个查封行为而具有执行利益，并且在与案外人的权利针锋相对的意义上具有整体性，这与连带债务人的处境有相似之处。因而将其作为一种特殊的受到（执行异议之诉）判决反射效力影响的主体，具有合理性。

采诉讼第三人模式对案外人针对多个查封提起的异议之诉合并审理，优势在于程序灵活性，法院可以主动追加多个查封债权人以第三人身份参与诉讼，从而避免了共同诉讼模式下可能因当事人的原因而无法实现合并审理的弊端。而且，多个查封债权人以无独立请求权第三人参加诉讼，也有利于形成制衡机制，降低案外人与某一债权人合谋串通的风险。

但该种模式的弊端也非常明显。除了与共同诉讼模式一样，有着加重审理负担、应对新查封将导致程序拖沓、难以真正实现对后续新增查封的既判力、架空异议前置程序的法律障碍等弊端以外，还存在如下缺陷：一是作为无独立请求权第三人，不能独立提出诉讼请求，且抗辩权受限，仅能辅助一方当事人抗辩，因而其当事人权利是不完全和不充分的。二是无法解决判决主文仅能针对特定查封的问题，因而在判决可以排除执行时，无法对其他查封的排除产生既判力，从而使得设计该方案所要实现的一次性解决排除执行问题的初衷落空。

为此，若要该种模式真正发挥作用，则需要执行程序设计配套制度。一次性解决排除多个查封的思路其实隐含着一个前提，即认为案外人享有足以排除执行的民事权利，故应通过更为便捷高效的救济程序，使其尽快摆脱财产受限的状态，但这一前提本身其实也需要客观审视。执行异议之诉其实是虚假诉讼发生的重灾区。在2017—2020年全国法院查处的虚假诉讼案件中，执行异议之诉虚假诉讼年均增速高达61.11%。[①] 由此可见，案外人并非均是诚信良善之人，上述隐含前提与现实情况存在较大出入。若采上述观点，则案外人不仅可以一次性解决全部查封问题，而且还会缺少其他申请执行人通过不同执行诉讼程序进行差异化对抗，这无疑会给虚假诉讼提供更为便利的条件。因此，在为案外人一次性排除执

[①] 参见人民法院新闻传媒总社：《最高法发布意见深入开展虚假诉讼整治工作》，载中华人民共和国最高人民法院网2021年11月9日，https://www.court.gov.cn/zixun/xiangqing/330831.html。

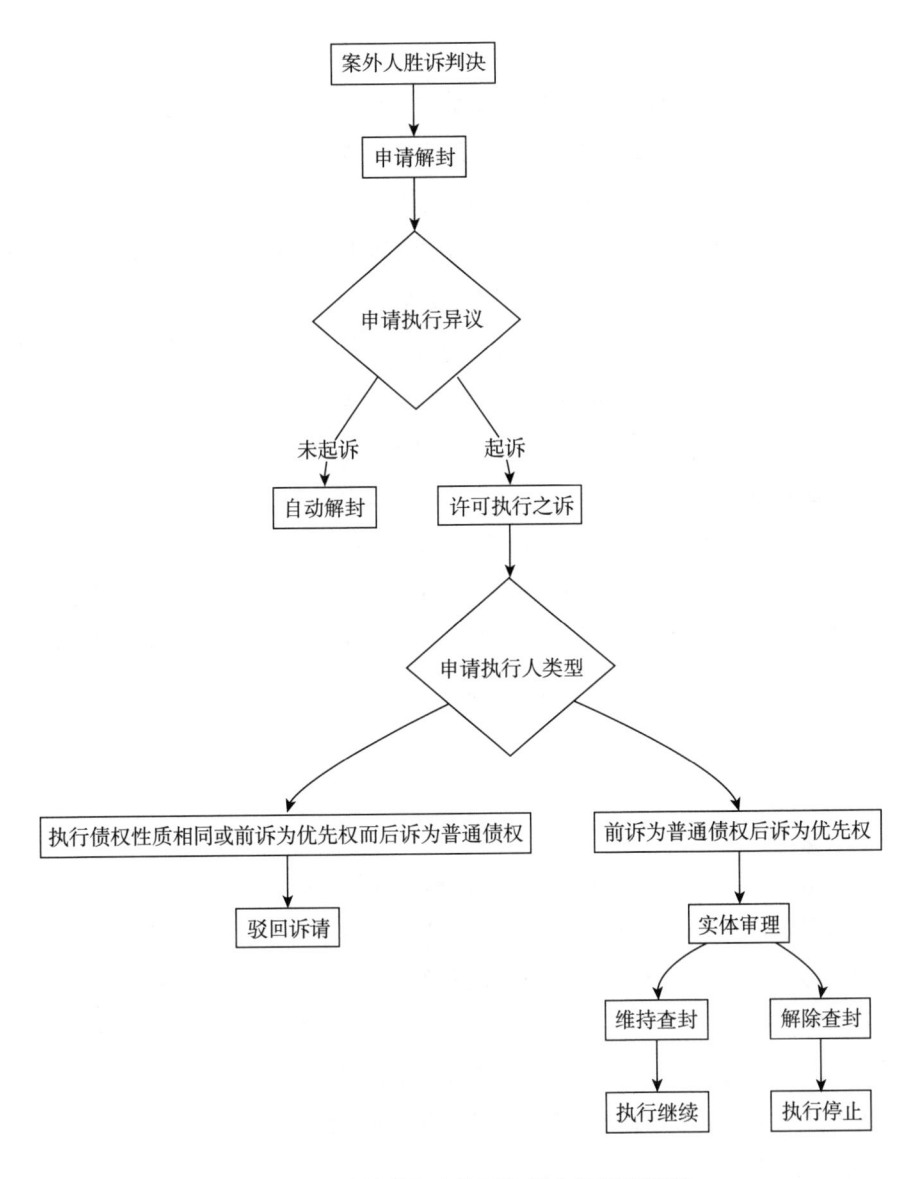

第四章　多重查封情形下执行异议之诉的程序构造

```
                    ┌──────────────┐
                    │ 案外人胜诉判决 │
                    └──────┬───────┘
                           │
                    ┌──────┴───────┐
                    │   申请解封    │
                    └──────┬───────┘
                           │
                      ◇申请执行异议◇
                      ╱          ╲
                   未起诉         起诉
                    │             │
              ┌─────┴───┐   ┌─────┴─────┐
              │ 自动解封 │   │ 许可执行之诉 │
              └─────────┘   └─────┬─────┘
                                  │
                           ◇申请执行人类型◇
                           ╱              ╲
          ┌────────────────────────┐   ┌────────────────────┐
          │执行债权性质相同或前诉为  │   │前诉为普通债权后诉为 │
          │优先权而后诉为普通债权    │   │优先权               │
          └────────┬───────────────┘   └──────────┬─────────┘
                   │                               │
              ┌────┴────┐                    ┌─────┴─────┐
              │ 驳回诉请 │                    │  实体审理  │
              └─────────┘                    └─────┬─────┘
                                              ╱        ╲
                                      ┌──────────┐  ┌──────────┐
                                      │ 维持查封  │  │ 解除查封  │
                                      └─────┬────┘  └─────┬────┘
                                            │              │
                                      ┌─────┴────┐  ┌─────┴────┐
                                      │ 执行继续  │  │ 执行停止  │
                                      └──────────┘  └──────────┘
```

图 4 – 1　申请执行人许可执行之诉程序流程

行提供符合诉讼经济的解决方案时，绝不应忽视正当程序的价值，这既是对其他申请执行人程序权利的必要保障，又是平衡案外人与查封债权人对抗关系的必然要求。为此，在先执行异议之诉判决排除执行的，无论其他查封债权人是否作为第三人参加了诉讼，其他查封均不应当然、立即解除，而是应当给其他申请执行人提供相应的权利救济程序。相关程序可构造如下：案外人在取得案外人排除本案执行的生效判决后,即可向其他执行法院提出停止执行该执行标的的申请;相应的执行法院应及时告知相应的申请执行人,申请执行人在收到通知后15日内,可以提出许可执行之诉,逾期未起诉的,执行法院停止对该执行标的的执行。申请人提出许可执行之诉的,无论其执行债权与前诉中的申请执行人的债权性质是否相同,系优先权还是普通金钱债权,法院均应实体审理。只不过,在前后诉中执行债权性质相同且无其他影响排除执行构成要件成立的因素时,法院即可直接根据前诉判决,驳回申请执行人的诉讼请求。若前后诉中执行债权性质不同,在前诉中执行债权为普通金钱债权而后诉中为优先权时,则须进一步根据优先权是否有效成立、是否在法定行使期间内等要件进一步审查是否可排除执行,并据此作出相应排除执行或许可执行的判决;在前诉中执行债权为优先权而后诉中为普通金钱债权时,则举重以明轻,可驳回申请执行人的诉讼请求。

由此可见,在采诉讼第三人制度构建合并审理的模式下,通过执行程序中许可执行之诉作为配套,可较好地兼顾案外人一次性解决排除执行的诉讼经济需求与申请执行人诉讼权利保障的程序正义需求。

(三)小结

综上所述,在既判力相对性原则框架下,共同诉讼与诉讼第三人制度均难独堪重任,可通过共同诉讼加诉讼第三人,并辅之以许可执行之诉的协同模式构建执行标的多个查封下的执行异议之诉程序,即:(1)案外人同时起诉多个查封债权人,法院认为可以合并审理并经当事人同意的,通过合并审理并对多个查封是否排除的问题作出判决。(2)不符合共同诉讼条件的,法院可追加其他查封债权人为无独立请求权第三人参加诉讼,判决排除强制执行的,本案查封解除,案外人可持判决向其他执行法院申请解除相应查封,申请人在法定期间内可通过提起许可执行之诉寻求救济。

《执行异议之诉解释》第2条选择了在坚持既判力相对性原则下的第三人参加诉讼的方案,并在第3条规定了判决对其他相关查封等执行措施的效力。但其规定过于简单,并且制度设计存在缺陷,有诸多问题值得商榷或需进一步完善。

首先,在其他申请执行人的诉讼当事人地位上,《执行异议之诉解释》第2条的规定似乎将其他申请执行人仅定位于第三人。基于其表述的文义理解,在存在多个查封时,不允许案外人针对轮候查封提出执行异议之诉。由此,则完全排除了案外人同时起诉多个查封债权人的可能性,并进而封死了通过共同诉讼合并审理并对多个查封是否排除的问题作出判决的可能性。如前文所述,共同诉讼合并审理方案虽然并不理想,但毕竟是现行法律框架下解决问题的一种合理路径,完全排斥有欠妥当。此外,根据该条规定,若案外人异议针对轮候查封提出的,在执行异议阶段,执行实施部门即不应受理;若执行实施部门受理并作出裁定的,案外人或申请执行人提出执行异议之诉的,法院应当裁定驳回起诉,同时明确撤销执行异议裁定,并向案外人释明应向首封法院或优先权执行法院提出异议及异议之诉。相应地,结合《执行异议之诉解释》第1条的规定,此种情况下执行异议之诉的管辖法院应为作出异议裁定的执行实施部门所在的法院,即首封法院或优先权执行法院。

其次,在其他申请执行人作为第三人的问题上,《执行异议之诉解释》第2条仅规定"以其他已知的轮候查封的申请保全人、申请执行人为第三人",但未进一步言明,若案外人起诉时未将上述主体列为第三人,法院是否需要向案外人释明,若释明后案外人仍不申请将上述主体作为第三人的,应如何处理,此时法院是否可依职权追加?笔者认为,对此应与第3条规定以及相应的配套程序保障结合起来方可回答。若对第3条规定理解为只要一个执行异议之诉判决生效,存在于该执行标的上的相关查封均应解除,即使该申请执行人未作为第三人参加诉讼,并且没有后续的许可执行之诉配套辅助的话,那么,参加该诉就成为其他申请执行人进行抗辩的唯一途径,若未释明案外人申请或依职权追加其他申请执行人,将严重损害其他申请执行人的程序权利。那么,若案外人起诉时未将上述主体列为第三人时,法院就应当释明而非可以释明,即便释明后案外人不申请追加第三人的,法院也应依职权追加。若对第3规定作限缩理解,将此处的"相关"理解为仅指参加了执行异议之诉的债权性质相同的申请执行人,则因该判决并不会影响到未参加诉讼的其他申请执行人的申请执行,则法院的释明应理解为可以释明而非应当释明,法院也并非必须依职权追加其他申请执行人。

再次,即便对第3条作限缩理解,在判决既判力问题上,第3条规定仅因其他查封债权人作为无独立请求权第三人参加了诉讼,就将其作为受到判决既判力拘束的当事人,相关查封受到判决效力影响而应一并解除,这也是有欠妥当的。因为从不同申请执行人与案外人之间就执行标的利益的对抗性看,这本应是被告所应承担的后果,可见司法解释在判决效力问题上是默认了共同诉讼制度为底板的。这造成了其他查封债权人在程序地位与后果承担上的不匹配。

最后,为了解决判决效力对其他查封措施的效力并保障其他申请执行人的程序权利,应当引入案外人申请解封加申请执行人许可执行之诉程序。许可执行之诉应由该执行标的所在地的法院管辖,以便于法院对执行标的进行审查和处理。许可执行之诉的原告为申请执行人,被告为案外人,被执行人可以作为第三人参加诉讼。具体程序流程前文已述,此处不再赘述。

四、多重查封情形下执行异议之诉的程序构造路径考察之二:既判力主观范围扩张下的案外人申请解封加许可执行之诉模式

既判力主观范围扩张系指生效裁判对诉讼当事人以外的特定第三人产生拘束力的制度安排。这一制度突破传统既判力相对性原则的限制,在特定情形下将判决效力向案外人延伸。既判力主观范围的扩张源于现实需求的考量。诉讼经济需求、避免矛盾判决以及维护权利关系的安定性等都是推动既判力扩张的重要因素。这些现实需求反映了社会对司法效率和公正的追求。[1]

既判力扩张的正当性需要建立在对第三人的充分程序保障基础之上。在某些情况下,第三人虽然未参与诉讼,但其合法权益可能受到诉讼结果的影响。如果不对第三人提供必要的程序保障,可能会导致其合法权益受到侵害。因此,在既判力扩张的过程中,需要通过合理的程序设计,确保第三人能够充分行使诉讼权利,参与到诉讼过程中来,从而保障其合法权益。如日本法允许诉讼承继人通过再审程序提出固有抗辩,[2]我国台湾地区则以第三人撤销之诉弥补程序缺失[3]。

根据既判力的基本法理,既判力的扩张原则上应基于同一诉讼标的。虽然案外人对不同申请执行人提起的执行异议之诉诉讼标的并非同一,但在多个查封的情况下,绝大多数申请执行人对执行标的的权利都具有同质性,即他们对执行标的的权利性质和内容基本相同。因此,案外人对某一申请执行人提起的执行异议之诉胜诉后,其判决结果对其他申请执行人具有参考价值,可作划一性处理。对

---

[1] 参见张卫平:《既判力相对性原则:根据、例外与制度化》,载《法学研究》2015年第1期。

[2] 参见[日]高桥宏志:《民事诉讼法制度与理论的深层分析》,林剑锋译,法律出版社2003年版,第565页。

[3] 参见廖浩:《第三人撤销诉讼实益研究——以判决效力主观范围为视角》,载《华东政法大学学报》2017年第1期。

于不同性质的执行债权如优先权与普通金钱债权,则应保障不同债权人的实体权利,赋予其另行提起诉讼获得救济的权利。①

由此可见,既判力扩张的核心逻辑是"一次诉讼,普遍约束"。通过既判力主观范围扩张,有助于保护案外人的合法权益,避免其因多次诉讼而遭受不必要的损失;可以避免重复诉讼,实现司法资源的合理配置;同时,也有利于尽早结束执行标的的"冻结"状态,提升执行效率。此外,既判力扩张模式下,无须在一个执行异议之诉中通过追加其他申请执行人而使诉讼程序陷入拖沓、繁杂的局面,与共同诉讼模式或诉讼第三人模式相比,无疑在诉讼效率上更胜一筹。

有观点认为,为了贯彻既判力的主观范围扩张,可规定在涉及执行标的存在多个查封的案件中,首封执行异议之诉案件的生效法律文书对执行标的轮候查封皆具有法律效力,后面的轮候查封法院无须再向相关部门出具解除查封的法律文书,该执行标的所涉及的轮候查封视同已被解除查封。② 笔者不赞同这一观点。既判力扩张模式的最大风险在于程序保障的缺失,因此,如前文所述,其正当性需要建立在对第三人的充分程序保障基础之上。有观点指出,为实现既判力的主观范围扩张,同时兼顾特殊申请执行人的程序保障需求,可以设计许可执行之诉作为程序补强。具体而言,当案外人对某一申请执行人提起的执行异议之诉胜诉后,案外人可持胜诉判决向其他查封法院申请解除查封,该查封法院通知相应申请执行人,若申请执行人不同意解除查封,则需在收到通知之日起一定期限内向法院提起许可执行之诉,请求法院许可其继续执行该执行标的;若申请执行人在规定期限内未提起许可执行之诉,则视为其认可案外人的权利主张,法院可以解除对该执行标的的查封。通过这一程序设计,保障了申请执行人仍有通过诉讼程序实现继续执行的程序权利,法院则可根据债权性质不同区分一般申请执行人与特殊申请执行人作出不同的处理。③ 这一程序与采诉讼第三人制度合并审理模式下的程序保障配套机制大同小异,可谓殊途同归。

综上,在多个查封并存的情形下,执行异议之诉判决既判力的主观范围扩张

---

① 参见程立、熊诗岚:《执行标的多个查封下案外人执行异议之诉的重塑——以许可执行之诉作为既判力扩张之程序补强》,载《法律适用》2022年第1期。
② 参见闫明、王长春:《执行异议之诉排除执行后的相关问题探讨》,载《人民法院报》2021年3月17日,第7版。
③ 参见程立、熊诗岚:《执行标的多个查封下案外人执行异议之诉的重塑——以许可执行之诉作为既判力扩张之程序补强》,载《法律适用》2022年第1期。

具有现实必要性与理论正当性,但其边界需以程序保障为制约。通过引入许可执行之诉,较好地兼顾了案外人一次性解决排除执行的诉讼经济需求与申请执行人诉讼权利保障的程序正义需求,该种模式简洁明快,值得作为未来对执行异议之诉程序进行进一步优化时的可选方案。当然,该模式的最大障碍其实在于立法与司法实践层面对既判力扩张本身的接受与设计,这有赖于理论界更为深入、精细的研究,推动民事诉讼程序改革朝向"立体化、多元化、精细化"的目标发展。

规范依据

《执行异议之诉解释》

第二条 金钱债权纠纷的财产保全、执行中,执行标的存在轮候查封、扣押、冻结的,案外人提起执行异议之诉,以首先查封、享有担保物权等优先受偿权的申请保全人、申请执行人为被告,以其他已知的轮候查封的申请保全人、申请执行人为第三人。

第三条 案外人就执行标的享有足以排除强制执行的民事权益,人民法院判决不得执行该执行标的的,同时判决解除执行措施并写明相关查封、扣押、冻结裁定书案号。案外人可以持生效判决请求相关执行法院解除执行措施。

《民事诉讼法》

第五十五条 当事人一方或者双方为二人以上,其诉讼标的是共同的,或者诉讼标的是同一种类、人民法院认为可以合并审理并经当事人同意的,为共同诉讼。

共同诉讼的一方当事人对诉讼标的有共同权利义务的,其中一人的诉讼行为经其他共同诉讼人承认,对其他共同诉讼人发生效力;对诉讼标的没有共同权利义务的,其中一人的诉讼行为对其他共同诉讼人不发生效力。

第五十九条 对当事人双方的诉讼标的,第三人认为有独立请求权的,有权提起诉讼。

对当事人双方的诉讼标的,第三人虽然没有独立请求权,但案件处理结果同他有法律上的利害关系的,可以申请参加诉讼,或者由人民法院通知他参加诉讼。人民法院判决承担民事责任的第三人,有当事人的诉讼权利义务。

前两款规定的第三人,因不能归责于本人的事由未参加诉讼,但有证据证明发生法律效力的判决、裁定、调解书的部分或者全部内容错误,损害其民事权益的,可以自知道或者应当知道其民事权益受到损害之日起六个月内,向作出该判决、裁定、调解书的人民法院提起诉讼。人民法院经审理,诉讼请求成立的,应当改变或者撤销原判决、裁定、调解书;诉讼请求不成立的,驳回诉讼请求。

典型案例

张某诉门某、孙某申请执行人执行异议之诉案

案例索引:入库编号 2024-16-2-471-004/民事/执行异议之诉/黑龙江省高级人民法院/2021.06.10/(2020)黑民再102号/再审/入库日期:2024.02.26。

裁判要旨:轮候查封在性质上不属于正式查封,并不产生正式查封的效力,其效力处于待定状态,亦不会损害案外人对查封标的物所享有的实体权利。案外人对轮候查封提出执行异议,不具备依照民事诉讼法第二百三十二条提起执行异议的前提条件,亦不具备依据第二百三十四条规定提起执行异议之诉的前提条件,此类案件法院应当裁定不予受理,已经受理执行异议之诉的应裁定驳回起诉。

第五章　执行异议之诉的其他主要程序问题

执行异议之诉作为兼具程序衔接与实体审查功能的特殊诉讼形态,既脱胎于强制执行程序框架,又依托民事诉讼审判机理,其程序构造具有高度复合性特征。鉴于其所涉程序性问题非常庞杂,本章将择要阐述前述几章未涵盖到的诉讼当事人、受理条件、举证责任、管辖等常见重点问题。

一、执行异议之诉中的当事人

(一)原告

1.案外人

案外人执行异议之诉的原告,是指执行当事人以外的,主张其对执行标的物享有足以排除执行的实体权利,请求排除法院强制执行的公民、法人和其他组织。作为执行依据的判决中的原告、被告,享有权利的有独立请求权第三人、承担民事义务的无独立请求权第三人,在执行程序中因法定继受事由承继或者承担作为执行依据的裁判文书确定的权利义务承受人,原则上均应排除在案外人的范畴之外。

实践中还有一个问题值得探讨,即案外人的债权人能否代位提起执行异议之诉。有观点认为,案外人应当是对执行标的拥有实体权利的人,案外人的债权人为了保全债权可以代位该案外人提起异议之诉,因此,案外人异议之诉的原告也应当包括案外人的债权人。[①] 也有观点认为,根据《民法典》第535条的规定,代位权客体为"债权或者与该债权有关的从权利",而案外人提出异议排除执行是基于其对执行标的享有的实体权益,二者权利基础不相匹配。而且,从法律效果上来说,根据《民法典》第537条的规定,债权人代位权成立,债务人的相对人应向债权人履行义务,但案外人异议之诉制度只解决能否排除执行的问题,并不处理执行

---

① 参见张卫平:《案外人异议之诉》,载《法学研究》2009年第1期。

标的应否向债权人履行的问题。因此也有观点认为,我国的代位权规范与案外人异议之诉并不契合,债权人代位案外人异议之诉不具有正当性和可行性。[1] 从实践角度看,案外人的债权人代位提出异议,其权利源于案外人异议,异议事由系基于对执行标的主张实体权利。若本来可以提出执行异议寻求救济的案外人没有提出异议,导致其债权人的债权有不能实现之虞。该异议的目标在于排除执行,本质上是一种实体性异议,只有参照案外人异议的规定进行审查处理,才能保障各方的程序权利,确保最终通过异议之诉对执行标的的权属和能否执行问题作出裁判。[2] 当然,案外人的债权人既然系行使代位权,则其提起执行异议之诉需满足代位权行使要件,即债权合法且到期、案外人怠于行使权利、案外人怠于行使权利影响到债权人债权实现、案外人对执行标的的权利不专属于其自身。如商品房消费者提起执行异议之诉的权利,就是专属于商品房消费者自身,商品房消费者的债权人无权代位提起执行异议之诉。[3] 此外,若债权人仅基于自身债权受损(如执行标的非其直接享有实体权利),或案外人已通过其他程序主张权利但未获支持,则案外人的债权人亦无权代位提起执行异议之诉。

2. 申请执行人

申请执行人执行异议之诉的原告,是在案外人异议被法院支持并裁定中止执行时,可针对该裁定提起异议之诉提出异议,请求继续执行标的的申请执行人。

3. 关于被执行人的原告资格问题

关于被执行人能否作为执行异议之诉的原告问题,存在争议。"肯定说"认为,《民事诉讼法》第238条"当事人"的表述未明确排除被执行人,且当执行法院因案外人异议中止执行后转而执行被执行人其他财产时,可能损害其利益,故被执行人应有权起诉。"否定说"认为,执行异议之诉的争议核心是申请执行人与案外人之间的实体权利冲突,被执行人因不享有排除执行的实体权利,故无独立诉的利益。《民诉法解释》第307条规定,申请执行人对中止执行裁定未提起执行异议之诉,被执行人提起执行异议之诉的,人民法院告知其另行起诉。因此,被执行

---

[1] 参见陈国欣:《债权人代位案外人执行异议之诉——理论基础的修正及程序展开》,载《研究生法学》2020年第4期。
[2] 参见最高人民法院执行裁定书,(2014)执申字第243号。
[3] 参见最高人民法院民事审判第一庭2023年第50次专业法官会议纪要:《购房消费者的债权人无权代位提起执行异议之诉》,载最高人民法院民事审判第一庭编:《民事审判指导与参考》2023年第3辑(总第95辑),人民法院出版社2024年版,第217页。

人无权以原告身份起诉,若其认为执行异议裁定作出中止执行所依据的事实或者对执行标的的权属认定错误,则视为其与案外人对特定执行标的的权属存有争议,应通过另案确权诉讼解决。① 当前司法实践普遍采纳否定说。主要理由在于:执行异议之诉旨在解决申请执行人与案外人的权利冲突,被执行人作为义务主体,其财产是否被执行不构成实体权利争议。而且现行司法解释仅规定案外人和申请执行人可提起异议之诉,未赋予被执行人原告资格。《民事强制执行法(草案)》曾拟增设"被执行人异议之诉",允许被执行人在特定条件下起诉请求不予执行。② 但该法草案已于 2024 年 6 月终止审议,未来立法走向值得我们继续关注。

当然,前述探讨的被执行人仅指异议所指向的执行标的作为其责任财产被强制执行的被执行人,而非执行程序中的其他被执行人。若其他被执行人对该执行标的主张实体权利,关于该执行标的的实体权利归属将影响到能否继续执行该标的,就该标的而言,该被执行人的法律地位是案外人,故其有权提起案外人异议及执行异议之诉。③

(二)被告及第三人

案外人提起的执行异议之诉,被告为申请执行人;申请执行人提起的执行异议之诉,被告为案外人。

被执行人在案外人执行异议之诉中的诉讼地位,根据《民诉法解释》第 305 条的规定,应根据被执行人是否反对案外人异议进行确定。其中,被执行人反对案外人异议的,被执行人为共同被告。理由在于:案外人异议之诉的诉讼标的表现为法院的执行措施是否妨害了案外人的实体权益,实质是对于同一执行标的,案外人所享有的实体权益与申请执行人所享有的债权谁应当优先保护,而这一诉讼标的通常与案外人和被执行人对执行标的的权属相联系。案外人提起异议之诉

---

① 参见最高人民法院民事裁定书,(2020)最高法民申 1444 号。
② 《民事强制执行法(草案)》(2022 年 6 月 24 日向社会征求意见稿)第 88 条规定:"执行依据生效后,发生消灭或者妨碍申请执行人请求的抗辩事由的,被执行人可以在执行程序终结前,以申请执行人为被告,向执行法院提起诉讼,请求不予执行。被执行人知道或者应当知道存在多个异议事由的,应当在异议之诉中一并主张。"
③ 参见邵长茂:《执行法律适用方法与常见实务问题327例》,人民法院出版社2024年版,第189页。

后,必然会涉及执行标的的权属问题,如果被执行人对案外人的权属主张有异议,则应当作为该案的被告。这对于查清案件事实,防止出现矛盾裁判,高效解决纠纷具有积极意义。①

司法实践中,对于《民诉法解释》第305条规定的应当作为共同被告的被执行人是指与发生争议的被执行标的物权属存在直接利害关系的被执行人,还是指所有被执行人,存在争议。一种观点认为,此处的被执行人应指与发生争议的被执行标的物权属存在直接利害关系的被执行人。从案外人执行异议之诉的目的、实质等方面看,民诉法解释之所以规定被执行人在反对案外人异议时作为共同被告,是因为需对案外人执行异议之诉所针对的执行标的物的权属进行审查,故上述规定的被执行人应指与执行标的物的权属有直接利害关系的被执行人。如果把与执行标的物无关的被执行人也列为被告,不仅与执行标的权属纠纷无关,对查清案件事实无益,相反使案件当事人更多,程序更为复杂,不利于案件的审理。参加诉讼的被执行人应指与发生争议的被执行标的物权属存在直接利害关系的被执行人。另一种观点认为,此处的被执行人应指执行案件中的所有被执行人。从该规定本身看,并没有指出被执行人仅指与发生争议的被执行标的物权属存在直接利害关系的被执行人。笔者倾向于作限缩解释。案外人提起执行异议之诉的目的是排除执行,法院审理执行异议之诉案件系针对执行标的的能否执行进行审理。需对案外人对执行标的的权利与执行债权人的权利进行比较,因此,与执行标的的权属不存在直接利害关系的被执行人不宜作为执行异议之诉案件的当事人。从执行异议之诉的目的与审理范围看,应当对《民诉法解释》第305条规定的被执行人作限缩性解释,即执行异议之诉中的当事人应当是与诉讼标的权属存在直接利害关系的被执行人,而非所有被执行人。

此外,进一步就理论而言,案外人同时以申请执行人及被执行人提起诉讼,系普通共同诉讼,而非必要共同诉讼。案外人异议之诉的诉讼标的为异议权,仅得对申请执行人提起,法院所作判决为形成判决;其对债务人提起的诉讼,系基于实体权利提起的确认之诉或要求被执行人返还执行标的物的给付之诉,两个诉讼的诉讼标的、请求内容各不相同,是否共同提起,应当交由原告决定。换言之,即便

---

① 参见最高人民法院民法典贯彻实施工作领导小组办公室编著:《最高人民法院新民事诉讼法司法解释理解与适用》,人民法院出版社2022年版,第680-681页。

被执行人不同意案外人的主张,是否将被执行人作为共同被告,也取决于原告的意思。故将该诉讼作为必要共同诉讼,不无商榷之处。①

被执行人不反对案外人异议的,可以列被执行人为第三人。理由在于:案外人异议之诉的直接目的在于排除对特定执行标的的强制执行,与申请执行人的主张相反,而与被执行人没有直接关系,如果被执行人对案外人的权属主张没有异议,就没有必要将其列为共同被告。由于案外人异议之诉必然会涉及执行标的的权属问题,即使被执行人不反对案外人异议,从查清案件事实、彻底解决纠纷的角度考虑,有必要将被执行人列为第三人。② 实践中,还存在被执行人下落不明,无法对案外人的异议或申请执行人的主张发表意见,或者被执行人经法院释明后仍不发表意见的情况。笔者认为,被执行人缺席或未表态的法律效果等同于"不反对",应将其列为无独立请求权第三人参加诉讼。

二、受理条件

(一)一般条件

以案外人提起执行异议之诉为例,除应符合《民事诉讼法》第 122 条、第 238 条外,根据《民诉法解释》第 303 条的规定,还必须同时符合下列条件:

1. 前置程序要件。案外人须先向执行法院提出书面异议且被裁定驳回。

2. 诉讼请求要件。须明确排除对特定执行标的的强制执行,且请求不得与原判决、裁定直接关联,否则应通过审判监督程序救济。案外人主张须基于所有权、用益物权、租赁权等实体权利,单纯针对执行行为瑕疵(如超标的查封)的异议不属于受理范围。

3. 时间要件。执行异议之诉由执行程序派生,要兼顾维护执行的效率原则。案外人对前置异议审查程序作出的裁定不服,应当自执行异议裁定送达之日起 15 日内提起执行异议之诉。该期限属于除斥期间,除《民事诉讼法》第 86 条规定的不可抗力等正当理由外,不存在中止、中断、延长的问题。案外人超过上述法定期间提起执行异议之诉的,应裁定不予受理,已经立案的,裁定驳回起诉。

---

① 参见邵长茂:《执行法律适用方法与常见实务问题 327 例》,人民法院出版社 2024 年版,第 219–220 页。

② 参见最高人民法院民法典贯彻实施工作领导小组办公室编著:《最高人民法院新民事诉讼法司法解释理解与适用》,人民法院出版社 2022 年版,第 681 页。

此外，根据《民事诉讼法》第 238 条、《民诉法解释》第 462 条的规定，案外人对执行标的提出异议的，应当在该执行标的执行程序终结前提出。否则，将因人民法院审查的对象不复存在而使执行异议及执行异议之诉的审查没有意义。根据《执行异议之诉解释》第 1 条第 2 款规定，执行程序终结后，案外人以其在执行处分前对执行标的享有足以排除强制执行的民事权益为由提出异议的，法院应不予受理。当然，此时法院可向案外人释明可以向申请执行人等依法另行主张权利。

（二）执行异议之诉中原告撤诉后是否允许其再行起诉

有观点认为，执行异议之诉中，原告撤诉或者人民法院按撤诉处理后，原告以同一诉讼请求再次起诉的，人民法院不予受理。主要理由在于，执行异议之诉作为执行衍生诉讼，执行标的物已经被采取执行措施，如果允许案外人、申请执行人撤诉后再行起诉，一方面会导致 15 日的起诉期间规定形同虚设，另一方面将会拖延对执行标的物处置时间，不利于执行财产的及时变现，与执行程序对效率的追求相悖。为了避免当事人恶意行使诉权拖延执行，应当对此加以严格限制。这一观点对执行异议之诉要兼顾效率的原则的重视值得肯定，但作出这一限制是否合法以及是否必要值得商榷。《民诉法解释》第 212 条规定："裁定不予受理、驳回起诉的案件，原告再次起诉，符合起诉条件且不属于民事诉讼法第一百二十七条规定情形的，人民法院应予受理。"执行异议之诉在这一点上与普通诉讼并无本质区别，不应作区分对待。而且，《民诉法解释》第 302 条规定："根据民事诉讼法第二百三十四条规定，案外人、当事人对执行异议裁定不服，自裁定送达之日起十五日内向人民法院提起执行异议之诉的，由执行法院管辖。"这里的 15 日的期限为不变期间。因此，即便允许原告再行起诉，也不会架空该 15 日的规定，亦不会导致执行程序过分拖延。实际上，案外人异议之诉之所以能够起到拖延执行的作用，很大程度上是因为《民诉法解释》第 313 条规定，案外人执行异议之诉审理期间，人民法院不得对执行标的进行处分，而与是否允许撤诉后再次起诉关系不大。[①]

（三）公益诉讼移送执行时案外人能否提起执行异议之诉

根据有关规定，人民检察院提起公益诉讼案件判决、裁定发生法律效力，被告

[①] 参见邵长茂：《执行法律适用方法与常见实务问题327例》，人民法院出版社2024年版，第218 – 219 页。

不履行的,人民应当移送执行。该类案件的执对裁定不服的,可以自裁定送达之行无须检察机关申请,也不列检察机关为申请执行人。案外人对此能否提起执行异议之诉在实践中存在不同观点。对此,最高人民法院民一庭认为,在检察机关提起的民事公益诉讼案件执行程序中,案外人提起执行异议之诉的诉权应依法予以保障。首先,该类案件在本质上仍属于民事案件。根据最高人民法院、最高人民检察院《关于检察公益诉讼案件适用法律若干问题的解释》等规定,人民检察院提起公益诉讼,应当遵循相关诉讼制度的基本原则和程序规定,除法律、司法解释另有规定外,依照民事诉讼法、行政诉讼法享有相应的诉讼权利,履行相应的诉讼义务。人民法院就民事公益诉讼案件作出的判决、裁定属于民事判决、裁定。其次,执行异议之诉作为一项基本民事诉讼制度,并未排除在民事公益诉讼案件执行程序中的适用。根据《民事诉讼法》第235条、第238条的规定,发生法律效力的民事判决、裁定执行过程中,案外人对执行标的提出书面异议被人民法院裁定驳回,案外人对执行标的提出书面异议被人民法院裁定驳回,案外人对裁定不服的,可以自裁定送达之日起15日内向人民法院提起诉讼,赋予了案外人诉权。最后,《民诉法解释》第203条规定了案外人提起执行异议之诉应当具备的条件,其第305条"案外人提起执行异议之诉的,以申请执行人为被告"系对有关诉讼参加人诉讼地位的规定,依申请或依职权移送执行原则上不影响案外人提起执行异议之诉。人民检察院作为国家的法律监督机关,提起公益诉讼并参加有关诉讼活动是履行法律赋予的职责,其目的在于保护国家利益和社会公共利益。同理,人民检察院也应当参加执行异议之诉。基于检察机关在民事公益诉讼及其衍生诉讼中的特殊地位,不宜列其为被告,可仍以公益诉讼起诉人身份参加诉讼。综上,检察机关提起的民事公益诉讼案件因直接移送进入执行程序,案外人有权提起执行异议之诉。[①]

三、举证责任分配

人民法院对执行标的采取强制措施,一般情况下均是从标的物的权利外观判断是否属于被执行人责任财产,此时,在案外人提起的执行异议之诉中,案外人即

[①] 参见《公益诉讼移送执行的执行异议之诉诉权如何保障》,载最高人民法院民事审判第一庭编:《民事审判指导与参考》2022年第3辑(总第91辑),人民法院出版社2022年版,第247-248页。

原告一方的诉的理由在于,其享有足以排除执行的民事权益,因此,依照《民诉法解释》第91条、第309条的规定,案外人应当就该民事权益发生的基本事实承担主张与证明责任;相反,申请执行人应当就该民事权益消灭或者受到妨害的基本事实承担主张与证明责任。与此相对,在申请执行人提起的执行异议之诉中,申请执行人即原告一方的诉的理由是,案外人不享有足以排除执行的民事权益,那么,申请执行人可以直接否认案外人所享有的足以排除执行的民事权益已发生的基本事实,此时仍由案外人就其民事权益发生的基本事实承担主张与证明责任。因此,无论是案外人还是申请执行人提起执行异议之诉的,案外人应当就其足以排除对执行标的执行的民事权益发生的基本事实承担主张与证明责任,申请执行人应当就该民事权益消灭或者受到妨害的基本事实承担主张与证明责任,以否认标的物的权利外观,这也符合"谁主张,谁举证"的基本规则。

按照民事诉讼证据的一般规则,对于对方当事人自认的证据无须举证。但在执行标的异议之诉案件中,案外人和被执行人合谋通过共同确认案外人的实体权利,对抗申请执行人对执行标的的强制执行的情形,在实践中并不少见。为防止案外人与被执行人恶意串通,损害申请执行人的利益,应规定对于被执行人对案外人的权利主张表示承认的,不能免除案外人的举证责任。为了真正避免当事人恶意利用自认制度,应当对被执行人的处分权利予以限制。被执行人处分权之所以被限制,因其处分行为本质上是在对抗形式上具有合法性的强制执行行为,而强制执行行为仅能由法院的裁判予以变动或否定,因为只有法院的裁判才可以否定强制执行行为的合法性。

四、执行异议之诉审理期间执行依据再审时的处理

作为执行依据的案件进入再审并裁定中止执行,尚未审结的执行异议之诉如何处理?实践中存在争议。

一种观点认为,作为执行依据的原生效法律文书被提起再审的,由于该生效法律文书在再审程序中处于不确定状态,这将对于争议标的物的执行是否有法律依据产生关键影响,并进而影响到执行异议之诉中对相关权利人对于执行标的物的权利的判断,故此种情形符合《民事诉讼法》第153条第1款第5项规定"本案必须以另一案的审理结果为依据,而另一案尚未审结的"的情形,应当中止诉讼,等待再审案件的处理结果决定继续审理还是终结诉讼。①

另一种观点认为,作为执行依据的法律文书进入再审之后,审结时间难以预测,如执行异议之诉一律中止审理,案外人就必须忍受其财产长期被查封、扣押、冻结。在案外人对执行标的享有足以排除强制执行的民事权益的情形下,无论法律文书再审改判或维持,基于案外人诉讼请求与原判决、裁定的无关性,不影响异议之诉继续审理并作出不得执行的判决,这样有利于尽快让执行标的恢复权能状态,促进物之利用。案外人没有足以排除执行的事由,异议之诉判决应当驳回案外人的诉讼请求,并不损害其利益。退一步讲,作为执行依据的法律文书按照审判监督程序被决定再审并裁定中止执行,即使作为执行依据的法律文书经再审被推翻,查封、扣押、冻结措施当然解除,甚至不影响案外人原有现实利益。故原则上执行依据进入再审不影响执行异议之诉继续审理、作出裁判。

笔者认为,执行异议之诉是执行衍生诉讼,其起点是执行依据发生法律效力并进入执行程序,一旦执行依据进入再审,通常会中止原判决的执行,此时相应地中止执行异议之诉的审理是较为常见的做法。但如果执行异议之诉的审理结果与执行依据再审结果之间并无直接联系,为尽早解决纠纷,也可继续审理(审查)。因此,执行异议之诉审理期间执行依据再审时原则上应裁定中止审理,等待执行依据的再审结果。但也存在例外情形,《执行异议之诉解释》第8条规定了两种例外情形:

1.执行标的并非与执行依据的争议标的,则执行依据变动仅涉及申请执行人的债权范围,未必影响执行异议之诉的最终处理,如执行依据是金钱债权给付之诉,与执行标的并无直接联系,案外人若最终被认定享有排除执行的民事权益的,执行依据不变或者金钱债权数量上的调整尚且可以排除执行,与执行依据被撤销无须执行的结果类似;案外人不享有排除执行的民事权益的,即使后续已无执行之必要,也不会对案外人造成影响,且按照审判经验,再审改判全案驳回的可能性较小,为尽早定分止争,执行异议之诉案可以继续审理。

2.案外人可能享有排除担保物权等优先受偿权的强制执行的民事权益的,自然也可以排除金钱债权的执行,即执行依据的再审结果更加不会影响案外人的民事权益救济程序,故执行异议之诉案件可以继续审理或审查。不过,需要考虑的

---

① 参见褚红军主编:《民事执行裁判理论与实务》,人民法院出版社2022年版,第82页。

是，如果执行依据认定担保物权等优先权，当事人只能以消费者购房请求权、建设工程价款优先权排除担保物权的执行，而不会主张一般买受人的物权期待权，若最终执行依据再审结果未认可担保物权等优先权，只有认可金钱债权，案外人排除执行的请求基础可能会有所不同，此时继续审理有可能会造成程序空转。因此，笔者认为，此时仍应以中止审理为原则，再根据再审请求对执行依据的变动是否有根本影响来决定是否继续审理（审查），即执行依据的再审结果对执行异议之诉审理结果并无不利影响的，执行异议之诉案件可以继续审理或者审查。

五、执行异议之诉再审发现原判决支持排除执行错误时的处理

执行程序的正当性基础在于执行标的须为被执行人责任财产。当案外人主张排除执行时，本质上是对执行标的的适格性的根本否定。若支持案外人排除执行请求的执行异议之诉判决被再审，并被认定系错误支持了案外人的请求，则意味着执行标的应属被执行人财产范围，此时恢复执行具有正当性基础。因此，原则上再审应判决驳回案外人的诉讼请求并恢复执行。此时可以参照执行回转的规则处理。《民事诉讼法》第244条和《执行工作规定》第65条规定，执行完毕后发现执行依据被撤销的，人民法院应当进行执行回转。《执行工作规定》第66条进一步规定，执行回转时，已执行的标的物系特定物的，应当退还原物。

但若执行标的已合法转让第三人，则与执行标的在执行程序中被第三人买受的情形类似，应做不同处理。当标的已合法转让第三人时，涉及既判力扩张与交易安全保护的冲突。依既判力相对性原则，原判决仅约束诉讼当事人。第三人在原诉讼中未获参与机会，其权利不受原判决既判力拘束。而且，第三人系善意地基于合法交易关系而取得该标的物，构成新的法律关系，其交易安全应当得到优先保护。因此，虽然原判决应当被撤销，但该执行标的已经无法恢复执行，故应终结诉讼，这符合程序经济原则，申请执行人可另行主张权利。《执行工作规定》第66条规定，不能退还原物的，经双方当事人同意，可以折价赔偿。双方当事人对折价赔偿不能协商一致的，人民法院应当终结执行回转程序。申请执行人可以另行起诉。与该规定相比较，《执行异议之诉解释》第10条的规定存在一些不同：一是当执行标的不能原物返时，本条未规定双方可进行折价赔偿协商，而是直接规定法院应终结诉讼、申请执行人可另行主张权利。二是在一般的执行回转程序中，最终生效的法律文书推翻了原有的执行依据，执行回转义务人对执行标的已不再享有实体权利；本条中案外人对执行标的可能仍享有民事权益，只是顺位发生变化而不足以排除执行。但本条并未给予此类案外人高于一般的执行回转义务人的保护。对于以租赁权对抗执行的案件如何恢复执行，延长租赁的期限利益如何处理也需要实务中进一步研究。

至于申请执行人如何另行主张权利，笔者认为，针对被执行人，申请执行人可申请恢复强制执行；针对案外人，由于其取得执行标的的依据已不存在，可以理解为没有法律根据取得不当利益，申请执行人可以不当得利纠纷起诉。

总之，《执行异议之诉解释》第10条对执行异议之诉再审纠错机制作出了类型化规定，实质是在程序正义与实体公正、执行效率与交易安全之间寻求最佳平衡点。通过区分执行标的实际权属状态与嗣后流转情形，既尊重强制执行程序的严肃性，又维护市场交易秩序的安定性，实现了执行效率与交易安全、程序安定与实体公正的价值平衡。

六、执行异议之诉裁判主文的内容

执行异议之诉判决主文的制作需严格遵循诉讼请求对应原则、实体权利审查规则及法定文书样式要求，确保裁判结果兼具形式规范性与实质正当性。其中，"诉讼请求对应原则"要求判决主文必须在当事人诉请的范围内作出，法院不得依职权对当事人未主张的权利进行确认或否定；"实体权利审查规则"则决定了判决的核心内容，即法院必须穿透权利外观，对案外人主张的民事权益与申请执行人的债权进行实质性的审查与顺位判断。

一般而言，执行异议之诉的判项主要涉及两方面内容：一是对争议标的物权属作出判断；二是对案外人对标的物享有的实体权益是否能够排除执行作出判断。这两项内容紧密关联，但并非完全重叠。前者是对实体权利归属的终局性确认，而后者则是对特定执行情境下权利对抗效力的即时性判断。例如，承租人或预告登记权利人虽不享有所有权，但其特定权益在满足法定条件时，同样可能排除执行。

根据《民诉法解释》第310条，执行异议之诉中确认案外人就执行标的享有足以排除强制执行的权益的，判决不得执行该执行标的。至于该判决生效后的执行行为，基于审执分离原则，判决主文并不涉及。根据最高人民法院2016年发布的《民事诉讼文书样式》，执行异议之诉的判决主文内容可类型化如下：

案外人执行异议之诉中,若案外人提起诉讼时有对标的物进行确权的诉讼请求,则判项中要对此作出判决,予以支持的,可表述为:"确认标的物归案外人所有",同时判令"停止对标的物的执行"或"不得对标的物的执行";若案外人没有提出确权的诉讼请求,则仅对案外人对争议标的物享有的实体权益是否能够排除执行作出判决,不在判项中对标的物权属作出认定。

申请执行人执行异议之诉中,审理的对象仍为案外人对执行标的物是否享有足以排除执行的实体权益,申请执行人的诉讼请求为继续对争议标的物执行,此时其承担着证明案外人权利虚假或不具备排除执行效力的责任。若予以支持,则判项表述为"准予对标的物执行"。

《执行异议之诉解释》在前述规定基础上,首次规定判决不得执行同时应判决解除执行措施,如此一来可以迅速落实解除执行标的上的执行措施,也鲜明地体现了最高人民法院"明确规则适用,审判兼顾执行""审执协同发力,做实实质解纷"的加强立审执协调配合推动矛盾纠纷执前化解的工作理念。[1]

但这一做法在理论与实践中却也存在值得商榷之处。执行行为作为程序性事项,传统上由执行机构依据法律和生效裁判文书自主实施,审判庭直接以判决的形式命令执行机构"解除查封",存在审判权干预执行权之嫌。该判项的履行义务人实为法院执行机构,这在判决的履行逻辑上形成了悖论,即法院判决约束的对象是法院自身,若执行机构迟延履行,缺乏有效的督促和制裁机制。最关键的是,该判决的实际效果有限,因为能够判决解除的,只有引发本次异议之诉的首封或者优先债权法院所涉的特定执行措施,并不包括轮候查封措施。轮候查封在法律性质上是独立的执行行为,并不会因在先查封的解除而自动失效,案外人仍需就此另行交涉,所谓"一判了局"的制度目标并未完全实现。

此外,对于再审审查案件,法院经审查后认为应当进入再审程序的,裁定书主文应如何表述,值得斟酌。笔者认为,由于执行异议之诉本身并没有执行内容,实际上是事关另案生效法律文书的强制执行。在执行异议之诉审理期间,人民法院原则上不得对执行标的进行处分。但在执行异议之诉二审判决生效后,如果对于执行异议没有支持,则将恢复对执行标的的处分。如果当事人对执行异议之诉二

---

[1] 参见《最高法民一庭、执行局负责人就执行异议之诉司法解释答记者问》,载微信公众号"最高人民法院"2025年7月23日。

审判决申请再审,经审查认为当事人主张的再审事由成立,且符合申请再审条件的,则应当裁定再审。裁定生效时,执行异议之诉案件就进入审判监督程序,如果不在裁定再审的同时写明再审期间,中止执行当事人提出异议的执行标的,则有可能在裁定再审后至再审立案前的期间,执行标的被采取处分性强制执行措施,因此,基于执行异议之诉的性质和目的,应当在裁定再审的同时写明再审期间,中止执行当事人提出异议的执行标的。由于执行异议之诉本身并没有执行内容,故无须中止原判决的执行,根据《民诉法解释》第394条规定的精神,再审裁定书的主文中无须再写明"再审期间,中止原判决的执行";若情况紧急的,可将中止执行裁定口头通知负责执行的人民法院,并在通知后10日内发出裁定书。

七、管辖

根据《民诉法解释》第302条的规定,执行异议之诉案件由执行法院管辖。之所以由执行法院专属管辖,主要是基于以下几点考虑:第一,执行效率与程序衔接。执行法院熟悉案件执行情况,有利于快速查明事实。第二,裁判统一性保障。避免不同法院对同一执行标的作出矛盾裁判。第三,当事人诉讼便利。减少当事人跨地域诉讼的诉累。执行异议之诉专属管辖具有排他性,不受级别管辖、协议管辖以及不动产专属管辖规则的限制。

如何确定执行法院看似并不困难,但是,实践中情况较为复杂:针对同一被执行人、同一执行标的的,可能存在多个采取执行措施的人民法院,而且执行法院还会发生变化,如二审和再审法院均可能因当事人申请诉讼保全而采取查控措施;首次查封后,还可能有多个轮候查封;指定执行、提级执行、委托执行、财产由首封法院依法移送优先债权执行法院执行等情形还导致执行法院变更。对于这些情况下如何确定执行异议之诉的管辖法院,应当加以明确。

有观点认为,多个执行法院之中,负责变价和分配享有实质处分权的执行法院最为关键。根据《执行程序解释》第14条以及学理通说,案外人对执行标的主张所有权或者有其他足以阻止执行标的的转让、交付的实体权利的,才能通过执行异议之诉排除执行,即案外人是通过对抗执行处分(变价和清偿)来最终排除执行的,与此相对应,由负责处分而非采取查控措施的执行法院对此类案件享有管辖权,法理正当性更强。另外,针对同一执行标的的,采取查控措施的执行法院可能有多个,但享有处分权的执行法院只有一个,一般为首次查封法院,执行异议之诉由负责执行处分的法院管辖符合实际。据此,存在多个查封时,执行异议之诉由首封法院或从首封法院取得处分权的优先债权执行法院管辖;保全裁定由二审、再审法院作出时,针对保全措施提起的执行异议之诉案件,仍然应由将来结案后法定负责处分执行标的的终局执行法院管辖,即由第一审人民法院或者与第一审人民法院同级的被执行的财产所在地人民法院管辖,可防止出现终局执行在下级法院而执行异议之诉由上级法院一审的局面。

但笔者认为,这一观点与实际情况存在一定偏差。存在多个查封时,首封法院或从首封法院取得处分权的优先债权执行法院确实往往是最终的执行法院,但在尚未进入采取处分性强制执行措施的阶段时,并不能否定案外人享有提起案外人实体异议以及执行异议之诉的诉权,若规定由负责处分执行标的的法院管辖,将导致这种情况下案外人无法通过执行异议之诉获得相应的救济,与法理不符,也与《财产保全规定》第27条等现行司法解释规定的原则相悖。实际上,执行异议之诉的前置程序是案外人在执行程序中提出的实体异议,执行法院对此应作出支持或不支持案外人异议的裁定,案外人或申请执行人对该裁定不服的,提起执行异议之诉,故《民诉法解释》第302条所称的"执行法院",应当是指作出执行异议裁定的法院。

《执行异议复议规定》第4条规定:"执行案件被指定执行、提级执行、委托执行后,当事人、利害关系人对原执行法院的执行行为提出异议的,由提出异议时负责该案件执行的人民法院审查处理;受指定或者受委托的人民法院是原执行法院的下级人民法院的,仍由原执行法院审查处理。执行案件被指定执行、提级执行、委托执行后,案外人对原执行法院的执行标的提出异议的,参照前款规定处理。"《交叉执行意见》第9条规定:"执行实施权转移后,执行审查权一并转移。执行案件被指令或者提级执行后,当事人对原执行法院的执行行为提出异议或者案外人对执行标的提出异议的,由提出异议时负责该案件执行的法院审查处理。"这是关于执行行为异议以及案外人实体异议审查法院的确定原则。相应地,在执行异议之诉受理后,发生上述执行实施权转移的,执行异议之诉的管辖法院是否也应遵循与执行法院的一致性而发生变更呢?笔者认为,执行异议之诉与执行法院的确定有一定的关联,但更应当遵循管辖恒定原则,原则上以起诉为标准时点确定管辖。既要考虑审执协调关系,也应当兼顾审执分离、实体问题以审判为中心原则,彻底实现审执同步将严重影响审判效率。起诉时,管辖向执行靠拢,实现审执协调;受理后,遵循审判规律,坚持管辖恒定原则。故确定管辖之后,当事人不能以执行法院变更为由不断提出管辖异议阻碍开庭、拖延诉讼。

至于变更后的法院是原执行法院的下级法院的,是否由原执行法院管辖问题,也不宜参照《执行异议复议规定》第 4 条作出特殊规定,执行异议复议程序需对执行行为是否合法作出判断,由下级法院审查认定上级法院执行行为,显然不妥,故变更后的执行法院是原执行法院的下级法院的,仍由原执行法院管辖。但执行异议之诉并不涉及对执行行为对错的判断,而是对案外人实体权利作出认定,故可统一按照前述原则确定管辖法院即可,无须作出特殊规定。《执行异议之诉解释》第 1 条对此作出了原则性规定,可从上述方面加以理解。

八、虚假诉讼的防范与规制

虚假诉讼败坏社会风气、妨碍公平竞争、损害司法权威、阻碍法治建设,社会影响十分恶劣。《中共中央关于全面推进依法治国若干重大问题的决定》提出"加大对虚假诉讼、恶意诉讼、无理缠诉行为的惩治力度"。最高人民法院随后制定了多项司法解释和规范性文件,如 2021 年 3 月最高人民法院、最高人民检察院、公安部、司法部联合发布了《关于进一步加强虚假诉讼犯罪惩治工作的意见》,2021 年 11 月最高人民法院发布了《虚假诉讼整治意见》,明确将虚假诉讼整治列为司法改革重点任务。

执行异议之诉是虚假诉讼发生的重灾区。根据最高人民法院发布的文件及多地法院的典型案例,执行异议之诉因涉及财产权益对抗激烈、证据伪造成本低、利益驱动大,成为虚假诉讼的高发领域。2017—2020 年全国法院查处虚假诉讼案件 1.23 万件,其中执行异议之诉虚假诉讼年均增速高达 61.11%。[①] 执行异议之诉旨在为真实权利人提供执行救济,发挥着保护案外人民事权益、保证执行公正的重要功能。现实中,个别被执行人试图"钻制度的空子",为了规避执行、拖延执行,与案外人恶意串通、提供虚假证据,捏造事实向法院提出执行异议及执行异议之诉,企图规避执行,此类情形应严厉打击,确保执行救济制度不被滥用,真正将

---

① 参见人民法院新闻传媒总社:《最高法发布意见深入开展虚假诉讼整治工作》,载中华人民共和国最高人民法院网 2021 年 11 月 9 日,https://www.court.gov.cn/zixun/xiangqing/330831.html。

有限司法资源用于保护需要救济的实体权益。① 因此,《执行异议之诉解释》专设了一个条文,着重强调在执行异议之诉案件审理中防范和规制虚假诉讼的重要性。

(一)虚假诉讼的"穿透式"审查与常见形态

防范虚假诉讼,首要在于精准识别。人民法院在审理执行异议之诉时,绝不能仅停留于对书面证据的形式审查,而必须启动"穿透式"的实质审查模式,综合判断权利主张的真实性。根据司法解释的精神和审判经验,审查应重点围绕以下维度展开:

1. 交易背景的合理性:深入审查案外人异议所依据的法律关系(如买卖、租赁、抵押)发生的原因、时间、地点与其真实内容,判断其是否符合商业常理和生活逻辑。

2. 权利取得的真实性:核实案外人对执行标的是否享有占有、使用等实际控制权,其权益的取得是否会导致被执行人责任财产发生不当减损。

3. 对价支付的真实性:严查案外人的经济状况、支付对价的款项来源、交付方式以及款项的真实流向,这是戳破虚假交易的关键环节。

4. 当事人关系的特殊性:审查案外人与被执行人之间是否存在亲属、关联企业或其他利害关系,高度警惕利用特殊关系制造的虚假外观。

在上述审查框架下,实践中虚假诉讼主要呈现为以下三种典型形态:

1. 恶意串通型

这是最主要、最隐蔽的形态。案外人与被执行人通过虚构合同、倒签交易时间、伪造付款凭证等方式,虚构权利关系以排除执行。

例如,在侯某某诉某发展公司案外人执行异议之诉案中,侯某某与曹某、曹某某串通虚构房屋买卖合同,并谎称2015年4月25日已通过银行转账支付了购房款。审理法院调取2015年4月25日侯某某向曹某银行账户汇款当日的银行转账明细。银行转账明细显示侯某某从未向曹某、曹某某支付过房款。经法官多次询

---

① 参见《最高法民一庭、执行局负责人就执行异议之诉司法解释答记者问》,载微信公众号"最高人民法院"2025年7月23日。

问,双方承认房屋买卖关系是虚假的。①

又如,在原告百虹公司与被告洗毛公司、龙凤公司申请执行人执行异议之诉案中,案外人洗毛公司向越城法院提出执行异议,提供了与龙凤公司签订的落款为"2020年3月1日"的设备转让协议,认为其已受让上述机器设备,要求解除查封。该异议获支持,百虹公司不服,提起执行异议之诉。法院查明,洗毛公司虽已于2020年3月初接手龙凤公司,占有使用案涉机器设备,但并未在法院查封前达成抵债合意。洗毛公司提交的设备转让协议系查封后倒签日期,是虚假证据。遂判决继续查封前述设备。判决后双方当事人均未上诉,案已生效。后法院认为,洗毛公司为阻碍执行而伪造证据,处以罚款5万元。龙凤公司积极配合调查、悔过态度良好,作书面检讨。②

2. 单方捏造型

案外人单独虚构对执行标的的实体权利,如谎称享有租赁权、抵押权或所有权,并提交虚假证据干扰执行程序。其特点是证据链条看似完整,但往往与客观事实不符,需要法院依职权调取不动产登记、税务、物业等客观证据进行比对,方能识破。例如,在刘某春案中,被告人通过伪造6份商品房买卖合同及电费票据、取暖费票据、入住证明等材料,虚构购房和已办理房屋入住事实并提出执行异议,最终被以虚假诉讼罪追究刑事责任。③

3. 滥用程序型

此类行为不直接伪造实体权利,而是通过反复利用诉讼程序本身来达到拖延、消耗申请执行人的目的。例如,由不同关联人就同一标的以相似理由"接力式"提起异议及诉讼;或在关键节点提起异议后又迅速撤回,待执行程序恢复后再次异议,利用程序周期反复"折磨"执行进程,实现"以程序合法之名,行拖延执行之实"的非法目的。

(二)虚假诉讼的责任主体

1. 直接实施虚假诉讼的当事人。以捏造事实、伪造证据等方式单独或与他人

---

① 参见上海市宝山区人民法院民事判决书,(2018)沪0113民初16670号,人民法院打击通过虚假诉讼逃废债典型民事案例之四。

② 参见绍兴市中级人民法院:《绍兴法院五大举措以"实"治"虚",防范打击虚假诉讼有实效!》,载微信公众号"绍兴市中级人民法院"2021年10月28日。

③ 参见辽宁省沈阳市辽中区人民法院刑事判决书,(2021)辽0115刑初203号。

串通提起虚假诉讼的原告或申请人,以及与原告合谋虚构法律关系或事实的被告。

2. 协助进行虚假诉讼的其他主体。包括诉讼代理人证人、鉴定人、公证员等诉讼参与人。

3. 单位主体。单位可成为虚假诉讼罪主体,如企业虚构债务逃避执行,法院可对单位判处罚金,并对直接负责的主管人员和其他责任人员追究刑事责任。

4. 司法工作人员。利用职权参与虚假诉讼的法官、仲裁员等,依法从重处罚,构成犯罪的追究刑事责任。[1]

(三)虚假诉讼的法律后果

1. 程序性制裁

主要包括罚款和拘留。根据《民事诉讼法》第118条第1款的规定,可对个人处以10万元以下罚款,对单位处以5万元以上100万元以下罚款;根据《民事诉讼法》第118条第2款的规定,对情节恶劣的当事人处以15日以下拘留。

2. 民事赔偿责任

案外人通过虚假诉讼导致执行标的无法执行或价值减损的,需承担侵权责任。这主要包括执行迟延导致的利息损失、财产贬值等直接损失以及申请执行人因执行受阻产生的诉讼费、律师费等间接损失。由于虚假诉讼行为人主观上具有故意,客观上往往会给申请执行人等造成损失,受害人因虚假诉讼导致民事权益受到损害,可以依照《民法典》第1165条第1款的规定请求损害赔偿。故《执行异议之诉解释》第21条第3款重申了案外人虚假诉讼给申请执行人造成损失的,应当承担赔偿责任。根据《关于在民事诉讼中防范与惩治虚假诉讼工作指引(一)》第30条,赔偿的损失范围包括:(1)受害人为应对虚假诉讼及索赔而产生的律师费、差旅费、调查取证费等直接经济损失;(2)受害人因虚假诉讼所造成预期利润减少等间接经济损失;(3)虚假诉讼给受害人造成的其他经济损失。人民法院根据上述损失与虚假诉讼的因果关系确定实施虚假诉讼的当事人应当承担的损害赔偿责任。在受害人的损失难以确定的情况下,可以综合考虑提起虚假诉讼的当

---

[1] 参见最高人民法院、最高人民检察院、公安部、司法部《关于进一步加强虚假诉讼犯罪惩治工作的意见》(法发〔2021〕10号)第24条。

事人的主观过错程度、侵权行为的性质和情节、受害人遭受损失的严重程度等因素,酌情确定赔偿数额。实施虚假诉讼侵害他人人身权益造成严重精神损害,受害人主张依据《民法典》第1183条的规定请求赔偿精神损害的,人民法院予以受理。

3. 刑事责任

立案、审判、执行法官要切实担负起甄别虚假异议之诉第一关口的责任,可通过与公安机关、检察机关的案件线索移送机制,及时将涉嫌虚假诉讼罪的案件线索移送公安机关、检察机关处理。对符合《刑法》第307条之一规定构成虚假诉讼罪的,依法追究相关人员的刑事责任。

4. 协同责任机制

一是行业联动惩戒。对于协助进行虚假诉讼的律师、公证员、鉴定人等专业人士,法院在依法处罚的同时,应及时向司法行政部门、行业协会发出司法建议,启动行业内部的惩戒程序,从吊销执照到公开谴责,切断其参与虚假诉讼的"后路"。二是失信名单制度。将实施虚假诉讼的当事人(包括个人和单位)纳入失信被执行人名单,并同步推送至征信系统。使其在银行信贷、招标投标、高消费等领域受到全面限制,大幅提升其违法成本。

规范依据

《民事诉讼法》

第一百一十五条 当事人之间恶意串通,企图通过诉讼、调解等方式侵害国家利益、社会公共利益或者他人合法权益的,人民法院应当驳回其请求,并根据情节轻重予以罚款、拘留;构成犯罪的,依法追究刑事责任。

当事人单方捏造民事案件基本事实,向人民法院提起诉讼,企图侵害国家利益、社会公共利益或者他人合法权益的,适用前款规定。

第一百一十六条 被执行人与他人恶意串通,通过诉讼、仲裁、调解等方式逃避履行法律文书确定的义务的,人民法院应当根据情节轻重予以罚款、拘留;构成犯罪的,依法追究刑事责任。

第一百二十二条 起诉必须符合下列条件:

(一)原告是与本案有直接利害关系的公民、法人和其他组织;

(二)有明确的被告;

（三）有具体的诉讼请求和事实、理由；

（四）属于人民法院受理民事诉讼的范围和受诉人民法院管辖。

第二百三十八条 执行过程中，案外人对执行标的提出书面异议的，人民法院应当自收到书面异议之日起十五日内审查，理由成立的，裁定中止对该标的的执行；理由不成立的，裁定驳回。案外人、当事人对裁定不服，认为原判决、裁定错误的，依照审判监督程序办理；与原判决、裁定无关的，可以自裁定送达之日起十五日内向人民法院提起诉讼。

《民诉法解释》

第九十一条 人民法院应当依照下列原则确定举证证明责任的承担，但法律另有规定的除外：

（一）主张法律关系存在的当事人，应当对产生该法律关系的基本事实承担举证证明责任；

（二）主张法律关系变更、消灭或者权利受到妨害的当事人，应当对该法律关系变更、消灭或者权利受到妨害的基本事实承担举证证明责任。

第一百零八条 对负有举证证明责任的当事人提供的证据，人民法院经审查并结合相关事实，确信待证事实的存在具有高度可能性的，应当认定该事实存在。

对一方当事人为反驳负有举证证明责任的当事人所主张事实而提供的证据，人民法院经审查并结合相关事实，认为待证事实真伪不明的，应当认定该事实不存在。

法律对于待证事实所应达到的证明标准另有规定的，从其规定。

第三百零二条 根据民事诉讼法第二百三十四条规定，案外人、当事人对执行异议裁定不服，自裁定送达之日起十五日内向人民法院提起执行异议之诉的，由执行法院管辖。

第三百零三条 案外人提起执行异议之诉，除符合民事诉讼法第一百二十二条规定外，还应当具备下列条件：

（一）案外人的执行异议申请已经被人民法院裁定驳回；

（二）有明确的排除对执行标的的执行的诉讼请求，且诉讼请求与原判决、裁定无关；

（三）自执行异议裁定送达之日起十五日内提起。

人民法院应当在收到起诉状之日起十五日内决定是否立案。

第三百零四条 申请执行人提起执行异议之诉,除符合民事诉讼法第一百二十二条规定外,还应当具备下列条件:

(一)依案外人执行异议申请,人民法院裁定中止执行;

(二)有明确的对执行标的继续执行的诉讼请求,且诉讼请求与原判决、裁定无关;

(三)自执行异议裁定送达之日起十五日内提起。

人民法院应当在收到起诉状之日起十五日内决定是否立案。

第三百零五条 案外人提起执行异议之诉的,以申请执行人为被告。被执行人反对案外人异议的,被执行人为共同被告;被执行人不反对案外人异议的,可以列被执行人为第三人。

第三百零六条 申请执行人提起执行异议之诉的,以案外人为被告。被执行人反对申请执行人主张的,以案外人和被执行人为共同被告;被执行人不反对申请执行人主张的,可以列被执行人为第三人。

第三百零七条 申请执行人对中止执行裁定未提起执行异议之诉,被执行人提起执行异议之诉的,人民法院告知其另行起诉。

第三百零八条 人民法院审理执行异议之诉案件,适用普通程序。

第三百零九条 案外人或者申请执行人提起执行异议之诉的,案外人应当就其对执行标的享有足以排除强制执行的民事权益承担举证证明责任。

第三百一十条 对案外人提起的执行异议之诉,人民法院经审理,按照下列情形分别处理:

(一)案外人就执行标的享有足以排除强制执行的民事权益的,判决不得执行该执行标的;

(二)案外人就执行标的不享有足以排除强制执行的民事权益的,判决驳回诉讼请求。

案外人同时提出确认其权利的诉讼请求的,人民法院可以在判决中一并作出裁判。

第三百一十一条 对申请执行人提起的执行异议之诉,人民法院经审理,按照下列情形分别处理:

(一)案外人就执行标的不享有足以排除强制执行的民事权益的,判决准许执行该执行标的;

(二)案外人就执行标的享有足以排除强制执行的民事权益的,判决驳回诉讼请求。

第三百一十二条 对案外人执行异议之诉,人民法院判决不得对执行标的执行的,执行异议裁定失效。

对申请执行人执行异议之诉,人民法院判决准许对该执行标的执行的,执行异议裁定失效,执行法院可以根据申请执行人的申请或者依职权恢复执行。

第三百一十三条 案外人执行异议之诉审理期间,人民法院不得对执行标的进行处分。申请执行人请求人民法院继续执行并提供相应担保的,人民法院可以准许。

被执行人与案外人恶意串通,通过执行异议、执行异议之诉妨害执行的,人民法院应当依照民事诉讼法第一百一十六条规定处理。申请执行人因此受到损害的,可以提起诉讼要求被执行人、案外人赔偿。

《执行异议之诉解释》

第一条 案外人依照民事诉讼法第二百三十八条规定,在执行过程中就执行标的提出执行异议,由提出异议时负责执行该执行标的的人民法院审查处理;案外人、当事人对执行异议裁定不服,自裁定送达之日起十五日内向作出执行异议裁定的执行法院提起执行异议之诉的,人民法院应予受理。

案外人未在《最高人民法院关于人民法院办理执行异议和复议案件若干问题的规定》第六条规定的期限内提出异议,人民法院裁定不予受理的,可以依法另行向申请执行人、被执行人等主张权利。

第三条 案外人就执行标的享有足以排除强制执行的民事权益,人民法院判决不得执行该执行标的的,同时判决解除执行措施并写明相关查封、扣押、冻结裁定书案号。案外人可以持生效判决请求相关执行法院解除执行措施。

第八条 执行异议之诉案件审理或者再审申请审查期间,人民法院对作为执行依据的原判决、裁定等依法决定再审,执行标的系原判决、裁定等所涉争议标的以外的财产,或者案外人可能享有足以排除担保物权等优先受偿权的强制执行的民事权益的,执行异议之诉案件可以继续审理或者审查,不能认定案外人享有足以排除强制执行的民事权益的,执行异议之诉案件应当中止审理或者审查。

第十条 案外人执行异议之诉案件经审判监督程序发现支持案外人排除强制执行确有错误,人民法院认定案外人不享有足以排除强制执行的民事权益,判决驳回案外人诉讼请求的,原相关执行法院按照原顺位恢复执行;执行标的已合法转让给他人,人民法院裁定撤销原判决、终结诉讼的,申请执行人可以依法另行向被执行人、案外人等主张权利。

第二十一条 案外人与被执行人、申请执行人之间恶意串通,通过伪造证据,或者单方捏造案件基本事实,以执行异议之诉妨碍依法执行的,人民法院应当驳回其诉讼请求,并根据情节轻重予以罚款、拘留;涉嫌刑事犯罪的,人民法院应当将犯罪线索移送公安机关。

诉讼代理人、证人、鉴定人等诉讼参与人适用前款规定。

案外人等通过虚假诉讼等方式致使执行标的无法执行或者价值减损等,给申请执行人造成损失的,应当依法予以赔偿。

第二十二条 申请执行人依照民事诉讼法第二百三十八条规定提起执行异议之诉的,参照本解释的相关规定处理。

《交叉执行意见》

9. 异议审查。执行实施权转移后,执行审查权一并转移。执行案件被指令或者提级执行后,当事人对原执行法院的执行行为提出异议或者案外人对执行标的提出异议的,由提出异议时负责该案件执行的法院审查处理。

《九民会纪要》

124.【案外人依据另案生效裁判对金钱债权的执行提起执行异议之诉】作为执行依据的生效裁判并未涉及执行标的物,只是执行中为实现金钱债权对特定标的物采取了执行措施。对此种情形,《最高人民法院关于人民法院办理执行异议和复议案件若干问题的规定》第26条规定了解决案外人执行异议的规则,在审理执行异议之诉时可以参考适用。依据该条规定,作为案外人提起执行异议之诉依据的裁判将执行标的物确权给案外人,可以排除执行;作为案外人提起执行异议之诉依据的裁判,未将执行标的物确权给案外人,而是基于不以转移所有权为目的的有效合同(如租赁、借用、保管合同),判令向案外人返还执行标的物的,其性质属于物权请求权,亦可以排除执行;基于以转移所有权为目的有效合同(如买卖合同),判令向案外人交付标的物的,其性质属于债权请求权,不能排除执行。

应予注意的是,在金钱债权执行中,如果案外人提出执行异议之诉依据的生效裁判认定以转移所有权为目的的合同(如买卖合同)无效或应当解除,进而判令向案外人返还执行标的物的,此时案外人享有的是物权性质的返还请求权,本可排除金钱债权的执行,但在双务合同无效的情况下,双方互负返还义务,在案外人未返还价款的情况下,如果允许其排除金钱债权的执行,将会使申请执行人既执行不到被执行人名下的财产,又执行不到本应返还给被执行人的价款,显然有失公允。为平衡各方当事人的利益,只有在案外人已经返还价款的情况下,才能排除普通债权人的执行。反之,案外人未返还价款的,不能排除执行。

《虚假诉讼整治意见》

二、精准甄别查处,依法保护诉权。单独或者与他人恶意串通,采取伪造证据、虚假陈述等手段,捏造民事案件基本事实,虚构民事纠纷,向人民法院提起民事诉讼,损害国家利益、社会公共利益或者他人合法权益,妨害司法秩序的,构成虚假诉讼。向人民法院申请执行基于捏造的事实作出的仲裁裁决、调解书及公证债权文书,在民事执行过程中以捏造的事实对执行标的提出异议、申请参与执行财产分配的,也属于虚假诉讼。诉讼代理人、证人、鉴定人、公证人等与他人串通,共同实施虚假诉讼的,属于虚假诉讼行为人。在整治虚假诉讼的同时,应当依法保护当事人诉权。既要防止以保护当事人诉权为由,放松对虚假诉讼的甄别、查处,又要防止以整治虚假诉讼为由,当立案不立案,损害当事人诉权。

三、把准特征表现,做好靶向整治。各级人民法院要积极总结司法实践经验,准确把握虚假诉讼的特征表现,做到精准施治、靶向整治。对存在下列情形的案件,要高度警惕、严格审查,有效防范虚假诉讼:原告起诉依据的事实、理由不符合常理;诉讼标的额与原告经济状况严重不符;当事人之间存在亲属关系、关联关系等利害关系,诉讼结果可能涉及案外人利益;当事人之间不存在实质性民事权益争议,在诉讼中没有实质性对抗辩论;当事人的自认不符合常理;当事人身陷沉重债务负担却以明显不合理的低价转让财产、以明显不合理的高价受让财产或者放弃财产权利;认定案件事实的证据不足,当事人却主动迅速达成调解协议,请求人民法院制作调解书;当事人亲历案件事实却不能完整准确陈述案件事实或者陈述前后矛盾等。

四、聚焦重点领域,加大整治力度。民间借贷纠纷,执行异议之诉,劳动争议,离婚析产纠纷,诉离婚案件一方当事人的财产纠纷,企业破产纠纷,公司分立(合并)纠纷,涉驰名商标的商标纠纷,涉拆迁的离婚、分家析产、继承、房屋买卖合同纠纷,涉房屋限购和机动车配置指标调控等宏观调控政策的买卖合同、以物抵债纠纷等各类纠纷,是虚假诉讼易发领域。对上述案件,各级人民法院应当重点关注、严格审查,加大整治虚假诉讼工作力度。

五、坚持分类施策,提高整治实效。人民法院认定为虚假诉讼的案件,原告申请撤诉的,不予准许,应当根据民事诉讼法第一百一十二条规定,驳回其诉讼请求。虚假诉讼行为情节恶劣、后果严重或者多次参与虚假诉讼、制造系列虚假诉讼案件的,要加大处罚力度。虚假诉讼侵害他人民事权益的,行为人应当承担赔偿责任。人民法院在办理案件过程中发现虚假诉讼涉嫌犯罪的,应当依法及时将相关材料移送刑事侦查机关;公职人员或者国有企事业单位人员制造、参与虚假诉讼的,应当通报所在单位或者监察机关;律师、基层法律服务工作者、鉴定人、公证人等制造、参与虚假诉讼的,可以向有关行政主管部门、行业协会发出司法建议,督促及时予以行政处罚或者行业惩戒。司法工作人员利用职权参与虚假诉讼的,应当依法从严惩处,构成犯罪的,应当依法从严追究刑事责任。

十一、加强证据审查,查处虚假执行异议之诉。执行异议之诉是当前虚假诉讼增长较快的领域,要高度重视执行异议之诉中防范和惩治虚假诉讼的重要性、紧迫性。正确分配举证责任,无论是案外人执行异议之诉还是申请执行人执行异议之诉,均应当由案外人就其对执行标的享有足以排除强制执行的民事权益承担举证责任。严格审查全案证据的真实性、合法性、关联性,对涉嫌虚假诉讼的案件,可以通过传唤案外人到庭陈述、通知当事人提交原始证据、依职权调查核实等方式,严格审查案外人权益的真实性、合法性。

十二、厘清法律关系,防止恶意串通逃避执行。执行异议之诉涉及三方当事人之间多个法律关系,利益冲突主要发生在案外人与申请执行人之间,对于被执行人就涉案外人权益相关事实的自认,应当审慎认定。被执行人与案外人具有亲属关系、关联关系等利害关系,诉讼中相互支持,缺乏充分证据证明案外人享有足以排除强制执行的民事权益的,不应支持案外人主张。案外人依据执行标的被查封、扣押、冻结后作出的另案生效确权法律文书,提起执行异议之诉主张排除强制执行的,应当注意审查是否存在当事人恶意串通等事实。

十六、坚持查假纠错,依法救济受害人的权利。对涉嫌虚假诉讼的案件,可以通知与案件裁判结果可能存在利害关系的人作为第三人参加诉讼。对查处的虚假诉讼案件,应当依法对虚假诉讼案件生效裁判进行纠错。对造成他人损失的虚假诉讼案件,受害人请求虚假诉讼行为人承担赔偿责任的,应予支持。虚假诉讼行为人赔偿责任大小可以根据其过错大小、情节轻重、受害人损失大小等因素作出认定。

十七、依法认定犯罪,从严追究虚假诉讼刑事责任。虚假诉讼行为符合刑法和司法解释规定的定罪标准的,要依法认定为虚假诉讼罪等罪名,从严追究行为人的刑事责任。实施虚假诉讼犯罪,非法占有他人财产或者逃避合法债务,又构成诈骗罪、职务侵占罪、拒不执行判决、裁定罪、贪污罪等犯罪的,依照处罚较重的罪名定罪并从重处罚。对于多人结伙实施的虚假诉讼共同犯罪中罪责最突出的主犯、有虚假诉讼违法犯罪前科再次实施虚假诉讼犯罪的被告人,要充分体现从严,控制缓刑、免予刑事处罚的适用范围。

最高人民法院、最高人民检察院《关于办理虚假诉讼刑事案件适用法律若干问题的解释》(法释〔2018〕17号)

第一条 采取伪造证据、虚假陈述等手段,实施下列行为之一,捏造民事法律关系,虚构民事纠纷,向人民法院提起民事诉讼的,应当认定为刑法第三百零七条之一第一款规定的"以捏造的事实提起民事诉讼":

(一)与夫妻一方恶意串通,捏造夫妻共同债务的;

(二)与他人恶意串通,捏造债权债务关系和以物抵债协议的;

(三)与公司、企业的法定代表人、董事、监事、经理或者其他管理人员恶意串通,捏造公司、企业债务或者担保义务的;

(四)捏造知识产权侵权关系或者不正当竞争关系的;

(五)在破产案件审理过程中申报捏造的债权的;

(六)与被执行人恶意串通,捏造债权或者对查封、扣押、冻结财产的优先权、担保物权的;

(七)单方或者与他人恶意串通,捏造身份、合同、侵权、继承等民事法律关系的其他行为。

隐瞒债务已经全部清偿的事实,向人民法院提起民事诉讼,要求他人履行债务的,以"以捏造的事实提起民事诉讼"论。

向人民法院申请执行基于捏造的事实作出的仲裁裁决、公证债权文书,或者在民事执行过程中以捏造的事实对执行标的提出异议、申请参与执行财产分配的,属于刑法第三百零七条之一第一款规定的"以捏造的事实提起民事诉讼"。

第六条 诉讼代理人、证人、鉴定人等诉讼参与人与他人通谋,代理提起虚假民事诉讼、故意作虚假证言或者出具虚假鉴定意见,共同实施刑法第三百零七条之一前三款行为的,依照共同犯罪的规定定罪处罚;同时构成妨害作证罪,帮助毁灭、伪造证据罪等犯罪的,依照处罚较重的规定定罪从重处罚。

典型案例

1. 李某诉陈某等申请执行人执行异议之诉案

案例索引：人民法院案例库入库编号2023-07-2-471-006/民事/执行异议之诉/广东省高级人民法院/2022.11.02/(2022)粤民终2801号/二审/入库日期：2024.02.22。

裁判要旨：原执行异议因没有证据证明异议人与案件存在利害关系或是具有案外人的主体资格被驳回，后再次提异议时基础事实发生重大变化，证明了异议人具有案外人的主体资格，人民法院应予受理，再次提起执行异议之诉，不构成重复起诉。

2. 江苏某某公司诉天津某某公司执行异议之诉案

案例索引：人民法院案例库入库编号2024-07-2-471-004/民事/执行异议之诉/河北省唐山市中级人民法院/2023.05.10/(2023)冀02民终917号/二审/入库日期：2024.02.23。

裁判要旨：(1)同一案件被执行人对法院查封的其他被执行人财产主张实体权利的救济问题。人民法院在某一具体的执行案件中，会对多个被执行人采取执行措施，虽然从表面上看都是为了实现执行依据确定的给付义务，具有整体性，但若具体到某个被执行人，其执行程序实际上是彼此独立。因此，针对某一具体的执行行为，同一案件的多个被执行人之间实际上互为案外人关系，故当某一被执行人对人民法院查封的其他被执行人名下的财产主张实体权利的，应界定为案外人异议，并通过异议之诉程序予以救济。(2)防范"因申请撤回异议损害他人利益"情形。异议人在向人民法院提出执行异议后，申请撤回异议，是否准许由人民法院裁定。在案件已经过执行异议、复议、申诉等多个审查程序，并且通过申诉结果，解除了对涉案财产的查封、冻结，若允许异议人撤回异议，将损害他人利益，故对于申请撤回异议损害他人利益的，人民法院应不予准许。

3. 邯郸某房地产开发有限公司诉朱某某等执行异议之诉案

案例索引：人民法院案例库入库编号2024-07-2-471-002/民事/执行异议之诉/河北省高级人民法院/2022.05.16/(2019)冀民终953号/二审/入库日期：2024.02.23。

裁判要旨：(1)被执行人依据最高人民法院《关于公证债权文书执行若干问题

的规定》(以下简称《公证执行规定》)第二十二条第一款第一项"公证债权文书载明的民事权利义务关系与事实不符"为由提起不予执行异议之诉,法院不仅要形式审查公证债权文书载明的权利义务内容,同时还应结合《公证执行规定》第二十二条、第二十三条进行体系性把握,对公证债权文书所涉基础民事法律关系进行实体审理。(2)被执行人依据《公证执行规定》第二十二条第一款第一项"公证债权文书载明的民事权利义务关系与事实不符"为由提起不予执行异议之诉,应依据民事证据规则由被执行人(原告)首先承担举证证明责任。因其提起不予执行之诉旨在推翻其签字并经公证的债权文书的真实合法性,依据最高人民法院《关于民事诉讼证据的若干规定》第十条第一款第七项、第二款规定,被执行人需要提交证据足以推翻案涉公证债权文书的内容,才达到不予执行公证债权文书的证明标准。(3)被执行人依据《公证执行规定》第二十二条第一款第二项"经公证的债权文书具有法律规定的无效、可撤销等情形"为由提起不予执行异议之诉,认为申请执行人存在职业放贷、高利转贷等行为的,因涉及法律行为效力问题,法院应发挥能动司法作用,依职权对申请执行人是否存在职业放贷、高利转贷行为等情形进行审查,准确认定合同效力。

4. 上海某公司诉济南某机车车辆物流公司、山东某机车车辆公司执行异议之诉案

案例索引:人民法院案例库入库编号 2024 - 07 - 2 - 471 - 005/民事/执行异议之诉/最高人民法院/2021.04.12/(2021)最高法民申 42 号/再审/入库日期:2024.02.23(《最高人民法院公报》2021 年第 11 期)。

裁判要旨:当事人针对已经生效的仲裁裁决或人民法院判决驳回的部分请求,在执行该裁决或判决的过程中又以相同的请求和理由提出执行异议之诉的,属于重复诉讼,应当裁定驳回起诉。

5. 蒋某友、周某寿、叶某农、陈某平与张某平、赵某英等案外人执行异议之诉再审案

案例索引:人民法院案例库入库编号 2024 - 16 - 2 - 471 - 001/民事/执行异议之诉/安徽省高级人民法院/2023.11.09/(2023)皖民再 105 号/再审/入库日期:2024.02.24。

裁判要旨:在执行异议之诉再审案件中,当事人的诉讼请求虽非针对二审判决主文提及,仅是对二审判决"法院认为"部分认定的部分事实主张,如该部分事实的认定已实质性改变一审裁判结果,在后续执行程序中将实质性影响当事人权利的实现及实现程度,且在当事人基本已无其他路径对上述事实的认定正确与否获得救济的情形下,即使二审裁判结果系维持原判,也有必要通过再审对上述事实的认定正确与否作出评判,不应受生效裁判既判力范围以及当事人再审请求仅应围绕裁判主文主张的限制。

6. 侯某某诉上海某某企业发展有限公司案外人执行异议纠纷案

案例索引:人民法院案例库入库编号2023-07-2-471-003/民事/执行异议之诉/上海市宝山区人民法院/2018.12.05/(2018)沪0113民初16670号/一审/入库日期:2024.02.23。

裁判要旨:原告捏造事实,试图利用虚假民事诉讼阻却执行,侵害债权人合法权益,在原告申请撤诉未被人民法院准许后,人民法院应当依法判决驳回原告全部诉讼请求,并根据情节对原告的虚假诉讼行为予以制裁。

7. 中铁物上海有限公司与济南润和机车车辆物流有限公司、中车山东机车车辆有限公司申请执行人执行异议之诉案

案例索引:最高人民法院(2021)最高法民申42号民事裁定书,载《最高人民法院公报》2021年第11期。

裁判要旨:生效仲裁裁决或人民法院判决已经驳回当事人的部分请求,当事人在执行过程中又以相同的请求和理由提出执行异议之诉的,属于重复诉讼,应当裁定驳回起诉。

8. 汤国伟与广州市海顺房地产发展有限公司、长春高斯达生物科技集团股份有限公司案外人执行异议之诉纠纷案

案例索引:最高人民法院(2017)最高法民申3075号民事裁定书,载《最高人民法院公报》2020年第11期。

裁判要旨:案外人提出执行异议之诉,应当就其对执行标的享有足以排除强制执行的实体权利承担举证证明责任,即便被执行人对案外人的权利主张表示承认的,也不能免除案外人的举证证明责任,以避免案外人和被执行人串通损害申请执行人的利益。

9. 某资产管理公司诉某市驻渝办等申请执行人执行异议之诉案

案例索引:人民法院案例库入库编号2023-16-2-471-005/民事/执行异议之诉/最高人民法院/2022.09.02/(2022)最高法民再93号/再审/入库日期:

2024.02.23。

裁判要旨：因诉讼保全引发的执行异议之诉与执行程序所引发的执行异议之诉有所不同，前者的起诉条件限于"人民法院对诉讼争议标的以外的财产进行保全"的情形。当申请保全人已在前案中作为原告对标的物主张了抵押权，并对该标的物进行了保全，其应继续通过前案诉讼程序加以救济，无须启动执行异议之诉程序。

10. 李某明与中某信托公司等执行异议案

案例索引：人民法院案例库入库编号2024－17－5－201－032/执行/执行异议案件/上海金融法院/2022.09.08/(2022)沪74执异80号/执行/入库日期：2024.12.20。

裁判要旨：为避免不当异议阻却执行，实现案外人和申请执行人的权利平衡，应对异议人所主张的案外人身份进行审查。以登记作为权利公示外观的执行标的登记在被执行人名下，如异议人未能提供初步证据证明其对执行标的享有直接的合法权利，则不应认定其具有《民事诉讼法》第二百三十八条规定的案外人身份，应适用最高人民法院《关于人民法院办理执行异议和复议案件若干问题的规定》第二条裁定驳回其异议申请。异议人如不服可向上级法院申请复议，不得通过执行异议之诉进行救济。

11. 杨某某执行复议案

案例索引：人民法院案例库入库编号2024－17－5－202－044/执行/执行复议案件/四川省高级人民法院/2022.04.29/(2022)川执复161号/执行复议/入库日期：2024.05.10。

裁判要旨：刑事裁判涉财产部分执行程序中，案外人对执行标的主张所有权或者有其他足以阻止执行标的的实体权利的，可以向执行法院提出案外人异议，执行法院应当参照民事诉讼法及民事执行的有关规定处理。案外人提出异议后，执行机构如认为刑事裁判对于涉案财物是否为赃款赃物的认定可能存在不当，应移送刑事审判部门，由刑事审判部门审查决定是否采取裁定补正的方式予以纠正。刑事审判部门认为异议不成立的，应作出裁定驳回；认为异议理由成立的，应作出裁定补正；无法通过裁定补正的，应当告知异议人通过审判监督程序处理。

12. 杨某某与陆某某执行异议案

案例索引：人民法院案例库入库编号 2024-17-5-201-015/执行/执行异议案件/上海市金山区人民法院/2022.03.26/（2022）沪 0116 执异 138 号/执行异议/入库日期：2024.06.12。

裁判要旨：为保证刑事涉财执行中案外人异议的公正、彻底解决，法院在审查刑事涉财执行的案外人异议时，应当遵循实质审查原则，比如实地调查执行标的的占有权属情况等，而非以形式审查为主、实质审查为辅，更不能以形式审查为唯一原则。通过实质审查的方式对执行标的权属进行认定，进而作出案外人享有的民事权益是否足以排除强制执行的判断，以实现对案外人民事权益的实体性执行救济。

13. 刘某春、杨某勇虚假诉讼案

案例索引：人民法院案例库入库编号 2023-05-1-293-009/刑事/虚假诉讼罪/沈阳市辽中区人民法院/2021.12.17/（2021）辽 0115 刑初 203 号/一审/入库日期：2024.02.22。

裁判要旨：(1)民事执行是实现司法裁判等确定的民事权益的法定程序。民事执行中的执行异议和执行异议之诉也是虚假诉讼相对多发的领域。在被执行人与提出执行异议或者执行异议之诉的案外人存在亲属关系或者其他利害关系的情况下，人民法院要依法加大审查力度，综合考虑案件情况，着重审查判断是否存在虚假诉讼行为。(2)对于存在虚假诉讼犯罪线索的，在通过民事程序进行纠正的同时，还要依照有关规定及时移送公安机关立案侦查。

14. 赵某诉常某民间借贷纠纷案、赵某案外人执行异议之诉案

案例索引：最高人民法院 2025 年 7 月 23 日发布的《涉财产权保护执行异议之诉典型案例》之六。

基本案情：某银行与常某等借款合同纠纷一案，人民法院判决常某偿还某银行借款 100 万元本息。进入执行程序后，人民法院于 2021 年 12 月 27 日查封被执行人常某名下一套房屋。案外人赵某以该房屋已经由常某"抵债"给他为由提出执行异议，要求排除案涉房屋的执行。

"抵债"的基本情况：赵某于查封前一天持 82 万元银行转账记录、借条以"民间借贷纠纷"为由将常某起诉至法院，立案当天双方达成还款协议，并向人民法院申请出具民事调解书确认常某欠付赵某 82 万元本息。其后，双方签订《房屋抵顶

协议》将案涉房屋抵偿调解书确认的债务。

执行法院入户调查时发现被执行人常某及配偶仍在案涉房屋内居住,并由常某实际缴纳物业费、水电费。

因赵某与常某的案件存在诸多疑点,人民法院依职权调取该二人的银行流水等材料,发现赵某与常某之间银行交易往来频繁,赵某主张借出82万元后的第3天,常某随即向赵某转回85万元。但双方在调解时向人民法院隐瞒了该循环转账的情况。另外,常某的银行卡在转账后、起诉前已通过挂失而启用新卡号,但双方在伪造借条时忽略了该细节,将收款卡号写为当时并不存在的新卡号。

裁判结果:审理法院认为,本案中赵某、常某虽然签订了《房屋抵顶协议》,但赵某在本案查封前并未实际占有案涉房屋,且对长期未办理过户手续不能合理说明,以物抵债的真实性存疑。故判决继续执行案涉房屋。

基于入户调查情况和依职权查明的事实,审理法院依法对相关民间借贷纠纷案件启动审判监督程序,同时与检察机关会商,将该犯罪线索移送公安机关刑事立案。常某、赵某已被检察机关批准逮捕,刑事案件目前处于审查起诉阶段。

典型意义:执行异议之诉本是在执行程序中为保障真实权利人而创设的制度,但有不法行为人恶意利用这一制度,通过恶意串通、伪造证据等行为提起执行异议之诉,企图规避执行。人民法院采取入户调查、调取银行流水、核对卡号等措施查明真相,有效防止当事人通过虚假诉讼规避执行。本案属于连环虚假诉讼,常某明知有债务未清偿的情况下,先是串通他人,虚构债务关系,"手拉手"调解,取得民事调解书。再以该民事调解书为基础捏造以房抵债协议,提出案外人异议阻碍执行。该类虚假诉讼,不仅侵害债权人的合法权益,同时严重扰乱诉讼秩序,依法应予严厉打击。人民法院应加强落实与检察机关、公安机关等部门线索移送会商工作机制,有效衔接司法制裁与刑事制裁,有力打击虚假诉讼不法行为。

15. 深圳市全晟建筑劳务分包有限公司与方远平、陈汉锐案外人执行异议之诉案

案例索引:深圳市罗湖区人民法院(2017)粤0303民初10168号民事判决书,广东省深圳市中级人民法院发布深圳法院2019年度典型案例之三十。

裁判要旨:为逃避债务、规避执行而虚假让与财产的行为,属于通谋虚伪表示,双方并无真实交易之目的,以虚假的意思表示实施的民事法律行为无效;构成虚假诉讼的,应当依法驳回当事人的诉讼请求,并根据具体情节给予司法制裁措施。

下编

执行异议之诉中的实体问题

第六章　一般不动产买受人针对金钱债权执行提起的执行异议之诉

不动产往往是被执行人最重要的责任财产,是申请执行人清偿债务的可靠保障,因此在强制执行中占有非常重要的地位。执行机关在进行强制执行时,不可避免地要对债务人的财产进行审查确认。一般认为,因强制执行程序的性质及执行工作对效率的要求,执行机构对债务人财产认定采外观审查原则,即"依财产之外观,认定是否属于债务人之责任财产,毋庸确实调查该财产实体上是否为债务人所有"[①]。对不动产而言,这一外观审查就是不动产登记。而且,众所周知,"物债二分"是我国《民法典》继受大陆法系民法关于民事权利类型划分理论所遵循的一般原则,因此,执行机关对不动产进行强制执行时,一般会按照不动产登记簿对其权属进行判断。但不动产买卖是一个动态变化的过程,不动产物权的转移也不是一蹴而就的。由于不动产登记的程序要求较为复杂,加之受到不动产交易环节的影响,登记办理周期往往较长,其中以买受一手商品房为甚,买受人一般只能委托房地产开发企业统一办理房屋所有权登记,但房地产开发企业往往在很长一段时间内不能为了买受人到不动产登记机关办理权属登记。在交易过程中,出卖人的金钱债权人基于其享有的债权对买卖标的物申请强制执行时,买受人基于买卖关系对标的物的权利就与出卖人的金钱债权人的执行权利发生冲突,此时买受人的权利的性质是什么,是否足以排除强制执行,以及在何种情形下可以排除强制执行,是理论与实践中不可回避的问题。本章将在介绍不动产物权变动模式的基础上,分析不动产买受人的法律地位,进而探讨一般不动产买受人针对出卖人的金钱债权人申请执行提起的执行异议之诉的裁判规则。

---

① 张登科:《强制执行法》,台北,三民书局1998年版,第99页。

一、不动产物权变动规则与不动产登记的法律效力

物权变动,是权利的一种动态现象,从权利自身的角度考察,是指物权的产生、变更和消灭;从权利主体的角度考察,是指物权的取得、设定、丧失与变更。[①] 物权变动可因法律行为而发生,也可因法律规定和事实而发生。在市场经济活动中,最为常见的是基于法律行为而进行的物权变动,如买卖双方就买卖房屋达成协议,双方履行协议将房屋所有权从卖方转移给买方。

在基于法律行为的物权变动是否以公示为生效要件的问题上,存在不同的立法例,主要有意思主义和形式主义两种模式。所谓意思主义,是指依据当事人的意思表示即可发生物权变动的效力,除此之外不再需要其他的要件。意思主义的物权变动模式可分为绝对意思主义和相对意思主义。绝对意思主义是指物权依当事人的意思表示就可发生绝对的移转效力。意思主义的确立以1804年《法国民法典》的制定为标志,其立法学者把合同视为当事人间的法律,将契约自由的民法精神发挥到了极致,强调国家对个人的干预必须是最低限度的。以所有权的变动为例,《法国民法典》第711条规定:"财产所有权,因继承、生前赠与、遗赠以及债的效力而取得或移转。"第938条规定:"经正式承诺的赠与依当事人间的合意而即完成,赠与物的所有权因此即移转于受赠人,无须再经现实交付的手续。"第1583条规定:"当事人双方就标的物及其价金相互同意时,即使标的物尚未交付,价金尚未支付,买卖即告完全成立,而标的物的所有权也于此时在法律上由出卖人移转于买受人。"第1703条规定:"交易与买卖同,得仅依当事人双方的合意为之。"以上诸条规定,都是债权意思主义物权变动模式的具体体现。除了所有权的变动外,就他物权的设定,也都仅以当事人的债权意思为根据。[②] 但由于该模式使物权变动的公示性特征丧失殆尽,有违物权的可支配性特征,法国民法的立法者认识到依据债权合同确认物权变动结果的弊端,于1855年制定了《不动产登记法》,将登记作为不动产物权变动对抗第三人的条件,公示对抗主义(相对意思主义)模式在法国最终形成。法国这一模式为后来的日本所继受。《日本民法典》第176条规定:"物权的设定及转移,只因为当事人的意思表示而发生效力。"第177

[①] 参见谢在全:《民法物权论》(上册),中国政法大学出版社2011年版,第43-44页。
[②] 参见肖立梅:《论我国的物权变动模式》,载《政法论丛》2009年第1期。

条规定:"不动产物权的取得、丧失及变更,除非依登记法规定进行登记,不得以之对抗第三人。"第178条规定:"动产物权的让与,除非将该动产交付,不得以之对抗第三人。"

所谓形式主义,则是指物权变动除了当事人的意思表示之外,还必须具备一定的形式。形式主义的物权变动模式又可分为物权形式主义的变动模式和债权形式主义的变动模式。前者是指物权变动需要一个单独的物权行为,才能导致物权的变动,即认为物权变动仅有债权法上的意思表示还不够,还需有当事人独立的物权合意,并且这种合意需通过一种法定的外在形式——交付或登记表现出来,物权才发生变动。后者是指物权因法律行为发生变动时,当事人除了债权合意外,还必须履行登记或交付的法定方式。

德国法为物权形式主义变动模式的代表。在物权形式主义模式下,物权因法律行为而发生变动时,发生债权的意思表示并非物权变动的意思表示,须另有物权变动的意思表示,即物权的合意,以及履行登记或交付的法定形式,才能成立或生效。《德国民法典》第873条规定:"为了移转土地所有权,或为了在土地上设定某项物权或移转该项权利,或为了在该项物权上再设定某项物权,除法律有特别规定外,必须由权利人和相对人,对于权利的变更成立合意,并将此中权利变更的事实,登记于土地登记簿中。"《德国民法典》的物权形式主义为我国台湾地区"民法"所继受,其第758条规定:不动产物权,依法律行为而取得、设定、丧失及变更者,非经登记,不生效力。第761条第1项规定:动产物权让与,非将动产交付,不生效力。

债权形式主义的变动模式认为发生物权变动,不仅需要债权法上的意思表示,还须履行登记或交付的法定方式,即公示为物权变动的成立或生效要件。一方面,它区分债权变动与物权变动的法律事实基础,认为当事人之间生效的债权合同仅能引起债权变动的法律效果。生效的债权合同结合交付或者登记手续的办理,方能发生物权变动的法律效果。这与债权意思主义的物权变动模式不同。另一方面,它并不认可在债权合同之外,另有一独立存在的、专以引起物权变动为使命的物权合同,认为无论交付抑或登记手续的办理都是事实行为。经由此类公示方法的采用,实现合同的交易目的即引起物权变动法律效果的发生。奉行债权形式主义的典型是《奥地利民法典》和《瑞士民法典》。《奥地利民法典》第426条规定:"原则上动产仅能依实物交付而转让与他人。"第431条规定:"不动产所有权仅于取得行为登记于为此项目的而设定的公共簿册中时,始生转让之效力。此项登记称为过户登记。"结合该法典第380条、第424条、第425条的规定,物权在因法律行为发生变动时,当事人间除有债权合意外,尚需践行登记或交付的法定方式,即原则上尽管要求以交付或登记行为作为标的物所有权移转的表征,但并不承认所谓物权合意的存在,认为债权合同就是所有权移转的内在动力和根本原因。

由此可见,对于不动产物权而言,登记是一种重要的公示方式。在不同的物权变动模式中,不动产登记的法律效力大相径庭。在意思主义的物权变动模式下,不动产物权的效力并不依赖于登记,不动产登记所产生的仅是对抗第三人的法律效果。在形式主义的物权变动模式下,登记是不动产物权得丧变更的法定公示方式,是物权变动的生效要件。

我国《民法典》第209条第1款规定,不动产物权的设立、变更、转让和消灭,经依法登记,发生效力;未经登记,不发生效力,但是法律另有规定的除外。这一规定源自原《物权法》第9条第1款,通说认为,这确立了我国基于法律行为发生的不动产物权变动的主要模式即债权形式主义模式。在这一模式下,不动产物权需经登记始发生物权效力,不动产登记在不动产物权变动中具有重要作用。对此,主要从以下两个角度加以理解。

一方面,不动产登记在本质上是不动产物权的公示方式。不动产物权源于当事人的法律行为或法律规定的非法律行为。在基于法律行为发生的物权变动中,我国的主要物权变动模式是债权形式主义,原因行为和登记都是不动产物权变动生效的要件,但"要件"不能等同于"原因"。不动产物权变动的原因只能是当事人的法律行为。登记虽然在不动产物权变动中是生效要件,但登记本身并非赋权行为,债权合意等当事人的意思表示才是物权变动的基础,登记则标志着当事人之间旨在转移不动产物权的权利义务关系画上句号,然后通过登记将该物权变动向社会公示。不动产物权变动的原因行为无效或者被撤销的,不动产物权即使办理了登记也会相应无效或者被撤销。如果原因行为有效,登记因程序违法被撤销的,权利人仍可要求对方当事人继续履行原因行为所设定的义务,协助办理登记手续并获得不动产物权。由此可见,不动产物权的变动从根本上说取决于当事人关于物权变动的原因行为,而非不动产登记。相对于当事人法律行为的基础法律关系地位,不动产登记具有从属性。因此,除法律另有规定,对不动产物权归属的终局性判断,只能依赖于原因行为或基础民事法律关系的审查判断结果。因此,物权变动的"权源"是当事人之间的法律行为或法律规定的非法律行为,而非不动产登记的确认。这是不动产登记最为根本的民法属性之所在。

另一方面,对不动产登记民法属性的理解亦不能脱离法律规定的不动产物权变动的主要模式这一基础。实践中,有观点认为,既然不动产物权源于当事人的法律行为或法律规定的非法律行为,那么登记在判断不动产物权归属时就不具有绝对效力,即使不经登记,仍然是物权。在基于法律行为发生的不动产物权变动中,当事人之间法律行为所包含的合意与登记不一致时,可依当事人之间的真实意思表示直接确认不动产物权的归属。笔者认为,这种观点虽然在诸如土地承包经营权、地役权等以登记对抗为原则的不动产物权变动时是成立的,但显然并不能扩大适用于如房屋所有权等以登记为生效要件的不动产物权变动中。实际上,这种观点已经出现偏差,混淆了物权与债权这两种性质不同的权利,与法律规定的不动产物权变动的主要模式和要件背道而驰,将导致虚化不动产登记在不动产物权变动中的法律作用或效力的后果,因而是错误的。以实践中最为常见和典型的不动产物权变动形式,即以登记为生效要件的基于法律行为发生的不动产物权变动为例,当事人之间的原因行为固然是不动产物权变动的核心推动力,但依法律规定,不动产登记亦为其生效要件之一,登记完成才标志着不动产物权变动的最终完成。如果仅仅具有当事人之间的原因行为而未完成登记,则根据《民法典》第209条的规定,因欠缺必备生效要件而不能发生物权变动的效力。例如,当事人之间买卖一套商品房,签订了房屋买卖合同,但尚未办理房屋所有权转移登记。此时,虽然当事人之间形成了房屋买卖法律关系,但房屋所有权并未从出卖人转移到买受人,在房屋所有权转移登记完成时才最终发生房屋所有权变动的法律效果,买受人才享有法律认可的房屋所有权。由此可见,虽然不动产登记在本质上是不动产物权的公示方式,但在常见的基于法律行为发生的物权变动中,法律赋予不动产登记生效要件的法律地位,这也是不动产登记民法属性的重要构成。对此,不应忽视。否则,这将在法律效果上混淆物权与债权的性质,构成对现行法下主要不动产物权变动模式乃至"物债二分"之基本权利框架体系的背离。①

---

① 参见司伟:《论不动产登记与权属确认——兼论对〈物权法司法解释一〉第2条的理解》,载《法律适用》2016年第5期。

二、我国不动产买受人权利保护的现实困境与规则实践

（一）不动产买受人权利保护的现实困境

如前文所述,我国法律框架下的不动产物权变动原则是较为明确的,但我国不动产买卖尤其是房屋买卖的现实却告诉我们,买受人的权利将遭遇许多挑战,面临诸多风险。

就客观情况而言,我国不动产权属类型较为复杂。仅以房屋为例,在城市中就存在普通商品房、房改房、公租房、经济适用房等各种权属类型的房屋,许多房屋在原《物权法》实施之前就已经进行了买卖交易,买受人已经占有居住一二十年但仍因政策原因而无法完成登记的情况并不少见。在农村,则长期存在大量的农村宅基地未完成初始登记的情况。在我国实施了统一不动产登记之后,这种情况虽略有好转,但并未发生根本性改变。如果买受人被当作普通的债权人,由于债权仅有相对性,其对房屋的登记或者交付请求权并不具有排除出卖人的其他债权人就买卖不动产提出的受偿要求的权利,将面临其他金钱债权人请求就买卖不动产另行变价的不测风险。[①] 即使对于市场化程度较高的一手普通商品房买卖,买受人在完成了支付房屋价款、房地产开发企业交付了房屋之后,由于登记机构办理能力等因素影响,往往快则半年、一年,慢则三年、五年才能完成所有权登记。预告登记制度虽在原《物权法》中已规定,但实践中的运用却并不普遍。在此期间,若房屋遭到出卖人的金钱债权人的申请强制执行,买受人将面临钱物两空的风险。

从主观因素来看,买受人要办理不动产登记,需要出卖人履行协助义务。但出卖人故意违约的情况也屡见不鲜,买受人虽然可以通过诉讼或仲裁请求对方履行协助义务,但一旦涉及买受人和出卖人之外的第三人,如出卖人的金钱债权人申请强制执行,两者之间将发生正面冲突。这在一手商品房买卖中体现得尤为明显。房地产开发企业为了融资,往往在房地产开发过程中就将建设用地使用权、在建工程抵押给银行,此后才在取得预售许可后将房屋出售给买受人。在开发建设过程中,房地产开发企业还可能会欠工程承包人工程款。因此,当银行贷款到

[①] 参见庄加园:《不动产买受人的实体法地位辨析——兼谈〈异议复议规定〉第28条》,载《法治研究》2018年第5期。

期未清偿时,房屋上除了房屋买受人的权利之外,还存在银行的抵押权、承包人的建设工程价款优先权,甚至还有房地产开发企业因民间借贷而形成的其他普通债权。买受人此时并未获得法律上认可的所有权,但若不对其权利加以特殊保护,显然与社会大众普遍的公平正义观念存在偏差,尤其是对于倾尽积蓄购买房产的小业主而言,更是涉及基本的生存利益,需要从价值层面加以考量平衡。

总之,在不动产买卖交易过程中买卖不动产遭遇出卖人的金钱债权人申请强制执行时,应当对买受人提供适当的救济,理论与实践有必要予以回应。

(二)我国不动产买受人权利保护的制度沿革

不动产买受人在未办理不动产权属登记前不能取得法律认可的物权,那么,根据"物债二分"的框架,其基于买卖关系对所买受的不动产享有的交付或登记请求权在性质上就是债权,并无排除强制执行的效力。但基于前述考量,不动产买受人的权利应在一定条件下具有排除强制执行的效力。最高人民法院通过司法解释对此进行了规定,拉开了对一定条件下的不动产买受人权利予以特殊保护的序幕。

2002年《建工优先权批复》(已失效)第2条规定:"消费者交付购买商品房的全部或者大部分款项后,承包人就该商品房享有的工程价款优先受偿权不得对抗买受人。"该司法解释赋予消费者对买受房屋的债权以优先效力,在顺位上优先于建设工程价款优先受偿权,其适用范围并无强制执行程序之限。该司法解释在《民法典》颁布后最高人民法院清理司法解释的过程中被最高人民法院2020年12月29日发布的《关于废止部分司法解释及相关规范性文件的决定》(法释〔2020〕16号)废止后,最高人民法院又于2023年发布了《关于商品房消费者权利保护问题的批复》(法释〔2023〕1号),重申并完善了对商品房消费者的权利保护。

2005年1月1日施行的《查封规定》(法释〔2004〕15号)第17条规定:"被执行人将其所有的需要办理过户登记的财产出卖给第三人,第三人已经支付部分或者全部价款并实际占有该财产,但尚未办理产权过户登记手续的,人民法院可以查封、扣押、冻结;第三人已经支付全部价款并实际占有,但未办理过户登记手续的,如果第三人对此没有过错,人民法院不得查封、扣押、冻结。"①这一规定初步确立了在强制执行程序中对于无过错买受人购买之需要办理过户登记财产的保护规则。

此后,2015年5月5日施行的《执行异议复议规定》(法释〔2015〕10号)第28条、第29条延续了前两者的基本精神,并进行了进一步的细化,基本形成了目前强制执行中对一定条件下的不动产买受人权利予以特殊保护的基本规则。2019年11月8日发布的《九民会纪要》对执行异议之诉中如何参照《执行异议复议规定》第28条、第29条进行了进一步的阐释。2025年发布的《执行异议之诉解释》则基本上延续了上述基本思路并作了细化和微调。

三、不动产买受人的法律地位辨析

最高人民法院的司法解释规定了不动产买受人排除出卖人的金钱债权人申请的强制执行的规则,但不动产买受人究竟缘何可受此优待,既然在现行法上并无规定,那么就需要从理论上为其寻找正当性依据。归纳起来,对于不动产买受人法律地位问题或权利性质,理论上主要有"事实物权说""中间权利说""物权期待权说"等观点。

1. 事实物权说。所谓"事实物权",是与"法律物权"相对的概念。所谓法律物权,是指权利正确性通过法定公示方式予以推定的物权;事实物权则是与法律物权分离的真正物权,它是指"在不存在交易第三人的情况下能够对抗法律物权的物权"②。据此,不动产买受人在支付了全部价款并占有使用了不动产的情形下,虽未登记,也应当认可其系事实物权人。

2. 中间权利说。该说认为,买卖合同的订立与办理房屋过户登记之间通常存在一个较长的间隔。在此期间,买受人往往已经实际占有房屋并支付相应价款,但未登记,因而产生占有权利与登记所有权的分离。买受人具体行使占有、使用与收益的权利,但并未获得登记所有权。这是一种居于债权与完全物权之间的中间型权利,因物权变动尚未公示,买受人已经实际享有占有、使用、收益等物权性

---

① 根据最高人民法院2020年12月发布的《关于修改〈最高人民法院关于人民法院扣押铁路运输货物若干问题的规定〉等十八件执行类司法解释的决定》(法释〔2020〕21号),该条序号调整为第15条,但内容表述未有变化。

② 孙宪忠、常鹏翱:《论法律物权和事实物权的区分》,载《法学研究》2001年第5期。

权利,但尚未取得完全的物权。① 该中间型权利由支付价款与交付占有两个要素构成,权利人的地位得到大大强化,占有之债权与占有相结合仍被视为侵权法所保护的绝对权②,可以对抗出卖人的债权人、对抗抵押权及已登记的受赠人③。

3. 物权期待权说。期待权理论起源于德国,其概念一般为学说、判例所用。期待权在德国法院的判决中通常被定义为:"在一项权利的多个构成要件中如此多的要求已经得到满足,以致可以说取得人得到一个确保的法律地位,而该法律地位不会被其他法律关系当事人单方所破坏掉,一项期待权就产生了。"④物权期待权系在债权与物权之间的一种中间权利形态⑤,兼具债权与物权两种因素。系一种物权,但具有债权上之附从性;系一种债权,但具有物权之若干特性。⑥ 物权期待权也并非我国法律规定的权利类型,其仅见于司法解释为解决实践中对某些类型的权利予以特殊保护而作出的规定,最高人民法院在对这些规定进行阐释时借用了这一域外学说与判例上的概念。《执行异议复议规定》起草者指出,在执行程序对不动产受让人进行优先保护的理论基础是买受人物权期待权保护,该期待权起源于德国,是指"对于签订买卖合同的买受人,在已经履行合同部分义务的情况下,虽然尚未取得合同标的物的所有权,但赋予其类似所有权人的地位,其物权的期待权具有排除执行等物权效力"⑦。"物权期待权"随之逐渐滥觞于执行异议之诉的审判实践中,许多裁判文书的说理部分甚至直接使用"物权期待权"这一术语进行分析论证。

笔者认为,"事实物权说"虽然试图回应对未登记的不动产买受人的保护问题,但其内在构造与物权的特征与效力迥异。物权的本质是直接支配一定的物,并享受其利益的排他性权利。⑧ 物权乃是得要求世界上所有之人,就其对标的物

---

① 参见陶丽琴、陈永强:《不动产事实物权的适用与理论阐释》,载《现代法学》2015 年第 4 期。
② 参见[德]鲍尔、[德]施蒂尔纳:《德国物权法》(上册),张双根译,法律出版社 2004 年版,第 167 页。
③ 参见陈永强:《物权变动三阶段论》,载《法商研究》2013 年第 4 期。
④ 申卫星:《期待权基本理论研究》,中国人民大学出版社 2006 年版,第 16 页。
⑤ 参见陈永强:《未登记已占有的房屋买受人的权利保护》,载《环球法律评论》2013 年第 3 期。
⑥ 参见王泽鉴:《民法学说与判例研究》(第 1 册),中国政法大学出版社 2005 年版,第 283 页。
⑦ 江必新、刘贵祥主编:《最高人民法院关于人民法院办理执行异议和复议案件若干问题规定理解与适用》,人民法院出版社 2015 年版,第 422 页;刘贵祥、范向阳:《〈关于人民法院办理执行异议和复议案件若干问题的规定〉的理解与适用》,载《人民司法》2015 年第 11 期。
⑧ 参见崔建远:《物权:规范与学说——以中国物权法的解释论为中心》,清华大学出版社 2011 年版,第 60 页。

之支配状态应予尊重之权利。易言之,任何人均负有不得侵害该直接支配状态之义务,物权人即得对任何人主张之。故世人以绝对权或对世权称之。债权系对债务人之权利,债权人对债务人以外之第三人无给付请求权。唯物权与债权就是否具有保护绝对性确有差异。盖物权为支配权系对物之直接支配,有一定之征象表现于外,他人得自外部加以认识,故他人不得加以侵犯,如他人于此标的物上再成立一物权或妨害其物权内容之实现即属违法,物权人即得排除之。反之,债权为请求权系请求债务人为一定给付之权利,非对人之支配亦非对给付物之支配,其权利关系无从自外部加以认识,他人与债务人成立相同内容给付之债时,纵使明知已有其他债权存在,原则上亦非侵害债权,无侵权行为可言,债权人更无排除之权利。[①] 由此可见,物权与债权在法律关系内部虽然都在表面上表现为对于特定人的请求权,但其实质上却迥然不同。在涉及第三人的外部关系时,这一区别就明显地表现出来。以此审视所谓的"事实物权",一方面,事实物权并不具备实体法依据,对以房屋为代表的最为典型的不动产而言,其所有权的变动因欠缺不动产登记而于法律上不产生物权效力,故依物权法定原则,其因此而难以被称为"物权";另一方面,因欠缺法律规定的公示方式,其只能针对内部关系的相对人主张权利,并不能对抗外部第三人,这显然是债权而非物权的特征。因此,对于未登记的不动产买受人的法律地位,"事实物权说"并不足取。

"中间权利说"以有所有权的内容体现为对所有物的占有、使用、收益、处分为基础,认为在不动产买卖中,在中间型权利阶段,当占有、使用与收益权能皆转移后,出卖人对标的物之所有权乃成为一种丝毫没有任何所有权权能之"空虚所有权"。当出卖人将标的物交付买受人占有时,买受人的权利地位如承租人一样发生了变化,由买卖契约所产生的纯粹债权人地位向对物的占有使用与直接支配转变。买受人已实际享有不动产之使用收益,并承担标的物意外灭失的风险。[②] 给予此时的买受人超出一般意义上的债权的保护,具有合理性。以二重买卖为例,"二重买受人之第三人既未曾取得占有,有无所有物返还请求权之适用,不无疑问,至所谓债权不得对抗物权问题,是否应细分其具体内容,至少,在未曾取得占

---

① 参见谢在全:《民法物权论》(上),中国政法大学出版社2011年版,第19-20页。
② 参见陈永强:《未登记已占有的房屋买受人的权利保护》,载《环球法律评论》2013年第3期。

有之第三人,所具有之物权,亦是一不完整之物权"①。"举重以明轻",出卖人的金钱债权人对于买卖之不动产并不具有交易关系,自然对于已经具备了占有、使用、收益甚至相当一部分处分权能的买受人更加不具有对抗的正当性基础。但"中间型权利说"也存在难以弥合的逻辑缺陷,一旦尝试将买受人取得不动产所有权的中间阶段进行独立化的权利构造,便不可避免地会导致此种所欲建构的中间型权利与所有权产生功能重合,无论是所谓"类似于所有权人的地位""与所有权本质相同的亚种"抑或"不完全所有权",都不得不陷入与完整所有权"似它非它"的修辞化表述。②

对于"物权期待权说",德国法上物权期待权是一种将来能够比较确定的取得标的物所有权的法律地位,王泽鉴先生认为,所谓期待权者,系指因具备取得权利之部分要件,受法律保护,具有权利性质之法律地位。③ 根据《德国民法典》第925条第1项的规定,土地所有权之移转,应经让与人与受让人之合意,并于土地簿册上为权利变更之登记,此项合意须由双方当事人同时到场,向主管机关以表示为之。④ 在提出登记申请后,根据《德国民法典》第130条第2款、第873条第2款、第878条和《德国土地登记簿法》第17条、第45条的规定,受让人就获得了一种有保障的取得地位。⑤ 另外,德国法物权期待权者具有权利性质之法律地位,一方面,该期待权具有权利的"预先效力",根据《德国民法典》第878条⑥的规定,限制所有权人的处分权,保护买受人所有权的取得。另一方面,期待权者法律地位体现在基于法律保护,期待人可以不依赖于转让人的意愿而引起完整权利的取得,具有权利上的独立性并独立支配取得利益。也就是说,期待权的法律意义更多地体现为该权利具有可转让性与可扣押性。⑦ 综上,德国法上的不动产期待权,需具

---

① 李太正:《债之关系与无权占有》,载苏永钦主编:《民法物权争议问题研究》,清华大学出版社2004年版,第71页。转引自陈永强:《未登记已占有的房屋买受人的权利保护》,载《环球法律评论》2013年第3期。

② 参见袁野:《论非因自身过错未办理登记的不动产买受人之实体法地位》,《法学家》2022年第2期。

③ 参见王泽鉴:《民法学说与判例研究》(第1册),北京大学出版社2009年版,第145页。

④ 参见王泽鉴:《民法学说与判例研究》(第1册),北京大学出版社2009年版,第154-155页。

⑤ 参见申卫星:《期待权理论研究》,中国政法大学2001年博士学位论文。

⑥ 根据《德国民法典》第878条的规定,一个有约束力的合意成立之后出现的处分限制已经不能再阻碍所有权的取得。

⑦ 参见[德]鲍尔、[德]施蒂尔纳:《德国物权法》(上册),张双根译,法律出版社2004年版,第391页以下。

备取得权利之部分要件,出卖人和买受人双方合意向登记机关作出变动不动产物权的意思表示并提出登记申请后,买受人获得法律保护的取得所有权地位,且该法律地位不因他人单方意思表示遭到破坏,让与人的处分不阻碍买受人所有权的取得,此时买受人才享有期待权。在此之前,买受人对取得所有权仅仅是一种期待。作出预告登记或提出正式登记申请后,受让人才享有具有"确保的法律地位"的期待权,该权利的法律效果为产生对出让人的约束,即其不能为阻止受让人取得所有权而撤回其登记申请。① 也就是说,对于此时房屋所有权的变动,当事人已经不能依单方之行为,予以侵害。② 由于前述条件均已涉及不动产登记的环节,其外观特征明显且较为固定,故而易于辨识和确认。

反观我国的所谓"物权期待权",是指对于签订买卖合同的买受人,在已经履行合同部分义务的情况下,虽然尚未取得合同标的物的所有权,但赋予其类似所有权人的地位,其物权的期待权具有排除执行等物权效力。③ 其构成要件中除了买卖合意之外,还有价款支付、占有,但无买受人提出登记申请等与登记有关的要件。无论是价款支付还是占有,均非我国法定的房屋所有权变动构成要件,此时买受人的权利与完成权属变动尚有较远距离,亦不足以固定权利以防止出卖人的单方违约之侵害(典型如一房二卖),与德国之期待权概念所要求的"确保的法律地位"存在较大差异。更勿论期待权所应具有的可转让性与可扣押性了。故所谓买受人对所购不动产的权利,更接近于因具备取得权利部分要件而生之地位④的"期待"阶段而非"期待权",其权利仍然主要受到债法调整,是否为物权期待权,有待商榷。当然,权利类型的本土化意味着我国的"物权期待权"构造并不必须与德国法上的"物权期待权"一致。相反,由于两国不动产物权变动模式以及不动产登记制度的程序要求与完备状况都存在较大差异,两者之间在构造上存在不同反倒是正常的,具有合理性。实际上,德国法上期待权赖以存在的五要素在我国法

---

① 参见申卫星:《期待权基本理论研究》,中国人民大学出版社 2006 年版,第 82－83 页。
② 参见陈永强:《未登记已占有的房屋买受人的权利保护》,载《环球法律评论》2013 年第 3 期。
③ 参见江必新、刘贵祥主编:《最高人民法院关于人民法院办理执行异议和复议案件若干问题规定理解与适用》,人民法院出版社 2015 年版,第 421 页。
④ 参见陈永强:《未登记已占有的房屋买受人的权利保护》,载《环球法律评论》2013 年第 3 期。

语境下的特定的不动产买受人场合或多或少均具备。① 当然,每个国家面对的情况千差万别,即使同一术语称谓,含义、特征、要件也完全可以不同,因此,上述阐述德国法上的物权期待权与我国司法实践中使用的概念存在较大差别,并非试图说明我国必然不能够借用这一概念。

笔者认为,上述学说理论对于符合一定条件的不动产买受人权利予以特殊保护的正当性基础给出了各自的解释,虽然着眼点各有侧重,但后两者其实本质相同,就是承认从债权向物权的转换并非一蹴而就,因为过于僵化的"物债二分"在我国法语境下存在明显弊端。不动产买卖中物权变动是一个动态过程,在这个动态变化过程中,随着所有权权能的不断转移,存在从债权到物权转化的中间状态,当这一中间状态达到一定程度或符合一定条件时,对于买受人的权利就应当给予一定的特殊对待和保护。此时的买受人权利具有了债权物权化的特征,给予其超出一般意义上的债权的保护,具有合理性。尤其是与出卖人的金钱债权人相比,在已经具备了相当程度的物权权能之时,买受人所处的地位已经从债权端"出发"而非常接近物权端的"终点"了,相应地,出卖人对于买卖标的物的物权权能已经几乎全部转移给买受人,如此再把买卖标的物作为出卖人的责任财产有违公平。从这个角度而言,"中间权利说"与"物权期待权说"有异曲同工之处。当然,但无论采用哪种解释途径,殊途同归的是,应当对于满足一定条件的不动产买受人给予超出出卖人的一般金钱债权人的保护。至于其称谓反倒没那么重要了。② 因此,在执行异议之诉中,买卖合同履行到一定程度的买受人对于买卖标的物的权利应当比作为出卖人之金钱债权人的申请执行人对该物的权利更值得优先对待。

---

① 具体而言,(1)期待包含财产价值。在我国,享有物权期待权的不动产买受人通常要支付全部购房款,从经济角度说,此房产确应被理解为购房人的财产。(2)权利的取得在时间和范围上具有不同的程度。最高人民法院引入不动产买卖合同的履行程度这样的概念,使不动产买受人对房产的权利取得有了时间和范围上的区分度。(3)期待利益的可处分性。最高人民法院等发布的《关于依法规范人民法院执行和国土资源房地产管理部门协助执行若干问题的通知》(法发〔2004〕5号)第15条规定,不动产买受人预购的商品房可以预查封。2008年《北京市城市房地产转让管理办法》第44条规定预购商品房可转让。这些均为商品房买受人的期待利益具有可处分性的适例。(4)期待权向完整权转化过程中的相对方之不可挫败性。德国法理论认为,"对附条件之权利人提供(在此期间相害行为无效)保护,以免受第三人的损害,是期待权学说最重要的支柱"。就此而言,借由广泛实行的网签制度,卖方在不动产买卖合同备案后不可能二次处分不动产,买受人的法律地位实已具备最重要的防御功能。(5)法律保护的必要性。"从实践来看,(卖方)故意拖延办证的问题比较严重",此时,赋予不动产买受人物权期待权以强化保护十分必要。参见叶名怡:《离婚房产权属约定对强制执行的排除力》,载《法学》2020年第4期。

② 鉴于当前执行异议之诉的审判实践中对于"物权期待权"概念的使用已经相当普遍,且这一概念确实存在高度概括、易于认同的特点,故本书也将在相当程度上使用这一概念。

四、一般不动产买受人排除金钱债权强制执行构成要件的规范适用

对于一般不动产买受人排除金钱债权强制执行的裁判规则,《执行异议之诉解释》第14条规定基本延续了《执行异议复议规定》第28条的表述,本部分主要以其构成要件为中心,探讨适用中的主要问题。

(一)合同要件

合同要件既是不动产买受人获得特殊保护的基础之一,又是前提条件。执行异议之诉中对该要件的审查,实践中存在诸多难点,具体分述如下。

1. 关于"查封"的含义

《查封规定》第24条第1款规定:"被执行人就已经查封、扣押、冻结的财产所作的移转、设定权利负担或者其他有碍执行的行为,不得对抗申请执行人。"虽然作为负担行为,签订买卖合同的效力不受查封的影响,但在强制执行中,买受人的权利要对抗的是通过公权力谋求实现的债权(执行债权),买受人权利的效力因此而在一定程度上超出了买卖合同本身所产生的债权效力,故其赖以存在的基础法律关系与查封之间成立的时间先后有必要成为判断此种情形下对抗关系的重要因素,同时也为甄别真实的买卖关系提供重要证据。因此,买卖合同签订于查封之后的,不能对抗执行债权。

此外,实践中,在针对案涉房屋进行首轮查封后,案外人与被执行人签订书面房屋买卖合同,后案涉房屋又被轮候查封,在轮候查封法院对案涉房屋采取执行措施,案外人提出异议时,涉及《执行异议之诉解释》第14条所称的"查封"是否系指本案"查封"的理解问题。因轮候查封不是正式查封,所以案外人通常不会针对轮候查封提出异议。提出异议的,法院一般也以轮候查封未对案外人权益产生实际影响为由裁定驳回起诉,但以下两种情形除外:一是轮候查封属于优先债权执行法院的查封,其商请首轮查封法院移送执行权,在执行过程中,案外人提出异议,主张其签订书面买卖合同的时间系在轮候查封之前;二是在首轮查封解除后,轮候查封发生效力,案外人针对轮候查封法院的执行提出异议,主张其签订书面买卖合同的时间系在轮候查封之前。

对于该问题,实践中存在不同认识。一种观点认为,该条中所称的"查封"结合与签订合同、占有之间的坐标关系,是衡量买受人所享有的权益与申请执行人

的强制执行债权在强制执行程序中何者应予优先保护的重要因素,因此,此处的"查封"应限于本案查封。① 人民法院在他案中的查封仅对当事人就不动产能否办理权属转移登记手续是否存在过错产生影响。另一种观点则认为,查封属于人民法院依法裁定的保全措施,查封措施一旦执行,法律效力客观上及于社会全体。该条虽未明确系本案查封,但根据相关法律规定,已被人民法院查封的房产不得转让,因此其买卖行为应当符合法律规定就是应有之义。根据查封登记的公示效力,买受人在法院查封后购买房屋,虽然买卖合同仍可能在买卖双方当事人之间发生债法上的效力,但其已经丧失受法律特殊保护的正当性基础,据此可以推导出《执行异议之诉解释》第14条中规定的查封应当是指法院的首轮查封,而不限于本案查封。②

笔者认为,首先,考虑到执行异议之诉本质上是通过对案外人和申请执行人权利的比对,判断哪一方的权利更应受到保护。也就是说,在该案中对案外人是否享有足以排除强制执行的民事权益的评判,是建立在相对性原则之上的,因此,以本案查封时间作为比照维度,更符合这一宗旨。其次,被执行人的财产一经人民法院依法查封,即产生限制被执行人处分财产的法律效力,但是,查封的该法律效力是相对的而非绝对的,即被执行人对被查封财产的处分行为并非绝对无效,而只是相对于申请执行人无效;第三人因被执行人的处分行为而占有查封财产的,人民法院可以依据申请执行人的申请或者依职权解除其占有,但这并不意味着被执行人的处分行为绝对无效。③ 因此,另案查封在效力上只是对另案申请执行人提供了保护,而对于本案的申请执行人而言并没有保护性的效力发生,当然也就不应用于衡量本案申请执行人与买受人之间的权利在强制执行程序中何者

---

① 参见最高人民法院民事判决书,(2020)最高法民再101号;重庆市高级人民法院民事判决书,(2019)渝民终239号。

② 参见最高人民法院民事判决书,(2018)最高法民再269号,该民事判决书即持此观点。

③ 《查封规定》第24条第1款规定:"被执行人就已经查封、扣押、冻结的财产所作的转移、设定权利负担或者其他有碍执行的行为,不得对抗申请执行人";第2款规定:"第三人未经人民法院准许占有查封、扣押、冻结的财产或者实施其他有碍执行的行为的,人民法院可以依据申请执行人的申请或者依职权解除其占有或者排除其妨害。"最高人民法院执行局《关于人民法院能否在执行程序中以被执行人擅自出租查封房产为由认定该租赁合同无效或解除该租赁合同的答复》([2009]执他字第7号)也认为:"被执行人擅自处分查封物,与第三人签订的租赁合同,并不当然无效,只是不得对抗申请执行人。第三人依据租赁合同占有查封物的,人民法院可以解除其占有,但不应当在裁定中直接宣布租赁合同无效或解除租赁合同,而仅应指出租赁合同不能对抗申请执行人。"

应受到优先保护。最后,要求签订合同及占有应先于查封时间,目的是在实践中存在大量的非买受人的原因而未登记的不动产的情形时,用签订合同加上占有的方式实现一定程度的不动产物权公示,只有将其与本案查封相关联,才方便实现这一目的,因为若将另案查封纳入考量,将会因另案数量的不确定性及其查封措施可能存在的时间跨度较大、前后变化不一等问题,严重干扰这一判断目标的实现,使这一判断要件变得飘忽不定、难以把握。综上,笔者赞同第一种观点。

2. 关于合同真实成立

《执行异议之诉解释》第14条要求买卖合同应符合"书面"的条件,排除口头订立合同的适用。《民法典》第469条第2款、第3款规定:"书面形式是合同书、信件、电报、电传、传真等可以有形地表现所载内容的形式。以电子数据交换、电子邮件等方式能够有形地表现所载内容,并可以随时调取查用的数据电文,视为书面形式。"因此,书面合同并不限于通常意义上的纸质合同,只要能够以有形方式记录和固定在某一载体上,即属于书面合同。

此外,根据《合同编通则解释》第6条第3款的规定,当事人订立的认购书、订购书、预订书等已就合同标的、数量、价款或者报酬等主要内容达成合意,能够确定当事人姓名或者名称、标的和数量的,未明确约定在将来一定期限内另行订立合同,或者虽然有约定但是当事人一方已实施履行行为且对方接受的,人民法院应当认定本约合同成立。因此,当事人之间即使未签订书面买卖合同,而只订立认购书、订购书、预订书等,但只要符合上述条件的,也应认定符合这一要件。

还需注意的是,在房屋买卖方面,房屋行政主管部门近年来一直推行房屋买卖合同网签备案制度,该制度在一手房市场已经基本做到了全覆盖。如果案外人虽然未与被执行人签订书面的买卖合同,但双方已经办理完毕网签备案的,此时因房屋行政主管部门已经对双方之间的房屋买卖交易进行了认可,应认定已经满足了签订书面合同的要件。

另外,对于《执行异议之诉解释》第14条规定的书面合同要件,不应过于机械地理解。与《执行异议复议规定》第28条面对的是执行程序中针对异议是否成立更多是进行形式审查不同,执行异议之诉中应注重实质审查,所谓的合同要件,就其目的而言,关注的是买受人与出卖人之间是否形成了有效的买卖关系,因此,即使买受人与出卖人之间未签订书面买卖合同,也不能一概就认定不符合合同要件的要求而对其排除执行的请求不予支持,只要通过支付价款凭证、实际装修或出租等事实能够证明买卖关系存在的,即可认定符合合同要件的要求。

实践中,还应特别注意防范出卖人和买受人恶意串通,假借订立不动产买卖合同逃避执行的问题。因此,对于合同是否真实成立,应当注意加以审查。除了审查当事人之间是否存在真实的书面合同之外,还应综合考量是否经过网签备案、是否支付价款等履行事实,以综合评判当事人之间是否存在真实的合同关系。以价款支付为例,若买受人通过银行转账方式支付价款,则应提供相应的银行流水凭证;若系通过现金支付,则应注意询问其现金的来源、支付的时间和地点等;若通过第三人支付购房款,则需提供第三人支付的相关凭证。例如,在李秉琨与陈琳等执行异议之诉案中,原告李秉琨对于购房的资金来源在审理过程中数次表述不一,原告提交的2015年1月26日支付第三人购房款的贵阳银行电子凭证上备注是往来款,该款难以确认是支付的购房款,加之原告提供的证据也不足以证明成立合法占有,因此,难以认定当事人之间成立不动产买卖关系。[1]

3.关于合同效力

不动产买卖合同的效力,应根据《民法典》关于民事法律行为效力的规定加以认定。就执行异议之诉裁判实务看,容易存在被执行人与案外人恶意串通,损害申请执行人利益的情形。对此,实践中查证并不容易。这一方面较为典型的案例是最高人民法院第二巡回法庭2020年审理的苏华建设集团有限公司(以下简称苏华建设公司)与黑龙江鸿基米兰房地产开发有限公司(以下简称鸿基米兰开发公司)及63名被冒名购房者执行异议之诉系列案件。以苏华建设集团有限公司、黑龙江鸿基米兰房地产开发有限公司申请执行人执行异议之诉二审为例,最高人民法院认定:"一审法院在审理苏华建设公司诉黑龙江鸿基米兰热力有限责任公司、鸿基米兰开发公司建设工程施工合同纠纷一案过程中,根据苏华建设公司的财产保全申请,于2016年12月5日裁定查封鸿基米兰开发公司名下包括案涉房屋在内的268套房产。本院现已查明,为阻却有关案件生效判决的执行,鸿基米兰开发公司向一审法院提供以姚在明等17人名义出具的民事授权委托书、以该17人作为房屋买受人的《商品房买卖合同》以及房款收据和物业管理费收据,主张房屋销售和入住的虚假事实,冒用姚在明等17人名义提出执行异议,案涉房屋相关执行异议和鸿基米兰开发公司主张的房屋买卖等基本事实均为虚假,《执行

---

[1] 参见余长智:《一般买受人物权期待权的严格适用》,载《人民司法·案例》2019年第23期。

异议复议规定》第 28 条、第 29 条规定的排除执行的条件在本案中并不具备。苏华建设公司请求准许查封案涉房屋的诉讼请求具有事实和法律依据,应予支持……《民事诉讼法》第 13 条第 1 款明确将诚实信用规定为民事诉讼的基本原则,当事人进行民事诉讼应当严格予以遵守,保证所提供的证据和所提出的事实主张的真实性。但是,鸿基米兰开发公司向人民法院提供虚假授权委托书、虚假房屋买卖合同、虚假付款付费单据,并提出虚假事实主张,以案外人名义提出虚假的执行异议,进行虚假诉讼,试图侵害他人合法权益,破坏了社会诚信,扰乱了正常诉讼秩序,应当依法予以制裁。对此,本院将依照《民事诉讼法》的有关规定对鸿基米兰开发公司的虚假诉讼行为另行作出处罚决定,同时依法将本案有关涉嫌犯罪的线索移送刑事侦查机关查处。"[1]

此外,还需注意的是,对于一手房买卖合同,《商品房买卖合同解释》第 2 条规定:"出卖人未取得商品房预售许可证明,与买受人订立的商品房预售合同,应当认定无效,但是在起诉前取得商品房预售许可证明的,可以认定有效。"因此,如果房地产开发企业未取得预售许可证,可能导致买卖合同无效,进而导致商品房消费者无法排除执行。但这一标准的执行显然不宜过于机械,否则,将会导致因房地产开发企业的过错而未取得商品房预售许可证明的后果,由无辜的购房者承担的荒唐后果。事实上,预售许可证是行政管理手段,没有预售许可证的情况下开发商应当受到行政处罚,但不应影响民事合同的效力,至少不应因房地产开发企业违背诚信的行为而导致由购房者承担合同无效的不利后果。《合同编通则解释》对此进行了矫正,第 16 条规定:"合同违反法律、行政法规的强制性规定,有下列情形之一,由行为人承担行政责任或者刑事责任能够实现强制性规定的立法目的的,人民法院可以依据民法典第一百五十三条第一款关于'该强制性规定不导致该民事法律行为无效的除外'的规定认定该合同不因违反强制性规定无效:……(四)当事人一方虽然在订立合同时违反强制性规定,但是在合同订立后其已经具备补正违反强制性规定的条件却违背诚信原则不予补正;……"

(二)占有要件

对于"合法占有",应当从占有的事实和行为两方面进行判断:

---

[1] 最高人民法院民事裁定书,(2020)最高法民终 1004 号。

一方面,判断买受人是否构成对不动产的占有时,应当根据买受人对不动产是否实现了支配和控制进行评价。"支配与控制"在实践中表现形态多样:可以是直接、现实地占有,如债权人本人或其家庭成员、员工等直接使用、居住;也可以是象征性占有,如接收钥匙、更换门锁、在物业完成业主登记等;还可以是间接占有,如债权人将不动产出租给第三方并收取租金,或委托中介机构代为管理。此外,占有应当是一种稳定、持续的状态,而非短暂、偶发性的接触。案外人对合法占有承担举证责任,除了上文提到的钥匙、门锁、物业登记外,实践中常见的证据材料还有:费用缴纳凭证,如物业费、水电燃气费、暖气费等缴费记录;管理与维护合同或票据,如与装修公司、安保公司、保洁公司签订的合同及付款凭证;对外经营文件,如将房屋出租的租赁合同、收取租金的银行流水;证人证言,如物业人员、保安、邻居、承租人等能够证明案外人持续占有状态的证言。

另一方面,判断买受人的占有是否为合法占有时,应当根据买受人占有的原因行为是否合法,以及占有行为本身是否合法进行评价,如买受人未经出卖人同意擅自抢占的,其对不动产现实的控制,就不属于合法占有。

实践中,对于买受人现实地占有未经竣工验收的房屋能否构成此处所称的合法占有,存在争议。有观点认为,占有与合法占有是两个不同的概念,只有合法占有方可能达到排除执行的效果。根据《建筑法》[①]和《建设工程质量管理条例》[②]的规定,房屋只有经过竣工验收合格才能交付使用,出卖人向买受人交付未经竣工验收合格的房屋属于违法交付,买受人基于违法交付所为占有,不是合法占有,不应认定为《执行异议之诉解释》第14条第1款第3项所称的"合法占有"。相反观点认为,《执行异议之诉解释》第14条第1款第3项规定的"合法占有"是买受人基于真实合法有效的房屋买卖合同对房屋的占有,而竣工验收合格才能交付使用是基于房屋安全的考虑,是对开发商交付房屋条件的要求,以此来评判买受人的占有是否合法并不合理,在非因买受人的原因而出卖人迟迟未办理竣工验收的情况下,买受人根据合同实现对房屋的占有,就属于合法占有。

笔者认为,一般情况下,买受人对未经竣工验收合格的房屋的占有,不能认定为合法占有。虽然竣工验收合格才能交付使用是法律基于房屋安全的考虑对开

---

① 《建筑法》第61条第2款规定:"建筑工程竣工经验收合格后,方可交付使用;未经验收或者验收不合格的,不得交付使用。"

② 《建设工程质量管理条例》第16条第3款规定:"建设工程经验收合格的,方可交付使用。"

发商交付房屋条件的要求,但只有具备了这一条件,才具备进一步办理房屋所有权登记并成为法律所认可和保护的权利的前提。显然,从这一角度而言,该条件实际涉及对该类房屋能否成为法律认可的权利承载物的评判,而不仅仅是对开发商交房条件的规范。因此,将《执行异议之诉解释》第14条第1款第3项规定的"合法占有"理解为买受人基于合法有效的买卖合同并对经竣工验收合格符合交付使用条件的房屋的占有,更为妥当。但是,实践中情况往往是非常复杂的,对此也不宜作"一刀切"式的理解,若房屋虽然未完成竣工验收,但有关部门统一安排组织交付的,或者虽然未经竣工验收但房屋客观上已具备正常使用条件或开发商愿意主动交付房屋的,此时买受人的占有仍可构成此处的"合法占有"。①

(三)支付价款要件

支付价款要件主要涉及对付款事实的审查,这与民间借贷纠纷案件中对付款事实的审查认定颇为相似,可参照后者的审查规则加以判定。买受人主张其已支付全部价款的,一般应当提供其通过银行转账形成的付款凭证;仅提供出卖人出具的收据,或者主张合同价款系现金交付,但无其他证据证明其存在支付事实的,一般对该事实不予认定。当然,在这种情况下,还要根据个案的具体情况,结合支付款项的金额大小、当事人的身份职业特点、经济能力、当事人之间的交易习惯等因素综合判断。另外,买受人按照合同约定以银行按揭贷款方式支付了首付款,而且银行已经发放相应贷款的,应当视为其已经支付了全部价款。

对于商品房买卖,实践中买受人通过按揭贷款方式支付首付款之外的剩余购房款的情况非常普遍。此时,对于买受人是否已支付全部价款,应当从出卖人的视角审视,买受人不管是全款购买还是按揭购买,只要出卖人收到了全部购房款,就应当认定买受人已支付全部价款。

对于尚未支付全部价款的,根据《执行异议之诉解释》第14条第1款第2项的规定,买受人应当在一审法庭辩论终结前按照人民法院的要求将剩余价款交付执行。在具体操作中,审判庭可与执行部门沟通确定接收余款的账户,并及时书面通知买受人将余款支付至法院指定的账户,应注意要给买受人留出合理的筹款付款时间。对于"已按照合同约定支付部分价款",实践中有观点认为,支付部分

---

① 参见最高人民法院民事判决书,(2020)最高法民终663号。

价款是否符合合同约定,应当按照原合同条款判断。如果约定有变化,必须有双方明确的意思表示,且履行符合该约定。否则,视为其履行不符合合同约定。笔者不赞同这一观点。支付部分价款是否属于符合合同要求,不一定严格按照原始合同的约定理解。双方签订合同后作的调整、变通,都应认为属于一种约定。只要在执行及案外人异议或异议之诉阶段,买卖双方对变更原始合同约定的新的履行方式和履行进度不存在争议,就可以视为价款支付符合双方合意,买受人系按照合同约定履行。①

(四)过错要件

在《执行异议之诉解释》颁布前,由于《执行异议复议规定》第28条对该要件的规定较为原则,使对该要件的审查在实践中往往流于形式。比如,许多案件中,法院在查明当事人签订了房屋买卖合同后不久即被查封或抵押的事实后,即认为在尚未达到合同约定的办理权属转移登记的时间房屋即被查封或抵押,导致此后无法办理权属转移登记,此原因非为买受人所致,故符合该要件。如此简单的审查推理使该要件的重要性无法得到充分体现。事实上,该要件是一般不动产买受人能否排除执行的构成要件中的重中之重。实践中不动产交易管理和登记制度在不同区域、不同时期均存在不同程度的差异。仍以最为常见的房屋买卖为例:对于在一个网签备案制度已经全面实施,广为覆盖的城市进行的房屋买卖,与一个网签制度尚未实施甚至备案都落实不到位的地区进行的房屋买卖,买受人在签订合同后能够采取的保障其后能够进行权属转移登记的措施显然存在很大区别。因此,两者的审查注意义务程度显然也应存在区别。由此带来的是在不同案件中,虽然同样是签订合同后被查封或抵押,可能一个买受人对此具有一定的可归责性而另一个却没有。所以,在这种情况下,对于过错要件的审查就更应当全面、细致,要查明个案中当时当地房屋预售、网签备案、预告登记等不动产交易和登记制度的实施情况、一般交易习惯等事实,结合出卖人是否具备预售资格、是否将预售许可证置备于显著位置、买受人在交易中是否向出卖人主张过进行相应的登记备案等情况,综合判断未能办理权属转移登记是否可归责于买受人。

---

① 参见邵长茂:《执行法律适用方法与常见实务问题327例》,人民法院出版社2024年版,第204页。

从实践中看,能够归责于买受人的原因,可以分为三个层面:一是对他人权利障碍的忽略。例如,不动产之上设定有其他人的抵押权登记,而买受人没有履行合理的注意义务,登记时由于存在他人抵押权而无法登记。二是对政策限制的忽略。例如,明知某地限制购房,在不符合条件的情况下仍然购房导致无法办理过户手续。三是消极不行使登记权利。例如,有的交易当事人为了逃税等而故意不办理登记的,不应受到该原则的保护。① 由此可见,对"非因买受人自身原因未办理过户登记",应综合主观、客观两方面因素认定。主观方面重点考察买受人是否存在怠于甚至故意不办理权属转移登记,或自身没有尽到合理注意义务,而导致权属未转移登记等情形。例如,为逃税等而故意未办理登记,或者没有注意到他人设定的抵押等造成的转移登记障碍。客观方面应重点考察是否存在诸如登记机构、出卖人及其他不归属买受人所能控制的原因。比如,案涉房屋所在土地未取得土地使用权证,案涉房屋被法院查封无法过户等。②《执行异议之诉解释》第16条对如何认定"非因案外人自身原因"列举了几种情形,使实践中过错要件的审查更具实操性。

其中,案外人与出卖人已共同向不动产登记机构提交办理所有权转移登记申请,案外人已请求出卖人履行办理所有权转移登记手续等合同义务,或因办理所有权转移登记与出卖人发生纠纷并已起诉或者申请仲裁等,属于买受人已经积极行使权利的情形,故应当认定未办理不动产所有权转移登记非系买受人的原因所致。需要注意的是,针对仅提出过户请求但未提起诉讼或仲裁主张权利的,能否认定为"无过错",实务中尚有不同认识。有观点认为,对于此类问题的判断不应过于机械。例如,在购房人提出过户请求后不久即被法院查封,虽然购房人未提起诉讼或仲裁主张权利,仍应认定为"无过错"。如果购房人提出过户请求后,出卖人长时间未予配合,购房人仍未采取诉讼或仲裁的,仍可认定为"存在过错"。③ 笔者赞同这一区分具体情况具体分析的观点。

实践中,如何认定因买受人消极不行使登记请求权而导致其对未办理权属转

---

① 参见江必新、刘贵祥主编:《最高人民法院关于人民法院办理执行异议和复议案件若干问题规定理解与适用》,人民法院出版社2015年版,第424-425页。

② 参见邵长茂:《执行法律适用方法与常见实务问题327例》,人民法院出版社2024年版,第204页。

③ 参见李皓等:《执行异议之诉年度观察报告——商品房消费者与不动产买受人专题》,载微信公众号"天同诉讼圈"2021年8月30日,https://mp.weixin.qq.com/s/hztC-xJwQKQxmTQZ5pSjDg。

移登记存在过错呢？对于买受人应当积极行使登记请求权，《九民会纪要》第 127 条中规定："一般而言，买受人只要有向房屋登记机构递交过户登记材料，或向出卖人提出了办理过户登记的请求等积极行为的，可以认为符合该条件。买受人无上述积极行为，其未办理过户登记有合理的客观理由的，亦可认定符合该条件。"当已经具备办理不动产权属转移登记条件时，买受人不积极行使权利，未及时办理登记，因而在查封执行前仍未完成物权变动的，应认定为买受人怠于主张登记请求权。未及时办理不动产权属转移登记在实践中易识别认定，在具备办理不动产权属转移登记条件的情况下，当事人未在法定期限或者约定期限内完成权属转移登记的，即可认定"未及时办理过户登记"。当然，此处还应分析未及时办理不动产权属转移登记的具体原因。若因出卖人不予协助，则不能归责于买受人；如因买受人怠于主张权利，则应认定其构成过错。不积极主张权利属于价值判断范畴，难以"一刀切"式统一尺度，应结合合同约定及履行情况加以认定。买受人应当在合理期限内行使请求出卖人协助办理权属转移登记的请求权而未及时行使的，一般应认定为买受人怠于主张权属转移登记的权利。对于合理期限的把握，在当事人未约定的情况下，可根据同类交易中的交易惯例加以判断；在当事人有明确约定的情况下，除非约定的条件不具备，否则一般应当优先适用当事人的约定进行判断。例如，在陈先锋、向蓉与谭蜀泉执行异议之诉案中，尽管陈先锋、向蓉作为购房人在协议签订后支付了全部房款并实际占有该房屋，其间也曾先后两次申请办理房屋过户登记并自行缴纳相关税费，但该房屋自交付占有到被法院查封已逾七年未能办理过户手续，已远超过普通公众对合理期限所正常认知的最大限度，属于买受人应当行使请求出卖人过户的请求权而未及时行使该权利的。陈先锋、向蓉对争议房屋未能办理过户登记自身存在过错。此外，与这一问题存在一定关联的问题是，当事人的不动产买卖合同办理网签备案或预告登记将会对出卖人在后处分该不动产产生限制性的法律效果，因此，如果当事人在合理期限内未能申请办理网签备案或预告登记的，则一般应认定相应的当事人（根据具体事实可能会为出卖人或买受人）对不动产未能办理最终的权属转移登记存在过错。[1]

新建商品房尚不符合首次登记条件，属于未办理不动产所有权转移登记的客观原因，这种情况下，买受人未办理房屋所有权登记显然不具有过错。实践中还

---

[1] 参见吕凤国：《物权期待权应在合理期限内行使》，载《人民司法·案例》2019 年第 23 期。

存在一种情况,执行标的上存在另案查封,买受人签订了不动产买卖合同却因此未能办理不动产权属转移登记,在该查封解除后,本案中查封措施实施或轮候查封生效,此时买受人对未办理不动产权属转移登记是否存在过错?有观点认为,相对于前一个查封而言,买受人未能注意到不动产存在权利负担,对未能办理不动产权属转移登记存在过错;但本案审查的执行措施并非另案查封,现另案查封已解除,而本案中查封措施实施或轮候查封生效,买受人在签订合同后始终无法办理不动产权属转移登记,故对此不存在过错。但笔者认为,该种情况应认定不符合《执行异议之诉解释》第14条第1款第4项要件。这是因为,一方面,《执行异议之诉解释》第14条是基于不动产登记制度不完善的状况,相对于普通金钱债权,对未登记不动产买受人在执行程序中给予优先保护,故在认定"非因买受人自身原因"时,应严格适用,避免利益过于失衡。另一方面,该执行标的无论是在买受人签订不动产买卖合同之前被法院查封,还是之前法院查封、解除后又被执行法院查封,都至少说明该不动产处于一种不稳定状态。整体而言,买受人在明知该不动产被法院查封却仍然签订不动产买卖合同,虽然先前的查封被解除了,但买受人对因此可能存在的无法办理不动产权属转移登记的风险应自行承担。因此,买受人在执行标的被另案查封后签订不动产买卖合同,并因此导致其未能在本案查封生效之前办理权属转移登记的,应认定买受人系因其自身原因未办理权属转移登记。

对他人权利的忽略,在实践中主要体现在已经设立抵押权的房屋又出售的情形。关于抵押期间抵押物能否转让的问题,原《物权法》第191条规定:"抵押期间,抵押人经抵押权人同意转让抵押财产的,应当将转让所得的价款向抵押权人提前清偿债务或者提存。转让的价款超过债权数额的部分归抵押人所有,不足部分由债务人清偿。抵押期间,抵押人未经抵押权人同意,不得转让抵押财产,但受让人代为清偿债务消灭抵押权的除外。"因此,如果抵押权人不同意出售,因抵押权设立在先,不动产买受人在交易时应当负有查询不动产权属登记信息的注意义务。如未尽到该义务导致无法办理权属转移登记,一般会被认为买受人对此负有责任,故其无法排除基于抵押权的强制执行。在抵押权人同意转让抵押财产时,买受人能否依据《执行异议之诉解释》第14条的规定排除基于抵押权的强制执行,则与抵押权人同意的法律效果相关。

对原《物权法》第191条的理解,长期存在争议。一种观点认为,从文义解释的角度,该条款表达的是,抵押权的效力只体现为就转让所得价款的优先受偿权,意味着其放弃抵押权的追及效力,此时受让人取得的是无抵押负担的抵押物的所有权。[1] 如果债权人可以提前获得债务的清偿,又允许债权人继续享有抵押权,这对于抵押人而言是极不公平的。因此,该条款规定的抵押权人同意抵押人转让抵押财产的意思表示应当理解为包含了抵押权人放弃抵押权并办理抵押权注销登记的意思表示。[2] 另一种观点认为,原《物权法》第191条第1款没有明确表达抵押权的追及效力因提前清偿债务或提存而消灭的内容,只是表达了抵押人对抵押权人承担以转让所得的价款"提前清偿债务或者提存"的义务,该义务的履行是否会引起抵押权的消灭,不在本条款的文义范围内,应当属于原《物权法》第177条规范的事项。[3] 只要抵押权人没有明确的放弃抵押权的意思表示,登记机构就不能仅仅因为抵押权人提交了同意抵押人转让抵押财产的书面文件而办理抵押权的注销登记。[4] 因此,若采前一种观点,则在抵押权人同意出售的情况下,则存在参照适用《执行异议之诉解释》第14条的空间。若采后一种观点,则抵押权并未消灭或抵押权仍具有追及效力,根据本章后文分析,参照适用《执行异议之诉解释》第14条并不能排除基于抵押权的强制执行。笔者倾向于同意前一种观点。最高人民法院亦有相关裁判观点支持该观点。例如,在(2021)最高法民终50号案中,最高人民法院认为,抵押物转让经过抵押权人同意,抵押人可以交换所得的价款偿还债务,既能够保证交易安全,也能够保护抵押权人的利益。因此,在抵押权人同意转让的情况下,购房人能够合理信赖抵押权虽未消灭,但不能再追及该物实现抵押权。本案中,购房人购买房产前,抵押权人已经同意抵押人将案涉房产出售以收回贷款,其在对购房人汇入款项的账户已扣划部分贷款利息的情况下,未对购房人支付的购房款进行有效控制,自身存在明显过错。基于购房人所支付的大部分购房款在抵押权人监管控制之下的事实,原判决认定购房人有权排除执行,并无不当。最高人民法院在(2020)最高法民终779号案中亦认为,本案

---

[1] 参见高圣平、王琪:《不动产抵押物转让规则的解释论——〈物权法〉第191条及其周边》,载《法律科学(西北政法大学学报)》2011年第5期。

[2] 参见程啸:《担保物权研究》,中国人民大学出版社2017年版,第349页。

[3] 参见邹海林:《论抵押权的追及效力及其缓和——兼论〈物权法〉第191条的制度逻辑和修正》,载《法学家》2018年第1期。

[4] 参见刘守君:《转让抵押房屋申请登记时应提交同意注销抵押权证明——兼及〈房屋登记办法〉第34条修改建议及理由》,载《中国房地产》2013年第7期。

交易惯例为抵押人将购房款转入抵押权人指定账户,抵押权人办理与返还款项价值相当的房屋解押手续……商品房买卖合同约定:本商品房已设定抵押权,并经抵押权人书面同意对外销售。结合查明事实,本案不适用原《物权法》第191条规定的"涤除权",应当依据双方之间的交易惯例处理。本案中,买受人既不是向抵押权人支付案涉商铺转让价款清偿债务的义务人,也不是抵押权人主债权的直接义务人。买受人对于抵押权人主债权是否获得清偿,法律上并无可责之处。抵押权人在抵押房产销售过程中未按规程实施有效监管,致使案涉抵押房产得以出售,由此造成的销售价款是否用以清偿债权的风险不应当由买受人承担。案涉房产未能办理过户登记,系因在抵押权实现过程中抵押权人与抵押人发生纠漏所致,不能归咎于买受人。故买受人具有排除强制执行的权益。

当然,《民法典》第406条第1款对原《物权法》第191条规定的抵押物转让规则作了重大变更,明确了"抵押期间,抵押人可以转让抵押财产。当事人另有约定的,按照其约定。抵押财产转让的,抵押权不受影响"。从表述顺序看,"当事人另有约定的,按照其约定"位于"抵押期间,抵押人可以转让抵押财产"之后,"抵押财产转让的,抵押权不受影响"之前,可见,"约定"是指抵押权人和抵押人之间可就抵押财产的流通性作出例外约定,既可约定禁止抵押财产的转让,也可约定限制抵押财产的转让,如抵押财产的转让以抵押权人同意为前提;但无论如何约定,抵押财产转让的,抵押权均不受影响。《民法典》第406条第2款并进一步改变了原《物权法》第191条关于价金物上代位的适用范围,规定"抵押权人能够证明抵押财产转让可能损害抵押权的,可以请求抵押人将转让所得的价款向抵押权人提前清偿债务或者提存"。由此可见,《民法典》第406条一般性地复活抵押权的追及效力后,旋即压缩价金物上代位的适用范围,抵押权人仅在能够证明抵押物转让可能损害抵押权时,方可请求抵押人将转让所得价款提前清偿债务或者提存。① 据此,就一般不动产买受而言,无论当事人对于抵押权在抵押期间是否可以转让抵押的不动产是否作出例外约定,作出何种约定,抵押人转让不动产的,均不影响抵押权的存续,不会导致抵押权的消灭,抵押权均具有追及效力。即使这种约定未作登记,从而仅在抵押权人与抵押人之间产生债之效力,不动产买受人因此而

---

① 参见景光强:《抵押物转让新规则释论》,载《山东法官培训学院学报(山东审判)》2021年第5期。

善意受让抵押财产的,亦不影响抵押权的存续和追及。如此,从整体视角看,对于《民法典》实施后发生的不动产买卖而言,一般不动产买受人不再享有排除基于抵押权的强制执行的可能。

网签备案是具有中国特色的一项重要制度创新。虽然其法律效力不等同于正式的物权登记,但它已在很大程度上实现了准物权的公示功能。首先,它将合同信息录入政府部门的系统,使该房屋的交易状态对特定范围(如其他潜在购房者、部分金融机构)透明化。其次,它在行政管理上往往能有效阻止出卖人"一房二卖"。因此,案外人积极完成网签备案,是其勤勉行权的有力明证。这一行为虽然未能最终确立物权,但已最大限度地利用了现行制度来公示其权利、固化其期待,足以构成阻却"可归责于自身"认定的强大理由。

被执行人通知案外人办理所有权转移登记,案外人未无正当理由拒绝或拖延的,则从反面对"懈怠"进行了界定。它并非要求案外人在接到通知后必须以最快速度完成登记,而是承认商业活动与个人生活中存在合理的耽搁。例如,案外人因出差、疾病等短期正当理由未能及时响应,不应被视为"懈怠"。但如果案外人接到通知后,在无任何正当理由的情况下,长期不予理会,则其行为就构成了对自身权利的漠视,由此导致的登记迟延,理应由其自行承担风险。

需要强调的是,实践中的情况千差万别,司法解释难以穷尽列举所有情形,因此,《执行异议之诉解释》第16条第6项作了兜底性的规定。实践中,如因登记机关系统故障、国家政策调整乃至发生不可抗力事件等原因导致未能登记,均可被纳入"非因案外人自身原因"的范畴。

五、一般买受人与商品房消费者身份竞合时的处理

从适用情形来看,《执行异议之诉解释》第14条适用的情形是不动产买受人对登记在被执行人名下的不动产强制执行提出异议,第11条适用的情形是商品房消费者对登记在被执行的房地产开发企业名下的商品房强制执行提出异议。实践中有观点认为,前者是一般条款,后者则属于例外的特殊规定。因此,如果是针对房地产开发企业的金钱债权人申请执行登记在房地产开发企业名下的商品房提出异议的,就只能适用后者,而排除前者之适用。

笔者认为,新建商品房系不动产的一种类型,在房地产开发企业成为被执行人、执行标的是新建商品房时,则同时符合两者的适用情形,在适用上产生竞合,两者之间并非排斥关系而是并列关系①,案外人可以选择适用。这一问题在《执行异议复议规定》作为执行异议之诉案件审判参照依据时就已存在,最高人民法院因此在2021年发布指导案例156号指出:"如果被执行人为房地产开发企业,且被执行的不动产为登记于其名下的商品房,同时符合了'登记在被执行人名下的不动产'与'登记在被执行的房地产开发企业名下的商品房'两种情形,则《异议复议规定》第二十八条与第二十九条适用上产生竞合。案外人对登记在被执行的房地产开发企业名下的商品房请求排除强制执行的,可以选择适用第二十八条或者第二十九条规定。"②这一指导案例仍可适用于解释《执行异议之诉解释》第14条与第11条之间的关系。

六、一般不动产买受人能否排除抵押权等优先权人就执行标的的强制执行

不动产买受人能否排除抵押权等优先权人基于优先受偿权就其享有优先权的不动产的强制执行呢?对这一问题,最早源自对《执行异议复议规定》第27条与第28条、第29条之间的关系的理解分歧。

《执行异议复议规定》第27条规定:"申请执行人对执行标的依法享有对抗案外人的担保物权等优先受偿权,人民法院对案外人提出的排除执行异议不予支持,但法律、司法解释另有规定的除外。"实际上是确立了基于担保物权等优先权的强制执行一般不应被排除的一般原则。但《执行异议复议规定》第28条、第29条则进一步规定了何种情形下的不动产买受人可排除对于执行标的的强制执行。第28条、第29条针对的可以排除执行的对象是金钱债权,而金钱债权在一般意义上是与非金钱债权相对而言的。从广义上理解,金钱债权既包括无担保或其他优先性的普通债权,也包括设定了担保或存在其他优先性的债权。但由于后者在性质上已经属于物权(或法定优先权),故在一般情况下是否能够被纳入可被排除强制执行的范围,则不无疑问。由此,对于《执行异议复议规定》第28条、第29条是否属于第27条规定的但书情形,上述条文之间的关系如何,理论上与实践中均产生了较大的认识分歧。

---

① 参见最高人民法院民事判决书,(2019)最高法民终508号。
② 王岩岩诉徐意君、北京市金陞房地产发展有限责任公司案外人执行异议之诉案,最高人民法院指导案例156号,2021年2月19日发布。

一种观点认为,《执行异议复议规定》系最高人民法院制定的司法解释,第28条、第29条的规定当然属于"法律、司法解释另有规定"的情况,因此,第28条、第29条属于第27条的但书规定,可适用于排除基于担保物权等优先权的强制执行。[①] 另一种观点则认为,结合上述两个条文的规定以及《建工优先权批复》(已失效)的规定,能够优于担保物权等优先受偿权的,只有符合一定条件的消费者买房人的权利,故《执行异议复议规定》第27条但书条款的规定,包括《执行异议复议规定》第29条的规定,而不包括第28条的规定。[②]

对此,笔者基本赞同后一种观点。对此理解,要从考察相关规定的历史沿革入手。《执行异议复议规定》第28条、第29条沿袭于《查封规定》(法释〔2004〕15号)第17条,其中第29条又脱胎于《建工优先权批复》(已失效)。根据《建工优先权批复》(已失效)的规定,建设工程价款优先权优先于抵押权和其他债权,但不能对抗已经交付全部或者大部分所购商品房价款的消费者。虽然对于《建工优先权批复》(已失效)的该规定是否在上述权利之间进行了排序存在不同看法,但据此可推导得出的结论是,劣后于建设工程价款优先受偿权的抵押权亦不能对抗已经交付全部或者大部分所购商品房价款的消费者对于所购房屋的权利。随之而来的问题是,抵押权是否亦不能对抗一般不动产买受人对于所购不动产的权利呢?虽然在"消费者"这一概念的使用和含义上仍存分歧,但从一般人对于"消费者"概念的朴素认知看,"消费者"就是为满足生活需要而购买、使用商品的个人,也就是说,消费者购买商品的目的主要是用于个人或家庭需要而不是经营或销售,这是消费者最本质的一个特点。《执行异议复议规定》第29条的用语表述,较鲜明地体现了消费者这一本质特点,而第28条则并不限于生活消费之目的。因此,就整体而言,不应纳入《建工优先权批复》(已失效)所要保护的消费者买房人的范畴。

《执行异议复议规定》第27条正是基于上述原则和精神进一步重申了基于担保物权等优先受偿权的强制执行一般不应被排除的原则,这是物权优先于债权的基本原则在执行程序中的贯彻。实际上,《执行异议复议规定》第28条是基于我

[①] 参见江必新、刘贵祥主编:《最高人民法院关于人民法院办理执行异议和复议案件若干问题规定理解与适用》,人民法院出版社2015年版,第391页。

[②] 参见王毓莹:《不动产买受人提起的执行异议之诉的处理》,载《人民法院报》2019年2月21日,第7版。

国现行房地产开发以及登记制度不完善的社会背景和为增强人民群众对法律公平的信心的社会效果,赋予了无过错不动产买受人的债权以排除强制执行的效力。其主要是在强制执行程序中买受人对所买受的不动产的权利与基于普通金钱债权而申请执行的人的权利发生冲突时,出于对正当买受人合法权利的特别保护之目的而设置的特别规则,其实质上是以牺牲普通金钱债权人的正当权利为代价而确立的。这在一定程度上已经是对债权平等原则和合同相对性原则的突破,而且并不涉及该买受人的民事权益与担保物权等优先权之间的顺位关系。因此,将其理解为一般不动产买受人可以排除基于担保物权等优先权而对买受人所购不动产进行的强制执行,既不符合《执行异议复议规定》相关条文规定的规范意旨,更没有法律、司法解释依据。

而且,《民法典》第406条改变了原《物权法》第191条规定的抵押物转让规则,明确了"抵押财产转让的,抵押权不受影响"。也就是说,在法律层面明确承认了抵押权具有追及效力,抵押物转让时其上的抵押权依然存在。据此,出卖人将设定了抵押的房屋出卖给买受人,纵使完成了所有权转移登记,即买受人已经成为房屋所有权人,在不存在抵押权消灭的情形时,抵押权亦不受房屋权属转移的影响而存在,抵押权人当然亦据此有权主张行使抵押权。举重以明轻,在出卖人出卖房屋但并未办理所有权转移登记的情形下,买受人的权利显然不应强于已经办理了所有权登记的买受人,故抵押权的追及效力更不应因此被阻断,抵押权人行使对于房屋的抵押权更应不受影响。

综上所述,就整体而言,在《执行异议复议规定》第27条与第28条、第29条的关系问题上,第29条显系第27条的但书规定情形,第28条则并不属于。对此《九民会纪要》第126条明确指出:"抵押权人申请执行登记在房地产开发企业名下但已销售给消费者的商品房,消费者提出执行异议的,人民法院依法予以支持。但应当特别注意的是,此情况是针对实践中存在的商品房预售不规范现象为保护消费者生存权而作出的例外规定,必须严格把握条件,避免扩大范围,以免动摇抵押权具有优先性的基本原则。因此,这里的商品房消费者应当仅限于符合本纪要第125条规定的商品房消费者。买受人不是本纪要第125条规定的商品房消费者,而是一般的房屋买卖合同的买受人,不适用上述处理规则。"《执行异议之诉解释》虽未设置如《执行异议复议规定》第27条的条款,但其在第14条中明确规定限于一般不动产买受人"请求排除一般金钱债权的强制执行",而在第11条却明确规定适用的情形为商品房消费者"请求排除建设工程价款优先受偿权、抵押权以及一般金钱债权的强制执行",通过这种方式也鲜明地表达了立场。

那么,得出上述结论是否会导致对一般买受人不公呢?我们还需从反面分析以印证上述结论。以常见的期房交易为例。有观点认为,即使在建工程已经设定抵押权在先,但由于出卖人取得了房屋预售许可证,买受人基于对政府主管部门颁发的预售许可的信赖,当然认为房屋可以出卖,其对房屋上存在其他权利负担,不具有过错,此时基于抵押权的强制执行,有违公平。实践中是否果真如此呢?首先,需要说明的是,根据《城市商品房预售管理办法》第6条①的规定,出卖人取得预售许可证仅表明其获得预售房屋的资格,并不代表该房屋上不存在抵押权等权利负担。因此,开发商持有预售许可证,并不能够成为买受人已经尽到合理注意义务的理由。其次,需要考察现行的商品房买卖制度。对于期房买卖,房产管理部门在交易系统中设置了虚拟的楼盘表,并以此为基础为交易双方提供网上签约备案服务。从内容上看,楼盘表集合了土地权属、规划许可、工程许可、测绘报告等具有高度公信力的文件信息,且通常是系统生成的电子介质,不仅能准确表述预售商品房的物理状态,还能适时将其销售、权属、抵押、查封、价格等信息表现出来。从功能上看,楼盘表是由政府设计规则、市场主体参与其中的交易场所,预售的商品房向现房的迈进步骤、预售商品房的各自特性、预售交易细节等,已是一目了然。② 根据住房城乡建设部办公厅《关于印发〈房屋交易与产权管理工作导则〉的通知》(建办房〔2015〕45号)的规定,新建商品房预售、存量房转让及房屋抵押都必须在房产管理部门进行网签备案,网签备案不仅能体现预售商品房的物理状态,还能适时将其销售、权属、抵押、查封等信息体现出来。因此,只要当事人在签订买卖合同后及时办理网签备案,则在该房屋上再行设定抵押就不存在现实可能性。至于已经就整个建设工程存在在建工程抵押的,则按照现行期房交易制度安排,需经在建工程抵押权人同意方可办理买卖合同网签备案。因此,开发商在预售商品房签订合同时,必须已经过在建工程抵押权人的书面同意,此时,实践中即需对房产管理部门的虚拟楼盘表上的相应房屋解除抵押登记,方可进一步进行

---

① 《城市商品房预售管理办法》第6条规定:"商品房预售实行许可制度。开发企业进行商品房预售,应当向房地产管理部门申请预售许可,取得《商品房预售许可证》。未取得《商品房预售许可证》的,不得进行商品房预售。"

② 参见常鹏翱:《预告登记制度的死亡与再生》,载《法学家》2016年第3期。

网签备案。对于现房买卖,如上文所述,在房产管理部门的要求和推动下,买卖双方也必须在专门的交易管理网络系统上签订买卖合同,并凭该合同才能申请转移登记,也就是网上签约机制。与期房买卖相似,在这种交易机制中,一旦双方通过该系统签订买卖合同,只要事后不解除该合同并注销网上签约的信息,出卖人就不能再将该房屋转移登记给他人或为他人设定抵押。由此可见,现行的网签备案制度已经较为全面地覆盖到了期房和现房买受人所面临的风险点,并提供了相应的解决方案。在这种情况下,在最需要保护的房屋买卖领域,前述观点完全属于对房屋交易风险的过度担忧。

基于现行制度,从注意义务的角度看,由于买受人通过查询房产管理部门的网签备案信息了解房屋的状况非常便捷,因此赋予其注意房屋是否存在权利瑕疵的注意义务并不过分。买受人通过查询房产管理部门的网签备案信息,即可知晓该房屋是否存在抵押权等权利负担;如若买受人未加注意,则属于对他人权利的忽视,认定其对未办理过户登记存在过错,不符合《执行异议之诉解释》第14条第1款第4项规定的要件。此情形下的不动产买受人也不符合排除基于担保物权的强制执行的条件。当然,对于出卖人未提交房屋抵押等资料办理房屋网签备案,买受人已尽合理审查注意义务仍未发现房屋上存在权利负担,应个案考虑,综合全案分析,判断不动产买受人是否能够排除抵押权等担保物权执行。

不过,由于网签备案制度在我国各地落地实施情况各有不同,加之存在一些历史问题,故"先卖后抵"在实践中仍有存在。在此种情形下,应本着将风险预防责任配置给"成本最低的风险规避者"的原则,对抵押权人是否尽到合理审慎审查义务加以重点审查认定。通常而言,对不动产权属审查时,只要权属证书上不存在异议登记、预告登记、查封登记等记载事项,就应当推定为抵押权人尽到了注意义务。但对于专门从事信贷业务的银行业金融机构,应当对其提出较一般市场主体更高的审查要求,查询网签备案情况,到实地调查以了解抵押物的实际状态,都是其注意义务的应有之义。

专业放贷机构在发放担保贷款时负有审慎审查义务,是担保信贷法律关系的内在要求。债权人欲通过设立一项具有对世效力、足以对抗不特定第三人的物上担保权,来保障其债权实现,其本身就应当为其权利的创设过程承担相应的注意义务。这种义务源于商业活动的合理性准则,即一个理性的、专业的市场主体,在接受价值巨大的不动产作为抵押物时,必然会采取与风险相适应的调查措施。而且,银行业金融机构具备获取信息的优势地位和防范风险的独特优势。银行业金融机构有能力展开尽职调查,也应当能够预见抵押物的真实物权状态可能与公示状态存在差别,因此赋予其对抵押物上在先权利的审慎注意义务,有利于避免权利冲突。此外,在新建商品房买卖过程中,买受人在办理产权登记中往往处于被动的弱势地位,出于防范"先卖后抵"交易风险和稳定金融秩序的考虑,应当赋予银行业金融机构较一般市场主体更重的审慎审查义务。

国家金融监管总局于2024年2月2日发布"三个办法",即《固定资产贷款管理办法》《流动资金贷款管理办法》《个人贷款管理办法》。"三个办法"均对贷款人尽职调查作出了详尽规定,如贷款人应采取现场与非现场相结合的形式履行尽职调查,形成书面报告,并对其内容的真实性、完整性和有效性负责;涉及担保的,尽职调查内容包括但不限于抵押物的权属、价值和变现能力,保证人的保证资格和能力。

因此,在"先卖后抵"情形下,法院审查银行业金融机构在不动产上设立的抵押权效力时,银行业金融机构应当提供尽职调查书面报告,以证明其遵守相关准则和管理规范对抵押物的权属、价值和变现能力等相关事项进行了尽职调查。若银行业金融机构对应有的调查内容未履行审慎审查义务,则属存在过失,其应当承担不利的法律后果。[1]

当然,保护买受人并非意味着免除其所有责任。法院在进行利益衡量时,也应考虑买受人是否采取了合理的措施来保护自身权利。例如,买受人是否积极要求办理网签备案或者权属登记,是否已合法占有房屋等。若买受人对其权利漠不关心,则可能被认定为存在过失。双方均存在过错时,应当坚持比例原则。一个普通公民在复杂法律程序中的疏忽,与一个专业的、受严格监管的金融机构违反明确的法定义务,两者之间的过错程度不可同日而语。将主要的风险预防责任置于银行一方,更符合公平原则和法律规制的精神。

总之,在"先卖后抵"情形下,存在一般不动产买受人排除抵押权人对所购不动产强制执行的可能。

至于二手房买卖,出卖人与买受人的地位较为平等,即使在卖方市场的情形

---

[1] 肖金良、马毓晨、李戈:《"先卖后抵"情形下物权期待权和抵押权博弈之判定与权衡》,载《人民司法·案例》2024年第24期。

下,也难以要求买受人在房屋所有权转移之前将全款支付到出卖人完全控制的个人账户,买受人付款要么是支付到房屋中介设立的资金监管账户,要么是通过银行在出卖人账户中设置一定的资金监管规则,而使出卖人只能在银行收到买受人同意支付的指令时才能最终获得对账户内相应购房款资金的控制权。如此一来,在"先卖后抵"的情形下,买受人可以理性选择终止交易而收回购房款,不会面对要排除抵押权人申请执行的困境。至于"先抵后买",则如前文所述,买受人应当负有合理的注意义务,对于因此而不能办理所有权转移登记的,应认定其对未办理过户登记存在过错,不符合《执行异议之诉解释》第14条第1款第4项规定的要件,当然也不符合排除金钱债权强制执行的条件。

七、房屋次买受人排除金钱债权强制执行的审查规则

在涉及商品房买卖的执行异议之诉中,有一种情况较为常见,就是房地产开发企业将某套商品房出卖或者抵债给某甲,某甲在未办理权属转移登记的情况下又将该房屋出卖给某乙,某乙将购房款支付给某甲,并由某乙直接与房地产开发企业签订商品房买卖合同。房地产开发企业因对外欠债,包括该商品房在内的多套房屋被申请强制执行。现某乙针对该房屋的强制执行提起执行异议被驳回,遂提起执行异议之诉,请求排除对该房屋的强制执行,某乙的请求能否被支持?这一问题可归纳表述为:未办理权属转移登记的房屋次买受人对房屋的权利能否排除出卖人(房地产开发企业)债权人的强制执行,在先买受人的权利符合司法解释规定的排除强制执行的要件时,是否可当然得出次买受人的权利也可排除强制执行的结论?

笔者认为,从案外人执行异议之诉审理的基本理念看,案外人执行异议之诉,本质上是通过对案外人和申请执行人权利的比对,判断哪一方的权利更应受到保护。也就是说,在该案中对案外人是否享有足以排除强制执行的民事权益的评判,是建立在相对性原则之上的,案外人的权益是否达到了足以排除强制执行的程度,并不具有如物权一般的绝对性或对世效力,并非对处于此评判框架之外的其他第三人均具有普遍适用的效力,更不能得出在效力上可以承继的结论。因此,在审理执行异议之诉时,应当严格以个案事实为基础,对基于不同法律行为而形成的案外人的权益与强制执行债权进行比对分析。例如,房地产开发企业用涉案房屋抵偿对某甲所负一般金钱债务,某乙则从某甲处购买了该房屋。此时,就

法律性质而言，某甲是转让了其与房地产开发企业之间形成的商品房买卖法律关系项下的合同权利给某乙。那么，某甲对案涉房屋所享有的权益是否能够排除房地产开发企业的一般金钱债权人的强制执行，其结论并不能够适用于对某乙的权益与该强制执行债权人权益之间的评判。即使某乙是从某甲处继受了案涉商品房买卖合同的权利，基于合同的相对性原则，某乙所继受的合同权利只在其与房地产开发企业之间具有效力，即某乙可向房地产开发企业主张某甲所享有的合同权利。但在执行异议之诉案件中，某乙是基于其对案涉合同标的物所享有的权利主张排除其合同之外第三人的权利，故需就某乙自身对案涉房屋的权利是否足以排除强制执行进行判断。某乙的合同权利虽继受于某甲，但某乙对案涉房屋所享有的权利与某甲转让前对该房屋享有的权利并不一定完全相同。我们可以假定一个事实，如某甲与房地产开发企业签订以房抵债协议时，房屋上并未设定抵押，也未被查封，则某甲在另案中主张排除强制执行可能符合法定要件而得到支持。若某乙与房地产开发企业之间签订《商品房买卖合同》时房屋上设立了抵押，或者已被法院查封，则意味着某乙在受让房屋时，该标的物上已设置了某甲在签订合同时没有的权利负担和瑕疵，故某乙所继受的该房屋权利在完整性上明显弱于某甲的权利。与从房地产开发企业处直接购买一手房不同，某乙实际上是从先买受人处受让了合同债权，对此，某乙无疑更应当负有审查案涉房屋是否存在权利瑕疵的义务，因此从这一角度看某乙是存在明显过错的，赋予其排除房地产开发企业的一般金钱债权人基于抵押权的强制执行的效力，不仅有违法律的一般原则，而且也不符合法律对于无过错买受人予以特殊保护的基本精神。

从权利义务的承继情况来看，第一买受人所享有权益的性质决定了次买受人并不能够通过合同权利的承继获得排除强制执行的权利。这是因为《执行异议之诉解释》第14条所要保护的是为了购买房屋之目的而具备了一定要件的买受人的合法权益，立足点在于房屋买受人在具备了这些要件后所享有的合同债权与出卖人的金钱债权之间何者更值得给予特殊保护，买受人在此情况下所享有的权益类似于一种法定的优先权利。这种权利在性质上并不依赖于所谓的物权期待权。物权期待权理论实际上是放大了该条规定所要保护的权利范围，尤其是在出卖人的金钱债权人之间造成了新的超出了法律基本原则的不平等。如此，买受人的权益在性质上并不足以被界定为物权，其只是从债权过渡到物权的一种中间权利状态。这种中间状态的权利只是因为特定当事人所具有的特定因素而被赋予与强制执行的金钱债权相比更为优先的地位。这种与特定当事人相关联的特定因素具有明显的身份属性,因此不能被后者通过合同权利的转让所当然承继。由此,亦可得出先买受人对案涉房屋所享有的权益是否能够排除房地产开发企业的一般金钱债权人的强制执行,不能够适用于评判次买受人的权益能否排除房地产开发企业的一般金钱债权人强制执行的结论。

退一步讲,即使认为《执行异议之诉解释》第14条规定的权利基础系物权期待权,也不意味着该权利必然会被合同权利义务的受让方所不受减损地承继。根据《民法典》第232条规定的精神,即使源于非基于法律行为而取得物权的人,在办理权属登记前处分该不动产的行为,也不发生物权效力。由此可见,在未办理权属登记的情况下,因其公示性的缺失,法律对物权人处分不动产的效力进行了减损性的规定。"举重以明轻",尚未成为物权的"物权期待权"在通过法律行为进行处分的过程中,当然也无法将其具有类物权属性的效力传递给权利继受人。

综上所述,执行异议之诉中,先买受人对案涉房屋所享有的权益是否能够排除出卖人的一般金钱债权人的强制执行,对于次买受人的权益是否能够排除出卖人的一般金钱债权人的强制执行,并不具有可参照性;对于后者,应当通过审查次买受人是否符合司法解释规定的房屋买受人排除强制执行的要件加以评判。

规范依据

《执行异议之诉解释》

第十四条 人民法院对登记在被执行人名下的不动产实施强制执行,案外人以其系该不动产买受人为由,提起执行异议之诉,请求排除一般金钱债权的强制执行,并能够证明其主张同时符合下列条件的,人民法院应予支持:

(一)查封前,案外人已与被执行人签订合法有效的书面买卖合同;

(二)查封前,案外人已支付全部价款,或者已按照合同约定支付部分价款且查封后至一审法庭辩论终结前已将剩余价款交付人民法院执行;

(三)查封前,案外人已合法占有该不动产;

(四)非因案外人自身原因未办理不动产所有权转移登记。

人民法院判决驳回案外人诉讼请求的,案外人交付执行的剩余价款应予及时退还。

第十六条 人民法院查封前,符合下列情形之一,可以认定为本解释第十四条、第十五条中的"非因案外人自身原因"：

（一）案外人与被执行人已共同向不动产登记机构提交办理所有权转移登记申请；

（二）案外人已请求被执行人履行办理所有权转移登记手续等合同义务，或者因办理所有权转移登记与被执行人发生纠纷并已起诉或者申请仲裁等；

（三）新建商品房尚不符合首次登记条件；

（四）已办理买卖合同网签备案；

（五）被执行人等通知案外人办理不动产所有权转移登记而其未怠于办理；

（六）其他非因案外人自身原因的情形。

《查封规定》

第十五条　被执行人将其所有的需要办理过户登记的财产出卖给第三人，第三人已经支付部分或者全部价款并实际占有该财产，但尚未办理产权过户登记手续的，人民法院可以查封、扣押、冻结；第三人已经支付全部价款并实际占有，但未办理过户登记手续的，如果第三人对此没有过错，人民法院不得查封、扣押、冻结。

《民法典》

第二百零九条第一款　不动产物权的设立、变更、转让和消灭，经依法登记，发生效力；未经登记，不发生效力，但是法律另有规定的除外。

《九民会纪要》

126.【商品房消费者的权利与抵押权的关系】根据《最高人民法院关于建设工程价款优先受偿权问题的批复》第1条、第2条的规定，交付全部或者大部分款项的商品房消费者的权利优先于抵押权人的抵押权，故抵押权人申请执行登记在房地产开发企业名下但已销售给消费者的商品房，消费者提出执行异议的，人民法院依法予以支持。但应当特别注意的是，此情况是针对实践中存在的商品房预售不规范现象为保护消费者生存权而作出的例外规定，必须严格把握条件，避免扩大范围，以免动摇抵押权具有优先性的基本原则。因此，这里的商品房消费者应当仅限于符合本纪要第125条规定的商品房消费者。买受人不是本纪要第125条规定的商品房消费者，而是一般的房屋买卖合同的买受人，不适用上述处理规则。

127.【案外人系商品房消费者之外的一般买受人】金钱债权执行中，商品房消费者之外的一般买受人对登记在被执行人名下的不动产提出异议，请求排除执行的，《最高人民法院关于人民法院办理执行异议和复议案件若干问题的规定》第

28条规定,符合下列情形的依法予以支持:一是在人民法院查封之前已签订合法有效的书面买卖合同;二是在人民法院查封之前已合法占有该不动产;三是已支付全部价款,或者已按照合同约定支付部分价款且将剩余价款按照人民法院的要求交付执行;四是非因买受人自身原因未办理过户登记。人民法院在审理执行异议之诉案件时,可参照适用此条款。

实践中,对于该规定的前3个条件,理解并无分歧。对于其中的第4个条件,理解不一致。一般而言,买受人只要有向房屋登记机构递交过户登记材料,或向出卖人提出了办理过户登记的请求等积极行为的,可以认为符合该条件。买受人无上述积极行为,其未办理过户登记有合理的客观理由的,亦可认定符合该条件。

典型案例

1. 王岩岩诉徐意君、北京市金陞房地产发展有限责任公司案外人执行异议之诉案【指导案例156号】

案例索引:人民法院案例库入库编号2021-18-2-471-003/民事/执行异议之诉/最高人民法院/2016.04.29/(2016)最高法民申254号/再审/入库日期:2023.08.24。

裁判要点:《最高人民法院关于人民法院办理执行异议和复议案件若干问题的规定》第二十八条规定了不动产买受人排除金钱债权执行的权利,第二十九条规定了消费者购房人排除金钱债权执行的权利。案外人对登记在被执行的房地产开发企业名下的商品房请求排除强制执行的,可以选择适用第二十八条或者第二十九条规定;案外人主张适用第二十八条规定的,人民法院应予审查。

2. 李某某诉某信托公司、某地产公司等案外人执行异议之诉案

案例索引:人民法院案例库入库编号2023-07-2-471-001/民事/执行异议之诉/最高人民法院/2021.03.30/(2021)最高法民终63号/二审/入库日期:2024.02.22。

裁判要旨:购房人与被执行人签订购房《意向书》的时间如果早于案涉房屋的查封时间,且《意向书》约定了房屋的具体房号、面积、购房款的交付方式及交付时间,具备了房屋买卖合同的主要条款,应视为双方在法院查封之前已签订合法有效的书面买卖合同。购房人在法院查封之前,已实际入住案涉房屋的,属于合法占有该不动产。购房人依据《意向书》的约定,已经将案涉购房款全部支付完毕,虽未对案涉房屋未办理过户登记手续，但现有证据不能证明购房人存在过错的，购房人对案涉房屋享有足以排除强制执行的民事权益。

3. 王某诉张某甲等案外人执行异议之诉案

案例索引：人民法院案例库入库编号2023-07-2-471-004/民事/执行异议之诉/河南省平顶山市中级人民法院/2019.03.28/（2019）豫04民终1197号/二审/入库日期：2024.02.22。

裁判要旨：司法实践中，不动产买卖从合同的签订、不动产交付到最终过户往往需要很长时间，其间任何一个环节出现问题就会影响物权期待权转向真正的物权。如果该期待权的转化进程被非自身因素阻断或影响，则基于买卖合同的相关交易安全和市场秩序将受到侵害，若不通过司法等手段对其进行特殊的保护，会造成当事人之间的利益失衡，更会影响社会市场秩序和社会稳定。

4. 信某与某建筑安装公司、某不动产登记中心、某房地产开发公司案外人执行异议之诉案

案例索引：人民法院案例库入库编号2024-16-2-471-003/民事/执行异议之诉/黑龙江省高级人民法院/2023.08.31/（2023）黑民再429号/再审/入库日期：2024.02.24。

裁判要旨：案外人与被执行人就执行标的签订房屋买卖合同之时，虽然人民法院已向不动产登记中心送达查封裁定，但由于不动产登记中心与房地产交易所并未实现数据信息实时共享，对不动产登记中心送达的查封裁定效力尚未及于房地产交易所，故可以认定案外人与被执行人签订房屋买卖合同的时间（与在房地产交易所进行商品房销售备案登记时间为同一天）早于人民法院的查封，案外人符合"在人民法院查封之前已签订合法有效的书面买卖合同"这一要件，有权排除法院强制执行。

5. 新乐某某社诉路某某、石某某申请执行人执行异议之诉纠纷案

案例索引：人民法院案例库入库编号2024-07-2-471-009/民事/执行异议之诉/河北省高级人民法院/2023.03.24/（2023）冀民再1号/再审/入库日期：2024.02.25。

裁判要旨：人民法院对登记在被执行人名下的不动产采取强制执行措施，案外人以其系该不动产买受人为由提出执行异议之诉，请求排除金钱债权强制执行的，经审查认定案外人提交的证据可以相互印证，实质符合《最高人民法院关于人民法院办理执行异议和复议案件若干问题的规定》第二十八条或第二十九条规定情形的,应予支持。

6. 厦门某公司诉李某水等案外人执行异议之诉案

案例索引:人民法院案例库入库编号 2024-10-2-471-001/民事/执行异议之诉/最高人民法院/2021.03.29/(2020)最高法民申 5716 号/再审/入库日期:2024.02.26。

裁判要旨:买受人与被执行人签订多份合法有效的书面房地产买卖合同时,人民法院可以结合多份合同的总金额、买受人总共已支付金额等情况,对买受人的付款情况是否满足《最高人民法院关于人民法院办理执行异议和复议案件若干问题的规定》第二十八条第三项的规定,进行审查判断。

7. 任某诉雷某申请执行人执行异议之诉案

案例索引:人民法院案例库入库编号 2023-16-2-471-004/民事/执行异议之诉/重庆市高级人民法院/2023.12.14/(2023)渝民再 275 号/再审/入库日期:2024.02.23。

裁判要旨:不动产连环交易中,次买受人对未登记在被执行人(二手出卖人)名下的不动产提起执行异议之诉,人民法院可以参照适用《最高人民法院关于人民法院办理执行异议和复议案件若干问题的规定》第二十八条规定,审查次买受人对执行标的是否享有足以排除强制执行的民事权益。次买受人与被执行人在不动产查封前已签订合法有效的书面买卖合同并已合法占有该不动产,在次买受人已支付全部价款且非因次买受人自身原因未办理过户登记的情况下,次买受人对不动产享有的民事权益足以排除对一般金钱债权人的强制执行。

8. 王某诉秦某等案外人执行异议之诉案

案例索引:一审:北京市昌平区人民法院(2020)京 0114 民初 1291 号民事判决书;二审:北京市第一中级人民法院(2021)京 01 民终 7651 号民事判决书,载《人民法院案例选》2023 年第 7 辑。

裁判要旨:在金钱债权执行中,商品房消费者之外的一般房屋买受人请求排除执行时,应当严格把握《最高人民法院关于人民法院办理执行异议和复议案件若干问题的规定》第二十八条的适用条件,不宜进行扩大解释,原告提出实体异议所依据的权利应当是所有权等物权性质的权利,或者是特殊债权。

9. 周某某与甲公司执行异议案

案例索引：人民法院案例库入库编号 2024-17-5-201-026/执行/执行异议案件/日照经济技术开发区人民法院/2021.10.13/(2021)鲁1191执异13号/执行/入库日期：2024.02.24。

裁判要旨：房屋尚未办理备案手续，客观上不具备办理产权过户登记的条件，买受人未取得案涉房屋所有权，并非其自身原因导致，应认定其对案涉房屋未办理过户登记手续并无过错。

10. 叶某、朱某与某集团有限公司执行异议案

案例索引：人民法院案例库入库编号 2024-17-5-201-021/执行/执行异议案件/四川省泸州市中级人民法院/2023.09.14/(2023)川05民初38号/执行/入库日期：2024.02.24。

裁判要旨：买受人虽支付了商铺的全部购房款且实际占有使用，但商铺属于投资经营用房，不属于消费者生存权特别保护的范畴，其权利不能对抗施工人的建设工程价款优先受偿权。施工人请求法院强制执行享有优先权的建设工程价款债权，人民法院强制执行登记在被执行的房地产开发企业名下的该商铺，买受人提出排除执行异议的，法院不予支持。

11. 中国建设银行股份有限公司怀化市分行与中国华融资产管理股份有限公司湖南省分公司等案外人执行异议之诉案

案例索引：最高人民法院(2022)最高法民终34号民事判决书，载《最高人民法院公报》2023年第6期。

裁判要旨：非消费者购房人能否排除抵押权人的申请执行，可基于双方权利的性质、取得权利时间的先后、权利取得有无过错以及如何降低或者预防风险再次发生等因素，结合具体案情，对双方享有的权利进行实体审查后作出相应判断。

12. 台州某都房地产开发有限公司与徐某兵执行异议案

案例索引：人民法院案例库入库编号 2024-17-5-201-033/执行/执行异议案件/温岭市人民法院/2022.12.05/(2022)浙1081执异160号/执行异议/入库日期：2024.12.20。

裁判要旨：人民法院预查封预告登记在被执行人名下的不动产，出卖方作为案外人以查封之前向法院起诉解除买卖合同并取得胜诉判决为由提出异议主张阻却执行的，待其将应返还被执行人的买卖价款交由执行法院后，可依法予以

支持。

13. 刘某生与杜某清案外人执行异议之诉案

案例索引：最高人民法院(2017)最高法民再355号民事判决书，最高人民法院第三巡回法庭精选案例。

裁判要旨：《查封规定》是执行程序中对案外人的异议进行形式审查的判断标准，并非对案外人权利的最终确认，案外人实体民事权利的内容是执行异议之诉的审理范围，不得混淆了执行异议的审查与执行异议之诉的审理之间的差别。房屋的买受人，除依法享有要求办理过户登记的物权期待权之外，其作为合法占有人还依法享有向任何人主张房屋的所有人能够主张的排他性权利，能够排除出卖人的一般金钱债权人对房屋的强制执行。

第七章　商品房消费者针对金钱债权执行提起的执行异议之诉

《商品房消费者权利保护批复》构建了双重优先权保护体系,即房屋交付请求权的优先性和购房款返还请求权的优先性,这体现了司法机关以维护社会稳定、实现实质公平为价值导向,持续强化对购房者尤其是弱势消费者权益保护的政策理念。本章将在探讨商品房消费者超级优先权的正当性基础上,阐明商品房消费者针对房屋交付提起的执行异议之诉中应关注的重点难点问题。对于商品房消费者购房款返款请求权排除执行的问题,将在第八章"新建商品房买受人因购房款返还提起的执行异议之诉"中加以分析。

一、商品房消费者超级优先权的制度沿革与正当性基础

(一)制度沿革

以预售方式出售商品房,是我国商品房市场普遍采用的主要销售模式。购房者在签订合同、支付价款后,因房屋尚未建成,故并不具备立即进行所有权登记的条件。若在房屋尚未完成所有权登记前房地产开发企业因其金钱债务而被强制执行,则房屋此时可能既是执行标的物,又是买卖标的物,还是建设工程施工单位承包范围内的工程成果,债权人、购房者、建设工程承包人三者可能会就房屋的权利存在债权清偿顺位或权利排斥性争夺。其中承包人的建设工程价款优先受偿权的顺位优先于抵押权,经由《建工优先权批复》以及此后的司法解释[1]的规定,早有定论。但购房者的权利顺位如何安排,则更为复杂。购房者的房屋交付请求权在未经预告登记的情况下,相对于抵押权、房企的其他金钱债权而言,并不具有公示外观;此外,购房者对于已付购房款的返还请求权是否具有优先于抵押权、房

---

[1] 《建工解释(一)》第36条规定:"承包人根据民法典第八百零七条规定享有的建设工程价款优先受偿权优于抵押权和其他债权。"

企的其他金钱债权实现的性质,法律则未有明确规定。

司法实践中,最高人民法院通过司法解释赋予了消费型购房者超越建设工程价款优先受偿权、抵押权的"超级优先权"。商品房消费者对于所购房屋的"超级优先权"肇始于《建工优先权批复》第2条之规定,即承包人的建设工程价款优先受偿权不得对抗支付了全部或大部分购房款的商品房买受人。因该条表述并未涉及抵押权,对于抵押权与商品房消费者权利之间的顺位关系,是否可以通过商品房消费者权利＞建设工程价款优先受偿权、建设工程价款优先受偿权＞抵押权,从而推导出商品房消费者权利＞抵押权的结论,虽然存在一定争议,但实践中通常会作此推导。

2004年,最高人民法院、原国土资源部、原建设部《关于依法规范人民法院执行和国土资源房地产管理部门协助执行若干问题的通知》(法发〔2004〕5号)第15条第3项将"办理了商品房预售合同登记备案手续或者商品房预告登记的房屋"作为可以查封的客体。该通知在事实上承认虽未办理登记,但已经办理预售合同备案手续或者预告登记的商品房是被执行人(商品房买受人)财产。根据同年《查封规定》(法释〔2004〕15号,已被修改)第17条的规定,对于"第三人已经支付全部价款并实际占有"的商品房,"如果第三人对此没有过错,人民法院不得查封、扣押、冻结",从而有条件地赋予商品房买受人直接排除执行的权利。这两个司法解释实际上将所有商品房买受人的优先效力具体化为特定权利。

2005年,最高人民法院执行工作办公室《关于〈最高人民法院关于建设工程价款优先受偿权问题的批复〉中有关消费者权利应优先保护的规定应如何理解的答复》(〔2005〕执他字第16号)强调《建工优先权批复》是为了"保护个人消费者的居住权",进一步明确了"商品房消费者"的内涵,即商品房消费者是指用于生活居住需要的购房者。

2014年最高人民法院《针对山东省高级人民法院就处置济南彩石山庄房屋买卖合同纠纷案请示的答复》(〔2014〕执他字第23、24号)进一步认为建设工程价款优先受偿权也不得对抗商品房消费者在房屋未建成等情况下的购房款返还请求权。

2015年实施的《执行异议复议规定》第29条基于《建工优先权批复》第2条规定的精神,对于商品房消费者的房屋交付请求权排除房企金钱债权的执行又进行了进一步的细化,规定:"金钱债权执行中,买受人对登记在被执行的房地产开发企业名下的商品房提出异议,符合下列情形且其权利能够排除执行的,人民法院应予支持:(一)在人民法院查封之前已签订合法有效的书面买卖合同;(二)所购商品房系用于居住且买受人名下无其他用于居住的房屋;(三)已支付的价款超过合同约定总价款的百分之五十。"这是在执行异议之诉中处理商品房消费者排除金钱债权强制执行问题上最为重要的参照规范依据。已支付的价款的比例从全款或者大部分明确规定为50%以上,再次强调对商品房消费者的特别保护。对于该条规定在民事诉讼中的参照适用,《九民会纪要》第125条作了进一步的细化:"买受人名下无其他用于居住的房屋",可以理解为在案涉房屋同一设区的市或者县级市范围内商品房消费者名下没有用于居住的房屋。即便商品房消费者名下已有1套房屋,但购买的房屋在面积上仍然属于满足基本居住需要的,可以理解为符合《执行异议复议规定》的精神。"已支付的价款超过合同约定总价款的百分之五十"不仅包括实际已经支付超过合同价款50%,而且包括商品房消费者支付的价款接近于50%,并已按照合同约定将剩余价款支付给申请执行人或者按照人民法院的要求交付执行的情形。

在《民法典》施行前,最高人民法院为保证法律的统一实施,于2021年1月1日废止了《建工优先权批复》,其中的有关建设工程价款优先受偿权的部分已经被《建工解释(一)》第36条所吸纳,而按照当时的规划,有关商品房消费者权利保护的内容将交由执行异议之诉司法解释规范。也正是基于这一原因,对于购房人能否排除抵押权人申请的强制执行问题,《担保制度解释》对此也未予涉及。①

但随后,随着房地产行业的整体不景气,房地产开发企业债务危机的集中爆发,导致已预售但交付困难的楼盘不断涌现,中央针对这一情况出台了"保交楼、保民生、保稳定"政策。在执行异议之诉司法解释迟迟未能出台的情况下,为了贯彻落实中央政策精神,助力保交楼稳民生,优先保障购房群众权益②,最高人民法院于2023年发布了《商品房消费者权利保护批复》,再次以司法解释的形式肯认了商品房消费者房屋交付请求权的超级优先实现顺位;同时首次在司法解释层面明确承认了在房屋不能交付且无实际交付可能的情况下,商品房消费者的价款返还请求权优先于建设工程价款优先受偿权、抵押权以及其他债权。

---

① 参见最高人民法院民事审判第二庭:《最高人民法院民法典担保制度司法解释理解与适用》,人民法院出版社2021年版,第63页。

② 参见张军:《最高人民法院工作报告——2024年3月8日在第十四届全国人民代表大会第二次会议上》,载《中华人民共和国最高人民法院公报》2024年第4期。

2025年发布实施的《执行异议之诉解释》第11条、第12条基本延续了《商品房消费者权利保护批复》的精神，对《执行异议复议规定》第29条规定的排除执行的审查要件进行了较大幅度的调整，并在购房目的、购房款返还请求权的主体、客体等方面作了进一步的完善。

（二）正当性基础

从商品房消费者优先权制度的产生与演变过程看，其深植于我国商品房预售制度和不动产登记制度发展初期的特定背景，并在近年房企债务危机中凸显其必要性。在这一特殊情境下，商品房消费者承担的巨大风险与其权利保护机制之间存在显著失衡，导致其长期处于不稳定状态。最高人民法院通过系列司法解释创设此项优先权，体现出强烈的社会政策与价值导向属性。然而，作为一项效力强大的"超级优先权"，其不仅优先于普通债权，甚至优先于抵押权等担保物权及建设工程价款优先受偿权，这与"物权法定""公示公信"等传统民法原则形成了显见的张力。为此，有必要需要从多个角度深入探究其正当性与合理性基础，从而在理论上明晰其定位，在实践中正确把握适用边界。

1. 从民生保障层面看，该制度是对生存利益与基本居住权的维护

稳定的居住环境是人们正常开展生产生活、追求个人发展的基础。商品房消费者购置房屋的核心目的是满足居住需求，往往投入了家庭的全部积蓄，还可能背负着长期的债务负担。一旦房地产开发企业陷入困境导致房屋无法交付，若不赋予商品房消费者优先权，消费者将面临"房款两空"的灾难性后果，其生存权和发展权也会受到根本性动摇。从人权保障的高度看，赋予商品房消费者优先权是对基本人权的尊重与维护，彰显了法律的人文关怀精神。

在房地产交易过程中，商品房消费者相较于房地产开发企业和其他债权人，处于明显的弱势地位。房地产开发企业在资金实力、信息掌握程度以及专业知识储备等方面占据绝对优势，而消费者通常对房地产市场的了解不够深入，缺乏专业的判断能力。在交易中，消费者可能因信息不对称而受到误导，签订不利于自身的合同。此外，当房地产开发企业出现经营问题时，其他债权人可能凭借各种途径优先获得清偿，而消费者的权益却难以得到有效保障。赋予商品房消费者优先权，能够在一定程度上纠正这种不公平的交易关系，平衡各方利益，推动社会公平的实现。

2. 在利益平衡方面,有利于实现商品房消费者与其他债权人以及房地产市场稳定与债权人利益的平衡

虽然赋予商品房消费者优先权会在一定程度上影响其他债权人的受偿顺序,但这种影响并非不合理。从整体利益平衡的角度考量,商品房消费者的权益关乎社会稳定和民生保障,具有更高的价值层级。在房地产企业破产时,其他债权人的债权大多基于商业交易或投资行为产生,他们在交易过程中通常拥有更多的风险防范手段和机会。商品房消费者购房是为了满足基本生活需求,其风险承受能力相对较弱。例如,银行在发放贷款时可通过抵押、担保等方式降低风险,而消费者一旦购买到烂尾楼,几乎没有其他有效的救济途径。尤其在我国商品房预售制度存在缺陷,导致消费者权利保护与风险承担失衡的背景下,赋予商品房消费者优先权显得尤为必要。

我国商品房预售制度下,预售资金监管存在诸多漏洞。虽然规定预售资金应专款专用,用于项目建设,但在实际操作中,部分监管银行未能严格履行监管职责,房地产开发企业常能轻易挪用预售资金,用于其他项目投资或偿还债务。当该企业资金链断裂,多个预售楼盘停工,消费者交付的购房款化为泡影。由于缺乏有效的资金监管,消费者在支付购房款后,面临着房屋无法建成的巨大风险,而他们的权益却缺乏有力的法律保障措施,在与其他债权人的权益博弈中处于劣势。赋予商品房消费者优先权,能够在一定程度上填补资金监管漏洞带来的权益损害,平衡其在预售制度下承担的不合理风险。

在商品房预售过程中,消费者与房地产开发企业之间存在严重的信息不对称。消费者在购买预售商品房时,只能依据开发商提供的有限资料和宣传内容进行决策,对于项目的实际建设进度、资金状况、工程质量等关键信息难以全面了解。一些开发商为了促进销售,可能夸大宣传,隐瞒不利信息。消费者在签订预售合同并支付购房款后,才发现项目存在诸多问题,而此时他们已经陷入被动。一旦开发商出现经营问题,消费者的权益更难得到保障。这种信息不对称使消费者在预售制度下承担了过高的风险,赋予他们优先权是对这种不公平交易状况的矫正,是保障消费者权益的必然要求。

商品房预售合同从签订到房屋交付往往间隔较长时间,期间存在诸多不确定性因素。房地产开发企业可能因资金短缺、工程纠纷、市场波动等原因,无法按时按质交付房屋。在这个过程中,消费者不仅要承担房价波动的风险,还要面临开

发商违约的风险。现行法律制度在保障消费者应对这些风险方面存在不足,消费者在合同履行过程中的权利救济途径有限。赋予商品房消费者优先权,能够在开发商违约时,为消费者提供更直接、有效的权利救济,平衡其在预售制度下长期承担的合同履行不确定性风险。

从更宏观的视角看,房地产市场是国民经济的重要组成部分,其稳定发展对整个经济社会的稳定至关重要。赋予商品房消费者优先权,能够增强消费者对房地产市场的信心,促进房地产市场的健康发展。当消费者确信自身购房权益能够得到有效保障时,他们会更积极地参与房地产市场交易,从而推动市场的活跃。反之,如果消费者的权益得不到保障,可能引发市场恐慌,导致房地产市场陷入低迷。房地产市场的稳定也有利于其他债权人的利益实现。例如,在房地产市场繁荣时期,企业的资产价值上升,其他债权人的债权实现的可能性也会相应增加。所以,赋予商品房消费者优先权,从长远来看,有利于实现房地产市场稳定与债权人利益的平衡。

3. 从信赖保护与市场秩序看,有利于维护消费者对房地产交易的信赖,保障市场秩序

在商品房买卖过程中,消费者基于对房地产开发企业的信任,以及对市场秩序和法律保障的信赖,支付购房款购买房屋。他们相信房地产开发企业会按照合同约定交付房屋,也相信法律会保障他们的合法权益。这种信赖建立在房地产市场的正常运行和法律的权威性之上。比如,消费者在购房时会查看开发商的资质、项目规划等文件,认为这些经过政府部门审核批准的文件具有合法性和可靠性。同时,他们也相信在遇到问题时,法律能够提供公正的解决办法。因此,当房地产开发企业违约致使消费者权益受损时,法律应当保护消费者的信赖利益,赋予其优先权,以弥补消费者因信赖而遭受的损失。

保护商品房消费者的信赖利益,不仅是对消费者个人权益的保障,更是对市场秩序的维护。如果消费者的信赖得不到保护,将会破坏市场交易的诚信基础,引发市场交易的混乱。当消费者对房地产市场失去信任时,他们可能会减少购房行为,甚至引发群体性事件,影响社会稳定。赋予商品房消费者优先权,能够强化市场主体的诚信意识,促使房地产开发企业更加审慎地履行合同义务,维护房地产市场的正常秩序。通过赋予消费者优先权,能够对房地产开发企业形成约束,推动市场秩序的健康发展。

4.从社会稳定角度看,有利于维护社会秩序的稳定

在房地产开发企业出现问题无法交付房屋时,如果商品房消费者的权益得不到有效保障,极易引发群体性事件。大量消费者的诉求得不到满足,他们可能会采取集体上访、抗议等方式表达不满,这将对社会稳定构成严重威胁。从这一意义上讲,赋予商品房消费者优先权是囿于现实困境从司法政策角度制定的司法裁判规则,以此尽可能实现社会风险防控,[①]增强社会公众对法律和政府的信任,促进社会秩序的和谐稳定。

总之,商品房消费者优先权制度是法律制度生长在我国社会现实土壤中结出的"果实",其正当性基础是复合性的,既包含保障民生、维护社会公平与稳定的政策性考量,也包含对弱者进行实质公平保护、平衡多元利益冲突的法理追求。在理论上将其界定为一种基于特定社会政策需要而突破传统物债二分体系的法定优先权,是较为恰当的解释路径。合理界定其范围和行使条件,确保这一优先权有效实施,将不仅有利于保障商品房消费者的合法权益,亦有利于促进房地产市场的健康发展和社会的和谐稳定。

二、商品房消费者房屋交付请求权排除金钱债权执行的构成要件

既然商品房消费者优先权是法政策的产物,那么,为了避免对既有民法规范中的民事权利造成过大冲击,就有必要基于其法政策目的而框定其构成要件。本部分以《执行异议之诉解释》第11条、第12条规定为中心,结合《九民会纪要》《商品房消费者权利保护批复》,对商品房消费者房屋交付请求权排除金钱债权执行的构成要件加以分析。

(一)交易类型限于一手房买卖

这是适用商品房消费者优先权制度的前提。就文义理解,消费者是与经营者相对的概念,只有从经营者接受商品的人才能称为消费者,而二手房交易的买受人显然不能成为消费者。[②] 因此,与《建工优先权批复》《执行异议复议规定》《九

[①] 参见辜明安、李安宁:《商品房消费者"超级优先权"研究——基于〈商品房消费者权利保护批复〉的分析》,载《经贸法律评论》2024年第6期。

[②] 参见江必新、刘贵祥主编:《最高人民法院关于人民法院办理执行异议和复议案件若干问题规定理解与适用》,人民法院出版社2015年版,第432页。

民会纪要》《商品房消费者权利保护批复》一脉相承,《执行异议之诉解释》将商品房买受人优先权的适用前提也局限于直接购买房地产开发企业开发的商品房这类一手房买卖,二手房买卖并不适用。①

但从社会生活现实出发,用于居住生活的房屋并非一定从房地产开发企业处购买,从其他人处购买二手房的情况并不在少数,而且随着新建项目的逐渐减少,存量房交易占比会越来越大,二手房买卖并不会构成对是否用于居住生活等涉及生存权这一目的的冲突。因此,《执行异议之诉解释》第11条并未涵盖全部为居住生活而购房的买受人。最高人民法院曾经给出的另一个限制适用的理由是,如果放宽到所有的房屋,将造成对消费者保护的泛滥,给被执行人与案外人通谋逃避执行以可乘之机。② 如果从生存权保护的角度出发来理解,作此限制的正当性似乎并不充分。笔者认为,这样解释其实并不准确,正如前文所述,对两者权利区别对待的根本原因在于,商品房消费者优先权实际上是对我国现行商品房预售制度缺陷的司法政策补救,而二手房买卖并不存在这种制度缺陷。二手房买卖不仅是现房交易,而且出卖人与买受人的地位较为平等,即使在卖方市场的情形下,也难以要求买受人在房屋所有权转移之前将全款支付到出卖人完全控制的个人账户,买受人付款要么是支付到房屋中介设立的资金监管账户,要么是通过银行在出卖人账户中设置一定的资金监管规则而使出卖人只能在银行收到买受人同意支付的指令时才能最终获得对账户内相应购房款资金的控制权,如此一来,使买受人不会遭受一手房交易模式下可能发生的"钱房两空"风险。因此,对两者区别对待,具有正当性和合理性。

(二)购房人须为商品房消费者

这是商品房消费者房屋交付请求权排除金钱债权执行的主体要件。一般认为,《消费者权益保护法》制定时,针对的是普通商品市场存在的假冒伪劣和缺斤短两问题,其适用范围不包括商品房。③ 把消费者概念运用于商品房买卖中,是源

---

① 参见最高人民法院民事审判第二庭编著:《〈全国法院民商事审判工作会议纪要〉理解与适用》,人民法院出版社2019年版,第630页。
② 参见江必新、刘贵祥主编:《最高人民法院关于人民法院办理执行异议和复议案件若干问题规定理解与适用》,人民法院出版社2015年版,第432页。
③ 参见梁慧星:《消费者权益保护法第四十九条的解释与适用》,载梁慧星:《为中国民法典而斗争》,法律出版社2002年版,第239页。

于权利出现冲突时保护弱者的理念与消费者保护理念的契合。准确识别弱者,是任何弱者保护制度有效运作的前提。[①]

一般而言,消费者应限于自然人,法人尤其是公司属于经营主体,作为购房人并不属于消费者的范畴。[②] 需要注意的是,如果公司购房系以公司名义购买,为了满足公司内部个人成员消费且将房屋分配给公司内部个人居住的,此时公司是否属于商品房消费者,存在一定争议。有观点认为,如果法人或者其他组织以单位名义购买,但已经分配给职工个人居住,可以认定其为消费者。[③] 这一观点有一定的合理性,根源其实仍在于商品房消费者优先权制度是对商品房预售制度缺陷的事后"矫正"。但考虑到该制度借用"消费者"这一术语以及所强调的"基于自然人生存利益至上的考虑",一般而言将其中的购房者限于自然人更为符合立法目的。至于法人或者其他组织以单位名义购买提供(可能通过出租或出售方式)给职工个人居住的情况,本质上是用人单位提供给职工的一种福利,并非属于自然人自房地产开发企业处购买商品房,如何平衡相关主体的权利,可在个案中根据具体情况考量,而不宜通过将用人单位认定为"消费者"从而适用商品房消费者优先权制度加以保护。

(三)在查封之前已签订合法有效的商品房买卖合同

这是认定商品房消费者优先权的基础法律关系要件,有关合同的成立、效力以及如何认定查封之前的时间点等问题与一般不动产买受人针对金钱债权执行提起的执行异议之诉中的审查规则并无不同,故不再赘述。此外,还应注意的是,除普通金钱债权之外,房地产开发企业出售的房屋存在抵押权的情况较为常见,那么对于商品房消费者而言,买卖合同签订时间在抵押权设立之前还是之后,是否会对商品房消费者权利产生影响呢?若合同签订在后,则是否明知或应知抵押权的存在又会有何不同呢?

有观点认为,梳理商品房消费者权利的产生及发展过程,相关规范中并未因

[①] 参见许德风:《论民法典的制定与弱者保护》,载《广东社会科学》2012年第1期。
[②] 参见刘贵祥、范向阳:《〈关于人民法院办理执行异议和复议案件若干问题的规定〉的理解与适用》,载《人民司法·应用》2015年第11期。
[③] 参见江必新、刘贵祥主编:《最高人民法院关于人民法院办理执行异议和复议案件若干问题规定理解与适用》,人民法院出版社2015年版,第432－433页;类似观点,还可参见王贺:《判对了案件,也判暖了人心》,载《人民法院报》2024年2月25日,第1版。

买卖合同和抵押权设立的先后而设置不同规则。此外,对于房地产企业而言,其抵押权的出现大致基于两种情形:一是因向银行贷款而产生;二是因向他人借款而产生。在此前提下,或者抵押权人同意房地产企业出售房屋以尽快还款(银行作为抵押权人时较为普遍),或者抵押权人限制房屋出售,但普通的购房人一般难以知晓抵押权的存在以及抵押权人的意思表示,即便知晓,也有理由相信房地产企业的销售行为系其与抵押权人达成协议的结果。结合商品房消费者权利的设定初衷,无论买卖合同的签订时间是在抵押权设立之前还是之后,都不应影响商品房消费者权利的实现。[①] 笔者赞同此观点。比较《执行异议之诉解释》第11条与第14条可知,第11条既未在合同签订时间上设定除查封之外的其他条件,也未设置买受人过错要件,因此,合同是否签订于抵押权设立之前并不影响商品房消费者权利,购房人是否知道或应当知道抵押权的存在也在所不问。对此,最高人民法院也指出,购房人的权利是否优先于抵押权,取决于其是一般购房人还是消费购房人,而与抵押权设定在出售之前还是出售之后无关。如果消费者购房人明知存在抵押权,其权利能否优先保护?笔者认为,不应当区分是否明知,只要符合消费者购房人排除执行的条件,就应当优先保护消费者购房人的权利。从《民法典》与相关行政法规规定的协调上,也应该保护购房人的利益。《民法典》规定买卖抵押物需要征得抵押权人同意,并且需要将买卖价款优先清偿抵押权人的债务。购房人在开发商已经对商品房进行预售的情况下,能够相信抵押权人同意转让抵押物,且相信其所交付的购房款已经按照《民法典》的规定用于提前清偿抵押权所担保的债务。在此基础上,即使购房人明知所购买的房屋有抵押权负担,也应该优先保护购房人的利益。至于行政法规中所规定的预售条件则应通过完善行政管理的途径来解决,而不能让购房人来承担此种风险。[②]

(四)需以满足家庭居住生活需要为购房目的

这是商品房消费者房屋交付请求权排除金钱债权执行的主观要件。这一要件与主体要件密不可分。通常而言,主观要件对于考察是否符合主体要件有着重

---

① 参见王毓莹、史智军:《涉商品房消费者之执行异议之诉的若干要件分析》,载《法治研究》2021年第3期。

② 参见最高人民法院民事审判第二庭编著:《〈全国法院民商事审判工作会议纪要〉理解与适用》,人民法院出版社2019年版,第637-638页。

要的参考价值。《商品房消费者权利保护批复》《执行异议之诉解释》改变了《执行异议复议规定》《九民会纪要》以已有房屋数量作为识别是否为消费者的客观标准,而改采购房目的的主观标准。但主观意识存乎于心,难以为外界所直接认知,因此,也只能通过客观化的外在要素加以判断。

1. 买卖合同项下的标的物类型

所购商品房系用于居住生活之需是区分消费与投资的重要标准。既然如此,商品房的规划用途就是值得考察的客观因素。自然人购买的商品房按照规划用途大致可分为住宅房、商住房和商业房三大类。住宅房的规划用途就是居住,因此,无论是普通商品房,还是限价商品房,抑或经济适用房,均应包括在内。商住两用房,兼具商业和居住两种用途,故并不会构成对居住需求认定的影响。

对于购买上述两种类型的商品房一般都属消费者范畴,争议不大。实践中存在较大分歧的类型是度假型、豪华型房屋。"否定说"认为商品房消费者优先权系对生存利益的特别保护,仅限于购买的房屋系为了满足家庭日常基本居住需要,豪华型房屋如别墅并不属于生存权利特别保护的范畴,故豪华型房屋买受人不应成为商品房消费者优先权的主体。[1]"肯定说"则认为有关商品房消费者优先权的规定只是要求买受人所购商品房系用于居住,并未限定商品房的类型,故案外人购买豪华型房屋如别墅亦可适用商品房消费者优先权制度而排除执行。[2] 笔者认为,《商品房消费者权利保护批复》《执行异议之诉解释》均未限定商品房的类型,且后者在构成要件中表述为"用于满足家庭居住生活需要",既也并未强调必须是"基本"需要,也未强调必须是"居住"需要,体现了一定的灵活性。而且,随着我国人民生活水平的提高,人民群众的居住生活需求越来越多样化,从满足人民群众对美好生活的向往这一目标出发,也不应将度假型、豪华型房屋排除于优先保护的范围之外。

商业房,俗称商铺,其是否影响消费者身份的判断,实践中存在争议。有观点认为,商铺、写字楼等具有投资属性,不属于消费者生存权保护的范畴,进而也意

---

[1] 参见最高人民法院民事判决书,(2020)最高法民终1198号;浙江省高级人民法院民事判决书,(2021)浙民终1800号。

[2] 参见北京市第三中级人民法院民事判决书,(2022)京03民终6131号;新疆维吾尔自治区乌鲁木齐市中级人民法院民事判决书,(2024)新01民终3233号。

味着此类房屋的购买人不具有消费者的身份。① 即使开发商对外宣传房屋为居住，房屋亦按照居家设计，买受人已开始装修并已办理水、电、煤气等相关手续，且房屋实际用于自住，也不能改变该房屋原本并非住宅的性质，故一般而言应认定买受人不具有商品房消费者身份。② 笔者原则上赞同这一观点，因为商业房的首要或基本功能就是用于投资经营而非消费。但如果购买人及其家庭在特定区域内只有唯一一套面积适当的商业房，而且同时也用于满足居住，或者系赖以维系生计的基本生产资料时，该房屋在一定意义上也与自然人的"居住生活"息息相关，不能仅以商业房为由简单否定购房人的消费者身份。③ 事实上，现有裁判已经意识到该问题，并未陷入形式主义裁判的桎梏。例如，在安徽深广建筑安装有限公司与宣城瀛东投资有限公司、张永恩破产债权确认纠纷案中，法院认为尽管购房人购买的该商品房属于商铺，具有一定的投资和经营属性，但由于该购房人本身经济能力不强，案涉商品房的价值及所预期的经营收益确实承载了购房人的生存利益，对于该种行为赋以优先保护，也符合购房人优先权的本意。④ 对于该案件的购房人而言，如果严格采取实际居住才有可能"用于居住"的认定标准，就必须将购房人的诉求驳回，但在实质上，购房人各方面的条件均符合购房人优先权制度要求保护弱者生存权的初衷，如果不对其加以保护将与购房人优先权的制度意旨相悖，故法院从实质判断出发，于个案中支持了购房人行使优先权的诉求。⑤

除此之外，值得注意的是，随商品房一同购买的车库或车位是否属于商品房消费者优先权的客体范围？实务中存在争议。例如，在中国华融资产管理股份有限公司湖南省分公司与常德市新邦置业有限公司执行异议之诉案中，一审法院认为该车位系所购商品房的配套设施，仍属于正常居住使用范畴，能够排除执行。

---

① 参见最高人民法院民事审判第二庭编著：《〈全国法院民商事审判工作会议纪要〉理解与适用》，人民法院出版社2019年版，第632页。

② 参见韩小兰与恒丰银行南充分行及南充东方花园酒店有限公司、南充莱茵威尔能源投资管理有限公司、四川思凯房地产开发有限公司、陈春兰、四川省南充市万事兴房地产公司、唐作银申请执行人执行异议之诉案，最高人民法院民事裁定书，(2021)最高法民申1134号。

③ 参见王毓莹、史智军：《涉商品房消费者之执行异议之诉的若干要件分析》，载《法治研究》2021年第3期；万挺：《执行异议之诉类型化处理研究——以推动"名实相符"为目标》，载《法律适用》2025年第2期。

④ 参见安徽省宣城市中级人民法院民事判决书，(2016)皖18民初71号；安徽省高级人民法院民事判决书，(2017)皖民终244号。

⑤ 参见阙梓冰：《购房人优先权的价值理念与解释路径》，载《法律适用》2020年第11期。

但二审法院认为,商品房消费者所购房屋应直接用于满足买受人的基本居住需要,而非其他用途,故不应排除执行。① 笔者认为,考虑到汽车实际上已经成为用于我国城市居民日常生活之需的消费品,而且在商品房交易中,车库或车位往往是商品房的必要配套设施,是房屋居住生活功能的必要延伸。② 根据《民法典》第276条的规定,建筑区划内的车位、车库"应当首先满足业主的需要",因此,车库或车位可以成为商品房消费者优先权的客体。最高人民法院在甘肃银行股份有限公司兰州市中央广场支行诉刘某、广州华骏实业有限公司申请执行人执行异议之诉案中即指出:"虽然建筑区划内的车位、车库不同于居住的商品房,但车位依法依附于商品房而存在,功能在于满足小区业主的居住需要,属于商品房所提供居住功能的必要延伸和拓展。在私家车日益成为普通家庭日常交通工具的现代社会,车位使用权与业主居住权密切相关,具有满足居民基本生活需要的属性。对小区业主而言,一定数量的车位、车库的配备,是与其居住权密切相关的一种生活利益,该利益应当受到法律保护。"③对于购买了同一小区多个车位的情形,则应根据具体案件的具体情况加以区分,主要是应当根据小区的规划设计情况加以认定,如果车位与住房的配备比例一般小于或等于1∶1,则业主有权对1个车位享有优先权;如果住宅与车位的配置比例是1∶2甚至更高,则业主有权对两个或以上的车位享有权益。

2. 房屋数量

《商品房消费者权利保护批复》《执行异议之诉解释》均没有简单从已购房屋数量、地域范围等因素判断是否属于"以居住为目的购买房屋",而是对于不违背"房住不炒"政策、符合刚性或者改善型住房需求的情形,都依法予以保护。④ 因此,购买房屋数量已非商品房消费者优先权的构成要件之一。而且《执行异议之诉解释》相较《商品房消费者权利保护批复》而言,将购房目的进一步从"居住"放

---

① 参见李皓等:《执行异议之诉年度观察报告——商品房消费者与不动产买受人专题》,载微信公众号"天同诉讼圈"2021年8月30日,https://mp.weixin.qq.com/s/hztC-xJwQKQxmTQZ5pSjDg。

② 参见翟宇翔:《消费购房者优先权的解释论展开》,载《暨南学报(哲学社会科学版)》2024年第9期。

③ 最高人民法院民事判决书,(2022)最高法民终137号,载杨临萍主编:《最高人民法院第六巡回法庭裁判规则》,人民法院出版社2022年版,第422-423页。

④ 参见葛洪涛:《最高法院I如何理解和适用商品房消费者权利保护规则》,载微信公众号"上海破产法庭"2024年5月24日。

宽至"居住生活",故房屋数量对于判断商品房消费者优先权是否成立的影响权重大为降低。但这也并非意味着房屋数量的因素完全无须考量,已有房屋数量与是否符合"以居住为目的""用于满足家庭居住生活需要"购房还是存在一定关联,毕竟商品房消费者优先权的立论基础在于生存权保护。"居住生活需要"的表述也能清楚地表明,应不再限于家庭唯一住房,可涵盖改善性住房。① 如在殷晓川与重庆宝狮置业有限公司(以下简称宝狮公司)与破产有关的纠纷案中,最高人民法院即认为,结合宝狮公司管理人已经向殷晓川交付 17 套房屋中的 2 套房屋的实际情况,殷晓川即使属于商品房消费者,其作为商品房消费者所应当享有的物权期待权,已经通过从宝狮公司管理人处接收 2 套房屋得到了保护。对于案涉 15 套房屋,已经超过殷晓川居住之需,殷晓川不应再享有相应的商品房消费者物权期待权,即在破产程序中对案涉 15 套房屋的债权不享有优先受偿权,仅享有普通债权。②

还有观点认为,为减少商品房消费者优先权的存在对现有权利体系的冲突,应对第二套及以上的房屋进行严格审查,可考虑引入人均居住面积的标准,对购房者所购的第二套房屋进行审查,若购房者家庭第一套房屋的人均居住面积已超出或接近所在地区的平均水平,则其所购买的第二套房屋不应认定为"以居住为目的"。③ 笔者认为,这一观点提出了操作性较强的判断标准,值得肯定,但以人均居住面积作为判断是否为满足居住生活需要并不妥当,人均居住面积是与基本居住需要相对应的,而与居住生活需要之间并非统一标准下的对等概念。《商品房消费者权利保护批复》《执行异议之诉解释》并未将居住生活需要限定在"基本"范围之内,因而在判断是否符合商品房消费者优先权构成要件中的主观要件时,不宜采纳当地人均居住面积标准。

在对房屋数量因素进行考察时,主要涉及的问题还有在一定期间内谁购买了位于什么区域范围内的几套房屋。换言之,就是以什么时间范围、主体范围和区

---

① 参见《最高法民一庭、执行局负责人就执行异议之诉司法解释答记者问》,载微信公众号"最高人民法院"2025 年 7 月 23 日。
② 参见最高人民法院民事裁定书,(2021)最高法民申 7497 号。
③ 参见辜明安、李安宁:《商品房消费者"超级优先权"研究——基于〈商品房消费者权利保护批复〉的分析》,载《经贸法律评论》2024 年第 6 期;翟宇翔:《消费购房者优先权的解释论展开》,载《暨南学报(哲学社会科学版)》2024 年第 9 期;王毓莹、史智军:《涉商品房消费者之执行异议之诉的若干要件分析》,载《法治研究》2021 年第 3 期。

域范围认定房屋数量。

　　首先,关于时间范围。审查房屋数量必然无法脱离时间范围条件。因时间变化而导致房屋数量的变化,在日常生活中亦不鲜见。实践中,在执行异议之诉所涉房屋被查封时,买受人名下有多套房屋,但此后买受人将其他房屋出售,到案件审理时只剩案涉的一套房屋;或者,在执行异议之诉所涉房屋被查封时,买受人名下只有这一套房屋,但此后买受人又购买了其他房屋,到案件审理时拥有多套房屋。此时应以何时点为标准认定房屋数量?实践中,有地方司法政策作出了规定,如江苏省高级人民法院《执行异议及执行异议之诉案件办理工作指引(二)》中规定:"案外人主张其名下无其他用于居住的房屋,同时具有下列情形的,应支持该主张:(1)案外人及其配偶、未成年子女名下在执行标的查封时至执行异议之诉案件判决作出时均无用于居住的房屋……"该观点在实务中亦有体现。例如,在王帅与沈阳农村商业银行股份有限公司大东支行、辽宁北方建设(集团)有限公司、辽宁宏缘商业地产开发有限公司、谷实案外人执行异议之诉案中,法院即认为,商品房消费者名下原有其他住房,审理过程中变更登记至他人名下的,仍应被认为不符合该要件要求。[1] 但如果查封前已基于合理理由,将房屋变更登记至他人名下的,仍有可能被认定为符合该要件。例如,在同一系列案的刘玲珍与沈阳农村商业银行股份有限公司大东支行、辽宁宏缘商业地产开发有限公司、谷实执行异议之诉案中,商品房消费者购买房屋时处于婚姻关系存续期间,其与配偶共有4处房产。但离婚后(离婚在查封之前),原房屋已归配偶所有并登记在配偶名下,其名下无房屋,法院认为符合该要件要求。[2]

　　笔者认为,以查封时作为判断时点认定名下是否无其他住房是恰当的。因为查封时是买受人与申请执行人权利发生冲突之时,既然执行异议之诉是对强制执行程序中相关权利的比对衡量,那么以权利冲突产生之时固定权利的性质以及相应的评判因素,具有合理性。一般而言,查封时买受人名下有超出居住生活目的的多套房屋,此后虽然买受人将其他房屋出售,到案件审理时只剩案涉的一套房屋,或虽存在其他住房,但均为满足居住生活之目的,此时,除非其确因为清偿债务而出售房屋变现等极为特殊的情形,否则因买受人的积极作为而"制造"出的房

---

[1] 参见最高人民法院民事判决书,(2020)最高法民终981号。
[2] 参见最高人民法院民事判决书,(2020)最高法民终735号。

屋数量并不能改变对当时是否为基本生存居住性质的界定。至于是否应要求一直持续至执行异议之诉生效裁判作出之时,则值得商榷。这是因为在查封后至执行异议之诉生效裁判作出期间,若买受人又购买了其他住房,这表明其个人生活水平的改善,也体现出其对美好生活的追求,若因此反倒遭受权利受损的不利益,不利于社会经济的发展和社会的长治久安。

其次,关于主体范围。买受人本人名下的已购房屋,应计入已购房屋数量,在理解上并不存在争议。毕竟《执行异议复议规定》第29条、《九民会纪要》第125条,在文字表述上均是"买受人"名下无其他用于居住的房屋。《商品房消费者权利保护批复》因取消了房屋数量要件,故对此并未再明确。《执行异议之诉解释》虽然也未设定房屋数量要件,但在购买目的中明确了用于满足"家庭"居住生活需要。这也符合保护商品房消费者生存权之立法目的,因此,应当以家庭(一般是指夫妻和未成年子女)为单位考察房屋的持有状况。①

最后,关于区域范围。根据《九民会纪要》第125条的规定,曾有观点认为,应当不限定地域或者说以全国范围作为考察买受人的房屋数量。笔者认为,是否构成消费者购房人,审查的着眼点在于是否用于居住生活需求。一个人的居住生活需求,自然有一个合理的辐射半径,因此,即使买受人在全国范围内有多套住宅,也不能一概认为执行异议之诉所涉房屋就并非为满足其基本生活居住需要。每个人都有权利选择其生活、工作的区域,如果因为购房人在其他地域有房就剥夺其在房屋所在地的生存和居住基础,何尝不是生存权益遭受侵害的体现。因此,这一观点并不可取。从可操作的角度看,应当界定为一个范围,范围过窄,不利于对消费者购房人的保护,范围过宽,则损害其他权利人的合法权益。② 因此,应当将购房人名下房屋数量的判断限制在一定地域范围之内。对此,《九民会纪要》第125条提出了以案涉房屋同一设区的市或者县级市范围作为考察买受人房屋数量的观点。对此,还有不同观点认为,商品房消费者基本居住利益的保护与其经常住所地的房屋关系数量有密切相关,而在非经常住所地的房屋与其居住利益并不存在直接关联,故在经常居住地以外设区的市或县级行政区的房屋不应当界定

---

① 参见《最高法民一庭、执行局负责人就执行异议之诉司法解释答记者问》,载微信公众号"最高人民法院"2025年7月23日。
② 参见最高人民法院民事审判第二庭编著:《〈全国法院民商事审判工作会议纪要〉理解与适用》,人民法院出版社2019年版,第629页。

"以居住为目的"的房屋。① 但这一观点值得商榷。随着人们生活水平的提高以及人员的流动，异地购房的现象比较普遍，比如在出生地有一套住房，在工作地又购置一套住房，在其他城市又购买一套度假房，这并不影响这些房屋在不同时间均用于居住生活，因而并不应成为影响商品房消费者优先权成立的因素。

总之，购房人已有的房屋数量和"居住生活需要"的目的之间的关系，《商品房消费者权利保护批复》《执行异议之诉解释》改变了《执行异议复议规定》因涉及执行程序中的异议审查而过于执着关注房屋数量的做法，均未再将房屋套数作为商品房消费者优先权是否成立的条件，从而使不再因房屋数量被限定过死而导致认定的僵化，而是应牢牢围绕购买作为执行标的的房屋是否为家庭居住生活需要这一目的，结合个案中购房时一定地域范围内的家庭已有房屋数量等具体情况加以具体分析。

（五）支付全部价款

《执行异议复议规定》第29条对于商品房消费者排除金钱债权强制执行的付款比例设有要求，即"超过合同约定总价款的百分之五十"。但房屋价款支付比例与生存权保护之间并无直接关系，也并不是说支付了50%购房款的消费者就比支付了49%购房款的买受人更值得受到优先保护。因此，《九民会纪要》即本着实事求是的原则对此进行了缓和，第125条规定："……对于其中'已支付的价款超过合同约定总价款的百分之五十'如何理解，审判实践中掌握的标准也不一致。如果商品房消费者支付的价款接近于百分之五十，且已按照合同约定将剩余价款支付给申请执行人或者按照人民法院的要求交付执行的，可以理解为符合该规定的精神。"但若在商品房消费者仅支付了部分价款的情况下就支持了其排除执行的请求，此后商品房消费者若不再支付剩余购房款，而因房地产企业欠债而对该房屋享有建设工程价款优先受偿权或抵押权的债权人又无法执行该房屋，则双方的权利难免过于失衡，并将导致同一房屋上多种优先权并存的僵局，因此，《商品房消费者权利保护批复》就改弦易张，将支付全部价款作为商品房消费者享有优先权的条件。《执行异议之诉解释》延续了这一做法。

---

① 参见辜明安、李安宁：《商品房消费者"超级优先权"研究——基于〈商品房消费者权利保护批复〉的分析》，载《经贸法律评论》2024年第6期。

在支付全部购房款的认定上,实践中应重点注意以下几个问题:

1. 购房者通过按揭贷款支付余款是否构成"支付全部价款"

实践中,购房者通过按揭贷款方式购买商品房非常普遍,此时购房者向房地产开发企业直接支付的仅为首付款,剩余购房款则通过按揭贷款方式由贷款银行直接支付给房地产开发企业。此时,商品房买卖合同与按揭贷款合同构成合同联立,但这并未改变两者彼此独立的本质,所以,不能把购房者对银行的还款义务,错误地理解为购房者还没有支付完购房款。对于购房者是否已支付全部价款,还是应当从房地产开发企业视角审视,购房者不管是全款购买还是按揭购买,只要房地产开发企业收到了全部购房款,就应认定为已支付全部价款。而且,从商品房消费者房屋交付优先权得以有效行使的前提条件看,商品房买卖合同与借款合同均应具备继续履行的可行性。在消费者始终依约履行还款义务的情形下,倘若贸然要求其提前偿清剩余的全部购房款,这无疑有悖于合同严守的基本法律原则。[①]

2. 以房抵债可否构成商品房消费者房屋交付优先权中的购房款支付方式

以房抵债,表明购房者与房地产开发企业之间原本存在借贷等债权债务关系,双方之间通过以房抵债,其主要目的在于债之清偿,从而消灭(或部分消灭)原有的债权债务关系。因此,司法实践中一直存在一种比较流行的观点,认为以物抵债协议与商品房买卖合同在法律性质上存在显著差异,以物抵债协议的性质通常被界定为新债清偿或者债务更新,故而以物抵债的权利人并不属于商品房买受人的范畴。鉴于商品房消费者优先权的核心立法目的在于保护商品房消费者的居住权,即便基础法律关系真实且合法有效,但倘若所支付的款项在性质上属于借款而非购房款,即便后续签订了购房协议,其目的亦仅为消灭既存的金钱债务,而非基于居住需求购置房屋,那么从本质上讲,此类情形仍应归属于普通债权的范畴。例如,在王凤鹏、长青建设集团有限公司等案外人执行异议之诉案中,法院认为:"所涉金钱之债为普通债权,依据债的平等性基本原则,其不应优先于另外一个具有法定优先权的金钱债权得以实现。"[②]又如,在章礼贵、常州永红万嘉置业发展有限公司破产债权确认纠纷案中,江苏省常州市中级人民法院亦认为:"案涉

[①] 参见辜明安、李安宁:《商品房消费者"超级优先权"研究——基于〈商品房消费者权利保护批复〉的分析》,载《经贸法律评论》2024年第6期。

[②] 最高人民法院民事判决书,(2021)最高法民终969号。

商品房买卖合同系在双方之间因欠款关系而形成抵偿债务关系的基础上签订的，二者之间具有紧密的整体性和关联性，不可对房屋买卖关系和欠款关系进行割裂式分析。章礼贵不符合消费者购房人的典型特征，不属于以保护居住权为特别价值考量的消费者购房人。"①由此可见，此种观点认为，"以房抵债"的债权人通常缺乏真实的购房目的，并非基于居住需求而购置房屋，进而以此为由否定其商品房消费者的身份。其背后的担忧在于，如果认为此种情况下可成立商品房消费者优先权，则无异于使本应处于平等受偿地位的普通债权仅因以物抵债协议就产生了优先与劣后。

上述观点虽不无道理，但笔者并不赞同，原因在于上述观点其实是混淆了认定是否构成支付购房款和是否构成商品房消费者的标准。与金钱给付一样，以物抵债本质上也是债的一种清偿方式。因此，不能因购房者此前与房地产开发企业之间存在借贷等债权债务关系，就认为两者之间不可能再成立商品房买卖关系，以及不能通过以物抵债的方式在实现消灭了相应的借贷等债务目的的同时，构成对购房款的支付。至于此时的购房者是否享有商品房消费者优先权，则应交由其是否构成商品房消费者、是否符合以居住为目的等条件去判断。当以物抵债的权利人也符合其他条件时，当然就应当享有商品房消费者优先权，不能因为交易形式上的差异而抹杀实质相同的权利。②

当然，实践中确实也存在以物抵债关系的双方利用商品房消费者优先权制度不正当地改变债权清偿顺位，或者对抗、拖延执行甚至套取财产逃避执行的现象，故对于以物抵债方式，要注意结合对所抵债务是否与房屋价值相符进行严格审查，既要对房屋在抵债时的市场价值进行审查，还应对抵债的债权真实性进行审查。房屋价值应当以抵债时评估价值为准；未进行评估的，案外人应当举证证明抵债时当地同类商品房的市场价值；案外人不能举示相应证据，或不能证明其对被执行人所享有债权的真实性的，不能认定其通过此种方式支付全部或部分价款。

此外，由于商品房消费者优先权具有特殊的优先顺位，容易诱发利用这一制度损害建设工程价款优先权、抵押权以及其他普通债权的风险，除上述以物抵债

---

① 江苏省常州市中级人民法院民事判决书，(2021)苏04民终6157号。
② 参见辜明安、李安宁：《商品房消费者"超级优先权"研究——基于〈商品房消费者权利保护批复〉的分析》，载《经贸法律评论》2024年第6期。

方式外，对于通过现金、银行转账等支付购房款的，也应注意对"支付全部价款"从严审查，仅有发票、收据或者房地产开发企业认可，并不能认为是支付了全部价款。① 对于现金支付，应当注意审查现金支付的时间、地点、相关参与人员、现金支付后的流向等；对于转账方式支付的，也要注意结合转账凭证、支付时间与过程综合判断款项性质。

对于尚未支付全部价款的，根据《执行异议之诉解释》第11条第1款第2项的规定，商品房消费者应当在一审法庭辩论终结前按照人民法院的要求将剩余价款交付执行。在具体操作中，审判庭可与执行部门沟通确定接收余款的账户，并及时书面通知商品房消费者将余款支付至法院指定的账户，应注意要给商品房消费者留出合理的筹款付款时间。

三、排除抵押债权申请执行后商品房消费者房屋交付请求权的实现

既往的司法实践中通常认为，商品房消费者提起执行异议之诉解决的仅是排除房地产企业的金钱债权人申请执行的问题，并无法解决标的房屋所有权的移转以及归属，尤其是在房地产企业为其金钱债权人设定了抵押的情况下，即使最终法院判决商品房消费者权利可以排除抵押权人的申请执行，但由于该排除执行的判决并不解决抵押权的存废问题，因而只是使抵押权的行使在特定情况下受到了限制，而并不意味着抵押权被涤除，这就使通过执行异议之诉对商品房消费者的保护作用大打折扣，因为该房屋的抵押负担尚未涂销，商品房消费者仍无法办理房屋所有权转移登记，从而不能取得房屋所有权。② 即使在《民法典》实施后，抵押权的溯及力得到明确肯认，因而除当事人另有约定外，房屋所有权转移不再因抵押权的存在而受到阻碍。但商品房消费者得到的是存在为房地产企业的债务设定了抵押这一权利负担的所有权，这显然并不是商品房消费者的本意。而且，这造成了在同一房屋上存在不同权利，但却均无法使其权利状态最终实现圆满的僵局，这显然既不利于物尽其用经济效用的实现，也不利于商品房消费者权利保

---

① 参见王毓莹、史智军：《涉商品房消费者之执行异议之诉的若干要件分析》，载《法治研究》2021年第3期。

② 参见曹凤国主编：《执行异议之诉裁判规则理解与适用》（第二版），法律出版社2023年版，第206页；张燕、仲伟珩：《银行抵押权、预售商品房购房人权利的冲突与解决》，载《人民司法·应用》2017年第16期；辽宁省大连市中级人民法院民事判决书，(2023)辽02民终4448号。

护,是一种"双输"格局。因而,有必要探寻破局之策。

从法律依据层面看,就抵押权的消灭原因,《民法典》第393条规定了主债权消灭、担保物权实现、债权人放弃担保物权以及法律规定担保物权消灭的其他情形四类原因。其中,抵押权人的主债权有生效判决作为执行依据,故显然并未消灭。有观点认为,对于抵押权实现,又称抵押权之行使,抵押权人请求法院依法处置抵押财产,是抵押权行使的重要途径,而执行异议之诉"不得执行"的判决内容致使抵押权的行使行为终结,故应当认定抵押权消灭。① 笔者认为,这一观点曲解了"实现"的意思,所谓"担保物权实现"虽然与被担保债权是否已受全部清偿无关,但通过强制执行程序的实现,应当是指通过拍卖、变卖等强制执行措施完成了担保物的处分,而非为只要进入了强制执行程序就构成了"担保物权实现"。在案外人通过执行异议之诉阻却了针对担保物的强制执行程序的进行时,担保物并未完成处分,因而并不构成"担保物权实现"。至于"债权人放弃担保物权",如果有抵押权人同意放弃作为执行标的房屋上抵押权的意思表示,则抵押权消灭,抵押登记应予涂销,这并无争议。存在争议恰恰就是因为并没有抵押权人的明确同意放弃抵押权的证据,而以房地产企业已经在进行商品房预售但抵押权人并未反对从而推定构成抵押权放弃的默示同意,则难免过于牵强,且与抵押物转让不影响抵押权的行使的规则不相吻合。

有观点提出,商品房消费者可申请涂销抵押权登记的这一结论,可参照对"担保物权行使期间届满的法律后果"的相关分析结论而得出。抵押权人应当在主债权诉讼时效期间行使抵押权,否则,抵押人就可提出阻碍抵押权行使的相应抗辩,并基于物尽其用、促进抵押物流通、发挥抵押物价值的考量,可以请求申请涂销登记,否则抵押权人既不行使抵押权,又使抵押登记长期存在,将造成理论解释上的障碍与实践中的诸多问题,因此应当明确,当事人可以申请涂销抵押权登记。② 这一观点也得到《九民会纪要》第59条第1款规定的确认。尽管《担保制度解释》第44条删除了前述第59条的相关规则,但因其合理性和实用性,司法实践中可以继续沿用这一处理思路。③ 与上述情境相同,在商品房消费者排除抵押权强制执行

---

① 参见万强:《执行异议之诉可导致抵押权消灭并涂销》,载《人民法院报》2020年12月3日,第8版。
② 参见刘保玉:《民法典物权编(草案)担保物权部分的修改建议》,载《法学杂志》2019年第3期。
③ 参见刘贵祥:《民法典关于担保的几个重大问题》,载《法律适用》2021年第1期。

后,抵押权登记虽然继续存在,但事实上抵押权已经被"架空",无法行使;此外,商品房消费者却依然受到抵押权登记的不当影响,如此形成多输局面。借鉴上述思路,此时商品房消费者可申请涂销抵押权登记,解释上可将此列入《民法典》第393条第4项的兜底情形。① 司法实践中就有观点指出:"如案外人执行异议之诉中已判决停止抵押权的执行程序,抵押登记已无实质意义,应当予以涂销。"②

笔者赞同这一观点。根据《商品房消费者权利保护批复》第2条的规定,商品房消费者的房屋交付请求权优先于建设工程价款优先受偿权、抵押权以及其他债权,其优先效力显然并不局限于排除执行,而是着眼于在权利冲突时商品房消费者房屋交付请求权的实现。至于房屋交付请求权中的"交付"的含义,根据《商品房买卖合同解释》第8条第1款的规定:"对房屋的转移占有,视为房屋的交付使用,但当事人另有约定的除外"。该条的相关释义资料进一步指出,交付使用的概念不同于交付的概念。交付之于动产、不动产的表现形式并不相同,在动产中的交付表现为一种现实的给予,在不动产中的交付体现为登记,有的学者直接将"交付"用"登记"替代,在理论上没有影响。③ 显然,法律意义上的房屋"交付",并非仅为房地产企业将房屋交给购房者占有使用之意,应同时包括占有控制、所有权转移登记。④ 因此,《商品房消费者权利保护批复》可解释为《民法典》第393条第4项规定的兜底情形,抵押权因此而消灭。继而,商品房消费者可主张注销抵押权登记。⑤ 为了贯彻商品房消费者优先权之立法目的,《执行异议之诉解释》进一步明确规定了执行异议之诉中不得执行房屋的判决能够消除商品房消费者请求办理房屋所有权转移登记的障碍。

---

① 参见曹明哲:《房地产企业破产程序中的权利冲突与优先顺位——以不动产抵押权为中心的类型化分析》,载《山东法官培训学院学报》2024年第2期。
② 上海市第一中级人民法院民事判决书,(2018)沪01民终6620号;广东省广州市中级人民法院民事判决书,(2023)粤01民终14472号。
③ 参见最高人民法院民事审判第一庭编著:《最高人民法院关于审理商品房买卖合同纠纷案件司法解释的理解与适用》,人民法院出版社2003年版,第142页。
④ 参见史智军:《商品房消费者权利之疑难问题研究》,载《法律适用》2024年第11期。
⑤ 参见高圣平、罗帅:《〈民法典〉不动产抵押权追及效力规则的解释论》,载《社会科学研究》2020年第5期。

第七章　商品房消费者针对金钱债权执行提起的执行异议之诉

> 规范依据

《执行异议之诉解释》

第十一条　人民法院对登记在被执行的房地产开发企业名下的新建商品房实施强制执行,案外人以其系商品房消费者为由,提起执行异议之诉,请求排除建设工程价款优先受偿权、抵押权以及一般金钱债权的强制执行,并能够证明其主张同时符合下列条件的,人民法院应予支持:

（一）查封前,案外人已与房地产开发企业等签订合法有效的书面买卖合同;

（二）查封前,案外人已支付全部价款,或者已按照合同约定支付部分价款且查封后至一审法庭辩论终结前已将剩余价款交付人民法院执行;

（三）所购商品房系用于满足家庭居住生活需要。

案外人起诉请求被执行人办理商品房所有权转移登记手续,符合前款规定的,人民法院依法予以支持。

人民法院判决驳回案外人诉讼请求的,案外人交付执行的剩余价款应予及时退还。

《商品房消费者权利保护批复》

二、商品房消费者以居住为目的购买房屋并已支付全部价款,主张其房屋交付请求权优先于建设工程价款优先受偿权、抵押权以及其他债权的,人民法院应当予以支持。

只支付了部分价款的商品房消费者,在一审法庭辩论终结前已实际支付剩余价款的,可以适用前款规定。

三、在房屋不能交付且无实际交付可能的情况下,商品房消费者主张价款返还请求权优先于建设工程价款优先受偿权、抵押权以及其他债权的,人民法院应当予以支持。

《九民会纪要》

125.【案外人系商品房消费者】实践中,商品房消费者向房地产开发企业购买商品房,往往没有及时办理房地产过户手续。房地产开发企业因欠债而被强制执行,人民法院在对尚登记在房地产开发企业名下但已出卖给消费者的商品房采取执行措施时,商品房消费者往往会提出执行异议,以排除强制执行。对此,《最高人民法院关于人民法院办理执行异议和复议案件若干问题的规定》第29条规定,符合下列情形的,应当支持商品房消费者的诉讼请求:一是在人民法院查封之前已签订合法有效的书面买卖合同;二是所购商品房系用于居住且买受人名下无其他用于居住的房屋;三是已支付的价款超过合同约定总价款的百分之五十。人民法院在审理执行异议之诉案件时,可参照适用此条款。

问题是,对于其中"所购商品房系用于居住且买受人名下无其他用于居住的房屋"如何理解,审判实践中掌握的标准不一。"买受人名下无其他用于居住的房屋",可以理解为在案涉房屋同一设区的市或者县级市范围内商品房消费者名下没有用于居住的房屋。商品房消费者名下虽然已有1套房屋,但购买的房屋在面积上仍然属于满足基本居住需要的,可以理解为符合该规定的精神。

对于其中"已支付的价款超过合同约定总价款的百分之五十"如何理解,审判实践中掌握的标准也不一致。如果商品房消费者支付的价款接近于百分之五十,且已按照合同约定将剩余价款支付给申请执行人或者按照人民法院的要求交付执行的,可以理解为符合该规定的精神。

126.【商品房消费者的权利与抵押权的关系】根据《最高人民法院关于建设工程价款优先受偿权问题的批复》第1条、第2条的规定,交付全部或者大部分款项的商品房消费者的权利优先于抵押权人的抵押权,故抵押权人申请执行登记在房地产开发企业名下但已销售给消费者的商品房,消费者提出执行异议的,人民法院依法予以支持。但应当特别注意的是,此情况是针对实践中存在的商品房预售不规范现象为保护消费者生存权而作出的例外规定,必须严格把握条件,避免扩大范围,以免动摇抵押权具有优先性的基本原则。因此,这里的商品房消费者应当仅限于符合本纪要第125条规定的商品房消费者。买受人不是本纪要第125条规定的商品房消费者,而是一般的房屋买卖合同的买受人,不适用上述处理规则。

> 典型案例

1. 柴某贝、付某杨诉李某等案外人执行异议之诉案

案例索引:人民法院案例库入库编号 2025-07-2-471-001/民事/执行异议之诉/河北省高级人民法院/2023.02.27/(2022)冀民终629号/二审/入库日期:2025.06.25。

裁判要旨:在人民法院查封之前已签订合法有效的书面买卖合同,并非仅指购房人与开发商直接签订房屋买卖合同,还包括直接与所有权人签订合同以及与以房抵债的债权人签订合法有效的合同等情形。购房人通过中介机构与以房抵债的债权人签订了购房协议、支付了购房款,在开发商同意的情形下完成了更名并实际居住,依据《最高人民法院关于人民法院办理执行异议和复议案件若干问题的规定》第二十八条、二十九条的规定,主张其享有的民事权益足以排除执行的,人民法院应予支持。

2. 蒋某诉郑某某、庄某某、海口某担保有限公司、王某及第三人海南某投资咨询有限公司案外人执行异议之诉案

案例索引:人民法院案例库入库编号 2024-07-2-471-010/民事/执行异议之诉/海南省高级人民法院/2018.12.23/(2018)琼民终873号/二审/入库日期:2024.03.05。

裁判要旨:人民法院依据《最高人民法院关于人民法院办理执行异议和复议案件若干问题的规定》第二十九条的规定审查案外人对被执行的房产是否享有足以排除执行的民事权益时,不应机械理解该条"买受人名下无其他用于居住的房屋"的规定。当案外人购买的房产是用于必要的居住需求,且并非用于商业性投资时,仍属满足生存权的合理消费范畴,可以适用该规定排除执行。

3. 韩某平、王某诉阜新某投资咨询公司等案外人执行异议之诉案

案例索引:最高人民法院 2025 年 7 月 23 日发布的《涉财产权保护执行异议之诉典型案例》之二。

基本案情:阜新某投资咨询公司与某房地产开发公司等民间借贷纠纷一案,终审判决判令某房地产开发公司等连带返还借款本金 4200 万元及相应利息。执行法院根据当事人申请于 2021 年作出执行裁定查封被执行人某房地产开发公司名下包括案涉房屋在内的房产。

案外人韩某平、王某系夫妻。2009 年,韩某平与某房地产开发公司签订《协议书》一份,约定:韩某平购买案涉房屋,面积为 $104.4m^2$,价格为 2650 元/m^2,该住宅楼于 2010 年 11 月 30 日前竣工验收交付使用。其后,韩某平向某房地产开发公司支付购房款 27.66 万元,某房地产开发公司向韩某平出具收款收据。因执行法院查封、拍卖案涉房屋,韩某平、王某提出执行异议,请求中止对案涉房屋的执行拍卖。执行法院以韩某平名下有其他用于居住的房屋等为由,裁定驳回了韩某平、王某的异议请求。韩某平、王某不服,提起执行异议之诉,要求停止对案涉房屋的执行拍卖措施,并依法解除查封。一审判决驳回原告韩某平、王某的诉讼请求。韩某平、王某不服,提起上诉。

二审法院查明,韩某平名下现有一套用于居住的房屋,于2003年购买,面积为$102.19m^2$,没有电梯,位置位于郊区。韩某平、王某购买的案涉房屋属于某重点小学学区,系其为子女就读重点小学而购买,房屋有电梯,位于城市中心,医院和商业配套完善,也可以改善居住环境。

裁判结果及理由:二审判决认为,本案争议焦点为韩某平、王某对案涉房屋是否享有足以排除强制执行的民事权益。《执行异议复议规定》第二十九条规定了关于商品房消费者权利的保护条件。《商品房消费者权利保护批复》第二条对商品房消费者的保护作了进一步完善,没有简单从已购房屋数量、地域范围等因素判断是否属于"以居住为目的购买房屋",对于不违背"房住不炒"政策、符合刚性或改善型住房需求的情形,应认定属于满足生存权的合理消费范畴,都依法予以保护。

刚性和改善型住房的认定,除了考虑住房面积,还可能涉及居住环境的提升,包括地理位置更优越、配套设施更完善、教育资源更优质等因素。本案中,案涉房屋系学区房,韩某平、王某为孩子入学而购买,并实现了入学目的,符合刚性住房的需求。同时,案涉房屋是位于城市中心的电梯房,医院和商业配套完善,与位于郊区且无电梯的原有住房相比较,亦符合改善型住房的需求。韩某平、王某购买案涉房屋符合刚性和改善型住房的需求,应属满足生存权的合理消费范畴,其享有的民事权益足以排除金钱债权的强制执行。二审判决不得执行案涉房屋。

典型意义:随着实践发展和认识深化,商品房消费者保护规则在不断完善。法院在审理案件过程中,应侧重于实质审查争议房屋是否关乎案外人家庭正常居住生活。司法审判须秉持生存权保障的核心理念,准确把握法律要件,实现保障基本权益与维护市场交易秩序的有机统一,在纷繁复杂的利益冲突中体现出公正为民且饱含人文情怀。

4.韩某与河南某农村商业银行、某房地产开发公司申请执行人执行异议之诉案

案例索引:最高人民法院2025年7月23日发布的《涉财产权保护执行异议之诉典型案例》之三。

基本案情:某房地产开发公司向河南某农村商业银行借款,并以其51套房屋

（包含案涉房屋）作抵押。因该房地产开发公司未依约偿还本息，河南某农村商业银行诉至法院。生效判决判令某房地产开发公司偿还本金2000万元；河南某农村商业银行对某房地产开发公司设定抵押的房地产折价、拍卖、变卖所得价款优先受偿等。

执行法院依当事人申请查封案涉房屋后，韩某提出执行异议，执行法院裁定中止对案涉房屋的执行，河南某农村商业银行不服，提起本案申请执行人执行异议之诉。

韩某系进城务工人员。2009年4月2日，韩某与某房地产开发公司签订《商品房买卖合同》，约定房款总金额20.51万元，合同签订后，韩某支付了全部房款及配套费，某房地产开发公司出具收据。2012年5月31日，某房地产开发公司向韩某交付房屋，韩某收房后装修入住至今。韩某及妻子、两个孩子一家四口，在农村另有130余平方米房屋一套。

裁判结果及理由： 审理法院认为，本案中，虽然韩某名下在农村另有住宅，但其在市区购买房屋，是为了在市区工作、生活所需，属于"以居住为目的"而购房，由于农村房屋距离市区较远，不能满足韩某及其家人工作、生活所需，因此，其所购商品房仍属于用于居住的房屋，同样具有生存利益。相较于商业银行的商事利益而言，具有优先保护价值。法院判决支持韩某排除抵押权人对案涉房屋的强制执行。

典型意义： 在司法裁判中，保障进城务工人员在城市的工作、生活、发展，是人民法院对人民群众美好生活向往的应有回应。对于长期在城市工作、生活的进城务工人员，因居住需求在城市购买商品房，相较于金钱债权人而言，其权益具有优先保护价值。首先，从现实角度看，进城务工人员虽亦可能在农村保留住房，但因工作生活重心转移至城市，农村住房已无法满足其现实居住需求。其次，人民法院判断购房人是否属于消费者购房人时，应着重审查购房人家庭基本情况，房屋对购房人是否用于居住生活。这种认定方式契合《民法典》第二十五条确立的"经常居所"法律概念，既尊重宅基地制度特殊性，又保障购房人居住生活、就业发展需要，为城乡融合发展提供司法解决方案。最后，涉及因工作、生活所需购买房屋的执行异议之诉案件审理中，要衡量的是案外人与申请执行人之间谁的权益价值更需要优先保护，因城市住房对于进城务工人员而言属于"必需住房"，包括教育、医疗的需要，可以排除金钱债权的强制执行。

5. 甘肃银行股份有限公司兰州市中央广场支行诉刘某、广州华骏实业有限公司申请执行人执行异议之诉案

案例索引：一审：甘肃省高级人民法院(2021)甘民初31号民事判决书(2021年11月3日)；二审：最高人民法院(2022)最高法民终137号民事判决书(2022年6月29日)，载杨临萍主编：《最高人民法院第六巡回法庭裁判规则》，人民法院出版社2022年版，第419-426页。

裁判要旨：住宅小区区划内的车位、车库是住宅的必要附属设施，依法应当首先满足小区业主居住使用，属于商品房所提供居住功能的必要延伸和拓展，具有保障业主居住权的属性，可以按照商品房的标准予以保护。业主在先购买车位、车库，并支付全款且实际占有使用而具有一定的公示效力，出卖人的债权人就该车位、车库设定抵押权在后，因其过失而不知道车位、车库已经出卖并交付购买人占有的，不属于善意抵押权人，人民法院可以认定买受人对案涉车位、车库享有的民事权益能够排除该抵押权的执行。

6. 袁某与大连银行股份有限公司、大连圣岛房地产开发有限公司合同纠纷案

案例索引：一审：大连市高新技术产业园区人民法院(2024)辽0293民初6725号民事判决书；二审：辽宁省大连市中级人民法院(2024)辽02民终7516号民事判决书，载《人民司法(案例)》2025年第12期。

裁判要旨：对于符合最高人民法院《关于人民法院办理执行异议和复议案件若干问题的规定》第29条及《关于商品房消费者权利保护问题的批复》规定的商品房消费者，应认定其在支付全部房款后，有权请求涂销抵押权登记及协助办理过户。

7. 华鑫国际信托有限公司、王士准等案外人执行异议之诉案

案例索引：最高人民法院(2023)最高法民终345号民事判决书。

裁判要旨：《执行异议复议规定》第二十九条系针对商品房消费者物权期待权的保护条件所作的规定，该条规定的"所购商品房系用于居住"，应理解为不管是单纯的居住房还是商业房，只要具备居住功能的，即视为用于居住的房屋。本案案涉房屋系公寓，具有居住属性和功能，应视为用于居住的房屋，符合"所购商品房系用于居住"的要求，并且现有证据能够证明该案涉房屋已交付王士准占有使用，对其生存居住权益应当予以保护。同时王士准提交的无房证明也可以证实其名下在银川市范围内无其他用于居住的房屋，符合《执行异议复议规定》第二十九条第二项规定。

8. 中建一局集团第二建筑有限公司诉刘某某、运城市国科房地产开发有限公司申请执行人执行异议之诉案

案例索引：一审：山西省高级人民法院（2021）晋民初7号民事判决书；二审：最高人民法院（2022）最高法民终150号民事判决书。

裁判要旨：在商品房消费者的生存权与建设工程价款优先受偿权发生冲突时，应优先保护商品房消费者的生存权。

9. 中国东方资产管理股份有限公司甘肃省分公司与孔某彬、甘肃华屹置业有限公司案外人执行异议之诉案

案例索引：最高人民法院（2023）最高法民终95号民事判决书。

裁判要旨：虽然收款收据载明收款方式为"工程款抵房款"，但并不因此改变购房人与开发商之间直接建立商品房买卖法律关系的性质。购房人符合《执行异议复议规定》第二十九条规定情形的，可以排除强制执行。

10. 丁某某诉中国工商银行股份有限公司北海市云南路支行案外人执行异议案

案例索引：二审：广西壮族自治区高级人民法院（2020）桂民终858号民事判决书；再审：最高人民法院（2021）最高法民申7707号民事裁定书。

裁判要旨：商品房消费者，名下登记有一套房屋，但该房屋因项目调整需进行拆除，不能因此认定案外人名下有其他用于居住的房屋，其购买案涉房屋仍然属于满足基本居住需要的，可以理解为符合《执行异议复议规定》第二十九条规定的精神。

11. 王某某诉中国信达资产管理股份有限公司北京市分公司案外人执行异议之诉案

案例索引：一审：北京市第四中级人民法院（2021）京04民初817号民事判决书；二审：北京市高级人民法院（2022）京民终255号民事判决书。

裁判要旨：买受人虽然没有与出卖人最终签订商品房买卖合同，但双方签订的认购协议具备当事人基本情况、房屋基本状况、房屋价款及付款方式、双方权利义务等商品房买卖合同的主要内容，且出卖人已据此收取相应房款并向买受人交付房屋，认购协议的性质为商品房买卖合同。

第八章　新建商品房买受人因购房款返还提起的执行异议之诉

在当前房地产市场深度调整及"保交楼、保民生、保稳定"的宏观政策背景下，商品房买受人的权利救济体系正经历着深刻的重塑。传统的执行异议之诉多聚焦于购房人以房屋交付请求权对抗执行，而当房屋交付的合同目的最终落空时，购房人的购房款返还请求权是否同样具有优先性，并足以排除其他债权的执行，已成为理论与实践均关注的焦点问题。商品房消费者购房款返还优先权通过《商品房消费者权利保护批复》得以确立，《执行异议之诉解释》又将优先保护的范围进一步扩展到新建商品房买受人对预售资金监管账户内已付购房款的返还请求权。本章即聚焦于厘清并辨析上述两种返还优先权的构成要件、权利边界与适用逻辑，以期为司法实务中处理此类执行异议之诉提供一个清晰的分析框架。

一、商品房消费者购房款返还请求权排除金钱债权执行的规范适用

《商品房消费者权利保护批复》确立购房款返还请求权的优先性对于保护商品房消费者的合法权益具有重要意义，尤其是房地产开发企业陷入资产不足以清偿债务的困境时，处于弱势地位的商品房消费者能够在一定程度上优先获得购房款的返还以保障其基本的生存权，从而避免因购房者的经济损失过大而引发社会矛盾。根据《商品房消费者权利保护批复》第3条、《执行异议之诉解释》第12条的规定，执行异议之诉中商品房消费者购房款返还请求权排除金钱债权执行的规范适用具体阐述如下。

（一）构成要件

商品房消费者购房款返还请求权排除金钱债权执行的适用前提是房屋不能交付且已无实际交付可能导致房屋买卖合同已经解除。其他构成要件如交易类

型限于新建商品房买卖、满足商品房消费者身份、在查封前签订了合法有效的买卖合同、购房目的是满足家庭居住生活需要均与房屋交付请求权排除金钱债权执行的构成要件相同,此处不再赘述。

之所以要求仅在房屋不能交付且已无实际交付可能导致房屋买卖合同已经解除的前提下,商品房消费者购房款返还请求权才具有优先效力,方可排除金钱债权执行,是基于多方面的深层考量,旨在平衡各方利益、维护市场稳定与保障公平正义。

首先,从法律政策的宏观视角出发,这一构成要件紧密契合"保交楼、保民生、保稳定"的政策导向。在房地产市场的复杂生态中,众多利益相关方相互交织,若轻易放宽购房款返还请求权的优先条件,可能引发一系列连锁反应。一方面,会使其他债权人在债权实现过程中面临更大的不确定性与风险,打乱既定的债权清偿秩序;另一方面,可能过度冲击房地产企业的资金链,甚至对整个房地产市场的稳定产生负面影响。只有在房屋交付确无可能的绝境下,赋予商品房消费者购房款返还优先权,才能精准实现对处于弱势地位的消费者的权益保护,同时兼顾其他债权人与房地产市场的整体稳定,体现了在特殊困境下对消费者生存权益的倾斜性保障。

其次,在风险分配的维度上,房地产开发项目天然蕴含着高度的不确定性与风险,如市场波动、资金周转、工程建设难题等。若在尚有交付希望的情形下,允许消费者轻易行使购房款返还优先权,会不合理地将过多风险转嫁给房地产企业与其他债权人,破坏风险分配的均衡性。当房屋交付彻底无望时,消费者成为最主要的受损方,此时赋予其购房款返还优先权,是对风险分配结果的必要矫正,契合公平原则。

最后,就合同履行的本质而言,在房屋交付仍具可能性的阶段,商品房买卖合同的根本目的——房屋交付与产权转移仍有实现的基础。依据契约严守的原则,各方应秉持诚信,积极推进合同履行。若消费者在此阶段贸然主张购房款返还且享有优先权,无疑会破坏合同履行的连贯性与稳定性,与合同精神背道而驰。只有当房屋交付的客观条件完全丧失,合同目的已无法实现时,赋予消费者购房款返还优先权才具有合理性与正当性,是对合同无法履行这一特殊情形的合法救济,保障了消费者在合同履行彻底失败后的权益底线。

总之,"房屋不能交付且已无实际交付可能导致房屋买卖合同已经解除"的构成要件鲜明地体现出倡导购房者与房地产企业"共进退"的政策导向。房地产企业存在续建方案与交付房屋可能的情况时是不具备该规则的适用前提的,倘若商品房消费者坚持退还购房款,此时的购房款返还请求权并不具有优先性。这一规则在房价下行的市场趋势下尤为可贵,系以市场化的利益衡量手段留住困境房企的客户资源,显著提升了房企破产中资源配置的效率。①

1."房屋不能交付"的认定

"房屋不能交付"是指商品房尚未竣工验收合格,无法按照合同约定或法律规定的条件和时间向消费者交付使用。对于房屋交付条件的认定,需要注意区分法定交付条件和约定交付条件。法定交付条件是法律法规明确规定的房屋交付使用所必须具备的条件;约定交付条件是买卖双方在房屋买卖合同中约定的房屋交付时所应达到的状态。商品房既然是一种存在差异化的商品,则难免会有质量、环境、位置等方面的不同,因此,在约定条件严于法定条件时,应依约定认定房屋是否能够交付,否则,将会使购房人被迫接受其不愿购买的商品,这明显有违购房人签订合同时的预期;但如果约定条件低于法定条件,则应按照法定条件认定,因为法定条件往往一般就是下限条件。实践中,约定条件各异,需要结合个案的具体情况具体分析。法定条件则通常可根据相关法律法规的规定,并结合房屋的建设进度、验收情况等来认定房屋是否达到交付条件以及能否交付。《城市房地产管理法》第27条第2款规定:"房地产开发项目竣工,经验收合格后,方可交付使用。"《城市房地产开发经营管理条例》第17条规定:"房地产开发项目竣工,依照《建设工程质量管理条例》的规定验收合格后,方可交付使用。"这为房屋交付不能的判定提供了基本法律依据。《建设工程质量管理条例》第16条第2款规定:"建设工程竣工验收应当具备下列条件:(一)完成建设工程设计和合同约定的各项内容;(二)有完整的技术档案和施工管理资料;(三)有工程使用的主要建筑材料、建筑构配件和设备的进场试验报告;(四)有勘察、设计、施工、工程监理等单位分别签署的质量合格文件;(五)有施工单位签署的工程保修书。"第3款规定:"建设工程经验收合格的,方可交付使用。"因此,商品房工程未竣工验收合格的,即可认定构成"不能交付"。

此外,《城市房地产开发经营管理条例》第30条第1款还规定,房地产开发企

---

① 参见范志勇:《房企破产项目续建的法律路径与权益平衡》,载《法律适用》2024年第11期。

业应当在商品房交付使用时,向购买人提供《住宅质量保证书》和《住宅使用说明书》。建设部1998年即颁布的《商品住宅实行住宅质量保证书和住宅使用说明书制度的规定》第3条中规定:"房地产开发企业在向用户交付销售的新建商品住宅时,必须提供《住宅质量保证书》和《住宅使用说明书》。"《住宅质量保证书》是房地产开发企业对销售的商品住宅承担质量责任的法律文件,其中应当列明工程质量监督单位核验的质量等级、保修范围、保修期和保修单位等内容。房地产开发企业应当按《住宅质量保证书》的约定,承担保修责任。《住宅使用说明书》则对住宅的结构、性能和各部位(部件)的类型、性能、标准等作出说明,并提出使用注意事项。实践中,在《商品房买卖合同》中,双方通常会对房地产开发企业提供上述"两书"进行约定。在交房流程中,购房者根据法律法规规定或合同约定,也有权要求开发商提供"两书"。那么,若房地产开发企业在交付房屋时未提供上述"两书",是否构成房屋不能交付呢?笔者认为,未提供"两书",虽然违反了上述法律法规以及部门规章的规定,但一般并不构成房屋不能交付。因为这些文件的缺失一般不会影响房屋的物理交付和使用功能。房屋是否能够交付主要取决于房屋是否已经竣工验收合格,是否具备基本的居住条件。当然,未提供"两书"可能构成违约,购房人可以主张违约责任,如要求房地产开发企业补发文件、支付违约金等。但是,如果未提供《住宅质量保证书》和《住宅使用说明书》,导致购房人无法正常使用房屋,或者对房屋的质量和使用方法产生合理怀疑,从而影响房屋的交付使用,则可认定为不能交付。例如,购房人因缺乏使用说明书而无法正常开启或使用房屋的某些设备,或者因缺乏质量保证书而对房屋的安全性产生合理怀疑并拒绝接收房屋的,可以认定为房屋不能交付。

2. 房屋"无实际交付可能"的认定

"无实际交付可能"是指在当前情况下,即使给予房地产开发企业一定的时间和条件,房屋也无法实现交付。

无论是在交付期限届满前还是届满后,只要是房地产开发企业明确表示或者以自己的行为表示不履行房屋交付义务的,就一般可认定为"无实际交付可能"。

对于在交付期限届满后,客观上存在逾期交房的事实,尚不能因此而直接认定"无实际交付可能",而是需要综合考虑多种因素加以判断,包括但不限于以下因素:

(1)房地产开发企业的经营状况。如果房地产开发企业已被宣告破产、被吊销营业执照、停止经营,导致其无法继续履行商品房买卖合同,可认定为"无实际交付可能"。① 但房地产开发企业经营状况严重恶化,已资不抵债或已进入破产程序,是否意味着一定构成房屋"无实际交付可能"呢？实践中有观点认为,商品房项目建设多年仍未建设完成,且涉案房屋的建设单位正在进行预重整程序,故应当认定涉案房屋不能交付且无实际交付的可能。② 笔者不赞同这一观点。因为此时房地产开发企业仍存在通过重整或和解程序获得重生的可能。③ 即使进入破产清算程序,若仍被纳入"保交楼"项目名单,或者已引入第三方资金续建项目的,则显然也不应认定为"无实际交付可能"。

(2)工程进度和复工情况。房屋交付的前提是建设完工并符合相关质量标准,若商品房项目长时间停工,且房地产开发企业未能提供合理的复工计划和资金来源,④或者虽已复工但工程进度严重滞后,无法在合理期限内完成建设并交付房屋,显然无法在可预见的时间内实现交付,严重损害了购房者的预期利益,因此,这些事实均可构成法院认定房屋"无实际交付可能"的重要依据。

(3)政策和法律限制。在某些情况下,政府可能会因城市规划调整、土地政策变化等原因,对特定区域的商品房项目进行限制或禁止建设。如果商品房项目因上述政策和法律因素无法继续建设并交付,当然应当认为"无实际交付可能"。

此外,还需要注意的是,《商品房消费者权利保护批复》规定商品房消费者购房款返还优先权适用的前提条件是"房屋不能交付且无实际交付可能",这一表述并未明确是否包括商品房买卖合同解除,但从逻辑上讲,既然商品房消费者主张返还购房款,显然应以解除合同为前提。由于"房屋不能交付且无实际交付可能",房地产开发企业显然已经构成根本违约,根据《民法典》第563条的规定,购房者享有合同解除权。故此种情形下,既然商品房消费者主张返还购房款,就必然隐含了解除商品房买卖合同之意,也就是说,就购房款返还债权成立而言,应以商品房买卖合同解除为前提,故《执行异议之诉解释》明确了"导致房屋买卖合同已经解除"的条件,因此,在执行异议之诉中,法院应当对没有提出解除合同诉请

---

① 参见翟宇翔:《消费购房者优先权的解释论展开》,载《暨南学报(哲学社会科学版)》2024年第9期。
② 参见新疆维吾尔自治区乌鲁木齐市中级人民法院民事判决书,(2024)新01民终3233号。
③ 参见翟宇翔:《消费购房者优先权的解释论展开》,载《暨南学报(哲学社会科学版)》2024年第9期。
④ 参见山东省济宁市中级人民法院民事判决书,(2024)鲁08民终3592号。

的原告予以释明。

(二) 商品房消费者可以排除执行的购房款范围

无论是《商品房消费者权利保护批复》还是《执行异议之诉解释》均未明确界定商品房消费者享有的可以排除执行的购房款债权范围。有必要基于司法解释的立法目的,对实践中涉及的几个主要问题加以分析。

1. 是否包括通过按揭贷款方式支付给房地产开发企业的购房款

对于购房者通过现金、转账等方式已直接实际支付给房地产开发企业的购房款(在按揭贷款买卖时为首付款,在非按揭贷款买卖时则为实际支付的全部或部分购房款),均应认为属于优先返还的购房款债权范围,对于这一点实务中争议不大。当然,在实践中,需要对购房者支付的购房款尤其是未直接支付至预售资金监管账户的部分进行严格的审查和认定,以确保优先权所涉金额的准确性和公正性。

实践中,存有一定争议的是,对于缴纳了购房意向金但未签订正式的商品房买卖合同的商品房消费者请求退还购房意向金的,是否可以归入商品房消费者购房款返还优先权而予以优先保护？目前法律及司法解释并无明确规定,司法实务中各地法院对此类债权的性质认定也未能统一。笔者认为,购房意向金与购房款的性质并无本质区别,在预约合同转化为本约合同后,购房意向金可以转化为购房款。而且,对商品房消费者优先保护是基于生存权优于财产权的理念,在这一点上,购房意向金与合同解除而未退款的债权人并无不同。实践中,就有法院认为:"李某1基于《龙湖湾•壹号认购书》向海都公司支付的购房定金为10万元,此款在双方签订正式房屋买卖合同后即可成为购房价款的一部分。现因双方认购书已经生效判决确认解除,故依照《商品房消费者权利保护批复》第三条规定,该10万元价款返还请求权优先于云某公司的建设工程价款优先受偿权。"[1]

除了上述直接支付的款项之外,在购房者通过按揭贷款的方式支付部分购房款时,存在通过银行按揭贷款支付给房地产开发企业的购房款是否属于优先债权的范围问题。实践中对此多有争议。有观点认为,既然在认定是否支付了全部价款时将通过按揭贷款方式支付的购房款计算在内,故在认定购房款返还优先权时

---

[1] 江苏省盐城市中级人民法院民事判决书,(2024)苏09民终3433号。

也应作一体解释,贷款应与首付款等本金一并优先返还给购房者。① 也有观点认为,结合《商品房买卖合同解释》第 21 条,购房者解除合同时,房地产开发企业需要将购房贷款返还给银行、将首付款返还给购房者,消费者并不承担借款返还义务,因此,优先权的范围仅限于首付款。② 上述两种观点差异的关键在于在商品房买卖合同解除的情况下购房者是否对贷款银行负有返还贷款的义务。形式上,购房者实际支付给房地产开发企业的购房款只有首付款,而且时间截止到贷款银行已将按揭贷款支付给房地产开发企业、购房者尚未开始偿还按揭贷款之前,这一点也能成立。但随着购房者开始偿还银行的按揭贷款,购房者实际已支付的购房款就包括了已偿还的贷款本金,此时若因某种原因导致商品房买卖合同解除,按揭贷款合同因无法实现合同目的而应一并解除,对于两份合同解除的后果,就《商品房买卖合同解释》第 21 条的目的解释而言,房地产开发企业的"双返还"应当是指将购房者尚未偿还的购房贷款返还给按揭银行、将购房者已支付的首付款和已偿还的贷款本金返还给购房者,而非简单地将全部贷款均返还给银行、而返还给购房者的部分限于首付款。而且,基于出卖人与信用提供者结合下关联合同的经济一体性而坚持对该条款的文义解释,应承认购房者对出卖人的抗辩可以向银行提出,即购房者在商品房买卖合同解除后有权拒绝向银行偿还剩余贷款。③ 而且,《商品房消费者权利保护批复》《执行异议之诉解释》均是立足于保护商品房消费者的生存权,若将尚未偿还的按揭贷款纳入商品房消费者购房款返还优先权的范围,则将实际上使在房地产开发企业陷入困境时按揭银行就其按揭贷款债权可借商品房消费者购房款返还优先权而获得了最为优先的地位,这显然与保护商品房消费者生存权的目的毫不相干,甚至与上述司法解释的立法目的相悖。因此,贷款应与首付款等本金一并优先返还给购房者的观点显然不可取。但既然购房者已支付的首付款和已偿还的贷款本金均为购房者为购买商品房而实际支付的价款,在房屋交付不能且无法实际交付导致其购房目的无法实现时,该部分价款均应当作为优先债权。但购房者偿还的贷款利息并不能冲抵贷款本金,故只有贷款

---

① 参见翟宇翔:《消费购房者优先权的解释论展开》,载《暨南学报(哲学社会科学版)》2024 年第 9 期。
② 参见辜明安、李安宁:《商品房消费者"超级优先权"研究——基于〈商品房消费者权利保护批复〉的分析》,载《经贸法律评论》2024 年第 6 期。
③ 参见刘承韪:《论按揭模式下关联合同的解除》,载《法律科学(西北政法大学学报)》2023 年第 6 期。

本金才构成购房款的组成部分,而且贷款利息显然属于购房者使用资金的成本,因而不应构成购房者实际已付的购房款。实践中,有法院即认为,庄某、张某享有的价款返还请求权的优先权范围应当限制在庄某、张某已付房款范围内,即应当限制在已支付首付款 1350000 元及已偿还按揭贷款本息 639227.56 元合计 1989227.56 元的范围内。① 这一观点正确地认识了优先债权的范围不仅包括首付款,还应包括已偿还的按揭贷款,但遗憾的是,未能进一步正确区分贷款本息,存在瑕疵。

2. 是否包括利息、违约金和损害赔偿金

在立法目的上,购房款返还优先权的设立主要是为了保护商品房消费者的生存权益,而非对其进行全面的经济补偿,这一点与承包人的建设工程价款优先受偿权颇为相似。参考《建工解释(一)》第 40 条第 2 款之规定,购房款返还优先权的金额应仅限于商品房消费者已支付购房款(即支付的首付款和已偿还的贷款本金),不包括已付购房款产生的利息以及违约金和损害赔偿金。利息、违约金和损害赔偿金虽然也是消费者因房屋交付请求权无法实现而遭受的损失,但这些损失与生存权益保障无关,消费者可以通过其他途径主张赔偿。因此,在确定购房款返还优先权的金额时,应当严格区分已支付的购房款和已偿还的贷款与利息、违约金和损害赔偿金,以确保优先权金额的合理性和合法性。

3. 是否需要根据市场价动态调整返还购房款的金额

有观点认为,商品房消费者优先权从属于商品房消费者在购房合同中所享有的主债权——请求交付标的房屋之请求权,且商品房消费者购房款返还请求权的本质系违约赔偿请求权,应受预期可得利益限制,因而在确定商品房消费者购房款返还优先权的范围时,需要根据商品房消费者获得购房款返还优先权时标的房屋的市场价格进行计算,房价下行时以同等面积房屋当前市场价格为限、房价上行时按同等品质目标房屋市价返还购房款,以保障购房消费者居住权益并合理分担风险。② 笔者不赞同此观点。理由如下:

首先,商品房消费者优先权并不是一个如抵押权、建设工程价款受偿权一样的变价权,其实质是由商品房消费者房屋交付优先权与购房款返还优先权两个优

---

① 参见新疆维吾尔自治区乌鲁木齐市中级人民法院民事判决书,(2024)新 01 民终 3233 号。
② 参见王浩东:《"三保"政策背景下破产程序中商品房消费者优先权研究》,载《人民司法·应用》2024 年第 19 期;范志勇:《房企破产项目续建的法律路径与权益平衡》,载《法律适用》2024 年第 11 期。

先权组合而成的"拼盘"。之所以称为"拼盘",原因是两者本质迥异,商品房消费者房屋交付优先权着眼于满足消费者的居住之需以及实现房屋所有权,商品房消费者购房款返还优先权则是以变价权为内核的优先受偿权。因此,将两者在优先权范围上作区分对待,有其合理性。

其次,虽然商品房消费者优先权的基本目的在于满足消费者的居住之需,但这主要体现在商品房消费者房屋交付优先权与购房款返还优先权两者的关系上,前者优先于后者,仅在前者无法实现时方有后者之适用,在这一意义上讲,后者适用乃不得已而为之。因此,并不能因此认为商品房消费者购房款返还优先权的目的也只能着眼于居住。

最后,商品房消费者优先权是为保障消费者生存权之目的,通过案涉房屋实现居住固然是保障了生存权,但在该房屋交付请求权无法实现时,商品房消费者为此已实际支付的购房款债权也属于生存权的范畴,将优先债权仅限定于案涉房屋所对应的市场价值难免将会过度狭窄化生存权的内涵。案涉房屋的市场价值可能会低于商品房消费者已实际支付的购房款,但商品房消费者在签订合同时的合理预期显然是在合同因房地产开发企业根本违约而解除时应返还其已付全部购房款,而非此时对应的房屋市场价值,优先保障消费者的这一基本诉求完全不存在超出合理预期限度的问题。

至于房价上行时应按同等品质目标房屋市价返还消费者以保障其居住的说法,其实并不成立。《商品房消费者权利保护批复》发布的背景是房地产市场处于下行态势、房地产开发企业普遍面临债务危机以及由此导致的商品房已售逾期难交付而引发了纠纷,虽然《商品房消费者权利保护批复》并未排斥对房价上行时发生的已售逾期难交付而引发的纠纷的规范,但显然这并非其重点关注的对象。而且,在房价上行时,仍以商品房消费者已实际支付的购房款作为优先债权的范围,并不会在实际上对购房者权益造成实质损害,因为在房价上行的周期中,即使个别房地产开发企业破产,通过引入重整投资人抑或共益债融资等方式实现停工项目的续建与交房也是大概率事件,从而一般并不会触发购房款返还债权的产生。

综上所述,笔者认为,商品房消费者购房款返还优先权在性质上系在房屋交付请求权无法实现的情况下对消费者购房款返还债权的"担保权",并非对房屋交付请求权的担保,因而,不存在根据房屋的市场价值动态调整担保的债权金额问题,至于购房款返还优先权因客体财产范围所限最终能够实现多少金额,则属于优先权行使的范畴。

(三)责任财产范围

《商品房消费者权利保护批复》只是确立了商品房消费者的购房款返还请求权优先于建设工程价款优先受偿权、抵押权以及其他债权的一般规则,但对于可用于清偿的责任财产的范围或优先权客体却语焉不详,导致在司法实践中缺乏明确的指引,引发了法律适用的困惑和争议。具体而言,有如下问题需要进一步明确:商品房消费者是否可就房地产开发企业的全部财产优先受偿?若并非如此,则就房地产开发企业银行账户中的资金是否均可优先执行?是否需要区分账户性质而有所不同?账户中的资金不足以清偿全部商品房消费者的购房款时应如何处理?账户中的资金既有商品房消费者支付的购房款又有一般买受人支付的购房款时如何处理?在账户中的货币资金不足以清偿购房款时,商品房消费者能否就房地产开发企业建设的房屋、建筑物及建设用地使用权主张优先权?范围是否限于商品房消费者购买的案涉房屋?《执行异议之诉解释》第12条对此作出了部分回应。结合该条规定,就上述问题具体阐释如下。

1.关于商品房消费者购房款返还优先权的客体范围是否可及于房地产开发企业的全部财产

首先,从立法目的看,赋予商品房消费者购房款返还优先权的核心目的是确保在房地产开发企业出现经营困境且无法交付房屋时,消费者不至于陷入钱房两空的绝境。这体现了法律对弱势群体的特殊保护,以及对民生基本需求的高度关注。然而,这并不意味着商品房消费者可以毫无限制地就房地产开发企业的全部财产优先受偿。房地产开发企业的财产构成非常复杂,除了与商品房开发直接相关的资产,如在建工程、建设用地使用权、售楼处资产等,还可能涵盖其他多元投资和经营所得的财产。例如,部分房地产开发企业可能涉足商业地产、物业管理、酒店经营等多个领域,拥有商业写字楼、商场、酒店等资产,这些资产运营过程中均有可能产生负债。若将房地产开发企业的全部财产均作为商品房消费者购房款返还优先权的客体,显然有违其他与商品房项目无关的债权人对房地产开发企业偿债资产的合理预期,将会对其合法权益造成不合理损害,进而会扰乱市场的正常交易秩序,严重破坏营商环境。

其次,从法定优先权的客体设定的一般理论看,商品房消费者购房款返还优先权的客体范围也不应及于房地产开发企业的全部财产。从法定优先权或担保物权的客体理论层面来看，商品房消费者购房款返还优先权的客体应受到限制，不能及于房地产开发企业的全部财产。法定优先权的设立通常基于特定的政策考量和利益平衡。以建设工程价款优先受偿权为例，其客体明确限定为建设工程本身，这是因为建设工程价款优先受偿权所担保的主债权是承包人的工程价款，其与建设工程紧密相连。同理，商品房消费者购房款返还优先权的目的主要是保护消费者在房地产开发企业出现经营困境且无法交付房屋时的购房款债权和基于商品房买卖合同产生的信赖利益，其应与支付购房款所欲获得的对价，即商品房及相关直接资产相联系。若将其客体扩展到房地产开发企业的全部财产，会打破这种基于特定法律关系和政策目的所构建的优先权体系平衡。因此，与之对应的优先权客体应围绕商品房开发销售的相关资产，如在建工程、建设用地使用权等。房地产开发企业的其他财产，如企业的对外投资、无关的知识产权等，与购房款返还请求权并无直接关联，不应纳入优先权客体范围。否则，会导致优先权客体范围的过度扩张，违背优先权的基本原理。

2. 关于房地产开发企业的银行账户资金作为优先权客体的问题

房地产开发企业的银行账户类型多种，有基本存款账户、一般存款账户、专用存款账户等，每种账户的用途和性质存在差异。在商品房消费者对银行账户资金主张优先权时，由上文所述，不能一概而论地将全部账户资金纳入其中，而是应遵循与支付购房款所欲获得的对价即商品房相关联的标准。由于基本存款账户、一般存款账户资金来源众多，而且往往款项有进有出，即使有消费者支付的购房款曾进入这些账户中，也因混合而早已丧失特定性，从而难觅其踪，因此，基本存款账户、一般存款账户内的资金一般不宜作为购房款返还优先权的客体。除非该账户已经被法院冻结，或存在其他可以特定化的情形，使消费者支付的购房款进入该账户后不会因流进流出而难以判别，方可作为购房款返还优先权的客体。专用存款账户则需根据其特定用途进行判断。其中，为商品房预售款收取而设立的预售资金监管账户，其设立目的是为了确保购房款的专款专用，流入的资金均为购房款，且只能用于支付该特定商品房建设项目工程款、材料款、税费等相关费用，因此，该账户内的资金均应认定为购房款。此时，存在与《执行异议之诉解释》第12条第1款适用竞合的情形。该款规定了新建商品房买受人预售资金监管账户内购房款返还优先权，该优先权的根基是购房款进入了受法律特殊保护的监管账户,而不是买受人的身份与主观购房目的,故无论是否为商品房消费者,均系适格权利主体。此时,商品房消费者当然可据此对监管账户中的相应资金主张购房款返还优先权,但这并不意味着商品房消费者购房款返还优先权在此种情形下没有适用的价值。相反,在预售资金监管账户内的资金不足以清偿全部购房款返还债权时,商品房消费者购房款返还优先权与非商品房消费者预售资金监管账户内购房款返还优先权就会发生冲突,此时,基于生存权保护优先之目的,商品房消费者可依据商品房消费者购房款返还优先权获得优先保护,下文将进一步加以具体阐述。综上所述,预售资金监管账户内的资金应当作为商品房消费者购房款返还优先权的客体。而对于其他用途的专用存款账户资金,如为企业的特定投资项目设立的账户资金,因与商品房项目无关而并非购房款优先权的客体。

  还需要注意的是,购房者中并非只有消费者,非消费者的一般买受人也不在少数,其中可能会既有住宅购房者,又有非住宅购房者,因此,预售资金监管账户内的资金构成可能会非常复杂,既有商品房消费者支付的购房款又有一般买受人支付的购房款,既有住宅购房款,又有非住宅购房款。在账户内的购房款尚未被使用时,商品房消费者的购房款返还债权可以被该账户内的资金全额优先偿付,并不会因资金构成复杂而导致处理困难。但在账户内资金已经被使用了一部分,导致资金不足以全额偿付购房者的购房款但尚足以覆盖全部消费者购房款时或者不足以全额偿付消费者的购房款时,则商品房消费者购房款返还优先权的客体应如何确定,颇值探讨。

  对于前一种情形即账户内资金不足以全额偿付购房者的购房款但尚足以覆盖全部消费者购房款的,从《执行异议之诉解释》第12条的表述看,其似乎并未再区分账户内资金不同的性质来源,而是将其作为一个整体考虑,全部用于保障商品房消费者购房款返还优先权的实现。在资金已经混合的情况下,这是一种可采的解决方案。但笔者认为,基于前述商品房消费者购房款返还优先权的客体应为与支付购房款所欲获得的对价即商品房相关联的标准,在资金混合的情况下,较之更为公平合理的方案是,按照商品房消费者和一般买受人支付款项的比例,确定账户内剩余资金中属于商品房消费者购房款的金额,将此金额作为商品房消费者购房款返还优先权的客体。当然,在此过程中,应由房地产开发企业应承担举证责任,证明资金的具体来源和性质。这是因为房地产开发企业作为资金的管理者和使用者,对资金的流向和性质更为了解,要求其承担举证责任符合公平原则和证据规则。若房地产开发企业无法举证,则应作出对商品房消费者有利的认定,以保护处于相对弱势地位的商品房消费者。

对于后一种情形即账户内资金不足以全额偿付全部消费者的购房款的,应遵循何种原则分配账户内资金或确定每一位消费者对于账户内资金的优先份额,《执行异议之诉解释》第12条并未涉及。笔者认为,从公平原则出发,可按照每一位商品房消费者支付购房款占全部商品房消费者支付的购房款比例确定相应的优先份额。这种方式能够确保每个商品房消费者都能按照其实际支付的金额比例获得相应的受偿,较为公平合理。例如,若账户中剩余资金为100万元,商品房消费者甲支付购房款50万元,商品房消费者乙支付购房款100万元,那么,甲可优先获得约33.3万元[100×50÷(50+100)],乙可优先获得约66.7万元[100×100÷(50+100)]。

3.关于房地产开发企业建设的在建工程、建设用地使用权作为优先权客体的问题

在账户中的货币资金不足以优先清偿商品房消费者的购房款返还债权时,商品房消费者能否就房地产开发企业建设的在建工程、建设用地使用权主张优先权以及其范围如何界定,《执行异议之诉解释》第12条作出了规定。正确理解适用该条规定,应注意以下要点:

(1)商品房消费者购房款返还优先权的客体及于房地产开发企业建设的已完成的建设工程。从居住权益的实现路径来看,其关键是住房能够顺利建造完毕并通过验收。当整体项目处于未完工状态时,即便其中已经建成的部分涵盖了消费者所购置的特定房屋,但由于项目的整体性和关联性,这些房屋也难以实现单独的交付与投入使用。所以,真正能够保障居住权得以落实的并非孤立的某一套房屋或者某一栋居民楼,而是涵盖了从基础建设到配套设施等各个环节的整体建筑工程。因此,已完成的建设工程部分并不具有独立交付的功能,在房屋交付不能且无交付可能时,应成为保障商品房消费者购房款债权优先实现的客体。

(2)商品房消费者购房款返还优先权的客体及于续建工程及相关附属设施。续建工程是指在房屋交付不能时,为完成商品房项目建设而需要继续进行的工程。相关附属设施则包括小区内的道路、绿化、停车场、会所等小区内的配套设施,这些工程和设施的建设是为了保障商品房项目的整体功能和居住环境,与消费者的购房目的密切相关。因此,在房屋不能交付且无实际交付可能时,续建工

程及相关附属设施也应纳入责任财产范围。

（3）商品房消费者购房款返还优先权的客体及于在建工程占用范围内的建设用地使用权。基于房地一体原则,建设用地使用权是房屋建设的基础,当商品房消费者对房屋、建筑物享有优先权时,其对相应的建设用地使用权也应享有一定的优先权。但这种优先权应在合理的分摊范围内,可根据房屋、建筑物所占用的土地面积比例等因素确定。例如,在一个房地产开发项目中,建设用地使用权面积为10000平方米,共建设了10栋商品房,每栋商品房所占用的土地面积不同。商品房消费者购买的房屋位于其中一栋楼,该栋楼所占用的土地面积为1000平方米。那么,在确定该商品房消费者对建设用地使用权的优先权范围时,应按照其房屋所占用土地面积占总建设用地使用权面积的比例,即10%（1000÷10000）来确定。这样既能保障商品房消费者对建设用地使用权的合理权益,又能避免对建设用地使用权的过度分割和对其他相关权利人权利的不当损害。

（4）商品房消费者购房款返还优先权的客体不包括非商品房建筑工程和房地产开发企业的其他财产。如前文所述,商品房消费者购房款返还优先权的责任财产范围限于与商品房建筑工程相关的特定财产,不包括非商品房建筑工程和其他破产财产。非商品房建筑工程是指与商品房项目无关的其他建筑工程,如商业用房、写字楼等。其他财产则包括开发商的其他资产,如流动资金、设备等。这些财产与消费者的购房目的无关,因此不应纳入购房款返还优先权的责任财产范围。

（四）商品房消费者购房款返还优先权的实现路径

根据《执行程序解释》第17条、第18条的规定,多个债权人对同一被执行人申请执行或者对执行财产申请参与分配的,执行法院应当制作财产分配方案,相关当事人有权对分配方案提出异议以及分配方案异议之诉。理论上讲,商品房消费者购房款返还优先权保障的是商品房消费者对被执行人用于清偿债务的金钱在分配顺位上的优先,而非对某一特定账户的资金排他性的权利,因此,商品房消费者应当通过对房地产开发企业申请执行或申请参与分配其执行财产的方式来主张就价款优先受偿,而对于有损其优先顺位的财产分配,则应当通过提出分配方案异议以及异议之诉来解决最为妥当。比如,实践中,在房地产开发企业作为被执行人的执行案件中,因存在数个执行债权人,执行法院即制作了执行财产分配方案,商品房消费者认为其购房款返还请求权未在分配方案中得到优先清偿,可能因此而提出异议。此时,商品房消费者系针对分配方案提出的异议,进一步的诉讼程序即为分配方案异议之诉,而非针对执行标的排除执行的案外人异议之诉。①

但从实际效果上看,由于金钱不存在变价程序,执行标的就是可以直接分配的货币,因此,通过执行分配方案保障商品房消费者优先受偿的顺位和通过执行异议之诉保障商品房消费者可优先受偿的金额,在最终效果上是相同的。因此,商品房消费者按照执行法院引导的路径,通过执行异议之诉或者分配方案异议之诉来解决商品房消费者购房款债权就其优先范围内排除强制执行的问题,均无不可,司法解释对此程序选择问题可持较为宽松的态度,受诉法院亦不应要求商品房消费者必须通过分配方案异议之诉寻求救济。

二、新建商品房买受人预售资金监管账户内已付购房款返还优先权的法理基础与规范适用

上一章讲到,《商品房消费者权利保护批复》明确了在特定条件下商品房消费者购房款返还请求权优先于建设工程价款优先受偿权、抵押权及其他债权,本章也详细拆解了其排除执行的构成要件等法律适用问题。但正如上文指出的,《商品房消费者权利保护批复》所构建的保护体系并未完全覆盖,商品房消费者购房款返还优先权所保护的对象是商品房消费者而非所有新建商品房买受人,前提条件限于房屋不能交付且已无实际交付可能。但实践中还大量存在这样的情况,当执行法院因房地产开发企业的其他金钱债务而冻结其商品房预售资金监管账户时,部分购房人可能已经与房地产开发企业解除了商品房买卖合同,但房地产开发企业尚未退还其已支付到该账户中的购房款项。此时,该购房人作为案外人,能否以其对预售资金监管账户内的特定款项享有足以排除强制执行的民事权益为由,提起执行异议之诉,请求法院解除对相应款项的冻结并向其发放以实现其购房款返还债权呢?这一实践问题亟须回应。《执行异议之诉解释》第12条第1

---

① 如在某执行案中,射阳法院根据参与分配的债权性质及数额,制定了《执行财产分配方案》:(1)支付拍卖款辅助费3000元;(2)李某1案诉讼费、保全费3720元;(3)分配给债权人李某1 10万元;(4)本案剩余款项均分配给云某公司;(5)无余款可供其他普通债权分配。该院依法将《执行财产分配方案》向各债权人及被执行人送达,李某1提出异议。嗣后,向该院提起分配方案异议之诉。参见江苏省盐城市中级人民法院民事判决书,(2024)苏09民终3433号。相似案例还可见云南省红河哈尼族彝族自治州中级人民法院民事判决书,(2023)云25民终2411号。

款对此问题予以了明确。

(一)法理基础

如前文所述,商品房消费者优先权有着强有力的道德与社会正当性,但其内在逻辑也天然地划定了该权利的适用边界。既然商品房消费者优先权的正当性来源于保障生存这一基本需求,那么其适用主体和客体必然受到严格限制。这直接体现为以投资、经营为目的的非消费者购房人被排除在该优先权的保护范围之外。若试图将基于生存权的保护逻辑生硬地延伸至非消费者购房人,则在理论上难以自洽,缺乏说服力。因此,在预售资金监管账户执行中商品房买受人购房款返还债权保护,必然应当具有自己独立的法理基础。笔者认为,其关键就在于对商品房预售资金监管账户的法律性质的认识。

商品房预售资金监管账户并非房地产开发企业的普通银行账户,其设立、资金存取和使用均受到严格的法律规制,使其在法律地位上应当区别于房地产开发企业的一般责任财产。

商品房预售资金监管制度是我国房地产市场管理的核心制度之一。其法律依据源于《城市房地产管理法》以及建设部的《城市商品房预售管理办法》等。根据《城市商品房预售管理办法》第11条的规定,商品房预售所得款项必须用于有关的工程建设,即应当遵循"专款专用"原则[1]。各地住房和城乡建设主管部门据此制定了详细的实施细则。这些细则普遍要求:(1)强制设立。开发商在申请预售许可前,必须选择一家商业银行作为监管银行,并开立预售资金监管专用账户,通常遵循"一个预售许可对应一个账户"的原则[2]。(2)全额存入。购房人支付的全部房价款,包括定金、首付款、购房贷款等,都必须直接存入该专用账户,不得由开发商另行收取或挪用[3]。(3)多方监管。该账户由住房建设主管部门指导(或

---

[1] 如《长春市商品房预售资金监督管理办法》(长春市人民政府令第82号)第5条第1款规定,商品房预售资金监督管理,遵循专款专户、专款专存、专款专用的原则。

[2] 如《北京市商品房预售资金监督管理办法》(京建法〔2013〕11号)第5条第1款规定,申请商品房预售许可前,房地产开发企业应选择商业银行作为商品房预售资金监管专用账户的开户银行(以下简称监管银行),与监管银行签订预售资金监管协议,并按照一个预售许可申请对应一个账户的原则在监管银行开立专用账户。房地产开发企业不得从专用账户中支取现金。

[3] 如《四平市商品房预售资金监督管理办法》(2022年12月7日)第9条规定,商品房预售资金应当全部直接存入商品房预售资金监管账户(以下简称监管账户)进行监管,开发企业不得向购房人提供非监管账户作为房款收款账户。

监管)、监管银行监管和房地产开发企业开发商参与,形成一种公权力与私主体相结合的监管模式。① (4)专款专用,按节点支取。房地产开发企业需要根据工程进度(如完成基础、主体封顶、竣工验收等节点),向监管银行申请使用账户内资金,且资金用途严格限定于支付工程款、材料款、税费等项目建设相关费用。②

显然,这种制度设计并非简单的行政备案或管理,而是一种实质性的法律安排,旨在将预售款这一特定资金池与房地产开发企业的自有资金进行物理和法律上的隔离,以防范资金被挪用导致项目"烂尾"的风险。

这一整套以"专款专用"为核心的监管体系,在法律上实现了购房款的"特定化"。此处的"特定化"有着双重内涵:第一,资金来源的特定化。账户内的资金明确来源于特定预售项目的购房人所支付的购房款,每一笔资金的流入都与一份具体的《商品房买卖合同》相对应。第二,资金用途的特定化。法律和监管协议明确限定了资金的支出方向,即只能用于该特定项目的建设。开发商不得将其用于偿还其他项目的债务、进行新的土地投资或作为集团运营的一般性资金。通过来源和用途的双重锁定,预售资金在法律意义上被赋予了特殊的身份。它不再是房地产开发企业可以为其任何商业目的而动用的流动资金,而是被法律和合同"圈定"起来、服务于特定目标(即项目竣工)的专项基金。这种资金的特定化,将购房款与房地产开发企业的其他资产隔离开来,形成一个相对独立的资金池,从而为商品房买受人对其已支付至这一特定账户中的购房款返还请求,提供了充分的法理基础。

---

① 如《北京市商品房预售资金监督管理办法》(京建法〔2013〕11号)第3条规定,本市商品房预售资金的监督管理遵循政府指导、银行监管、多方监督、专款专用的原则。《长春市商品房预售资金监督管理办法》(长春市人民政府令第82号)第4条规定,市住房保障和房屋管理部门负责本市商品房预售资金的监督管理工作。市房地产开发经营管理机构(以下简称管理机构)负责商品房预售资金的日常管理工作。《乌鲁木齐市商品房预售资金监督管理办法》(乌鲁木齐市人民政府令第146号)第5条规定,商品房预售资金监督管理,遵循政府监管、多方参与、专户存放、专款专用、分类分级管理的原则。

② 如《乌鲁木齐市商品房预售资金监督管理办法》(乌鲁木齐市人民政府令第146号)第14条第1款规定,进入监管专用账户的重点监管资金应当用于该商品房项目的工程建设。开发企业应当根据该商品房项目的工程建设进度,按照节点分期申请使用重点监管资金。《四平市商品房预售资金监督管理办法》(2022年12月7日)第4条规定,商品房预售资金监管遵循政府主导、多方参与、专户存放、专款专用的原则。预售资金实行专款专户存储,监管额度内的资金必须用于该商品房项目所需的建设施工进度款、设备材料款等与本工程相关的费用。第19条规定,商品房预售资金使用计划应根据工程施工计划及施工合同所约定的付款时点制定,原则上应按照主体结构完成二分之一、主体结构封顶、工程竣工验收、完成不动产首次登记等环节设置资金使用节点。第21条规定,商品房预售资金原则上实行全程监管,未到资金使用节点不予拨付。

赋予商品房买受人对已付至预售资金监管账户中的购房款的返还请求权优先于房地产开发企业的其他金钱债权的效力,最为直接的规范依据来自最高人民法院、住房和城乡建设部、中国人民银行联合发布的《关于规范人民法院保全执行措施确保商品房预售资金用于项目建设的通知》(法〔2022〕12号)。该通知对法院执行监管账户的行为施加了严格的限制,其核心规则包括:(1)审慎原则。要求法院对商品房预售资金监管账户内资金依法审慎采取保全、执行措施。(2)原则上禁止扣划。在商品房项目完成房屋所有权首次登记前,对于监管账户中"监管额度内的款项,不得采取扣划措施"。(3)明确的扣划例外。该通知明确列出了允许扣划的极少数例外情形。除了支付该项目自身的工程款、材料款等建设费用外,通知还特别指出,购房人因购房合同解除申请退还购房款是动用已冻结账户资金的合法事由之一。

该通知在法律上的意义远超一份普通的指导性文件。通过设定严格的执行限制和明确的例外情形,最高人民法院实质上承认了这部分资金不属于房地产开发企业可以自由支配的财产,而是一个受到特殊法律保护的"资金池"。这种区别对待的规则安排,其背后体现的逻辑是:如果资金仅仅是房地产开发企业的普通财产,那么,根据债权平等原则,任何一个合法债权人都应有权申请执行。然而,该通知恰恰打破了这一原则,将普通债权人排除在外,同时却为与项目直接相关的特定主体(建筑商、材料商以及申请退款的购房人)打开了获取资金的通道。因此,根据该通知,预售资金监管账户内的资金在性质上应视为一种目的性财产,清偿顺位和使用规则由其特定用途所决定,而非由房地产开发企业的一般债务状况所决定。基于上述分析,可得出的结论是,在商品房买卖合同解除后,商品房买受人对已付至预售资金监管账户中的购房款的返还请求权具有优先性,与商品房消费者购房款返还请求权类似,都是一种法定优先权,因而具有排除房地产开发企业的其他金钱债权强制执行的效力。

购房人在监管账户执行中享有购房款返还优先权,还体现出维护商品房预售资金监管制度的立法宗旨与公共政策目标的完整性。商品房预售资金监管制度的设立,其公共政策目标是多元的:第一,确保项目建设资金充足,实现"保交楼",保障购房人的根本利益;第二,防范因房地产开发企业资金链断裂引发的系统性金融风险和社会稳定问题;第三,维护房地产市场的交易秩序和信用基础,保护所有信赖并遵守该制度规则的交易参与方的合法权益。"专款专用"是该制度的核心要义。如果允许房地产开发企业的普通债权人随意冻结并扣划监管账户内的资金，无异于宣告该制度的破产。这将彻底架空立法的目的，使购房人支付的用于建房的预售购房款沦为替房地产开发企业偿还其他经营债务的资金，从而引发更大范围的"烂尾"风险，与制度设计的初衷背道而驰。因此，法院通过司法裁判，阻断普通债权人对监管账户内资金的执行，并支持购房人在合同目的落空后取回其款项，是捍卫预售资金监管制度自身完整性和权威性的应有之义。可以毫不夸张地讲，保护购房人对于预售资金监管账户中已付购房款的返还请求权，就是保护这项制度的生命线。

（二）构成要件

根据《执行异议之诉解释》第12条第1款的规定，就执行异议之诉中新建商品房买受人对于预售资金监管账户中的已付购房款返还请求权排除金钱债权执行的构成要件具体阐述如下。

1. 权利人系新建商品房买受人

权利的主体是与开发商建立商品房买卖合同关系的买受人，这意味着"两个不限"：

一是权利主体类型不限。无论是自然人、法人还是非法人组织，只要其作为买受人与开发商建立了合法的商品房买卖合同关系，均可成为本权利的主体。

二是购房目的不限。新建商品房买受人预售资金监管账户内已付购房款返还优先权的根基在于购房款进入了受法律特殊保护的监管账户，而不在于买受人的主观购房目的。因此，无论是为满足基本居住需求的消费者，还是以商业增值为目的的投资者，均系适格权利主体。

2. 案外人已向预售资金监管账户交付购房款，且房屋买卖合同已经解除

这是新建商品房买受人预售资金监管账户内已付购房款返还优先权成立的核心事实要件，在认定该要件是否构成时应注意以下问题。

（1）购房款已进入预售资金监管账户

这是权利得以主张的绝对前提。买受人应当提供银行转账记录、付款回单等，从而证明购房款直接进入了案涉项目对应的预售资金监管专用账户。这是实现资金特定化、建立权利人与特定财产之间直接联系的关键。若款项被支付至房地产开发企业的其他一般账户，则该笔资金丧失了受优先保护的法律地位，买受

人的购房款返还请求权将沦为普通债权。

此外，需要注意的是，不应将审查不动产查封状态的注意义务与审查银行账户冻结状态的注意义务等同起来。前者是物权公示原则下对于购房人的合理要求，后者则超出了一个普通市场交易主体所能及的范畴。由于买受人签订合同的目的是购买商品房，对于商品房或在建工程上是否存在查封的情况应当加以注意和审查，故商品房消费者优先权排除执行的构成要件要求商品房买卖合同签订于查封前，而买受人对于接受购房款的预售资金监管账户是否存在冻结不应负有注意义务，故其支付的购房款是否必须发生在法院对监管账户采取冻结等保全措施之前，应在所不问。至于商品房买卖合同是否签订于查封或预售资金监管账户冻结前，是否解除于预售资金监管账户冻结前，就更与其款项的特定化之间没有直接关联，故也不应加以限制。

（2）合同解除的事实与事由

买受人应当提交商品房买卖合同已经解除或终止的证明，如双方签订的解除协议、法院的判决书或仲裁裁决书等，从而证明返还购房款的请求权基础已经成立，这一点无须赘述。需要着重考量的是，是否需要限制商品房买卖合同解除的事由。

笔者认为，虽然新建商品房买受人预售资金监管账户内已付购房款返还优先权与商品房消费者购房款返还优先权的客体范围和对抗对象不同，决定了其激活门槛应有所区别，但在商品房买卖合同解除事由上又必须通过体系解释，相互协调，避免产生规避法律的负面效应。对此，可区分如下情况探讨。

在项目拯救阶段，特别是已列入"保交楼"的项目，"保交楼"是压倒一切的政策目标，法律适用的核心是确保监管资金最大限度地用于项目建设。为防止因个别购房人提前"抽资"而引发资金池崩溃，损害全体购房人的集体利益，必须对退款请求设置严格的门槛。因此，商品房消费者购房款返还优先权行使的前提条件是"房屋不能交付且无实际交付可能导致房屋买卖合同已经解除"，此时，为了避免监管账户内资金返还成为规避这一严格限制条件的"后门"，非商品房消费者的任何新建商品房买受人主张从监管账户中优先退款的，其合同解除事由也应一体限定为"房屋不能交付且无实际交付可能"，即构成根本违约。以其他法定或约定解约事由解除合同的，购房款返还请求权均不具有优先效力。

对于项目拯救失败或者没有拯救价值的项目，此时当然就构成了"房屋不能交付且无实际交付可能",也构成了对所有买受人的根本违约,故系一个普适的、当然的解约事由。因此,在这个阶段,再去纠结买受人是以这个根本违约事由还是以其他约定事由解除合同,已经没有实质意义。因为无论以何种理由解约,其面对的都是一个已经失败的项目,其请求返还购房款的权利基础都是相同的。此时无论对于商品房消费者还是非消费者购房人而言,均可据此解除商品房买卖合同,当然,以合同约定的其他解约事由行使合同解除权也无不可,不影响其购房款返还请求权的优先效力。

3. 作为前置程序的经住建部门审核

根据最高人民法院、住房和城乡建设部、中国人民银行《关于规范人民法院保全执行措施确保商品房预售资金用于项目建设的通知》第2条的规定,商品房预售资金监管账户被人民法院冻结后,购房人因购房合同解除申请退还购房款,经项目所在地住房和城乡建设主管部门审核同意的,商业银行应当及时支付,并将付款情况及时向人民法院报告。该条规定为银行等金融机构设置了操作指引,旨在法院已冻结账户的特殊情况下,为退还购房款这一合法的资金支付提供一个行政确认通道,避免银行因擅自付款而承担法律责任。

要求购房人先向住建部门申请审核,具有积极意义。它提供了一个高效、低成本的非诉解决路径。如果住建部门审核同意,问题即可迅速解决,无须进入复杂的诉讼程序。如果住建部门不予审核、拖延审核或作出不同意的决定,购房人的司法救济权利绝不应因此被剥夺。行政审核不能取代司法裁判。在这种情况下,购房人有权提起执行异议之诉以寻求救济。

(三)权利客体的分野:与建设工程价款优先权及抵押权的并行关系

笔者认为,监管账户内购房款返还优先权,其直接冲突对象是房地产开发企业的普通金钱债权人,原则上不与建设工程价款优先权和抵押权发生直接冲突。这是源于权利所指向的客体完全不同。

建设工程价款优先受偿权的客体是"该工程折价或者拍卖的价款"。抵押权的客体是"抵押财产",在房地产项目中,通常指"建设用地使用权"以及"在建建筑物"。这两项权利都附着在不动产(即项目本身)之上,其权利实现方式,是通过拍卖、变卖该不动产项目,并从所得的价款中优先受偿。预售资金监管账户内购房款返还优先权的客体是"预售资金监管账户内的特定资金",换言之,是一种针对特定化金钱的权利。其权利实现方式,是在执行程序中,请求法院确认其对该特定账户内的资金享有优先地位,从而排除执行并获得返还。

因此,通俗地讲,建设工程优先权和抵押权是对"楼和地"的权利,而监管账户内购房款返还优先权是对"账户里的钱"的权利。两者的权利客体泾渭分明,分属不动产和金钱两个完全不同的财产范畴,因而不会发生冲突。

当然,两者虽然不存在直接冲突,但在特定场景下,会产生一种间接的、资源分配上的冲突。这种冲突主要发生在"项目拯救"阶段。根据最高人民法院、住房和城乡建设部、中国人民银行《关于规范人民法院保全执行措施确保商品房预售资金用于项目建设的通知》,监管账户内的资金既可以用于支付包括工程款在内的项目建设所需资金,也可以用于购房人因购房合同解除申请退还购房款。此时,建设工程价款优先权人主张支付工程进度款,和已解约的购房人主张退还购房款,两者都想从同一个资金池里获得支付。这就产生了资源竞争。对于如何解决这种间接冲突,已在前文对商品房买卖合同解除事由的探讨部分分析过,此处不再赘述。

(四)预售资金监管账户内资金不足时的购房款返还分配原则

预售资金监管账户内的资金总额存在不足以100%满足所有享有购房款返还优先权的新建商品房买受人的退款请求,应遵循何种原则分配账户内资金,《执行异议之诉解释》第12条并未涉及。笔者认为,与商品房消费者购房款返还优先权在面临这一情形下的处理原则相同,应从公平原则出发,按照每一位请求返还购房款的商品房买受人支付到预售资金监管账户购房款占所有请求购房款返还并获得优先权的商品房买受人支付到该账户的购房款比例确定相应的优先份额。这种方式能够确保每个享有购房款返还优先权的新建商品房买受人都能按照其实际支付的金额比例获得相应的受偿,较为公平合理。

按比例分配的原则决定了其实现路径必须是集体性程序。路径主要有二:

一是破产程序。法院可引导房地产开发企业或其债权人申请房地产开发企业进入破产程序。在破产程序中,管理人将统一接管包括监管账户在内的所有财产,对所有债权进行登记和确认,并按照《企业破产法》及相关司法解释规定的清偿顺位制定分配方案。这是处理复杂债务关系、确保所有债权人获得公平对待的最规范、最全面的程序。

二是执行中的参与分配程序。在执行程序中出现这种情况时,执行法院应依据《民事诉讼法》及相关司法解释的规定,启动参与分配程序。法院应通知所有已知的、可能对该笔资金享有权利的债权人(特别是其他购房人),要求其在指定期限内申请参与分配。在对所有申请进行审查,并确定各自的债权数额和优先顺位后,由法院统一制作分配方案,对监管账户内的资金进行按比例分配。

三、小结

基于前述分析,现将本章涉及的两种购房款返还优先权对比如下:

对比维度	商品房消费者购房款返还优先权	新建商品房买受人预售资金监管账户内已付购房款返还优先权
法律依据	《执行异议之诉解释》《商品房消费者权利保护批复》	《执行异议之诉解释》《关于规范人民法院保全执行措施确保商品房预售资金用于项目建设的通知》
前提条件	房屋无法交付且无交付可能导致商品房买卖合同解除,购房款是否支付至预售资金监管账户在所不问	买受人已向预售资金监管账户交付购房款,且商品房买卖合同已解除
权利主体	符合条件的商品房消费者	所有支付购房款进入预售资金监管账户的商品房买受人
优先客体	预售资金监管账户内的资金以及相应的建筑物及其占用范围内建设用地使用权	仅限于预售资金监管账户内的资金
对抗对象	房地产开发企业所负的工程款债权、抵押债权、普通金钱债权	房地产开发企业所负的普通债权

> **规范依据**

《执行异议之诉解释》

第十二条 执行法院冻结被执行的房地产开发企业的预售资金监管账户,案外人以其已向该账户交付购房款,且房屋买卖合同已经解除为由,提起执行异议之诉,请求排除相应购房款的强制执行并申请向其发放,事由成立的,人民法院应予支持。

执行法院对被执行的房地产开发企业的建筑物及其占用范围内建设用地使

用权实施强制执行,符合前条第一款第一项、第三项规定的商品房消费者因房屋不能交付且无实际交付可能导致房屋买卖合同已经解除,提起执行异议之诉,请求在建筑物及其建设用地使用权的变价款中排除相对应的强制执行并申请向其发放的,人民法院应予支持。

《商品房消费者权利保护批复》

三、在房屋不能交付且无实际交付可能的情况下,商品房消费者主张价款返还请求权优先于建设工程价款优先受偿权、抵押权以及其他债权的,人民法院应当予以支持。

最高人民法院、住房和城乡建设部、中国人民银行《关于规范人民法院保全执行措施确保商品房预售资金用于项目建设的通知》(法〔2022〕12号)

各省、自治区、直辖市高级人民法院,解放军军事法院,新疆维吾尔自治区高级人民法院生产建设兵团分院;各省、自治区、直辖市住房和城乡建设厅(委、管委),新疆生产建设兵团住房和城乡建设局;中国人民银行上海总部、各分行、营业管理部、各省会(首府)城市中心支行、副省级城市中心支行,各国有商业银行,中国邮政储蓄银行,各股份制商业银行:

为了确保商品房预售资金用于有关项目建设,切实保护购房人与债权人合法权益,进一步明确住房和城乡建设部门、相关商业银行职责,规范人民法院的保全、执行行为,根据《中华人民共和国城市房地产管理法》《中华人民共和国民事诉讼法》等法律规定,通知如下:

一、商品房预售资金监管是商品房预售制度的重要内容,是保障房地产项目建设、维护购房者权益的重要举措。人民法院冻结预售资金监管账户的,应当及时通知当地住房和城乡建设主管部门。

人民法院对预售资金监管账户采取保全、执行措施时要强化善意文明执行理念,坚持比例原则,切实避免因人民法院保全、执行预售资金监管账户内的款项导致施工单位工程进度款无法拨付到位,商品房项目建设停止,影响项目竣工交付,损害广大购房人合法权益。

除当事人申请执行因建设该商品房项目而产生的工程建设进度款、材料款、设备款等债权案件之外,在商品房项目完成房屋所有权首次登记前,对于预售资金监管账户中监管额度内的款项,人民法院不得采取扣划措施。

二、商品房预售资金监管账户被人民法院冻结后,房地产开发企业、商品房建设工程款债权人、材料款债权人、租赁设备款债权人等请求以预售资金监管账户资金支付工程建设进度款、材料款、设备款等项目建设所需资金,或者购房人因购房合同解除申请退还购房款,经项目所在地住房和城乡建设主管部门审核同意的,商业银行应当及时支付,并将付款情况及时向人民法院报告。

住房和城乡建设主管部门应当依法妥善处理房地产开发企业等主体的资金使用申请,未尽监督审查义务违规批准用款申请,导致资金挪作他用,损害保全申请人或者执行申请人权利的,依法承担相应责任。

三、开设监管账户的商业银行接到人民法院冻结预售资金监管账户指令时,应当立即办理冻结手续。

商业银行对于不符合资金使用要求和审批手续的资金使用申请,不予办理支付、转账手续。商业银行违反法律规定或合同约定支付、转账的,依法承担相应责任。

四、房地产开发企业提供商业银行等金融机构出具的保函,请求释放预售资金监管账户相应额度资金的,住房和城乡建设主管部门可以予以准许。

预售资金监管账户被人民法院冻结,房地产开发企业直接向人民法院申请解除冻结并提供担保的,人民法院应当根据《中华人民共和国民事诉讼法》第一百零七条、《最高人民法院关于适用〈中华人民共和国民事诉讼法〉的解释》第一百六十七条的规定审查处理。

五、人民法院工作人员在预售资金监管账户的保全、执行过程中,存在枉法裁判执行、违法查封随意解封、利用刑事手段插手民事经济纠纷等违法违纪问题的,要严肃予以查处。

住房和城乡建设主管部门、商业银行等相关单位工作人员在预售资金监管账户款项监管、划拨过程中,滥用职权、玩忽职守、徇私舞弊的,依法追究法律责任。

《城市商品房预售管理办法》(建设部令第131号)

第十一条 开发企业预售商品房所得款项应当用于有关的工程建设。

商品房预售款监管的具体办法,由房地产管理部门制定。

第九章　代为清偿不动产买受人针对金钱债权执行提起的执行异议之诉

在《执行异议之诉解释》实施前,我国的不动产买受人权利保护体系是由商品房消费者优先权与一般不动产买受人物权期待权构成的双层结构体系。但该双层结构在实践中暴露出一定的局限性,尤其是在买受人无法满足严苛构成要件,而其所购不动产又面临抵押权、建设工程价款优先权等优先权实现所导致的权利落空风险时,法律保护存在真空地带。

基于此,《执行异议之诉解释》第13条试图在合理范围内填补这一空白。该条规定的核心是赋予特定情形下的不动产买受人通过向法院交付足以清偿优先债权的价款,从而排除强制执行的权利。这是一项有别于商品房消费者优先权与不动产买受人物权期待权的全新的可以排除强制执行的买受人权利。本章旨在对该项权利的法理基础、构成要件与法律效果加以阐述,以期探究其权利属性,厘清其适用边界。

一、代为清偿不动产买受人权利的法理基础

《执行异议之诉解释》第13条创设的该项不动产买受人权利并非无源之水。与传统物权法上强调权利顺位、非经登记不产生对抗效力的"物权法定"和"公示公信"原则不同,代为清偿不动产买受人权利的实现逻辑并非主张自身权利的顺位优于抵押权等在先权利,而是通过"满足"而非"对抗"的方式,消灭在先权利负担,从而实现对自身购买目的的保障。该条规定的实体法基础源于《民法典》第524条规定的第三人代为清偿制度。

第三人代为清偿,又称第三人代位清偿、第三人代为履行,是指"第三人以自己的名义有意识地清偿他人（债务人）的债务"①。根据债之相对性原则，债之关系原则上只能约束债权人与债务人，债权人须向债务人请求履行债务。② 但是，社会生活纷繁复杂，在许多情况下第三人也会对债务的履行具有法律上的利益，此时严格按照债的关系的相对性阻止第三人履行债务，不仅会影响债务的履行、影响债的关系当事人利益的实现，而且会严重影响第三人的利益。因此，第三人代为清偿制度应运而生。③ 除非给付具有非债务人自身不能清偿的性质，特别是对于金钱债务，第三人的清偿具有重大的经济意义。从债权人一方而言，只要通过给付的实现就可以达到债权之目的，并不关心该给付由何人为之。就第三人一方而言，因与债务人之间存在种种关联——为了给予债务人资金上的帮助、替代承担债务人之债务、对债务人清结自己的债务、为消灭优先于自己的其他债权等种种原因——替代债务人清偿在经济上有其必要的情形居多。④ 总之，第三人代为清偿是债务人以外的第三人出于不同考虑或基于不同原因而向债权人所为之履行。经法律认可后，这种履行构成债权人、债务人间债务的清偿，相应产生债务消灭之效果。⑤

《民法典》第524条第1款规定："债务人不履行债务，第三人对履行该债务具有合法利益的，第三人有权向债权人代为履行；但是，根据债务性质、按照当事人约定或者依照法律规定只能由债务人履行的除外。"据此，除专属于债务人的债务之外，对履行债务具有合法利益的第三人，有权在债务人不履行该债务时向债权人代为履行。《合同编通则解释》第30条对《民法典》第524条第1款规定对履行债务具有合法利益的第三人作了进一步的解释，该条第1款第4项明确将对债务人的财产享有合法权益且该权益将因财产被强制执行而丧失的第三人作为对履行债务具有合法利益的第三人的类型之一。

"对债务人的财产享有合法权益且该权益将因财产被强制执行而丧失的第三

---

① 韩世远：《合同法总论》，法律出版社2008年版，第205页。
② 参见高圣平、陶鑫明：《论第三人代为清偿的法律适用——以〈民法典合同编通则解释〉第30条为分析对象》，载《社会科学研究》2024年第1期。
③ 参见王利明：《论第三人代为履行——以〈民法典〉第524条为中心》，载《法学杂志》2021年第8期。
④ 参见［日］我妻荣：《新订债权总论》，王焱译，中国法制出版社2008年版，第216页。
⑤ 参见最高人民法院民事审判第二庭、研究室编著：《最高人民法院民法典合同编通则司法解释理解与适用》，人民法院出版社2023年版，第341-342页。

人"是第三人代为清偿制度最直接针对的问题。《德国民法典》第268条对此就专门作出了规定:"债权人对属于债务人的标的物实施强制执行时,因强制执行而有丧失该标的物权利之虞的任何人,均有权向债权人清偿。物的占有人因强制执行而有丧失物的占有之虞时,也享有同样的权利。"债务人财产被强制执行,将影响对该财产享有相应权益的第三人。为了稳定法律关系,平衡各方利益,由享有合法权益(买受权、用益物权等)的第三人代为清偿是合理的。而且,由于第三人尚未履行债务,第三人通过代为履行可以将偿债资源直接交付给申请执行人,申请执行人的利益并不会受到损失。①

此外,担保财产的受让人为避免担保物权人就担保财产实现担保物权,也可主动代债务人清偿债务。《合同编通则解释》第30条第1款第2项也明确将担保财产的受让人作为对履行债务具有合法利益的第三人的类型之一。理由是,虽然《民法典》第406条删除了《物权法》第191条关于抵押财产受让人涤除权的规定,但并不意味着受让人不能通过代为清偿的方式涤除财产上抵押权负担。② 在解释上,借助于体系解释,《民法典》第406条删除的涤除权规则实际上被包含在第524条第1款所确立的第三人代为清偿制度之中。③ 裁判实践中,有的受让人还没有取得担保财产的所有权,但即使未完成所有权变动,法院也认为受让人对取得担保所有权享有合法期待利益,可以代偿担保人对债权人的债务。④

对于第三人代为清偿,是否需要债权人或债务人同意,我国《民法典》对此未予明确,理论上则存在一定争议。从比较法上看,《欧洲示范民法典草案》(DCFR)第3-2:107条有明文规定。草案评注者认为,第三人履行可以不考虑债务人的意思,只要第三人的履行具有合法利益。如母公司为其子公司偿付债务以

---

① 参见最高人民法院民事审判第二庭、研究室编著:《最高人民法院民法典合同编通则司法解释理解与适用》,人民法院出版社2023年版,第351－352页。
② 参见最高人民法院民法典贯彻实施工作领导小组主编:《中华人民共和国民法典物权编理解与适用》(下),人民法院出版社2020年版,第1095页。
③ 参见王利明:《论〈民法典〉实施中的思维转化——从单行法思维到法典化思维》,载《中国社会科学》2022年第3期;刘家安:《〈民法典〉抵押物转让规则的体系解读——以第406条为中心》,载《山东大学学报(哲学社会科学版)》2020年第6期。
④ 参见北京市第三中级人民法院民事判决书,(2022)京03民终17314号;上海市第一中级人民法院民事判决书,(2022)沪01民终1294号。

挽救后者的信用评级。① 对于债权人而言,在第三人履行有合法利益时,多数情况下,债权人不会在意究竟是何人来履行,只要履行时被正确提供,并且只要他初始的合同当事人仍然在不履行或不适当履行的场合下承担责任即可。② 因此,主流观点认为,在债权人、债务人的利益不受实际不利影响的前提下,第三人具有的对于以履行使债务相对消灭的某种合法利益高于当事人的不被他人介入的利益,从而不经同意就可以履行。③

就第三人代为清偿后的法律效果,理论上存在"债权买卖说""债权拟制移转说""赔偿请求权说""债权移转说"等学说。④《民法典》第524条第2款"(债权人)对债务人的债权转让给第三人"的表述表明其采取了"债权移转说"。这种债权转让是法定的,第三人在代为清偿后即自然取得该债权,通知债务人非此种债权转让生效的法定条件。⑤

在不动产买受人作为第三人代为清偿出卖人(债务人)所欠其他金钱债权人的债务情形下,不动产买受人基于与出卖人之间的合法有效的不动产买卖合同关系,甚至已经支付了相当比例的对价款、已经实现占有并对最终获得物权享有期待利益,其命运与出卖人能否清偿对其他债权人的金钱债权紧密相连。一旦不动产被执行,买受人对于该不动产的权利将一同归于消灭。因此,买受人无疑是与债务履行具有直接法律利害关系的第三人,有权依据《民法典》第524条代出卖人履行债务。在强制执行程序中,其向法院交付相应款项以清偿债权的行为,应当认为构成《民法典》第524条所规定的第三人代为清偿的情形。《执行异议之诉解释》第13条的规定,从合同法出发,巧妙地为不动产执行僵局提供了解决方案,值得肯定。

---

① Christian von Bar & Eric Clive eds. , Principles, Defnitions and Model Rules of European Private Lav:Draft Commen Frameof Reference,Sellier European Law Publishers,2009,p. 740. 转引自陆家豪:《民法典第三人清偿代位制度的解释论》,载《华东政法大学学报》2021年第3期。

② Nils Jansen & Reinhard Zimmermann eds. , Commentaries on European Contract Laws, Oxford University Press,2018,p. 1870 – 1871. 转引自陆家豪:《民法典第三人清偿代位制度的解释论》,载《华东政法大学学报》2021年第3期。

③ 参见张金海:《代位清偿制度释论》,载《财经法学》2024年第4期。

④ 参见史尚宽:《债法总论》,中国政法大学出版社2000年版,第804 – 805页;郑玉波:《民法债编总论》,中国政法大学出版社2004年版,第476页。

⑤ 参见最高人民法院民法典贯彻实施工作领导小组编著:《中国民法典适用大全·合同卷》(一),人民法院出版社2022年版,第559页。

二、代为清偿不动产买受人权利排除金钱债权执行的构成要件

根据《执行异议之诉解释》第13条的规定,结合《民法典》第524条、《合同编通则解释》第30条的规定,并通过与商品房消费者优先权、不动产买受人物权期待权排除执行的构成要件的对比,对代为清偿不动产买受人权利排除金钱债权执行的构成要件具体分析如下。

(一)主体要件

案外人应当是与被执行人(出卖人)签订了合法有效书面买卖合同的不动产买受人。这一表述,除在合同签订时间之外,看起来与《执行异议之诉解释》第14条对一般不动产买受人的要求并无不同。但与一般不动产买受人物权期待权排除执行的构成要件相比,一般不动产买受人须在法院查封前合法占有该不动产,并支付全部价款或已支付部分价款且愿意交付剩余价款。这意味着,一般不动产买受人是一个交易行为已接近完成、在事实上已达到物权期待权状态的买受人。代为清偿不动产买受人,则无须已经合法占有该不动产,也不再对是否已支付价款作任何要求。一个仅仅签订了合同而尚未支付价款也未占有不动产的买受人,同样可以成为本条规定的权利主体。这表明,本条关注的重点,从对一般不动产买受人考察"过去已经做了什么",转为考察其"未来能够做什么",即是否有能力、有意愿支付足以代为清偿主债务的价款。

本条对代为清偿不动产买受人的要求,与商品房消费者存在更大差别。后者在主体界定上具有严格的身份属性:不仅须为消费者,购买的不动产还须为新建商品房,且目的限于满足家庭居住生活需要。与之相对,对于代为清偿不动产买受人,则存在以下三个"不限":一是交易性质不限,不再区分是消费还是投资;二是标的物类型不限,不再局限于新建商品房,二手房、商铺、写字楼、厂房等均可适用;三是主体身份不限,无论是自然人还是法人、非法人组织,均为适格。这标志着本条保护的重心已从关注权利主体的身份标签,转向了关注其所处的交易状态本身。

(二)合同要件

案外人与被执行人之间存在合法有效的书面买卖合同。这是一个普遍适用

于一般不动产买受人、商品房消费者排除执行的要件,是构成整个权利保护体系的重要"准入门槛",这一要件的核心要义是审查该权利所依附的是不是真实的、善意的财产交易,而非虚构的、旨在逃避债务的恶意安排。当然,本条所规定的这一要件也在形式上或实质上与一般不动产买受人、商品房消费者排除执行情形下存在差别。

首先,本条规定在形式上没有对签订合同设置"查封前"的时间要求。这是否意味着查封后签订的合同亦可适用本条规定呢?笔者认为,答案应当是否定的。"查封前"应当作为隐含前提,其原因不是保护被代偿行为所针对的某个债权人,而是维护查封制度和执行秩序,并防范对其他所有债权人的损害。查封的法律效力是冻结处分权,固定责任财产。查封一旦生效,被执行人(债务人)对该财产进行任何形式的处分,包括出售、赠与、设立抵押等,都不再具有对抗查封的效力,从而确保该查封财产能用于清偿所有的执行债权。如果在查封后还允许被执行人签订买卖合同,并且在结合第三人代位清偿行为后,还将产生将该财产"别除"于被执行人的责任财产之外,那无疑就等于承认了被执行人在查封后还可以随意处分查封财产,这将难免会使执行程序陷入混乱。在查封财产上存在多个执行债权的情况下,强制执行法所要保护的绝不仅仅是某一个执行债权人的利益,而是维护整个债权人团体的公平清偿以及司法程序的安定性与权威性。

既然如此,那是否意味着只要代偿款项足额,甚至能覆盖不动产的市场公允价值,从而保障其他债权人的利益,就可无须再考虑合同签订于查封前还是查封后了呢?笔者认为,答案仍应当是否定的。这是因为,强制执行法为实现查封财产的价值,以公开拍卖作为程序公正的保障,从而为所有潜在购买者提供平等竞价机会。允许查封后代偿,实质上是允许被执行人与案外人达成私下交易,再将此结果交由法院"背书",这无疑会严重损害司法程序的公开、公平、公正。而且,司法拍卖通过市场参与者的充分竞价,是发现财产真实市场价值的最有效方式。查封后代偿所依据的所谓市场公允价只能依赖于评估机构的估价,这不仅可能存在偏差,更剥夺了全体债权人获得"拍卖溢价"的机会。

因此,对合同签订时间应进行体系解释和目的解释,在查封前签订合同应被视为认定基础法律关系真实、善意的一个不言自明的前提。

其次,本条对合同要件的审查重心要求,与一般不动产买受人、商品房消费者的情形存在不同。除合同真实性外,在审查商品房消费者的合同要件时,法院要穿透合同表面,探究交易的实质目的,以防范投资者或关联方假借消费者之名,滥用这一超级优先权损害抵押权人等其他债权人的合法权益。在审查一般不动产买受人的合同要件时,法院审查的核心是防止被执行人通过与案外人通谋,虚构一笔交易来转移责任财产,故法院应格外关注合同签订时间、价款支付的真实性与合理性,以及案外人的占有情况,以印证交易真实性。本条则因允许一项未经公示的买卖合同,通过代偿的方式来对抗包括建设工程价款优先权、抵押权在内的金钱债权的执行,因此,法院审查不仅包括对通谋虚伪、以合法形式掩盖非法目的等情形的排除,更应综合考量交易的商业合理性。例如,在被执行人已明显陷入财务困境后签订的合同、交易价格与市场价格的偏离度、付款方式的异常性等,都将成为审查的关键。

(三)行为要件

案外人须在一审法庭辩论终结前向执行法院交付足以代为清偿相应的主债权的价款。对于"一审法庭辩论终结前"这一时间节点,与一般不动产买受人、商品房消费者的情形并无不同,无须赘述。

代位清偿要件的核心问题是如何认定买受人交付的价款"足以代为清偿相应主债权"。笔者认为,该条所称的"价款"在性质上已非不动产买卖合同对价,而是主债权的金额,在某种意义上属于"权利涤除成本"或"权利赎回成本"。根据《民法典》第524条的规定,买受人支付的代偿款只有与其针对的主债权相当,方可构成对主债权的清偿,并导致该债权法定转移至买受人的法律效果。因此,此处的代偿行为与一般不动产买受人排除执行中的"支付剩余价款"不同,买受人需要支付代偿款金额,与买卖合同价款、已付多少、剩余多少没有直接的对应关系,其唯一的参照物,就是作为其代偿对象的主债权的金额。

因此,代偿款的范围确定,应以被代偿的主债权为准。对抵押权而言,根据《民法典》第403条及相关司法解释,抵押权的担保范围具有意定性,除合同另有约定外,通常包括主债权本金、利息、违约金、损害赔偿金以及实现抵押权的费用。对建设工程价款优先受偿权而言,根据《建工解释(一)》第40条第2款的规定,其优先受偿范围仅限于承包人的工程价款,而不包括利息、违约金、损害赔偿金等。

既然如此,买受人支付的代偿金额与已付合同价款之和超过买卖合同约定对价的情况就可能会发生,这其实恰恰是平衡买受人与执行债权人利益所不得不采取的规则安排。法律赋予由买受人进行商业判断的权利:是承受这个代价以保住不动产,还是放弃代偿,去面对已付合同价款可能血本无归的风险。当然,买受人代偿后,其支付的代偿款在法律上构成了对出卖人的债权,只不过该债权的最终实现面临着极大的不确定性。

代偿所针对的债权,并不仅仅限于优先债权或首查封普通金钱债权,因为一旦前述债权实现,其查封也就当然解除,轮候查封即自动转为正式查封,继续存在在该不动产上,因此,买受人支付的代偿金额应当针对该不动产上存在的全部执行债权。但同时,买受人所支付的代偿总额,应以该不动产的市场价值为上限,因为即便将其执行变价,用于偿债的变价款也最多就是该市场价值。此处所谓的不动产的市场价值,则应以代偿款支付时该不动产的合理市场价值为准,因此买受人支付的代偿款金额在不动产市场处于上涨阶段时就可能会高于市场处于下跌阶段。至于是否存在未查封普通金钱债权,则在所不问。因为未查封普通债权与买受人的债权相比,不具有任何优先性,因为不应成为阻碍买受人权利实现的障碍。当然,买受人存在获得"制度红利"的可能,这份红利就是"不动产市场价值"与"全部执行债权总额"之间的差额。这份潜在的收益,在保障了所有执行债权人合法权益的同时,也构成了对买受人代偿的有效激励,实现了公平与激励与公平之间的平衡。

试举一例说明。假设一套房产,市场价值200万元。债务状况:出卖人欠A银行(抵押权人)100万元,欠B、C、D(普通债权人)共计150万元。A、B、C、D均申请执行,在法院查封并拍卖该房产的情况下,假设拍卖成交价为200万元。那么,A银行优先获得100万元,剩余的100万元将按照查封先后清偿B、C、D的债务。在代为清偿买受人提起执行异议之诉的情况下,为了排除执行,买受人应支付的代偿款金额为200万元,因为债权总额共计250万元,超过了房产的市场价值,故应以房产的市场价值200万元为限。如果债务状况是:出卖人欠A银行(抵押权人)100万元,欠B、C、D(普通债权人)共计50万元,A、B、C、D均申请执行。此时,买受人为了排除执行应支付的代偿款金额为150万元,因为债权总额共计150万元,低于房产的市场价值,故应以该房产上存在的全部执行债权金额即150万元为限。在这种情况下,买受人就获得了50万元的"制度红利"。

买受人通过按照上述原则支付代偿价款,从而将所有已经进入强制执行程序的金钱债权全部清偿(在总额超过市价时,即为按比例清偿至市价上限),使得该不动产上所有的执行负担被彻底清除,买受人获得该不动产,将不存在任何争议。

在行为要件方面,还需满足代偿款的支付对象要求,即买受人应当将代偿款交付执行法院,而非直接支付给执行债权人。这一方面是便于操作执行,因为只有执行法院方能全面掌握该不动产上存在的全部执行债权的情况,也只有法院才能在执行债权金额大于不动产价值时居中认定买受人需支付的代偿款金额。另一方面也是出于程序公正的要求,既然法院查封了该不动产,是否能够排除对该不动产的执行也由法院进行审查判断,那么,当事人试图将该不动产"置换"出来的代偿款就也应当交付执行法院控制,以确保在法院认定可以排除执行时代偿款能够安全地交付给执行债权人。

三、排除执行的法律效果

法院判决支持代为清偿买受人排除执行的诉讼请求后,将环环相扣地产生以下法律效果:

第一,对该不动产的执行程序终结。这是最重要的程序性效果。买受人向法院支付了足以清偿该不动产上全部已登记执行债权的款项(以不动产市值为上限),就意味着,所有执行债权人对该不动产执行目的已经达成,针对该不动产的强制执行程序便丧失了继续进行的基础,法院据此支持买受人排除执行的诉讼请求,并依法解除对该不动产的全部查封。

第二,代偿行为的完成与法定债权转让的发生。虽然买受人已将代偿款交付给法院,但并不能等同于交付给执行债权人,而根据《民法典》第524条的规定,须完成债务清偿方能发生债权法定转移给买受人的法律效果,因此,法院应当将相应的代偿款支付给执行债权人。只有在执行债权人实际受偿后,代偿行为才告完成。此时,在实体法上,相应的债权从原执行债权人处转移至代为清偿买受人处。

第三,抵押权等优先受偿权的转移。根据《民法典》第547条的规定,债权转让的,受让人取得与债权有关的从权利,但是该从权利专属于债权人自身的除外。因此,在代偿完成后,买受人因债权法定转移而获得对出卖人的债权。若执行债权人是抵押权的,则作为从权利的抵押权也应认定一并转移给买受人,此时,买受人作为抵押权人,当然可以申请登记机关注销抵押登记。当然,注销抵押登记并非买受人取得抵押权所带来的终极目的,而是以此为基础,向不动产登记机关主张:自己既是该不动产的合法买家,又是该不动产的抵押权人,法律关系已经清晰,请求将不动产的所有权人登记至自己名下。在办理所有权转移登记的同时或之后,则因所有权与抵押权"混同"而一并注销原抵押权登记。若此过程需要出卖人或原抵押权人协助,他们依法负有协助义务。

> 规范依据

《执行异议之诉解释》

第十三条 人民法院对登记在被执行人名下的不动产实施强制执行,案外人以其系不动产的买受人为由,提起执行异议之诉,请求排除建设工程价款优先受偿权、抵押权以及一般金钱债权的强制执行,案外人与被执行人签订合法有效的书面买卖合同且在一审法庭辩论终结前交付执行法院的价款足以代为清偿相应主债权的,人民法院应予支持。

符合前款规定的案外人起诉请求抵押权人按套办理抵押权注销登记手续的,人民法院应予支持。

人民法院按照本条第一款规定判决不得执行,申请执行人可以申请将案外人依本条第一款交付的价款替代被执行人清偿相应债务。

人民法院判决驳回案外人诉讼请求的,案外人交付执行的价款应予及时退还。

《民法典》

第五百二十四条 债务人不履行债务,第三人对履行该债务具有合法利益的,第三人有权向债权人代为履行;但是,根据债务性质、按照当事人约定或者依照法律规定只能由债务人履行的除外。

债权人接受第三人履行后,其对债务人的债权转让给第三人,但是债务人和第三人另有约定的除外。

第五百四十七条 债权人转让债权的,受让人取得与债权有关的从权利,但是该从权利专属于债权人自身的除外。

受让人取得从权利不因该从权利未办理转移登记手续或者未转移占有而受到影响。

《合同编通则解释》

第三十条 下列民事主体,人民法院可以认定为民法典第五百二十四条第一款规定的对履行债务具有合法利益的第三人:

(一)保证人或者提供物的担保的第三人；

(二)担保财产的受让人、用益物权人、合法占有人；

(三)担保财产上的后顺位担保权人；

(四)对债务人的财产享有合法权益且该权益将因财产被强制执行而丧失的第三人；

(五)债务人为法人或者非法人组织的，其出资人或者设立人；

(六)债务人为自然人的，其近亲属；

(七)其他对履行债务具有合法利益的第三人。

第三人在其已经代为履行的范围内取得对债务人的债权，但是不得损害债权人的利益。

担保人代为履行债务取得债权后，向其他担保人主张担保权利的，依据《最高人民法院关于适用〈中华人民共和国民法典〉有关担保制度的解释》第十三条、第十四条、第十八条第二款等规定处理。

第十章　不动产所有权预告登记权利人针对金钱债权执行提起的执行异议之诉

A公司将其开发的一套房屋出卖给甲,双方签订了商品房买卖合同,甲于同日支付了80%的购房款,双方于次日办理了房屋所有权预告登记。此后,法院根据申请执行人乙的申请,查封了被执行人A公司的包括案涉房屋在内的房屋。现案外人甲以法院不当查封其房产为由,提出执行异议。这是强制执行程序中较为常见的执行异议类型。由此反映的问题是,房屋所有权预告登记对于金钱债权对房屋的强制执行是否有排除作用?其排除的是对于执行标的的何种强制执行行为?房屋所有权预告登记是否可以排除对该房屋享有抵押权、建设工程价款优先受偿权的金钱债权人的申请执行?

就此问题,《执行异议复议规定》第30条、《执行异议之诉解释》第19条作出了基本相同的规定。本章以实践中常见的房屋所有权预告登记为例,就其理解与适用的要点问题加以阐释。

预告登记也称暂先登记、预登记、预先登记等,它是与本登记相对应的概念,是指为确保一项旨在发生未来的物权变动的债权请求权之实现,而向登记机构申请办理的预先登记。[①] 预告登记对民事强制执行措施的对抗力问题,本质上是预告登记法律效力在强制执行程序中如何体现的问题。强制执行措施可分为保全性强制执行措施和处分性强制执行措施。保全性强制执行措施是以防止被执行人转移、隐藏、变卖、毁损财产为目的的执行措施,处分性强制执行措施则是对被执行人的财产予以处分以满足申请执行人的请求的执行措施。对于房屋而言,前者是指查封(以及预查封),后者则包括拍卖、变卖、折价。由于两者对于房屋所有权的影响不同,故下文以区分讨论。

[①] Jauernig/Berger, §883, Rn. 2. MünchKomm/Kohler, 5. Auflage 2009, §883, Rn. 2. 转引自王利明:《论民法典物权编中预告登记的法律效力》,载《清华法学》2019年第3期。

一、预告登记权利排除执行的前提条件

（一）查封前已存在真实有效的交易关系

这一前提条件有两层含义：一是物权能够合法变动的前提是以物权变动为内容的债权合同成立并且有效，因此签订合法有效的书面买卖合同是对买受人未来将要取得物权予以保护的基础。之所以在时间上要求必须在查封前，则是考虑到虽然负担行为是否有效不受查封效力的影响，但在强制执行中，买受人的权利要对抗的是通过公权力谋求实现的债权（执行债权），买受人权利的效力因此而在一定程度上超出了买卖合同本身所产生的债权效力，故其赖以存在的基础法律关系与查封之间成立的时间先后有必要成为判断此种情形下的对抗关系的重要因素，同时也为甄别真实的买卖关系提供重要证据。对此，《查封规定》第24条第1款明确规定："被执行人就已经查封、扣押、冻结的财产所作的移转、设定权利负担或者其他有碍执行的行为，不得对抗申请执行人。"二是预告登记权利在性质上虽非物权，但由于其正在接近物权，对其保护的前提和基础也是其未来将过渡为物权，因此，作为其基础权利的债权必须合法有效，一个有效的不动产预告登记，其前提是一个合法有效的、以不动产变动为目的的请求权，这是预告登记的前提基础。如果该请求权不存在，则已经完成的预告登记即因基础不存在而发生登记错误，预告登记将因此而失效。

（二）预告登记有效

预告登记对于保障预告登记权利人的合法权益具有重要意义。其设立目的在于确保未来财产权变动得以顺利实现，当既定的财产权登记条件满足，或者所附条件达成、所附期限来临之际，预告登记权利人理当积极申请登记，促使请求权指向的物权变动得以落实。倘若此时预告登记权利人消极不行使权利，必然会致使现实登记权利人的处分权长期受限，给登记权利人带来不利影响，这与民法所秉持的公平原则以及"物尽其用、鼓励交易"的立法主旨相悖。因此，对预告登记的消灭予以明确规定十分必要。

《民法典》第221条第2款规定："预告登记后，债权消灭或者自能够进行不动产登记之日起九十日内未申请登记的，预告登记失效。"基于此，在出现以下两种情形时，预告登记将自动失去效力：

1. 债权消灭

预告登记的核心功能在于保全债权,其效力依赖于债权而存续。一旦债权因合同被撤销、债务混同、清偿、免除、提存等原因归于消灭,预告登记便失去了存在的根基,进而失效。

《物权编解释(一)》第 5 条对导致预告登记失效的"债权消灭"情形进行了进一步的解释。该条规定:"预告登记的买卖不动产物权的协议被认定无效、被撤销,或者预告登记的权利人放弃债权的,应当认定为民法典第二百二十一条第二款所称的'债权消灭'。"相对于最高人民法院《关于适用〈中华人民共和国物权法〉若干问题的解释(一)》(以下简称原《物权法解释(一)》)第 5 条列举的"债权消灭"的原因,《物权编解释(一)》第 5 条删除了"被解除"的情形。《物权编解释(一)》第 5 条删除了买卖不动产物权协议"被解除"的主要理由是:第一,依据《民法典》第 566 条第 2 款规定,合同因违约解除的,违约方并不因合同解除而免除责任,仍需继续承担违约责任。在双务合同解除时,双方还负有标的物与价款相互返还的义务,此时债权并未完全消灭,《民法典》规定的"债权消灭"应当作务实的理解。第二,不动产登记权利人办理预告登记属于对物权的处分行为,预购人已取得该项物权性权利,且物权变动的原因行为合法,合同解除并不必然导致预告登记权利灭失。登记机关注销不动产登记,要么基于当事人的申请,要么基于登记基础行为的违法性,如不动产物权变动协议因违反效力性禁止性规定被确认无效,或因当事人意思表示存在瑕疵而被撤销。对于不动产物权变动协议因一方当事人违约而解除的情形,并不存在所谓的"违法性"。第三,从其他国家及地区的相关规定看,《德国民法典》《日本不动产登记法》未将不动产物权变动协议被撤销列为预告登记失效的原因。大陆法系主要国家或地区,在预告登记失效的问题上均持谨慎态度,立法上并未受预告登记从属性理论的左右。将预告登记失效事宜的证明责任和风险责任交给预告登记义务人较为妥当。预告登记所产生的保全效力主要体现在不动产登记簿冻结上,在预告登记义务人未返还价款之前,为防止其另行出售,预告登记的涂销应属于对待给付的内容,预告登记的保全效力应当及于合同解除所发生的恢复原状请求,而不宜强制其失效。故合同解除不产生预告登记失效的法律后果。最高人民法院在司法解释清理过程中,将原《物权法解释(一)》第 5 条"预告登记失效"原因中的不动产物权变动协议"被解除"予以删除,这也是源于审判实践的发展,目的在于平衡当事人之间的利益,实现司法公正。此外,预告登记在实践中出现的问题远比立法时考虑得更为复杂,在预告登记权利人不到场,又无生效裁判的情况下,义务人以协议解除为由,单方申请注销预告登记,登记机构难以判断合同是否解除并办理预告登记的注销手续。有效合同实际履行部分发生的不动产登记,合同解除之后不应自动失效,当事人因解除产生的纠纷,不动产登记机构难以依据单方申请,强行以注销预告登记的方式来解决。若合同解除无纠纷,预告登记权利人同意当然可注销预告登记;若形成纠纷,登记机构没有缺席判决的权利,预告登记义务人可以起诉请求注销预告登记,人民法院可以一并处理返还价款、认定违约责任、注销预告登记等事宜,在执行中应当协调双方同时履行,不动产登记机构依据法院判决或执行协助通知书办理预告登记注销较为稳妥。[①]

2. 预告登记权利人怠于进行不动产物权登记

预告登记的设立,其根本目的在于保障权利人在未来顺利取得物权。当满足办理现房登记的条件时,买受人应当及时办理现房登记。倘若未能及时办理,建设单位将无法转让已建成的房屋,这势必会对后位买受人的合法权益造成不利影响。因此,若在规定期限内未办理不动产登记,从某种程度上可以认为预告登记所赋予的权利不应再受到保护。那么,如何准确理解"自能够进行不动产登记之日"呢?能够进行不动产登记应当是指进行不动产登记的客观条件已经具备,例如,预售的商品房已竣工验收并完成首次登记;房地产开发企业有充分证据证明已通知预告登记权利人;或者预告登记权利人实际上明知本登记条件已经具备等情形,均符合"能够进行不动产登记"的要求。

此外,如果房屋在能够办理不动产登记之前已经被查封,并一直处于持续状态,则不动产登记的客观条件显然一直未能成就,故该90日的期间一直未开始起算,预告登记权利人对查封以及此后的拍卖、变卖、折价等强制执行行为提出异议,显然符合预告登记有效这一前提条件。但如果房屋虽具备了进行不动产登记的客观条件,但在自此起算的90日内被查封,在预告登记权利人提出异议及异议之诉时,已经超过90日的,应如何认定此时预告登记的效力呢?法律、司法解释并未针对此种情形作出规定。笔者认为,《民法典》第221条第2款规定的90日

[①] 参见最高人民法院民法典贯彻实施工作领导小组编著:《中国民法典适用大全·物权卷》(一),人民法院出版社2022年版,第170-171页。

不应理解为不变期间,90日期间系为提供给预告登记权利人办理本登记的合理期间,既如此,若在首次符合不动产登记客观条件之日起的90日内又发生了如查封等导致办理不动产登记障碍的新客观情况,使能够进行不动产登记的客观条件丧失,而这并非预告登记权利人的主观原因所致,则应基于目的解释,认为构成该法定期间中断的法律效果,此时该法定期间应当自符合办理不动产登记客观条件再次成就时重新起算。因此,此种情形下预告登记权利人提出执行异议的,也应认定为符合预告登记有效这一前提条件,以充分保护预告登记权利人应有的合法权益。

二、预告登记的保全效力

预告登记的法律效力,主要体现为法律对预告登记权利人基于预告登记的请求权(以下简称预告登记请求权)的保护限度,换言之,即预告登记的效力边界,这是预告登记制度的核心问题。对此,《民法典》第221条第1款规定:"当事人签订买卖房屋的协议或者签订其他不动产物权的协议,为保障将来实现物权,按照约定可以向登记机构申请预告登记。预告登记后,未经预告登记的权利人同意,处分该不动产的,不发生物权效力。"该条规定集中体现了预告登记的保全效力。

一方面,预告登记仅具有债权保全的作用,已经预告登记的权利本身并非物权。虽然预告登记担保的请求权旨在实现不动产物权,但其仍是请求他人设立、变更、登记不动产物权的请求权,而非对不动产的支配性物权。就其本质而言,预告登记可以视为是一种担保手段,即作为未来实现物权的担保,但预告登记所保全的权利在本登记完成之前也仅为债法上的请求权。

另一方面,预告登记又属于物权法范畴,因为其效力具有物权性质。它是一项以保全物权变动请求权为目的的登记制度,本身效力上具有物权性质。[1] 从《民法典》第221条第1款以及《物权编解释(一)》第4条的规定来看,预告登记的法律效力主要体现为保全效力,集中体现在对中间处分行为是否产生相应的物权效力的影响上。预告登记义务人在预告登记有效期间处分该不动产物权的行为,在理论上被称为中间处分行为。中间处分行为的特殊之处在于行为发生期间的特定性,即发生在预告登记完成之后至本登记完成或预告登记失效之前的期间,由

---

[1] 参见[德]鲍尔、[德]施蒂尔纳:《德国物权法》,张双根译,法律出版社2004年版,第419页。

第十章　不动产所有权预告登记权利人针对金钱债权执行提起的执行异议之诉

于中间处分行为发生的时间这一特定性,可能会妨害预告登记权利人实现其请求权,故法律对该处分行为的物权效力进行限制,以达到保全预告登记请求权的目的。

从比较法的视野来看,预告登记对于中间处分行为效力的影响主要有两种:第一种是限制不动产权利人的处分,即预告登记后,不动产权利人不得再处分该不动产物权,不动产登记机构也不再办理该不动产物权的变动登记,即形成不动产登记簿冻结的后果。① 第二种是"相对无效",即预告登记完成后,预告登记义务人对其权利仍有权进行处分,但对预告登记权利人而言,该处分行为相对的不生效力,仅在预告登记义务人处分行为影响或者妨害预告登记权利人的请求权时,该处分行为不生效力。② 这为德国和我国台湾地区所采纳。具体而言,相对不生效力的模式下,预告登记并不会导致对不动产权利人的"处分限制",不动产权利人仍然有权对已经预告登记的不动产进行各种处分,甚至有权对其作出违反预告登记的处分。预告登记也不会导致"登记障碍",不动产登记机构也不得以处分违反预告登记为由而拒绝登记,对此种处分作出的登记也不会被认为是错误登记,预告登记权利人也无权要求进行更正登记。③ 相对不生效力或者相对无效模式的合理性在于,预告登记制度的目的仅在于保障所登记的请求权,而不在于限制不动产权利人的处分权。法律只需确保预告登记的请求权在履行期限到来时得以实现即可,而在到期前所进行的与之相矛盾的处分,只要在期限届至时能以某种方法排除其相应的效力,即足以保障请求权的最终实现。④ 处分相对无效原则,能够兼顾当事人利益,保持目的与手段的平衡。⑤

《民法典》第 221 条第 1 款第一句的规定表明,预告登记赋予被登记债权一定物权效力,对违背预告登记内容的中间处分行为具有排他效力。从《民法典》第 221 条第 1 款的立法原意来看,其目的是对预告登记义务人对物上权利的处分,包括物权的设定、变更、转移等进行限制。根据我国《民法典》第 221 条第 1 款、《物

---

① 参见[德]鲍尔、[德]施蒂尔纳:《德国物权法》,张双根译,法律出版社 2004 年版,第 431 页。
② 参见[德]鲍尔、[德]施蒂尔纳:《德国物权法》,张双根译,法律出版社 2004 年版,第 431-434 页。
③ 参见金可可:《预告登记之性质——从德国法的有关规定说起》,载《法学》2007 年第 7 期;王泽鉴:《民法物权》,北京大学出版社 2009 年版,第 92 页。
④ 参见金可可:《预告登记之性质——从德国法的有关规定说起》,载《法学》2007 年第 7 期。
⑤ 参见王泽鉴:《民法物权》,北京大学出版社 2009 年版,第 92 页。

权编解释（一）》第4条以及不动产登记制度的相关规定，我国采取的是第一种模式即绝对无效。《不动产登记暂行条例实施细则》第85条第2款规定："预告登记生效期间，未经预告登记的权利人书面同意，处分该不动产权利申请登记的，不动产登记机构应当不予办理。"由此可见，在预告登记后，现行法采取了"不动产登记簿冻结"的思路。

虽然本章以房屋所有权预告登记为例进行探讨，但在此仍应指出的是，该条款规定的预告登记所涉权利范围涵盖了所有权、用益物权、担保物权等物权情形，但其实际上是以所有权为蓝本进行规范的，而因土地承包经营权、建设用地使用权、宅基地使用权、用益物权是建立在国家所有权、集体所有权等基础权利之上的一种缩小版的"所有权"，故适用起来也基本上没有差异和障碍。但担保物权有其不同特点，对于不动产而言，担保物权主要是指不动产抵押权，对于抵押权预告登记的效力，需要注意抵押权预告登记后抵押物处分的物权效力问题。原《物权法》第191条规定，抵押期间，未经抵押权人同意不得转让抵押财产。因此，在原《物权法》的规范体系下，抵押物在未经债权人（抵押权人）同意的情况下无法被转让，并且亦因不具有登记能力而无法发生物权效力。在抵押权预告登记的情形下，抵押物亦在未经债权人（抵押权人）同意的情况下处分的，不发生物权效力，且亦因不具有登记能力而无法发生物权效力。实际上，在承认抵押权预告登记的顺位效力的前提下，基于体系解释，既然法律承认重复抵押，只是在顺位上区分先后，那么抵押权预告登记也并不能够排除在后设定抵押，因此，原《物权法》第20条第1款所规定的"处分"，实际上应当作限缩解释，即不包括设定抵押。由此，两者在效力范围上是一致的。

《民法典》第406条规定，抵押期间，抵押人可以转让抵押财产。这意味着未经抵押权人同意，也可以转让抵押财产，但不影响抵押权的行使，即赋予抵押权追及效力。即使抵押财产已经转让，受让人取得了物权，但是该物权上由于负担着抵押权，抵押权人依然可以通过变卖或拍卖抵押财产实现其抵押权。此时，按《民法典》的规定，经预告登记的抵押权，未经债权人的同意抵押人处分抵押财产不发生物权变动的效力。也就是说，转让不发生相应的物权效力。如此，将导致在抵押人处分抵押财产的问题上，经过本登记而成立的抵押权，其效力程度反倒不如预告登记的抵押权。这无论如何也解释不通。因此，在理解抵押权预告登记的权利保全效力与房屋买卖合同预告登记权利保全效力问题上，应当加以区别。与所有权的互斥性不同,负担有抵押权的抵押财产仍可以流转,抵押权可以跟随抵押财产一并流转,此时仍可以保障抵押权人的利益。同时,债务人可以通过流转系争标的物取得对价,能够提高债务人清偿债务的能力,充分发挥物的使用价值,提高物的利用效率。因此,应当根据负有抵押权的标的物的转让无须同意的修改精神,对《民法典》第221条第1款"预告登记后,未经预告登记的权利人同意,处分该不动产的,不发生物权效力"的规定加以限缩理解,只要债务人对抵押物的处分行为不影响抵押权本登记的设立,则该中间处分行为应为有效。

回到对处分行为本身范围的理解上,根据前述规定,是否应将预告登记保全效力的边界,解释为限于民法上的处分行为呢?由于法院对预告登记的房屋所采取的强制执行措施,在性质上显然不属于私法意义上的处分,故是否因此而不受预告登记保全效力的影响呢?笔者认为,显然不能简单作如此回答,虽然基于文义解释和体系解释,《民法典》中的"处分"一词通常仅指当事人基于法律行为对不动产物权所进行的处分,而不包括人民法院通过强制执行程序对被执行标的进行的处分。但是,从现实需要来看,有必要承认预告登记具有对抗人民法院强制执行程序中对标的物进行处分的效力。[①] 相应的答案可通过对相关执行措施的法律效果与预告登记保全效力的比对进一步明晰。

三、预告登记权利与查封[②]

执行程序中的查封,是指执行法院对作为被执行人的财产就地封存或到登记机构就产权登记予以查封,禁止被执行人进行处分的一种强制执行措施。查封的财产将依据生效的法律文书被进一步处分,故执行程序中的查封实质上仅是执行过程中的临时保全措施,其本身并不会直接导致执行标的权利的变动。

从执行实务来看,对已经作出预告登记的不动产能否采取查封措施,《不动产登记暂行条例》及其实施细则均无明确规定。但《执行异议复议规定》第30条规定:"金钱债权执行中,对被查封的办理了受让物权预告登记的不动产,受让人提

---

① 参见王利明:《论民法典物权编中预告登记的法律效力》,载《清华法学》2019年第3期。
② 预查封是指人民法院对被执行人尚未进行权属登记但将来可能会进行登记的房产进行的一种预先的限制性登记。其法律依据是最高人民法院等发布的《关于依法规范人民法院执行和国土资源房地产管理部门协助执行若干问题的通知》(法发〔2004〕5号)。由于本书主题实际上限于预告登记义务人作为被执行人的情形,而这并非预查封的适用情形,故本书对于预告登记与预查封的关系不作探讨。

出停止处分异议的,人民法院应予支持;符合物权登记条件,受让人提出排除执行异议的,应予支持。"最高人民法院在对该条的理解中进一步认为,预告登记的权利人对不动产享有的是物权期待权,并未完成本登记,尚未取得不动产所有权。其案外人异议能否被支持,还要视异议的具体内容而定。如果受让人请求停止处分不动产,因预告登记的目的就是排除包括强制执行在内的处分行为,人民法院对停止处分的异议请求应予支持。如果受让人能够提出证据证明,其按照约定已经符合取得预告登记物权的条件,可以确定地取得不动产物权,人民法院对其异议请求应予支持,将相关执行措施予以解除,以利受让人办理物权登记。反之,则不应解除对该不动产的查封等执行措施。[①] 从该条规定及解释看,对于办理了所有权预告登记的房屋,法院亦可采取查封措施。只有当预告登记权利人证明其按照约定已经符合取得预告登记物权的条件,可以确定地取得不动产物权时,法院才应解除查封。也就是说,在当前的执行实务层面,办理了房屋所有权预告登记并不当然能够排除查封措施。

那么,接下来尚需结合查封的法律后果对此安排的妥适性再作进一步分析。对于查封的不动产,其所有权还能否转让,《城市房地产管理法》第38条规定:"下列房地产,不得转让:……(二)司法机关和行政机关依法裁定、决定查封或者以其他形式限制房地产权利的……"在登记制度的实然操作层面,对于查封的不动产能否办理所有权转移登记,《不动产登记暂行条例》及其实施细则均未明确回应。自然资源部发布的《不动产登记规程》(TD/T 1095—2024)第5.4.8条规定:"经审核,符合登记条件的,不动产登记机构应予以登记。有下列情形之一的,不予登记并书面通知申请人:……不动产被依法查封期间,权利人处分该不动产申请登记的;……"由此可见,在登记制度的实际操作中,对于被查封的房屋,登记簿处于冻结状态,登记机构对于房屋所有权转移登记不予办理。

如前文所述,查封的功能在于保障申请执行人的债权得以实现,但查封本身并不会直接导致房屋所有权的变动;预告登记保全效力集中体现在对于预告登记期间物权变动效力的排斥。因此,原则上两者并不矛盾。故一般而言,在已经办理了房屋所有权预告登记的情况下,人民法院可以采取查封措施。但同时,根据

[①] 参见江必新、刘贵祥主编:《最高人民法院关于人民法院办理执行异议和复议案件若干问题规定理解与适用》,人民法院出版社2015年版,第439-441页。

上述登记制度规定,查封登记的效力实为"冻结登记簿"。据此,预告登记权利人若想进行本登记,须先向法院提出执行异议,申请解除查封,方可实现预告登记所要保全的请求权。由此可见,在预告登记权利人要实现预告登记权利即完成本登记时,查封对预告登记权利的实现构成了障碍。但预告登记能否最终推进为本登记具有相当的不确定性,故如预告登记将绝对地排除查封,则会使登记在预告登记义务人名下的财产处于既不能作为出卖人(预告登记义务人)的责任财产被查封,根据最高人民法院等发布的《关于依法规范人民法院执行和国土资源房地产管理部门协助执行若干问题的通知》的规定,也不能作为买受人(预告登记权利人)的责任财产被查封(而只能预查封)的"真空状态",而且将可能带来一旦预告登记失效,由于人民法院可能难以在第一时间进行查封,也就难以防止被执行人恶意处分该房屋的风险。因此,综合来看,目前的实务做法应当是平衡各方权利后的较优选择。

但从另一个角度来看,在已经符合取得预告登记的物权的条件时,预告登记权利人须先行通过执行异议申请解除查封后,方可实现预告登记所要保全的请求权。这不可避免地给预告登记权利人实现其权利增加了诸多不便。也就是说,查封如不解除,最终将在某一时间点确定地构成对预告登记"保障将来实现物权"基本功能实现的障碍。因此,现行的查封制度与预告登记之间确实存在一定的冲突之处,目前实务中的做法虽是当下的较优选择,但从长远来看,应为权宜之计,日后仍需对相关制度加以修订完善。对此,有学者认为,从表面上看,预告登记权利人的债权请求权转化为物权,似乎与查封效力存有抵触。然而,确保法院采取的强制执行措施与其他一切妨碍预告登记请求权转化为物权一样,都不应阻止预告登记在实体法上履行登记的可能性,这正是预告登记保全效力之体现。一旦预告登记权利人能在拍卖程序结束前完成本登记,他将根据本登记的类型来决定能否干预执行程序。[①] 有学者建议,预告登记在某种程度上与查封登记具有相似性,即两者皆"冻结"了登记簿。再者,预告登记房屋能否查封,亦涉及现登记权利人与发动债权人之间的利益权衡。基于以上两点,或许可以"依样画葫芦",即在房屋已预告登记的情形下,法院或许可依债权人的申请对其进行轮候查封:当预告登记推进为本登记时,轮候查封就不生效;当预告登记依法解除或失效时,轮候查封

[①] 参见庄加园:《预告登记在强制执行程序中的效力》,载《当代法学》2016年第4期。

自动生效。如此一来,一方面,预告登记权利人的利益可得到维护,其可自由决定是否按"原计划"取得房屋所有权,如因房价下跌,买方可能放弃实现其请求权;另一方面,一旦预告登记权利人放弃"原计划",在后的轮候查封便自动转化为查封,发动债权人进而可依查封顺位优先实现其债权。[1] 笔者对此深以为然,以上观点和建议均是处理预告登记与查封关系的更优选择方案,期待登记机构能进一步深化对预告登记效力的认识,完善相应的登记制度。

四、预告登记权利与拍卖、变卖、折价

相较于查封而言,对被执行人的房屋进行拍卖、变卖或折价的处分性执行措施,其法律后果将不可避免地导致房屋所有权的变动,如此,拍卖、变卖或折价等强制执行措施是否应受预告登记的保全效力所反制而应停止呢?《执行异议复议规定》第30条、《执行异议之诉解释》第19条对此进行了规定。据此,房屋买受人(预告登记权利人)停止处分的异议,应予支持。其背后的理论依据可作进一步阐释。

对于房屋所有权预告登记是否得阻却拍卖、变卖或折价等处分性强制执行措施,一直存在不同观点和做法。肯定观点认为,预告登记若对强制执行不具有对抗效力,则其作为物权性的担保方式,便在一定程度上丧失其功能。否定观点认为,预告登记本身并非物权,它所担保的请求权只是债权,其实现并不确定,而且如其能够阻却拍卖、变卖或折价等处分性强制执行措施,将极大地影响执行程序的效率追求,有损执行债权人的权利。

德国对于所有权的预告登记,虽未赋予其直接阻却强制拍卖的效力,但规定对于执行拍卖中引起所有权移转的"拍卖成交"(又称拍定),预告登记权利人得向拍定人主张物权登记,拍定人不得以享有所有权而拒绝。即便拍定人拒绝同意本登记,预告登记权利人亦可向法院起诉,要求判决拍定人作出同意本登记的意思表示,并以胜诉判决代替拍定人的意思表示,向登记机关要求办理本登记。而且,此时,只有"能清偿该优先权利以及从拍卖收益中应当收取的程序费用"的报价才会被接受,即存在所谓"最低出价额",拍定人须接受在拍卖时没有消灭而继

---

[1] 参见章晓英:《论房屋所有权转让预告登记在金钱债权执行中的法律地位》,载《政治与法律》2016年第11期。

续存在的买受人的请求权。① 由此可见,德国通过一整套规则设计,实际上是采取了类似负担权利的拍卖的做法,一方面预告登记并不能阻却强制拍卖,另一方面则规定强制拍卖不影响预告登记权利人实现本登记请求权,从而使预告登记的保全效力仍然能够得到落实。德国的做法是否可为我国所借鉴呢?笔者认为,在我国,从目前预告登记的效力在登记制度上的安排看,与德国并不相同。如前文所述,我国预告登记的保全效力体现为绝对无效,即在预告登记后,预告登记义务人处分不动产,绝对不发生物权效力,在登记制度上则表现为"登记簿冻结";德国则采取了相对无效的做法,也就是说,预告登记完成后,预告登记义务人对其权利仍有权进行处分,但对预告登记权利人而言,该处分行为相对地不生效力,仅在预告登记义务人处分行为影响或者妨害预告登记权利人的请求权时,该处分行为不生效力。如此一来,如允许在预告登记后仍得为拍卖、变卖或折价,则势必将与"冻结登记簿"的原则相悖。

我国台湾地区采取了预告登记不对抗强制执行的做法,其"土地法"第79条第3款规定:"预告登记,对于因征收、法院判决或者强制执行而为新登记,无排除之效力。"笔者认为,该做法不可取,因为如果预告登记不能对抗强制执行,则其保全债权请求权的制度内涵将会被掏空。具体来说,若预告登记无排除强制执行之效力,即在高权行为(德国法上典型的高权行为包括强制抵押的登记,法定的权利取得,如强制拍卖、征收等,法院的判决与强制执行行为也是高权行为的表现)效力高于预告登记效力的情形下,当事人与其希望借预告登记来保全利益,还不如直接从法院获取一纸具有强制力的文书更能保障债权的实现。②

虽然强制执行中的拍卖、变卖或折价并非私法意义上的处分,但由于预告登记所要保全的就是预告登记权利人实现物权的请求权,从而保障其实现物权的目的,而预告登记权利人的实现物权的请求权的相对人是预告登记义务人,拍定人对于预告登记权利人并不当然负有配合实现本登记的义务。因此,在没有相应的制度安排实现在强制拍卖程序中将预告登记义务人配合实现本登记的义务转移给拍定人的情况下,如果允许对于办理了所有权预告登记的房屋进行拍卖、变卖或折价,将使预告登记目的落空。立法者引入预告登记制度,正是为了防止一切

---

① 参见庄加园:《预告登记在强制执行程序中的效力》,载《当代法学》2016年第4期。
② 参见卢佳香:《预告登记之研究》,我国台湾地区辅仁大学1995年硕士学位论文。转引自常鹏翱:《比较法视野中的预告登记》,载《金陵法律评论》2005年第1期。

潜在妨害被担保债法请求权的履行可能,其所针对的乃是预告登记义务人丧失不动产处分权的一切可能性。① 故基于预告登记的制度目的与法律效力,对于原《物权法》第20条第1款所称的"处分",宜作目的解释,将其解释为不仅系指私法上的处分,亦应包括强制执行中的拍卖、变卖、折价等将导致物权变动的处分为宜。

至于担心预告登记权利阻却拍卖、变卖或折价等处分性强制执行措施,会导致执行效率的牺牲,并进而影响执行债权人的利益的问题,笔者认为,预告登记权利人作为房屋买受人享有的虽为债权请求权,但针对的对象是特定标的即预告登记的房屋的给付这一非金钱债权,所以对象是特定的;普通金钱债权人所享有的是对作为被执行人的预告登记义务人(房屋出卖人)的金钱债权,所针对的是被执行人的不特定财产。如此,基于预告登记的效力,赋予预告登记权利人阻却预告登记义务人的普通金钱债权人通过强制执行程序对于该房屋的拍卖、变卖或折价等处分性强制执行措施,在权利的衡量上并不失当。

五、预告登记权利与基于优先受偿权的强制执行

执行异议之诉中,房屋所有权、建设用地使用权预告登记是否可以排除房屋、土地上的抵押权、建设工程价款优先受偿权这类具有优先受偿效力的金钱债权强制执行?对此问题,应当根据实然情况进一步深入分析问题本身的含义并加以区分探讨。

在实然层面,关于预告登记权利与不动产抵押权之间的关系,根据设立的时间先后存在两种情况。一种情况是预告登记设立在先。《不动产登记暂行条例实施细则》第85条第2款规定:"预告登记生效期间,未经预告登记的权利人书面同意,处分该不动产权利申请登记的,不动产登记机构应当不予办理。"由此可见,如果预告登记在先,则未经预告登记权利人同意,登记机构对在房屋、土地上设定抵押申请登记的,不予办理,抵押权因此无法设立。因此,此时两者之间不会发生交集,亦不存在冲突。另一种情况是抵押登记在先。由于《民法典》第406条已经修改了原《物权法》第191条规定的未经抵押权人同意不得转让的规则,故相应的不

---

① 参见庄加园:《预告登记的破产保护效力》,载《南京大学学报(哲学·人文科学·社会科学)》2014年第6期。

动产登记操作也废除了在办理建设用地使用权、房屋所有权转移登记时原《土地登记办法》(已失效)、《房屋登记办法》(已失效)规定需要提交抵押权人同意文件的内容,相应的预告登记也无须抵押权人的同意。既然如此,抵押权与预告登记权利即可并存于同一不动产之上。对此,根据《民法典》第406条第1款的规定,抵押财产转让的,抵押权不受影响。举重以明轻,则抵押权的行使更加不会受到在抵押财产转让完成之前所设立的预告登记的影响。

但房屋、土地上存在的其他法律规定的优先权,则有不同。法定优先权是依法律规定而设立的,不以占有和登记为要件。因此,预告登记之后也可能会依法律规定而成立优先权,或者在优先权已经成立后,因没有登记作为公示,预告登记的办理也不会因此而存在障碍。因此,上述问题实际上可进一步限缩为:房屋所有权、建设用地使用权预告登记是否可以排除基于对该房屋、土地享有的法定优先权的金钱债权强制执行?从现行法的规定看,在房屋、土地上存在的民事优先权主要是指建设工程价款优先受偿权,而建设工程价款优先受偿权的客体范围仅限于承包人施工的建设工程,并不包括建设用地使用权,故上述问题又可进一步限缩为:房屋所有权预告登记是否可以排除对该房屋享有优先受偿权的金钱债权人的申请执行?对此,现行法律、司法解释并无直接规定,可参考相关司法解释对于房屋买受人权利保护的规定加以分析。

《查封规定》第15条规定:"被执行人将其所有的需要办理过户登记的财产出卖给第三人,第三人已经支付部分或者全部价款并实际占有该财产,但尚未办理产权过户登记手续的,人民法院可以查封、扣押、冻结;第三人已经支付全部价款并实际占有,但未办理过户登记手续的,如果第三人对此没有过错,人民法院不得查封、扣押、冻结。"从该条文的表述上,似乎并未对符合条件的不动产受让人的债权能够排除执行的对象即申请执行的权利种类进行限制。无论是《执行异议复议规定》第28条、第29条,还是《执行异议之诉解释》第11条、第14条,都进一步明确规定,符合条件的买受人的债权能够排除执行的对象限于金钱债权的执行,这是基于《查封规定》第15条未对此作出明确限制在实践中带来的问题而进行了修正。鉴于两者在立法目的上的一致性,对《查封规定》第15条的适用情形也应作相同限制。也就是说,上述规范所针对的可以排除执行的对象应限于金钱债权的执行,这里所谓的"金钱债权",在一般意义上是与非金钱债权相对而言的。从广义上理解,既包括无担保的普通债权,也包括设定担保或存在法定优先效力的债权。但由于后者已经在性质上属于优先权范畴,故在一般情况下能否被纳入可被排除强制执行的权利范围,尚需进一步分析。

对此,《执行异议复议规定》第 27 条规定:"申请执行人对执行标的依法享有对抗案外人的担保物权等优先受偿权,人民法院对案外人提出的排除执行异议不予支持,但法律、司法解释另有规定的除外。"实际上是确立了基于担保物权或法定优先权的强制执行一般不应被排除的一般原则。这是由于债权一般是平等的,但执行程序中往往不得不面对不同债权对执行标的物提出不同请求的情况,故相关执行程序司法解释所要解决的一般问题就是对这些本应平等保护的债权在执行程序中排序问题。物权优先于债权,这是我们在处理债权与物权关系问题上所应遵循的一项基本原则,法定优先权与此相似。因此,对于债权能否优先于物权或法定优先权在执行程序中获得保护,除非有法律、司法解释明确对物权与特定情形下的债权排序问题作出特别规定,否则就应遵循这一基本原则。

一方面,就预告登记的性质而言,如前文所述,预告登记虽具有一定的"物权效力",但它始终保持着债权性,即预告登记权利人对标的物并不具有事实上和法律上的支配性,预告登记权利人及其权利本身仍完全处于债务关系之中。① 在房屋上依法成立的具有优先受偿效力的金钱债权,在性质上已经属于优先权,其在顺位效力上甚至优先于一般的担保物权。因此,优先权显然应优先于预告登记权利,从而不应被预告登记阻却其权利的实现。

另一方面,根据《商品房消费者权利保护批复》《执行异议之诉解释》的规定,商品房消费者对所购商品房享有优先于建设工程价款优先受偿权、抵押权以及其他债权的权利。因此,只有同时具备了上述司法解释规定的商品房消费者优先权的构成要件,房屋买受人的权利才可以排除建设工程价款优先权等优先受偿权的强制执行,与是否办理了房屋所有权预告登记并无关涉。

综上所述,房屋所有权预告登记本身并不能够排除在该房屋上依法成立的建设工程价款优先受偿权的强制执行。

---

① 参见金可可:《预告登记之性质——从德国法的有关规定说起》,载《法学》2007 年第 7 期。

第十章　不动产所有权预告登记权利人针对金钱债权执行提起的执行异议之诉

规范依据

《民法典》

第二百二十一条　当事人签订买卖房屋的协议或者签订其他不动产物权的协议,为保障将来实现物权,按照约定可以向登记机构申请预告登记。预告登记后,未经预告登记的权利人同意,处分该不动产的,不发生物权效力。

预告登记后,债权消灭或者自能够进行不动产登记之日起九十日内未申请登记的,预告登记失效。

《物权编解释(一)》

第五条　预告登记的买卖不动产物权的协议被认定无效、被撤销,或者预告登记的权利人放弃债权的,应当认定为民法典第二百二十一条第二款所称的"债权消灭"。

《执行异议之诉解释》

第十九条　人民法院对登记在被执行人名下的不动产实施强制执行,案外人以在查封前已与被执行人签订合法有效的书面买卖合同且已按照合同约定支付价款,并已办理了合法有效的不动产预告登记为由,提起执行异议之诉,请求停止处分,事由成立的,人民法院应予支持;符合物权登记条件,案外人请求排除强制执行的,人民法院应予支持。

《执行异议复议规定》

第三十条　金钱债权执行中,对被查封的办理了受让物权预告登记的不动产,受让人提出停止处分异议的,人民法院应予支持;符合物权登记条件,受让人提出排除执行异议的,应予支持。

第十一章 被征收人针对金钱债权执行提起的执行异议之诉

在我国,由于公共建设任务繁重而征收较多,在城市是因城市规划拆迁而征收居民房屋,在农村是因公共建设、城市规划而征收集体土地。在征收集体所有土地和城乡居民房屋的过程中,侵害群众利益的问题时有发生,社会普遍关注。其中,不乏被征收人与被执行人签订了拆迁安置补偿协议,但安置用房尚未登记至被征收人名下时,被执行人的金钱债权人请求强制执行仍登记在被执行人名下的安置用房的案例。对于被征收人是否以及在何种情形下可以排除该种执行,因此前一直没有法律、司法解释对此加以明确规定,司法实践中多援引 2003 年《商品房买卖合同解释》第 7 条(2021 年 1 月 1 日废止),参照《执行异议复议规定》第 28 条、第 29 条规定加以裁判。但拆迁补偿安置与房屋买卖并不相同,因此,对于被征收人的权利是否可得排除执行问题的回答,还是应当建立在对被征收人的权利性质等问题的分析阐释基础之上,这也是正确理解适用《执行异议之诉解释》第 18 条规定的关键。

一、有关被征收人安置补偿权利的规范沿革

(一)有关法律、行政法规

2001 年 11 月 1 日起施行的原《城市房屋拆迁管理条例》,是原《物权法》实施之前有关城市房屋被征收人安置补偿权利的主要规范,其在第三章对拆迁补偿进行了规定。根据该条例第 23 条第 1 款的规定,拆迁补偿的方式可以实行货币补偿,也可以实行房屋产权调换。其中,货币补偿是指在拆迁补偿中,经拆迁人与被拆迁人协商,被拆迁人放弃房屋所有权,由拆迁人按市场评估价为标准,对被拆除的房屋所有权人进行货币形式的补偿。房屋产权调换是指拆迁人用自己建造或者购买的产权房屋与被拆迁房屋进行调换产权,并按拆迁房屋的评估价和调换房屋的市场价进行结算调换差价的行为。①

2007年10月1日起实施的原《物权法》第42条,明确了为了公共利益的需要,依照法律规定的权限和程序征收集体所有的土地和组织、个人的房屋及其他不动产时,应当依法给予征收补偿,维护被征收人的合法权益。《民法典》第243条对此基本予以延续,只是对个别用语进行了微调。

2011年1月21日起实施的《国有土地上房屋征收与补偿条例》,废止了原《城市房屋拆迁管理条例》,但并未改变房屋征收货币补偿和房屋产权调换补偿两种基本补偿方式②,只是更加强调和强化了在国有土地上房屋征收过程中,对于被征收人的权利保护。

(二)有关司法解释和司法政策

实践中出现的拆迁补偿安置协议纠纷,主要表现为两种类型,即以产权调换方式进行补偿安置引发的纠纷和因货币补偿引发的纠纷。其中,以产权调换方式引发的纠纷,因涉及被拆迁人生活居住权利问题,拆迁人与被拆迁人之间的矛盾表现尤为突出,主要表现为拆迁人复建的房屋或者为被拆迁人提供的补偿安置房屋,违背补偿安置协议约定的房屋面积、地点、楼层、朝向、结构、质量、环境、用途等,导致拆迁补偿安置协议无法依约全面履行,或者拆迁人超过过渡期限逾期安置,造成被拆迁人无法按期回迁。③ 为此,最高人民法院在2003年颁布的《商品房买卖合同解释》第7条第1款规定:"拆迁人与被拆迁人按照所有权调换形式订立拆迁补偿安置协议,明确约定拆迁人以位置、用途特定的房屋对被拆迁人予以补偿安置,如果拆迁人将该补偿安置房屋另行出卖给第三人,被拆迁人请求优先取得补偿安置房屋的,应予支持。"据此,被征收人对特定房屋的权利在符合拆迁安置背景、产权调换、房屋用途位置特定等情形下,具有优先于房屋买受人的效力。

在原《物权法》和《国有土地上房屋征收与补偿条例》颁布实施后,最高人民法院并未颁布新的司法解释和指导性文件对于被征收人安置补偿权利问题进行

---

① 参见国务院法制办、建设部编著:《城市房屋拆迁管理条例释义》,知识产权出版社2001年版,第82页。
② 参见《国有土地上房屋征收与补偿条例》第21条第1款。
③ 参见沈丹丹:《被拆迁人安置补偿权利保护问题》,载最高人民法院民事审判第一庭编著:《民事审判前沿》(第1辑),人民法院出版社2014年版,第46页。

规定。而且,一方面考虑到《行政诉讼法》修正后在第12条已将土地房屋征收补偿协议纠纷纳入行政诉讼受案范围,另一方面由于债权原则上并无优先于物权的效力,而《商品房买卖合同解释》第7条赋予特定债权以物权化的优先效力,欠缺法律上的明确依据。[1] 故在《民法典》颁布后清理司法解释时,最高人民法院在2021年1月1日修正后的《商品房买卖合同解释》中删除了原第7条的规定,这导致在被征收人安置补偿权利问题上的法律适用指引方面出现了空白。但从司法实践中的情况以及最高人民法院在相关案件裁判中表达的裁判观点来看,对于被征收人安置补偿权利问题的处理,仍然遵循了2003年《商品房买卖合同解释》第7条规定的基本精神和原则,并未有大的改变。这种立法逻辑与司法实践的不同频终于在2025年颁布的《执行异议之诉解释》中得到了一定程度的缓解,该解释第18条"搬"回了2003年《商品房买卖合同解释》第7条的基本精神和原则,针对如何在执行异议之诉中保护被征收人的安置补偿权利进行了细化规定。

二、被征收人安置补偿权利的性质

被征收人的安置补偿权利所依据的基础法律关系是征收人与被征收人签订的征收安置补偿协议。征收安置补偿协议是指征收人在政府征收决定作出后,为取得因征收而需搬迁的被征收人房屋之所有权,与被征收人订立的以补偿方式、补偿金额、安置费用等事项为内容的补偿协议。[2]

由前文可知,征收安置补偿协议可分为货币补偿型协议和产权调换型协议两类。两者本质是相同的,均是交易合同,前者是以金钱交换被征收房屋的所有权,后者则是以易地或新建房屋所有权交换被征收房屋的所有权。对于被征收人而言,这两种协议最大的区别在于:签订货币补偿型协议,被征收人一般可以在自有房屋被征收之前得到补偿,交易风险较低[3],而且不存在与第三人权利冲突的问题。签订产权调换型协议,被征收人则可能面临更大的风险。[4] 尤其是在协议的

---

[1] 参见最高人民法院民法典贯彻实施工作领导小组办公室编著:《最高人民法院实施民法典清理司法解释修改条文(111件)理解与适用》(上册),人民法院出版社2022年版,第281页。
[2] 参见李少平主编:《最高人民法院第五巡回法庭法官会议纪要》,人民法院出版社2021年版,第216页。
[3] 《国有土地上房屋征收与补偿条例》第27条第1款规定,实施房屋征收应当先补偿、后搬迁。
[4] 参见李少平主编:《最高人民法院第五巡回法庭法官会议纪要》,人民法院出版社2021年版,第221页。

标的物为期房时,房屋征收部门往往会另行与房地产开发企业签订委托代建房屋或者回购房屋合同以用于向被征收人还房,在原有房屋已被拆除,用于调换的房屋尚未交付并转移登记至被征收人名下之前,被征收人面临着房屋能否新建完成、房屋是否存在权利瑕疵、是否会被房企私下出卖给第三人、是否会因房企的对外债务而被房企的债权人申请强制执行等风险,并完成交付调换房屋,这一点在早期用地房企与被征收人直接订立拆迁补偿安置协议时表现得尤为突出。

在被征收人与上述第三人发生权利冲突时,被征收人的安置补偿权利性质就成为处理这一问题所绕不开的前提。《民法典》对于被征收人安置补偿的权利性质没有明确规定,理论与实务中对此则存在不同观点。

1. 特殊债权说

对于所有权补偿安置协议,征收人与被征收人作为协议的相对方,根据债权的相对性原则,一方只能向对方请求为特定给付,构成的是负担行为,内容上仅具有债之效力。依据债之相对性的原理,被征收人对于置换安置房屋的权益效力仅在征收人与被征收人之间得以承认,并不得对抗第三人已经发生的物权变动。在此等债权效力之下,被征收人对于置换安置房屋的权益被设计为一项仅具有优先顺位的债权,此种优先顺位体现在各债权之间履行顺序的先后上,即当征收人对安置房屋存在一房二卖等处分行为时,应当由征收人优先履行其与被征收人之间形成的互易债务,其后再履行其与第三人之间形成的普通债务。[①]

2. 担保物权说

《法国民法典》将优先权与抵押权并列,归属于担保物权,日本承袭了法国法的民事基本制度,在关于优先权的规定上与《法国民法典》一脉相承,认为优先权归属于物权。据此,有观点认为,被征收人对于置换安置房屋的权益虽然本质上归属于物权范畴,但是被征收人对置换安置房屋行使的是担保物权而不是物上请求权,认为该权益不仅具备担保物权的一般特征,同时在法定性及追及性上又具有其独有的属性。权利效力的设置,必然与立法者的价值判断有直接关系,最高人民法院之所以通过司法解释的形式对置换安置房屋权益予以特别保护,是因为在征收补偿安置法律纠纷中频频出现被征收人的应有利益被侵害的情况。在征

---

① 参见李少平主编:《最高人民法院第五巡回法庭法官会议纪要》,人民法院出版社2021年版,第223－224页。

收补偿安置法律关系中通常是拆除房屋在先,补偿安置在后,房屋被拆除后,被征收人已经处于一种失去居所的状态,若征收人再将该置换安置房进行一房二卖之处分行为,致使该置换安置房被第三人所取得,此时被征收人难免会陷入流离失所的境地。因此,赞同担保物权说的学者认为将补偿安置权解释为具有担保物权性质的权利,能够维护被征收人的合法权益,更好地保护被征收人的权利免受侵害。①

3. 债权物权化说

我国台湾地区学者在讨论船舶优先权的性质时,认为优先权本质上应该属于债权,只是通过法律的规定赋予其物权之优先效力。置换安置房屋优先取得权益的产生基于特定化的所有权置换安置协议,只有当被征收人签订的所有权置换安置协议对置换安置房屋的具体位置、用途作了明确且唯一的特别约定的情况下,该置换安置房屋才具有特定物的物权特征。从侧重保护被征收人利益的原则出发,将此种情况下被征收人对该特定房屋的特殊债权视为一种具有物权性质的债权,使其具有物权的对世效力。此时该物权化的债权具有排他性,从而产生对抗第三人的物权效力,第三人在置换安置房屋上所为之物权变动无法对抗被征收人对该房屋所享有的物上请求权。②

4. 物权期待权说

该观点认为以产权调换为内容的安置补偿在性质上实为互易,而互易是一种特殊的买卖,故在征收安置补偿法律关系中,被征收人的地位可比照房屋买受人,在被征收人丧失原有房屋所有权后,取得的是期待权。③

5. 物上代位权说

物上代位是指物权在脱离其客体之后继续存在于另外一个关联物上,并保持其原有效力。担保物权具有物上代位性,是物上代位权存在的最为典型的情形,也为《民法典》所明文规定。④ 但物上代位并非担保物权所特有,用益物权、所有

---

① 参见李少平主编:《最高人民法院第五巡回法庭法官会议纪要》,人民法院出版社2021年版,第224页。

② 参见李少平主编:《最高人民法院第五巡回法庭法官会议纪要》,人民法院出版社2021年版,第224-225页。

③ 参见杨临萍主编:《最高人民法院第六巡回法庭裁判规则》,人民法院出版社2022年版,第410页。

④ 参见《民法典》第390条。

权也可能发生物上代位。① 在我国司法实践中，以房屋征收安置补偿为例，即存在实践应用。例如，(2019)鲁13民终6819号民事判决书认为案涉原房屋拆迁赔偿款的替代物为双方当事人共有；(2020)鲁1082民初212号民事判决书认为基于物上代位性，应当认定该安置面积属于涉案东厢南两间因拆除行为造成灭失而获得的代位物；(2020)浙11民终580号民事判决书认为"各被上诉人基于对案涉被拆除房屋享有的按份所有权，当然享有案涉房屋实物灭失后其替代物即案涉房屋对应的拆迁权益的相应份额"。被征收人本于原住房享有所有权，因该房屋被征收拆除而灭失，非出于其自愿，则其牺牲可视为物权所受损害，该损害因标的物灭失而无法行使物上请求权以返还原物，此时又基于同一征收补偿安置法律行为原因已经存在或者将要存在适格之代位物，以上情形均符合物上代位之适用条件。②

虽然在找寻理论依据时存在分歧，但上述观点的共同点在于，均认识到了征收安置补偿关系的特殊性，并据此认为应当对被征收人的安置补偿权利予以特殊保护。客观而言，上述观点各有优劣，笔者不再逐一评析。

就法律框架的体系角度而言，笔者赞同以物上代位权对被征收人安置补偿权的性质予以妥适定位。虽然从表面上看，征收安置补偿协议是一种互易合同，因而应参照买卖合同的规定，但其与一般的商品房买卖合同存在明显区别。房屋征收补偿的基础和前提是社会公共利益的需要，其签订履行征收安置补偿协议，是为了满足整个社会的公共利益需要，配合国家和地区的经济社会发展进程③，具有明显的被动性，这与所有物被动地遭受损害、灭失更为近似。因此，以物上代位权定位被征收人因房屋被征收而享有的安置补偿权利，符合征收的特征以及物上代位权的本旨。而且，相比给债权加"外挂"而带来的体系困境，所有权的物上代位性构造有着深厚的理论根基，据此能够"一揽子"解决上述各种在债权性质的基础上试图赋予被征收人的安置补偿权以物权效力所要解决的问题。就其效力而言，被征收人对补偿还房所享有的权利性质，通过物上代位自形式上的债权转而为实质上的物权，该物权客体虽不同但高度同类，故其物权被拟制存续在新客体之上，

---

① 参见张静：《物上代位的体系整合与教义学结构》，载《环球法律评论》2021年第4期。
② 参见杨江涛：《被拆迁人房屋补偿安置权益之物权性保护——以物上代位为法律漏洞裁判补充路径》，载《人民司法·应用》2023年第16期。
③ 参见沈丹丹：《被拆迁人安置补偿权利保护问题》，载最高人民法院民事审判第一庭编著：《民事审判前沿》（第1辑），人民法院出版社2014年版，第50页。

且与原物权相同。由此，基于物权效力，被征收人享有对世权，可突破合同相对性直接向占有补偿还房的、与房屋征收部门存在合同关系的用地开发商主张所有权；享有物权之时间节点为原房屋所有权取得时间，而非发生物上代位之时①，此时依先物权优于后物权，其权利于执行程序中得对抗在后物权；基于自物权，将补偿还房别除于债务人开发商之责任财产，得对抗其他各债权人享有之他物权及法定优先权，在破产程序中行使取回权。②

  站在司法实务的视角看，对被征收人安置补偿权给予优先保护则可归结为法政策对基本生存权的保护。近代民法的发展表明，各国为了推行人道主义社会政策，促进社会福利，维护公共利益，通过法律或最高司法机关的判例基于某一时期特殊的经济社会背景，根据实践的需要对既有的物债二分的框架予以突破，赋予某些传统上的债权以优先效力。我国《民法典》《海商法》《企业破产法》等法律就建设工程价款、海难救助款、工人工资等债权规定了相应的优先受偿权利，司法解释则赋予商品房消费者以优先于建设工程价款优先受偿权、抵押权的超级优先权，这些无不是通过法政策的方式对特殊群体的特别利益给予的特别保护。在征收安置补偿中，无论是协议的签订还是履行，被征收人一般都处于被动地位，并没有如一般房屋买卖交易中一方当事人所享有的交易地位。房屋本身又具有基本生活资料的特性，是被征收人安身立命之所，而且房屋的地理位置、居住条件等，还关系到被征收人生活的方方面面。在被征收人不得不失去赖以生存的房屋的所有权，换取获得安置补偿房屋的期待权时，在实现权利转换的过程中，被拆迁人的利益面临诸多不确定性风险，呈现出较为脆弱的一面，此时，侧重被拆迁人权益保护，不仅是法律追求实质公平的必然选择，也是维护社会稳定，保障社会经济发展的必然要求。③ 因此，赋予被征收人安置补偿权利以优先效力，有着深厚的社会认同基础，符合我国当前经济社会发展需要，体现了以人民为中心的司法理念。

三、被征收人安置房屋交付请求权排除金钱债权执行的规范适用

  《执行异议之诉解释》第18条延续了2003年《商品房买卖合同解释》第7条

---

① 参见谢在全：《民法物权论》（中册），中国政法大学出版社2011年版，第690页。
② 参见杨江涛：《被拆迁人房屋补偿安置权益之物权性保护——以物上代位为法律漏洞裁判补充路径》，载《人民司法·应用》2023年第16期。
③ 参见沈丹丹：《被拆迁人安置补偿权利保护问题》，载最高人民法院民事审判第一庭编著：《民事审判前沿》（第1辑），人民法院出版社2014年版，第51-52页。

规定的基本思路和原则,对这一问题进行了明确规定:"人民法院对登记在被执行人名下的不动产实施强制执行,案外人以该不动产系用于产权调换的征收补偿为由,提起执行异议之诉,请求排除建设工程价款优先受偿权、抵押权以及其他债权的强制执行,并能够证明其主张同时符合下列条件的,人民法院应予支持:(一)查封前,案外人已与房屋征收部门、房屋征收实施单位等依法签订征收补偿性质的协议;(二)用于征收补偿的不动产的位置明确特定。案外人起诉请求被执行人办理不动产所有权转移登记手续,符合前款规定的,人民法院依法予以支持。"理解适用该条规定,应主要注意如下问题。

(一)征收补偿性质的协议的签订时间

首先需要说明的是,《执行异议之诉解释》第18条没有使用征收安置补偿协议,而是采用了征收补偿性质的协议的表述,这主要是因为征收补偿实践中征收人与被征收人之间可能并没有签订以"征收安置补偿协议"为名而是签订了联建合同[1],或者征收人、被征收人、房地产开发企业签订了三方协议,约定了有关房屋调换事宜,这些都可以认定为是有征收补偿性质的协议。

征收补偿性质的协议签订时间影响着对其权利优先性的认定。《查封规定》第24条第1款规定:"被执行人就已经查封、扣押、冻结的财产所作的移转、设定权利负担或者其他有碍执行的行为,不得对抗申请执行人。"据此,查封具有使被执行人查封后的行为相对无效的法律效力。故若征收补偿性质的协议签订时间晚于本案查封,则其权利存在的基础法律关系将对申请执行人不发生效力,从而影响其权利对强制执行排除的效力发挥。这一点与一般不动产买受人针对金钱债权提起的执行异议之诉的审查规则并无不同,故此处不再赘述。

需要讨论的是,在被征收人的征收安置补偿权与建设工程价款优先受偿权、抵押权竞合时,是否需要进一步考察后两者的设立时间与征收补偿性质的协议签订时间的关系?对此,笔者认为,在商品房消费者超级优先权排除金钱债权执行的问题上,商品房买卖合同是否先于建设工程价款优先受偿权、抵押权设立而签订并不会影响商品房消费者超级优先权的效力判断,因此,举轻以明重,在被征收人的权利问题上,更不应对此有所要求。而且,由前文可知,若基于物上代位权,

---

[1] 参见最高人民法院民事判决书,(2021)最高法民终845号。

则被征收人对安置补偿房屋享有物权的时间应为原房屋所有权取得时间,而非签订征收补偿性质的协议、发生物上代位之时,故其设立恒早于建设工程价款优先受偿权、抵押权,根据先物权优于后物权的原则,其权利当然可对抗后者,因而无须再对此加以考察。

(二)安置补偿房屋位置明确特定

实践中一般认为,补偿安置权益保护的另一重要前提条件是标的物安置房屋的特定性。征收人与被征收人的产权调换协议在性质上属于互易合同,用以补偿被征收人的房屋既可以是种类物,也可以是特定物。如果是种类物,那么征收人可以用性质相同的任何房屋来补偿被征收人,不存在所谓的优先取回权益保护问题。只有当安置房屋特定化了,被征收人才能在此基础上主张优先取得。因此,当事人在征收补偿安置协议中只对补偿方式、安置用房面积、过渡期限等内容进行约定,而没有对协议的标的物即补偿安置用房的位置、用途进行明确具体约定的,只能按普通债权给予保护。如果当事人不仅对补偿方式、房屋面积等一般内容进行了约定,还对安置用房的位置、用途予以明确,那么该标的物安置用房就具有了特定性,被征收人就能够主张优先取得相关权益。[①]《执行异议之诉解释》也延续了这一原则,将安置补偿房屋位置明确特定作为被征收人权利排除执行的要件之一。

(三)可被排除的执行债权的范围

执行债权为普通金钱债权的,当然应属可被排除的债权范围,无须赘述。在执行债权为建设工程价款优先受偿权、抵押权时,基于前述,被征收人对安置房屋的权利系原房屋所有权的延伸,加之其为保障被征收人基本生存权的价值优位,故在该安置房屋或其所及的建设用地使用权范围内存在的建设工程价款优先受偿权、抵押权亦属于可被排除的债权范围。

此外,在与商品房消费者超级优先权发生冲突的场合,系因作为房屋征收实施单位的房地产开发企业对安置用房进行了一房数"卖"所致,但房地产开发企业

[①] 参见李少平主编:《最高人民法院第五巡回法庭法官会议纪要》,人民法院出版社2021年版,第222页。

对被征收人的安置房屋实际上并无处分权,无权处分并不会导致商品房买卖合同无效,而且因征收安置补偿权并没有登记公示,商品房消费者也无法知道所购商品房为安置房屋,故其对购买房屋具有善意,但即便按照善意取得的要件看,本条规定的商品房是登记在房地产开发企业名下,商品房消费者显然尚未取得房屋所有权登记,因此其并不符合善意取得房屋的要件,被征收人基于其对安置房屋的物权,有权排除商品房消费者的超级优先权,这与前述基于法政策而应对被征收人予以更为优先的特殊保护的结论是一致的。

(四)排除执行判决的效力及于建设工程价款优先受偿权、抵押权的涤除

有观点认为,是否可排除执行与是否可涤除建设工程价款优先受偿权、抵押权不能等同,虽然被征收人可以优先于建设工程价款优先受偿权人、抵押权人实现权利,但是并不能因此而否定或者彻底消灭建设工程价款优先受偿权、抵押权,而仅是使该建设工程价款优先受偿权、抵押权在实现上存在障碍而已。但由此,难免会导致在该房屋上存在权利僵局,对此,已在前文有关商品房消费者权利的部分阐述过,此处不再赘述。因此,排除执行判决的效果导致建设工程价款优先受偿权、抵押权的涤除,建设工程价款优先受偿权不存在登记,则涤除后不存在涂销登记的问题,虽然安置房屋存在抵押登记,或涉及安置房屋的在建建筑物上存在抵押登记,涉及安置房屋范围内的建设用地使用权上存在抵押登记,但该登记已丧失了其效力所依赖的基础,因而被征收人可据此申请登记机构涂销登记。

排除执行判决的效果虽并不及于办证等合同履行行为,但因存在于房屋之上的建设工程价款优先受偿权、抵押权已被涤除,故被征收人完全可以在执行异议之诉中同时提出作为被执行人的房地产开发企业协助办理房屋所有权转移登记的请求,当然也可于执行异议之诉判决生效后另行针对房地产开发企业提出诉讼主张协助办理房屋所有权转移登记。

(五)延伸探讨:非安置补偿房屋特定情形下的被征收人权利

在实践中对被征收人特定化的安置房屋应予优先保护的认识较为统一的同时,仍存在较大争议的问题是,当拆迁安置补偿协议未对安置房屋予以特定化,或者约定按照货币补偿方式进行补偿的情况下,被拆迁人获得的安置补偿权利是否

应当区别于一般合同债权。有观点认为,虽然被拆迁人的安置补偿权益的前提基础相同,但是协议没有对安置房屋特定化,使被拆迁人基于协议获得的权利仅能被认为是一种普通债权,在其法律效力和实现顺序上,不应享有任何特殊性和优先性。但正如最高人民法院民一庭指出的,就本质而言,无论被征收人选择的安置补偿方式如何,其获得安置补偿权益的前提基础并无差别,均是基于公共利益的需要丧失了原有房屋所有权。从这个角度上说,征收人与被征收人无论约定按照所有权调换形式还是以货币补偿方式进行拆迁安置补偿,也无论双方对补偿安置用房的位置、用途是否进行了明确具体约定,被征收人基于拆迁安置补偿协议所取得的安置补偿权益之优先效力不应有所区别。①

  笔者赞同这一从法政策一致性的视角分析得出的结论。实际上,采物上代位权的观点对被征收人安置补偿权利加以定性,也可以解决上述因被征收人选择不同的补偿方式、对安置房屋约定不够明确而导致权利保护差异的难题。在拆迁安置补偿协议未对安置房屋予以特定化,或者约定按照货币补偿方式进行补偿的情况下,虽不存在有形且特定的代位物,但基于物上代位权的效力,可在被征收人对征收人的补偿款支付请求权上,或对与房屋征收部门存在合同关系并占有补偿安置房或相应土地使用权的房地产开发企业,在其补偿安置房或相应土地使用权上成立物上代位权。因此,对于被拆迁人依据拆迁安置补偿协议要求拆迁人支付货币补偿或者兑现安排安置补偿房屋承诺的,如果拆迁人将项目补偿安置房屋另行出卖给其他购房人,或者设定抵押,或者房屋上因拆迁人不能支付建设工程价款而存在建设工程价款优先受偿权的,被拆迁人的权利也应一体优先于抵押权人或者建设工程价款优先受偿权人优先取得拍卖、变卖所得价款。

  因此,被拆迁人的安置补偿权利具有物权效力,无论是在拆迁安置补偿协议中约定以产权调换还是以货币补偿方式取得相应拆迁补偿的被拆迁人,均能获得最优顺位的权利保护,即被拆迁人的安置补偿权益,应当优先于包括商品房消费者在内的购房人、建设工程价款优先权权利人、抵押权人以及普通债权人。

---

① 参见沈丹丹:《被拆迁人安置补偿权利保护问题》,载最高人民法院民事审判第一庭编著:《民事审判前沿》(第1辑),人民法院出版社2014年版,第54页。

规范依据

《执行异议之诉解释》

第十八条 人民法院对登记在被执行人名下的不动产实施强制执行,案外人以该不动产系用于产权调换的征收补偿为由,提起执行异议之诉,请求排除建设工程价款优先受偿权、抵押权以及其他债权的强制执行,并能够证明其主张同时符合下列条件的,人民法院应予支持:

(一)查封前,案外人已与房屋征收部门、房屋征收实施单位等依法签订征收补偿性质的协议;

(二)用于征收补偿的不动产的位置明确特定。

案外人起诉请求被执行人办理不动产所有权转移登记手续,符合前款规定的,人民法院依法予以支持。

《民法典》

第一百一十七条 为了公共利益的需要,依照法律规定的权限和程序征收、征用不动产或者动产的,应当给予公平、合理的补偿。

第二百四十三条 为了公共利益的需要,依照法律规定的权限和程序可以征收集体所有的土地和组织、个人的房屋以及其他不动产。

征收集体所有的土地,应当依法及时足额支付土地补偿费、安置补助费以及农村村民住宅、其他地上附着物和青苗等的补偿费用,并安排被征地农民的社会保障费用,保障被征地农民的生活,维护被征地农民的合法权益。

征收组织、个人的房屋以及其他不动产,应当依法给予征收补偿,维护被征收人的合法权益;征收个人住宅的,还应当保障被征收人的居住条件。

任何组织或者个人不得贪污、挪用、私分、截留、拖欠征收补偿费等费用。

《国有土地上房屋征收与补偿条例》

第五条 房屋征收部门可以委托房屋征收实施单位,承担房屋征收与补偿的具体工作。房屋征收实施单位不得以营利为目的。

房屋征收部门对房屋征收实施单位在委托范围内实施的房屋征收与补偿行为负责监督,并对其行为后果承担法律责任。

第二十一条 被征收人可以选择货币补偿,也可以选择房屋产权调换。

被征收人选择房屋产权调换的,市、县级人民政府应当提供用于产权调换的房屋,并与被征收人计算、结清被征收房屋价值与用于产权调换房屋价值的差价。

因旧城区改建征收个人住宅,被征收人选择在改建地段进行房屋产权调换的,作出房屋征收决定的市、县级人民政府应当提供改建地段或者就近地段的房屋。

第二十五条 房屋征收部门与被征收人依照本条例的规定,就补偿方式、补偿金额和支付期限、用于产权调换房屋的地点和面积、搬迁费、临时安置费或者周转用房、停产停业损失、搬迁期限、过渡方式和过渡期限等事项,订立补偿协议。

补偿协议订立后,一方当事人不履行补偿协议约定的义务的,另一方当事人可以依法提起诉讼。

典型案例

1. 郭某等诉沈某、广州市某房地产公司、张某案外人执行异议之诉案

案例索引:人民法院案例库入库编号 2023-10-2-471-005/民事/执行异议之诉/最高人民法院/2021.12.06/(2020)最高法民申1586号/再审/入库日期:2024.02.22。

裁判要旨:法律维护被拆迁(征收)人合法权益的精神是一以贯之的。被拆迁人与拆迁人按照所有权调换形式签订房屋拆迁协议,明确约定拆迁人以位置、面积等特定的房屋对被拆迁人予以补偿安置,被拆迁人在法院查封前已实际占有案涉房屋,其对拆迁补偿安置房屋享有的民事权益足以排除对该房屋的强制执行。

2. 天津市某商务发展服务中心诉某银行股份有限公司天津分行、天津某置业有限公司等案外人执行异议之诉案

案例索引:人民法院案例库入库编号 2024-07-2-471-011/民事/执行异议之诉/最高人民法院/2024.08.02/(2024)最高法民再140号/再审/入库日期:2024.12.06/修改日期:2024.12.13。

裁判要旨:(1)拆迁人与被拆迁人按照所有权调换形式订立拆迁补偿安置协议,明确约定以位置、用途特定的房屋对被拆迁人予以补偿安置,被拆迁人的拆迁安置补偿权益优先于抵押权人的抵押权,可以排除抵押权人申请的强制执行。(2)拆迁人、被拆迁人、房地产开发企业签订协议约定,由被拆迁人向房地产开发企业购买房屋作为还迁房,用于安置被拆迁人,以履行拆迁人的拆迁安置义务,房屋的位置、面积确定的,可以认定为"拆迁人与被拆迁人按照所有权调换形式订立拆迁补偿安置协议"。

3. 邬某与歌某建设集团有限公司执行异议之诉案

案例索引：人民法院案例库入库编号：2024-17-5-201-020/执行/执行审查类案件/内蒙古自治区高级人民法院/2020.08.07/(2020)内执异20号/一审/入库日期：2024.12.23。

裁判要旨：经产权置换的房屋，当事人依照约定履行了原房屋的产权交付手续，应视为已履行了全部价款支付义务，且产权置换的房屋系用于居住，符合《最高人民法院关于人民法院办理执行异议和复议案件若干问题的规定》第二十九条关于消费者物权期待权保护的规定，具有足以排除强制执行的效力。

4. 中国信达资产管理股份有限公司甘肃省分公司与甘肃陇东鸿业商贸有限公司、甘肃省供销合作联社庆阳土特产品公司、庆阳市智霖房地产开发有限公司、庆阳智霖实业有限公司、赵××、李××申请执行人执行异议之诉案

案例索引：一审：甘肃省高级人民法院(2021)甘民初13号民事判决书/二审：最高人民法院(2021)最高法民终845号民事判决书，载杨临萍主编：《最高人民法院第六巡回法庭裁判规则》，人民法院出版社2022年版，第404-426页。

裁判要旨：当事人签订的合同名为联建协议实为拆迁补偿协议的，人民法院应当按照拆迁补偿协议进行裁判。当事人约定以产权调换方式进行拆迁安置补偿，并明确约定了安置房屋的，被拆迁人享有优先取得该补偿安置房屋的权利，被拆迁人对该安置房屋的权利能够对抗拆迁人的金钱债权人对安置房屋的执行申请。

5. 某公司、某村民小组、某开发公司申请执行人执行异议之诉案

案例索引：最高人民法院2025年7月23日发布的《涉财产权保护执行异议之诉典型案例》之四。

基本案情：某开发公司2018年向某公司借款后不能偿还，某公司起诉某开发公司借款合同纠纷一案，一审法院判决某开发公司向某公司偿付借款本金及利息，某公司对某开发公司抵押的土地使用权及在建工程享有优先受偿权。因某开发公司未履行生效判决确定的给付义务，某公司向一审法院申请强制执行。2019年7月24日执行法院查封某开发公司名下房屋共计60余套，包括案涉商铺。某村民小组以查封商铺系征收补偿房屋为由提出执行异议，执行法院裁定中止执行，某公司提起申请执行人执行异议之诉。

2013年《某市经济技术开发区城中村改造领导小组办公室关于补办某村民小组改造工作方案批复的请示》载明，某村民小组为该区某年全面启动城中村改造项目之一……根据该项目改造实际需求，确定该村改造主体为某开发公司。某市某区某村民小组城中村改造拆迁安置协议书载明，对该村原农业户口人员实行保底安置。某开发公司与某村民小组签订《关于某村民小组商业用房安置确认单》载明，案涉商铺在该确认单范围内。

裁判结果及理由： 审理法院认为，依据法律的规定，为了公共利益的需要，征收集体所有的土地，应当依法足额支付土地补偿费、安置补助费等费用，安排被征地农民的社会保障费用，保障被征地农民的生活，维护被征地农民的合法权益。征收单位、个人的房屋及其他不动产，应当依法给予拆迁补偿，维护被征收人的合法权益。某村民小组作为被拆迁人，以所有权调换的方式与某开发公司签订安置协议，依据协议该组村民享有安置权利。某村民小组与某开发公司签订拆迁安置协议的时间早于某开发公司借款时间，亦早于设立抵押登记的时间，某公司抵押权建立在村民应获得的拆迁安置财产权利之上。拆迁安置补偿房屋是被征收人基本生产、生活资料，某村民小组因征收补偿而享有的权利应优先于某公司所享有的金钱债权。法院判决支持某村民小组排除对案涉房屋的强制执行。

典型意义： 征收应当依法给予征收补偿以维护被征收人的合法权益，获得征收安置是所有权保护的延伸，被征收人的安置权利能否实现，直接影响被征收人的经济收入或者基本存续保障，应予特别保护。被征收人在人民法院查封前，已与房屋征收部门、房屋征收实施单位依法签订征收补偿性质的协议，且用于征收补偿的不动产的位置明确特定，在人民法院对登记在被执行人名下的不动产实施强制执行，被征收人以该不动产系征收补偿为由，请求排除建设工程价款优先受偿权、抵押权以及其他债权的强制执行，人民法院应予支持。被拆迁人的安置补偿权利相较于抵押权，在法益衡量上更具优先性，对被征收人的征收补偿权益给予充分保护，符合法律的精神。

第十二章　以物抵债债权人针对金钱债权执行提起的执行异议之诉

以物抵债作为债务清偿的替代方式,在执行程序中常引发债权人能否排除债务人的金钱债权人对抵债财产强制执行的争议。虽然《执行异议复议规定》第28条为不动产买受人提供了排除执行的依据,实践中有不少案例通过参照适用该条支持了以物抵债债权人排除债务人的金钱债权人对抵债财产的申请执行,另有不少法院在案例或出台的指导性意见中依据物权期待权对符合一定条件的以物抵债债权人排除执行予以支持,但对以物抵债协议是否属于买卖合同、债权人权利性质是否等同于物权期待权等问题,理论界与实务界均存在重大分歧。《合同编通则解释》对以物抵债的性质进行了类型化的界定,《执行异议之诉解释》根据债权性质不同,分别对以不动产抵偿普通债权和以不动产抵偿工程款债权排除执行问题进行了规定。本章即以上述司法解释的规定为中心展开探讨。

一、以物抵债的性质与类型化

(一)以物抵债的法律性质

以物抵债,是债务人或者第三人与债权人在债务履行期届满后或届满前达成的,以特定财产替代原定给付消灭债务的协议。[①] 严格而言,以物抵债并非一个含义明确的法律术语,实践中其大致包括两种情形:一是仅具有以他种给付替代原定给付的合意,但债权人尚未受领债务人的他种给付;二是双方当事人不但达成以他种给付替代原定给付的合意,而且债权人受领了债务人的他种给付。后者实质上就是传统民法所称的代物清偿。所谓代物清偿,是指以其他给付替代原给

[①] 参见杨立新:《以物抵债的类型及其法律适用规则——〈合同编通则司法解释〉第27条和第28条规定解读》,载《上海政法学院学报》2024年第3期。

付,从而使债权消灭的债权人与给付人之间的契约。① 传统民法中,代物清偿被视为要物契约,需以实际履行(他种给付的完成)为成立要件。② 对于以物抵债协议是诺成合同还是要物合同,一直存在激烈争议。但代物清偿仅为以物抵债的一种情形或可选方式,而非全部。故虽然从传统民法的理论看,典型的代物清偿协议应为要物合同,但不应因此即认为所有的以物抵债协议都属于要物合同。否则,在概念上将难免陷入以偏概全的错误。而且,随着现代交易形式日趋复杂化以及对合意优先的强调,要物性要求在立法上逐渐式微。诺成说主张,对以物抵债协议的成立要件,应以尊重当事人的意思自治为基本原则,并将其与清偿效果区别开来。③ 这逐渐成为理论界的通说,也为司法实践所采纳,④并最终被《合同编通则解释》所确认。⑤ 需要注意的是,诺成性不排除履行行为的效力关联。以物抵债协议虽自成立时生效,但其债务消灭效果仍依赖于抵债财产的交付或权利变动,这与典型诺成合同(如买卖合同)存在本质差异。⑥

(二)以物抵债的主要类型

实践中,以物抵债的类型丰富多样,依据不同的分类标准可进行多种划分。根据《合同编通则解释》的规定,可以履行期限与协议目的为标准加以类型化区分。

1. 根据《合同编通则解释》第27条、第28条,以债务履行期是否届满为标准,可将以物抵债分为债务履行期届满前的以物抵债和债务履行期届满后的以物抵债。

履行期届满前的以物抵债,通常具有担保债务履行的功能,债务人通过预先

---

① 参见[日]我妻荣:《我妻荣民法讲义:新订债权总论》,王燚译,中国法制出版社2008年版,第265页。
② 参见史尚宽:《债法总论》,中国政法大学出版社2000年版,第814页。
③ 参见司伟:《债务清偿期届满后的以物抵债纠纷裁判若干疑难问题思考》,载《法律适用》2017年第17期。
④ 参见最高人民法院民事判决书,(2016)最高法民终484号,载《最高人民法院公报》2017年第9期(总第251期);《九民会纪要》第44、45条。
⑤ 第27条明确规定债务履行期限届满后的以物抵债协议,当事人意思表示一致即成立并生效。第28条则规定债务履行期届满前的以物抵债,应当在审理债权债务关系的基础上认定该协议的效力,也隐含了承认以物抵债的诺成性的前提。
⑥ 参见崔建远:《以物抵债的理论与实践》,载《河北法学》2012年第3期。

约定以特定财产抵债,降低违约风险。根据《合同编通则解释》第28条,抵债物已经完成财产权利变动公示,构成让与担保,债务人不履行到期债务时,以物抵债权人即可参照《担保制度解释》第68条第1款之规定就抵债物变价价款优先受偿。履行期届满前的以物抵债效力受到双重限制:第一,流押禁止规则:约定债务不履行时抵债财产直接归属债权人的条款无效;第二,物权变动要件:未完成登记或交付的,债权人不得主张优先受偿。但值得注意的是,履行期届满前达成的协议若明确抛弃期限利益(如约定"立即以物抵债"),可视为履行期届满后的以物抵债。① 履行期届满后的以物抵债,旨在彻底消灭原债务,具有债务清偿的终局性。其可进一步细分为新债清偿与债之更改。

2. 根据《合同编通则解释》第27条,针对履行期届满后的以物抵债,以新旧债务关系是否并存为标准,可进一步分为新债清偿或债之更改。

新债清偿,又称新债抵旧、间接清偿,是指债务人因清偿旧债务而负担新债务,并因新债务的履行而使旧债务消灭的契约。② 新债清偿之实质系以负担新债务以清偿旧债务的一种方法,③债务获得清偿前,新债与旧债系并存关系。债权人需先请求履行新债务(抵债财产交付),仅在债务人拒绝履行新债务时,方可回溯至原金钱债权。④ 债权人未经请求新债务履行即主张旧债务的,构成权利滥用。⑤ 以当事人的意思表示为根据,若以物抵债协议未明确约定消灭旧债务,且未排除债权人选择权的,推定为新债清偿。⑥

债之更改,又称债务更新,是指为新债务成立而让旧债务消灭的契约,即为设定新债务以代替旧债务,并使旧债务归于消灭的民事法律行为。⑦ 其关键特征是新债务完全替代旧债务,旧债务自协议生效时消灭。由于债之更改具有消灭旧债

---

① 参见最高人民法院民事审判第二庭编著:《〈全国法院民商事审判工作会议纪要〉理解与适用》,人民法院出版社2019年版,第325页。
② 参见最高人民法院民事审判第二庭编著:《〈全国法院民商事审判工作会议纪要〉理解与适用》,人民法院出版社2019年版,第308页。
③ 参见林诚二:《民法债编总论——体系化解说》,中国人民大学出版社2003年版,第540页。
④ 参见王泽鉴:《债法原理》,北京大学出版社2022年版,第208页。
⑤ 参见最高人民法院民事判决书,(2018)最高法民终397号。
⑥ 参见最高人民法院民事判决书,(2016)最高法民终484号,载《最高人民法院公报》2017年第9期(总第251期)。
⑦ 参见最高人民法院民事审判第二庭编著:《〈全国法院民商事审判工作会议纪要〉理解与适用》,人民法院出版社2019年版,第308页。

之效果,对当事人利益影响重大,故对债之更改的认定要求当事人须有明确的"以新代旧"合意,如约定"原借款债权转为购房款""双方权利义务以本协议为准"等。司法实践中,法院应综合考量当事人之间的书面协议、沟通记录、交易背景以及行业惯例等多方面因素,以准确判断当事人是否真正达成了债之更改的合意。

二、以物抵债债权排除金钱债权执行效力的理论探析

(一)以物抵债债权排除金钱债权执行的实践分歧

以物抵债作为债务清偿的重要方式,在执行程序中常涉及债权人能否通过主张以物抵债权利排除法院对抵债物的强制执行。司法实践中对此问题存在显著分歧。

由于法律、司法解释没有对以物抵债债权排除金钱债权执行的问题予以明确规定,但《执行异议复议规定》第28条赋予不动产买受人物权期待权排除金钱债权执行的效力,实践中,最初的争议多围绕以物抵债债权是否可参照适用该条规定展开。对于《执行异议复议规定》第28条规定的适用前提"在人民法院查封之前已签订合法有效的书面买卖合同",存在两种理解:一种是"狭义说",认为应限于为购买不动产之目的而成立的合法有效的买卖关系;另一种是"广义说",认为包括一切最终体现为不动产买卖形式的法律关系,即除狭义的理解外,还包括基于以物抵债方式形成的法律关系。"广义说"认为,基于有效的抵债协议,在债权消灭的同时,相应的抵债款也就转化为买卖款,故可将以物抵债理解为一种购买不动产价款的支付方式。"狭义说"则认为,《执行异议复议规定》第28条所要保护的权利都是买受人基于购买不动产之目的而成立的合法有效的买卖关系所形成的针对该不动产交付及权属变动的债权。《执行异议复议规定》第28条规定了无过错不动产买受人可以排除金钱债权人执行的四个条件,只要有一个要件不符合则不能排除金钱债权的强制执行。以物抵债协议不同于买卖合同,其性质或者是新债清偿,或者是债务更新。在新债清偿场合,同时存在新旧两个债,与单一之债性质的买卖合同判然有别;在债务更新场合,债权人仅享有权利而无须履行付款义务,与需要支付对价的买卖合同亦不相同。因此,仅依据以物抵债协议,并不足以排除另一个金钱债权的执行。[1] 而且,设立以物抵债之目的在于消灭旧的金

---

[1] 参见贺小荣主编:《最高人民法院第二巡回法庭法官会议纪要》(第三辑),人民法院出版社2022年版,第17页。

钱之债，以物抵债作为履行原来金钱之债的方法，其债权人本质上享有的仍然是金钱之债，故不应优先于另一个金钱之债。①

最高人民法院在此问题上的态度一直较为保守，除对于以房抵顶工程款债权这种特殊的以物抵债情形外，较少有支持以物抵债债权排除金钱债权执行的案例。各地法院的裁判观点则呈现出较大的差异性。②

地方法院的探索更早一步，多个地方高级人民法院出台的指导性文件均肯认了以物抵债债权具有排除债务人的金钱债权人申请执行效力的可能性③，并在参照《执行异议复议规定》第28条设定构成要件的基础上，又结合以物抵债的不同类型并着眼于防范虚假抵债、低价抵债等规避执行的行为增设了原债务合法有效且履行期已经届满④、到期债权与执行标的的实际价值大致相当⑤、经过清算债务数额已确定⑥、不存在规避执行或逃避债务情形⑦等条件。

随着认识的深化，尤其是《合同编通则解释》对以物抵债的性质与效力进行了类型化的界定后，对以物抵债债权排除金钱债权执行的问题探讨不应再局限于对《执行异议复议规定》第28条在形式上的参照适用与否，而是应进一步演化为对其背后所体现的原理的适用与否，即以物抵债债权是否可构成一种独立于买受人的权利的物权期待权类型，从而产生排除金钱债权执行的效力。

---

① 参见最高人民法院民事审判第二庭编著：《〈全国法院民商事审判工作会议纪要〉理解与适用》，人民法院出版社2019年版，第305页。
② 参见白隽永：《以物抵债不动产排除强制执行的困境与出路》，载《人民司法·应用》2022年第19期。
③ 参见江苏省高级人民法院《执行异议及执行异议之诉案件办理工作指引（二）》第8条，山东省高级人民法院民一庭《关于审理执行异议之诉案件若干问题的解答》第7条，吉林省高级人民法院《关于审理执行异议之诉案件若干疑难问题的解答（一）》问题十九，海南省高级人民法院《关于审理执行异议之诉纠纷案件的裁判指引（试行）》第8条，江西省高级人民法院《关于执行异议之诉案件的审理指南》第25条。
④ 参见江苏省高级人民法院《执行异议及执行异议之诉案件办理工作指引（二）》第8条，江西省高级人民法院《关于执行异议之诉案件的审理指南》第25条等。
⑤ 参见吉林省高级人民法院《关于审理执行异议之诉案件若干疑难问题的解答（一）》问题十九，江苏省高级人民法院《执行异议及执行异议之诉案件办理工作指引（二）》第8条，江西省高级人民法院《关于执行异议之诉案件的审理指南》第25条等。
⑥ 参见吉林省高级人民法院《关于审理执行异议之诉案件若干疑难问题的解答（一）》问题十九。
⑦ 参见江苏省高级人民法院《执行异议及执行异议之诉案件办理工作指引（二）》第8条，江西省高级人民法院《关于执行异议之诉案件的审理指南》第25条等。

（二）以物抵债债权排除金钱债权执行的理论依据

正如本书前文所述，物权期待权作为不动产买受人权利排除执行的理论基础仍存在很大争议，但无论采用哪种解释途径，殊途同归的是，应当对于满足一定条件的不动产买受人给予超出出卖人的一般金钱债权人的保护。至于是否将其称为物权期待权其实并不重要。鉴于当前执行异议之诉的审判实践中对于物权期待权概念的使用已经相当普遍，故本书也将使用这一概念。对于以物抵债债权排除执行效力的考察，虽然不应在形式上再限于对《执行异议复议规定》第28条是否参照适用的关注，而是应当注重以物抵债债权人的权利是否已经"褪去"了旧债中浓重的金钱之债的"色彩"而转为新债下对物权获得的"期待"，但基于以物抵债的性质与特点，仍然要求我们在实质上将其与不动产买受人的法律地位进行类比，以判断其是否享有物权期待权从而可排除执行。

基于前述，以物抵债的效力认定需以其类型化为前提，不同类型的以物抵债在排除强制执行时的效力存在本质差异。

1. 担保型以物抵债

担保型以物抵债多见于债务履行期届满前，当事人约定以特定财产担保债务履行。例如，当事人约定"若债务到期未清偿，则以房屋抵债"，此类协议本质上系对债权的担保。此时，不仅旧债与新债并存，而且债权人仅以实现金钱债权为目标，并无取得抵债物所有权的目的，故物权期待权无从谈起。若当事人间约定"债务人到期没有清偿债务，抵债财产归债权人所有"，根据《合同编通则解释》第28条第2款的规定，该约定因违反流押、流质规定而无效。债权人不得直接取得抵债物所有权，仅能就拍卖、变卖价款优先受偿，其可通过参与执行分配等程序实现其优先于普通金钱债权受偿的权利。因此，担保型以物抵债的债权人不具有物权期待权人的地位，其权利不具有排除执行的效力。但值得注意的是，履行期届满前达成的协议若明确抛弃期限利益（如约定"立即以物抵债"），可视为履行期届满后的以物抵债。[①]

[①] 参见最高人民法院民事审判第二庭编著：《〈全国法院民商事审判工作会议纪要〉理解与适用》，人民法院出版社2019年版，第325页。

2. 债之更改型以物抵债

债之更改型以物抵债是指当事人明确以新债务取代旧债务,旧债务因此消灭。其核心要件是存在"更新合意",即当事人明确约定以抵债物所有权转移为对价消灭原债。例如,债务人与债权人签订协议,约定"以房屋所有权抵偿全部借款本息,原借款合同终止"。因其已消灭了旧的债之关系,形成了新的债权债务,债权人的期待利益转化为取得抵债物的所有权。其实质内容已与新债无异,自然应按照新债的性质产生新的法律效果。① 此种债权人与典型的不动产买受人的法律地位具有高度可比性。之所以赋予不动产买受人物权期待权,是因为若买受人无权排除执行,则无异于将买受人的资金用于清偿出卖人的债务,难言公平。不动产买受人与债之变更型以物抵债债权人的共同点在于,不动产买受人通过支付价款的方式使出卖人获得财产上的增益,债之变更型以物抵债协议通过使抵债人无须偿还旧债而构成其消极财产的较少。积极财产的增加与消极财产的减少在法律上不应有不同的价值评判。② 因此,债之更改型债权人对抵债物享有物权期待权,从而使其排除执行成为可能。

3. 新债清偿型以物抵债

新债清偿型以物抵债本质上系增加一种可选的清偿方式合意,债务人负担的新债务系履行旧债务的一种方法,新债务并不代替旧债务,旧债务亦不直接消灭,新债务履行完毕才会导致相应的旧债务消灭。③ 对于新债清偿型以物抵债效力的评判因履行选择权的存在而更为复杂。在新债与旧债履行的选择问题上,理论上存在两种不同的解释路径:采选择之债解释路径的观点认为,新旧债务构成一项选择之债,对于债务人而言,除非当事人特别约定履行新债优先,否则,由于债务人履行旧债符合当事人最初的缔约目的以及债权人的预期,故债务人可在旧债与新债之间择一履行;对于债权人而言,因以物抵债协议的缔结与履行,其选择权受到限制,只能请求债务人履行新债,唯有当新债已届履行期而债务人未按照约定履行以物抵债协议且经催告仍不履行时,根据《合同编通则解释》第 27 条第 2 款

---

① 参见白隽永:《以物抵债不动产排除强制执行的困境与出路》,载《人民司法·应用》2022 年第 19 期。
② 参见付荣:《论执行程序中的以物抵债》,载《法学家》2024 年第 2 期。
③ 参见司伟:《债务清偿期届满后的以物抵债纠纷裁判若干疑难问题思考》,载《法律适用》2017 年第 17 期。

的规定,债权人方有权选择请求履行新债还是旧债。至于债务人或债权人选择权行使的法效果,则是使新旧债并存的"选择之债"变为简单之债,即未被选择履行的债将因此消灭。① 采区分不同阶段结合当事人利益状态确定法效果的解释路径的观点认为,债权人与债务人均应受到以物抵债协议的约束,债务人在以物抵债协议生效后履行旧债以消灭新旧债仍需得到债权人同意;债权人可以选择请求履行旧债或新债构成选择竞合,债权人虽可选择其一进行主张,但一项请求权的行使并不当然消灭另一项。只有当其中一项请求权获得满足后,两者才同时消灭。若请求履行新债遇阻,债权人仍可回头请求履行旧债。②

在选择之债解释路径下,在债务人履行之前的选择阶段,抵债债权人因缺乏对特定物的排他性权利,从而无法排除对抵债物的执行。但一旦债务人选择履行新债时,债权人就享有了获得抵债物物权之期待。但此时仍可能出现债务人不履行新债构成根本违约之情形,此时债权人的选择权被触发,若债权人选择请求履行旧债,则意味着放弃了对获得抵债物物权的期待。在区分不同阶段结合当事人利益状态确定法效果的解释路径下,虽然原则上债权人对于履行以物抵债协议并获取抵债物物权享有期待利益,但在债务人请求履行旧债、债务人不履行新债构成根本违约时,债权人有权选择旧债,并在旧债未获得履行时仍可再行转换请求履行新债。

由此可见,无论采上述何种解释路径,抵债债权人对于抵债物物权是否具有期待利益均存在一定程度的不确定性,似乎难以对其排除执行的效力作出一概而论的评判。甚至有观点认为,新债清偿型以物抵债中的债权人并不必然就新债受偿,且其最终期待是实现债权,故对抵债物不享有排除执行的物权期待权。③ 不过,笔者认为,通过引入"占有"这一外部事实外观作为物权期待权的重要构成要件,为消解因履行选择权引发的效力不确定性提供了有效的司法认定标准:若抵债债权人未合法占有抵债物,则其权利的外部表征不足,不构成物权期待权,从而无法排除对抵债物的执行;若抵债债权人已基于以物抵债协议合法占有抵债物,

---

① 参见王利明:《论清偿型以物抵债协议产生的选择权》,载《东方法学》2024 年第 2 期;吴光荣:《清偿型以物抵债协议的性质与履行》,载《月旦民商法杂志》2024 年第 3 期。
② 参见李建星:《清偿型以物抵债法效果的教义学构造》,载《法学》2024 年第 12 期;冉克平、沈重威:《论清偿型以物抵债协议的理论选择与规范构造》,载《烟台大学学报(哲学社会科学版)》2025 年第 3 期。
③ 参见付荣:《论执行程序中的以物抵债》,载《法学家》2024 年第 2 期。

则除非有相反证据,否则应推定债务人已通过交付行为作出了履行新债的最终选择。债务人的这一履行行为使其自身的选择权归于消灭,同时也使债权人(若有)的选择权不再具有发动的条件。此刻,新旧债务并存的模糊状态趋于明朗,债权人对抵债物物权的期待利益之享有已然呈现。

三、以不动产抵债债权排除金钱债权执行的构成要件

(一)案外人与被执行人之间存在真实债权债务关系且债务履行期限届满,查封前签订合法有效的以物抵债协议

1. 基础债权债务关系真实有效

在以物抵债债权人提起的执行异议之诉中,对其主张审查的逻辑起点在于对基础债权真实、有效性的关注,这不仅反映了对以物抵债协议是否具备基本生效要件的穿透式审视,更为重要的是其背后所蕴含的深层法理,即出卖人的总责任财产未因交易而减少,具体则体现为审查确认抵债债权人是否已经为获取抵债物付出了实质性的对价。与不动产买卖对比,可以更为清晰地揭示出这一逻辑。

在不动产买卖中,买受人之所以能享有排除执行的优先权利,其核心正当性基石就在于已支付了全部价款。在以物抵债中,真实有效的基础债权,就是抵债债权人为获取抵债物而支付的"价款"。也正因此,法院必须对该对价所赖以存在的基础债权债务关系的真实性进行严格审查。如果基础债权真实、足额,就意味着"价款"已经足额支付,抵债债权人因此获得了与不动产买受人同等的、请求优先保护的道德与法律基础。反之,则意味着抵债债权人是零成本获取抵债物,所谓的以物抵债也自然"皮之不存,毛将焉附"。

从执行异议之诉司法实践情况来看,为了清偿借贷、供货欠款、工程款等债权,当事人约定房屋作价抵债的情形非常常见。一方面此类纠纷涉及旧债是否真实,另一方面以物抵债协议是否真实、合法,是否存在造假、倒签,认定起来较为复杂,需要认真审查。[①]

2. 基础债权履行期限届满

基础债务是否已届清偿期,是判断抵债债权人享有的究竟是物权移转请求

---

① 参见常鹏翱:《以物抵债在执行异议之诉中的司法适用及审查要点》,载《人民司法·案例》2025年第2期。

权,还是附属于金钱债权的担保权的核心分水岭。前者具备发展为物权期待权的潜质,而后者则只能使债权人在执行分配程序中享有价款优先权,而不具备排除对抵债物执行的效力。

当然,如前文所述,其实履行期限届满前的以物抵债也并非均为担保型以物抵债,法律并不禁止双方在债务履行期届满前达成协议约定债务人抛弃期限利益(如约定"立即以物抵债")而提前清偿,此时应与履行期届满后的以物抵债作同等对待。但这给实践审查造成了困难:如何甄别当事人之间是真的达成了提前清偿的合意,还是"名为清偿,实为担保"?这只能依赖于对办案法官在合同解释与目的探究方面提出更为精细的要求。如在以物抵债协议的措辞与结构上,是无条件地、即时地约定转移财产所有权(如"本协议签订后,甲同意将其名下房产过户给乙,以清偿所欠债务"),还是将财产转移作为债务到期不能履行的后果(如"若甲到期未能偿还欠款,则其名下房产归乙所有")。前者体现了清偿的即时性与确定性,后者则暴露出了其担保的属性。在以物抵债协议的履行方面,双方是否在协议签订后为履行财产转移义务作出了实际、积极的准备,如债务人是否已将房产证照、钥匙等交付给债权人,双方是否已着手准备过户所需的文件?此类积极履行行为可作为旁证,对双方是否具有真实清偿合意加以印证。法官唯有通过这种从形式到实质的穿透式审查,探究当事人的内心真意,防止当事人利用"提前清偿"的外衣,规避法律对于流质、流押条款的禁止性规定。

尽管从理论上对当事人的真意进行精细化审查更为理想,但鉴于司法实践中甄别"名为清偿、实为担保"的复杂性与不确定性,以债务是否已届清偿期作为区分标准,无疑具有相当的现实合理性与规范价值。从债务清偿制度的宏观视角审视,这一标准更有利于维护债权人平等原则与整体交易安全。在法律地位上,债务未到期债权人的请求权,与已到期债权人的请求权,其法律状态与强制力存在本质差异。允许债务人与未到期债权人通过以物抵债协议提前"锁定"财产,实质上构成了对其他已到期债权人信赖利益的破坏。此举使那些本可用于即时清偿的责任财产被提前、非公开地处分,在功能上与破产法所规制的偏颇性清偿行为高度同构。固然,在非破产语境下,偏颇性清偿行为并不当然受到否定性评价。但强制执行程序作为债权实现的最后一道关口,同样担负着在个别权利主张与全体债权人集体利益之间寻求平衡的使命。因此,将债务已届清偿期确立为赋予以物抵债债权以物权期待权保护的前提,本质上是设定了一道更为严格的、具有程序正当性的时间阀门,可有效防止基于信息优势而非权利成熟度的财产分割竞赛,有利于维护执行程序的整体公正。有鉴于此,《执行异议之诉解释》以"债务已届清偿期"作为担保型以物抵债与清偿型以物抵债的区分标准,有其合理性。

至于查封之前这一时间点的要求,与一般不动产买受人权利排除执行的要件无异,此处不再赘述。

(二)查封前以物抵债债权人已合法占有该不动产

在大陆法系的物权变动模式中,登记是彰显不动产权利归属、产生对世效力的核心公示方法,占有的权利推定效力因此受到限制。[1] 然而,在我国司法实践中,逐步承认了在特定条件下,占有能够扮演一种准公示角色,成为承载物权期待权、使其得以对抗外部执行的核心权利外观。要求抵债债权人在法院查封前合法占有不动产,其背后蕴含着双重法理功能。

一方面,权利的准公示体现着其积极功能。当一项权利变动未能通过登记公示时,占有作为一种最原始、最直观的支配状态,能够向外界传递出一种信号:该财产的实际权利状态可能与登记簿上记载的内容不一致。这种事实上的支配,虽然效力远不及法定登记,但足以打破登记权利的绝对推定力,使第三人在与债务人进行交易或评估债务人偿债能力时,负有更高程度的注意义务。[2] 可以说,占有将一项原本仅存在于当事人之间的内部约定,转化为一个具有外部识别性的法律事实,这是该权利能够产生对世效力的萌芽。

对"查封前"这一时间基准的要求,则与查封的效力密切相关。强制执行过程中,除非执行债务人进入参与分配或破产程序,我国法在查封效力问题上采取了优先主义。[3] 查封的优先效力体现为,对于原本处于相同清偿顺位的债权而言,查封债权的清偿顺位优先于未查封债权,先顺位查封债权的清偿顺位优先于后顺位查封债权。[4] 因此,查封行为使申请执行人的债权获得了就查封财产优先受偿的

---

[1] 参见崔建远:《物权:规范与学说:以中国物权法的解释论为中心》(上册)(第2版),清华大学出版社2021年版,第505页。

[2] 参见陈永强:《未登记已占有的房屋买受人的权利保护》,载《环球法律评论》2013年第3期。

[3] 参见肖建国:《中国民事强制执行法专题研究》,中国法制出版社2020年版,第39页;最高人民法院民法典贯彻实施工作领导小组办公室编著:《最高人民法院新民事诉讼法司法解释理解与适用》(下),人民法院出版社2022年版,第1126页。

[4] 参见李潇洋:《债权平等与查封的优先效力》,载《清华法学》2023年第3期。

顺位。任何在查封之后新设立的权利,原则上均不得对抗已经生效的查封。抵债债权人的物权期待权自无例外。因此,查封后的占有,对构建足以排除执行的物权期待权而言,已无实际意义。唯有先在的、已具备准公示效力的期待权,才有资格对抗在后的、通过公法行为设立的执行债权。

另一方面,防范虚假与倒签体现着其消极功能。书面协议的日期可以轻易伪造,但一个持续、稳定的公开占有状态很难在短时间内伪造出来。法院通过审查占有的起始时间,可以有效地锚定以物抵债协议签订与履行的关键时间点,大大增加了当事人通谋的难度与成本。因此,通过对占有事实的要求,能有效防止债务人与个别债权人恶意串通,在法院查封之后倒签抵债协议,虚构出一个发生在查封前的"优先权利",从而规避执行。[①]

司法实践中,在认定合法占有时,不应仅关注实际居住的状态,而是应对其来源、形态进行综合判断。首先,占有的权源应基于自主交付。占有必须来源于债务人基于以物抵债协议的自主、和平交付,而非债权人通过暴力、胁迫或欺诈等非法手段强行取得。也就是说,占有的移转本身应当是双方真实意思表示的履行结果。其次,占有的形态应当是实现有效管领与支配。[②] 所谓"有效管领与支配",实践中表现形态多样:既可以是直接、现实地占有,如债权人本人或其家庭成员、员工等直接使用、居住;也可以是象征性占有,如接收钥匙、更换门锁、在物业完成业主登记、支付物业费和水电费、进行必要的修缮维护等;还可以是间接占有,如债权人将不动产出租给第三方并收取租金,或委托中介机构代为管理。"有效管领与支配"还要求占有的状态应当具有持续性,即占有必须是一种稳定、持续的状态,而非短暂、偶发性的接触。[③]

(三)抵债金额与不动产的实际价值基本相当

以物抵债本质上是一项具有显著主观色彩的债之清偿安排,它凝聚了特定情境下债权人与债务人就债务清偿方式所达成的价值判断与商业衡量。因此,在处

[①] 参见江必新、刘贵祥主编:《最高人民法院执行最新司法解释统一理解与适用》,中国法制出版社2016年版,第210页。

[②] 参见谢在全:《民法物权论》(下册)(修订5版),中国政法大学出版社2011年版,第1137-1138页。

[③] 参见谢在全:《民法物权论》(下册)(修订5版),中国政法大学出版社2011年版,第1139页。

理以物抵债的内部关系时,只要抵债所涉债权合法有效(如不包含高利贷等非法债务),对抵债金额公允性的判断,就应以当事人合意形成的主观价值为基准,原则上无须探究其客观市场价值。司法机关对此不宜主动干预,这既是出于对缔约效率和商业灵活性的考量,更是对《民法典》所倡导的当事人意思自治原则的深刻体察与尊重。这一原则得到了《合同编通则解释》第 27 条、第 28 条关于以物抵债债权实现程序规定的肯认,据此,清偿型以物抵债因其建立在当事人高度合意的基础上,且通常不存在债权人利用债务人危困状态而获取不当利益之虞,[1]故法律未强制要求履行清算程序,而是完全交由当事人的合意决定。

但当事人的自治权利并非毫无边界。当债务人陷入责任财产不足的境地,其不同债权人之间将就有限的抵债物展开竞争。此时,以物抵债协议若赋予案外人债权人排除强制执行的效力,实质上使其获得了优于其他普通债权人的清偿顺位。此种外部效应,使对清偿型以物抵债的审查,呈现出与担保型以物抵债中担保物价值须经清算程序检验相类似的困境。此时,正如《民诉法解释》第 489 条所揭示的执行和解中以物抵债的精神,对于以物抵债合意的认可,应以无损于其他债权人合法权益为前提。故而,意思自治虽是逻辑起点,但必须接受旨在保护全体债权人集体利益的客观公平原则的约束。若允许债务人以明显不合理的低价将资产抵偿给特定债权人,将构成对债务人总责任财产的不当减损,从而直接损害其他债权人的平等受偿权。为防止此类行为通过执行异议之诉被"合法化",法院对抵债物的客观价值与抵债金额的相当性进行审查,便具有了正当性与必要性。

为了判断是否发生此种损害,法院必须引入一个客观基准,用以衡量当事人约定的抵债价值。因此,"无损于其他债权人"这一前提,逻辑上必然要求将客观估值标准嵌入到对一项表面纯粹主观协议的司法审查之中。任何与公平市场价值的显著且不合理的偏离,都将构成对债务人的其他债权人的损害,并成为法院否定以物抵债债权获得优先效力的充分理由。这一审查机理也与《民法典》第 539 条规定的债权人撤销权制度内在逻辑高度契合,即允许债权人质疑以"明显不合理价格"进行的、影响债权人实现债权的交易。因此,约定抵债物价值必须与其公平市场价值大致相当。当然,在适用此标准时,应保持司法谦抑。考虑到以

---

[1] 参见李建星:《清偿型以物抵债法效果的教义学构造》,载《法学》2024 年第 12 期。

物抵债的发生场景通常是债务人已面临清偿困境,而债权人接受非货币性资产亦承担了额外的变现成本与风险。因此,双方合意的抵债金额适度低于抵债物的市场评估价值,往往符合商业常理。只要主观合意价值与客观市场价值之间的差距未达到"过分悬殊"的程度,法院就不应轻易认定其构成"明显不合理"。

在证明责任方面,根据"谁主张,谁举证"的原则,应由提出异议的一方负担证明责任,而由于执行异议程序中一般遵循形式审查的原则,故提出诉讼的一方通常是作为执行案外人的以物抵债债权人,此时,其应证明抵债金额与抵债物的市场价值基本相当。该客观价值的判断基准,应为以物抵债协议达成时抵债物的公平市场价值,此后价值的波动与公平性判断无涉;价值评估的地点应以抵债物所在地为准。在证明方法上,案外人可提交多元化的证据材料以佐证其主张,例如,贝壳等平台同期同地段房源挂牌价与成交价记录、阿里拍卖等司法拍卖平台上同类标的物评估价、流拍价或成交价等市场可比数据,双方历史交易合同、往来函件、行业惯例等交易习惯,区域基础设施规划、市政配套图则等能够证明资产未来价值的因素等,并通过债务人财务困境状况等进行商业交易的合理性补强。在双方证据矛盾导致事实真伪不明时,负有证明责任的一方可申请通过司法鉴定的方式,由中立的评估机构对抵债物的市场价值进行评估。由于执行异议之诉作为典型的对抗制诉讼,法院的角色是居中裁判,其核心职责在于依据当事人提交的证据审查案外人权利的真实性、合法性与有效性,并在此基础上比较其与执行债权的优先顺位,故法院自身通常无义务依职权主动启动财产评估程序。

当然,需要强调的是,如果当事人明确约定应适用清算程序,或者虽未明确约定,但根据合同解释原则可推定出当事人具有通过清算确定最终抵债范围的真实意思,如约定"多退少补",则法院应尊重当事人的此项约定,通过司法拍卖或评估等清算程序来确定抵债物的实际价值与抵偿范围,进而判断案外人主张的权利是否成立以及具体边界。

(四)非因以物抵债债权人原因未办理不动产所有权转移登记

对于以物抵债债权人而言,应按照与对不动产买受人的要求一样的标准加以适用,此处不再赘述。

四、以不动产抵工程款债权执行异议之诉的审查规则

为保障承包人的建设工程价款债权,《民法典》第807条规定了建设工程价款

优先受偿权的实现方式,即承包人可通过折价或拍卖的方式实现价款优先受偿。折价通常有两种方式:一是承包人与发包人协商确定价格,将工程出卖给第三人;二是发包人直接将工程所有权转移给承包人用于抵顶工程款。在承包人享有建设工程价款优先受偿权的前提下,其与发包人签订"以房抵工程款协议"的行为可能构成以"折价"的方式实现工程价款优先受偿权。与以物抵偿普通债权不同的是,此种情形下的债权为有法定优先权所担保的工程款债权,根据《建工解释(一)》第36条的规定,承包人享有的建设工程价款优先受偿权优于抵押权和其他债权,故为了保障建设工程价款优先受偿权通过折价方式实现,有必要对这种特殊情形下的以物抵债与发包人的金钱债权人申请执行发生冲突时构建特殊的处理规则。《执行异议之诉解释》第17条对此进行了规定。

(一)构成要件

1.签订以物抵债协议系行使建设工程价款优先受偿权的行为
(1)案外人应为享有建设工程价款优先受偿权的人

如果案外人不享有建设工程价款优先受偿权,则属于普通的以物抵债。因此,案外人系建设工程价款优先受偿权的权利主体,是适用《执行异议之诉解释》第17条的主体要件。建设工程价款优先受偿权的权利主体具有法定性,《民法典》第807条规定,承包人有权就建设工程折价或拍卖的价款优先受偿。《建工解释(一)》第35条对此进一步规定:"与发包人订立建设工程施工合同的承包人,根据民法典第八百零七条的规定请求其承建工程的价款就工程折价或者拍卖的价款优先受偿的,人民法院应予支持。"从而明确了建设工程价款优先受偿权的权利主体应为"与发包人订立建设工程施工合同的承包人"。据此,建设工程勘察、设计合同的承包人不享有工程价款优先受偿权。

关于建设工程施工合同效力与建设工程价款优先受偿权的关系,《建工解释(一)》第38条规定:"建设工程质量合格,承包人请求其承建工程的价款就工程折价或者拍卖的价款优先受偿的,人民法院应予支持。"第39条规定:"未竣工的建设工程质量合格,承包人请求其承建工程的价款就其承建工程部分折价或者拍卖的价款优先受偿的,人民法院应予支持。"因此,建设工程质量合格,是承包人享有建设工程价款优先受偿权的首要前提,而建设工程施工合同是否有效并非建设工程价款优先受偿权的成立要件。

由于建设工程施工领域存在大量的合法分包、违法分包、转包、挂靠等情形，故在认定是否为建设工程价款优先受偿权人时，应以是否与发包人之间形成了建设工程施工合同关系为标准。具体而言：

①关于合法分包人是否享有建设工程价款优先受偿权。建设工程分包一般包括专业工程分包和劳务作业分包。施工总承包企业将其所承包工程中的专业工程发包给具有相应资质的其他建筑业企业完成的活动，就是合法的专业工程分包；施工总承包企业或者专业承包企业将其承包工程中的劳务作业发包给劳务分包企业完成的活动，就是合法的劳务作业分包。因此，在合法分包情形下，分包人一般是与施工总承包人或专业承包人直接签订分包合同，并不属于《建工解释（一）》第35条规定的"与发包人订立建设工程施工合同的承包人"，故并不享有建设工程价款优先受偿权。但实践中常见的发包人指定分包则需另当别论。若分包人与承包人签订分包合同，但在发包人与承包人签订的施工合同中约定了由发包人指定特定项目由第三人分包，而且实际履行过程中也如此履行，则在发包人与分包人之间形成事实上的施工合同关系，[①]故分包人应享有建设工程价款优先受偿权。若发包人、承包人、分包人三方共同签订建设工程施工合同，约定了发包人与分包人之间的权利义务，由于发包人依据三方合同直接参与工程分包，故分包人与发包人之间形成了直接的合同关系，分包人亦应享有建设工程价款优先受偿权。即使此时构成名为分包、实为支解发包，则"分包人"与发包人之间直接成立建设工程施工合同关系，合同虽因违反《民法典》第791条第1款"发包人不得将应当由一个承包人完成的建设工程支解成若干部分发包给数个承包人"的强制性规定而无效，但不应影响其享有建设工程价款优先受偿权。

②关于实际施工人是否享有建设工程价款优先受偿权。实际施工人是指建设工程施工合同因转包、违法分包、借用资质等违法行为被认定为无效的情形下，实际完成了施工义务的主体。[②] 如前文所述，建设工程价款优先受偿权的主体必须与发包人存在直接的建设工程施工合同关系。就转包、违法分包的实际施工人而言，与其发生建设工程施工合同关系的相对人是承包人而非发包人，故其不享

[①] 参见最高人民法院民事审判第一庭编著：《最高人民法院新建设工程施工合同司法解释（一）理解与适用》，人民法院出版社2021年版，第365页。

[②] 参见最高人民法院民事审判第一庭编著：《最高人民法院新建设工程施工合同司法解释（一）理解与适用》，人民法院出版社2021年版，第445页。

有建设工程价款优先受偿权。① 此外,《建工解释(一)》第 43 条第 2 款虽然允许实际施工人直接向发包人追索工程款,但该款规定系对合同相对性的例外与突破,并未认可实际施工人与发包人之间形成了直接的建设工程施工合同关系,故实际施工人不能据此享有建设工程价款优先受偿权。②

借用资质的挂靠人与前两者有所区别。当发包人知道或应当知道存在挂靠时,就意味着发包人和挂靠人之间已经就工程施工、结算等达成合意,故在两者之间形成事实上的建设工程施工合同关系,③挂靠人自可据此直接向发包人请求支付工程款;如发包人不知道或不应当知道存在挂靠,基于对发包人善意的保护,应当认定发包人与被挂靠人之间成立建设工程施工合同关系,挂靠人则与被挂靠人之间构成转包关系。④ 那么,在前一情形下,既然挂靠人对发包人享有直接的工程款债权,也就应当一并享有作为从权利的建设工程价款优先受偿权。

上述合法分包人以及转包、违法分包的实际施工人虽不享有建设工程价款优先受偿权,但根据《民法典》第 535 条,基于其对承包人享有的债权,可在承包人怠于向发包人主张工程款债权人时行使代位权。虽有观点认为,《民法典》第 535 条所称的"与该债权有关的从权利"不应包括建设工程价款优先受偿权。⑤ 但笔者认为,代位权属于债的保全,其存在的意义是为防止债权人的到期债权无法实现;建设工程价款优先受偿权虽属于法定优先权,但相对于工程款债权而言,具有从属性,且具有担保工程款债权实现的功能,故应当属于《民法典》第 535 条所称的"与该债权有关的从权利"。⑥ 因此,在上述权利人代位向发包人主张工程款时一并行使建设工程价款优先受偿权并无不妥。如果承包人已经与发包人达成了以不动产抵债协议,但却怠于履行该协议,而对该抵债不动产享有抵押权的发包人

---

① 参见黄薇主编:《中华人民共和国民法典合同编释义》,法律出版社 2020 年版,第 696 页。
② 参见邬砚:《实际施工人有无建设工程价款优先受偿权之原则与例外》,载《中国应用法学》2025 年第 1 期。
③ 参见最高人民法院民一庭 2021 年第 20 次专业法官会议纪要,载最高人民法院民事审判第一庭编:《民事审判指导与参考》2021 年第 3 辑(总第 87 辑),人民法院出版社 2022 年版,第 162 页。
④ 参见最高人民法院民事审判第一庭编著:《最高人民法院新建设工程施工合同司法解释(一)理解与适用》,人民法院出版社 2021 年版,第 451 页;姜伟主编,最高人民法院第四巡回法庭编:《最高人民法院第四巡回法庭疑难案件裁判要点与观点》,人民法院出版社 2020 年版,第 53 页。
⑤ 参见最高人民法院民事审判第一庭编著:《最高人民法院新建设工程施工合同司法解释(一)理解与适用》,人民法院出版社 2021 年版,第 364 页。
⑥ 参见最高人民法院民法典贯彻实施工作领导小组主编:《中华人民共和国民法典合同编理解与适用》(一),人民法院出版社 2020 年版,第 502 页。

的其他债权人申请强制执行,此时合法分包人以及实际施工人有权代位提起执行异议之诉,具体理由在前文中已有阐述,此处不再赘述。

(2)以不动产折价协议签订时间须在建设工程价款优先受偿权行使的法定期间届满前且查封之前

《建工解释(一)》第41条规定:"承包人应当在合理期限内行使建设工程价款优先受偿权,但最长不得超过十八个月,自发包人应当给付建设工程价款之日起算。"这是关于建设工程价款优先受偿权行使期限的规定。就其性质,实践中存在一定争议。多数观点认为,建设工程价款优先受偿权的行使期限应为除斥期间。最高人民法院在重庆某建工公司诉重庆某装备公司建设工程施工合同纠纷案中即认为,优先受偿权的行使期间为除斥期间,一旦经过即消灭实体权利。[1] 因此,在执行异议之诉案件中,应注意审查以折价方式行使建设工程价款优先受偿权是否是在法定期间内。当然,折价协议签订时间是认定的重要证据,但适用时不应过于机械,即使折价协议最终签订时间是在法定期间届满后,但若有证据证明在法定期间内双方已达成折价合意,则仍应认定为符合此项要件的要求。对于查封之前签订的协议,与一般不动产买受人权利排除执行的要件审查规则无异,此处不再赘述。

(3)案外人须有行使建设工程价款优先受偿权的意思表示

以不动产抵偿工程款债权之所以具有对抗抵押权执行的效力,不仅在于抵债债权人享有物权期待权,更重要的是作为从权利的建设工程价款优先受偿权。因此,这就需要抵债债权人需有行使建设工程价款优先受偿权的意思表示。以不动产抵偿工程款的概念外延大于以折价方式行使建设工程价款优先受偿权。从实践中大量"以房抵债"协议的形式和内容看,往往缺乏以"协议折价"行使承包人优先权的意思表示,因此不能简单地将以不动产抵偿工程款协议认定为发包人以协议折价的方式行使优先受偿权。[2] 因此,对于"协议折价"方式行使优先受偿权,应当注意审查工程款债权债务关系双方的意思表示,若无以折价方式行使建设工程价款优先受偿权的意思表示,则不应认定为符合《执行异议之诉解释》第

---

[1] 参见重庆某建工公司诉重庆某装备公司建设工程施工合同纠纷案,最高人民法院民事判决书,(2022)最高法民再114号。

[2] 参见常设中国建设工程法律论坛第八工作组:《中国建设工程施工合同法律全书:词条释义与实务指引》,法律出版社2019年版,第455页。

17条第1款第1项之规定。

(4)抵债物应限于承包人施工的工程范围

根据《民法典》第807条的规定,建设工程价款优先受偿权的标的物范围应指向建设工程本身,承包人仅能就其所建设的工程与发包人协议将该工程折价,或者请求人民法院将该工程依法拍卖,并就该工程折价或者拍卖的价款优先受偿。《建工解释(一)》第38条规定:"建设工程质量合格,承包人请求其承建工程的价款就工程折价或者拍卖的价款优先受偿的,人民法院应予支持。"因此,承包人享有建设工程价款优先受偿权的标的物范围限于其承建的工程,对超出该范围的不动产折价,不属于行使建设工程建设优先受偿权,从而也不适用《执行异议之诉解释》第17条的规定。

2. 抵债金额与不动产实际价值基本相当

针对优先受偿权担保的工程款债权,根据《民法典》第807条的规定,其应当被限定于"建设工程价款"。《建工解释(一)》第40条第2款规定:"承包人就逾期支付建设工程价款的利息、违约金、损害赔偿金等主张优先受偿的,人民法院不予支持。"因此,在审查抵债金额与不动产价值之间的关系时,要注意抵债金额不应包括利息、违约金、损害赔偿金。

要特别审查抵债金额与不动产实际价值之间是否基本相当,一旦工程价款和抵债不动产的市场价格差别较大,会实质损害申请执行人利益。比如,特殊以物抵债协议成立在强制执行程序之前,且相距时间较长(如协议成立于2013年、强制执行程序发生在2018年),抵债债权人将折价多余价值偿还给债务人(如工程价款为600万元、建设工程市场价格为800万元,债权人将多出的200万元返还给债务人),这部分价值很可能随后会被债务人处分,在多年以后其他债权人申请强制执行时已不存在,显然对其他债权人不利。在此情况下,不宜使特殊物抵债协议能够排除强制执行,也即不宜为承包人取得建设工程所有权扫清障碍,而应通过在司法拍卖中平衡承包人和其他债权人的利益,即在认可承包人合法行使建设工程价款优先受偿权的前提下,通过对发包人名下建设工程的司法拍卖,变价款用于优先清偿建设工程价款债权,其余部分可清偿申请执行人的债权。[①]

[①] 参见常鹏翱:《以物抵债在执行异议之诉中的司法适用及审查要点》,载《人民司法·案例》2025年第2期。

此外，实务中建设工程往往由多个承包人分包或存在多个实际施工人，若被执行人仅与部分施工方达成以物抵债协议，如该施工方在执行异议之诉中要求排除对整个建筑的执行，通常可能有损其他建设工程价款优先受偿权人的利益。①因此，有必要对抵债金额与不动产的实际价值进行考察，在不动产价值高于抵债金额时，仅允许以抵债金额为限确定排除执行的范围。若多个建设工程价款优先受偿权的金额总和已超出抵债不动产的价值，此时应按照各承包人的债权比例进行分配②，而此时不动产价值显然高于单个承包人的抵债金额，若在执行异议之诉中也难以分割抵债不动产，则可通知其他承包人作为第三人参加执行异议之诉，其他承包人可一并或另行依据《民法典》第539条的规定请求撤销抵债协议，并在执行法院申请就该不动产参与分配，若相关当事人提出异议的，可通过执行分配方案异议及异议之诉程序加以解决。

（二）法律效力

《建工解释（一）》第36条规定："承包人根据民法典第八百零七条规定享有的建设工程价款优先受偿权优于抵押权和其他债权。"因此，基于建设工程价款优先受偿权的效力，对折价不动产排除执行的效力所及于的执行债权范围就包括了抵押债权和普通金钱债权。《执行异议之诉解释》第17条第1款明确指出了这一点。

此外，以不动产抵偿工程款的效力并不仅局限于排除执行，而是着眼于在权利冲突时建设工程价款优先受偿权通过折价方式实现。显然，承包人通过折价方式并非仅为占有使用之目的，应同时包括所有权转移登记。因此，《执行异议之诉解释》第17条第2款进一步明确规定了执行异议之诉中不得执行折价不动产的判决能够消除承包人办理不动产所有权转移登记的障碍。这与商品房消费者权利排除执行的内在机理基本相同，此处不再赘述。

---

① 参见贺小荣主编：《最高人民法院第二巡回法庭法官会议纪要》（第三辑），人民法院出版社2022年版，第20-21页。

② 参见常设中国建设工程法律论坛新第四工作组：《建设工程价款优先受偿权》，法律出版社2024年版，第275-277页。

> 规范依据

《执行异议之诉解释》

第十五条 人民法院对登记在被执行人名下的不动产实施强制执行，案外人以被执行人已将该不动产向其抵偿债务为由，提起执行异议之诉，请求排除一般金钱债权的强制执行，并能够证明其主张同时符合下列条件的，人民法院应予支持：

（一）案外人与被执行人存在真实的债权债务关系且债务履行期限已届满，案外人与被执行人在查封前已签订合法有效的以不动产抵债协议；

（二）有证据证明抵债金额与抵债时执行标的的实际价值基本相当；

（三）案外人在查封前已合法占有该不动产；

（四）非因案外人自身原因未办理不动产所有权转移登记。

第十六条 人民法院查封前，符合下列情形之一，可以认定为本解释第十四条、第十五条中的"非因案外人自身原因"：

（一）案外人与被执行人已共同向不动产登记机构提交办理所有权转移登记申请；

（二）案外人已请求被执行人履行办理所有权转移登记手续等合同义务，或者因办理所有权转移登记与被执行人发生纠纷并已起诉或者申请仲裁等；

（三）新建商品房尚不符合首次登记条件；

（四）已办理买卖合同网签备案；

（五）被执行人等通知案外人办理不动产所有权转移登记而其未怠于办理；

（六）其他非因案外人自身原因的情形。

第十七条 人民法院对登记在被执行的发包人名下的不动产实施强制执行，案外人以其与被执行人约定以不动产折抵工程债务为由，提起执行异议之诉，请求排除抵押权和一般金钱债权的强制执行，并能够证明其主张同时符合下列条件的，人民法院应予支持：

（一）案外人依据《民法典》第八百零七条规定，在查封前行使建设工程价款优先受偿权，与被执行的发包人签订合法有效的以不动产折价协议；

（二）有证据证明抵债金额与抵债时执行标的的实际价值基本相当。

案外人起诉请求被执行人办理不动产所有权转移登记手续，符合前款规定的,人民法院依法予以支持。

《合同编通则解释》

第二十七条 债务人或者第三人与债权人在债务履行期限届满后达成以物抵债协议,不存在影响合同效力情形的,人民法院应当认定该协议自当事人意思表示一致时生效。

债务人或者第三人履行以物抵债协议后,人民法院应当认定相应的原债务同时消灭;债务人或者第三人未按照约定履行以物抵债协议,经催告后在合理期限内仍不履行,债权人选择请求履行原债务或者以物抵债协议的,人民法院应予支持,但是法律另有规定或者当事人另有约定的除外。

前款规定的以物抵债协议经人民法院确认或者人民法院根据当事人达成的以物抵债协议制作成调解书,债权人主张财产权利自确认书、调解书生效时发生变动或者具有对抗善意第三人效力的,人民法院不予支持。

债务人或者第三人以自己不享有所有权或者处分权的财产权利订立以物抵债协议的,依据本解释第十九条的规定处理。

第二十八条 债务人或者第三人与债权人在债务履行期限届满前达成以物抵债协议的,人民法院应当在审理债权债务关系的基础上认定该协议的效力。

当事人约定债务人到期没有清偿债务,债权人可以对抵债财产拍卖、变卖、折价以实现债权的,人民法院应当认定该约定有效。当事人约定债务人到期没有清偿债务,抵债财产归债权人所有的,人民法院应当认定该约定无效,但是不影响其他部分的效力;债权人请求对抵债财产拍卖、变卖、折价以实现债权的,人民法院应予支持。

当事人订立前款规定的以物抵债协议后,债务人或者第三人未将财产权利转移至债权人名下,债权人主张优先受偿的,人民法院不予支持;债务人或者第三人已将财产权利转移至债权人名下的,依据《最高人民法院关于适用〈中华人民共和国民法典〉有关担保制度的解释》第六十八条的规定处理。

《担保制度解释》

第六十八条 债务人或者第三人与债权人约定将财产形式上转移至债权人名下,债务人不履行到期债务,债权人有权对财产折价或者以拍卖、变卖该财产所得价款偿还债务的,人民法院应当认定该约定有效。当事人已经完成财产权利变动的公示,债务人不履行到期债务,债权人请求参照民法典关于担保物权的有关规定就该财产优先受偿的,人民法院应予支持。

债务人或者第三人与债权人约定将财产形式上转移至债权人名下,债务人不履行到期债务,财产归债权人所有的,人民法院应当认定该约定无效,但是不影响当事人有关提供担保的意思表示的效力。当事人已经完成财产权利变动的公示,债务人不履行到期债务,债权人请求对该财产享有所有权的,人民法院不予支持;债权人请求参照民法典关于担保物权的规定对财产折价或者以拍卖、变卖该财产所得的价款优先受偿的,人民法院应予支持;债务人履行债务后请求返还财产,或者请求对财产折价或者以拍卖、变卖所得的价款清偿债务的,人民法院应予支持。

债务人与债权人约定将财产转移至债权人名下,在一定期间后再由债务人或者其指定的第三人以交易本金加上溢价款回购,债务人到期不履行回购义务,财产归债权人所有的,人民法院应当参照第二款规定处理。回购对象自始不存在的,人民法院应当依照民法典第一百四十六条第二款的规定,按照其实际构成的法律关系处理。

《民法典》

第八百零七条 发包人未按照约定支付价款的,承包人可以催告发包人在合理期限内支付价款。发包人逾期不支付的,除根据建设工程的性质不宜折价、拍卖外,承包人可以与发包人协议将该工程折价,也可以请求人民法院将该工程依法拍卖。建设工程的价款就该工程折价或者拍卖的价款优先受偿。

《建工解释(一)》

第三十五条 与发包人订立建设工程施工合同的承包人,依据民法典第八百零七条的规定请求其承建工程的价款就工程折价或者拍卖的价款优先受偿的,人民法院应予支持。

第三十六条 承包人根据民法典第八百零七条规定享有的建设工程价款优先受偿权优于抵押权和其他债权。

第三十七条 装饰装修工程具备折价或者拍卖条件,装饰装修工程的承包人请求工程价款就该装饰装修工程折价或者拍卖的价款优先受偿的,人民法院应予支持。

第三十八条 建设工程质量合格,承包人请求其承建工程的价款就工程折价或者拍卖的价款优先受偿的,人民法院应予支持。

第三十九条 未竣工的建设工程质量合格,承包人请求其承建工程的价款就其承建工程部分折价或者拍卖的价款优先受偿的,人民法院应予支持。

第四十条 承包人建设工程价款优先受偿的范围依照国务院有关行政主管部门关于建设工程价款范围的规定确定。

承包人就逾期支付建设工程价款的利息、违约金、损害赔偿金等主张优先受偿的,人民法院不予支持。

第四十一条 承包人应当在合理期限内行使建设工程价款优先受偿权,但最长不得超过十八个月,自发包人应当给付建设工程价款之日起算。

第四十四条 实际施工人依据民法典第五百三十五条规定,以转包人或者违法分包人怠于向发包人行使到期债权或者与该债权有关的从权利,影响其到期债权实现,提起代位权诉讼的,人民法院应予支持。

《九民会纪要》

44.【履行期届满后达成的以物抵债协议】 当事人在债务履行期限届满后达成以物抵债协议,抵债物尚未交付债权人,债权人请求债务人交付的,人民法院要着重审查以物抵债协议是否存在恶意损害第三人合法权益等情形,避免虚假诉讼的发生。经审查,不存在以上情况,且无其他无效事由的,人民法院依法予以支持。

当事人在一审程序中因达成以物抵债协议申请撤回起诉的,人民法院可予准许。当事人在二审程序中申请撤回上诉的,人民法院应当告知其申请撤回起诉。当事人申请撤回起诉,经审查不损害国家利益、社会公共利益、他人合法权益的,人民法院可予准许。当事人不申请撤回起诉,请求人民法院出具调解书对以物抵债协议予以确认的,因债务人完全可以立即履行该协议,没有必要由人民法院出具调解书,故人民法院不应准许,同时应当继续对原债权债务关系进行审理。

45.【履行期届满前达成的以物抵债协议】 当事人在债务履行期届满前达成以物抵债协议,抵债物尚未交付债权人,债权人请求债务人交付的,因此种情况不同于本纪要第71条规定的让与担保,人民法院应当向其释明,其应当根据原债权债务关系提起诉讼。经释明后当事人仍拒绝变更诉讼请求的,应当驳回其诉讼请求,但不影响其根据原债权债务关系另行提起诉讼。

> **典型案例**

1. 黔南州荔波县茂兰镇下甲介煤矿与张学新、贵州甲盛龙集团矿业投资有限公司案外人执行异议之诉案

案例索引:最高人民法院(2021)最高法民再141号民事判决书,载《最高人民法院公报》2022年第11期(总第315期)。

裁判要旨：支付定金后即变更采矿权人系兼并重组政策的要求，登记权利人仅支付定金未实际经营，申请执行人应当知晓案外人系案涉采矿权的实际权利人，对采矿权登记在权利人名下不产生信赖利益保护，案外人提出执行异议的，人民法院应予支持。

执行异议之诉中，案涉采矿权在判决作出前已通过以物抵债裁定变更到申请执行人名下，当人民法院判决不得执行该采矿权时，如不涉及维护司法拍卖、变卖程序安定性及不特定第三人利益保护等问题，则不得执行的范围可以及于该以物抵债裁定书，以物抵债裁定书应予以撤销，并解除查封等强制执行措施。

2. 山西中某钢融资再担保公司与太原某融资担保公司案外人执行异议之诉案

案例索引：人民法院案例库入库编号2024-17-5-201-004/执行/执行异议案件/山西省太原市中级人民法院/2022.07.27/(2022)晋01执异25号/执行/入库日期：2024.12.20。

裁判要旨：执行中，人民法院查封被执行人名下房产后，案外人以其在本案执行依据生效及案涉房屋被查封之前，就案涉房屋已与被执行人签订以物抵债协议并实际占有为由提出异议的，人民法院可以参照《最高人民法院关于人民法院办理执行异议和复议案件若干问题的规定》第二十八条规定审查认定异议能否成立。案外人对被执行人的债权合法有效且抵债数额与房屋实际价值相当，不存在规避执行情形，且非因案外人自身原因未办理过户登记手续的，人民法院可以认定案外人享有足以排除强制执行的实体权益。

3. 紫某公司与建某公司、银某公司等执行异议之诉案

案例索引：最高人民法院2025年7月23日发布的《涉财产权保护执行异议之诉典型案例》之四。

基本案情：承包人建某公司与发包人银某公司签订建设工程合同后完成建设施工，竣工验收后，银某公司尚欠建某公司工程款680余万元。2013年7月11日，经双方协商，银某公司以建某公司承建工程中的13套房屋作价抵偿欠付的工程款，并将房屋钥匙交给建某公司。2016年4月28日，双方又分别就上述房屋签订了13份《商品房买卖合同》，银某公司开具了销售不动产统一发票。

此后，紫某公司与银某公司等发生借款合同纠纷，紫某公司在诉讼中申请诉讼财产保全。2018年5月21日,受案法院作出裁定,查封包括案涉13套房屋在内的房产、股权等财产。其后,建某公司对案涉13套房屋提出执行异议,受案法院审查后认为建某公司的异议成立,裁定中止对案涉13套房屋的执行。紫某公司不服,提起申请执行人执行异议之诉,请求准予执行案涉13套房屋。

裁判结果: 审理法院认为,人民法院对登记在发包人名下的工程不动产采取查封诉讼保全等措施,工程承包人以其与发包人约定将该承建工程不动产折价实现工程欠款优先受偿权为由,提出执行异议,请求排除基于抵押权或其他债权而采取的查封措施,若该"折价工程协议"不存在损害其他债权人利益等可撤销或无效事由,人民法院应予支持。法院判决支持承包人排除对涉案13套房屋的执行。

典型意义: 工程价款优先受偿权是法律为保护建设工程承包人利益而赋予的特别权利。《民法典》第八百零七条明确规定,发包人逾期不支付工程价款的,除根据建设工程的性质不宜折价、拍卖外,承包人可以与发包人协议将承建工程折价,也可以请求人民法院将该工程依法拍卖,并从中优先受偿。建设工程不动产是承包人投入劳务、材料等成本通过施工行为转化而来,是物化劳动创造的价值载体,如果用承包人的建设成果清偿发包人的其他金钱债务,显然有失公平。因此,基于对权利重要程度的判断,《建工解释(一)》第三十六条规定:"承包人根据民法典第八百零七条规定享有的建设工程价款优先受偿权优于抵押权和其他债权。"建设工程不动产折价协议是行使和实现工程款优先受偿权的方式,故以房折价可以排除抵押权或一般金钱债权的强制执行。当然,工程不动产折价协议应当合法有效,且折抵价款与市场价格水平相当。

司法实务中,以工程不动产协议折价方式行使和实现工程款优先受偿权,较司法拍卖更为简便易行,费用低廉,有利于发挥发包人责任财产的最大效用,缓解发包人因财力不足造成工程款拖欠的实际困难;此外,还能够降低当事人的诉讼成本和执行成本,有效避免程序空转,减少衍生案件,合理利用司法资源。

4. 四川省建筑机械化工程有限公司、成都紫杰投资管理有限公司申请执行人执行异议之诉案

案例索引: 一审:四川省成都市中级人民法院(2018)川01民初3248号民事判决书;二审:四川省高级人民法院(2019)川民终1009号民事判决书;再审:最高人民法院(2020)最高法民再352号民事判决书,载《人民司法(案例)》2025年第2期。

裁判要旨：人民法院对登记在发包人名下的工程不动产采取查封诉讼保全措施，案外人以其与被执行人约定该承建工程不动产折价抵偿工程款债权为由，提起执行异议之诉，请求排除查封措施，若该折价工程协议不存在损害其他债权人利益等可撤销或无效事由，人民法院应予支持。

5. 石某彬与辽源市龙山区人民政府、吉林省龙腾房地产开发集团有限公司案外人执行异议之诉案

案例索引：一审：吉林省辽源市龙山区人民法院(2021)吉0402民初229号民事判决书；二审：吉林省辽源市中级人民法院(2021)吉04民终259号民事判决书；再审：吉林省高级人民法院(2023)吉民再133号民事判决书，载《人民司法(案例)》2025年第2期。

裁判要旨：当事人主张以抵顶债权的方式支付价款的，不能机械地只审查是否存在具体的支付行为或明确的书面抵顶协议，应全方位审查抵顶的基础事实是否存在、案外人与被执行人之间是否存在抵顶合意，结合其他在案证据判断抵顶行为是否完成进而判断是否符合排除执行条件。

6. 上诉人邱某与被上诉人郑某、庄某、海口某担保有限公司、王某及原审第三人海南某投资咨询有限公司案外人执行异议之诉案

案例索引：海南省高级人民法院(2018)琼民终808号民事判决书，海南省高级人民法院发布关于审理执行异议之诉纠纷案件的裁判指引(试行)及典型案例之七。

裁判要旨：针对案外人因以房抵债提起的执行异议之诉，案外人只有同时具备以下四个要件，其对房产才享有足以排除强制执行的民事权益：(一)以房抵债行为客观存在，且达成以房抵债协议时原债务履行期限已经届满；(二)在人民法院查封之前签订合法有效的以房抵债协议并合法占有该房屋；(三)用以抵债的房屋的价值与原债权数额一致，且经清算债务数额已经确定；(四)非经案外人自身原因未办理过户登记。

第十三章 借名买房人针对金钱债权执行提起的执行异议之诉

借名买房人作为案外人能否排除出名人的金钱债权人针对房屋申请的强制执行,是近年来执行异议之诉理论与实践中的疑难问题。虽然法律及司法解释[①]对法律行为的效力认定、不动产物权变动以及房屋买受人排除强制执行等均有规定,但未直接涉及借名买房排除强制执行的问题。对此,学界观点莫衷一是,司法裁判结果迥异,这种分歧也延续到司法解释和政策的制定过程之中。[②] 笔者立足于《民法典》的框架,从解释论的视角对借名行为的效力、房屋的物权归属、借名买房人的民事权益是否能够排除强制执行等涉借名买房执行异议之诉中的分歧焦点问题[③]加以分析探讨。

一、借名行为的效力

借名买房,顾名思义,就是当事人之间约定由一方出名购买房屋并登记在其名下,但实际占有、使用、收益、处分等权利由另一方行使的行为。故借名买房实际上主要涉及两个法律行为:出名人与借名人之间的借名行为,出名人与出卖人之间的房屋买卖行为。就涉借名买房执行异议之诉而言,纠纷发生在借名人(作为案外人)与出名人(作为被执行人)的债权人之间,虽然借名人对房屋是否享有权利与房屋买卖行为之间也存在关联,但考虑到若房屋买卖行为无效,则出名人的债权人对该房屋的执行申请也无法成立,故借名行为是否有效,而非房屋买卖

---

① 主要是《民法典》(包括原《合同法》、原《物权法》)以及《执行异议复议规定》。
② 最高人民法院 2019 年 8 月发布的《全国法院民商事审判工作会议纪要(征求意见稿)》以及 2019 年 11 月发布的最高人民法院《关于审理执行异议之诉案件适用法律问题的解释(一)》(向社会公开征求意见稿)均试图对此问题加以规定,但却均列举了两种意见,而且前者在正式印发时已删除了相关条文。
③ 限于篇幅,本部分聚焦于法律问题,当事人之间是否存在真实的借名买房关系等事实认定问题不在讨论之列。

行为是否有效,才是界定借名人是否享有相应权利的关键,若答案为否,则其排除强制执行的诉求将面临成为无本之木的困境,故这一问题向来是涉借名买房执行异议之诉中争议的焦点问题。

对民事法律行为效力的认定,主要依据是原《合同法》第52条,而原《民法总则》对民事法律行为无效的事由作了部分修正,《民法典》编纂时未再做改动。据此,认定民事法律行为无效的事由,除行为能力欠缺外,主要有通谋虚伪表示,违反法律、行政法规的强制性规定,违背公序良俗以及恶意串通损害他人合法权益等。对借名行为的效力评判,亦应据此展开,具体阐述如下。

(一)是否构成通谋虚伪表示

从《民法典》第146条的规定来看,通谋虚伪表示最为显著的特点,就是当事人双方均知晓对方表意不真实,不追求也不希望行为发生相应的法律效力。在借名买房的场景下,借名人与出名人双方就房屋的购买、登记、占有、使用、收益、处分等内容进行了明确约定,借名人以出名人的名义购买房屋并登记在后者名下的意思是明确的、真实的,双方就此事项达成了合意,因此,双方就借名买房行为并不存在虚假的意思表示,故不构成通谋虚伪表示。

当然,实践中有裁判在论证借名行为无效时援引"以合法形式掩盖非法目的"的理由,但这种规避行为要么可归入通谋虚伪行为,要么可通过法律解释予以解决[1],故《民法典》已不再将其作为民事法律行为无效的事由。事实上,即使借名买房行为可能存在目的上的不合法或不正当,则其可能构成某种违法行为,由此而承担相应的法律后果,但一般并不应因此而无效。因此,《民法典》实施后不应再据此认定借名行为无效。

(二)是否违反法律、行政法规的强制性规定

《民法典》第153条第1款延续了原《合同法》及其司法解释[2]的精神,即认定民事法律行为效力的依据应当限于法律、行政法规的效力性强制性规定。对于借名行为是否违反法律、行政法规的强制性规定,可区分不同情形加以探讨。实践

---

[1] 参见朱庆育:《民法总论》,北京大学出版社2016年版,第263页。
[2] 即最高人民法院《关于适用〈中华人民共和国合同法〉若干问题的解释(一)》(已失效)第4条,最高人民法院《关于适用〈中华人民共和国合同法〉若干问题的解释(二)》(已失效)第14条。

中常见的借名买房的情形主要可以分为三类,即借名购买经济适用房等政策性保障住房(情形一),为规避限购、限贷等房地产调控政策而借名买房(情形二),以及除上述两种情形之外借名购买普通商品房(情形三)。

对于情形一,涉及的主要是国务院及有关部委发布的意见或规章,这些规范性文件对购房主体资格作了明确限定,由此也引发了无相应购房资质的自然人借名买房的问题。《经济适用住房管理办法》属于部门规章并无争议;虽然也有观点认为国务院《关于解决城市低收入家庭住房困难的若干意见》应当归入或比照行政法规对待而成为据以确认合同效力的依据①,但该文件并非经国务院总理签署并通过国务院令发布,并不符合法律规定的要件②,并不属于行政法规的范畴。因此,此种情形下的借名行为不违反法律、行政法规,当然也不应据此被认定无效。

对于情形二,涉及的主要是国务院及其办公厅发布的房地产调控政策③。政策目标主要是通过限购和限贷等措施,遏制不合理的住房需求,抑制投机投资性购房。及至党的十九大提出了坚持"房子是用来住的、不是用来炒的"定位,房地产政策逐渐由短期调控转向构建长效机制。有关国家部委以及多个地方政府均制定了相应的部门规章、地方性法规或规章以及政策。显然,为规避此类限购、限贷政策而产生的借名买房行为,违反的并非法律、行政法规的规定,故不应据此被认定无效。

对于情形三,当事人可能是为了减免税收、逃避债务、隐藏真实财产或者基于身份关系而为。如果借名人为逃避债务而借名买房对其债权人造成损害,则后者可行使撤销权撤销这一行为;若为减免税收而借名买房,即便因此而逃漏了相应的税费,也属于税收征管法下对逃漏税行为规制的范畴,也不因此导致借名行为无效;至于因身份关系而借名买房的情形,更与法律、行政法规的效力性强制性规定无关。

由上文可知,目前借名买房行为并不存在因违反法律、行政法规的强制性规定而无效的情形。

---

① 参见龙卫球:《保障住房借名买房合同私法效果研究——评"崔立诉白家连、隋婷所有权确认纠纷再审案"》,载《月旦民商法杂志》总第54期(2016年12月)。
② 《立法法》第77条第1款规定:"行政法规由总理签署国务院令公布。"
③ 主要有国务院《关于坚决遏制部分城市房价过快上涨的通知》(国发〔2010〕10号)、国务院办公厅《关于进一步做好房地产市场调控工作有关问题的通知》(国办发〔2011〕1号)、国务院办公厅《关于继续做好房地产市场调控工作的通知》(国办发〔2013〕17号)。

(三)是否构成违背公序良俗①

近年来,随着研究的深入和认识的深化,实践中以前述两个理由认定借名行为无效的案例越发少见,认定借名行为无效的理由也越来越集中于违背公序良俗。但理论与实践中的观点分歧仍非常大。情形三一般与公序良俗无关,以此作为认定无效的理由主要存在于情形一和情形二。违反政策性保障住房政策、限购或限贷政策与违背公序良俗之间的关系是什么?将违反上述政策的法律后果均导入悖俗无效的解释框架下是否妥适?

公序良俗在一般意义上被认为由公共秩序和善良风俗构成,前者系国家社会的一般利益。② 私法自治所彰显的个人自由是民法的内核,而公序良俗则作为克服私法自治异化的解释原则而存在,故其应当保有底线性、消极性与防御性之节制品格。③ 而且,公序良俗本身在概念上就具有高度抽象性,内涵存在不确定性,因此,对其解释适用,需作严格限制,以免被滥用。④ 司法实践中适用公序良俗原则时应保持足够的谦抑性,尤其切忌把公序良俗原则的适用普遍化,将违反政策的情形一概装入违背公序良俗的"口袋"处理。在评判政策是否属于公序良俗的问题上,主要可从政策的层级与种类、规范对象、交易安全保护因素、监管强度以及社会影响等五个方面加以考量。⑤ 一般来说,只有当违反政策的行为可能造成严重的社会后果时,才能以违背公序良俗为由认定合同无效。⑥ 回答违反前述政策是否构成悖俗无效的问题,还应以此为基本准则展开。考虑到借名购买政策性保障住房与因限购、限贷购房情形所针对的房屋类型、购房群体以及所要达到的

---

① 通说认为,"公序良俗"这个概念包含了原《合同法》第52条第4项"社会公共利益"的内容,同时增加了"善良风俗"的内涵。鉴于本部分所引的绝大部分案件裁判文书均系《民法典》生效之前作出,故在引用时均未对原文的相关表述作改动,特此说明。
② 参见[日]我妻荣:《我妻荣民法讲义Ⅰ新订民法总则》,于敏译,中国政法大学出版社2008年版,第254页。
③ 参见谢潇:《公序良俗与私法自治:原则冲突与位阶的妥当性安置》,载《法制与社会发展》2015年第6期。
④ 参见韩世远:《合同法总论》(第4版),法律出版社2018年版,第228页。
⑤ 《九民会纪要》第31条规定:"[违反规章的合同效力]违反规章一般情况下不影响合同效力,但该规章的内容涉及金融安全、市场秩序、国家宏观政策等公序良俗的,应当认定合同无效。人民法院在认定规章是否涉及公序良俗时,要在考察规范对象基础上,兼顾监管强度、交易安全保护以及社会影响等方面进行慎重考量,并在裁判文书中进行充分说理。"
⑥ 参见最高人民法院民事审判第二庭编著:《〈全国法院民商事审判工作会议纪要〉理解与适用》,人民法院出版社2019年版,第256-258页。

目标均存在较大差异,故仍应区分不同类型加以分析。

经济适用房等政策性保障住房政策所欲实现的目标是要满足城市中低收入家庭等住房困难群体的基本住房需要,故在情形一下争议的焦点实际上在于借名买房行为是否会影响该目标的实现,并因此构成对公序良俗的违背。有法院认为,借名购买经济适用房的"行为目的及方式均存在不正当性,但是其行为并未损害公共利益"①。有观点则认为,经济适用房的建设与配置涉及公共利益,不具备购房资格的借名人取得经济适用房违背了公共利益。② 笔者认为,建设经济适用房等政策性保障住房所涉及的土地往往是以划拨方式或较低的出让价格取得的,政府通过为中低收入家庭等住房困难群体提供具有政策性的保障住房,旨在平衡利益分配,维护社会公平,因此该政策是具有社会保障性质的公共政策。借名人通过出名人购买房屋,虽然因出名人本身符合相应的购房资质而并未使总体上享受政策保障人群的扩大,但由于政策性保障住房数量上的稀缺性,借名买房实际上是挤占了该群体中其他具有住房需求且有购房能力的主体的购房机会,从而对这一公共政策所要实现的目标造成重大影响,构成《合同编通则解释》第17条第1款第2项规定的"影响社会稳定、公平竞争秩序或者损害社会公共利益等违背社会公共秩序的"情形,故认定其因构成对公序良俗的违背而无效,具有相当的合理性。

对于为规避限购政策而借名买房的情形,有观点认为,因只涉及合同双方当事人的利益,不影响社会公共利益,此类借名合同应当认定为有效。③ 也有观点认为,限购政策属于房地产市场宏观调控政策的组成部分,其目的是维护房地产领域的公共利益,故此类借名行为因违反社会公共利益而无效。④ 笔者认为,上述两种观点均有一定道理,但对违反限购政策的借名买房行为是否构成违背公序良俗的分析,仍应从围绕探求该政策所欲追求的政策目标、违反该政策所导致的后果以及严重程度展开。

---

① 济宁迪居物业服务有限公司与付某保、谷某海案外人执行异议之诉案,山东省高级人民法院民事判决书,(2020)鲁民终1018号。
② 参见杨代雄:《借名购房及借名登记中的物权变动》,载《法学》2016年第8期。
③ 参见马强:《借名购房案件所涉问题之研究——以法院裁判的案例为中心》,载《政治与法律》2014年第7期。
④ 参见谢潇:《公序良俗与私法自治:原则冲突与位阶的妥当性安置》,载《法制与社会发展》2015年第6期。

就限购政策而言,其虽已不断更新跌宕十数年之久,但实质上仍是政府针对部分阶段房价过快上涨而进行的短期调控,并且随着房价的周期起伏而或松或紧,因而难逃其短期性、临时性、阶段性的特点。在党的十九大提出"房住不炒"的定位之后,我国房地产调控逐渐转向构建长效机制。[1] 但目前仍处于长效机制的建立健全过程中,限购政策仍然具有明显的短期行政调控措施的特点,显然并不能等同于房地产健康发展长效机制本身。故从宏观方面看,一般性地将规避限购政策嵌入违背公序良俗的范畴,在法律适用的妥当性上不无疑问。

借名人之所以能够购买房屋,从某种意义上讲,是由于出名人转让其购买房屋的指标(在限贷情形下,则是其可享有如优惠贷款利率等优惠条件)给借名人所致,由此,借名买房情形下房地产调控的对象实际上已经从借名人转移至出名人的身上,这体现在出名人以后再买房时将会受到限购政策的影响,故房地产调控就其总量而言并未减损,由此难言调控政策落空,不宜以此为由即认定违背公序良俗。而且,通过限购等措施平抑房价、保障居民住房以及防范金融风险的愿望虽然良好,但也难免会对部分刚需群体、向往更加美好生活的改善群体造成误伤,限制这些群体买房实际上也并非调控政策的初衷和所欲追求的效果,只是因为政策本身未能或难以更为细化所致。由此可见,规避限购政策并非一定会产生违背其目的的效果,故应进一步细化规避限购政策的具体情形。实际上,除了通过规避限购政策炒房牟利并可能会影响居民住房保障、增大金融风险的借名买房行为有触及公序良俗这一底线的可能之外,其他规避限购政策的借名买房行为与公序良俗之间尚有一定距离,"一棍子打死"则有不当扩大化之嫌。规避限贷政策与之类似。

司法裁判导向要与国家政策的目标相配合,裁判结果要反映并巩固国家政策的落实,这一观点固然有其合理之处,但是否需要通过悖俗无效的认定加以实现,则应当格外谨慎,其必要性还须经受比例原则的检验。对于尚不具备购房资格的借名人而言,限购政策所要达到的效果无非就是使其无法实现购买房屋的目的,而借名人购买房屋不仅关注于房屋买卖合同的签订,其最终目的是获取房屋所有权以便自己使用或进一步处分。若认定借名行为有效,一方面,在权属认定上,可

---

[1] 如2018年7月中共中央政治局会议提出要"加快建立促进房地产市场平稳健康发展长效机制"。

依《民法典》关于不动产物权变动的规定认定出名人是法律认可的房屋所有权人（这一点将在下文予以探讨），从而借名人将面临其借名所购房屋可能被出名人擅自处分或者被出名人的债权人申请强制执行的风险；另一方面，在合同履行上，借名人请求出名人依据借名合同履行协助移转房屋权属登记的义务应受到"限购政策解除或借名人取得购房资格"条件的限制，也就是说，在该条件尚未成就之前，借名人旨在取得房屋所有权的请求将不能得到支持，如此，限购政策的目的在民事法律层面已然实现。因此，为了追求在执行异议之诉中否定借名人排除出名人金钱债权人强制执行的诉求而试图从行为效力这一"根部"下手，难免有用药过猛之嫌。借名人需要承担的其他政策成本，则还需行政机关切实履行职责，对违反政策的行为施以处罚，从而让其经济收益小于违法成本来实现，但这属于行政机关的职权范围，司法机关无须考虑，无权处理，也无法"包打天下"。若认定借名行为无效，虽然在后果上会让借名人无法获得其通过借名方式所要购买的房屋，并对借名买房行为产生警示效果，但也会导致借名人丧失了本可在合同有效情形下请求出名人履行合同义务或者承担违约责任的权利，并诱发出名人以此为由主张合同无效以摆脱合同约束的背信冲动，从而导致借名人与出名人之间利益的失衡。这些后果，均与配合限购政策实施无关，却由相关当事人承担，明显有违比例原则。

限贷以及上调首付比例、贷款利率上浮等金融政策，虽然也是为遏制不合理的住房需求以最终实现控制房价、防范金融风险的目的，但比限购政策手段更为缓和。金融政策是通过金融手段间接助力房地产调控政策目的的实现。除规避上述金融政策而炒房牟利并可能影响居民住房保障、增大金融风险的行为存在违背公序良俗的可能之外，其他借名行为更与公序良俗无关，故一般不应因此而认定借名行为无效，此处不再赘述。

综上所述，对于情形二下借名行为的效力，应与情形一区别对待。后者因构成对公序良俗的违背而无效；前者则除通过规避限购、限贷等政策炒房牟利并可能影响居民住房保障、增大金融风险从而存在违背公序良俗的可能之外，一般并不构成违背公序良俗，因而不应被认定为无效。

自2022年以来，中国房地产市场供求关系发生重大变化，市场从单边上涨预期转入深度调整期，房价在多数城市呈现下跌趋势，部分城市跌幅显著。为应对市场持续下行的压力，国家宏观调控目标已发生根本性转变，从过去的"坚决遏制房价过快上涨"，转变为"标本兼治化解房地产风险"和"持续用力推动房地产市场止跌回稳"。在此背景下,各地曾严格执行的限购、限贷、限售等行政性调控措施被大规模优化乃至取消。截至2024年下半年,除北京、上海、深圳等少数核心城市的核心区域外,绝大多数城市已全面取消住房限购政策。同时,央行多次下调贷款市场报价利率(LPR)及个人住房公积金贷款利率,并大幅降低购房首付比例,政策工具箱"应出尽出",全力支持居民刚性和改善性住房需求。在这种情况下,国家政策所致力于维护的"公共秩序"转变为防范市场硬着陆可能引发的系统性金融风险,稳定房地产产业链,进而稳定宏观经济大盘。此时,一个能够增加市场交易量、有助于消化高企库存、提振市场信心的购房行为(即便其形式上是借名),就更不具有对公共秩序的负面冲击了,甚至在客观效果上与"去库存""稳市场"的政策目标有部分重合,显然就更不存在被认定无效的理由了。

(四)是否构成恶意串通损害他人合法权益

基于前述,情形一下借名行为因悖俗而无效;而情形三则一般并不涉及对他人合法权益的损害问题,即使涉及对税费的规避,也不宜据此认定借名行为无效。因此,本部分仅涉及情形二下借名行为效力的探讨。

1. 违反限购政策借名购买普通商品房

普通商品房作为一种市场经济条件下的商品,本应是自由流通之物,任何民事主体均得按照自己意愿选择购买或不购买。现在,为房地产调控目的而出台了如未婚自然人最多只允许购买一套房、一个家庭最多只允许购买两套房之类的限制购买措施。通过借名购买,借名人购买了商品房A,其他民事主体若要购买,仍然可以选择购买商品房B、商品房C、商品房D……并不会因此而导致其合法权益受损。至于因供需矛盾等导致的房屋供应数量变化、价格上涨等而致其他买房人的经济利益受到影响,则属市场经济条件下购买任何商品均可能要面对的情形,与借名买房行为之间无因果关系。

2. 违反限贷政策借名购买普通商品房

此种情形下借名人通过出名人的名义而实现的是本无法贷款而获得了贷款、本应获得较低金额的贷款却获得了较高金额的贷款、本应以较高利率获得贷款却获得了较低利率的贷款的目的,需要考量的是银行的合法权益是否因此受损。对于借名人通过出名人的名义而获得了其本无法获得的贷款,一方面,在资格条件基本相同的情况下,银行并不在乎将贷款发放给谁。由于我国房贷违约率极低,银行通过发放贷款而获得了一笔优质的贷款业务,并无损失可言。另一方面,若借名人不提供还贷资金而导致出名人不向银行按期支付还款,银行可请求出名人承担违约责任,况且房屋已经设定抵押,无论银行是否知道借名买房的事实,均不影响其通过行使抵押权以实现其贷款债权,故银行的合法权益并不会因此受损。对于借名人通过出名人的名义获得了较高金额的贷款,银行对于房地产信贷风险一般均通过各类型贷款总额及比例限制的方式加以控制,因此,只要符合这些条件,银行的利益并不会受损。对于借名人通过出名人的名义获得了较低利率的贷款,单就这一笔贷款而言,银行所获利息看起来因此减少,但出名人获得较低贷款利率的机会也有限(往往只有一次),况且这种限贷政策是为配合国家或地方房地产调控政策而为,并非银行为追求更高的贷款利息主动采取,故也难言构成对银行合法权益的损害。

若银行知道借名买房的事实而仍发放贷款,则银行已经通过实际行动表明了其愿意按照较低利率发放贷款的意思,故无讨论损害其合法权益的前提。若银行不知道借名买房的事实而发放贷款,则因借名买房行为本身即构成间接代理,法律效果应先由出名人承受,出名人与银行之间的借款合同法律关系也应依此处理,亦不应认定对银行的合法权益造成损害。

二、借名买房的物权归属

被执行人可得执行的财产原则上受到其责任财产范围的限制。因此,在借名行为及房屋买卖行为均有效的情形下,借名购买的房屋所有权是否归属于借名人,对于判断能否排除强制执行至关重要,因而也成为涉借名买房执行异议之诉中争议的焦点问题。

(一)借名买房物权归属的观点分歧

对于借名购买的房屋的物权归属,存在"物权说"与"债权说"两种截然对立的观点。在这两种观点之外,还存在认为借名人的权利属于中间型权利的"物权期待权说",由于"物权期待权"并非《民法典》规定的民事权利类型,主要关涉是否可排除强制执行,而与房屋的物权归属认定无关,故将在下文予以分析。本部分聚焦于借名人对于房屋的权利系物权还是债权的探讨。

"物权说"认为,不动产登记只是对不动产物权的权属推定,与不动产物权的权利人没有必然联系。① 房屋产权登记并不具有不动产实际归属的确定效力②，而当事人的本意系由借名人享有事实物权，故"即使是物权已经办理权属登记的情况下，仍应当根据真实的权利状态确认真实权利人，故借名买房行为并不导致实际买房人的物权丧失，被借名人亦不获得真实的物权"③。当然，该观点也认为，在涉及借名人与出名人之外的第三人时，应维持法律物权的正确性，以登记为标准认定房屋所有权归属于出名人。④

"债权说"认为，借名人与出名人之间关于房屋权属的约定只能约束合同双方当事人，没有直接设立房屋所有权的法律效力，借名人不能根据约定直接取得房屋所有权。⑤ "债权说"被近几年的司法实践越来越多地采纳，样本案例中的绝大多数裁判亦是如此⑥，许多地方法院的司法政策文件中也有所体现⑦。

(二)《民法典》框架下的解释进路

通说认为，依《民法典》第209条的规定，基于法律行为发生的不动产物权变动必备的生效要件是有效的原因行为和不动产登记。因此，对于借名买房物权归属的探讨，也应当以此为中心展开。

---

① 参见辽宁省高级人民法院民事判决书，(2018)辽民终600号。
② 参见最高人民法院民事裁定书，(2020)最高法民申4号。
③ 福建省高级人民法院民事判决书，(2019)闽民终1641号。
④ 参见马一德：《借名买房之法律适用》，载《法学家》2014年第6期。
⑤ 参见周峰、李兴：《隐名购房行为的法律性质认定与执法对策研究》，载《法律适用》2012年第8期。
⑥ 如康凯与金洲集团有限公司商品房买卖合同纠纷案外人执行异议之诉案，浙江省高级人民法院(2019)浙民终1542号民事判决书中，二审法院认为：《物权法解释一》第2条规定中的"不动产登记簿的记载与真实权利状态不符"，但其为不动产物权的真实权利人，在物权权属确认之诉的裁判规则语境下，应分别理解为不动产登记簿的记载与真实的物权权利状态不符，其为该不动产物权的真实物权权利人。最高人民法院亦认为："康凯……与康健因此签订的《委托购买房屋协议书》也仅具有债权性质，并非法律规定可以发生物权变动的法定事由，不能产生物权变动的法律后果，康凯对案涉房屋仅享有依据该委托协议，要求康健将案涉房屋办理过户登记至其名下的债权请求权，依法不享有物权。"参见康凯、金洲集团有限公司案外人执行异议之诉案，最高人民法院(2020)最高法民申5818号民事裁定书。
⑦ 如北京市高级人民法院《关于审理房屋买卖合同纠纷案件若干疑难问题的会议纪要》(京高法发〔2014〕489号)第10条即规定："借名人以出名人(登记人)为被告提起诉讼，要求确认房屋归其所有的，法院应当向其释明，告知其可以提起合同之诉，要求出名人为其办理房屋过户登记手续。"广东省高级人民法院《关于审理房屋买卖合同纠纷案件的指引》(粤高法〔2017〕191号)(已废止)第28条第1款规定："借他人名义购买房屋，借名人请求确认房屋归其所有的，不予支持。借名人请求出名人(登记权利人)协助办理房屋所有权转移登记的，可予支持，但房屋在限购范围内，借名人不具有购房资格的除外。"

1. 原因行为中当事人的真意考察

房屋权属变动源于法律行为，故考察何者具有从出卖人处购买房屋的真实意思，作为合同相对人的出卖人意愿又如何，是认定房屋所有权归属的基础。

对于房屋买卖合同的买受人是否会因借名人与出名人对借名买房交易方式安排的不同而有所不同，需作类型化分析。根据出名人在借名买房交易中所承担的事务范围不同，可以把实践中的借名买房大体上分为两类：一是借名人仅借用出名人的有关证件材料，房屋买卖事宜均由借名人办理；二是除提供有关证件材料外，出名人还基于借名人委托办理房屋买卖有关事宜。①（为行文方便，下文分别简称类型 A、类型 B）此外，由于买受人购房的资格或能力是否受到限制对于出卖人选择交易对手的意愿会产生重要影响，故还可结合对房屋性质的区分进一步细化。

在情形一、情形二下，无论是对于类型 A 还是类型 B，只有出名人愿意出借自己的名义给借名人，才具有以出名人的名义与出卖人订立房屋买卖合同的可能，否则，合同无法签订，购买房屋的目的无法实现。因此，出名人对于自己出名为借名人购买房屋的态度实际上是明确的，故此种情形下，在出卖人于订约时不知道存在借名事实时，出卖人的信赖应受保护，房屋买卖合同的相对人应为出名人。从出卖人的角度而言，此种情形下借名人存在购房资格缺陷或者付款能力欠缺，故即使出卖人于订约时知道或应当知道存在借名事实，但出卖人显然也只愿意与出名人进行房屋买卖交易，而且出卖人以其实际行为追求与出名人之间形成房屋买卖关系的法律效果。因此，依据合同的相关约定以及相关事实，可以确定当事人仅希望在出名人和出卖人之间产生法律约束力，根据《民法典》第 925 条规定之精神，此种情形下房屋买卖合同的买受人应当认定为出名人。

对于情形三，若出卖人不知情而与借名人签订房屋买卖合同，对于类型 A，借名人虽以出名人名义缔约，但其真意是为自己订立房屋买卖合同，其不表明这一真意，因此构成真意保留，考虑到一般出卖人对于买受人是借名人还是出名人并

---

① 有学者将前者称为直接借名行为，将后者称为间接借名行为，其实质为间接代理。也有学者将前者称为狭义借名买房，属于借用他人名义实施法律行为；将后者称为委托型借名买房，属于广义借名买房，借名人与出名人之间构成委托合同关系。参见杨代雄：《借名购房及借名登记中的物权变动》，载《法学》2016 年第 8 期；冉克平、黄依畑：《借名买房行为的法律效果研究》，载《财经法学》2020 年第 2 期。

无特殊偏好或信赖①,出于保护善意相对人即出卖人的合理信赖,房屋买卖合同的买受人应为出名人。对于类型 B,则构成间接代理,法律效果先由间接代理人即出名人承受,然后依其与借名人的内部约定,将法律效果移交给借名人。② 若出卖人知道借名买房的事实而仍与出名人签订房屋买卖合同,无论是类型 A 还是类型 B,并不因此就认定出卖人通过实际行动表明了与借名人缔约的意思,因为知道借名买房的事实显然不能等同于出卖人同意与借名人直接缔约。相反,出卖人知道借名买房的事实恰恰意味着其知道并认可借名人与出名人之间关于借名购买房屋的交易安排以及相应的法律后果。在这种情况下,出卖人与出名人签订房屋买卖合同的行为则表明其所追求的法律效果就是与出名人之间形成房屋买卖关系,出名人依法取得房屋所有权。至于出名人何时在何条件下将房屋过户给借名人,则交由出名人按照与借名人之间的借名合同约定履行,出卖人在所不问。因此,根据《民法典》第 925 条规定之精神,此种情形下房屋买卖合同的买受人也应当认定为出名人。

综上所述,通过考察当事人的真意,房屋买卖合同的买受人应为出名人,相应的法律效果也应归属于出名人。

2. 不动产登记作为物权变动形式要件的意义

实践中,有观点认为,既然在基于法律行为发生的不动产物权变动中,物权源于法律行为,故即使不经登记,仍可发生物权变动的法律效果。但这仅限于法律明确规定的如土地承包经营权等以登记对抗为原则的不动产物权变动中方能成立,对于房屋所有权变动则并不适用。对于后者,房屋所有权变动生效的基础虽然是当事人之间的法律行为,但不动产登记之完成亦为必备的生效要件,而非仅具有对抗效力。仅仅存在法律行为而未登记,根据《民法典》第 209 条的规定,因欠缺必备生效要件而不能发生物权变动的效力。无论是完全物权还是事实物权的观点,均未正确认识甚至有意忽视了不动产登记作为物权变动要件的作用和意义,从而实质上陷入了纯粹意思主义的解释逻辑,与《民法典》的规定不相吻合,如此解释将不可避免地导致对不动产登记在不动产物权变动中法律效力的虚化,进而在法律效果上混淆了物权与债权的性质,构成对现行法下主要不动产物权变动

---

① 除非相关情事表明出卖人特别看重出名人的某些属性。参见谢潇:《公序良俗与私法自治:原则冲突与位阶的妥当性安置》,载《法制与社会发展》2015 年第 6 期。

② 参见马一德:《借名买房之法律适用》,载《法学家》2014 年第 6 期。

模式乃至物债二分基本权利框架体系的背离。① 因而并不足取。

3. 借名合同中约定物权归属的效力

《民法典》总则编规定了物权法定原则,即物权的种类和内容,由法律规定。从理论上讲,物权法定亦包含了设立物权的方式法定,否则法律不认可其具有物权效力的含义。对此,《民法典》物权编对真实物权采用了三重判断标准,即公示标准、事实标准和意思标准。无论哪一标准,均要有明确法律规定的支持,这突出表现了《民法典》物权编的基调是法定而非自治,不仅物权的种类和内容由法律规定,物权的真实性判断标准也由法律规定。只要具备任一标准,所对应的权利就是物权而非债权,权利人能对特定客体享有支配利益,而非仅对特定的相对人享有请求权;在权利受到侵扰时能用物权请求权进行保护,而非只能以债权请求权加以救济。虽然事实标准意味着在基础事实已经具备时,物权无须公示机制业已产生。但事实标准突破了公示标准,为了防止可能给社会公众带来的风险,事实标准必须由法律规定,不能任由当事人或法官自由创设。由于事实标准以客观事实来表征物权,客观事实实际上与物权浑然一体,有前者就有后者,为了防止物权法定原则被突破,这些客观事实只能由最高立法机关制定的法律规定。② 借名合同中对物权归属的约定,并不属于法律规定的可以直接产生物权的情形,故借名人不能据此而享有房屋所有权。③ 由是观之,《民法典》第 209 条确立了不动产物权变动的登记生效规则,与此同时,留下"法律另有规定的除外"之空间,但《物权编解释(一)》第 2 条④的规定并非此处的但书情形,其并未否定不动产登记是不动产物权变动必不可少的生效要件之一。实际上,该条所称的确认物权能够得到支持的情形,应当限于当事人有证据证明不动产登记簿的记载与真实物权状态不符,其为该不动产物权的真实物权人。这也与该条规定的文义相符,该条中的"真实权利状态"是与"不动产登记簿的记载"相对应的,而不动产登记簿记载的权利状态显然是物权状态,而非债权状态,故这里的"真实权利状态"只能是与之相对

---

① 参见司伟:《论不动产登记与权属确认——兼论对〈物权法司法解释一〉第 2 条的理解》,载《法律适用》2016 年第 5 期。

② 参见常鹏翱:《〈民法典〉中真实物权的判断标准》,载《浙江工商大学学报》2020 年第 5 期。

③ 参见司伟:《论不动产登记与权属确认——兼论对〈物权法司法解释一〉第 2 条的理解》,载《法律适用》2016 年第 5 期。

④ 《物权编解释(一)》第 2 条规定:"当事人有证据证明不动产登记簿的记载与真实权利状态不符、其为该不动产物权的真实权利人,请求确认其享有物权的,应予支持。"

应的物权状态。[①] 该条主要适用于利用虚假资料骗取登记、登记机关人员错误登记、非基于法律行为导致物权变动后未及时更正登记等情况下,已经过法定程序取得权利的真实权利人与登记簿记载不一致导致的登记错误等情形[②],其所称的真实"权利"系指物权,而并未创设认定不动产物权的事实标准或意思标准。因此,借名人对房屋的权利认定,亦不属于该条规范的情形。

由此可见,在借名买房情形下,房屋买卖合同的买受人应为出名人,出卖人依约将房屋所有权转移登记至前者名下,故完全满足法律规定的物权变动的生效要件。而且,借名合同的当事人和借名登记的当事人存在身份错位,借名人并未出现在借名登记中,登记没有错误可言。[③] 借名人与出名人之间关于物权归属的约定并不产生物权变动的效力。借名人可以依据实质上的代持关系要求出名人将房屋过户至其名下,但此项权利系基于合同关系所产生的债权请求权,在经法定变更登记程序完成物权公示之前,借名人尚不能依据借名买房的合同关系未经公示程序即直接被确认为房屋的物权人,其所享有的债权请求权也不具有对世效力、排他效力和绝对效力。[④]

三、借名买房人的民事权益能否排除强制执行的审查规则

基于前述,就权利性质而言,借名人与出名人的金钱债权人对房屋享有的均为债权,故"物权说"显然不能成为借名人的权利排除执行的依据。因此,基于债权竞存视角下的规则审视,应当是处理借名买房能否排除强制执行问题的正确方式。对此,至少尚需探讨以下几个问题,以描绘出一个大致清晰的分析轮廓。

(一)是否可参照适用《执行异议之诉解释》第 14 条的规定

有观点认为,借名人对涉案房屋的物权享有期待利益[⑤],其权利已具备一定的物权特征[⑥],故可参照《执行异议之诉解释》第 14 条的规定,对借名人赋予准物权

---

① 参见司伟:《论不动产登记与权属确认——兼论对〈物权法司法解释一〉第 2 条的理解》,载《法律适用》2016 年第 5 期。
② 参见最高人民法院民事判决书,(2020)最高法民再 328 号。
③ 参见常鹏翱:《〈民法典〉中真实物权的判断标准》,载《浙江工商大学学报》2020 年第 5 期。
④ 参见最高人民法院民事判决书,(2020)最高法民再 328 号。
⑤ 参见山东省高级人民法院民事判决书,(2020)鲁民终 1018 号。
⑥ 参见最高人民法院民事裁定书,(2020)最高法民申 1892 号。

保护。①

　　笔者认为,从交易过程中对房屋所有权期待利益的远近看,虽然借名人的地位与非借名情形下的房屋买受人具有一定的相似性,但两者之间的区别更大。非借名情形下的买受人是积极追求购买房屋,并通过合同履行而将房屋所有权登记于自己名下。《执行异议之诉解释》第14条给予的保护是发生在房屋买卖合同的履行及所有权转移的过程中,买受人积极追求进行登记以完成房屋所有权的转移。在借名买房情形下,房屋所有权登记在出名人名下是该交易模式下依照借名合同的约定进行的,是借名人主动而为,并非如前者那样正处在房屋所有权转移过程中,而是在条件成就时才由出名人依约协助办理过户登记。因此,仅从在交易过程中对房屋所有权期待利益的远近比较,两者所处位置也存在较大差别,对借名人提供参照《执行异议之诉解释》第14条规定的保护,亦不尽合理。

(二)非交易关系下的执行债权人是否可纳入未登记不得对抗之"第三人"范畴

　　物权因其为绝对权而应通过登记或交付予以公示,以实现物权人对物的排他性占有、使用和收益。因债权在现代市场经济环境下地位越发重要,流转交易需求日盛,为交易安全与秩序考虑,也往往通过登记以表现其权利,否则即使按照法律规定的要件取得了债权也将面临无法对抗第三人的风险。这是现代民商法应市场经济发展要求而确立的基本规则。我国《民法典》也不例外,尤其明显地体现在对所有权保留的出卖人等"未经登记,不得对抗第三人"的明确上,这表明了《民法典》消除隐性权利、保障交易安全的立场。

　　在借名买房场景下,借名人与出名人之间关于房屋权属的约定没有通过登记而公示,自然不能产生对抗第三人的法律效果。故有观点认为,保护出名人的债权人的强制执行债权,亦是物权公示原则之体现②,借名人与出名人之间的借名登记约定不得对抗善意的申请执行人。③ 以公示原则为前提和基础的公信原则,系

---

　　① 参见陈龙、胡芦丹:《代持产权协议不能对抗法院强制执行》,载《人民司法·案例》2017年第11期。
　　② 参见北京市高级人民法院民事判决书,(2017)京民终492号。
　　③ 参见河南省高级人民法院民事判决书,(2019)豫民终1349号。

外观主义的一种表现。① 故这里尚需探讨的是，不得对抗的"第三人"是否应限于就该房屋与出名人之间存在交易关系的第三人，强制执行债权人是否也应在此列？这涉及理论上对外观主义的适用边界之争。

主流观点认为，外观主义仅是一类现象的概括，而非可以类推适用的普适原则，实践中原则上应限于交易领域，而强制执行则并不处于交易领域，故不应适用。② 《九民会纪要》的引言部分就借名协议形成实际权利和形式权利的分离问题的阐述也表明了这一立场。③ 虽然其并未指明是否适用于处理执行异议之诉中判断借名人与出名人的强制执行债权人之间的关系，但似乎隐含了不应通过外观主义来解释保护执行债权人的倾向。

外观主义理论源远流长，内涵也非常丰富，主题所限也无法详加阐述，现仅结合执行债权人的地位加以分析。笔者赞同外观主义的适用原则上限于交易领域的观点，这与外观主义的重要法律逻辑在于对有理由信赖某特定外观的当事人予以特殊保护密切相关，交易关系中的当事人是以特定标的物而为交易，其所依赖的外观信赖对于交易的达成、交易秩序与效率都至关重要，而非交易关系的当事人则距此更远，与交易关系中的当事人不处于同一"频段"，故一般不存在对特定标的物的"竞争"关系。以最为典型的金钱债权为例，若甲因与乙之间的借贷关系而成为乙的金钱债权人，而丙因与乙之间的房屋买卖关系而成为乙的非金钱债权人，在乙并未以该房屋为甲之债权设定抵押的情况下，难说甲系因信赖房屋所有权登记在乙的名下而将金钱出借给乙。但在甲因乙欠债不还而申请强制执行之后，情况则有所变化。甲在申请查封乙的财产之前，难免要付出调查乙的财产状况的成本，而且由于法律禁止超标的查封，甲因信赖登记而选择查封乙名下的房屋，可能因此承担了放弃查封乙的其他财产的机会成本。因此，作为执行标的的房屋在一定程度上成为执行债权人所欲追求的特定目标。由此可见，借助强制执行程序这一纽带，在执行债权人与作为执行标的的房屋之间建立起了一种因信赖不动产登记而形成的更为紧密的关系。那么，若因此而得出外观主义也应扩展至

---

① 参见崔建远：《论外观主义的运用边界》，载《清华法学》2019 年第 5 期。
② 参见崔建远：《论外观主义的运用边界》，载《清华法学》2019 年第 5 期；姚辉、阚梓冰：《不动产隐名权利的私法保护——以案外人执行异议之诉为视角》，载《中国人民大学学报》2021 年第 2 期。
③ 《九民会纪要》规定："……外观主义是为保护交易安全设置的例外规定，一般适用于因合理信赖权利外观或意思表示外观的交易行为。实际权利人与名义权利人的关系，应注重财产的实质归属，而不单纯地取决于公示外观。总之，审判实务中要准确把握外观主义的适用边界，避免泛化和滥用。"

强制执行领域的结论,自无须赘言。即使无法得出这一结论,但考虑到执行异议之诉中对案外人的权利可否排除强制执行的审查,本质上是通过对案外人和申请执行人之间权利进行比对衡量,以判断何者的权利在强制执行程序中更应受到优先保护,故从这一意义上讲,两者之间关系的处理与对交易关系下的第三人与真实权利人的权利保护问题具有相似性。因此,在案外人(借名人)和申请执行人的权利性质均非物权而为债权的情况下,外观主义适用的三个要件即权利外观、本人与因、信赖利益,也可作为两者之间权利比对衡量予以考量的要素。在借名买房情形下,房屋所有权登记在出名人名下,这是借名人自己主动追求的结果,由此导致其可能会承担法律上的不利益,执行债权人则系信赖登记而选择查封出名人名下的房屋,从而承担了放弃查封出名人其他财产的机会成本,两相比较,借名人对于房屋的权利原则上不应获得超过执行债权的保护。

此外,从权利保护体系的视角看,对于未经登记不得对抗规则是否应涵盖执行债权人,我国法律、司法解释并无明确规定,但在《民法典》实施后,《担保制度解释》对《民法典》中有关担保制度的规定中涉及的未经登记不得对抗的第三人范围进行解释时,则在第54条对这一问题进行了明确规定:"动产抵押合同订立后未办理抵押登记,动产抵押权的效力按照下列情形分别处理:……(三)抵押人的其他债权人向人民法院申请保全或者执行抵押财产,人民法院已经作出财产保全裁定或者采取执行措施,抵押权人主张对抵押财产优先受偿的,人民法院不予支持;(四)抵押人破产,抵押权人主张对抵押财产优先受偿的,人民法院不予支持。"该规定并未将不得对抗的第三人范围局限于交易关系的当事人。据此,虽然登记并非动产抵押权的取得要件,未登记并不影响动产抵押权的取得,但在处理未经登记的动产抵押权与包括动产抵押人的执行债权人等第三人的关系时,登记应当作为对抗要件予以对待。前者虽然在性质上系物权,但却不能排除以该抵押物作为抵押人的责任财产以清偿抵押人的执行债权、破产债权。《担保制度解释》第67条亦作出了类似规定,并进一步规定所有权保留买卖、融资租赁等合同中的出卖人、出租人的所有权未经登记情形下《民法典》规定的不得对抗的"善意第三人"的范围及其效力参照上述第54条的规定处理。据此,动产因交付而在形式上完成了所有权转移,此时法律上所认可的所有权人如未登记则其权利不能对抗买受人或租赁人的执行债权人和破产债权人。参照上述规则,即使按照前述将借名人认定是事实物权人的观点,该借名人享有的"物权"也应因未经登记而不得对抗出名人的执行债权人。更何况,房屋所有权登记系物权的生效要件而非对抗要件,基于"举重以明轻"的原则亦应得出这一结论,否则将会出现作为生效要件的不动产登记在对外效力上却低于作为对抗要件的动产登记的明显有违逻辑的结果。综上,姑且搁置理论上的外观主义是否适用于非交易关系的金钱之债执行债权人的争议,就体系解释而言,与出名人之间就执行标的不存在交易关系的金钱之债执行债权人可作为法律拟制意义上的信赖登记而应予保护的"第三人"。基于此,借名人的权利原则上不足以排除出名人的金钱债权人的强制执行。

(三)不能排除执行是否让借名人承担了过重的法律后果

借名人仅因借名买房未登记在其名下而承担了被"剥夺"财产的后果是否导致利益明显失衡呢? 实践中有观点认为,虽然借名买房不被提倡,但如果以此为由,剥夺房屋实际权利人对房屋享有的物权权利,则违反了民事法律关系所主张的公平公正原则,违背客观事实。[1] 有观点则从责任财产的角度提出,该房屋本来并非由出名人以其责任财产的一部分换取,平白无故使之加入出名人的责任财产并使其债权人从中获益,有失公平。如果执行标的在采取执行措施之前已经由被执行人出卖,虽然所有权仍属被执行人所有,但被执行人的权利已经由所有权转化为债权,就不应当继续执行原标的物。[2]

笔者认为,该观点实际上偷换了概念。第一,如前文所述,在《民法典》关于物权变动原则的体系下,出名人享有房屋所有权,并不存在登记错误的情形,故并非因借名买房不被提倡的原因而否定或"剥夺"了借名人的"物权权利"。第二,在借名买房的交易安排下,借名人对其在借名合同约定的条件成就之前不能取得法律认可的房屋所有权有清晰的认知,这也正是其通过借名方式进行房屋买卖的重要原因之一。因此,借名人对此应有预期,且其通过该行为已经获得了利益,相应地承担由此导致的法律风险,难谓违反公平公正原则。第三,借名人付出了金钱对价而却未能获得相应的房屋所有权,出名人虽未付出对价却获得了其责任财产的增加,看似让借名人因借名行为而承担了被"剥夺"相应财产的后果,但其因此而承担的财产风险并非因借名买房不被提倡所致。实际上,借名人与出名人之间

---

[1] 参见辽宁省高级人民法院民事判决书,(2018)辽民终600号。
[2] 参见周之仪:《查封债权人对债务人财产的权利不得大于该债务人自身——(2017)最高法民再355号执行异议之诉判决评释》,载《法律适用·司法案例》2018年第22期。

通过借名买房进行的交易属于民事主体所为的民事法律行为,由此形成的权利义务关系就应当在法律规定的框架下进行,若要享有法律上赋予物权的效力,则必须满足法定要件,否则就将承担由此带来的不利后果。在借名买房的情形下,如前文所述,出名人取得了法律认可的房屋所有权,房屋原则上就系出名人的责任财产,并非出名人不享有任何利益,至于款项来源在所不问。[①] 故借名人付出了金钱对价但却仍承担财产风险,正是由于其交易结构本身的特点而使借名人在约定条件成就之前不能成为物权人而仅对出名人享有债权请求权所致,与出名人的金钱债权人相比,两者均为债权人,原则上前者并不比后者在权利上优先。第四,基于物权公示的基本效力以及执行债权有别于普通债权的特殊性,法律将其所保护的第三人的范围有限地扩大到了包括执行债权人在内的部分非交易关系的第三人,由此,非进行登记的隐性权利原则上不得对抗执行债权人,借名人正是因此而承担了丧失对其借名所购房屋权利的风险。

综上所述,笔者认为,借名人的权利原则上不足以排除出名人的金钱债权人对房屋申请的强制执行。许多地方法院的司法政策文件也赞同这一观点。[②]

(四)例外情形之考量

最高人民法院曾在2019年11月发布的《关于审理执行异议之诉案件适用法律问题的解释(一)》(向社会公开征求意见稿)中,对于借名权利在金钱债权执行中能否排除执行,提出了两种方案:方案一是完全不能排除执行,借名人因此受到损失的可向出名人另行主张权利;方案二是附条件的支持排除执行,即借名协议经查证属实,且不违反法律、行政法规的强制性规定,亦不违背公序良俗的可以排除执行。但两种方案在结果上并无不同,结论实际上均为不能排除执行。因为方案二所列但书情形本就是《民法典》明文规定的民事法律行为无效的事由,司法裁

[①] 参见赵晋山、王赫:《"排除执行"之不动产权益——物权变动到债权竞合》,载《法律适用》2017年第21期。

[②] 例如,北京市高级人民法院《关于审理执行异议之诉案件适用法律若干问题的指导意见(试行)》第19条规定:"法院在执行生效法律文书确定的金钱债权过程中,对登记在被执行人名下的特定房屋实施强制执行,案外人以其与被执行人之间存在借名买房关系,其是房屋实际所有权人为由,要求对该房屋停止执行的,一般不予支持;申请执行人要求对该房屋许可执行的,一般应予支持。"江苏省高级人民法院《执行异议及执行异议之诉案件办理工作指引(二)》第14条规定:"金钱债权执行中,执行法院对案涉房屋采取查封措施后,案外人以其与被执行人存在借名买房关系,且系房屋实际所有权人为由提出异议的,应裁定驳回异议。由此引发的执行异议之诉案件,应驳回其诉讼请求。"

判者本就应当主动加以审查,若构成这些事由,本就因行为无效而使借名人对房屋不享有权利。这里只不过起到了再加以强调、引起注意的效果而已,除此之外没有任何实际意义。正式发布的《执行异议之诉解释》则删除了有关借名买房的规定。

既然执行异议之诉中对案外人的权利可否排除强制执行的审查,本质上是通过对案外人和申请执行人之间的权利进行比对,以判断何者在强制执行程序中更应受到优先保护。因此,虽然原则上借名人的权利不足以排除强制执行,但两者之间权利对比之"天平"难免会受到一些特殊因素的影响而发生倾斜,"一刀切"式的处理并不妥当,例外情形的考量在所难免。执行债权人明知或者应知借名买房的事实而申请强制执行所涉房屋将会影响一般原则的适用,自不待言。除此之外,例外情形还应重点考虑的是与出名人的执行债权人相比,借名人对房屋的权利是否属于法律所要保护的更高价值位阶的权利。

"居者有其屋",是深深根植在我国普通老百姓心中的理念。基本生存居住之需,是生存权的重要内容,也是构成基本人权的重要组成部分。因此,案外人对于所购房屋的居住生活权利,在价值位阶上高于申请执行人的财产权,对其优先给予财产权保护具有正当性。[1]《商品房消费者权利保护批复》以及《执行异议之诉解释》第11条规定对商品房消费者权利的特殊保护,更是对这一价值理念在司法实践中的贯彻,即在一般原则之外,在买房人对于房屋的债权承载着基本生存居住利益时,对其予以倾斜保护。该规则的适用,使民法的人文关怀精神得以彰显,一般正义与个别正义亦得以兼顾。[2] 对于借名买房人的权利保护,也应一体遵循这一基本价值理念,否则,将导致逻辑上陷入厚此薄彼、难以自洽的窘境。实践中,有法院在裁判中即认为:"刘某作为实际购房人在交纳全部购房款后,对案涉房屋已装修完毕并居住使用至今,相较于李毅声的普通金钱债权,对刘敏基于生活需求就案涉房屋享有的请求权予以优先保护,符合法律有关权利保护顺位的基本精神,亦具有相应的正当性。"[3]法律所追求的目标往往是多元的,在执行异议之诉中体现得尤为鲜明,必须尽量处理好一般规则与特殊情形之间的关系,平衡好特殊利益的保护与交易秩序的维护。因此,借名买房人排除强制执行的特殊情形

---

[1] 参见肖建国:《民事执行法》,中国人民大学出版社2014年版,第100页。
[2] 参见阙梓冰:《购房人优先权的价值理念与解释路径》,载《法律适用》2020年第11期。
[3] 四川省高级人民法院民事判决书,(2019)川民终1174号。

不宜范围过大,否则,将因过多的"特殊情形"而构成对"一般规则"的极大冲击,交易安全的丧失与秩序的混乱又可能从意想不到的角度对"特殊情形"的保护造成反噬和伤害。故除具有基本生存居住之需的借名人可以排除出名人的金钱债权人的强制执行外,对于其他情形下的借名买房不应再予以特殊保护。当然,这与前文分析得出的借名人的权利不应参照《执行异议之诉解释》第14条规定的结论也是一致的。

但例外规定的设定还需要注意例外情形的要件设置。一方面,例外保护不可不通过一些要件的设定而严格限定保护的界限,如可设置房屋一般应为住宅性质、在房屋已经交付的情形下借名人一般应当实际占有居住等条件。另一方面,基本生存居住权利的保护本身就具有相当的抽象性,蕴含着利益衡量的方法。①因此,亦不可过于机械地追求例外规则的绝对确定性。既然设定要件的目的是便于判断房屋是否为借名人基本生存居住之需,则其适用就应当具有一定的弹性空间,在个案中应围绕是否为基本生存居住之需这一根本目的进行判断。因此,一般而言,实际占有居住要素与此根本目的存在密切关系,但案外人是否在房屋被查封之前支付了全部购房款则与之并无关联,这一条件更多体现了对被执行人责任财产多少的考察,既然如此,给予案外人一定期限,在此期限届满之前案外人将全部购房款支付完毕即可。

规范依据

《民法典》

第二百零九条第一款 不动产物权的设立、变更、转让和消灭,经依法登记,发生效力;未经登记,不发生效力,但是法律另有规定的除外。

典型案例

1. 某帝公司诉某省高速公司、吴某案外人执行异议之诉案

案例索引:人民法院案例库入库编号2023-07-2-471-007/民事/执行异议之诉/最高人民法院/2021.09.16/(2021)最高法民终391号/二审/入库日期:2024.02.26。

---

① 参见阙梓冰:《购房人优先权的价值理念与解释路径》,载《法律适用》2020年第11期。

裁判要旨：除法律另有规定外，不动产物权的变动应履行变更登记程序才能发生相应的法律效力。《物权法》第9条所指的"法律另有规定"，指非基于法律行为导致物权变动、法律规定不以登记为生效要件或者登记错误等情形，并不包括当事人故意将不动产登记在他人名下的情形。被执行人与案外人签订的房产代持协议只能在二者之间产生债权债务法律关系，不能直接导致物权变动，案外人不能基于代持协议所享有的债权排除强制执行。

2. 王某某与成都农村商业银行股份有限公司簇桥支行、何某某案外人执行异议之诉纠纷案

案例索引：(2019)最高法民终370号，载《最高人民法院公报》2021年第7期（总第297期）。

裁判要旨：在案外人执行异议之诉案件中，判断案外人就执行标的所主张的民事权益是否足以排除强制执行，应当依据相关法律、司法解释对于民事权利（益）的规定，对相关当事人关于执行标的的民事权利（益）的实体法性质和效力作出认定的基础上，通过对相关法律规范之间的层级关系、背后蕴含的价值判断以及立法目的进行探寻与分析，并结合不同案件中相关当事人的身份职业特点、对于执行标的权利瑕疵状态的过错大小，与执行标的的交易相关的权利行使状况、交易履行情况，进一步分析执行标的对于相关当事人基本生活保障与秩序追求的影响等具体情况，综合加以认定。

第十四章　涉房地产合作开发的执行异议之诉

在房地产合作开发中,常见的模式是一方以土地出资、另一方以现金出资共同开发。为了节约开发成本,减少土地使用权流转过程中的税费,双方当事人通常约定将土地使用权证、规划许可证、施工许可证挂靠在投入土地的一方名下,投入资金的一方在完成开发后,可以获得一定数量的房产或者其他回报。但是在双方尚未办理房产过户之前,投入土地的一方因其他金钱债务被债权人申请执行,法院查封了登记在其名下但属于合作开发的房产后,投入资金的合作方提出执行异议及异议之诉,主张其享有物权而排除金钱债权的强制执行。理论与实践中对此类问题如何处理,存在争议,本章对此加以探讨。

一、房地产合作开发的概念及特征

房地产合作开发关系,是指当事人之间形成的以提供出让土地使用权、资金等作为共同投资,共享利润、共担风险合作开发房地产为基本内容的法律关系。[1] 实践中,合作开发房地产合同往往名称各异,常见的如联建合同、合伙建筑协议、联合开发合同、联营协作合同等。根据合作经营模式的不同,房地产合作开发可分为项目公司型、合同合作型[2],或分为有限公司、法人型联营、合伙型联营、协议型联营[3]等。以是否成立项目公司为标准,房地产合作开发可分为项目公司型合作开发和合同型合作开发。前者是合作方出资设立独立的具有房地产开发资质的企业法人,由其作为建设主体进行房地产开发建设,合作方作为公司股东分享企业利润的合作模式;后者则是合作开发各方未组建新的企业形式,只是以合同的形式约定合作开发房地产项目以各方名义共同实施,合作开发各方按照合同约

---

[1] 参见《国有土地使用权合同解释》第12条。
[2] 参见王洪平:《论合作开发经营房地产中的物权认定与债务承担》,载《山东社会科学》2012年第6期。
[3] 参见王宏纲:《合作开发经营房地产合同的法律性质》,载《经济师》2005年第9期。

定进行利润分配和债务承担的合作开发模式。

对于项目公司型合作开发,执行法院依据生效法律文书,对作为被执行人的项目公司名下的房地产进行执行时,该项目合作当事人享有的均是作为股东对项目公司享有的股权,而非对房地产(包括土地使用权、在建工程及房屋)享有实体权益,故其针对房地产执行提出异议要求排除执行的,显然并不能成立。对于合同型合作开发,以有关主管部门所记载的用地单位、建设单位为标准,又可区分为用地单位、建设单位系合作双方的共同署名合作开发(或称为显名合作开发)以及用地单位、建设单位仅系合同一方,另一方依据合作开发协议主张权益的非共同署名合作开发(隐名合作开发)。本部分将聚焦于合同型合作开发模式下的执行异议之诉问题。

房地产合作开发的特征主要体现在"合作"上:共同投资、共担风险、共享利润。有利益就有对价,故共同投资与共同利润并存符合民事合同权利义务对等的一般原则。对于是否共担风险,早年曾有观点认为房地产合作开发可不具备这一特征,理由是风险负担不需要合作各方共同承担,根据合同自由原则,因未共担风险断然否定合作性质有违当事人意愿。[①] 这种观点看似合理,但从房地产合作开发合同的目的看,房地产开发毕竟不同于普通自然人之间的合作建房,不是为了满足房屋自住需求进行的合作,而是通过开发和交易的商业行为取得利润。商业行为必然存在市场风险,即使合作一方仅投入土地使用权且声明不参加经营、不承担任何风险,也存在因开发过程及开发结果的不确定性带来无法获利的风险。正因如此,合作方面临开发房地产过程中的各种风险,包括本章所讨论的因一方被强制执行导致另一方参与开发的房地产被执行的风险。在合作开发房地产合同中,合作各方的权利、义务和责任是统一的,即当事人不仅共同投资、共享利润,而且对于合作项目存在的风险必须共同承担。从某种意义上讲,共担风险是合作开发房地产法律关系的本质特征。

二、房地产合作开发关系下的房屋权属认定与排除执行

物权优先于债权是民法中处理物权与债权关系的基本原则,因此,若可认定

---

① 参见杨朝晖、傅汉强、刘云华:《合作开发房地产的法律问题》,载《中国房地产报》2004年8月18日,第3版。

提出异议的合作方对执行标的享有物权,则其就能够排除基于普通金钱债权的强制执行。

不动产物权的变动方式,可分为基于法律行为的物权变动与非基于法律行为的物权变动。《民法典》第231条规定:"因合法建造、拆除房屋等事实行为设立或者消灭物权的,自事实行为成就时发生效力。"故就房地产开发而言,建造人对于合法建成的房屋,无须进行不动产登记即可取得所有权。因而,如何认定建造人,就成为执行标的为房屋时合作一方是否得排除另一方的金钱债权人申请的强制执行的关键。对此,存在不同观点。

一种观点认为,《民法典》第231条规定的建造人是指法定的建设主体,即取得合法建设手续的主体。据此,非显名合作方即使投入了大量的资金,甚至参与了项目开发建设,也并非法律意义上的建造人。隐名方的收益权是根据合作开发合同约定的一种债权,该权利最终实现依赖于显名方履行交付房产的义务,只有在办理了过户登记之后,投资方才能获得物权法上的保护。[1] 我国台湾地区也有类似概念,即"起造人",无论在何种房地产开发中,以"申请建筑执照时出名为起造人",起造人可由此取得原始所有权。[2]

另一种观点认为,《民法典》第231条规定的建造人不仅包括在建设许可证上显名的合作方,基于合作开发的事实,还应包括隐名的合作方。隐名合作方虽未在建设许可证件上显名,但若其在整个建设开发过程中投入资金乃至人力,符合基于事实行为原始取得的实质要求,且房地产开发所需建设许可证、规划许可证等只是职能部门对工程建设行为的行政管理手段,并非确定物权权属的凭证。隐名方通过建设行为取得房产的物权属于原始取得,不同于需要登记才发生效力的交易行为,一旦完成即可依法律规定直接取得物权。此外,从合作开发的模式来看,合作各方共同投资、风险共担,也应当共享收益,房产建设完成后,从公平的角度考虑,合作另一方也应当平等享有取得物权的权利。[3]

笔者认为,在物权的取得上,应当秉持物权法定主义原则。根据《城市房地产

---

[1] 参见高艺可、常航:《原始取得还是登记生效——执行异议之诉中合作开发房产的物权权属认定》,载《法制与社会》2018年第26期。
[2] 参见赖来焜:《强制执行法总论》,台北,元照出版公司2007年版,第662页。
[3] 参见高艺可、常航:《原始取得还是登记生效——执行异议之诉中合作开发房产的物权权属认定》,载《法制与社会》2018年第26期。

开发经营管理条例》的要求,房地产开发必须由具备开发资质的房地产开发企业、在办理了建设用地使用权证,获得规划、建设等许可后方可进行。因此,合作开发不等同于共同建造,依法办理建设用地使用权登记并取得相关规划、建设等许可证书的主体方为建造人,可能更符合《民法典》第231条规定的本意。在(2016)最高法民终763号案中,最高人民法院即认为:"崇立公司能否基于合法建造取得案涉房屋所有权。本院认为,首先,根据《物权法》第一百四十二条规定,建设用地使用权人建造的建筑物、构筑物及其附属设施的所有权一般属于建设用地使用权人。就本案而言,建设用地使用权证载明的权利人为佳佳公司并非崇立公司。其次,虽然《物权法》第三十条规定,因合法建造、拆除房屋等事实行为设立或者消灭物权的,自事实行为成就时发生效力。但合法建造取得物权,应当包括两个前提条件:一是必须有合法的建房手续,完成特定审批,取得合法土地权利,符合规划要求;二是房屋应当建成。根据查明事实,案涉房屋的国有土地使用权证、建筑用地规划许可证、建筑工程规划许可证、施工许可证等记载的权利人均为佳佳公司。即在案涉房屋开发的立项、规划、建设过程中,佳佳公司是相关行政审批机关确定的建设方,崇立公司仅依据其与佳佳公司的联建协议,并不能直接认定其为《物权法》第三十条规定的合法建造人,并因事实行为而当然取得物权……崇立公司、佳佳公司双方亦明知,双方合作开发,崇立公司仅能依据联建协议参与建成房屋分配,项目转让仍需履行相关审批手续。"[1]

据此,如果案外人作为合作开发一方,在建设用地使用权证,规划、施工等许可证上进行了显名登记,则案外人对涉案房产取得合法建造权,并通过报建手续进行了公示,在该基础上案外人通过对涉案房产的联建或合作开发建造行为取得了对涉案房产的原始物权。此时,法院应当根据联建合同的约定,对案外人应分得的建筑物的具体部位、楼层或者房屋的部分或联建合同虽未明确约定应分得的建筑物的具体部位、楼层或者房屋,但根据约定案外人应分得的分配份额或者比例之内的房屋不得执行。

如果案外人作为合作开发一方,并非涉案执行标的建设用地使用权证载明的权利人或涉案建筑物登记的合法建造人,亦非经行政主管审批认可的所涉房地产

---

[1] 陕西崇立实业发展有限公司与中国信达资产管理股份有限公司陕西省分公司、西安佳佳房地产综合开发有限责任公司案外人执行异议之诉案,载《最高人民法院公报》2018年第8期。

项目的开发建设主体,其即使与被执行人之间存在合作开发房地产合同关系,且已经依约对包含执行标的在内的房地产项目进行了实际投入,或者根据合同约定实际占用和使用该房地产项目的,亦不属于《民法典》第231条所称的"合法建造人",不能因建造行为而取得物权。但此种情形下,该案外人对是否具有优先于被执行人金钱债权人的权利,则不宜一概而论,下文继续加以分析。

部分地方高级人民法院出台的司法政策文件亦大体上体现了区分处理的原则。[①]

三、隐名合作方权利排除金钱债权强制执行的进一步思考

案外人执行异议之诉,归根结底是权利之间的比较,通过对强制执行申请人与提出执行异议案外人权利的对比,判断哪一方的权利更应得到保护。因此,即便隐名合作方基于合作开发房地产合同享有的仅为合同债权,也并不意味着其就绝对不能排除显名人的普通金钱债权人申请的强制执行。

实际上,在前述(2016)最高法民终763号案中,最高人民法院在阐述未支持隐名合作方排除强制执行请求的理由时,并未仅强调建造人的概念,而是指出:"在其提交证据不足以证明其为相关审批手续载明的合法建造主体、投资事实、占有权利外观情况下,仅依据其与佳佳公司合作开发合同关系,不属于《物权法》第三十条规定的合法建造人。"[②]由此可见,其中隐含了若隐名合作方存在投资事实、占有外观等情形时,亦存在认定其为合法建造人的可能。退一步讲,即使不能认定为合法建造人,若具备了投资事实、占有外观等条件,则亦有排除显名合作方的金钱债权人申请的强制执行的可能性。这一理念值得肯定。

司法实践中不乏此类案例。例如,在陈某根诉茶陵县龙华小额贷款有限公司等执行异议之诉纠纷案中,二审法院认为,陈某根与碧山公司虽签订了《碧山大厦合伙建筑协议书》,但因陈某根出资修建案涉房屋B栋后,又从碧山公司及村民处回购取得部分房屋并支付了全部购房款,则其与碧山公司的关系应为房屋买卖关系,故适用《执行异议复议规定》第28条,支持了陈某根提出的异议,最高人民法

[①] 如江苏省高级人民法院《执行异议及执行异议之诉案件办理工作指引(二)》第16条,江西省高级人民法院《关于执行异议之诉案件的审理指南》第27条。
[②] 陕西崇立实业发展有限公司与中国信达资产管理股份有限公司陕西省分公司、西安佳佳房地产综合开发有限责任公司案外人执行异议之诉案,载《最高人民法院公报》2018年第8期。

院对该结果予以维持。① 再如,在李某诉中国长城资产管理股份有限公司等案外人执行异议之诉案中,最高人民法院认为,一审判决关于李某依据合资房地产合作开发法律关系中关于不动产物权分配的约定依法享有涉案房屋一半面积所有权的认定,说理不当,但"结合双方已作价抵顶工程款、李某已实际占有或控制使用房屋至今、李某对未办理过户登记没有过错等情况,综合考虑全案因素,参照《最高人民法院关于人民法院办理执行异议和复议案件若干问题的规定》第二十八条的规定作出认定",裁判结果应予维持。②

事实上,我们可以将不动产买受人权利的认定与合作建房者修建房屋应取得的权利作比较,后者同样未经登记,在已经完成出资、参与修建乃至实际占有使用的情况下,相较房屋买受人支付相应对价并实际占有的权利而言,当可"举轻以明重",即此时的隐名合作方的权利显然包含更为丰富的内容,更应由债权朝向物权迈进一大步,因而显然较普通金钱债权分量更重,更应得到更大力度的保护。当然,这就对证据审查认定提出了更高的要求,应当将合作方是否依约提供资金或技术、是否参与建造、是否实际占有房屋等事实作为证据审查的重点。

由于房地产合作开发合同的特质,合作双方利益相依又相互对立,因此,在排除强制执行中特别审查当事人之间是否存在通谋虚伪、恶意串通是另一重点。既要审查合作开发人之间是否恶意串通损害债权人的利益,也要审查合作开发人与债权人是否恶意串通损害另一合作开发人的利益。例如,在债权人公司诉合作一方公司民间借贷纠纷案中,如果债权人与该合作方存在关联关系,那么双方之间进行虚假诉讼的可能性就会增加,此时应当对民间借贷的证据进行甄别判断,即使因虚假诉讼的认定条件更高,致债权人的权利已经另案确认,但在两个权利进行比较时,法官仍然有可能通过与另一权利的权衡,得出哪一权利更值得保护的内心确信。

总之,房地产合作开发本身就是一个动态的过程,在开发合作的过程中,情况不断发生变化,合作双方的权利义务可能发生变化,双方各自或共同的对外债权债务也在发生变化,所有变化都可能导致权利保护方向的摆动。因此,应避免仅依权利性质作"全有"或"全无"的结论,而是根据个案情况考虑更多因素,权衡各方利益,方才体现执行异议之诉所要达到的目标。

---

① 参见最高人民法院民事裁定书,(2019)最高法民申4301号;湖南省高级人民法院民事判决书,(2017)湘民终717号。
② 参见最高人民法院民事判决书,(2018)最高法民终1260号。

规范依据

《民法典》

第二百一十四条　不动产物权的设立、变更、转让和消灭，依照法律规定应当登记的，自记载于不动产登记簿时发生效力。

第二百三十一条　因合法建造、拆除房屋等事实行为设立或者消灭物权的，自事实行为成就时发生效力。

第三百五十二条　建设用地使用权人建造的建筑物、构筑物及其附属设施的所有权属于建设用地使用权人，但是有相反证据证明的除外。

《查封规定》

第十二条第一款　对被执行人与其他人共有的财产，人民法院可以查封、扣押、冻结，并及时通知共有人。

《国有土地使用权合同解释》

第十二条　本解释所称的合作开发房地产合同，是指当事人订立的以提供出让土地使用权、资金等作为共同投资，共享利润、共担风险合作开发房地产为基本内容的合同。

典型案例

陕西崇立实业发展有限公司与中国信达资产管理股份有限公司陕西省分公司、西安佳佳房地产综合开发有限责任公司案外人执行异议之诉案

案例索引：一审：陕西省高级人民法院（2015）陕民一初字第00037号民事判决书；二审：最高人民法院（2016）最高法民终763号民事判决书，载《最高人民法院公报》2018年第8期。

裁判要旨：物权的变动必须将其变动的事实通过一定方法向社会公开，其目的在于使第三人知道物权变动情况，以免第三人遭受损害并保障交易安全。本案中，崇立公司与佳佳公司之间存在合作开发房地产合同关系，崇立公司有权另案向佳佳公司主张基于合作开发合同产生的相关权利。但在其提交证据不足以证明其为相关审批手续载明的合法建造主体、投资事实、占有权利外观情况下，仅依据其与佳佳公司合作开发合同关系，不属于《物权法》第三十条规定的合法建造人。

第十五章　涉违法建筑的执行异议之诉

举一个并不罕见的例子：

债务人李四对外欠债，他名下最值钱的财产，就是一栋自己盖的小楼。但这栋楼因为没有办下来建设工程规划许可证，所以是一栋违法建筑。李四的债权人张三向法院申请拍卖这栋楼还债。法院认为，这栋楼虽然不合法，但毕竟有其实际的使用价值，如果能卖掉，对解决债务有帮助。于是，法院准备按照房子的"现状"进行处置拍卖。此时，案外人王五向法院提出了执行异议称，早在法院查封之前，他就已经从李四手里买下了这栋楼，并且一直由他占有使用。因此，他要求法院停止拍卖。

这个案子，让法院面临着几个非常现实的难题：

第一，法院是否有权审理此案？既然对违法建筑的认定和处理本属行政机关的职权范围，司法是否应以不属于民事诉讼受案范围为由，对王五的起诉直接裁定驳回？若如此，王五的潜在权益又该如何获得救济？

第二，王五所主张的"权利"究竟为何物？在我国现行法律框架下，违法建筑的建造人无法取得不动产所有权。那么，王五从李四处"购买"的究竟是什么？是建筑材料的所有权，还是一种事实上的占有状态？这种权益的强度，是否足以排除和对抗张三业已经过生效判决确认的合法金钱债权？

第三，倘若法院受理此案，审理的边界又在何处？法院的核心任务是审查案外人王五的权益能否排除强制执行。那么，法院应如何在不触碰"为违法建筑确权"这条红线的前提下，对此作出公正的实体裁判？

本章将围绕上述实践难题展开，从违法建筑的法律界定出发，深入剖析其特殊的权利属性，并在此基础上，系统探讨人民法院在涉违法建筑的执行异议之诉中所应遵循的程序规则与裁判思路。

一、违法建筑的含义

我国法律没有明确界定"违法建筑"的含义，而在不同的法律、行政法规、部门规章和地方性法规、各级政府规章中所使用的"违法建筑",往往含义界定并不相同,甚至连违法建筑的名称也无法统一,有的法律文件称为违章建筑、违法建设、违法工程等。① 自2011年施行的《国有土地上房屋征收与补偿条例》开始使用违法建筑的概念,2012年施行的《行政强制法》第44条则使用了"违法的建筑物、构筑物、设施"的概念。

关于违法建筑的含义,存在广义和狭义理解。狭义上,所谓违法建筑应当限于违反法律强制性规定或禁止性规定的情形。② 广义上,违法建筑主要是一个公法的评价概念,而非民法上的法律概念。③ 故"违法建筑"中的"法"包括法律、行政法规、部门规章、地方性法规以及地方政府规章。④ 结合现行规范性文件的规定和当前对违法建筑认定和处罚的实践,通说认为,应从较为宽泛的意义上理解"违法建筑"的含义,即违法建筑是指违反了法律、行政法规,乃至据此制定的规章、条例的规定而建造的建筑物、构筑物或其他设施。⑤

根据是否可从程序上补正,违法建筑可分为程序违建和实质违建。王泽鉴先生有论述:"程序违建,指该建筑物并未妨碍都市计划,建造者得依一定程序申领执照。实质违建,则是指建筑物无从依程序补正,使其变为合法建筑物。"⑥

就法律程序而言,行政机关主要是通过对建设用地使用权的控制和相关行政许可的发放,实现对整个建筑业的监管。在我国,土地使用受到《城乡规划法》等法律的限制,城市规划明确土地使用中的法律上的权利义务,规范了地块的建设性使用和其他使用的准备和引导。建筑物的建设同时涉及土地使用和城市规划两大方面的问题。合法建筑必须依次申领建设用地规划许可证、建设用地批准书、建设工程规划许可证和建设工程施工许可证。任何一个环节上有瑕疵都可能导致该建筑被认定为违法建筑。因此,一般而言,具有以下情形的建筑应当属于

---

① 参见张贺棋:《论违法建筑的认定》,载《吉林工商学院学报》2015年第4期;杨力:《论违法建筑的认定和相关买卖合同的效力》,中国青年政治学院2015年硕士学位论文。
② 参见孟勤国、黄莹主编:《中国物权法的理论探索》,武汉大学出版社2004年版,第346页。
③ 参见蔡秉儒:《物权法定主义与习惯法》,东吴大学2012年硕士学位论文。转引自黄忠:《违法建筑的私法地位之辨识——〈物权法〉第30条的解释论》,载《当代法学》2017年第5期。
④ 参见蒋拯:《违法建筑处理制度研究》,西南政法大学2012年博士学位论文。
⑤ 当然,对于以何种标准界定违法建筑,仍存有较大争议,如是否应区分违反的是公法规范还是私法规范,是否应区分违反的是法律、行政法规,还是行政规章、地方性法规,是否应区分实质违章还是形式违章。
⑥ 王泽鉴:《民法物权》,北京大学出版社2009年版,第81页。

违法建筑：

1.应当取得但未取得建设用地批准书的建筑物、构筑物或其他设施。建筑与土地是密切结合在一起的，建筑实质上是土地的附属物。在我国，用以建造建筑物的土地一定要具有建设用地使用权，根据《民法典》第347条的规定，建筑单位或者个人在施工之前必须通过划拨方式或者出让方式取得建设用地使用权。同时该法第349条规定了建设用地使用权登记和建设用地使用权证书。建设单位或者个人的用地申请经过批准后，市、县人民政府将颁发建设用地批准书，作为开发建设的法律凭证。如果用地者不具备建设用地批准书，那么意味着其没有取得建设用地使用权，其用地即是非法用地，如果在建筑物建成后无法补办手续，那么在非法用地的基础上所形成的建筑可以认定为违法建筑。

2.应当取得但未取得建设用地规划许可证、建设工程规划许可证、建筑工程施工许可证的建筑物、构筑物或其他设施，或者未按照许可证规定内容建设的建筑物、构筑物或其他设施。建设用地规划许可证、建设工程规划许可证与建设工程施工许可证，构成了我国城市规划许可的核心内容，是行政机关对建筑物监管的重要手段，合法建筑必须取得这些许可。根据《城乡规划法》第37条、第38条的规定，建设用地规划许可证是建设单位在向土地管理部门申请征用、划拨和有偿使用土地前，经城乡规划行政主管部门确认建设项目位置和范围符合城乡规划的法定凭证。如果一个建设项目的用地本身违反了国家在环保、交通、绿化、防洪、电力、通信等方面的规定或者违反了其他公共利益，那么势必将不会得到规划部门的许可。根据《城乡规划法》第40条第1款的规定，在城市、镇规划区内进行建筑物、构筑物、道路、管线和其他工程建设的，建设单位或者个人应当向城市、县人民政府城乡规划主管部门或者省、自治区、直辖市人民政府确定的镇人民政府申请办理建设工程规划许可证。根据《建筑法》第7条的规定，申领施工许可证是建设工程施工的前提条件，该法第8条规定了申领施工许可证的条件。建筑工程施工许可证主要是为了确保施工单位满足一切可以安全施工的条件，这是对建筑工程的最后确认，是保证建筑合法的最后一道闸门，这一法律凭证的缺少与否也是认定违法建筑的一项标准。[1]

---

[1] 参见张贺棋：《论违法建筑的认定》，载《吉林工商学院学报》2015年第4期。

二、违法建筑的权利属性

当事人对于违法建筑享有何种民事权利,这是在面对当事人请求确认违法建筑权利归属及内容、排除金钱债权强制执行人时,应当明确的前提问题。对此众说纷纭,归纳起来,主要有以下三种观点:

1. 动产所有权说,即建造人只能对违法建筑中的建筑材料享有所有权。理由主要在于:其一,违法建筑不具备合法的报建批准手续,建造人不能对建筑物享有所有权,只能对建筑材料享有所有权;其二,违法建筑具有违法性,但建筑材料本身作为动产是合法的,能成为动产所有权的客体。也就是说,在违法建筑没有被拆除之前,该说将违法建筑看作建筑材料的简单堆砌,不会产生不动产所有权。[1]

2. 不动产所有权说,即建造人对违法建筑享有不动产所有权。主要理由是:其一,动产与不动产的分类,是依据财产的物理属性,即使建造行为违法,也不能改变违法建筑的不动产属性[2];其二,虽然违法建筑不能办理所有权登记,但《民法典》第231条没有明确排除违法建造行为不能取得所有权,暗示着违法建筑依然存在取得所有权的可能[3],应将该条理解为是例示性规定,进而通过对"等"字的扩张解释,将"违法建造"包含在"等事实行为"之中[4],因此,建造人可以遵循基于事实行为发生物权变动的规则而取得所有权;其三,《民法典》第231条之所以要在"建造、拆除房屋等事实行为"前置一个"合法"的限定,旨在强调建造房屋应当符合规划、建筑等领域的法律管制要求。故就规范属性而言,该条应当是一个转介条款,因而该条并不能武断地被理解为是对违法建筑之物权地位的绝对否定。违法建造行为虽因违法而理当受到建筑管制规范的负面评价,但是否需将建筑管制规范直接转介为所有权"不发生"的私法规范,却值得慎重对待。[5]

3. 占有权说,即建造人不能取得违法建筑的所有权,只能享有占有权。理由主要在于:其一,财产所有权的取得,不得违反法律规定;其二,赋予所有权将导致

---

[1] 参见崔俊贵、白晨航:《违法建筑的权利归属及买卖合同的效力》,载《法学杂志》2013年第6期。

[2] 参见刘武元:《违法建筑在私法上的地位》,载《现代法学》2001年第4期。

[3] 参见黄忠:《违法建筑的私法地位之辨识——〈物权法〉第30条的解释论》,载《当代法学》2017年第5期。

[4] 参见周友军:《违章建筑的物权法定位及其体系效应》,载《法律适用》2010年第4期。

[5] 参见黄忠:《违法建筑的私法地位之辨识——〈物权法〉第30条的解释论》,载《当代法学》2017年第5期。

对其的过度保护,进而导致恶意违法建筑现象的层出不穷,不利于维护社会公共秩序;其三,如果对违法建筑完全不予保护,不利于定分止争,维护正常的财产秩序;其四,对违法建筑人的事实上的占有状态给予一定的法律保护,避免社会资源的浪费;其五,通过正当的程序保护财产的需要。[1]

笔者在一定程度上同意第三种观点,但在我国法律框架下,占有是一种事实,而非权利,故建造人或其他占有人只是由于其实际的管理与控制,形成了占有的事实状态,其基于占有的事实状态而应受占有制度的保护。从我国法律的解释论角度看,《民法典》第231条的表述非常明确,根据该条规定的反面推论,违法建筑物不得归建造人所有。[2] 即使不能就该条规定进行反对解释,如果通过扩大"等事实行为"的概念而将"违法建造"再次纳入事实行为的范围显然就会使该条对建造行为"合法"的明示失去意义,出现法律内部的明显逻辑抵牾[3],由此可见,也无法从体系上得出违法建筑物归建造人或其他占有人所有之结论。实际上,对土地以及地上建筑物的管控,在本质上反映了一种社会公共利益。如果没有国家规定的土地管理制度、建筑管控制度,那么建筑物就可以随意建造并以此取得完整的所有权,这种私权的绝对化势必导致整个社会混乱无序,最后私权也得不到良好的保护。从公法与私法的关系角度看,这属于"行使所有权的自由因社会公共福利而受到公法的限制"的情形。[4] 因此,即使某一违法建筑并未直接侵害到某个民事主体的具体权利,但其实际上仍然触及了社会公共利益之妨碍,故在私法上不承认在违法建筑上成立不动产所有权,有其道理。"不动产所有权说"并未成为理论通说,也未能在司法实践中得到广泛认可。

至于动产所有权说,看似有一定合理之处,但建筑物一旦竣工,其在构造上和利用上即具有独立性,故撇开整体而仅就组成整体之部件谈论权利的性质,难免有只见树木、不见森林之嫌,且不符合非基于法律行为发生的物权变动的基本理论,实不足取。此外,对于建造人或其他占有人对违法建筑占有之保护,已有占有制度为依据,并无借助动产所有权保护之需,故动产所有权说在违法建筑民事权

---

[1] 参见王利明:《物权法研究》,中国人民大学出版社2007年版,第85页。
[2] 参见崔建远:《物权:规范与学说——以中国物权法的解释论为中心》(上册),清华大学出版社2011年版,第201页。
[3] 参见黄忠:《违法建筑的私法地位之辨识——〈物权法〉第30条的解释论》,载《当代法学》2017年第5期。
[4] 参见张贺棋:《论违法建筑的认定》,载《吉林工商学院学报》2015年第4期。

利的问题上实不足取。因此,当事人对于违法建筑不享有法律认可的物权,其请求确认权利归属及内容的,不具有法律依据。

但即便违法建筑不合法,不具备交换价值,但也无法否认其消耗了大量建筑材料、凝聚了人力劳动,具有财产使用价值,特别是地处城市核心地段的违法建筑,其财产使用价值更是十分可观。因此,无视违法建筑财产使用价值的做法并不足取。[1] 违法建筑建造人对违法建筑并非不享有任何权益,其对违法建筑构成事实上的占有,有权对违法建筑占有、使用与收益。占有是主体对于物基于占有的意思进行控制的事实,首先是对物的一种事实上的控制。[2] 这种事实上的支配状态可能源于合法的权利,也可能是通过非法手段而取得对某物的占有。[3] 这种占有状态,受法律的保护,他人不得随意侵犯。除执法机关依法处理违法建筑外,建造人自己可以对违法建筑物占有、使用和收益,禁止他人侵犯建造人对违法建筑物的占有。

关于违法建筑可否成为强制执行的标的问题,无论是在理论上还是强制执行实务中,均存在不同认识。但主流观点认为,违法建筑也具有财产价值,故应当能够成为强制执行标的。对此,最高人民法院2012年6月15日发布的《关于转发住房和城乡建设部〈关于无证房产依据协助执行文书办理产权登记有关问题的函〉的通知》(法〔2012〕151号)对于不具备初始登记条件的房屋是否可强制执行也明确规定:"二、执行程序中处置未办理初始登记的房屋时……不具备初始登记条件的,原则上进行'现状处置',即处置前披露房屋不具备初始登记条件的现状,买受人或承受人按照房屋的权利现状取得房屋,后续的产权登记事项由买受人或承受人自行负责。"

因为违法建筑在民法上不成立所有权,而是表现为一种受法律保护的占有事实状态及其使用价值,这就给执行程序中的权利认定和救济带来了独特性。下一部分,我们将探讨这种独特性在执行异议之诉程序中具体如何体现和处理。

三、涉违法建筑执行异议之诉的程序处理

《城乡规划法》第64条规定:"未取得建设工程规划许可证或者未按照建设工

---

[1] 参见朱昕昱:《违章建筑强制执行的体系化构建——基于法院裁判文书的分析》,载刘云生主编:《中国不动产法研究》2018年第2辑,社会科学文献出版社2018年版。
[2] 参见王利明:《物权法研究》,中国人民大学出版社2002年版,第635页。
[3] 参见王利明、尹飞、程啸:《中国物权法教程》,人民法院出版社2007年版,第548-549页。

程规划许可证的规定进行建设的,由县级以上地方人民政府城乡规划主管部门责令停止建设……"因此,县级以上地方人民政府城乡规划主管部门依法负有对未取得建设工程规划许可证或者未按照建设工程规划许可证规定内容建设的违法建筑认定和处理的职权,对违法建筑的认定和处理不属于人民法院主管范围,人民法院应避免通过司法程序代行行政职权而直接认定和处理违法建筑。

由此可见,违法建筑的认定属于行政机关的职权范围,非人民法院主管,故当事人请求确认违法建筑权利归属及内容的,人民法院应不予受理。对此,《第八次全国法院民事商事审判工作会议(民事部分)纪要》第 21 条规定:"对于未取得建设工程规划许可证或者未按照建设工程规划许可证规定内容建设的违法建筑的认定和处理,属于国家有关行政机关的职权范围,应避免通过民事审判变相为违法建筑确权。当事人请求确认违法建筑权利归属及内容的,人民法院不予受理;已经受理的,裁定驳回起诉。"

当然,此时,人民法院仍然避免不了在实际上对违法建筑与否进行审查判断,只是不对是否为违法建筑出具法律文书而已。《第八次全国法院民事商事审判工作会议(民事部分)纪要》仅指出了一种情形的违法建筑,即未取得建设工程规划许可证或者未按照建设工程规划许可证规定内容建设的建筑。人民法院在进行立案审查或者审理时,仅需作形式上的审查即可,即该建筑是否取得了建设工程规划许可证,是否按照建设工程规划许可证规定的内容建设。

基于上述内容,有观点认为,对于违法建筑的认定和处理属于县级以上地方政府城乡规划主管部门的职权范围,不属于人民法院的主管范围,因此,人民法院应避免通过审判程序代行行政职权而直接认定和处理违法建筑,执行异议之诉中也应一体遵循这一原则,即案外人以执行标的享有排除执行的实体权利为由提起执行异议之诉,经审查认定该执行标的是违法建筑的,人民法院不予受理;已经受理的,应裁定驳回起诉。

笔者不赞同这一观点。既然执行异议之诉审理的是执行程序中案外人的权益能否排除强制执行的问题,那么,就应当以执行程序是否对违法建筑采取了强制执行措施为前提和基础,而不应对此视而不见。既然在执行程序中,建筑物未进行首次登记,从而在一般意义上虽可归入违法建筑的范畴,但考虑到导致未进行首次登记的原因不一,有些原因事后可能得以补救,并且违法建筑在被相关部门行使公权力拆除或自行拆除前,并非绝对没有使用价值,被执行人对违法建筑长期占有、使用并以租赁等方式取得收益,此时体现出该违法建筑具有临时的使用价值,应视为被执行人具有临时使用价值的可供执行财产,故对此类建筑物,可以进行"现状处置",即处置前披露房屋不具备初始登记条件的现状,买受人或承受人按照房屋的权利现状取得房屋,后续的产权登记事项由买受人或承受人自行负责。那么,如果案外人以其为占有人为由对执行法院针对不具备首次登记条件的建筑物进行的"现状处置"提起执行异议之诉,人民法院应当本着有权利(益)即应有救济的基本诉讼法原则,受理案外人提起的执行异议之诉并对其能否排除强制执行加以实体审理。

有些地方法院的审判实践体现了这一处理原则。例如,江苏省高级人民法院《执行异议及执行异议之诉案件办理工作指引(二)》第19条规定:"执行法院对无证房产予以现状处置,案外人以其对该无证房产享有排除执行的实体权益为由提起执行异议及执行异议之诉的,应依法受理,并对是否许可执行或不予执行该执行标的作出裁判,但不得就无证房产予以确权或判决案外人对此享有所有权。"第20条规定:"案外人就无证房产提起执行异议之诉,应区分以下情形予以处理:(1)案外人仅请求对无证房产予以确权的,应向其释明变更诉讼请求;(2)案外人既请求对无证房产确权,又请求对无证房产排除执行的,应向其释明放弃对无证房产确权的诉讼请求;(3)案外人拒不变更或拒绝放弃对无证房产确权的诉讼请求的,对该请求不予受理;已经受理的,裁定驳回其要求确权的起诉。"江西省高级人民法院《关于执行异议之诉案件的审理指南》第28条规定:"金钱债权执行中,案外人以其对执行标的享有足以排除执行的民事权益为由,提起执行异议之诉,经审查发现该执行标的系未取得建设工程规划许可证或者未按照建设工程规划许可证的规定进行建设的,人民法院不予受理;已经受理的,裁定驳回起诉。但案外人系以其为合法占有人为由对执行法院针对不具备首次登记条件的建筑物进行的'现状处置'提起执行异议之诉的,应依法受理,并对是否许可执行或不予执行该执行标的作出裁判,但不得就违法建筑予以确权或判决案外人对此享有所有权。"

需要说明的是,法院作出的执行裁定实际上表明了执行法院对违法建筑占有的事实状态进行了处理,将原由被执行人占有、使用和收益的事实状态变更为由申请执行人占有、使用和收益,认可申请执行人对违法建筑享有临时的使用权和收益权等,而不涉及所有权归属。执行法院也未向登记机关发出协助执行通知书,不存在将违法建筑通过协助执行行为合法化的情况。如果今后对违法建筑处理的有权行政机关依法将该违法建筑拆除,占有人对违法建筑的临时使用权和收益权等将随着占有物的丧失而消灭。

> 规范依据

《城乡规划法》

第六十四条 未取得建设工程规划许可证或者未按照建设工程规划许可证的规定进行建设的,由县级以上地方人民政府城乡规划主管部门责令停止建设;尚可采取改正措施消除对规划实施的影响的,限期改正,处建设工程造价百分之五以上百分之十以下的罚款;无法采取改正措施消除影响的,限期拆除,不能拆除的,没收实物或者违法收入,可以并处建设工程造价百分之十以下的罚款。

第六十五条 在乡、村庄规划区内未依法取得乡村建设规划许可证或者未按照乡村建设规划许可证的规定进行建设的,由乡、镇人民政府责令停止建设、限期改正;逾期不改正的,可以拆除。

第六十八条 城乡规划主管部门作出责令停止建设或者限期拆除的决定后,当事人不停止建设或者逾期不拆除的,建设工程所在地县级以上地方人民政府可以责成有关部门采取查封施工现场、强制拆除等措施。

最高人民法院《关于转发住房和城乡建设部〈关于无证房产依据协助执行文书办理产权登记有关问题的函〉的通知》

二、执行程序中处置未办理初始登记的房屋时,具备初始登记条件的,执行法院处置后可以依法向房屋登记机构发出《协助执行通知书》;暂时不具备初始登记条件的,执行法院处置后可以向房屋登记机构发出《协助执行通知书》,并载明待房屋买受人或承受人完善相关手续具备初始登记条件后,由房屋登记机构按照《协助执行通知书》予以登记;不具备初始登记条件的,原则上进行"现状处置",即处置前披露房屋不具备初始登记条件的现状,买受人或承受人按照房屋的权利现状取得房屋,后续的产权登记事项由买受人或承受人自行负责。

《第八次全国法院民事商事审判工作会议(民事部分)纪要》

21. 对于未取得建设工程规划许可证或者未按照建设工程规划许可证规定内容建设的违法建筑的认定和处理,属于国家有关行政机关的职权范围,应避免通过民事审判变相为违法建筑确权。当事人请求确认违法建筑权利归属及内容的,人民法院不予受理;已经受理的,裁定驳回起诉。

第十六章　涉动产买卖关系的执行异议之诉

动产物权的设立和转让采取交付要件主义,船舶、航空器和机动车等特殊动产物权的变动采取登记对抗主义,即在未进行登记之前,不得对抗善意第三人。此外,以动产为标的的所有权保留买卖也使动产物权归属的判断更为复杂。由于执行程序的目的在于实现生效法律文书确定的权利义务关系,而非对双方当事人之间的权利义务关系进行审查判断,因此对效率有更高的追求,贵在迅速、及时。基于此,不能要求执行人员先调查核实清楚财产权属再实施查封行为,这样很容易造成执行拖延,给被执行人转移财产、逃避执行提供可乘之机。所以查封时判断财产权属的标准与民事确权时的标准不同,这个标准是明确的、外在的、容易把握和具有可操作性的,只能根据表面证据进行判断。基于这一思路,被执行人占有的动产推定为其所有,登记在被执行人名下的特定动产推定为其所有,人民法院可以查封。[1] 因此,难免会出现将案外人的动产当作被执行人的责任财产的情况,需要通过诉讼程序对权属加以实质判断。本章即区分几种常见的动产买卖类型对涉动产买受关系的执行异议之诉加以探讨。

一、普通动产买受人针对金钱债权执行提起的执行异议之诉的处理

案外人仅仅基于对普通动产的占有而提起执行异议之诉的情形在实践中几乎没有,因为占有仅为一种事实而不是权利,当事人不会仅依据单纯的占有事实提起异议,而是在占有并结合基础法律关系的情况下,才基于其享有动产所有权而提起执行异议之诉。

(一)普通动产买受人排除金钱债权执行的基本原则

执行程序中的案外人异议将占有的审查标准明确限定为"实际占有",系指对

---

[1] 参见张卫平主编:《民事诉讼规则适用指引》,人民法院出版社2012年版,第500页。

动产的直接占有状态。间接占有在所有权人与直接占有人之间往往存在某种法律关系,这种法律关系难以通过明显的外观事实予以公示,而且对这种法律关系的判断往往需要进行实质审查才能确定,在案外人异议 15 日审查期间难以完全实现。因此,执行程序中的异议审查以实际占有的外观作为审查确定财产权属的基本规则,将基于某种法律关系设立间接占有的认定问题,交由执行异议之诉审理。诸如指示交付和占有改定等涉及实质审查层面的问题,不在案外人异议审查程序中处理,而应由间接占有人通过案外人异议之诉,最终确定是否应对该争议标的强制执行。①

据此,在涉普通动产买卖执行异议之诉中,应当通过被执行人与案外人之间的合同等要素判断案外人是否为动产的真实所有权人,从而最终认定是否可排除执行。具体而言,可以从以下几个方面审查判断:

1. 案外人与被执行人之间基础法律关系的效力

动产物权变动的生效要件是交付,而动产交付时转瞬即可完成,因而与不动产物权变动不同,在普通的动产买卖中,不存在引入物权期待权的空间。因而,与不动产买卖不同的是,在涉动产买卖执行异议之诉中,除应审查案外人与被执行人之间的买卖合同是否真实有效外,还应重点审查产生作为执行标的的动产由被执行人(出卖人)而非案外人(买受人)占有的基础法律关系。因为依照案外人的诉求,动产实际为其所有,但法院执行时确由被执行人占有,出现了动产的占有人与所有权人相分离的情形,产生这一现象的原因是双方之间的基础法律关系存在。该基础法律关系可能有无偿保管合同、借用合同、租赁合同、担保合同等,法院审查时要针对合同的构成要件,审查其是否真实有效,是否存在虚构合同等情形。

2. 合同成立时间与法院对动产保全时间的先后

《查封规定》第 24 条规定:"被执行人就已经查封、扣押、冻结的财产所作的移转、设定权利负担或者其他有碍执行的行为,不得对抗申请执行人。"故上述合同均只有在法院采取保全措施之前成立的,才能对抗申请执行人。

3. 案外人是否能够举证证明动产流转的完整过程

由于在案外人异议之诉过程中,案外人为原告,故此项举证责任分配给案外

---

① 参见江必新、刘贵祥主编:《最高人民法院关于人民法院办理执行异议和复议案件若干问题规定理解与适用》,人民法院出版社 2015 年版,第 358 页。

人承担。至于占有人占有意思的确定，一般认为，在他主占有，占有人的占有意思依他主占有人与所有人就他主占有所形成的合意来确定，当占有人的占有究为他主占有抑或自主占有不能判明时，通常推定为自主占有。法院需要结合双方提交的证据、当事人的陈述情况综合加以审查认定。

在沈某诉彭某某、徐某某、徐某甲执行异议之诉案中，针对被法院扣押在宾馆房间内的玉器雕件的所有者究竟是谁，法院作出了精彩分析："上诉人沈某就其主张向一审法院提供了获奖证书、营业执照记录、朋友圈截图证实沈某经常在其朋友圈展示、售卖玉器，证人证言、法院判决等证据予以佐证其对案涉所有玉器雕件享有的权利。而申请执行人的证人王某某的证人证言即证明案涉所有玉器雕件的所有人为徐某某。从证据的证明力角度看，上诉人沈某所提交的证据的证明力大于申请执行人和被执行人言词证据……一般来说，动产的物权关系一般通过占有和交付作为表现形式。本案中，执行法院扣押案涉玉器的现场是在沈某及其妻子入住的酒店某房间。从现场情况看，应考虑到上诉人沈某及其妻子在现场出现的作用和意义，案涉所有玉器雕件均在上诉人沈某及其妻子的占有和控制之下，因此，上诉人沈某在现场对案涉所有玉器雕件形成并具有事实上的管领力。另，根据《最高人民法院关于适用〈中华人民共和国民事诉讼法〉的解释》第一百零八条第一款：对负有举证证明责任的当事人提供的证据，人民法院经审查并结合相关事实，确信待证事实的存在具有高度的可能性的，应当认定该事实存在。根据上诉人沈某提交的证据可以看出，上诉人沈某长年从事玉器买卖和雕刻行业，在扣押玉器中，有部分玉器是出自沈某之手由其进行雕刻并获得了相应的奖项。结合杨某诉沈某返还财产纠纷一案的(2020)苏 1002 民初 2977 号民事判决书、杨某、朱某甲、高某某、朱某乙、刘某某、莫某敬等证人的当庭陈述，进一步佐证了扣押的玉器中有 7 件属于沈某所有，其余玉器均是由上述证人以委托代售的形式转移占有，交付沈某的事实。综合全案证据，上诉人沈某所提出的上诉人请求和事实具有高度盖然性，沈某基于所有权以及上述证人委托其代售而进行的占有状态应予以保护。另，本案除买受人王某某及其司机、陪同者的言词证据声称案涉所有玉器雕件属于被执行人徐某某所有，已无其他证据指向案涉所有玉器雕件与被执行人徐某某存在何种关系，且徐某某本人亦不承认案涉玉器雕件为其所有，故本案应推定上诉人沈某就案涉所有玉器雕件享有权利的事实存在。"①

(二) 作为涉普通动产买卖关系下排除执行依据的动产所有权变动

《民法典》第224条规定:"动产物权的设立和转让,自交付时发生效力,但是法律另有规定的除外。"普通动产除现实交付外,还有观念交付。现实交付,就是对动产的事实管领力的转移,使受让人取得直接占有。② 这是最为常见的动产交付方式,基于自主之意思而直接占有本身也是动产所有权的公示方式。观念交付包括简易交付、指示交付、占有改定等形态。

1. 简易交付

《民法典》第226条规定:"动产物权设立和转让前,权利人已经占有该动产的,物权自民事法律行为生效时发生效力。"该条法律规定的动产交付方式学理上称为简易交付、先行占有或者无形交付,是指受让人在动产物权变动之前,已经先行占有该动产,转让人转让该动产物权,无须再进行现实交付,而是通过与受让人达成转让合同的方式即可,动产物权自转让合同生效时发生物权变动的效力。例如,甲将其所有的电视机交给乙维修,在维修过程中,甲乙双方达成转让合同,约定甲将该电视机所有权转让给乙,则在双方转让合同生效之时,乙即取得该电视机的所有权,无须双方再行交付。简易交付作为一种动产交付方式,主要是为了提高交易效率,降低交易成本,从而实现鼓励交易的价值目标。

简易交付作为一种交付方式,为各主要国家和地区所承认。《德国民法典》第929条第2句是对简易交付方式的规定,即取得人正在占有该物的,关于所有权转移的合意即已足够。我国台湾地区"民法"第761条第1款但书规定,但受让人已占有动产者,于让与合意时,即生效力。《日本民法典》第182条第2项规定,受让人或其代理人现实支配占有物时,占有权的让与,可以仅依当事人的意思表示而进行。

按照《民法典》第226条的规定,以简易交付方式交付动产时,法律行为生效时物权变动即发生效力。也就是说,简易交付方式下,物权变动的具体时间,依赖于使其发生变动的基础法律行为生效的时间。比如,当事人基于买卖合同发生动

---

① 河北省唐山市中级人民法院民事判决书,(2022)冀02民终4231号。
② 参见崔建远:《物权:规范与学说——以中国物权法的解释论为中心》,清华大学出版社2011年版,第225页。

产物权变动时,买卖合同生效的时间,即为该交易动产物权发生变动的时间。

2. 指示交付

《民法典》第227条规定:"动产物权设立和转让前,第三人占有该动产的,负有交付义务的人可以通过转让请求第三人返还原物的权利代替交付。"该条法律规定的动产交付方式学理上称为指示交付,也可称为替代交付,是指让与人设立或者转让动产物权时,该动产正由第三人直接占有,让与人不通过现实交付方式交付给受让人,而是将其对第三人的返还原物请求权让与受让人,以代替现实交付,因而还可以称为返还请求权的让与或者返还请求权的代位。例如,甲将其所有的汽车出租给乙使用,在租赁期内,由于急需现金,甲又将汽车出售给丙,并与丙约定在租赁期满后,由丙直接向乙要求返还汽车。指示交付作为一种动产交付方式,与占有改定方式一样,都属于公示性较弱的观念交付方式,但其法律效果与现实交付并没有差别。

《德国民法典》第931条规定,第三人正在占有物的,交付可以以所有人向取得人让与物的返还请求权的方式被代替。我国台湾地区"民法"第761条第3款规定,让与动产物权,如其动产由第三人占有时,让与人得以对于第三人之返还请求权让与受让人,以代交付。《日本民法典》第184条规定,依代理人实行占有,本人指示代理人以后为第三人占有其物,且经第三人承诺时,则第三人取得占有权。这些规定均是对指示交付作为观念交付方式的法律承认。

《民法典》第227条没有明确指示交付方式下,发生物权变动的具体时间点,根据《物权编解释(一)》第17条规定,应当按照转让人与受让人之间有关转让返还原物请求权的协议生效时间作为动产交付时间。当然,实践中,转让人与受让人之间有关转让返还原物请求权的协议,可能直接订立于转让合同之中,亦可能单独于转让合同之外订立。如果二者的生效时间不同,则应当以转让返还原物请求权的协议生效时间为准。

3. 占有改定

《民法典》第228条规定:"动产物权转让时,当事人又约定由出让人继续占有该动产的,物权自该约定生效时发生效力。"该条法律规定的动产交付方式学理上称为占有改定,是指转让动产物权时,让与人与受让人约定,由让与人继续占有该动产,受让人则取得该动产的间接占有,以代替现实交付。例如,甲将其所有的汽车出售给乙,但由于甲近期还需要继续使用,双方又约定由甲继续占有该汽车,按照实际使用天数向乙支付相应使用费,则在双方达成后一协议时,视为甲已经将转让汽车交付给乙,汽车所有权变动完成。占有改定作为一种动产交付方式,是为了使法律规定的交易方式更贴近现实生产生活的需要。在经济生活中,出现转让人需要将某项财产的所有权转让给他人但继续保留占有使用权的情形并不少见。占有改定中,转让人转让动产时,对于动产的占有状态,可以包括直接占有和间接占有。比如,上文所举占有改定的例子中,如果甲在将其所有的汽车出售给乙时,此汽车并未被甲直接占有,而是被寄存在丙处,则并不影响甲乙之间的转让合同生效,在转让合同约定由甲继续使用该汽车的情况下,乙同样可以在双方达成上述协议时,取得该汽车的所有权,完成物权变动。

占有改定的法律规定,隐含的是法律对于间接占有法律效果的承认。所谓间接占有,是指权利人自己不直接占有标的物,而是基于一定法律关系对直接占有该物的人享有返还请求权,因而对该物具有间接管领力。作为一种交付方式,占有改定亦为各主要国家和地区民法所承认。《德国民法典》第930条规定,所有人正在占有物的,交付可以如下方式被代替:某一法律关系被在所有人和取得人之间约定,而根据该法律关系,取得人取得间接占有。我国台湾地区"民法"第761条第2款规定,让与动产物权,而让与人仍继续占有动产者,让与人与受让人间,得订立契约,使受让人因此取得间接占有,以代交付。《日本民法典》第183条规定,代理人表示今后为本人占有自己占有物的意思时,本人因此而取得占有权。

根据《民法典》第228条的规定,在动产没有现实地移转占有的情况下,案外人可通过占有改定的交付形式取得动产所有权。在这种交付方式下,由于占有人并非所有权人,却仍然对外存在占有外观作为所有权的表征,因此,第三人可善意取得动产的所有权。此时,案外人就不再对该动产享有所有权,也就不能排除善意取得人的债权人对该动产的强制执行。

二、特殊动产买受人针对金钱债权执行提起的执行异议之诉的处理

(一)一则案例引发的思考

原告:赵某某。

被告:刘某某、林某某。

林某某欠债权人刘某某借款本金30万元及利息3万元未还。双方在法院达成分期偿还的调解协议,但林某某仍未归还。刘某某申请执行后,法院于2020年

6月4日查封林某某名下涉案车辆,查封期限2年。2022年5月24日,一审法院对涉案车辆进行续封。因林某某无财产可供执行,一审法院于2020年6月11日裁定终结本次执行程序。2022年9月8日,一审法院执行庭对涉案车辆采取扣押措施,扣押时赵某某实际使用控制涉案车辆。

案外人赵某某向一审法院执行庭提出执行异议。一审法院驳回了赵某某的异议申请。赵某某不服,并提起执行异议之诉,以其购买并使用涉案车辆为由,主张其系涉案车辆的实际所有人,请求法院停止对涉案车辆的执行,解除查封并将涉案车辆发还。

庭审中,赵某某确认其提交由保险公司提供的担保,一审法院于2023年4月21日向其发还扣押的涉案车辆。本案审理过程中,赵某某提交2018年9月18日双方的协议书一份,协议约定林某某将一辆黑色轿车卖给赵某某,并注明了车牌号、车架号和发动机号,总价格为60万元。2018年9月18日,赵某某向林某某转账付款50万元;2019年2月26日,赵某某向林某某转账付款10万元。

为证明涉案车辆已经交付给赵某某占有使用,赵某某提交维修单、保险单等。维修单记载最早日期为2019年4月11日,车牌号均为京NT××××,客户均为赵某某,商业保险保险单及强制保险单记载保险期限均为2020年4月20日至2021年4月19日,被保险人为赵某某,被保险机动车号牌号码为京NT××××。赵某某表示购买涉案车辆后因未过户,保险仍以林某某名义投保,保险费由赵某某负担,后涉案车辆涉及被查封故保险由赵某某以自己名义投保。[①]

《民法典》第225条规定:"船舶、航空器和机动车等的物权的设立、变更、转让和消灭,未经登记,不得对抗善意第三人。"实践中,船舶、航空器和机动车等特殊动产(实践中常见的主要是机动车和船舶)的实际占有人与登记名义人不一致的情形并不少见,由此引发特殊动产所有权归属以及案外人能否排除登记名义人的金钱债权人申请的强制执行问题。

(二)特殊动产物权变动中的交付(占有)、登记与物权归属

《民法典》第225条对机动车等特殊动产物权变动确立了登记对抗主义模式。

[①] 一审:北京市通州区人民法院民事判决书,(2023)京0112民初113号;二审:北京市第二中级人民法院民事判决书,(2023)京02民终18525号。转引自程惠炳:《特殊动产物权归属及流通的认定》,载《人民司法·案例》2024年第20期。

从世界范围内看,一般公示对抗主义是与意思主义物权变动模式相对应的。但我国对机动车等特殊动产的物权变动模式却并未遵循此道。相反,《民法典》第225条只是规定登记作为对抗(善意)第三人的要件,而并未否定交付是特殊动产物权变动的生效要件。这是因为就文义而言,该条没有正面规定特殊动产物权变动的要件,故属于不完全法条,需要结合有关条文加以解释。从体系解释的角度来看,《民法典》第208条规定:"……动产物权的设立和转让,应当依照法律规定交付。"其明确确定了形式主义物权变动模式。该条处于《民法典》物权编通则分编的"一般规定"一章,具有统领所有物权变动的基础地位。与《民法典》第225条同处于"动产交付"一节的第224条规定:"动产物权的设立和转让,自交付时发生效力,但是法律另有规定的除外。"这表明对于特殊动产,仍采取的是形式主义物权变动模式,即交付为物权变动的生效要件,而登记仅为对抗要件。[①] 而且,对特殊动产物权的变动,以交付为物权变动的生效要件也符合传统的交易心理和交易习惯。因此,对于机动车等特殊动产的买卖,至少可得出以下结论:第一,在买卖合同成立时,所有权并未发生转移;第二,特殊动产已经交付的,即使未登记,买受人仍取得所有权。

对于特殊动产而言,交付与登记具有不同的地位和功能。交付是物权变动的生效要件,未经交付,物权不发生变动;登记是物权变动的对抗要件,交付之后未经登记,物权也能发生变动,但没有对抗善意第三人的效力。在形式主义物权变动模式下,物权变动的生效要件也是公示要件,故交付是特殊动产物权变动的生效要件,亦应作为公示要件,单独的登记不能真实地表现权利实际状态。现实中,一般人的交易常识也是不能只看登记,尤其是实践中存在较多登记与实际权利状态不符的情况下。因此,对于特殊动产交易,由于交付(占有)是物权变动的公示要件,故不能只看登记就进行交易,登记并不具有公示公信力。

(三)特殊动产买受人排除金钱债权执行的规则考量

根据物权变动是否已经完成,这一问题其实又可分为两种情形,即买受人已经成为特殊动产所有权人和尚未完成特殊动产交付。

[①] 参见崔建远:《物权:规范与学说——以中国物权法的解释论为中心》(上册),清华大学出版社2011年版,第228-229页。

第一种情形实际上是所有权归属层面的认定,即对于已经通过买卖加以转让但仍登记在转让人名下的特殊动产,能否作为出卖人的责任财产?笔者认为,这仍需要从《民法典》第225条规定中寻找答案。

基于前述,在存在真实有效的买卖关系的基础上,特殊动产已经交付给买受人,纵未登记,根据动产物权变动原则,所有权仍已经从出卖人转移到买受人。就此而言,该特殊动产不应再作为出卖人的责任财产。前一部分对于交付(占有)的认定已经进行了分析,此处不再赘述。

就登记对抗的意义而言,不得对抗"善意第三人"的原因既然是未经登记,则对"善意第三人"的保护亦应围绕其对未经登记是否享有主张登记欠缺的正当利益。债之关系因交易产生时,债权人系对债务人整体清偿能力而非单纯基于对转让人名下登记的特殊动产的合理信赖,才与之产生债权债务关系,但不获清偿之风险天然存在,如欲避免遭受不测损害,则应通过设定担保物权等方式增强债权保障能力,且作为债务人财产的特殊动产转让后,尚有作为其代位物的转让款作为债务人整体责任财产的一部分,故理论上债务人的责任财产并未因其转让该特殊动产而减少,相反还有可能增加债权的可清偿性。因此,在第三人仅为一般债权人的情况下,该第三人尚未因特定物的交付而成为物权人,不应认为其与未经登记之特殊动产所有权人之间存在竞争对抗关系。《物权编解释(一)》第6条对此作出了规定。据此,《民法典》第225条系为解决对特殊动产均享有物权利益的人之间的权利对抗而作的规定,该条规定的登记对抗原则旨在为交易中的第三人提供信赖保护,而非物权归属认定规则,因此,该条规定中的"善意第三人"并不包括转让人的金钱债权强制执行申请人在内的债权人。笔者认为,这一理解是合乎法理逻辑的。实际上,任何一个普通债权人都有可能成为强制执行债权人,而对于债务人来讲,其所有的全部财产都须作为责任财产,即使查封登记在债务人名下的机动车,债权人债权所指向的债务人的财产也不必然是该查封的机动车,即债权人对该机动车没有特定的利益,故从此意义上看,强制执行债权人与一般债权人并无本质区别。

基于债权形式主义物权变动原则,依法律行为发生的物权变动还需要真实有效的基础交易关系这一要件,加之特殊动产物权虽然也一体遵循交付生效的变动原则,但交付属于一种公示力相对较弱的公示方式,因此,在执行异议之诉案件中,就应当着重审查判断买受人与出卖人之间的基础交易关系的真实性、有效性。

首先,特殊动产是否存在真实有效的交易关系,是买受人是否取得特殊动产所有权的基础。为此,应当注意审查买卖合同的当事人信息、签订的时间、签订的地点、是否为附条件合同、是否对所有权转移存在特殊约定、合同履行过程中是否对有关约定内容进行了变更等因素,综合判断当事人之间关于特殊动产买卖的法律关系的真实有效性。需要特别注意的是,由于查封是对所有权人行使处分权的限制,虽然理论上对于所有权人在特殊动产被查封后再行出卖是否构成无权处分尚存在争议,但参照《物权编解释(一)》第15条第1款对于不动产无权处分情形的列举①看,最高人民法院似乎认同所有权人在其财产被查封后再行出卖构成无权处分的观点。因此,如果特殊动产所有权人于该财产被查封后出卖的,构成无权处分,此时受让人能否受让取得所有权应根据善意取得规则加以判断。司法实践中出于防止查封后被执行人恶意转移财产以逃避执行之目的,对此往往要求更为严格,即将这一基础法律关系形成的时间限定在人民法院查封之前。② 笔者认为,这一要求更多来源于务实的选择而非理论上的自洽。实际上,这一要件主要是基于对案外人权利非为物权情形下与申请执行人享有的债权比较而设定,若足以认定买受人已经享有特殊动产所有权,则不应对此再设定时间限制。

其次,关于特殊动产的占有使用情况。既然交付系特殊动产所有权变动的生效要件,故对于特殊动产是否已交付案外人占有使用的事实,是认定该特殊动产所有权是否发生转移的关键,应当重点审查。占有使用情况在判定权属是否发生转移之外还起着认定交易是否真实发生的重要作用。因为签订合同非常容易,支付价款也可能因其他法律关系而发生,除此之外,案外人已经占有使用了案涉机动车等特殊动产,则从日常生活经验法则判断,交易的真实性无疑会大大增加。当然,这里的"交付",并不绝对限于现实交付,简易交付、指示交付、占有改定等观念交付也应包含在内。只不过,观念交付的效果直接源于当事人的意思表示,客

---

① 《物权编解释(一)》第15条第1款规定:"具有下列情形之一的,应当认定不动产受让人知道转让人无处分权:(一)登记簿上存在有效的异议登记;(二)预告登记有效期内,未经预告登记的权利人同意;(三)登记簿上已经记载司法机关或者行政机关依法裁定、决定查封或者以其他形式限制不动产权利的有关事项;(四)受让人知道登记簿上记载的权利主体错误;(五)受让人知道他人已经依法享有不动产物权。"

② 如江苏省高级人民法院《执行异议及执行异议之诉案件办理工作指引(三)》第14条、吉林省高级人民法院《关于审理执行异议之诉案件若干疑难问题的解答(二)》问题一、江西省高级人民法院《关于执行异议之诉案件的审理指南》第30条等均设定了这一要求。

观性难免有所欠缺,当事人之间容易伪造交易,因而在观念交付的情形下判断所有权转移时点应当非常慎重。

再次,关于是否需要已支付合理对价之要件。司法实践中往往将此设定为认定特殊动产买受人排除金钱债权强制执行的要件之一。[①] 但笔者认为,将其作为要件并不妥当。除非当事人之间另有约定(如附价款支付条件的买卖,典型如所有权保留买卖),否则,是否支付对价显然并非特殊动产物权变动的条件。实践中将其作为要件无外乎基于两种因素的考虑:一是判断是否真实交易。因为很难想象一个真实的交易关系,竟是以不合理的低价成交的,或者价款支付方式不合常理。因此,价款是否合理,是否实际支付,何时支付,对于防止签订虚假的买卖合同,尤其是查封后倒签有关买卖合同,判断交易的真实发生时间都有着非常重要的作用,若价款方面存在不合理,则将导致交易的真实性不能得到认定,因而也就更不能排除执行。但明确将其作为判断是否足以排除强制执行的要件之一,显然超出了其在责任财产归属判断中的合理定位,其应当是作为认定事实的重要因素而存在,而非为财产归属的要件。如在本部分开始提到的案例,赵某某提交了与林某某签订的买卖协议、赵某某向林某某转账交付协议约定价款,即60万元的银行交易明细。虽然刘某某不认可上述协议及转款系交付购车款,但刘某某未提交相反证据予以证明,故法院对赵某某与林某某就涉案车辆签订买卖协议及赵某某已向林某某交付全部购车款予以确认。二是担心转让价款未支付使被执行人的责任财产中本应增加的这部分价款没有增加,但特殊动产却已排除在被执行人的责任财产之外。但笔者认为,这与不动产买卖中未办理所有权转移登记的情况下要求价款支付并不相同,特殊动产交付即可发生所有权变动的法律效果,而不动产买卖中未办理所有权转移登记的买受人并未成为所有权人,不动产仍应属于被执行人的责任财产,只不过在结合价款等要件后对此种情形下的买受人予以优先于被执行人的金钱债权人的保护。因此,虽然同为转让价款未进入被执行人的责任财产范围,但效果不应等同。至于对被执行人责任财产因此而减少的担心,完全可以在买受人不能证明已支付全部或部分价款时,将该部分价款作为被执行人对买受人享有的到期债权而予以执行。

---

① 如江苏省高级人民法院《执行异议及执行异议之诉案件办理工作指引(三)》第14条、吉林省高级人民法院《关于审理执行异议之诉案件若干疑难问题的解答(二)》问题一、江西省高级人民法院《关于执行异议之诉案件的审理指南》第30条等均设定了这一要求。

最后,关于是否需要买受人对未办理过户登记没有过错之要件。法律对船舶、航空器和机动车等特殊动产存在登记要求,因而对于特殊动产买受人排除执行是否需要设定买受人对未办理过户登记没有过错要件形成了两种截然相反的观点。在地方法院出台的规范性文件中,两种观点都有所体现。① 对此,笔者认为,既然对于机动车等特殊动产来讲,法律赋予交付(占有)和登记不同的意义,交付(占有)为物权变动的形式要件和公示要件,而登记为物权变动的对抗要件,单独的登记并不能真实表现权利的实际状态,那么,只要认定了买受人已成为特殊动产的所有权人,相较于出卖人的金钱债权人,买受人对特殊动产享有的物权显然应优先于债权,买受人排除强制执行的异议就应当成立,而不应受买受人是否对未办理过户登记存在过错的影响。即使交易是在查封之后进行的,则在买受人是否构成善意的认定上,存在将查看登记作为交易习惯的组成要素之一的问题,但这也并非对于买受人对未办理过户登记不存在过错的要求。而且,通说认为,机动车登记是一种行政管理。《道路交通安全法》第8条规定,国家对机动车实行登记制度。早在《物权法》施行前的2000年,公安部就明确指出,机动车登记是准予上路行驶的登记,不是所有权登记,过户登记时间亦不是物权转移时间。《公安部关于机动车财产所有权转移时间问题的复函》(公交管〔2000〕110号)提出,据现行机动车登记法规和有关规定,公安机关办理的机动车登记,是准予或者不准予机动车上道路行驶的登记,不是机动车所有权登记。因此,将车辆管理部门办理过户登记的时间作为机动车财产所有权转移的时间没有法律依据。② 因此,对于买受人是否可排除强制执行的判断,不应课以买受人对未办理过户登记没有过错之要件。

第二种情形下,既然是尚未完成交付,则实际上是在买受人对标的物的交付请求权与出卖人的金钱债权人享有的金钱债权这两个债权之间的比较。换言之,从买受人视角看,就是对于买卖合同已经履行到一定程度但尚未完成交付且仍登记在出卖人名下的特殊动产,买受人是否可以排除出卖人的金钱债权人申请的强

---

① 如广东省高级人民法院《关于审查处理执行裁决类纠纷案件若干重点问题的解答》第24条、江苏省高级人民法院《关于执行异议之诉案件的审理指南》第30条均规定了案外人对未办理所有权过户登记手续没有过错这一要件。江苏省高级人民法院《执行异议及执行异议之诉案件办理工作指引(三)》、吉林省高级人民法院《关于审理执行异议之诉案件若干疑难问题的解答(二)》则未规定这一要件。

② 参见程惠炳:《特殊动产物权归属及流通的认定》,载《人民司法·案例》2024年第20期。

制执行？理论上，与承认不动产买卖中存在从债权向物权转换的渐进状态相同，特殊动产既以交付为所有权转移的生效要件，又存在登记作为所有权对抗不特定第三人的要件，那么，似乎也应存在一个物权与债权之间的"中间类型的权利"或"期待权"，从而使满足一定条件的买受人对于标的物的权利受到特别优待。但在一般买卖的情况下，如何为特殊动产厘定中间类型权利所应有的条件呢？实际上，无论是现实交付还是观念交付，均在瞬间即可完成，从而使买受人立即取得所有权，因而并不存在权利中间状态的事实。唯有在一些特殊情形的买卖如所有权保留买卖中，买受人在支付全部价款前虽未取得所有权，但其法律地位不仅能对抗合同相对人，还能在某种程度上对抗第三人，此时的买受人对于标的物所享有的权利才可称为居于物权与债权之间的中间型权利。故在一般买卖的情形下，并不存在对买受人的中间型权利予以特殊保护的问题。由此，笔者认为，在一般买卖中，尚未完成交付的特殊动产买受人并不享有排除出卖人金钱债权人强制执行的权利。

从实定法层面来看，《查封规定》第15条规定，被执行人将其所有的需要办理过户登记的财产出卖给第三人，第三人已经支付全部价款并实际占有，但未办理过户登记手续的，如果第三人对此没有过错，人民法院不得查封、扣押、冻结。这条规定既可适用于不动产，也可适用于特殊动产。对于特殊动产排除金钱债权强制执行也一体遵循了已经交付（占有）的要件，实际上就回归到前述第一种情形即已经取得所有权但尚未办理登记的探讨。而且，特殊动产作为价值较大的财产，既有不动产的登记属性，也有动产的流动特性，在没有进行变更登记的情况下，如果没有交付（占有）的外观，就更难以判断当事人之间是否存在虚构买卖交易以逃避债务的事实，因而确立没有完成交付的特殊动产买受人不能对抗出卖人的金钱债权人的强制执行的规则，也是符合现实的。

综上，就特殊动产买受人排除金钱债权执行，可以总结得出如下规则：

金钱债权执行中，人民法院对登记在被执行人名下的机动车、船舶等特殊动产实施强制执行，同时符合下列条件的，案外人对该特殊动产的权利可以排除强制执行：（1）案外人与被执行人在人民法院查封之前已签订合法有效的买卖合同；（2）已支付全部价款，或者已按照约定支付部分价款且将剩余价款按照人民法院的要求交付执行;(3)在人民法院查封之前该机动车、船舶等已经交付买受人。① 在认定案外人与被执行人之间在查封之前是否已存在真实交易时,应当综合转让价款支付、特殊动产使用情况、维修记录、保险费交纳情况等因素综合判断。当然,至于案外人与被执行人在人民法院查封之后签订合法有效的买卖合同的,也并非一概不能排除执行,若符合《民法典》第311条规定的善意取得情形的,则可适用该条规定,此处不再赘述。

(四)特殊动产借名买卖中的借名人针对金钱债权执行提起的执行异议之诉的处理——以借名买车为例

与借名买房产生的原因相似,因机动车登记与户籍管理制度的挂钩,以及近年来国内许多大中城市出台的机动车限购政策对有实际用车需求者的影响,实践中存在借用他人名义购买机动车的行为。与借名买房类似的是,对于借名买车相关协议的效力、借名买车情形下机动车所有权的归属认定也存在认识分歧,由此导致对借名人的权利能否排除出名人的金钱债权人申请的强制执行这一问题的争议很大。

实践中,一直有观点主张民事审判的导向应与政府限购政策保持一致,因此借名行为构成对公序良俗的违背而无效,进而借名人对机动车不享有所有权,相应地,也不应支持其排除出名人的金钱债权人强制执行的请求。② 例如,在一起涉借名买车的执行异议之诉案中,法院即认为:"钟先生存在借名购车的事实。同时,根据《北京市小客车数量调控暂行规定》及实施细则,在北京市购车须有车辆配置指标,方可办理车辆所有权登记。即使张先生与钟先生存在借名购车的约定,张先生明知自己目前未取得购车指标,购买车辆也不能办理车辆登记手续,仍与钟先生约定借名买车,以此规避机动车登记规定,构成对机动车登记管理公共

---

① 司法实践中,有部分地方高级人民法院发布的规范性文件即作出了部分类似的规定,如江苏省高级人民法院《执行异议及执行异议之诉案件办理工作指引(三)》第三部分第14条,吉林省高级人民法院《关于审理执行异议之诉案件若干疑难问题的解答(二)》问题一,山东省高级人民法院民一庭《关于审理执行异议之诉案件若干问题的解答》第9条。

② 如吉林省高级人民法院《关于审理执行异议之诉案件若干疑难问题的解答(二)》规定:"问题六:金钱债权执行中,案外人以其借用被执行人名义购买案涉特殊动产为由提起执行异议之诉请求排除执行的,人民法院该如何处理?答:金钱债权执行中,人民法院对登记在被执行人名下的特殊动产实施执行,案外人仅以其借用被执行人名义购买案涉特殊动产为由提起执行异议之诉请求排除执行的,除法律另有规定外,人民法院不予支持。"

利益的损害,其行为不应受到法律保护。"法官进一步指出,"借名买车"无法得到法律的保护,所谓的车辆购买人并不是法律意义上的车辆所有权人,一旦遭到车辆登记所有权人被执行的情况,无法要求停止对车辆的执行。①

笔者不赞同这种观点。首先,借名行为原则上应为有效。对于借名行为的效力问题,笔者在本书第十三章对借名买房问题的探讨中已有详细分析,相关理由也基本适用于借名买车的情形,故在此不再赘述。其次,从实践来看,与借名买房类似,根据出名人在借名买车交易中所承担的事务范围不同,可以把借名买车大体上分为两类:一是借名人仅借用出名人的有关证件材料,买卖事宜均由借名人办理;二是除提供有关证件材料外,出名人还依据借名人委托办理机动车买卖有关事宜。但无论哪种方式,借名人都依据借名协议及买卖合同等约定基于所有的意思而取得了对机动车的占有。如前文所述,我国对机动车的物权取得方式采取交付生效、登记对抗主义的原则。机动车作为特殊动产,其所有权的设立和转移,自交付时发生法律效力。与不动产登记不同,机动车登记不是设权登记,因此,借名人而非出名人(登记名义人)取得了机动车所有权。虽然机动车所有权转移的一般规则与机动车登记制度的特点导致在借名买车的情形下产生了"车户分离"的现象,但这并未导致法律上的所有权与事实上的所有权的分离,借名人对机动车的所有权就是法律认可的所有权。退一步而言,即便认为借名合同无效,也仅限于当事人就借用指标达成的交易行为无效,法律后果并不及于借名人出资的车辆本身。借名人承担的法律后果无非是无法再行使用车牌,并不涉及车辆归属。法院在案件审理中通过向车管所、交通委员会发送注销号牌指标的司法建议,亦可达成这一目标。② 因此,若能够认定借名买车的事实,即可参照前述特殊动产买受人排除金钱债权强制执行的规则,对借名买车人排除出名人的金钱债权申请执行的请求予以支持。也正是基于这一认识,对于特殊动产借名买卖中的借名人是否得排除金钱债权执行问题的处理,与借名买房情形下的处理存在不同,有其法理基础。

三、特殊动产挂靠中的挂靠人排除金钱债权强制执行的规则

我国对水路运输、道路运输经营资质采取许可制度。但船舶、机动车挂靠现

---

① 参见赵一凡:《借名买的车被执行,还能要回来吗? 法院:借名买车行为损害公共利益不受法律保护》,载《人民法院报》2021年6月16日,第3版。
② 参见程惠炳:《特殊动产物权归属及流通的认定》,载《人民司法·案例》2024年第20期。

象在沿海、内河运输以及道路运输中普遍存在。以水路运输为例,根据国务院《国内水路运输管理条例》的规定,从事水路运输的企业,应具备企业法人资格、经管理部门批准并取得水路运输业务经营许可和船舶营运证件后,方可从事水路运输活动。个人可以申请经营内河普通货物运输业务,但在船舶吨位、安全管理等方面则均有较为严格的条件限制。这种行业准入方面的限制,导致无法取得水路运输经营许可又希望经营水路运输的企业或自然人,将其拥有的船舶登记在具有运输资质的企业名下,二者就船舶经营管理、税费缴纳等权利义务进行约定,由船舶实际所有人向该被挂靠企业支付管理费,但船舶依然由实际所有人经营使用,造成船舶登记所有权人和实际所有权人的分离。对于这种经营方式,行业实务和司法实践中统称为船舶挂靠经营。[1]

在运输实践中,船舶挂靠在形式上大致分为经营资质挂靠和安全管理挂靠。经营资质挂靠,是指个体运输经营户与拥有船舶运输经营资质的运输企业签订协议,由这些企业以自己的名义向交通主管部门申请注册登记并领取船舶营运证,向保险公司购买保险。虽然这些运输企业被登记为船舶所有人或船舶经营人,但除了申请注册登记、购买保险、领取船舶营运证、办理船舶年检、组织挂靠者进行培训之外,实际上并不开展任何经营活动,不雇佣船员,不支付工资,也与挂靠方约定不负担船舶经营过程中产生的任何风险,仅收取一定挂靠费用作为对价。安全管理挂靠是由于船舶安全营运和防止污染管理规则要求营运船舶必须由建立并运行安全管理体系的公司来管理,个体运输经营户与一些符合要求的船舶管理公司签订委托管理协议,由船舶管理公司负责对被管理船舶安全管理、防污管理等方面的检查和落实安全责任。[2]

挂靠经营虽然在一定程度、一定时期对我国水路运输的发展、活跃资本市场起到过积极作用,但其与国家管控国内水路货物运输经营、强化安全管理的主旨并不相符。随着航运业管理的规范化发展,船舶挂靠经营通过变相取得水路运输经营资格而以他人名义从事营运、借用他人名义规避法律、行政法规的强制性规定的做法势必给航运业秩序带来更多的负面影响。交通运输部为了规范航运企业的发展,加强对航运业的安全监管,严禁船舶运输经营人接受船舶挂靠,并向无

---

[1] 参见胡方:《挂靠船舶涉执行时的实践操作》,载《人民司法·案例》2017年第29期。
[2] 参见王玉飞、罗春、林晓彬:《论实际所有人对挂靠船舶提出执行异议的认定——兼评船舶所有权未经登记不得对抗善意第三人的范围》,载《中国海商法研究》2019年第2期。

经营资格的船舶所有人推广企业化经营方式,将船舶的经营管理和安全责任纳入相应企业。但是由于实际操作中的种种困难,挂靠经营方式仍然屡禁不止。①

针对实践中存在的情况,在人民法院针对登记在被执行人名下的船舶、机动车等特殊动产实施强制执行时应如何处理,需要予以回应。

与特殊动产买卖关系中的买受人排除金钱债权强制执行不同的是,因存在挂靠经营行为本身违反了法律规定②这一因素,故对于挂靠关系中的挂靠人的权利能否排除金钱债权强制执行,存在不同认识。一种观点认为,应当将船舶、机动车登记所有人的一般债权人纳入船舶所有权未经登记不得对抗善意第三人的范围,从而,实际所有人的所有权不能当然地对抗作为一般债权人的申请执行人。将被挂靠者的一般债权人纳入未经登记不得对抗的善意第三人的范围,可以将法律风险归于不诚信的挂靠者,促使其在决定将船舶挂靠时,认真分析与衡量船舶挂靠所增加的成本与风险,严重抑制其通过挂靠逃避监管的动机,从根本上缩减船舶挂靠经营的利益空间,这与国家依法取缔船舶挂靠、规范水路运输市场的目的是相吻合的。故实际所有人据此提出执行异议的,不应当得到支持。③ 另一种观点则认为,应当根据船舶、机动车买卖及挂靠协议以及交付占有等具体情况认定特殊动产实际权属,《民法典》第 225 条规定的特殊动产登记对抗制度的基本价值主要是对交易安全的保护,其中的"善意第三人"主要是指对于标的物具有正当物权利益的人,并不包括债权人,故一般债权人的债权请求权在涉船舶、机动车执行案件中,不能对抗实际所有人所主张的所有权。④

笔者赞同后一种观点,当事人民事权利的保护与行政责任承担不应混为一谈。船舶、机动车挂靠行为确实违反了法律有关经营资质、安全资质的规定,导致在运输经营活动中存在安全责任不明、物权管理混乱等问题,挂靠人应当承担相应的行政责任,但其民事权利并不因此而受到影响,若否认其对特殊动产享有的所有权,则将导致挂靠人最终承担了财产被"没收"的责任,显然有违公平。退

---

① 参见胡方:《挂靠船舶涉执行时的实践操作》,载《人民司法·案例》2017 年第 29 期。
② 在挂靠人和被挂靠企业之间,一般通过签订代管协议或挂靠协议约定双方之间的权利义务。至于挂靠协议的效力,一般认为该类协议仅是违反管理性强制性规定,并未违反效力性强制性规定。无论是学术观点还是司法实践几乎普遍认为其为有效的。
③ 参见王玉飞、罗春、林晓彬:《论实际所有人对挂靠船舶提出执行异议的认定——兼评船舶所有权未经登记不得对抗善意第三人的范围》,载《中国海商法研究》2019 年第 2 期。
④ 参见胡方:《挂靠船舶涉执行时的实践操作》,载《人民司法·案例》2017 年第 29 期。

一步讲,即便认为挂靠行为违反的不仅是管理性强制性规范,而且扰乱了市场秩序,损害了社会公共利益,从而将其归入违背公序良俗的范畴,那也仅仅导致挂靠协议中有关经营运输等约定无效,而挂靠人事实上购买了特殊动产并已经占有使用的事实并不因此受到影响,故认定挂靠人享有所有权并不违反法律规定。

具体而言,对于挂靠人的权利还是应在坚持特殊动产物权变动原则的基础上根据实际生活中的具体情形加以区别认定。对于船舶、机动车的名义所有权人与实际所有权人均为被执行人,挂靠人仅享有船舶或机动车运输经营权的,对其排除执行的请求应当不予支持;对于存在船舶或机动车名义所有权人与实际所有权人相脱离的情况,如果经审理查明案外人确系执行标的物的实际所有权人的,对其排除执行的请求应予支持。当然,在处理此类案件过程中,需要注意在认定船舶、机动车权属时,法院应当对挂靠关系的存在、船舶或机动车价款的支付、船舶或机动车的占有和经营等相关证据进行严格审查,避免当事人恶意串通,以虚构船舶或机动车挂靠的形式转移财产、逃避债务。

综上所述,对于特殊动产挂靠中的挂靠人排除金钱债权强制执行的问题,可以总结得出如下处理原则:在金钱债权执行中,案外人以其与作为运输经营企业的被执行人之间存在船舶或机动车挂靠经营关系、其为登记在被执行人名下的船舶或机动车的实际所有权人为由,提起执行异议之诉,请求排除对该船舶或机动车执行的,按照下列情形分别处理:(1)被执行人出资购买船舶或机动车,将该船舶或机动车运输经营权转让给该案外人,由其挂靠在被执行人名下从事运输经营的,对于该案外人提出的排除执行的请求,不予支持;(2)案外人出资购买船舶或机动车,挂靠在被执行人名下,以被执行人作为登记名义人办理了船舶或机动车所有权登记,或者先将该船舶或机动车所有权登记在该案外人名下,后又转移登记到被执行人名下,并挂靠在被执行人名下从事运输经营,有证据证明该案外人系该船舶或机动车的实际所有权人的,对于该案外人提出的排除执行的请求,应予支持。①

---

① 司法实践中,有部分地方高级人民法院发布的规范性文件即作出了类似规定。如江苏省高级人民法院《执行异议及执行异议之诉案件办理工作指引(三)》第三部分第 15 条,江西省高级人民法院《关于执行异议之诉案件的审理指南》第 31 条,山东省高级人民法院民一庭《关于审理执行异议之诉案件若干问题的解答》第 10 条。

四、涉所有权保留买卖排除金钱债权强制执行问题

(一)所有权保留买卖的概念及法律性质

《民法典》第641条至第643条规定了所有权保留制度。根据《民法典》第641条第1款的规定,所有权保留买卖是指在转移所有权的交易中,根据买卖双方的约定,出卖人转移标的物的占有给买受人,在买受人履行支付价款或者其他义务之后,标的物的所有权才发生转移的买卖。①

所有权保留买卖中,保留的所有权的法律性质,长期以来争议不止。所有权说认为,出卖人保留的所有权是真正的所有权,该所有权是出卖人价款债权的保障,在价款债权出现约定、法定的不能实现情形时,出卖人可以行使所有权以实现自己的权利。所有权说又分为附停止条件所有权转移说、部分所有权转移说、区分所有权说等。担保权说则认为,出卖人和买受人约定保留所有权的真正目的,在于担保价款债权的实现,出卖人保留的所有权仅具有形式意义,实质上属于担保权。担保权说又分为特别质权说、担保权益说、担保性财产托管说等。②

所有权保留买卖的法律条文虽被置于《民法典》合同编的买卖合同一章之内,但符合所有权保留特征的买卖合同却具有其他买卖合同所不具备的功能。

《民法典》第388条将担保合同类型由抵押合同、质押合同等典型担保合同扩展到其他具有担保功能的合同。在《关于〈中华人民共和国民法典(草案)〉的说明》中,明确将所有权保留与融资租赁、保理一并归入具有担保功能的非典型担保合同之列。因此,所有权保留买卖合同具有以出卖物为标的的担保合同的效力。出卖人保留的所有权已不具有物权意义上所有权具备的完整权能,而只具有担保出卖人价款获偿的功能。基于此,对出卖人取回标的物后再出卖所得价款,无论是《买卖合同解释》还是《民法典》均规定,出卖人在扣除买受人未支付的价款以及必要费用后仍有剩余的,应当返还买受人。《民法典》第641条第2款对所有权

---

① 参见王立栋:《〈民法典〉第641条(所有权保留买卖)评注》,载《法学家》2021年第3期。
② 参见王泽鉴:《附条件买卖买受人之期待权》,载王泽鉴:《民法学说与判例研究》(第1册),中国政法大学出版社2003年版,第133、159页;刘得宽:《民法诸问题与新展望》,中国政法大学出版社2002年版,第6-7页;孙宪忠:《德国当代物权法》,法律出版社1997年版,第345页;尹田:《法国物权法》,法律出版社1998年版,第332页;高圣平:《〈民法典〉视野下所有权保留交易的法律构成》,载《中州学刊》2020年第6期。

保留的对外效力规则进行了重大修订,即出卖人对标的物保留的所有权,未经登记,不得对抗善意第三人。因此,全国人大常委会法工委编写的《民法典》相关的释义书也认为"被保留的所有权并非一个真正的所有权,在各个属性上与担保物权越来越接近"[1]。《担保制度解释》则明确将出卖人保留的所有权内容规定在"非典型担保"部分。

从《民法典》对于所有权保留买卖合同的规定并结合《民法典》第388条、第414条等规定可知,《民法典》虽未明确将出卖人保留的所有权定性为担保物权,但是综合分析买卖双方的实际地位即可发现,出卖人权利的担保权属性早已暗藏在具体的制度设计之中,我国所有权保留买卖的功能主义倾向远胜形式主义。后者主要体现在买卖合同的缔结和所有权转移方面。除此之外,被保留的所有权几乎全方位体现担保物权的特征。出卖人保留的所有权属于担保性所有权,仅具有功能意义。[2] 从这个意义上讲,出卖人保留所有权仅系一种基于所有权的债权担保,可以称为"所有权担保"。用作担保的所有权不再注重真正"所有权"(完全所有权)的效果,而转换为仅关注标的物交换价值的"担保权益"。[3] 与此相对应,在所有权保留条款约定的条件成就之前,买受人即已取得实质所有权,在履行完毕支付价款或其他义务之后发生的"所有权转移",仅仅意味着出卖人的担保权归于消灭。[4]

所有权保留的上述法律性质定位,是我们认识执行异议之诉中保留卖方的所有权是否具有排除保留买方的金钱债权人申请执行效力的基础。

(二)出卖人保留所有权的担保属性、登记对抗与排除执行

买卖双方签订的所有权保留买卖合同生效之后,出卖人即能以标的物之所有权作价款债权之担保,登记与否虽不影响双方当事人的权利义务,却会影响善意第三人之利益。《民法典》第641条第2款规定,出卖人保留的所有权,未经登记不得对抗善意第三人,但未提及善意第三人的范围。[5] 对于其中的"第三人"是否

---

[1] 黄薇主编:《中华人民共和国民法典合同编解读》(上册),中国法制出版社2020年版,第616页。
[2] 参见王立栋:《〈民法典〉第641条(所有权保留买卖)评注》,载《法学家》2021年第3期。
[3] 参见张家勇:《体系视角下所有权担保的规范效果》,载《法学》2020年第8期。
[4] 参见王立栋:《〈民法典〉第641条(所有权保留买卖)评注》,载《法学家》2021年第3期。
[5] 参见王立栋:《〈民法典〉第641条(所有权保留买卖)评注》,载《法学家》2021年第3期。

包括买受人的金钱债权申请执行人,一直存在肯定与否定两种观点之争。《担保制度解释》第67条持"肯定说",该条规定,在所有权保留买卖中出卖人的所有权不得对抗的"善意第三人"之范围,参照适用该解释第54条。首先,需要明确的是,在标的物上享有担保物权的第三人与出卖人之间存在权利竞存时,其权利顺位应参照适用《民法典》第414条,不属于第642条第2款的调整范围。其次,根据《担保制度解释》第54条,次买受人(第1项)、承租人(第2项)、买受人之扣押债权人和强制执行债权人(第3项)、破产债权人和参与分配债权人(第4项)均在不得对抗的范围之列,这基本涵盖了与标的物有特殊利害关系的第三人,但不包括参照适用《民法典》第414条的情况。①

虽然根据《民法典》第642条第1款第3项的规定,买受人将标的物出卖、出质或者作出其他不当处分的,出卖人有权取回标的物,但根据《买卖合同解释》第26条第2款的规定,买受人在该标的物上又为其所负债务设定担保的,若该担保权人构成善意取得的情况下,则取回权行使将无法得到支持。如此就会出现标的物上存在保留所有权以及其他担保权的情况。买受人的担保权人申请强制执行的,因出卖人与出卖物的其他担保物权人对出卖物所享有的利益均系担保其债权优先受偿,无论保留的所有权已经登记②还是未登记,均应通过执行过程对处置出卖物后的所得价款根据《民法典》第414条、第415条、第456条关于抵押权、质权、留置权的清偿顺位规则进行清偿,相关当事人对此存在异议的,可通过提起执行分配方案异议及执行分配方案异议之诉程序加以解决,出卖人的所有权均无排除其他担保权人强制执行的效力。

若买受人的金钱债权人系普通债权人,在保留的所有权已经登记的情况下,出卖人对于拍卖、变卖所得的价款享有优先受偿的权利;若在保留的所有权未登记的情况下,则出卖人的所有权不得对抗买受人的强制执行债权人,人民法院当然可以在执行过程中对标的物采取控制措施后,依法处置标的物,出卖人对拍卖、变卖标的物所得的价款亦不享有优先受偿的权利。

由此可见,无论是否已经登记,无论金钱债权是担保权还是普通债权,基于出卖人的保留所有权系非典型担保权的法律性质定位,执行异议之诉中出卖人的保

---

① 参见王立栋:《〈民法典〉第641条(所有权保留买卖)评注》,载《法学家》2021年第3期。
② 此时担保权人是否还能构成善意,不无疑问。

留所有权均无排除买受人的金钱债权人申请执行的效力。《查封规定》第16条规定:"被执行人购买第三人的财产,已经支付部分价款并实际占有该财产,第三人依合同约定保留所有权的,人民法院可以查封、扣押、冻结。保留所有权已办理登记的,第三人的剩余价款从该财产变价款中优先支付……"

(三)出卖人行使取回权与排除执行

如果保留的所有权经过登记,出卖人的价款债权就能得到保护,出卖人一般不会主张取回标的物。但是,如果保留的所有权未经登记,由于不能对抗已经申请且人民法院采取执行措施的申请执行人,此时出卖人的价款请求权就失去了担保权的保障,可能面临不能实现的风险。出卖人基于自身利益考虑,可能会主张取回标的物。[①] 当然,无论保留的所有权是否登记,出卖人均有权依法主张行使取回权。对此,《查封规定》第16条后半句规定:"第三人主张取回该财产的,可以依据民事诉讼法第二百二十七条[②]规定提出异议。"据此,出卖人以行使取回权为由主张排除强制执行的,应通过执行异议及异议之诉加以解决。具体而言,出卖人可通过以下两种方式主张取回标的物并排除强制执行。

第一种方式是在买卖合同未解除的情形下主张行使取回权。《民法典》第642条第1款规定:"当事人约定出卖人保留合同标的物的所有权,在标的物所有权转移前,买受人有下列情形之一,造成出卖人损害的,除当事人另有约定外,出卖人有权取回标的物:(一)未按照约定支付价款,经催告后在合理期限内仍未支付;(二)未按照约定完成特定条件;(三)将标的物出卖、出质或者作出其他不当处分。"对此,有观点认为,虽然出卖人所保留的所有权被功能化为担保物权,但也保留了所有权的部分元素。[③] 这主要体现在取回权上。出卖人行使取回权是基于所有权人的地位而重新恢复其对标的物的占有,取回权在性质上属于物上请求权。[④] 也有观点认为,依照所有权保留的制度结构,出卖人取回权仅是法律规定的救济出卖人利益的法定权利,其构成要件由法律规定,而不能简单地依据所有权

[①] 参见薛庆玺、王建军:《所有权保留动产执行的实务操作》,载《人民司法·应用》2021年第19期。

[②] 即2023年修正后的现行《民事诉讼法》第238条。

[③] 参见高圣平:《〈民法典〉视野下所有权保留交易的法律构成》,载《中州学刊》2020年第6期。

[④] 参见高圣平:《〈民法典〉视野下所有权保留交易的法律构成》,载《中州学刊》2020年第6期。

的效力推导出来。出卖人取回权仅是买卖合同未解除的情形下法律赋予出卖人的一项救济权利。① 笔者认为，在买卖合同未解除的情形下赋予出卖人取回权，恰恰就根源于所有权保留中的所有权元素。据此，在出卖人享有取回权的情形下，如其行使该权利，而买受人又未赎回标的物②时，该标的物不应作为买受人可供执行的责任财产。虽然未登记的保留所有权因其隐蔽性而不易为担保人的其他债权人所知，更容易产生通谋欺诈的道德风险，但是，纵然在普通租赁情形，承租人的债权人也不得仅因为将债务人租赁之物作为其享有所有权的财产，就有权对该租赁物为强制执行。基于同样的理由，其当然也不得单纯因为所有权担保的隐蔽性而享受更强的保护。欺诈问题在普通动产抵押情形或许比较重要，但在所有权保留买卖情形下，本有标的物之移交事实，在融资租赁情形更有第三方出卖人的介入，欺诈风险相较于普通动产抵押为小，自不得因为抽象怀疑而否定出卖人或出租人的所有权。③ 当然，取回权的行使在体现着所有权元素的同时，也深刻地反映着其功能主义的另一面，故对于出卖人的保留所有权是否具有排除买受人的金钱债权人申请的强制执行的效力，还需结合取回权的行使程序进一步分析。

《民法典》第642条第2款规定的取回权的实现程序是："出卖人可以与买受人协商取回标的物；协商不成的，可以参照适用担保物权的实现程序。"也就是说，取回权既可以通过私力救济的方式行使，也可以通过公力救济的方式行使。前者是约定的行使程序，后者是法定的行使程序。无论是前者还是后者，实际上都体现出了保留所有权的担保权性质。有观点据此认为在我国法下应当否定所有权保留中的出卖人适用执行标的异议的救济路径。④ 这一观点有待商榷。

对于前者，看似体现出所有权的特征，但"协商"意味着当事人对标的物价值与担保价款之间匹配度的认可，这与担保物权的实现程序中的约定实现程序在功能上如出一辙，即通过将担保财产折价或拍卖、变卖而实现担保物权。当然，因标

---

① 参见邹海林：《论出卖人在破产程序中的取回权——以所有权保留制度为中心》，载《上海政法学院学报（法治论丛）》2021年第4期。

② 取回权的行使受到买受人赎回权的限制。出卖人取回标的物的目的在于保全价款债权，而不在于对标的物的使用、收益。因此，《民法典》第643条第1款规定了买受人的回赎权，即出卖人取回标的物后，买受人在回赎期限内消除出卖人取回标的物的事由的，可以请求回赎标的物。当然，这一点在执行异议之诉中似乎不易发生，因为买受人处于被执行人的地位，其回赎标的物后又将面临被强制执行，买受人作为理性人显然一般不会作此选择。

③ 参见张家勇：《体系视角下所有权担保的规范效果》，载《法学》2020年第8期。

④ 参见刘颖：《民事执行中案外担保权人的救济路径》，载《环球法律评论》2022年第5期。

的物处于强制执行程序中,出卖人与买受人之间的"协商"也要受到执行部门的审查。审查的核心内容就是出卖人行使取回权条件是否成就以及取回标的物是否会损害申请执行人的合法权益。如不存在这一情形,当事人对于取回权行使无实质性争议的,则出卖人即可取回标的物,该标的物不应作为买受人可供执行的责任财产,出卖人的保留所有权具有了排除买受人的金钱债权人申请的强制执行的效力。

对于后者,若出卖人与买受人协商不成的,则可以参照实现担保物权的程序行使。所谓参照实现担保物权的程序,应从两个方面加以理解:一是参照《民事诉讼法》第207条至第208条、《民诉法解释》第359条至第372条有关实现担保物权案件的特别程序的规定申请与受理,法院就买卖合同的效力、期限、履行情况、标的物范围、债权范围、债权是否已届清偿期等行使取回权的条件以及是否损害他人合法权益等内容进行审查。① 二是基于取回权的内涵,虽然取回程序体现出担保价款实现的目的,但出卖人通过该程序所要实现的是取回标的物而非拍卖、变卖所得价款。因此,参照的内容不应包括对标的物拍卖、变卖的处置方式,在当事人对于取回权行使无实质性争议且取回权行使条件成就的,法院应裁定准许出卖人取回标的物。此时,该标的物不应作为买受人可供执行的责任财产,出卖人的保留所有权具有了排除买受人的金钱债权人的强制执行的效力。

此外,需要注意的是,《买卖合同解释》第26条第1款规定了出卖人取回权的限制情形,即买受人已经支付标的物总价款的75%以上,出卖人主张取回标的物的,人民法院不予支持。这意味着,在此种情况下,出卖人所保留的所有权将不能通过行使取回权得以恢复,而只能向买受人主张剩余合同价款。买受人在支付完剩余合同价款后将取得买卖标的物所有权,如果双方之间的买卖关系顺利完成,则买卖标的物将成为买受人的责任财产。这也意味着,当买受人已经支付了标的物总价款的75%时,出卖人不能基于所有权保留主张排除另案中买受人的普通金钱债权人对该出卖物的强制执行。但是,基于所有权保留对出卖人价款具有的担保功能和效力,在所有权保留进行了登记的情况下,出卖人对标的物执行所得价款享有优先受偿的权利,申请强制执行的债权人仅得在出卖人获得全额清偿后方

---

① 参见最高人民法院民法典贯彻实施工作领导小组主编:《中华人民共和国民法典理解与适用·合同编》(二),人民法院出版社2020年版,第1104页。

可受偿。当然,在所有权保留未进行登记的情况下,出卖人对于买卖价款的请求权则劣后于强制执行债权。若当事人对此存有异议,则也非执行异议之诉的审理范围,此时法院应告知当事人向执行部门申请参与分配,若对分配方案存有异议,则应通过分配方案异议及相应的异议之诉加以解决。

第二种方式是解除合同时的返还原物。依照《民法典》第562条第2款、第563条的规定,若买受人违约已符合约定或法定违约解除程度,出卖人可主张单方解除合同,解除合同后行使返还原物请求权以取回标的物。《民法典》当然亦未排除保留所有权出卖人享有的此种解除权,但这里不无疑问的是,如果将保留所有权的出卖人的权利完全视为一种担保性所有权,解除的法律后果无疑应作相应调整。也就是说,出卖人随合同解除取得的只是约定融资的提前收回,而无法依通常买卖取回标的物所有权。相应地,在解除清算时,出卖人只能就未受偿价金而要求买受人补偿,并在有保留所有权登记时就该标的财产优先受偿。如此一来,解除的意义除加速未到期债权到期外,别无价值。① 因而也将无法产生标的物返还的法律后果。但如前文所述,《民法典》虽赋予保留所有权以担保功能,但出卖人的保留所有权仍具有相当的所有权因素。既然基于同样的担保目的,在合同未解除的情形下,出卖人可行使法定的取回权以取回标的物,那么,举轻以明重,似乎也不应否定合同解除情形下所导致的返还原物的效果。因此,出卖人排除买受人的金钱债权人申请的强制执行的请求,应当得到支持。当然,与取回权的行使程序相似,基于同样的担保功能,当事人对于返还标的物的价值与应支付的剩余价款之间的关系提出抗辩的,法院也应加以审查确定。

(四)买受人主张排除执行的处理

在买受人未按约定履行完毕支付价款或其他义务时,保留的所有权将不发生转移,因而存在出卖人的金钱债权人申请执行该标的物的可能,此时,买受人是否可以提起案外人执行异议之诉呢? 存在不同认识。

"肯定说"认为,买受人可以提起案外人执行异议之诉。"肯定说"又可进一步分为"完全肯定说"与"附条件肯定说"。"完全肯定说"认为,买受人实际占有标的物,可以通过继续履行支付剩余价款的义务或者其他义务取得标的物的所有

---

① 参见张家勇:《体系视角下所有权担保的规范效果》,载《法学》2020年第8期。

权。而且,买受人对所有权保留买卖标的物享有期待权,基于期待权可以提起案外人执行异议之诉。①"附条件肯定说"认为,除非买受人要求继续履行所有权保留买卖合同,并在合理期限内向人民法院支付剩余价款,否则,买受人提起执行异议之诉请求排除强制执行的,人民法院应不予支持。②

"否定说"认为,如果特定执行标的物属于被执行人所有,且被执行人解除案外人的占有具有正当理由,因所有权的效力强于占有,故买受人有忍受强制执行的义务,而且,买受人的期待权并非物权,故不能基于占有、期待权提起案外人执行异议之诉并排除强制执行。此外,执行机关对所有权保留买卖标的物采取执行措施之后,若允许买受人通过支付剩余价款而解除执行机关采取的执行措施,相当于变相赋予买受人类似优先受偿的地位,故买受人也不能通过支付剩余价款而要求解除执行机关采取的执行措施。不过,考虑到买受人的本意是取得所有权保留买卖标的物的所有权,且买受人通常实际占有标的物,能更为有效地对标的物展开利用,故应当赋予买受人优先购买权。③

笔者倾向于赞同"附条件肯定说"。虽然对于普通动产而言,因动产交付瞬间即可完成,故而一般并不存在买受人物权期待权的空间,但所有权保留买卖因动产交付与所有权变动的分离,因而属于例外。买受人在所有权保留买卖中享有履行合同约定的支付价款等义务而最终实现所有权的期待,对这种期待权予以特别保护也符合物尽其用的原则。正因如此,需要在保护买受人的物权期待权与出卖人的申请执行债权之间寻找利益平衡点。基于此,《查封规定》第14条规定:"被执行人将其财产出卖给第三人,第三人已经支付部分价款并实际占有该财产,但根据合同约定被执行人保留所有权的,人民法院可以查封、扣押、冻结;第三人要求继续履行合同的,向人民法院交付全部余款后,裁定解除查封、扣押、冻结。"根据这一规定,对于所有权保留买卖中的买受人的权利能否排除执行,可区分以下情况处理:

第一,若买受人依约履行义务且无违约,法院在合同履行期间采取保全措施

---

① 参见汤维建、陈爱飞:《"足以排除强制执行民事权益"的类型化分析》,载《苏州大学学报(哲学社会科学版)》2018年第2期。

② 参见高仁宝等编著:《执行异议之诉法律适用指引》,法律出版社2018年版,第64页;王聪:《案外人执行异议之诉中异议事由的类型化研究——以"足以排除强制执行的民事权益"为中心》,载《法治研究》2018年第4期。

③ 参见庄诗岳:《案外人执行异议之诉异议事由论:基于实体法与诉讼法的双重视角》,法律出版社2024年版,第184-186页。

时,买受人可通过支付全部余款主张排除执行。若采取分期支付方式,虽保全措施暂不解除,但基于物权期待权的优先性,执行法院不得在此期间处置标的物。需要注意的是,与2008年《查封规定》第16条相比,最新条文删除了"应当由第三人在合理期限内"的表述,这是因为,要求第三人"在合理期限内"向人民法院交付全部余款实质是在执行程序中令无过错的买受人未到期的债务加速到期,并不合理。据此,法院对买受人交付余款的时间不再通过指定期限的方式进行限制,买受人可按照合同约定的方式和期限支付余款。

第二,若出卖人因买受人违约已取回标的物,且在约定回赎期内被法院保全,买受人需全额支付余款后方可解除保全。依据《民法典》第643条,若买受人在回赎期内消除违约事由,法院不得对标的物进行处置。回赎期结束后,买受人丧失回赎权,法院应驳回其排除执行的申请。

规范依据

《民法典》

第二百二十四条 动产物权的设立和转让,自交付时发生效力,但是法律另有规定的除外。

第二百二十五条 船舶、航空器和机动车等的物权的设立、变更、转让和消灭,未经登记,不得对抗善意第三人。

第二百二十六条 动产物权设立和转让前,权利人已经占有该动产的,物权自民事法律行为生效时发生效力。

第二百二十七条 动产物权设立和转让前,第三人占有该动产的,负有交付义务的人可以通过转让请求第三人返还原物的权利代替交付。

第二百二十八条 动产物权转让时,当事人又约定由出让人继续占有该动产的,物权自该约定生效时发生效力。

第六百四十一条 当事人可以在买卖合同中约定买受人未履行支付价款或者其他义务的,标的物的所有权属于出卖人。

出卖人对标的物保留的所有权,未经登记,不得对抗善意第三人。

第六百四十二条 当事人约定出卖人保留合同标的物的所有权,在标的物所有权转移前,买受人有下列情形之一,造成出卖人损害的,除当事人另有约定外,出卖人有权取回标的物:

(一)未按照约定支付价款,经催告后在合理期限内仍未支付;

(二)未按照约定完成特定条件;

(三)将标的物出卖、出质或者作出其他不当处分。

出卖人可以与买受人协商取回标的物;协商不成的,可以参照适用担保物权的实现程序。

第六百四十三条 出卖人依据前条第一款的规定取回标的物后,买受人在双方约定或者出卖人指定的合理回赎期限内,消除出卖人取回标的物的事由的,可以请求回赎标的物。

买受人在回赎期限内没有回赎标的物,出卖人可以以合理价格将标的物出卖给第三人,出卖所得价款扣除买受人未支付的价款以及必要费用后仍有剩余的,应当返还买受人;不足部分由买受人清偿。

《查封规定》

第十四条 被执行人将其财产出卖给第三人,第三人已经支付部分价款并实际占有该财产,但根据合同约定被执行人保留所有权的,人民法院可以查封、扣押、冻结;第三人要求继续履行合同的,向人民法院交付全部余款后,裁定解除查封、扣押、冻结。

第十六条 被执行人购买第三人的财产,已经支付部分价款并实际占有该财产,第三人依合同约定保留所有权的,人民法院可以查封、扣押、冻结。保留所有权已办理登记的,第三人的剩余价款从该财产变价款中优先支付;第三人主张取回该财产的,可以依据民事诉讼法第二百二十七条规定提出异议。

《买卖合同解释》

第二十六条 买受人已经支付标的物总价款的百分之七十五以上,出卖人主张取回标的物的,人民法院不予支持。

在民法典第六百四十二条第一款第三项情形下,第三人依据民法典第三百一十一条的规定已经善意取得标的物所有权或者其他物权,出卖人主张取回标的物的,人民法院不予支持。

> [!NOTE] 典型案例

1. 翟某某诉某晶公司、某旺公司案外人执行异议之诉案

案例索引:人民法院案例库入库编号 2023 - 07 - 2 - 471 - 002/民事/执行异

议之诉/最高人民法院/2021.11.25/(2021)最高法民申6809号/再审/入库日期：2024.02.22。

裁判要旨：物权是权利人依法对特定的物享有直接支配和排他的权利。作为所有权客体的物，必须能够依当事人意思特定化，能够与其他物相互区别而独立存在。

2. 沈某诉彭某某、徐某某、徐某甲执行异议之诉案

案例索引：人民法院案例库入库编号2024-07-2-471-007/民事/执行异议之诉/河北省唐山市中级人民法院/2022.11.14/(2022)冀02民终4231号/二审/入库日期：2024.02.23。

裁判要旨：(1)审查动产的占有、控制及交付状态。动产不同于不动产和特殊动产，没有相应的权属证书就其权利人信息进行公示和记载，动产的设立和转让的公示方法为占有和交付，对于动产的占有和控制状态，以及交付情况是确定动产权利归属的重点。(2)结合动产本身的特点和证据规则，合理分配举证责任，确定案件事实。根据《最高人民法院关于适用〈中华人民共和国民事诉讼法〉的解释》第一百零八条第一款"对负有举证证明责任的当事人提供的证据，人民法院经审查并结合相关事实，确信待证事实的存在具有高度可能性的，应当认定该事实存在"的规定，不同的动产具有各自的特点，确定动产的权利状态或占有控制状态也需结合动产本身的特点。

3. 大石桥市某担保中心诉天津某工贸有限公司等案外人执行异议之诉案

案例索引：人民法院案例库入库编号2024-08-2-471-008/民事/执行异议之诉/天津市高级人民法院/2018.12.06/(2018)津民终439号/二审/入库日期：2024.02.23。

裁判要旨：(1)机动车等特殊动产的所有权变动系以交付为生效要件，只要受让人支付了对价并占有标的物，即便未办理登记手续，受让人也已经取得特殊动产的所有权，虽然所有权在效力上尚存一定欠缺，但依据物权优先于债权基本原理，仍可优先于其他一般债权。(2)机动车等特殊动产转让纠纷中，善意第三人是应对标的物具有正当物权利益且不知道也不应知道特殊动产物权发生变动事实的主体。为贯彻物权优先效力，转让人的普通债权人，除非享有法定优先权，否则不应认定为善意第三人。

4. 执行异议之诉中机动车实际买受人是否可以排除执行

案例索引：最高人民法院第二巡回法庭2020年第3次法官会议纪要，载贺小荣主编：《最高人民法院第二巡回法庭法官会议纪要》（第二辑），人民法院出版社2021年版。

裁判要旨：原《物权法》第23条规定动产物权变动采取交付生效主义，机动车作为特殊动产应予适用，该基本原则在执行异议之诉中并未动摇。因此，出卖人向买受人交付机动车后，即发生机动车物权变动的法律效力，是否办理物权变更登记，仅是能否对抗善意第三人的要件，不是机动车物权变动的生效要件。一般债权的申请执行人不属于该法第24条规定的"善意第三人"，买受人可以其物权对抗一般债权人并排除执行。为防止案外人与被执行人恶意串通，通过虚假交易恶意对抗执行，故在执行异议之诉中，有必要实质审查异议人是否为真实买受人并完成交付。在排除虚假诉讼合理怀疑，可以认定异议人为真实物权人的情况下，异议人具有排除强制执行的民事权益。

5. 上诉人海南某运贸有限公司与被上诉人陈某、锦州某海运有限公司、高某案外人执行异议之诉案

案例索引：海南省高级人民法院(2018)琼民终461号民事判决书，海南省高级人民法院发布关于审理执行异议之诉纠纷案件的裁判指引（试行）及典型案例之五。

裁判要旨：在案外人对特殊动产提起执行异议之诉的案件中，判断案外人对特殊动产是否享有足以排除强制执行的民事权益，应从以下三个方面进行分析认定：一是是否签订了合法有效的书面买卖合同；二是是否支付了全部的价款；三是是否交付了特殊的动产。如果案外人同时满足以上三个要件，则其对特殊动产便享有足以排除强制执行的民事权益。

6. 沈某达案外人执行异议之诉案

案例索引：上海市高级人民法院发布防范当事人滥用执行异议程序规避执行十大典型案例之四。

裁判要旨：交易是否真实应结合交易习惯、市场交易规则、合同约定、资金支付情况、合同双方的关系、是否明知被执行人存在大量债务等因素综合判断。在二手车交易中，买受人明知沪牌车辆无法自行过户且质量无任何保证的情况下，仍大量交易，显然违背正常市场交易常理，可以认定行为人具有协助逃避执行的主观故意。行为人与相对人恶意串通的交易行为，应认定为无效。

第十七章　涉存款货币的执行异议之诉

存款货币本质上是存款人在银行开立账户并存入款项而针对银行享有的债权,如果当事人之间有意(如借用账户)或偶然(如错误汇款)地发生存款名义人与货币实际来源人不一致的情形,如何认定该货币的权利归属以及在面对账户名义人的强制执行金钱债权人时两者之间权利的比较,则是一个理论和实践均争议非常大的问题。本章对常见的两类涉及存款货币执行异议之诉纠纷——借用账户和错误汇款情形下借用人、汇款人的权利能否排除账户名义人的金钱债权人申请执行的法律问题[1]加以探讨。

一、既有观点分歧

(一)关于账户借用人对存款货币的权利是否足以排除强制执行

一方出于某种目的借用另一方的银行账户,用于资金存取。账户出借人(账户名义人)负担金钱债务,导致账户内资金被查封或冻结,账户借用人提起执行异议之诉,要求确认被查封或冻结的账户内的资金归其所有,并排除强制执行。如何判断账户内资金的归属,借用人享有的权利能否排除执行,一直存在较大分歧。

一种观点认为,当事人通过签订账户借用协议等形式,导致名义存款人与实际存款人不一致时,如果名义存款人的债权人主张将该账户内资金作为名义存款人的责任财产清偿债务,除非法律有特别规定,应当按照账户记载的存款人认定账户内资金的归属[2],借用人对账户内资金的权利不能排除强制执行。主要理由有:第一,货币作为一种特殊动产,本身存在无法辨别的困难,同时货币又是一种

---

[1] 当然,考虑到实践中不乏当事人虚构账户借用、错误汇款的事实而试图逃避执行,故在案件审判中对于是否构成账户借用、错误汇款事实的认定也非常重要,限于篇幅,本章只聚焦于法律问题而对事实认定问题不再展开讨论。

[2] 参见最高人民法院民事审判第一庭:《借用账户与账内资金归属的认定》,载最高人民法院民事审判第一庭编:《民事审判指导与参考》总第51辑,人民法院出版社2012年版,第168-170页。

价值符号,流通性系其生命。被执行人银行账户是其行使货币流通手段的一种方式,只要货币合法转入即属于法律规定的合法交付行为,资金所有权自交付时发生转移而成为被借用人的责任财产。① 由于货币属于动产和种类物,谁占有即谁所有;当货币存放于银行账户,该账户的开立者即账户所有者即视为该货币的所有者。经济生活中亦早已形成"谁的账户,钱归谁所有"的惯例与规则。② 第二,借用关系仅在内部发生法律效力,当资金存入账户后,借用人对账户名义人仅享有债权请求权,不具有排他的法律效力,不能对抗强制执行。③ 第三,借用账户的行为为金融管理法规所禁止,虽然不能以此来否定民事行为的效力,但是考虑到法院判决对社会经济行为和经济秩序的影响,亦应该从规范交易行为、维护金融秩序的角度,对借用账户的行为给予否定评价。第四,账户名义人可随时实际操控账户,包括挂失、加密、改密等,其对该账户仍拥有控制能力,因此由其对外承担权利义务也是合理的。④ 实践中,不少案件的裁判体现了这一观点,一些地方法院出台的规范性文件也明确采纳这一观点。⑤

另一种观点认为,一般情况下,对货币的占有即视为所有,但在某些特殊情况下,也存在例外。原则上,对于一般账户中的货币,应以账户名称为权属判断的基本标准。但案外人在执行异议之诉中提出充分证据证实一般账户中的货币为其合法财产并足以排除执行的除外。⑥ 其主要理由如下:第一,银行账户如被实际存款人控制和使用,应认定存款债权归属于实际存款人。第二,只要无移转所有权之意思,金钱所有权并不随占有而移转。原权利人和占有人金钱未混同时,可要求占有人返还"原物"或以该金钱直接取得的替代物。⑦ 第三,原权利人即便具有可归责性,也不当然使其物权降格为债权,并使占有人的债权人获得事实上的优

---

① 参见王毓莹:《执行异议之诉中账户资金的排除执行问题》,载《人民法院报》2017年11月1日,第7版。
② 参见最高人民法院民事裁定书,(2013)民申字第1719号。
③ 参见河南省高级人民法院民事判决书,(2021)豫民再51号。
④ 参见最高人民法院民事审判第一庭:《借用账户与账内资金归属的认定》,载最高人民法院民事审判第一庭编:《民事审判指导与参考》总第51辑,人民法院出版社2012年版,第168-170页。
⑤ 参见吉林省高级人民法院《关于审理执行异议之诉案件若干疑难问题的解答(二)》问题十,山东省高级人民法院民一庭《执行异议之诉案件审判观点综述》第18条。
⑥ 参见乔宇:《执行异议中银行账户资金的权属》,载《人民司法·案例》2017年第5期。
⑦ 参见孙鹏:《金钱"占有即所有"原理批判及权利流转规则之重塑》,载《法学研究》2019年第5期;朱晓喆:《存款货币的权利归属与返还请求权——反思民法上货币"占有即所有"法则的司法运用》,载《法学研究》2018年第2期。

先地位。《人民币银行结算账户管理办法》之所以规定不得出租、出借账户,旨在消除避税、洗钱等重大隐患。然而,借用他人账户未必出于该不法目的,即便基于此等目的,让借用方失去本属于自己的金钱,同时使出借方取得该金钱之所有权并惠及其债权人,无异于对违法双方厚此薄彼。① 实践中,采纳这一观点裁判的案件也不在少数,一些地方法院出台的规范性文件也明确采纳这一观点。②

最高人民法院对这一问题一直没能形成一致意见,其在最高人民法院《关于审理执行异议之诉案件适用法律问题的解释(一)》(2019年11月29日向社会公开征求意见稿)中亦给出了两种解决方案③,但从该稿中方案一以及最高人民法院民事审判第一庭在《民事审判指导与参考》中撰文所体现的观点看,最高人民法院倾向于观点一。不过,在《执行异议之诉解释》的正式稿中已经没有了关于借用账户的规定。

(二)关于错误汇款人对所汇款项的权利是否足以排除强制执行

当事人通过银行转账汇款,错误汇款时有发生。对汇款人请求确认系该资金的实际所有权人,并进而就其错汇款项排除收款人的金钱债权人申请的强制执行能否支持,一直存在较大争议。

第一种观点认为,错误汇款人仅享有债权请求权,故一律无权排除执行。④ 主要理由如下:其一,货币作为一种特殊动产,同时作为不特定物,流通性系其基本

---

① 参见孙鹏:《金钱"占有即所有"原理批判及权利流转规则之重塑》,载《法学研究》2019年第5期。

② 如江西省高级人民法院《关于执行异议之诉案件的审理指南》第15条规定:"金钱债权执行中,案外人主张其借用被执行人的名义开立账户,被执行人只是名义权利人,案外人才是账户内资金的实际权利人,就此提起执行异议之诉,请求排除执行,符合下列条件的,应予支持:(1)真实的借用账户事实;(2)案外人对被执行人账户有排他的控制权;(3)被执行人账户资金特定化,与被执行人的其他财产相区分;(4)未损害申请执行人的信赖利益,即在申请执行人债权形成之时,被执行人的责任财产中不包括案涉被执行人账户资金。"

③ 方案一:"金钱债权执行中,人民法院对登记在被执行人名下的财产实施强制执行,案外人以下列理由提起执行异议之诉,请求排除强制执行的,人民法院不予支持:……(四)案外人借用被执行人的银行、证券账户,其系被执行账户中资金、证券的实际权利人。案外人因借名所遭受的财产损失,可以依法向被借名者另行主张权利。"方案二:"金钱债权执行中,人民法院对登记在被执行人名下的财产实施强制执行,案外人以下列理由提起执行异议之诉,请求排除强制执行,经查属实,且不违反法律、行政法规强制性规定,亦不背离公序良俗的,人民法院应予支持:……(四)案外人借用被执行人的银行、证券账户,其系被执行账户中资金、证券的实际权利人……"

④ 参见案外人丰义盛(杭州)供应链管理有限公司执行异议案,上海市杨浦区人民法院发布2022年度杨浦法院十大典型案例之九。

属性,在银行执行了汇款人意图的情况下,即发生资金交付的效力,货币合法转入产生的民事权利由账户所有人享有,汇入被执行人账户的资金为被执行人责任财产,属于可供执行的财产。其二,基于货币占有即所有的基本原则,即使错误汇款确属事实,对于汇款人而言,错误汇款的法律后果是其对汇入款项账户所有权人享有不当得利请求权,属于债权范畴,而非物权,该不当得利请求权并无优先于其他普通金钱债权的效力,不能排除强制执行。其三,案外人虽然不能以被执行人账户中的资金系其误汇为由排除强制执行,但如果案外人确有证据证明其系错误汇款的,可依法另行向被执行人主张不当得利返还等。① 最高人民法院《关于审理执行异议之诉案件适用法律问题的解释(一)》(2019年11月29日向社会公开征求意见稿)第15条②亦持此观点。但最高人民法院目前对此问题的这种"一刀切"的态度与其作出的诸多案件裁判观点并不一致。

第二种观点认为,当资金特定化时,不能简单适用"占有即所有"原则。比如,该账户一直被冻结,其间除非债清偿人错误汇入的款项外,并无其他款项进出,错误汇入的款项没有与其他货币混同,在一定情况下资金已经特定化。因为是错误汇款,双方并无支付和接受的意思表示,客观上账户被冻结,也无法动用,在此情况下,汇入的货币尚未与被执行人的其他财产混同,能够区分,错误汇款人提出的排除强制执行的诉讼请求应当予以支持。③ 部分地方法院出台的规范性文件中持此观点。④

---

① 参见最高人民法院民事审判第一庭:《案外人不能以被执行人账户中的资金系其误汇为由排除强制执行》,载微信公众号"最高人民法院民一庭"2022年1月24日。
② 该条规定:"[错误汇款提起的执行异议之诉的处理]人民法院对被执行人账户中的资金实施强制执行,案外人以该账户中的资金系其误汇,其系资金的实际所有权人等为由,提起执行异议之诉,请求排除强制执行的,人民法院不予支持,案外人可依据误汇款项等事实依法另行主张权利。"
③ 参见王毓莹:《执行异议之诉中账户资金的排除执行问题》,载《人民法院报》2017年11月1日,第7版。
④ 如江西省高级人民法院《关于执行异议之诉案件的审理指南》第16条规定:"金钱债权执行中,案外人主张被执行人账户资金系案外人错误汇入被执行人账户,就此提起执行异议之诉,请求排除执行,符合下列条件的,应予支持:(1)案外人确系误转的事实;(2)案外人和被执行人均无支付和接受的意思表示;(3)被误转后被执行人账户的资金特定化,未与被执行人的其他资金混同。"山东省高级人民法院民一庭《关于审理执行异议之诉案件若干问题的解答》亦规定:"十一、案外人主张被执行人账户资金系错误汇款,提起执行异议之诉,如何处理?答:对于货币资金的权利归属,一般应当根据资金占有的表面状态,推定现金持有人、银行账户登记人为权利人。案外人以被执行人账户资金系错误汇款主张权利,请求排除执行的,一般不予支持。如案外人有证据证明,货币资金已通过特户、专户、封金等方式特定化,足以表明财产权益处于所有权与占有权相分离状态,应当根据真实的权利归属关系,确定货币资金的实际权利人。"

实际上，最高人民法院作出的不少案件裁判中亦持此观点。如在金博公司案中，最高人民法院认为，由于河南省金博土地开发有限公司（以下简称金博公司）向河南元恒建设集团有限公司（以下简称元恒公司）划款4244670.06元系误转所致，金博公司对于划款行为不具有真实的意思表示，元恒公司亦缺乏接受款项的意思表示，故该划款行为不属于能够设立、变更、终止民事权利和民事义务的民事法律行为，而仅属于可变更或撤销的民事行为——该误转款项的行为未能产生转移款项实体权益的法律效果，该款项的实体权益仍属金博公司所有，而不属于元恒公司。案涉款项虽因误转进入元恒公司账户，但因该账户已被榆林市中级人民法院冻结，在款项进入冻结账户后即被榆林市中级人民法院扣划至其执行账户，故该款项事实上并未被元恒公司占有、控制或支配，且因账户冻结及被划至执行账户使其得以与其他款项相区别，已属特定化款项。① 在青岛金赛案中，最高人民法院指出，由于2012年12月19日石家庄市中级人民法院冻结该账户时，该账户余额为0；到期续冻及2013年5月22日金赛公司汇入948000元后，该账户除了此948000元及由此产生的存款利息外，并无其他资金进入该账户，故该款并未因为进入双驼公司的该账户而与其他货币混同，已特定化。②

二、"占有即所有"原则与存款货币的权利归属认定

传统民法理论认为，货币作为一种特殊动产，是一种具有高度替代性的种类物与消费物，应适用"占有即所有"原则。货币的这一属性衍生出货币所有权转移的特定规则。货币一旦移转占有，与占有人的其他货币混合，即难以作出识别区分，或人为进行区分缺乏实益，不能满足物权法上的标的物特定原则，导致原权利人的货币所有权消灭，转而产生对占有人的债权请求权，此即所谓金钱"占有即所有"规则。③ 金钱"占有即所有"原理虽发端于商品货币和现金，但现在也广泛应用于存款货币。④

---

① 参见河南省金博土地开发有限公司与刘某荣及第三人河南元恒建设集团有限公司案外人执行异议之诉案，载《最高人民法院公报》2018年第2期。
② 参见最高人民法院民事判决书，(2015)民提字第189号。
③ 参见李皓等：《执行异议之诉年度观察报告——涉账户类纠纷专题》（下篇），载微信公众号"天同诉讼圈"2021年11月8日，https://mp.weixin.qq.com/s/LQEa-aT0fMzXxfLQ-SqnSQ。
④ 参见孙鹏：《金钱"占有即所有"原理批判及权利流转规则之重塑》，载《法学研究》2019年第5期。

但实际上,存款人将现金货币存入银行后,存款即归银行所有,存款人取得相应的偿还请求权,即存款债权。占有却是对物的事实支配,存款人通过控制银行账户而对存款债权的占有并不能构成占有。因而对账户名义人的权利直接适用"占有即所有"原则加以认定在理论上并不妥当,而是应依"准占有"而准用"占有即所有"原则。

占有乃不依赖权源地对物的有意识持有,本质上为对物之事实上控制与支配。① 占有的对象本限于物(动产和不动产),但考虑到对权利也存在不依赖权源而控制与支配之现象,法律允许其准用占有的相关规范,对权利的控制与支配因此被称为准占有。② 就功能而言,存款货币与现金货币均作为一般等价物而在交换中发挥其价值。存款人对于存款银行的存款债权,与普通债权债务关系下的债权并不相同。日本民法学家我妻荣教授指出:"契约没有约定返还时期的,寄存人可以随时请求返还。这是不同于消费借贷的关键点。活期存款、普通存款就属于此。"③实际上,对于存款合同这种消费保管合同而言,即便约定了存款期限,存款人仍可随时请求银行支付存款。④ 因此,存款债权在功能上与现金货币无异,存款人对其存款仍然具有现实的支配权,故存款人对存款债权的控制与支配可构成债权"准占有"。⑤ 基于占有所产生的各种效力,只要在性质上与准占有不存在冲突,即均可予以准用。⑥ 占有的权利推定效力可准用于准占有。就存款人对存款货币的权利而言,就是可准用"占有即所有"原则。

综上所述,对于存款债权归属的认定,可准用"占有即所有"原则加以判断,即以对账户内存款债权的控制与支配为标准认定是否构成"准占有",并进而认定存款债权的权利人。据此,基于账户开户(名义)人与实际控制支配者在一般情况下

---

① 参见[德]鲍尔、[德]施蒂尔纳:《德国物权法》(上册),张双根译,法律出版社2004年版,第113页。

② 参见孙鹏:《金钱"占有即所有"原理批判及权利流转规则之重塑》,载《法学研究》2019年第5期。

③ [日]我妻荣:《我妻荣民法讲义V3债权各论》(中卷二),周江洪译,中国法制出版社2008年版,第211页。

④ 参见陈承堂:《存款所有权归属的债法重述》,载《法学》2016年第6期。

⑤ 参见朱晓喆:《存款货币的权利归属与返还请求权——反思民法上货币"占有即所有"法则的司法运用》,载《法学研究》2018年第2期。

⑥ 参见谢在全:《民法物权论》,中国政法大学出版社2011年版,第1244页;[日]我妻荣:《我妻荣民法讲义Ⅱ新订物权法》,罗丽译,中国法制出版社2008年版,第535页;[日]近江幸治:《民法讲义Ⅱ物权法》,王茵译,北京大学出版社2006年版,第157页。

的同一性,以及账户名称对外所表现的权利外观,原则上可推定账户名义人对其账户内的存款货币享有控制权,构成"准占有"。加之在一般意义上存款货币具有与普通动产相似的种类物特征,在进入账户后即无法与账户内其他存款货币相区分,故账户借用人、错误汇款人均原则上并不享有返还"原物"请求权。其要么基于借用协议而在内部关系上对账户名义人享有债权,要么基于不当得利请求权而对账户名义人享有债权,与账户名义人的其他金钱债权人相比,并不具有优先性,因而无法排除金钱债权强制执行。

然而,权利推定并不一定总与实际的控制与支配事实相符,日常生活中依据账户名称所推定的"准占有"与实际控制支配的事实发生错位的情形并不少见,故不能仅以账户名称判断存款债权的权利归属。在账户借用人提起的执行异议之诉中,若账户虽然登记在开户人名下,但系由借用人实际控制支配,其可以自由支取账户内的资金,而开户人对于账户内的资金并无占有、所有之意思,亦无实际控制的客观事实①,则应认定账户借用人系存款债权的实际权利人,对该账户内资金足以排除账户名义人的金钱债权人申请的强制执行。一般而言,若账户开户时在银行留存的印鉴、业务联系人等为借用人②,密码或网银支付U盾亦由借用人掌握③,则足以认定借用人系账户的实际控制人,而开户人客观上无法支配账户内的资金。④

在江西煤炭储备中心有限公司与大连恒达动力石油化工有限公司案外人执行异议之诉案中,江西煤炭储备中心有限公司(以下简称江西煤储公司)以买卖合同为由,起诉大连恒达动力石油化工有限公司(以下简称大连恒达公司)支付燃料油款等费用,由景德镇景禹新能源开发有限公司(以下简称景禹能源公司)等承担连带保证责任。诉讼期间法院根据江西煤储公司的申请采取财产保全措施,冻结景禹能源公司在平安银行上海分行账户(账号11×××08)内的款项1.82亿元。判决生效后,法院将景禹能源公司上述账户内的40903650.24元予以扣划。中油长运渤海石油化工(大连)有限公司(以下简称中油长运公司)提起执行异议被驳

---

① 参见李皓等:《执行异议之诉年度观察报告——涉账户类纠纷专题》(下篇),载微信公众号"天同诉讼圈"2021年11月8日,https://mp.weixin.qq.com/s/LQEa-aT0fMzXxfLQ-SqnSQ。
② 参见最高人民法院民事裁定书,(2020)最高法民申4497号。
③ 参见江西省高级人民法院民事判决书,(2020)赣民终379号。
④ 参见李皓等:《执行异议之诉年度观察报告——涉账户类纠纷专题》(下篇),载微信公众号"天同诉讼圈"2021年11月8日,https://mp.weixin.qq.com/s/LQEa-aT0fMzXxfLQ-SqnSQ。

回后提起了执行异议之诉。对此,最高人民法院认为,中油长运公司将40829664元资金分两笔分别支付至山东滨阳公司、山东永鑫公司,再由两公司支付至景禹能源公司,是为履行《燃料油委托加工合同》和《合作协议》项下的付款义务,景禹能源公司在收到案涉40829664元款项后,负有保证将资金及时支付给上游供货商孤儿村油厂的合同义务。《合作协议》虽然约定了中油长运公司、景禹能源公司、允衡公司三方按固定比例分配每吨利润,但在该款因司法冻结导致合同无法履行的情况下,景禹能源公司并不享有请求分享利润的合同权利。由此可见,景禹能源公司对案涉账户内的40829664元款项并未取得控制和支配的权利,仅负有保证专款专用的义务。本案中,江西煤储公司作为景禹能源公司的查封债权人,其对被执行人景禹能源公司案涉账户内的资金依法所能主张的权利,不得大于景禹能源公司自身对案涉款项依法所能主张的权利。因景禹能源公司对案涉账户内的资金并不享有实体民事权利,案涉账户内的资金并非景禹能源公司的责任财产,江西煤储公司不得申请对案涉款项进行强制执行。①

在(2020)川民申4949号案中,四川省高级人民法院亦认为,首先,案涉账户的实际控制人为借用人,开户均由借用人委托财务人员办理,银行均预留借用人个人印章作为预留印章,开发过程中工程款的支付均由借用人审核支付,被执行人未参与,以被执行人名义设立的案涉账户均由借用人控制、使用、管理。账户内资金的转入人系受借用人委托代为转款,借用人为实际投资人。其次,案涉账户中的项目建设资金往来没有与被执行人自有资金混同的情况,被执行人没有实际控制、使用、管理案涉账户,被执行人对案涉账户内资金没有取得控制和支配的权利,仅因履行出借资质的义务提供银行账户。②

在错误汇款人提起的执行异议之诉中,基于错误汇款之事实,基本上不存在汇款人控制支配汇入账户的可能,故原则上账户名义人就是实际控制人,错误汇款人原则上并不能排除账户名义人的金钱债权人申请的强制执行。

---

① 参见最高人民法院民事判决书,(2018)最高法民终873号。
② 还可参见最高人民法院民事裁定书,(2020)最高法民申4497号;甘肃省高级人民法院民事判决书,(2020)甘民终495号;江西省高级人民法院民事判决书,(2020)赣民终379号。转引自李皓等:《执行异议之诉年度观察报告——涉账户类纠纷专题》(上篇),载"天同诉讼圈"微信公众号2021年11月1日。

三、特定化作为"占有即所有"原则例外的适用

金钱因高度替代性而缺乏个性,但高度替代性并不必然排除特定性。[1] 既然"占有即所有"原则源于货币作为种类物的不可区分性,那么在货币如果以某种方式被特定化而具备区分度时,则对其权属的判定将不再适用"占有即所有"原则。在涉及收款人的普通金钱债权人的情形下,由于款项已特定化而并未与收款人的其他金钱混同,故赋予付款人返还请求权以优先地位,并不会损害对于强制执行程序中收款人的其他一般债权人本应处于的地位[2],因而具有正当性。因此,在账户的实际控制人就是账户名义人时,若账户借用人、错误汇款人能够证明案涉账户内的资金已经特定化,则可排除账户名义人的金钱债权人申请的强制执行。

对于账户内资金特定化的判断标准,仍存有不小争议。一种观点认为,只有通过专户、特户的方式才能使资金特定化,进入一般账户的资金不能满足特定化的要求。如在(2018)粤民终2392号案中,法院指出,"所涉账户为一般存款账户,并不具备特定化条件"[3]。在(2019)川民终1134号案中,法院认为,"对于银行一般账户内的货币,应以账户名称作为权属判断的基本标准。对于特定专用账户中的货币,应根据账户当事人对该货币的特殊约定以及相关法律规定来判断资金权属。且账户的用途不能改变一般账户的性质,即便账户资金特定,也不应具备对抗人民法院的其他在先强制执行行为的效力"[4]。另一种观点认为,只要案涉资金未与其他资金发生混同,即便案涉账户并非特户或专户,亦不影响其特定化。从实践中看,往往具有如下特征:第一,银行账户开立的目的具有特定性。例如,账户专门用于某项目工程价款的支付结算。第二,账户资金的来源相对固定。例如,账内资金均源自某项目的工程款或预售款。第三,支出的路径严格固定。如果账户内的资金被用于开户人的日常支付或转出,将导致案涉资金彻底无法识别,最终影响特定化的认定。[5] 此外,账户被冻结往往是构成特定化的一个重要表征。

---

[1] 参见孙鹏:《金钱"占有即所有"原理批判及权利流转规则之重塑》,载《法学研究》2019年第5期。
[2] 参见黄赤橙:《错误汇款返还请求权优先地位研究》,载《法学家》2021年第4期。
[3] 广东省高级人民法院民事判决书,(2018)粤民终2392号。
[4] 四川省高级人民法院民事判决书,(2019)川民终1134号。
[5] 参见李皓等:《执行异议之诉年度观察报告——涉账户类纠纷专题》(上篇),载"天同诉讼圈"微信公众号2021年11月1日,http://mp.weixin.qq.com/s/Pqu_viVunsr6mvvHFZ_JIQ。

笔者赞同后一种观点,对账户的性质和类别作出特别要求显然过于严苛,只重形式而没有立足于特定化的内涵去探求实质。所谓资金特定化,其意在指资金未发生混同,只要银行账户开立的目的具有特定性,资金来源、支出的路径相对固定,且该等资金来源及用途与账户名义人的经营活动相互分离、独立,资金即满足了特定化要求。[1]

总之,在借用账户、错误汇款情形下案外人提起的执行异议之诉纠纷中,就纠纷解决和法治精神而言,仅仅为了保护债权人利益而认定系争权利一律为债务人所有,显然过于简单粗暴,查清事实、明晰权属才是司法应有的使命与担当。[2]

规范依据

《民法典》

第二百二十四条 动产物权的设立和转让,自交付时发生效力,但是法律另有规定的除外。

《执行异议复议规定》

第二十五条 对案外人的异议,人民法院应当按照下列标准判断其是否系权利人:

……

(三)银行存款和存管在金融机构的有价证券,按照金融机构和登记结算机构登记的账户名称判断;有价证券由具备合法经营资质的托管机构名义持有的,按照该机构登记的实际投资人账户名称判断;

……

《人民币银行结算账户管理办法》

第二十四条 单位开立银行结算账户的名称应与其提供的申请开户的证明文件的名称全称相一致。有字号的个体工商户开立银行结算账户的名称应与其营业执照的字号相一致;无字号的个体工商户开立银行结算账户的名称,由"个体户"字样和营业执照记载的经营者姓名组成。自然人开立银行结算账户的名称应

---

[1] 参见李皓等:《执行异议之诉年度观察报告——涉账户类纠纷专题》(上篇),载微信公众号"天同诉讼圈"2021年11月1日,http://mp.weixin.qq.com/s/Pqu_viVunsr6mvvHFZ_JIQ。

[2] 参见孙鹏:《金钱"占有即所有"原理批判及权利流转规则之重塑》,载《法学研究》2019年第5期。

与其提供的有效身份证件中的名称全称相一致。

第六十五条 存款人使用银行结算账户，不得有下列行为：

……

（四）出租、出借银行结算账户。

……

> **典型案例**

1. 河南省金博土地开发有限公司与刘某荣及第三人河南元恒建设集团有限公司案外人执行异议之诉案

案例索引：最高人民法院(2017)最高法民申322号民事裁定书，载《最高人民法院公报》2018年第2期(总第256期)。

裁判要旨：(1)案外人所有的款项误划至被执行人账户的，误划款项的行为因缺乏当事人的真实意思表示，不能产生转移款项实体权益的法律效果，案外人就该款项享有足以排除强制执行的民事权益；(2)款项系通过银行账户划至被执行人账户，且进入被执行人账户后即被人民法院冻结并划至人民法院执行账户，被执行人既未实际占有该款项，亦未获得作为"特殊种类物"的相应货币，该误划款项不适用"货币占有即所有"原则；(3)案外人执行异议之诉旨在保护案外人合法的实体权利，在查明案涉款项实体权益属案外人的情况下，应直接判决停止对案涉款项的执行以保护案外人的合法权益，无须通过另一个不当得利之诉解决纠纷。

2. 尹某某诉胡某某、河南省某建设工程有限公司等案外人执行异议之诉案

案例索引：人民法院案例库入库编号2023-07-2-471-005/民事/执行异议之诉/河南省驻马店市中级人民法院/2023.02.28/(2023)豫17民终446号/二审/入库日期：2024.02.22。

裁判要旨：挂靠人借用被挂靠人银行账户收取工程款，被挂靠人银行账户被人民法院冻结，应按照银行账户的登记名称来判断权利人，挂靠人对被挂靠人账户内的资金仅享有债权请求权，挂靠人的债权请求权原则上不享有足以排除强制执行的民事权益。

3. 某甲公司与山东某公司执行异议案

案例索引：人民法院案例库入库编号2024-17-5-201-023/执行/执行异

议案件/淄博市周村区人民法院/2023.03.24/(2023)鲁0306执异40号/执行/入库日期:2024.02.24。

裁判要旨:农民工工资专用账户具有专款专用的特征,该特征体现在:一是账户内资金系专款,即由建设单位支付总包单位的工资性工程款,该工程款数额按工程施工合同约定的数额或者比例确定;二是账户内资金需专用,即用于支付农民工工资,不得转入除本项目农民工本人银行账户以外的账户。同时,根据《工程建设领域农民工工资专用账户管理暂行办法》的规定,农民工工资专用账户还应具备在项目所在地专用账户监管部门进行备案、开户银行在业务系统中对账户进行特殊标识等形式要件。

4. 洪某与杨某、某建工公司案外人执行异议之诉案

案例索引:一审:浙江省诸暨市人民法院(2020)浙0681民初12165号民事判决书;二审:浙江省绍兴市中级人民法院(2021)浙06民终95号民事判决书;再审:浙江省高级人民法院(2021)浙民申3587号民事裁定书,浙江省高级人民法院2023年发布浙江法院案外人权益救济典型案例之五。

裁判要旨:实际施工人与承包人之间就工程款归属的约定在双方之间有效,实际施工人以双方约定以及其对项目部账户内工程款资金实际掌控为由主张账户内工程款归其所有,并据此请求排除执行的,不予支持。

5. 四川某贸易公司诉四川银行某公司成都锦江支行等案外人执行异议之诉案

案例索引:成都铁路运输第一法院2022年9月发布涉营商环境典型案例之二。

裁判要旨:针对借用账户人对于账户内资金提起的执行异议,应妥善平衡申请执行人、被执行人与案外人三者之间的关系,综合考量货币"占有即所有"的基本原则、账户的实际控制及我国个人存款账户实名制的公示信赖性质,从而作出判断。

6. 黄某某与陈某、胡某某案外人执行异议之诉案

案例索引:深圳市福田区人民法院(2019)粤0304民初23530号民事判决书,深圳市中级人民法院发布10起2020年度全市法院典型案例(基层法院篇)之六。

裁判要旨:(1)货币适用占有即所有的原则。通常情况下,银行账户内资金应以账户名称作为判断权属的基本标准;特定情况下,货币可因其特定化而不仅以占有状态确定权利人。无行为能力案外人因法定继承而转入其法定代理人在先冻结银行账户的资金,已经特定化,应归属于案外人所有,案外人对诉争资金享有的实体权益足以排除执行。(2)被执行人明知对外负债,在法院判决其承担责任后放弃继承权,该放弃继承权的行为无效,其与案外人所继承的遗产份额,仍应根据法定继承的规则进行分配。

第十八章 涉租赁关系的执行异议之诉

一、标的物上负担租赁权的强制执行处理原则

在执行实践中，被执行人可供执行财产上负担租赁权的情形较为常见，既有在诸如房屋、土地等不动产上设立的租赁权，也有在诸如机动车、机器设备等动产上设立的租赁权。《拍卖变卖规定》第28条第2款规定："拍卖财产上原有的租赁权及其他用益物权，不因拍卖而消灭，但该权利继续存在于拍卖财产上，对在先的担保物权或者其他优先受偿权的实现有影响的，人民法院应当依法将其除去后进行拍卖。"据此，关于执行标的物上租赁权的处理，应以承受主义为原则，以涂销主义为例外。

所谓承受主义，是指执行标的物上有担保物权或优先受偿权或用益物权等负担时，其权利不因拍卖而消灭，应由拍定人承受而言。[1] 执行标的物上的租赁权由买受人承受是《民法典》第725条"买卖不破租赁原则"在执行程序中的具体体现，究其原因，一是因为执行程序中的变价从本质上来说也是一种买卖，二是因为设置租赁权的目的是占有和使用租赁物，负担租赁权进行变价有利于保护承租人的合法权益，维护租赁关系的稳定性。

所谓涂销主义，亦称负担消灭主义，是指执行标的物上之担保物权、优先受偿权或用益物权等权利，因拍卖而消灭，拍定人取得该标的物无任何负担而言。[2] 执行标的物上的租赁权不由买受人承受需要区分享有优先受偿权的债权与租赁权在设立时间上的先后顺序，在后设立的租赁权不应对在先成立的优先受偿债权构成妨害，但如果在后设立的租赁权对在先成立的优先受偿债权实现有影响，就需要将在后设立的租赁权除去后进行变价。

---

[1] 参见杨与龄：《强制执行法论》，中国政法大学出版社2002年版，第22页。
[2] 参见杨与龄：《强制执行法论》，中国政法大学出版社2002年版，第22页。

二、涉租赁关系的执行异议救济方式

(一)承租人提起执行异议救济程序的区分

承租人能否提出执行异议之诉在不同国家和地区做法不同。我国台湾地区执行理论与实务认为,租赁权和抵押权一样都不具备排除强制执行的效力,不属于提出案外人执行异议之诉的事由。德国学者则认为,在租赁关系中,如果承租人将房屋转租给次承租人,后次承租人因为债务纠纷导致租赁物被扣押,承租人虽不是房屋所有权人,但仍然有权提起执行异议之诉。[①]

执行标的为租赁物时,承租人的租赁权能否排除执行,相关当事人对于是否应当附租约强制执行存在争议的,能否提起执行异议之诉,实践中也一直存在争议。一种观点认为,此种争议应属按照《民事诉讼法》第236条规定的执行行为异议,执行异议所审查的仅仅在于是否附带租赁合同进行拍卖这一问题,本身不应实际上也并不具有否认租赁合同效力或将其解除的既判力。因此,一方面,执行异议裁定并不会对承租人的租赁合同产生直接影响;另一方面,即使租赁关系成立于查封、抵押之前,租赁关系真实、合法、有效,也只能是要求受让人承受原租赁关系的约束,在租赁期届满前受让人不得要求承租人交付租赁物。也就是说,承租人所能阻止移交的只是租赁期内的占有权,并不能阻止强制执行行为本身。故无论租赁关系经审查认定是否合法,均不能阻止法院对于租赁物本身的执行。因此,对于是否应去除租赁权进行拍卖,在性质上应作为执行行为异议来对待较为妥当,当事人无权提起执行异议之诉。[②] 另一种观点认为,此类异议应属于《民事诉讼法》第238条的案外人执行异议,租赁权是否得以对抗对租赁物的执行既要考虑租赁合同的签订时间以及其真实性问题,又要考虑租金支付是否符合当地市场水平,还要考虑承租人占有使用租赁物的情况。显然这些是无法通过形式审查作出判断的。有关争议从"审执分离"原则的要求来看,应当最终通过诉讼的方式予以解决。因此,应当允许承租人提起执行异议之诉。[③] 随着研究的深入,区分是

---

① 参见王聪:《案外人执行异议之诉中异议事由的类型化研究——以"足以排除强制执行的民事权益"为中心》,载《法治研究》2018年第4期。

② 参见欧宏伟:《租赁权不得对抗法院对执行财产的强制处置》,载《人民司法·案例》2016年第2期。

③ 参见金殿军:《论案外人对执行标的物主张租赁权的诉讼程序》,载《财经法学》2016年第4期。

否带租赁权拍卖而给承租人提供不同的救济途径的观点逐渐得到更为广泛的认可和采纳。①

笔者认为,执行异议之诉解决的是实体权利之间的对抗问题,执行行为异议制度则解决的是执行行为违法问题。根据对租赁物的强制执行是否负有租赁权的不同,对承租人适用不同的救济程序,是恰当的。具体要点如下:

第一,根据《民法典》第725条关于"买卖不破租赁"的规定,承租人租赁的标的物被法院执行时,并不必然导致租赁权消灭,因此,承租人并不当然有权提起执行异议之诉。如果法院在执行过程中并不否定承租人享有的租赁权,未要求承租人在租赁期内移交租赁物,承租人仅对执行法院查封或者限制所有权转让等执行行为提出执行异议之诉的,法院不予受理,承租人可依据《民事诉讼法》第236条的规定提起执行行为异议。

第二,法院裁定不带租约拍卖的,承租人对此提出异议,虽然从表现形式上看,承租人主张的是法院不带租拍卖的执行行为违法,应适用《民事诉讼法》第236条用行为异议审查。但法院在执行过程中不带租约拍卖的依据在于否定承租人租赁权的成立或存续,承租人提出的异议,本质是基于租赁权而排除带租约的拍卖,系涉及实体权利的争议,应属案外人针对执行标的提出的异议,承租人可依据《民事诉讼法》第238条的规定提起执行异议之诉。此外,对于承租人对腾退房屋提出异议的,属于执行行为异议还是案外人异议,存有争议。实践中有观点认为,执行房产时租赁关系已经存在,执行法院如果未审查是否存在租赁即直接处分,执行行为违法,案外人所提执行异议属于行为异议,应当按照《民事诉讼法》第236条的规定处理。笔者认为,如果人民法院裁定不带租拍卖,或者处置后通知承租人在租赁期内交付执行标的,实质上否认了被执行人及相关人员继续占有涉案房屋的权利,无论人民法院是否在裁定中明确否认了承租人的租赁权,承租人均应有权依照《民事诉讼法》第238条提起案外人异议,以其对执行标的享有租赁权为由请求排除强制交付行为。②

---

① 如浙江省高级人民法院《关于审理案外人异议之诉和许可执行之诉案件的指导意见》第8条,山东省高级人民法院民事审判第一庭《关于审理执行异议之诉案件若干问题的解答》第4条,江西省高级人民法院《关于执行异议之诉案件的审理指南》第32条,江苏省高级人民法院《执行异议及执行异议之诉案件办理工作指引(三)》第1、2条。

② 参见邵长茂:《执行法律适用方法与常见实务问题327例》,人民法院出版社2024年版,第204页。

第三，法院在执行过程中作出的案外人异议成立的裁定、中止对房屋不负担租赁权的裁定，申请执行人不服的，有权提起申请执行人执行异议之诉，通过异议之诉程序解决涉案房产租赁权相关争议。

第四，承租人在提起执行异议之诉时，诉讼请求应为排除不带租赁的具体执行行为。例如，在租赁期移交占有、停止不带租拍卖等执行行为，如仅请求确认租赁合同效力等，则不属于执行异议之诉案件审理范畴。

第五，承租人在提起执行异议之诉时，诉讼请求应为排除已经开始实施的执行行为，对未发生的执行行为提出请求的，如在法院查封租赁物时即提起执行异议之诉，请求法院后续执行行为按照带租拍卖进行，则不属于案件的审理范围。

《执行异议之诉解释》第20条即体现了上述程序区分的处理原则。

（二）申请执行人针对带租赁执行的异议救济

在我国的民事强制执行程序中，执行异议制度是平衡债权人、债务人及案外人三方利益的核心枢纽。如前文所述，传统理论依据《民事诉讼法》及其相关司法解释，严格划分了执行行为异议与执行标的异议的界限。前者由作为执行程序当事人的申请执行人或被执行人及利害关系人提出，旨在纠正执行程序的违法之处；后者则是赋予执行程序案外人的专属救济权利，允许其就执行标的物主张所有权或足以排除强制执行的实体权利（如有效的租赁权），其法律基础源于《民事诉讼法》第238条的规定。据此，申请执行人作为执行程序的启动者和核心"当事人"，传统上被明确排除在执行标的异议的主体之外。然而，这一泾渭分明的理论框架在司法实践中遭遇了挑战，尤其是在涉及租赁权的执行案件中。"买卖不破租赁"原则，本是为保护善意承租人居住经营权的稳定，却被部分被执行人恶意利用，异化为逃避、抗拒执行的合法外衣。实践中，被执行人与亲友或关联方恶意串通，伪造租期长达二十年、租金已一次性"现金支付"的虚假租赁合同，并倒签日期至法院查封或抵押权设立之前，已成为一种典型且极为棘手的规避执行手段。这种"虚假租赁"的存在，使执行标的物在拍卖时价值大幅贬损，无人问津，最终导致申请执行人的合法债权落空，严重损害了司法公信力与执行工作的实际效果，使执行程序陷入了"合法"的僵局。

面对上述实践困境，《执行异议之诉解释》进行了制度创新，第20条第2款规定："申请执行人可以对带租拍卖、变卖等情况下的强制执行提出书面异议。执行法院作出执行裁定后,案外人不服,自裁定送达之日起十五日内向执行法院提起诉讼的,按前款规定处理。"第3款规定:"申请执行人对执行裁定不服,可以自裁定送达之日起十五日内以承租人、被执行人为被告向执行法院提起诉讼,请求不带租强制执行执行标的的,人民法院经审理,按照下列情形分别处理:(一)承租人符合本条第一款规定的,判决驳回诉讼请求;(二)承租人不符合本条第一款规定的,判决准许不带租强制执行该执行标的。"上述规定的核心在于赋予申请执行人一项新的程序性"武器",即在法院拟对已设立租赁权的标的物进行带租拍卖或变卖时,申请执行人有权就该租赁权的真实性与合法性提出书面异议,请求法院进行审查并进行"不带租"强制执行。这一规定并非简单地赋予申请执行人单方面的程序优势,而是构建了一套"程序性审查+实体性诉讼"相结合的"两步走"救济模式。申请执行人提出异议后,由执行法院进行快速的、初步的程序性审查,并以裁定的形式作出认定。这是一个效率环节,旨在快速过滤掉明显虚假的租赁关系。更为关键的是,该机制为后续的权利平衡提供了充分的司法救济出口:无论法院裁定支持或驳回异议,对该裁定不服的一方——无论是认为租赁权被错误否定的承租人,还是认为虚假租赁权未被排除的申请执行人——均有权自裁定送达之日起15日内,以对方当事人为被告,向执行法院提起执行异议之诉。在这个诉讼中,法院将不再局限于程序性审查,而是严格按照普通民事诉讼程序,对租赁合同的签订时间、租金支付、实际占有使用等实体问题进行全面、彻底的审理,并作出具有终局效力的判决。这一设计,较好地平衡了效率与公平:它既赋予了申请执行人主动打破僵局、挑战可疑权利负担的有效工具,又确保了善意承租人的合法权利不因快速的程序性审查而受到终局性的损害,为其提供了通过完整审判程序捍卫自身权益的最终保障。

当然,肯定会有观点质疑该条规定是否违背了执行异议的基本原则,笔者认为答案是否定的。从形式上看,它确实突破了传统理论中关于执行当事人与案外人主体资格的僵化区分;但从实质上看,这并非违背,而是对执行异议制度基本原则在更高层次上的发展与完善。法律原则的生命力在于其适应性与解决问题的能力。当一项原则在实践中被系统性地滥用,甚至成为不法行为的"保护伞"时,司法解释通过创设一种有针对性的、受严格程序约束的例外规定,恰恰是为了回归和捍卫该制度保护合法债权、维护执行秩序的根本宗旨。此举并非颠覆执行异议制度的根基,而是在特定领域(涉租赁权执行)为其"打补丁""堵漏洞",是对抗虚假诉讼、实现程序正义与实体正义相统一的深刻体现。

综上所述,《执行异议之诉解释》关于申请执行人针对带租赁执行的异议救济程序规定,是一种更为精细和公平的制度设计,也更能回应现代执行程序的复杂现实,值得肯定。

三、租赁权排除金钱债权执行的处理

(一)租赁权排除金钱债权执行的基本规则

租赁权作为一种特殊的债权,受到"物权化"的特殊保护。基于租赁合同,承租人主要享有两种权利:一是依据租赁合同,要求出租人按照约定的标准交付租赁物的权利;二是占有租赁物后,对于租赁物占有使用的权利。[①] 原《合同法》第229条规定"租赁物在租赁期间发生所有权变动的,不影响租赁合同的效力",原《物权法》第190条规定"订立抵押合同前抵押财产已出租的,原租赁关系不受该抵押权的影响。抵押权设立后抵押财产出租的,该租赁关系不得对抗已登记的抵押权",显然对此并未明确区分,但这两种权利的性质并不相同。前一种是纯粹债权性的权利,适用债的相对性及平等原则;后一种权利具备"占有"这一公示性表征,会产生"物权化"与特殊保护的问题,才是真正意义上的租赁权。[②] 立法者显然意识到了这一问题,《民法典》第725条对此作出了修改,强调了具备"物权化"的租赁权的占有要件,规定:"租赁物在承租人按照租赁合同占有期限内发生所有权变动的,不影响租赁合同的效力。"第405条对抵押与租赁的关系也作了相应的实质性修改:"抵押权设立前,抵押财产已经出租并转移占有的,原租赁关系不受该抵押权的影响。"据此,在执行异议之诉中,租赁在与抵押、强制执行冲突时是否能够排除强制执行的实质就在于判断租赁权是否受到后者的影响,而这不仅仅取决于基于租赁合同成立并生效从而形成的租赁关系是否先于抵押、强制执行,而是租赁关系已经成立并生效、承租人据此已经占有均先于抵押、强制执行。根据《执行异议之诉解释》第20条的规定,区分不同情况阐述如下:

[①] 参见乔宇:《案外人执行异议之诉中抵押权与租赁权的关系》,载《人民司法·案例》2018年第17期。

[②] 参见乔宇:《案外人执行异议之诉中抵押权与租赁权的关系》,载《人民司法·案例》2018年第17期。

1. 租赁设立及占有在先

根据《民法典》第405条、第725条的规定,如租赁设立及占有在抵押及查封等强制执行之前,租赁权不受抵押及强制执行的影响,若法院采取不带租赁拍卖的,显然与此相悖,则承租人提起执行异议之诉请求排除强制执行的,当然应予支持。《执行异议复议规定》第31条第1款"承租人请求在租赁期内阻止向受让人移交占有被执行的不动产,在人民法院查封之前已签订合法有效的书面租赁合同并占有使用该不动产的,人民法院应予支持"的规定也体现了这一原则。

2. 租赁设立及占有在抵押之后、强制执行之前

无论是根据原《物权法》第190条"抵押权设立后抵押财产出租的,该租赁关系不得对抗已登记的抵押权"的规定,还是根据《民法典》第403条"以动产抵押的,抵押权自抵押合同生效时设立;未经登记,不得对抗善意第三人"的规定,对于抵押登记后设立并移转占有的租赁,均不得对抗在先的抵押权。具体而言,对于不动产,抵押权自登记时方设立,故设立与登记是统一的,不动产抵押登记后设立并移转占有的租赁,均不得对抗在先的抵押权。对于动产,未登记并不影响抵押权的设立,抵押权自抵押合同生效时设立,故动产抵押权虽设立于租赁设立及占有之前,但未登记的,若承租人租赁及占有该动产时是善意的,则抵押权不能对抗租赁权;若承租人租赁及占有该动产时是非善意的,则未登记的抵押权与已经登记的抵押权一样,可对抗租赁权。

对于抵押权可对抗租赁权的情形,由于负担有租赁关系一般会对租赁物拍卖的价值产生影响,故在执行实务中执行法院往往会将该租赁关系去除,即不带租赁拍卖。但根据《拍卖变卖规定》第28条第2款"拍卖财产上原有的租赁权及其他用益物权,不因拍卖而消灭,但该权利继续存在于拍卖财产上,对在先的担保物权或者其他优先受偿权的实现有影响的,人民法院应当依法将其除去后进行拍卖"的规定,并非在此种情形下一概去除租赁拍卖,而是只有在租赁对抵押权的实现有不利影响时才需要去除租赁,若带租赁拍卖也足以实现抵押债权时,则并不需要去除租赁拍卖。若法院决定去除租赁拍卖,承租人是否有权就此提出执行异议及异议之诉呢?这就涉及去除租赁的决定权在谁的先决问题。对此,一种观点认为,既然在租赁对抵押权的实现有不利影响时才需要去除租赁,那么当然就应当在强制执行程序中由执行法院作出判断。在实践中,对此进行审查的法院也是采取委托评估的方式主动对此加以判断:如不带租赁的评估价无法覆盖全部债

权,或附带租赁导致评估价变低,则认定租赁对抵押有影响,应当去除。① 另一种观点则认为,租赁权不得对抗已登记的抵押权,意味着在抵押权实现时,抵押权人有权去除租赁权。当然,应否去除租赁权是抵押权人的权利,抵押权人在实现抵押权时未去除租赁权,导致受让人通过拍卖、变卖等方式取得抵押物所有权时有租赁权负担的,受让人也可以去除租赁权。但无论如何,应否去除租赁权,都不能由法院代替相关权利人做决定。抵押权人去除租赁权时是否需要法定的理由,如租赁权对抵押权的实现产生不利影响?笔者认为,一方面,已登记的抵押权优先于租赁权,本来就意味着抵押权人有权去除租赁权,对其行使权利不应加以限制。另一方面,如何认定租赁权对抵押权的实现有不利影响也缺乏一个明确的可操作的标准,而且一旦施加了此种限制,其结果是由人民法院来认定应否去除租赁权,既扩大了法院的裁量权,也不当限制了相关权利人的权利。②

这两种观点之争实际上反映了对于租赁权与抵押权之间的"不得对抗"含义的不同理解。第一种观点是限缩理解,即所谓的"不得对抗"应理解为"该租赁关系不得对登记抵押权造成不利影响",《拍卖变卖规定》第 28 条第 2 款的规定就是体现。第二种观点则认为抵押权人实现抵押权时,不受租赁关系设立的在后租赁关系的约束,因此抵押权人有权自主决定是否除去租赁权,不受抵押权实现是否受租赁关系不利影响条件的限制。

两种理解各有利弊。采第一种观点,抵押权人实现抵押权时并不必然能去除租赁,抵押权人与承租人之间很可能会围绕租赁关系是否对抵押权产生了不利影响产生争议,由此则意味着抵押权实现的效率将会降低。采第二种观点,对租赁权的影响无疑更大,尤其是租赁财产的变现价值本可足以满足抵押债权以及租赁

---

① 如上海市高级人民法院《关于在执行程序中审查和处理房屋租赁权有关问题的解答(试行)》(沪高法〔2015〕75 号)第 13 条规定:"依据《拍卖规定》第三十一条第二款的规定对房屋予以变现的,执行法院应当如何处理?答:执行法院可以根据不同情形分别作出处理:(一)经委托评估认为,对在先的担保物权或者其他优先受偿权的实现没有影响的,应当在房屋负担租赁权的状态下对其予以变现,在变现的过程中发现对在先的担保物权或者其他优先受偿权的实现有影响的,执行法院应当依法裁定将租赁权除去后予以变现。依法裁定将租赁权除去后予以变现的,应当重新确定保留价并重新委托变现。(二)经委托评估认为,对在先的担保物权或者其他优先受偿权的实现有影响的,执行法院应当直接依法裁定将租赁权除去后予以变现。申请执行人和案外人对执行法院是否应当除去租赁权对房屋予以变现的裁定有异议的,可以依据《民事诉讼法》第二百二十五条的规定提出执行行为异议。"

② 参见最高人民法院民法典贯彻实施工作领导小组主编:《中华人民共和国民法典物权编理解与适用》(下),人民法院出版社 2020 年版,第 1087-1088 页。

关系继续存在的情况下,稳定的租赁关系去除本无必要。相比而言,笔者更倾向于作第一种理解。因为抵押权人追求的本就是抵押价值的实现,如果带租赁的不动产能够覆盖债权,那么允许租赁继续存在完全不影响抵押之目的,对各方不仅无不利影响,还能同时保护承租人的利益。因此,基于抵押权的目的而对其去除租赁关系的权利加以限制,更符合物之利用最大化的目的。日本、我国台湾地区等均以类似方法协调抵押权人与承租人的利益,认为在后的租赁并非必须被去除。[1] 从多重权利顺位规则看,先顺位的权利虽然应优先实现,但并非必须通过消灭后顺位的权利达到此效果,只要在后顺位权利妨碍在先权利的实现时,排除后顺位权利即可。[2] 若作此理解,则在当事人对于"租赁关系是否对登记抵押权造成不利影响"产生争议,进而影响到是否应去除租赁关系时,承租人应有权提起执行异议以及异议之诉。法院则应对是否存在因租赁权的存在而导致抵押财产无人应买,或者其变价所得不足以清偿抵押权所担保的债权额进行审查,并据此认定是否构成租赁权对抵押权的实现产生不利影响。

3. 租赁设立及占有在查封后

如租赁设立在查封后,基于查封效力所及,法院此时已经强制接管租赁物,被执行人对该财产的支配权和处分权以及第三人对该财产的占有、使用均已经受到限制,根据《查封规定》第24条第2款"第三人未经人民法院准许占有查封、扣押、冻结的财产或者实施其他有碍执行的行为的,人民法院可以依据申请执行人的申请或者依职权解除其占有或者排除其妨害"之规定,承租人的租赁权显然无法排除执行。

(二) 租赁关系及占有事实的审查要点

如上文所述,租赁关系及占有的事实影响着租赁权与强制执行债权之间的对抗关系,故在承租人基于租赁权提起的执行异议之诉中,对于租赁关系及占有事实的审查就成为重中之重。

1. 关于租赁关系

(1) 关于租赁关系的真实性

租赁合同的真实性是案外人行使租赁权请求排除执行的基础,对于租赁合同

---

[1] 参见程啸:《论抵押财产出租时抵押权与租赁权的关系——对〈物权法〉第190条第2句的理解》,载《法学家》2014年第2期。

[2] 参见常鹏翱:《物权法的展开与反思》(第2版),法律出版社2017年版,第413-441页。

的真实性应当慎重判断。缺乏相应明确的权利公示规则导致租赁关系在设立上的随意、不透明甚至被执行人与第三人恶意串通并不少见,如被拍卖财产所有人(被执行人)与承租人恶意串通,将租赁合同的签订日期倒签于标的物查封日期或者抵押权设定日期之前,把租金约定低于合理水平,租期约定超出正常水平等。因此,应通过对以下因素的审查综合判断租赁合同的真实性:租赁合同的订立时间;租金约定是否明显低于所在区域同类房屋的租金水平;租金支付是否违反常理;是否办理房屋租赁登记备案手续;是否存在名为租赁实为借贷情形;租赁房屋是否实际转移占有使用;是否存在其他违反商业习惯或商业常理的情形。实践中常见的虚假租赁关系情形主要有:案外人与被执行人系亲友关系,以人际关系为纽带签订虚假租赁合同;与自己或亲友所控制的企业签订虚假租赁合同来低价承租不动产,以变相实现利益输送等。

如在江门市蓬江区森源创展实业有限公司、江门农商行棠下支行等案外人执行异议之诉案中,2013年9月13日,沛力公司位于江门市蓬江区××镇××路××号××幢、××幢、××幢等房产办理不动产登记。2013年9月15日,森源公司与沛力公司签订案涉三份《租赁合同》,约定沛力公司分别将其位于江门市蓬江区××镇××路××号××幢、××幢、××幢房产出租给森源公司,租期20年。2013年9月29日,农商银行棠下支行就案涉房产办理了抵押登记;同日,沛力公司、张某新向农商银行棠下支行作出《承诺书》,承诺案涉抵押物不存在任何租赁关系或在签发承诺书之前,抵押物上的租赁关系已经终止或完全消灭。2016年9月30日,就农商银行棠下支行与沛力公司等金融借款合同纠纷一案,一审法院作出(2016)粤07民初38号民事调解书,确认相关债权债务;后该案进入执行程序,执行法院拟对案涉房产进行拍卖处理,森源公司以承租人身份提出案外人执行异议。最高人民法院认为:第一,尽管形式上森源公司与沛力公司签订了《租赁合同》,但并无案涉房产作为租赁物实际交付的证据,亦无森源公司自己或者接收案涉房产后又实际转租他人占有、使用案涉房产的证据;实际上,沛力公司的关联公司在人民法院查封时仍在案涉房产办公及存放有机器设备。第二,就《租赁合同》约定的租金而言,森源公司并无实际支付的证据,森源公司主张用沛力公司房产租赁产生的租金抵偿新沛利公司的欠款,而案涉《借款合同》的出借方是森源公司,借款方是新沛利公司,沛力公司则为担保方,结合《租赁合同》签订在借款还款期到期之前、张某新在一审法院调查询问时所作陈述等相关事实,森源公司主张的租金抵债在性质上更符合沛力公司为新沛利公司偿付森源公司借款承担担保责任的法律特征,并非法律意义上以获取房屋使用权为目的租赁合同。第三,2013年9月15日,沛力公司与森源公司签署《租赁合同》,而2013年9月29日,沛力公司作为出租人与其法定代表人张某新即向农商银行棠下支行出具《承诺书》,明确承诺抵押给农商银行棠下支行的案涉房产不存在租赁关系,《租赁合同》与《承诺书》存在明显冲突。基于上述分析,并结合案涉房产所占用的土地一直抵押给农商银行棠下支行、农商银行棠下支行对案涉房产抵押登记属于善意相对人,一、二审判决认定森源公司不能证明其与沛力公司之间存在真实、合法有效的租赁关系,也不能证明森源公司在设立本案抵押权前已合法占有、使用案涉房产,其请求在租赁期内阻止案涉房产向买受人移交,没有事实和法律依据,并无不当。[①]

案外人以长期租赁合同约定租赁期间未届满为由对抗执行也是执行实践中常见的情形,对于长期租赁合同的真实性审查是确认租赁权能否排除执行的关键。对于承租人基于租赁期限为5年以上的长期租约,应当重点围绕以下几个条件对租赁合同的真实性进行审查:①租赁合同的订立时间。结合出租人与承租人在租赁合同签订时间的实际经营状况和房屋建造或装修等实际情况进行审查;同时,要审查长期租赁合同与查封或抵押的时间先后顺序。②租金约定的水平。长期租赁合同约定的租金由于市场经济的发展往往低于现今的租赁水平,要结合租赁合同签订时的经济发展水平以及后续合同是否修改等方面,审查租金是否明显低于案涉不动产所在同一区域同类房屋的租金水平。③租金支付是否违反常理。可以从租金的转账方式、租金支付期限(如按月、按季、按半年或按年),是否有相应时间的交易流水、相应收据等方面审查。④是否办理房屋租赁登记备案手续。案涉不动产为被执行人或其他人占有使用,承租人仅以其已向房产管理部门办理登记备案,并将该不动产登记为新设公司营业地址为由主张租赁权的,不予认定其实际占有并使用该不动产。⑤是否存在名为租赁实为借贷情形。⑥租赁房屋是否实际占有使用。在上述第4项的情形下,若同时具备下列情形,应视为承租人实际占有并使用租赁物:第一,已经取得对租赁物的实际控制权;第二,已在租赁的土地或房屋内从事生产经营活动,包括已将租赁物用于生活、生产、经营或已

---

① 参见最高人民法院民事裁定书,(2021)最高法民申7289号。

进行装修等可以视作对案涉不动产有支配力的活动;第三,案外人在抵押、查封前已经由其且至今仍由其支付案涉房屋水电费、物业费等费用。⑦是否存在其他违反交易习惯或行业惯例的情形。①

(2)关于租赁关系的效力

未取得建设工程规划许可证或者未按照建设工程规划许可证的规定建设的房屋、未经批准或者未按照批准内容建设的临时建筑、租赁期限超过临时建筑的使用期限的房屋订立的租赁合同无效,因而也不能排除不带租赁强制执行。租赁合同是否登记备案并不影响合同本身的效力问题,但法院在认定租赁合同真实性的问题时,经过租赁备案的合同更容易被认定为具有真实性。

(3)关于租金

司法实践中往往将租金支付也作为是否支持承租人租赁权排除强制执行的要件。② 甚至有观点认为,应当将查封后至一审法庭辩论终结前已将剩余租金交付人民法院执行也作为是否支持承租人租赁权排除执行的构成要件。笔者认为这一观点值得商榷。虽然从打击虚假租赁以及认定租赁关系的难度考虑,这种制度设计有一定合理性,但无论是《民法典》第725条关于买卖不破租赁的一般规定还是第405条关于抵押权和租赁权关系的规定,对于租赁权可对抗条件中均未要求有租金支付。赋予租赁物权化的对抗力,使其能够对抗抵押权人等第三人的效力的根源在于对承租人占有的保护。当然,这并不能够否定对租金事实审查的重要性,因为通过租金价格是否合理、支付方式是否有违常识等因素的审查,结合事实因素,是判断租赁关系是否真实的重要因素。如租金较低且签订的是明显不符合常理的"长期租约",应认定为虚假租赁。③《执行异议之诉解释》采取了一种折中的处理方法,仅要求已按合同约定支付租金,而未要求必须将剩余租金交付执行,即体现了租金支付对判断租赁关系真实性的重要性,又不至于损害承租人支付租金的期限利息,是一种较为可取的平衡策略。

2.关于占有

对于直接占有的事实的认定,若承租人是自然人,应着重审查物业费交纳情

---

① 参见褚红军主编:《民事执行裁判理论与实务》,人民法院出版社2022年版,第157-158页。
② 如山东省高级人民法院民事审判第一庭《关于审理执行异议之诉案件若干问题的解答》第4条,江苏省高级人民法院《关于执行异议之诉案件的审理指南》第33、34条。
③ 参见重庆市第五中级人民法院民事裁定书,(2021)渝05执异462号。

形、房屋的实际居住情况、水电气使用和缴费情况、信件快递收寄情况;若承租人为企业等经营主体,还可进一步审查市场主体登记注册地址和时间、是否实际开展经营活动、租金收支明细、租金纳税凭证等情况。

若租赁不动产为被执行人或其他人占有使用,承租人仅以其已向有关部门办理登记备案,并将该不动产登记为新设公司营业地址为由主张租赁权的,一般应认定其未实际占有并使用该不动产。但是,承租人举证证明已经取得对租赁物的实际控制权,已在租赁的土地或房屋内从事生产经营活动,包括已将租赁物用于生活、生产、经营或已进行装修等除外。

四、融资租赁关系下出租人排除承租人的金钱债权人申请执行问题

(一)融资租赁的概念及法律性质

《民法典》第735条规定:"融资租赁合同是出租人根据承租人对出卖人、租赁物的选择,向出卖人购买租赁物,提供给承租人使用,承租人支付租金的合同。"

在融资租赁交易中,虽然出租人仍是租赁物名义上的所有权人,但所有权的实质权能如占有、使用、收益皆由承租人行使,出租人仅在承租人违约或破产的情况下可以基于保留的所有权而保障剩余租金债权的清偿。由此可见,出租人保有所有权的真实目的并非重新取回租赁物,而是担保债权的实现。[①] 与所有权保留买卖相同,经由《民法典》第388条第1款关于担保合同范围的界定以及第745条关于租赁物所有权登记对抗的规定,加之《担保制度解释》则明确将出租人对租赁物的所有权规定在"非典型担保"部分,出租人对租赁物的所有权在性质上也被认为属于一种非典型担保。

(二)出租人对租赁物所有权的担保属性、登记对抗与排除执行

融资租赁与所有权保留买卖在交易结构上有着许多相似之处,尤其是出卖人(出租人)的所有权均已"功能化"为担保性所有权的共同点,使对于该两者在登记对抗问题上应作同一规定与理解。《民法典》第745条规定,出租人对租赁物享有的所有权,未经登记,不得对抗善意第三人。基于《民法典》第388条、《担保制

[①] 参见刘保玉、张炬东:《论动产融资租赁物的所有权登记及其对抗效力》,载《中州学刊》2020年第6期。

度解释》第54条和第67条规定,该处的第三人既包括该标的物的物权人,也包括承租人的扣押债权人和强制执行债权人。

出租人在融资租赁合同中所关注的核心并不是租赁物的"所有权",出租人收回融资资金并获取相应收益才是出租人的主要合同目的。① 因此,承租人的担保权人申请强制执行的,因出租人与租赁物的其他担保权人对租赁物所享有的利益均系担保其债权优先受偿,故无论出租人的所有权已经登记还是未登记,均应通过执行过程对处置出卖物后所得价款根据《民法典》第414条、第415条、第456条关于抵押权、质权、留置权的清偿顺位规则进行清偿,相关当事人对此存在异议的,可通过提起执行分配方案异议程序及执行分配方案异议之诉加以解决,出租人的所有权均无排除其他担保权人申请的强制执行的效力。

若承租人的金钱债权人系普通债权人,在出租人所有权已经登记的情况下,出租人对于拍卖、变卖所得的价款享有优先受偿的权利;若出租人所有权未登记,则出租人的所有权不得对抗承租人的强制执行债权人,人民法院当然可以在执行过程中对标的物采取控制措施后,依法处置标的物,出租人对拍卖、变卖标的物所得的价款亦不享有优先受偿的权利。

由此可见,无论是否已经登记,无论金钱债权是担保权还是普通债权,基于融资租赁关系下出租人所有权系非典型担保权的法律性质定位,出租人的所有权均无排除承租人的金钱债权人申请执行的效力。

(三)出租人取回与排除执行

与所有权保留中出卖人的取回权是在不解除合同的情形下行使的规定不同,基于融资租赁合同的特点,对于未按约定支付租金、未经出租人同意处分的,《民法典》第752条、第753条中规定了出租人可以解除合同并收回租赁物的权利。

《民法典》第753条规定的未经出租人同意处分租赁物的情形因涉及第三人,而根据《买卖合同解释》第26条第2款的规定,买受人在该标的物上又为其所负债务设定担保的,若该担保权人构成善意取得的情况下,则出租人将无法收回租赁物。如此就会出现标的物上存在出租人的担保性所有权以及其他担保权的情

---

① 参见张家勇:《体系视角下所有权担保的规范效果》,载《法学》2020年第8期。

况。此时,应交由前述清偿顺位规则处理。

《民法典》第752条则与第642条第1款第1项规定的所有权保留中出卖人的取回权更为类似,但不同的是,第752条没有对出卖人在取回标的物未果时是否可参照适用担保物权的实现程序作出规定。对于这一问题,《担保制度解释》第65条第2款规定:"出租人请求解除融资租赁合同并收回租赁物,承租人以抗辩或者反诉的方式主张返还租赁物价值超过欠付租金以及其他费用的,人民法院应当一并处理。当事人对租赁物的价值有争议的,应当按照下列规则确定租赁物的价值:(一)融资租赁合同有约定的,按照其约定;(二)融资租赁合同未约定或者约定不明的,根据约定的租赁物折旧以及合同到期后租赁物的残值来确定;(三)根据前两项规定的方法仍然难以确定,或者当事人认为根据前两项规定的方法确定的价值严重偏离租赁物实际价值的,根据当事人的申请委托有资质的机构评估。"这样一来,融资租赁中的出租人取回标的物与所有权保留买卖中出卖人取回权的行使程序就基本保持一致了。在法院认定融资租赁合同解除并且出租人得取回租赁物时,该租赁物不应再作为承租人可供执行的责任财产,自然也就可以排除承租人的金钱债权人申请的强制执行。

规范依据

《执行异议之诉解释》

第二十条 不带租拍卖、变卖等情况下的强制执行中,案外人以在查封前已与被执行人签订合法有效的书面租赁合同并合法占有使用执行标的,且已按照合同约定支付租金为由,提起执行异议之诉,请求在租赁期内排除一般债权的不带租强制执行,事由成立的,人民法院应予支持;符合上述规定条件的案外人签订租赁合同及合法占有使用执行标的均在抵押权设立之前,请求在租赁期内排除抵押权的不带租强制执行的,人民法院应予支持。

申请执行人可以对带租拍卖、变卖等情况下的强制执行提出书面异议。执行法院作出执行裁定后,案外人不服,自裁定送达之日起十五日内向执行法院提起诉讼的,按前款规定处理。

申请执行人对执行裁定不服,可以自裁定送达之日起十五日内以承租人、被执行人为被告向执行法院提起诉讼,请求不带租强制执行执行标的的,人民法院经审理,按照下列情形分别处理:

（一）承租人符合本条第一款规定的，判决驳回诉讼请求；

（二）承租人不符合本条第一款规定的，判决准许不带租强制执行该执行标的。

《民法典》

第四百零五条　抵押权设立前，抵押财产已经出租并转移占有的，原租赁关系不受该抵押权的影响。

第七百二十五条　租赁物在承租人按照租赁合同占有期限内发生所有权变动的，不影响租赁合同的效力。

第七百三十五条　融资租赁合同是出租人根据承租人对出卖人、租赁物的选择，向出卖人购买租赁物，提供给承租人使用，承租人支付租金的合同。

第七百三十六条　融资租赁合同的内容一般包括租赁物的名称、数量、规格、技术性能、检验方法，租赁期限，租金构成及其支付期限和方式、币种，租赁期限届满租赁物的归属等条款。

融资租赁合同应当采用书面形式。

第七百三十七条　当事人以虚构租赁物方式订立的融资租赁合同无效。

第七百三十八条　依照法律、行政法规的规定，对于租赁物的经营使用应当取得行政许可的，出租人未取得行政许可不影响融资租赁合同的效力。

第七百四十五条　出租人对租赁物享有的所有权，未经登记，不得对抗善意第三人。

第七百五十二条　承租人应当按照约定支付租金。承租人经催告后在合理期限内仍不支付租金的，出租人可以请求支付全部租金；也可以解除合同，收回租赁物。

第七百五十三条　承租人未经出租人同意，将租赁物转让、抵押、质押、投资入股或者以其他方式处分的，出租人可以解除融资租赁合同。

第七百五十四条　有下列情形之一的，出租人或者承租人可以解除融资租赁合同：

（一）出租人与出卖人订立的买卖合同解除、被确认无效或者被撤销，且未能重新订立买卖合同；

（二）租赁物因不可归责于当事人的原因毁损、灭失，且不能修复或者确定替代物；

（三）因出卖人的原因致使融资租赁合同的目的不能实现。

第七百五十八条 当事人约定租赁期限届满租赁物归承租人所有，承租人已经支付大部分租金，但是无力支付剩余租金，出租人因此解除合同收回租赁物，收回的租赁物的价值超过承租人欠付的租金以及其他费用的，承租人可以请求相应返还。

当事人约定租赁期限届满租赁物归出租人所有，因租赁物毁损、灭失或者附合、混合于他物致使承租人不能返还的，出租人有权请求承租人给予合理补偿。

第七百五十九条 当事人约定租赁期限届满，承租人仅需向出租人支付象征性价款的，视为约定的租金义务履行完毕后租赁物的所有权归承租人。

《房屋租赁合同解释》

第十四条 租赁房屋在承租人按照租赁合同占有期限内发生所有权变动，承租人请求房屋受让人继续履行原租赁合同的，人民法院应予支持。但租赁房屋具有下列情形或者当事人另有约定的除外：

（一）房屋在出租前已设立抵押权，因抵押权人实现抵押权发生所有权变动的；

（二）房屋在出租前已被人民法院依法查封的。

《融资租赁合同解释》

第一条 人民法院应当根据民法典第七百三十五条的规定，结合标的物的性质、价值、租金的构成以及当事人的合同权利和义务，对是否构成融资租赁法律关系作出认定。

对名为融资租赁合同，但实际不构成融资租赁法律关系的，人民法院应按照其实际构成的法律关系处理。

第二条 承租人将其自有物出卖给出租人，再通过融资租赁合同将租赁物从出租人处租回的，人民法院不应仅以承租人和出卖人系同一人为由认定不构成融资租赁法律关系。

第五条 有下列情形之一，出租人请求解除融资租赁合同的，人民法院应予支持：

（一）承租人未按照合同约定的期限和数额支付租金，符合合同约定的解除条件，经出租人催告后在合理期限内仍不支付的；

（二）合同对于欠付租金解除合同的情形没有明确约定，但承租人欠付租金达

到两期以上,或者数额达到全部租金百分之十五以上,经出租人催告后在合理期限内仍不支付的;

(三)承租人违反合同约定,致使合同目的不能实现的其他情形。

第十一条 出租人依照本解释第五条的规定请求解除融资租赁合同,同时请求收回租赁物并赔偿损失的,人民法院应予支持。

前款规定的损失赔偿范围为承租人全部未付租金及其他费用与收回租赁物价值的差额。合同约定租赁期间届满后租赁物归出租人所有的,损失赔偿范围还应包括融资租赁合同到期后租赁物的残值。

《拍卖变卖规定》

第二十八条 拍卖财产上原有的担保物权及其他优先受偿权,因拍卖而消灭,拍卖所得价款,应当优先清偿担保物权人及其他优先受偿权人的债权,但当事人另有约定的除外。

拍卖财产上原有的租赁权及其他用益物权,不因拍卖而消灭,但该权利继续存在于拍卖财产上,对在先的担保物权或者其他优先受偿权的实现有影响的,人民法院应当依法将其除去后进行拍卖。

典型案例

1. 李某诉某银行上海市静安支行、陈某如、孙某敏等案外人执行异议之诉案

案例索引:人民法院案例库入库编号2024-07-2-471-012/民事/执行异议之诉/上海市第二中级人民法院/2021.06.28/(2021)沪02民终5769号/二审/入库日期:2024.12.23。

裁判要旨:(1)针对抵押房产进行拍卖时,案外人以租赁合同主张房屋应当附租约拍卖并提供了相应证据的,人民法院应当首先审查租赁行为的真伪。对于以虚假租赁合同主张房屋附租约拍卖的,人民法院不予支持。(2)对于租赁行为真伪的审查,具体可以从以下几个方面进行:一是查明租赁合同签订的时间。对于在查封或者设置抵押权之前签订的合同,应结合其他证据判定其是否属于"倒签"行为。重点审查是否存在一次性签订超长租赁期限的情形。二是查明房屋的实际占有使用状况。占有是租赁权公示的一般表现形态,可以结合物业费、水电煤、装修协议等证据综合判定案外人是否实际占有使用房屋。三是查明租金支付情况。实际支付租金是判断租赁关系具有真实性的重要依据。对于大额租金的支付,应以银行转账凭证为据。对声称以现金结算,并一次性支付全部租金的主张,由于明显不符合日常交易习惯,一般不予采信。

2. 案外人杨某某诉某某公司、朱某某等执行异议之诉案

案例索引:人民法院案例库入库编号 2024-07-2-471-008/民事/执行异议之诉/浦江县人民法院/2019.06.19/(2019)浙0726执异15号/一审/入库日期:2024.02.24。

裁判要旨:在司法处置不动产过程中,案外人以对不动产享有承租权为由主张"买卖不破租赁"而提出执行异议。法院在审理过程中,除审查形式要件外,还应加强实质审查,通过审查签订时间、案外人实际占用情况、抵押登记报告中权属情况、租金支付情况以及案外人与被执行人之间的关系等因素,综合考量是否构成虚假租赁。对于案外人虚构租赁合同关系的,应当按照《民事诉讼法》的规定予以处罚,构成犯罪的,应当追究其刑事责任。

3. 昆明某银行云溪支行诉王甲、王乙申请执行人执行异议之诉案

案例索引:人民法院案例库入库编号 2024-08-2-471-003/民事/执行异议之诉/云南省高级人民法院/2023.07.13/(2023)云民终字600号/二审/入库日期:2024.06.13。

裁判要旨:申请执行人以其享有抵押权为由,主张解除租赁人对房屋的占有使用的,人民法院应当对抵押权人、租赁权人各自享有的权利性质、取得权利时间的先后、有无过错等因素进行实质审查,作出综合判断。成立在抵押权之前,并已占有使用的租赁权可以排除移交租赁物的强制执行。

4. 刘某诉浙江某铜业有限公司、郑某满、黄某泉案外人执行异议之诉案

案例索引:人民法院案例库入库编号 2023-16-2-471-002/民事/执行异议之诉/浙江省高级人民法院/2016.06.12/(2016)浙民申595号/再审/入库日期:2024.02.24。

裁判要旨:案外人主张租赁权先于抵押权设定,人民法院应从租金实际支付情况、案外人所租房屋用途、抵押权成立时案外人是否占有房屋、租赁合同条款是否符合交易习惯等方面进行审查,以判断案外人是否享有房屋租赁权。

5. 平某君与李某刚等人执行复议案

案例索引:人民法院案例库入库编号 2024-17-5-202-002/执行/执行复议案件/黑龙江省高级人民法院/2022.09.28/(2022)黑执复152号/执行/入库日

期:2024.11.25。

裁判要旨:债务人抵押权设立后出租抵押财产的,该租赁关系不得对抗已登记的抵押权。在抵押权实现时,该租赁关系对抵押权人不具有约束力。利害关系人基于抵押权登记之后设立的租赁关系,提出排除执行主张的,人民法院不予支持。

6. 胡某与宋某执行异议案

案例索引:人民法院案例库入库编号 2024-17-5-201-022/执行/执行异议案件/北京市西城区人民法院/2019.07.31/(2019)京0102执异144号/执行/入库日期:2024.02.24。

裁判要旨:(1)对于案外人主张承租权成立的条件应进行严格审查。须同时符合以下两个条件方能成立:其一,在法院查封之前已签订合法有效的书面租赁合同;其二,在法院查封之前承租人已占有使用该不动产。(2)在案外人异议案件的审查中,应该综合是否实际缴纳租金、租金是否严重偏离市场价格、缴纳方式是否符合一般交易习惯、物业管理缴费凭证等因素综合进行认定,以防止承租人与被执行人恶意串通拖延执行。在涉及房屋买卖以及抵押登记的情形时,也可以参考相关合同中是否有关于房屋出租情况的表述。(3)案外人承租在先的租赁权成立仍不能阻却拍卖等强制执行措施,其产生的法律后果是签署租赁协议及合法占有的承租人能在租赁期内阻止向受让人移交占有被执行人的不动产,即继续承租涉案房屋直至租赁期满。实践中,需要予以明确的是该项异议属于案外人针对执行标的提出的异议,执行法院应当对此进行立案审查,并作出裁定,不可直接认定租赁权成立并予以执行。

7. 于某与李某豪执行异议案

案例索引:人民法院案例库入库编号 2024-17-5-201-016/执行/执行异议案件/上海市闵行区人民法院/2015.05.27/(2015)闵执异字第5号/执行异议/入库日期:2024.08.05。

裁判要旨:对于案外人主张房屋租赁权要求排除执行的异议审查,应当秉持审慎、有限实体审查的原则,准确认定案外人所主张租赁权的真实性,通过审查租赁合同签订、租赁物的占有使用等细节情况,考察当事人主张的事实之间是否存在相互矛盾之处,防止案外人和被执行人相互串通、利用案外人异议程序恶意阻却执行。

8. 武汉和平华裕物流有限公司与乐昌市粤汉钢铁贸易有限公司等案外人执行异议之诉案

案例索引：最高人民法院(2019)最高法民终1790号民事判决书，载《最高人民法院公报》2022年第9期(总第313期)。

裁判要旨：出租人将土地出租给承租人，当该土地被强制执行时，案外人主张承租人向其转租土地，且其在土地上兴建建筑物并对之享有足以排除强制执行的合法权益时，可通过案外人执行异议之诉主张权利。人民法院在审理次承租人以案外人提起的执行异议之诉案件时，既要依法维护次承租人的正当权利，也要防止其滥用案外人执行异议之诉，妨害强制执行程序的正常进行。对于次承租人提起的执行异议能否排除强制执行，应当依据《民诉法解释》第三百一十一条(修改后第三百零九条)的规定进行审查。

9. 某公司案外人执行异议之诉案

案例索引：上海市青浦区人民法院(2022)沪0118民初9317号民事判决书，上海市高级人民法院发布防范当事人滥用执行异议程序规避执行十大典型案例之一。

裁判要旨：案外人虚构租赁关系对司法拍卖房产主张带租约拍卖阻碍执行的，不予支持。

第十九章　涉股权执行的执行异议之诉

在金钱债权执行中,人民法院根据申请执行人的申请对登记在被执行人名下的股权申请强制执行,案外人以其为股权受让人、实际出资人、真实股东的身份提出排除强制执行的主张时,应如何处理?此类纠纷在实践中的争议非常大,地方各级法院乃至最高人民法院的裁判往往呈现出不同的裁判观点。涉股权执行异议之诉的类型主要包括股权受让人提起的执行异议之诉、股权代持中隐名股东提起的执行异议之诉、股权让与担保中担保人提起的执行异议之诉。依循执行异议之诉案件的处理思路和审查原则,判断以上案外人能否排除强制执行,首先需要解决的是"股权归谁所有"这一核心问题,因为原则上强制执行只能针对被执行人的责任财产,而不能是被执行人责任财产范围以外的财产。由于股权的归属模式在我国现行法律中的界定并不十分明确,故对此类问题的探讨相较于不动产转让或代持问题更为复杂。因此,在讨论各类涉股权执行异议之诉问题时,有必要对涉及股权归属问题的股权变动模式、股权代持法律性质、股权让与担保法律性质这些基本理论问题展开探讨。

一、股权受让人针对受让股权执行异议的审查规则

实践中,股权转让一般需要经过签订意向书、签约谈判、正式签约、合同履行、后续流程等多个阶段。[①] 因此,从股权转让双方签订股权转让合同到最终完成股权变更登记之间存在时间差。在股权受让人已经签订股权转让合同并支付部分或全部股权转让价款时,往往股权尚未完成工商信息的变更登记。由此,在人民法院针对被执行人名下的股权采取强制执行时,股权受让人往往提出执行异议。此时,首先需要回答的问题是,作为转让标的的股权在法院采取强制执行措施时权属是否已经发生变动,是否已从转让人的责任财产转化为受让人的责任财产?

---

① 参见张双根:《论股权让与的意思主义构成》,载《中外法学》2019年第6期。

这一问题关涉理论上的股权变动模式之争。

(一)股权变动模式的比较考察

1. 股权变动模式学说分歧

股权变动模式是解决股权转让中股权权属何时发生变动的理论模型。学理上关于股权变动模式存在不同观点。根据主张股权变动的时间点应界定在股权转让合同生效时,还是在公司登记机关办理股东名册变更登记之时[1],大致可以分为"意思主义模式说"和"形式主义模式说"。"意思主义模式说"又分为"纯粹意思主义说"和"修正意思主义说"两种学说;"形式主义模式说"又分为"债权形式主义说"和"物权形式主义说"两种学说。此外,还有综合说。[2]

(1) 意思主义模式说

"意思主义模式说"主张,在当事人之间,股权让与行为(股权让与合意)一经生效,受让人即取得所受让的股权。至于股东名册中的记载、公司登记中的股东登记,在股权让与当事人内部,均非受让人取得股权的要件,既不是生效要件,也不是其他任何意义上的要件。[3]

"纯粹意思主义说"认为,股权于股权转让合同生效时发生转移,无须其他公示条件。[4] 股权转让合同生效后,受让人即成为公司股东,公司应将其姓名或名称记载于公司名册,并向其签发出资证明书;[5]公司不向该股东签发出资证明书、不相应地修改公司章程和股东名册中有关股东及其出资额的记载可能会致使新股东不能正常行使在公司中的权利,但这并不影响受让人的公司股东身份。[6]

"修正意思主义说"认为,公司具有组织法的特征,股权转让不能脱离公司语境而独立存在,纯粹意思主义模式与股权转让的现实运作难以相符,股权于股权转让合同生效时发生转移,但股权转让的事实尚未被公司知晓,受让人难以向公司主张权利,股权难以实现。因此,股权在转让合同生效时在转让双方发生法律

---

[1] 参见刘俊海:《现代公司法》,法律出版社2011年版,第344页。
[2] 参见邹学庚:《实际出资人能否排除强制执行?——兼评股权变动模式》,载李曙光主编:《法大研究生》2020年第1辑,中国政法大学出版社2020年版。
[3] 参见张双根:《论股权让与的意思主义构成》,载《中外法学》2019年第6期。
[4] 参见李建伟:《公司法学》(第2版),中国人民大学出版社2011年版,第257-258页。
[5] 参见叶林:《公司法研究》,中国人民大学出版社2008年版,第266页。
[6] 参见刘俊海:《现代公司法》,法律出版社2011年版,第213-214页。

效力,但需要通知公司并获得公司的认可后方能对公司发生效力。① "修正意思主义说"的内核与"纯粹意思主义说"保持一致,同时强调应重视公司在股权变动中的地位和作用,以避免纯粹意思主义模式下受让人行使股权面临来自公司的阻碍。

(2)形式主义模式说

"债权形式主义说"认为,股权转让合同生效时仅在出让人与受让人之间形成了以转让股权和支付价款为请求权的债权债务关系,并不产生股权变动效果,股权变动的效果在出让人向受让人履行某种"交付"股权的手续时方才发生。② "物权形式主义说"则认为,股权的变动需具备转让双方关于股权这一"物权"变动的合意,再加上登记这一法定生效要件始发生股权变动效力。③ "形式主义模式说"借鉴了物权法的权利变动理论,将股权视为与物权性质相当的一类财产权。在债权形式主义变动模式下,物权的变动需由转让物权的原因行为(债权合意)+特定的公示行为(动产为交付,不动产为登记)方发生法律效力。"形式主义模式说"认为,股权的变动亦应当遵循这一经典模式,主张在股权转让的债权合意(或物权合意)以外,尚需交付这一转移股权的行为,方能完成股权归属的转移。

(3)综合说

"综合说"认为,认定股权的归属,应当综合考虑出资情况、出资证明书的签发、公司章程的记载、股权转让合同、股东名册的记载、市场主体登记④的登记内容、股东行权情况、其他股东或公司是否认可等情形判断。⑤ 此种观点在司法实践中较为常见,如北京市高级人民法院《关于审理公司纠纷案件若干问题的指导意见(试行)》即规定:"有限责任公司股东资格的确认,涉及实际出资额、股权转让合同、公司章程、股东名册、出资证明书、市场主体登记等。确认股东资格应当综

---

① 参见李建伟:《有限责任公司股权变动模式研究——以公司受通知与认可的程序构建为中心》,载《暨南学报(哲学社会科学版)》2012年第12期。

② 参见李建伟:《有限责任公司股权变动模式研究——以公司受通知与认可的程序构建为中心》,载《暨南学报(哲学社会科学版)》2012年第12期。

③ 参见邹学庚:《股权变动模式的理论反思与立法选择》,载《安徽大学学报(哲学社会科学版)》2023年第6期。

④ 即原工商登记,根据2022年3月1日起实施的《中华人民共和国市场主体登记管理条例》(国务院令第746号),现规范称谓应为市场主体登记。

⑤ 参见邹学庚:《实际出资人能否排除强制执行?——兼评股权变动模式》,载李曙光主编:《法大研究生》2020年第1辑,中国政法大学出版社2020年版。

合考虑多种因素,在具体案件中对事实证据的审查认定,应当根据当事人具体实施民事行为的真实意思表示,选择确认股东资格的标准。"

2. 股权变动模式学说评析

(1)采意思主义的理由及立场

对"意思主义模式说"和"形式主义模式说"之下各自细分学说的区别暂且按下不表,这两种模式的本质区别在于是否认为股权转让的生效须在转让合意以外履行特定的"交付"义务。"意思主义模式说"主张股权的转让于股权转让双方达成意思表示一致,即转让合同生效时发生转移;而"形式主义模式说"主张在转让合同之外,尚需履行股权"交付"始发生法律效力,此种"交付",或为记载于股东名册,或为记载于市场主体登记。意思主义主张,我国公司法并没有赋予有限责任公司在股权转让出资过程中享有任何实体权利。在股东股权转让过程中,有限责任公司仅负有变更出资登记的程序性义务[1],故不应为公司设定是否同意股权转让的"实体权利",否则存在过度干预股权转让自由之嫌。采取意思主义模式,可以避免在股权转让合同生效至股权发生变动的期间内,出让人实施短期行为侵害受让人的合法权益。[2] 采取意思主义模式的立场,股权于股权转让合同生效时即发生转移。就股权代持而言,股权代持协议通常约定,股权实际归属于隐名股东,名义股东仅是挂名人,根据该意思表示,股权应当认定属于隐名股东,故股权代持协议生效即意味着股东资格的确认。在意思主义模式下,股权转让合同生效后,出资的受让人即成为公司股东,公司应将其姓名或者名称记载于公司名册,并向其签发出资证明书。[3] 股权受让人请求公司作为该项义务的基础是其已基于股权转让合同取得股东资格。意思主义模式的优势在于杜绝了股权转让的外部因素,尤其是市场主体登记这一行政程序对当事人之间股权交易的干预,以求最大限度地保护私权自治,故认为股权应当基于转让双方当事人对转让股权达成一致合意时完成转移。探究意思主义形成的基础和背景,乃是在于对股权的主要属性为财产权、请求权的判定。[4] 基于此,股权转让亦可比照同为请求权的

---

[1] 参见赵旭东:《新公司法讲义》,人民法院出版社 2005 年版,第 330 页。
[2] 参见李建伟:《有限责任公司股权变动模式研究——以公司受通知与认可的程序构建为中心》,载《暨南学报(哲学社会科学版)》2012 年第 12 期。
[3] 参见叶林:《公司法研究》,中国人民大学出版社 2008 年版,第 266 页。
[4] 参见张双根:《论股权让与的意思主义构成》,载《中外法学》2019 年第 6 期。

债权让与的法律规则,对于债权转让合同发生法律效力,即发生受让人取得所转让债权的效果,学界几无争议①,那么股权于股权转让合同生效时发生转移即应有之义。

"意思主义模式说"立足保障私法自治其心可嘉,在法教义学上亦有其通达之处,但也不乏批评的声音。反对者认为,意思主义将股权视为财产权、请求权忽视了股权的成员权属性和公司法的组织法属性,将不可避免地损害公司和其他股东的合法权益。② 意思主义与股权的行使和公司的运作难以契合,股权作为股东对公司享有的财产权和管理权的集合,在公司不知晓和认同的情况下,仅凭股权转让双方的意思恐难以向公司行使相应权利,此种所谓的"股权"显然只是一个"空壳"。③

(2)采形式主义的理由及立场

"形式主义模式说"认为,股权转让需要完成交付(登记)这一形式要件方发生股权变动的法律效力,债权形式主义和物权形式主义的区别在于,是否需要合同双方达成有关转移股权这一"物权"的合意。在实践中,一份股权转让合同中往往同时包含债法性契约与处分股权行为的合意,故两种学说对于确定股权变动时间无实质影响。形式主义模式认为,合同的生效不等于合同的履行,股权转让合同的生效也不等于股权的实际转让,股权的实际转让就是股权的交付(登记),至于应完成的是股东名册登记还是市场主体登记,学界又存在不同观点。"登记形式主义"观点认为,应当以市场主体登记作为认定股权变动的唯一依据,且应当依据市场主体登记的股东信息来设置股东名册,以保持二者的统一。④ "记载形式主义"观点认为,有限责任公司股权转让自股东名册记载变更生效。⑤ 2023 年修订后的《公司法》第86 条第2 款明确规定:"股权转让的,受让人自记载于股东名册时起可以向公司主张行使股东权利。"即肯认了股东权利变动的根据和标准是股

---

① 参见张谷:《论债权让与契约与债务人保护原则》,载《中外法学》2003 年第1 期。
② 参见李建伟:《公司认可生效主义股权变动模式——以股权变动中的公司意思为中心》,载《法律科学(西北政法大学学报)》2021 年第3 期。
③ 参见裴显鹏:《股权变动模式再审视——兼谈股权表征方式的完善》,载《河南理工大学学报(社会科学版)》2019 年第2 期。
④ 参见刘凯湘:《股东资格认定规则的反思与重构》,载《国家检察官学院学报》2019 年第1 期。
⑤ 参见最高人民法院民事审判第二庭编著:《〈全国法院民商事审判工作会议纪要〉理解与适用》,人民法院出版社2019 年版,第135 页。

东名册的变动。①"形式主义模式说"认为,根据《公司法》的规定,公司应当置备股东名册,进行股权登记,并办理市场主体登记。故而股东名册、市场主体登记具备设权的效力,而非仅仅是产生公示效果。在形式主义模式下,股权的变动以股东名册的变更或市场主体登记的变更作为确认股权转移的标志。形式主义模式的立足点在于公司的组织法特性和股权性质的复合性,从公司法的组织法属性出发,认为股权转让双方的合意不足以导致股权的变更,股权作为组织法创设的权利,其变动、消灭也应依照组织法的程序进行。就此意义而言,比照物权变动模式认定股权转让需在履行特定的交付义务后发生股权变动的效力具有理论基础。公司对于股东股权的转让有介入的必要,公司对股权转让是否符合法律规定,是否符合公司章程,是否有损股东的合法权益,均有审查的职责和义务,故抛开公司意志完全以转让双方的意思确定股权转让存在系统风险。② 针对意思主义以债权转让模型为模式参照,形式主义主张,从股权的性质出发,股权具有自益权和公益权两种属性,从广义上理解,包括股东对公司之财产权利及义务,这种权利义务的概括转移应为合同承受,与仅以移转债权为目的的债权转让明显不同。③

(3)综合说的利弊

"综合说"认为,认定股权的归属,应当综合考虑出资情况、出资证明书、公司章程、股权转让合同、股东名册、市场主体登记、股东行权情况、其他股东或公司是否认可等情形进行综合判断。该说属于从司法裁判中提炼的观点,由于该说无法明确具体的股权转让完成标志,且缺乏充分的理论论证,在理论界未成为一种主流观点。但司法裁判中的此种理念侧重对权利真实状态的探寻和甄别,所以并非没有理论价值,其合理性和正当性值得引起足够重视。采该说对法官素质要求较高,其要求法官综合全案证据,权衡当事人双方各自占有的股东形式要件与实质要件,运用自由心证作出"谁更像股东"的判断,属于衡平式审判,要在我国推行存

---

① 参见林一英、周荆、禹海波编著:《公司法新旧对照与条文解读》,法律出版社2023年版,第56-57页;刘斌编著:《新公司法注释全书》,中国法制出版社2024年版,第387-388页;朱慈蕴主编:《新公司法条文精解》,中国法制出版社2024年版,第103页。

② 参见李建伟:《公司认可生效主义股权变动模式——以股权变动中的公司意思为中心》,载《法律科学(西北政法大学学报)》2021年第3期。

③ 参见裴显鹏:《股权变动模式再审视——兼谈股权表征方式的完善》,载《河南理工大学学报(社会科学版)》2019年第2期。

在客观障碍,也不利于股权变动问题从根本上得以认清和解决。①

3. 实证法的立场

采取何种股权变动模式属于立法论层面的问题。从实体法层面看,现行法律及司法解释并未明确规定股权转让何时发生股权变动的后果,继而在实践中围绕股权变动引发了包括股权确认纠纷、股权代持纠纷、执行异议之诉在内的大量纠纷,在司法框架内解决这些纠纷离不开从解释论层面对现行法律规定进行解读。

司法实践中,大量裁判文书通过引用《公司法》第 56 条第 2 款的规定对股权变动进行论证。该条款规定,记载于股东名册的股东,可以依股东名册主张行使股东权利。立法者在相关释义书籍中将其解释为股权转让自股东名册变更时生效,②《公司法》第 86 条第 2 款则针对股权转让进一步规定:"股权转让的,受让人自记载于股东名册时起可以向公司主张行使股东权利。"然而理论界和实务界就股东名册是否股权变动的标志并未因此达成共识。质疑者认为,从逻辑上讲,该法条的表述只能得出"记载于股东名册"是受让人行使股东权利的充分条件而非必要条件,并不能得出没有记载于股东名册便不能行使股东权利的结论。③ 笔者对此表示赞同,此外,从公司法的法律体系来看,也不能得出受让人必须于其身份登记到股东名册中时始发生股权变动的效力。《公司法》第 87 条规定,依照本法转让股权后,公司应当及时注销原股东的出资证明书,向新股东签发出资证明书,并相应修改公司章程和股东名册中有关股东及其出资额的记载。从该条规定的文义上看,在股权转让双方签订协议并征得有优先购买权的其他股东同意后,新股东即有权请求公司修改变更公司章程,即在逻辑上系先承认新股东的资格,基于新股东的资格继而产生请求公司变更股东名册的权利。

从公司法司法解释的相关规定看,《公司法解释(三)》第 22 条从证据角度规定了确认股权归属的相关要件。该条规定,当事人之间对股权归属发生争议,一方请求人民法院确认其享有股权的,应当证明以下事实之一:(1)已经依法向公司出资或者认缴出资,且不违反法律法规强制性规定;(2)已经受让或者以其他形式

---

① 参见邹学庚:《实际出资人能否排除强制执行?——兼评股权变动模式》,载李曙光主编:《法大研究生》2020 年第 1 辑,中国政法大学出版社 2020 年版。

② 参见全国人大常委会法制工作委员会编:《中华人民共和国公司法释义》,法律出版社 2013 年版,第 65 页。

③ 参见李建伟:《有限责任公司股权变动模式研究——以公司受通知与认可的程序构建为中心》,载《暨南学报(哲学社会科学版)》2012 年第 12 期。

继受公司股权,且不违反法律法规强制性规定。以上规定明确了当事人之间关于股权权属发生争议时,认定股权归属的两方面要件事实:一是出资或认缴出资,二是达成股权转让的合意。前者可以视为非股权变动情形下股权归属的认定要件,即审查是否已向公司出资或认缴出资;后者可以视为股权变动情形下股权归属的认定要件。显然,现行公司法关于股权变动系采意思主义模式,而并非需要特定"交付"之形式要件。《公司法解释(三)》第23条则进一步规定,当事人依法履行出资义务或者依法继受取得股权后,公司未根据《公司法》的规定签发出资证明书、记载于股东名册并办理公司登记机关登记,当事人请求公司履行上述义务的,人民法院应予支持。该条更为清晰明确地表达了股权归属变动与股东名册或市场主体登记变更之间的逻辑关系——正是肯认了股权受让人依意思主义继受取得股权后,方才有股权受让人请求公司变更股东名册的法律后果。换言之,公司签发出资证明书、变更股东名册并非认定股权变动的标志,而是股东行使股权的逻辑结果。而且,从实际情况看,我国的大多数公司都未置备股东名册,而相较于股东名册,公司向股东签发出资证明书的情形更加少见。[①] 显然,将记载于股东名册、签发出资证明书作为股权变动的生效要件,不符合我国的公司运作现实。

登记生效主义则在现行法上更难找到法律依据,《公司法》第34条第2款规定,公司登记事项未经登记或者未经变更登记,不得对抗善意相对人。该款亦明确了市场主体登记的对抗效力。形式主义论者认为,从文义上看,该款并未否定市场主体登记可以具有生效效力和弥补效力。[②] 笔者认为,从立法论上探讨市场主体登记具有设权效力尚有余地,从解释论上将市场主体登记作为股权变动生效要件的解释明显过于牵强。

4. 本书观点

笔者认为,在现行法律框架下,采修正意思主义标准较为妥当,即股权变动除当事人的合意外,还需要公司认可作为生效要件。

理由是:首先,从股权的性质来看,股权兼具财产权和人身权属性,从目的上可划分为自益权和共益权;就其具体内容而言,主要包括红利分配请求权、剩余财产分配请求权、新股认购权、股份转让权、优先受让权等财产性自益权利和表决

[①] 参见周游:《股权变动模式的非统一化:实践检视与学理阐释》,载《法学杂志》2025年第1期。

[②] 参见邹学庚:《实际出资人能否排除强制执行?——兼评股权变动模式》,载李曙光主编:《法大研究生》2020年第1辑,中国政法大学出版社2020年版。

权、提案权、质询权、查阅权等管理性共益权。其中对于股东而言，最为重要的是红利分配请求权和剩余财产分配请求权。共益权从某种程度上说，实际上也是为了扩大和增益这两部分财产性权利，而这两部分权利的性质为请求权、相对权。股份转让权虽以股权本身为客体，体现出一定的支配属性，但这一属性并不改变股权本身的相对性构造，正如在债权让与中，作为让与客体的特定债权可以被视为具有一定支配属性的一种财产性权利，但并不能因此改变债权作为请求权的基本属性。鉴于股权相对权的基本或主要属性，股权变动模式可以跳出传统理论中物权变动的基本模型，以意思主义为基本构成模式，而不必以公示要素作为变动生效的必备条件。

其次，从《公司法》第34条第2款"公司登记事项未经登记或者未经变更登记，不得对抗善意相对人"，以及第56条第2款"记载于股东名册的股东，可以依股东名册主张行使股东权利"的规定看，显然并不能得出股东名册或市场主体登记变更系股权变更生效要件的结论，股权变动生效的时间点只能定位于股东名册或市场主体登记变更之前。《公司法》第86条第2款的规定仅表明股东名册是推定被记载人享有股东权利的法律文件而非确定谁为真正股东的权利所在的依据。[1] 签发股东资格证明或变更公司章程与变更股东名册均系公司组织行为，与股东名册的变更无实质区别，将其作为股权变动的标志也没有实体法上的依据。在除去上述公司行为和工商行政管理行为后，最具有典型意义的法律行为仅剩下转让双方关于股权转让的合意。但仅以股权转让双方之间的合意认定股权已经转移显然过于仓促。因为股权主要作为股东对公司行使权利的集合，在公司未认可甚至不知晓的情况下认定受让人已经对公司享有了股权，显然并不合适，更遑论在其他股东欲行使优先购买权时将导致合同无法履行，受让人也无权请求公司履行变更股东名册、市场主体登记之手续，股权或股东资格亦无从谈起。

最后，股权作为一种复合型的权利，虽然我们将其主要权利集中于股东对公司享有的请求权，但鉴于公司法的组织法特性，其不可避免地涉及股东和公司之间的权利义务，涉及公司对股权转让是否违反法律规定以及公司章程的审查权，

---

[1] 参见史际春主编：《中华人民共和国公司法条文注释与实务指南》，中国法制出版社2024年版，第187页；孙政、杨磊、冯浩编著：《新公司法条文对照与重点解读》，中国法制出版社2024年版，第134页。

涉及公司对其他股东合法权益的维系和实现。① 因此，在做法律结构的推演时，可以类比合同让与的法律结构，视之为权利义务之合并转移，准此，以公司认可作为股权变动的生效要件便顺理成章。

接下来须讨论的问题是何为公司认可（同意）？将股东资格证的签发、股东名册和市场主体登记的变更视为公司认可当无异议。实践中，亦存在将公司接受股东行权作为公司认可的案例。在唐智勇与李自铭、云南金陵陵园有限公司股东资格确认纠纷案中，法院认为，受让人实际行使了股东权利，公司和其他股东已经以其后期的实际行为明确认可了其系股东的事实，故应确认其股东资格。②《九民会纪要》第 28 条规定，实际出资人能够提供证据证明有限责任公司过半数的其他股东知道其实际出资的事实，且对其实际行使股东权利未曾提出异议的，对实际出资人提出的登记为公司股东的请求，人民法院依法予以支持。公司以实际出资人的请求不符合《公司法解释（三）》第 24 条的规定为由提出抗辩的，人民法院不予支持。由此可见，最高人民法院对实际行权的隐名股东资格采取了肯认的态度。既然其有权请求公司将其登记为股东，则自然可以视为推定公司已认可并接受受让人为新的股东。这一裁判理念的明确也为涉股权执行异议之诉的处理奠定了基础。

采公司认可生效主义还需解决以下两个问题：一是在表现公司认可意思的诸要件并存时以何者为准，在存在冲突时，又以何者为准。笔者认为，与合同让与的原理相同，股权转让中，公司一经作出认可的意思表示，即可发生认可的效力，股权即可发生转移。故只要出现公司签发股东资格证书、变更股东名册、变更市场主体登记或向受让人或实际出资人直接发放红利、通知其作为股东参加股东会、行使表决权等行为，即可确定股权发生移转。二是如果公司不认可股权转让如何处理。在收到股权转让通知后，公司有权对该项转让是否符合法律规定和章程规定予以审查，如审查结果存在违反法律法规或公司章程规定，或其他有损公司或股东利益的情形，公司应将该意见告知转让方，若转让双方对此无异议，则股权转让自然终止，不发生股权变动的效力。在股权转让不存在违反法律法规和公司章程规定，亦不存在其他有损公司或股东利益的情况下，若公司恶意拒绝股权转让，

---

① 参见李建伟：《公司认可生效主义股权变动模式——以股权变动中的公司意思为中心》，载《法律科学（西北政法大学学报）》2021 年第 3 期。
② 参见云南省昆明市中级人民法院民事判决书，(2016) 云 01 民终 945 号。

则受让人可依照《公司法》第 87 条的规定行使救济权利,请求公司向新股东签发出资证明书,并修改公司章程、变更股东名册及市场主体登记。

(二)股权受让人权利排除金钱债权执行的裁判观点

在登记股东的金钱债权人就有限责任公司股权申请强制执行时,案外人能否以股权受让人身份主张排除执行,在实务中分歧较大,形成了肯定说和否定说两种截然不同的裁判观点。两种观点多从股权变动模式和外观理论两个层面进行论证。在股权变动模式这一层面,否定说认为,股权的归属应根据公司股东名册或市场主体登记的情况予以判断,股东名册或市场主体登记尚未完成变更登记的,股权仍然归转让人所有,受让人不得主张排除强制执行,这实际上是采"形式主义变动模式说"。肯定说主张,股权根据股权转让协议发生变动,在协议合法有效的情况下,股权依法转归受让人所有,受让人有权排除强制执行,这实际上是采"意思主义模式说"。就股权变动模式这一层面,上文已详述,股权应在获公司认可的情况下依转让意思归受让人所有,此处不再赘述。

另一个引发分歧的层面在于外观主义的适用范围。对于外观信赖利益的保护范围,实践中存在狭义和广义两种理解。狭义说认为,外观主义原则上限于交易领域,非交易相对人不属于信赖利益保护的范围;广义说认为,外观主义的保护范围不仅限于交易相对方,非交易相对人仍然具有信赖利益。实践中,部分法院裁判认为,股权登记具有公示效力,基于保护善意相对人的信赖利益,股权转让未经登记不能对抗善意相对人,登记股东的执行债权人属于相对人范畴。笔者认为,外观主义原则上应适用于交易领域,一般不适用于非交易场合。这是因为外观主义保护的法律逻辑在于对有信赖利益的当事人予以特别保护。交易关系中的当事人是以特定标的物而为交易,其对特定外观的信赖对于交易的达成、交易秩序的维系、交易效率的提高均至关重要,二者存在紧密联系,因此有必要予以特别保护,而非就争议股权进行交易关系的当事人显然距此较远,对其不予保护亦不影响交易的安全和效率。①《九民会纪要》在引言部分指出,外观主义是为保护交易安全设置的例外规定,一般适用于因合理信赖权利外观或意思表示外观的交

---

① 参见司伟:《借名买房排除强制执行的法律规则——基于学说与案例的分析与展开》,载《法治研究》2021 年第 4 期。

易行为。其亦采用的是狭义观点。对于商事外观主义适用与否的分析,将在后文探讨股权代持问题时再加以展开。因此,涉及股权的执行异议之诉,仅从股权登记外观的角度认为应当优先保护申请执行人是片面的。对此类执行异议之诉纠纷的处理,应当立足现行法律框架内的股权变动模式,并在此基础上,结合强制执行的特征确定股权受让人权利排除强制执行的具体规则。

(三)股权受让人权利排除金钱债权执行的构成要件

目前,最高人民法院针对股权受让人权利排除转让人的金钱债权人申请执行的规则并无明确规定。《查封规定》第15条规定,被执行人将其所有的需要办理过户登记的财产出卖给第三人,第三人已经支付部分或者全部价款并实际占有该财产,但尚未办理产权过户登记手续的,人民法院可以查封、扣押、冻结;第三人已经支付全部价款并实际占有,但未办理过户登记手续的,如果第三人对此没有过错,人民法院不得查封、扣押、冻结。参照上述规定,股权转让未办理过户登记手续,但股权受让人已支付全部价款且对未办理过户没有过错的,则受让人有权排除法院对股权的强制执行。最高人民法院《关于股权强制执行若干问题的规定》(2018年5月10日专家讨论稿)第23条规定,人民法院对被执行人名下的股权采取执行措施,案外人以其已受让股权为由提出异议请求阻止执行,经审查同时符合下列条件的,人民法院应当予以支持:(1)案外人与被执行人在股权冻结前已签订合法有效的股权转让合同;(2)股权转让合同合法有效;(3)案外人已按合同约定支付了全部股权转让价款,或者已按照合同约定支付部分价款且将剩余价款按人民法院的要求交付执行;(4)案外人已实际行使股东权利;(5)非因案外人自身原因未办理变更登记。这一内容虽然在2022年1月1日起正式施行的《强制执行股权规定》中未予保留,但其基本结构和理念与我国现行公司法中的股权变动模式具有较高的契合度,可以参照作为判断股权受让人权利排除强制执行的适法要件。

1. 订立股权转让合同的时间要求

能够排除强制执行的前提条件是在被执行人股权冻结前,已与案外人签订了股权转让合同。《强制执行股权规定》第7条规定,被执行人就被冻结股权所作的转让、出质或者其他有碍执行的行为,不得对抗申请执行人。一是因为股权冻结属于人民法院依法裁定的保全措施,查封措施一旦执行,法律效力客观上及于社会全体。根据法院冻结措施的公示效力，受让人在法院冻结后受让股权，虽然转让合同仍可能在转让双方当事人之间发生债法上的效力，但其已经丧失受法律特殊保护的正当性基础。因此，被执行人就人民法院已经采取冻结措施的股权所作出的转移、设定权利负担或者其他有碍执行的行为，均不得对抗申请执行人。二是因为法院冻结股权后采取的转让措施，客观上存在转让财产规避执行的可能，鉴于股权冻结具有公示性，股权受让人在冻结后受让股权亦存在过错，故股权冻结后签订的股权转让合同不能对抗强制执行。在实践中，应特别注意防范转让人和受让人恶意串通，通过倒签股权转让合同逃避执行的问题。因此，对于股权转让协议是否真实成立，应当注意加强审查。虽然在上述规定中并未限定股权转让必须采取书面形式，但为满足股权转让流程和办理市场主体登记等手续所需，股权转让协议一般应采取书面形式。

2. 转让协议的效力认定

股权转让协议属于合同范畴，其效力首先应当根据《民法典》的相关规定进行判定。《民法典》第502条第1款规定，依法成立的合同，自成立时生效，但是法律另有规定或者当事人另有约定的除外。第2款规定，依照法律、行政法规的规定，合同应当办理批准等手续的，依照其规定。未办理批准等手续影响合同生效的，不影响合同中履行报批等义务条款以及相关条款的效力。应当办理申请批准等手续的当事人未履行义务的，对方可以请求其承担违反该义务的责任。股权转让合同一般自成立时生效，但涉及法律、行政法规规定应当办理批准手续的，自办理批准手续时生效，在办理批准手续前不发生法律效力。① 如《保险法》第84条第7项规定，变更出资额占有限责任公司资本总额5%以上的股东，或者变更持有股份有限公司股份5%以上的股东，应当经保险监督管理机构批准后才发生法律效力，在办理审批手续前不发生法律效力。此外，在银行、证券等涉及金融监管，以及国有资产转让、外商投资、探矿权采矿权转让等重要领域的法律规范中也有类似规定。

---

① 合同不生效不同于合同无效，合同无效是欠缺一般生效要件，合同对双方自始不发生约束力；合同不生效指合同欠缺特别生效要件，如批准程序，在特别生效要件成就前合同不发生法律效力，合同一方不得请求对方履行合同主要义务，但不影响合同中关于报批等主要义务的履行。参见最高人民法院民法典贯彻实施工作领导小组主编：《中华人民共和国民法典合同编理解与适用》（一），人民法院出版社2020年版，第293－294页。

此外,鉴于有限责任公司浓厚的人合性特征,股权的转让亦需符合《公司法》的特别要求。《公司法》第84条第3款规定,公司章程对股权转让另有规定的,从其规定。有限责任公司的人合性,体现在相互信任的股东间以及法律赋予公司章程对其治理结构的权限安排。[①] 因此,法律赋予公司股东通过公司章程的方式来限制股权对外转让的权利。通说认为,公司章程对于股权转让的限制应当区分程序性限制和实体性限制,前者属于公司自治范围,后者则应当通过合同法理予以解释,[②]如果是实质上对股权处分权进行限制和剥夺,则需要全体股东同意才能发生效力。对于违反公司章程关于转让股权限制性规定的,股权的受让人无法获得公司的认可,亦无法将其姓名或者名称登记于股东名册或办理市场主体登记,股权不能发生变动,属于股权转让合同不能履行,但不影响合同的效力。但在转让一方实施欺诈行为故意隐瞒公司章程关于股权转让限制的,则合同效力属于可撤销。

3. 价款支付要件的审查

支付价款要件主要涉及对付款事实的审查。买受人主张其已支付全部价款,仅提供出卖人出具的收据,或者主张合同价款系现金交付,但无其他证据证明其存在支付事实的,法院一般对该事实不予认定。当然,在这种情况下,还要根据个案的具体情况,尤其结合支付款项的金额大小、经济能力、交易习惯等因素综合判断。另外,从实践中看,股权受让人出于对风险的控制,往往在股权完成登记前留有剩余尾款作为担保,对于已经支付部分价款的,应当准许受让人将剩余价款交付执行,以取得排除执行的完整权利。对于交付尾款的时间,不应当限定于执行程序或执行异议的处理过程中,而应当按照诉讼案件的审查规则,放宽至一审辩论终结前。法官应当在法庭辩论前向案外人释明相应的法律后果,若受让人坚持不补交剩余价款的,其不享有排除执行的权利。

4. 受让人行使股东权利

这一要件非常突出地反映出公司认可生效主义变动模式的内涵。股权作为股东对公司享有的各项权利的集合,若公司已经接受股东行权,则表明受让股权的股东已经获得公司的认可,股东可以向公司行使财产权和管理权。行权的方式

---

① 参见范健、王建文:《公司法》,法律出版社2015年版,第305页。
② 参见钱玉林:《公司章程对股权转让限制的效力》,载《法学》2012年第10期。

具体可以体现为公司通知股权受让人以股东身份参加股东会议、接受股权受让人投票、签署股东会议文件、直接向受让股东分配红利等行为。对于已经经过其他2/3以上股东同意的，也应当视为形成了公司认可新股东的集体意志。对于公司已经完成股东名册、公司章程变更的情形，表明受让股东已完全介入公司组织层面并获得公司的认可和接纳，认定受让股东符合行权条件，得以排除强制执行就更不在话下。①

5. 关于无过错要件的取舍

关于股权受让人对未能办理股权变更市场主体登记的过错问题。这一要件系最高人民法院《关于股权强制执行若干问题的规定》(2018年5月10日专家讨论稿)第23条规定的股权受让人取得对抗强制执行效力的要件之一，也是部分高级人民法院司法政策中明确股权受让人取得对抗执行效力的要件之一。② 这一对抗要件的设立无疑借鉴了《执行异议复议规定》第28条关于不动产买受人排除强制执行中的第4个要件，但在股权转让中是否需要设定这一要件？笔者持保留态度。笔者认为，首先，在股权转让协议有效且股权受让人已经实际行权并支付股权转让对价的情况下，未及时办理变更登记不宜单独作为认定股权受让人取得排除执行效力的要件。原因在于不动产权利变动系登记取得，不动产转让在尚未将不动产变更登记至买受人名下时，不动产的所有权人仍系转让人，不动产仍然为被执行人的责任财产，原则上应当予以执行，设定买受人对未办理过户登记没有过错的要件论证了其排除强制执行的正当性。股权并非基于形式主义登记取得，市场主体登记并不是股权变动的生效要件。在股权转让协议有效且股权受让人已经实际行权并支付股权转让对价的情况下，股权已经满足归属于股权受让人的生效要件，在此情形下股权应判定归属于受让人所有，受让人向公司提起变更公司名册、变更市场主体登记的诉求，人民法院亦应当予以支持，故是否变更市场主体登记并不影响股权受让人享有基于股权所有人身份对抗一般金钱债权申请执行人的民事权益。其次，在股权受让人已经向转让人支付股权对价的情况下，转

---

① 如江苏省高级人民法院《执行异议及执行异议之诉案件办理工作指引(三)》第16条规定："执行法院对登记在被执行人名下的股权实施强制执行，案外人以其系该股权受让人为由提出执行异议，请求排除执行，同时符合下列条件的，应予以支持：……(3)案外人提供的股东名册、公司章程或其他公司文件等证据能够证明其已经实际行使股东权利……"

② 如江苏省高级人民法院《执行异议及执行异议之诉案件办理工作指引(三)》第16条，吉林省高级人民法院《关于审理执行异议之诉案件若干疑难问题的解答(二)》问题十五。

让人名下的股权价值已经转化为股权转让款,不再对其股权强制执行,并不损害任何一方权利。再者,未办理变更登记的股权转让在效果上相当于股权受让人在受让股权后暂将股权登记在转让人名下代持,故应与股权代持排除强制执行的处理规则基本保持一致,既然股权代持在同等情形和条件下可以排除强制执行,未办理变更登记的股权受让人亦享有排除强制执行的权利。

二、实际出资人对被代持股权执行异议的审查规则

"代持"并非一个法律术语,而是对特定社会经济现象的一种描述。[①] 股权代持,就是实际出资人以他人名义向有限责任公司出资、公司章程和商事登记中股权为名义股东所持有,但实际出资人依约实际享有部分或全部股东权益的一种事实状态[②],实际出资人[③]与名义股东之间因此形成了股权代持关系。对于存在代持关系的股权,在名义股东的金钱债权人申请强制执行时,执行机构往往会根据登记公示情况将该股权作为名义股东的责任财产予以执行,此时,实际出资人请求排除对代持股权的执行能否成立呢?司法实践中对此问题的认识处理分歧较大,存在"肯定说"与"否定说"两种针锋相对的观点。《执行异议之诉解释》亦未能回应这一问题。法官在判断这一权利冲突时缺乏明确的法律指引,所作出的裁判常从"价值衡量""综合权衡"等方面说理,呈现出一种"公说公有理、婆说婆有理"的相持局面。这一问题横跨公司法与合同法,涉及股权的性质及取得方式、善意相对人的界定乃至外观主义的边界等重大理论问题,加之存在股权代持关系的当事人及其债权人、公司及其股东等多方主体之间的复杂关系,使这一问题的论证更显扑朔迷离。但过度地关注当事人或利害关系人之间的利益衡量,从而倾向于作价值判断,不仅没有使问题越辩越明,反倒牵引着问题解决思路"跑偏"。[④]本部分拟从股权代持法律关系的性质、股权代持协议的效力、股权代持情形下的股权归属以及商事外观主义的适用与否等方面,全面梳理判断实际出资人能否排除强制执行的逻辑进路。

---

① 参见王毓莹:《股权代持的权利架构——股权归属与处分效力的追问》,载《比较法研究》2020年第3期。
② 参见刘迎霜:《股权代持协议的性质与法律效力》,载《法学家》2021年第3期。
③ 本书将在同一意义上使用"隐名股东"的称谓。
④ 笔者也曾因此而倾向于"否定说"的观点,但随着认识的深化,现已改弦更张。

(一) 股权代持的法律性质

明确股权代持的法律性质,是判断股权代持中股权归属的前提。学理上对于股权代持的性质争议颇大,主要有隐名代理说、信托关系说、隐名合伙说和无名合同说四种学说。

1. 隐名代理说

隐名代理说[①]认为,股权代持本质上是委托持股,是指实际出资人与他人约定,以他人名义代实际出资人履行股东权利义务的一种股权处置方式。[②] 隐名代理说主张,实际出资人即隐名股东系委托人,名义股东为代理人,名义股东代持股权的法律后果依据法律规定的路径最终归属于委托人。

根据我国《民法典》的规定,隐名代理分为完全的隐名代理和不完全的隐名代理,分别对应《民法典》第926条和第925条的规定。对于公司对股权代持完全不知情的情形,根据《民法典》第926条的规定,在受托人(显名股东)因委托人(隐名股东)原因对公司不履行义务时,公司对向显名股东还是隐名股东行使权利具有选择权,公司一旦选择隐名股东作为合同相对方的,隐名股东自然取得股东资格,享有股东对公司的各项权利。但公司法作为组织法,契约自由、意思自治等传统个人法上的基本原则受到一定限制,故应当对委托人的介入权进行限制,以避免损害公司其他股东的意思自治和公司的团体性。[③] 对于公司或其他股东对股权代持明知的情形,适用《民法典》第925条的规定,隐名股东可以直接行使介入权,主张对公司行使权利,公司应当承认隐名股东的股东资格,实际出资人股东资格的取得不再需要满足"公司其他股东过半数同意"这一条件,双方之间的关系直接

[①] 学理上关于隐名代理的定义不无争议,有学者主张,《民法典》第925条和第926条均为间接代理或隐名代理,也有学者主张《民法典》第925条为隐名代理,第926条为间接代理,还有学者主张第925条为默示的显名代理,第926条为隐名代理。详细观点及论述参见李永军:《民法总论》,法律出版社2006年版,第673-678页;韩世远:《合同法学》,高等教育出版社2010年版,第564页;王利明:《民法总则研究》,中国人民大学出版社2003年版,第619-623页;杨代雄:《〈民法总则〉中的代理制度重大争议问题》,载《学术月刊》2017年第12期;胡东海:《〈合同法〉第402条(隐名代理)评注》,载《法学家》2019年第6期等。本书借用目前中国民法学界通说之表述,将第925条和第926条以代理人自己的名义实施的代理行为均称为隐名代理(与间接代理同义)。

[②] 参见荣明潇:《股权代持行为效力的司法认定》,载《法律适用·司法案例》2019年第2期。

[③] 参见刘迎霜:《股权代持协议的性质与法律效力》,载《法学家》2021年第3期。

受公司法规则调整。①

2. 信托关系说

信托作为发端于中世纪英国的财产转移制度,经过几个世纪的打磨锤炼和发展完善,成为英美法国家广泛接受并被大陆法系国家和地区广泛竞相借鉴移植的法律制度。② 信托系指委托人基于对受托人的信任,将其财产委托给受托人,由受托人按委托人的意愿以自己的名义,为受益人的利益或者特定目的,对财产进行管理或者处分的行为。在信托关系构造中,实际出资人即隐名股东为委托人和受益人,名义股东为受托人,隐名股东将财产(通常为资金、物权、知识产权等)委托给受托人,受托人以此对公司出资转化为股权,受托人为隐名股东的利益最大化行使股权,委托人原则上不得干预。信托关系说通过运用作为信托财产的被代持股权的双重归属特征,在名义股东与隐名股东之间实现利益平衡,即认定被代持股权在公司法上属于名义股东的资产,在衡平法上属于隐名股东的资产。③ 同时,以信托原理对代持双方的权利义务进行架构,能够较为合理地解释在其他过半数股东不同意隐名股东显名时,股东权利和股权投资收益相分离的现象。此外,根据信托原理,信托财产原则上应转移至受托人名下,受托人为受益人利益独立行使管理权,委托人不享有干预的权利,这解释了隐名代理学说下隐名股东介入权受限的理论问题。

3. 隐名合伙说

隐名合伙是指在商事合伙关系中,一部分合伙人仅作为隐名合伙人存在,对外不出名公示其合伙人身份,也不参与合伙经营,只以出资为限对合伙债务承担有限责任;另一部分合伙人则作为显名合伙人,出名并负责合伙经营,对合伙债务负无限连带责任。股权代持协议通常约定由隐名股东出资,由名义股东出名,投资公司获取经营收益。这与隐名合伙在出资方式、合作模式、收益分配等方面相似。但是二者存在以下主要区别:(1)投资对象不同。隐名合伙人出资的对象是显名合伙人名下的商事营业,出资后形成合伙财产。股权代持协议中,隐名股东

---

① 参见刘迎霜:《股权代持协议的性质与法律效力》,载《法学家》2021年第3期。
② 参见甘培忠、马丽艳:《以独立性为视角再论信托财产的所有权归属》,载《清华法学》2021年第5期。
③ 参见王毓莹:《股权代持的权利架构——股权归属与处分效力的追问》,载《比较法研究》2020年第3期。

所直接出资的对象或者所参与的客体,是公司中名义股东名下的股权,这决定了二者在法律关系上的构造不同。[①]（2）出名人的责任承担规则不同。隐名合伙中,显名合伙人对合伙债务承担连带责任,而股权代持中,如果隐名股东已出资到位,则显名股东对公司债务不承担责任,即便隐名股东未出资到位,其在承担资本充实责任后,仍然可以向隐名股东追偿,即显名股东本质上不承担责任。（3）显名规则不同。在股权代持中,隐名股东显名存在组织法上的阻碍,并非仅依隐名股东的意思即可显名,且在显名后,其将代替名义股东成为公司股东。隐名合伙中,隐名股东可依自己的意思将其身份变为显名股东,不依赖他人的同意与否,在显名后,其与显名合伙人一起成为共同的普通合伙人。鉴于以上法律构造上的不同和权利义务上的殊异,加之我国立法上并未规定隐名合伙的形式,故笔者认为不宜采纳隐名合伙说。

4. 无名合同说

无名合同说认为,股权代持系实际出资人与名义股东之间的合同关系,双方通过签订代持协议,对股权出资、股权归属、股权行使及股权收益等事项作出一系列合同安排,双方之间系债权债务关系,受合同法调整。代持双方之间关于股权归属的约定对公司及第三人不发生法律效力,实际出资人不享有股权,其享有的是依据合同约定向名义股东主张交付股权收益的权利。名义股东是目标公司股东,对公司享有股权,对公司承担义务。无名合同说切断了隐名股东与公司之间的联系,主张对内以合同法调整代持合同双方的内部法律关系,对外以公司法调整名义股东与公司之间的关系。该学说从根本上切断了隐名股东介入公司内部的路径,简化了代持关系的法律结构,在司法实践中获得不少裁判的支持。如最高人民法院在海航集团有限公司与中信银行股份有限公司执行异议之诉案中认为,代持法律关系本质上属于一种债权债务关系,受合同相对性原则的约束,隐名股东就该债权得以向名义股东主张,对合同当事人以外的第三人不产生效力。[②]在刘某苹与王某岐执行异议之诉纠纷案中,法院亦认为隐名股东对外不具有公司股东的法律地位,不得以内部股权代持协议有效为由对抗外部债权人对显名股东

---

① 参见张双根:《论隐名出资——对〈公司法解释（三）〉相关规定的批判与发展》,载《法学家》2014年第2期。

② 参见最高人民法院民事判决书,(2016)最高法民再360号。

的正当权利。① 但也有学者提出,无名合同说没有考虑到隐名股东行使股东权利的特殊情形,也没有考虑其他股东对代持关系知情、默许甚至明示同意的情形,不能涵盖实践中股权代持的复杂性,存在缺陷。②

5. 本书观点

上述关于股权代持性质的主要学说均在一定程度上反映了股权代持的法律关系特征,具有一定的合理性,对我们准确分析股权代持下的股权归属具有启示意义。相较而言,笔者认为,隐名代理说能够较为全面准确地反映股权代持的权利义务结构,并能够较好地平衡各方的权利义务关系。

不论股权代持协议有关双方的权利义务如何约定,股权代持的本质是实际出资人基于对名义股东的信任委托名义股东持有目标公司的股权。因此,隐名代理说和信托关系说对解释股权代持现象具有法律构造上的天然优势,其中隐名代理说又能够合理解释实践中大量存在的隐名股东行权及显名现象。名义股东根据实际出资人的委托持有公司股权,进而与公司及其他股东之间就行使股东权利、参与公司管理、接受利润分配等达成"一系列契约",当公司和其他股东知晓并接受这一事实时,按照隐名代理的规则,名义股东与公司和其他股东之间的"一系列契约"将直接在隐名股东与公司及其他股东之间产生约束力。在实际出资人完全隐名的情况下,根据《民法典》第926条的规定,在名义股东不向公司履行出资义务时,公司可以选择由名义股东或者隐名股东作为相对方主张权利,在公司过半数股东同意选择隐名股东时,隐名股东取得股东资格;公司过半数股东不选择隐名股东时,由显名股东作为公司股东承担相应责任。认定显名股东为公司股东承担责任,虽超越了名义股东代持股权的意思表示,但这是当事人在隐名代理制度框架下应当承担的法律后果。在公司对名义股东不履行义务时,隐名股东可以行使介入权,该权利的行使受到公司组织法属性的制约,即需通过其他过半数股东同意,此为基于有限责任公司人合性而限制合同主体介入公司内部必然的制度结果,并非对隐名股东介入权的否定。有限责任公司浓厚的人合性特征,尤其体现在公司设立时,须全部股东对公司资本构成、股权结构、运作方式等形成一致意见方能设立公司。这体现了在公司设立时股东之间高度信任,彼此完全接受,相当

---

① 参见最高人民法院民事裁定书,(2016)最高法民申3132号。
② 参见王毓莹:《股权代持的权利架构——股权归属与处分效力的追问》,载《比较法研究》2020年第3期。

于排除了股东以外的人员进入公司。从某种程度上说,这与《民法典》第926条第1款规定的"但是,第三人与受托人订立合同时如果知道该委托人就不会订立合同的除外"有异曲同工之处。

以委托代理的法律结构对股权代持中股权归属进行分析,只有当其他股东对隐名股东不知情且过半数其他股东不同意隐名股东显名时,代持股权归属于名义股东,反之则归属于隐名股东。这一观点在尊重代持双方关于股权代持权利义务关系安排的同时,兼顾了公司法作为组织法的基本特性,打通了隐名股东经由委托合同向公司组织介入的权利通道。更为重要的是,以隐名代理说构造股权代持的权利义务关系与以公司认可作为生效要件的股权变动模式具有内在的一致性[1],即股权收益依据当事人的意思自治归属于股权代持中的委托人一方,在隐名股东得到公司认可的情况下,股权归属于实际投资人。

(二)股权代持协议的效力

根据《公司法解释(三)》第24条的定义,股权代持协议是指有限责任公司的实际出资人与名义出资人订立合同,约定由实际出资人出资并享有投资权益,以名义出资人为名义股东的权利义务安排。股权代持法律行为涉及三重法律关系:一是隐名股东与名义股东之间的法律关系,即股权代持关系。该层次只涉及股权代持双方,应适用合同法予以规制。二是隐名股东与公司其他股东及公司之间的法律关系,即公司内部关系。该层次涉及股东资格认定问题,主要适用公司法。三是隐名股东、名义股东与公司外部债权人之间的关系,即外部关系,适用相应的交易法予以规制。以上三重法律关系处于不同层次,其讨论的法律关系范畴呈现依次扩大的关系,而基础则在于代持协议的效力问题。

股权代持作为一项民事法律行为,其效力应当按照《民法典》的有关规定予以认定。《民法典》第143条规定,具备下列条件的民事法律行为有效:(1)行为人具有相应的民事行为能力;(2)意思表示真实;(3)不违反法律、行政法规的强制性规定,不违背公序良俗。股权代持协议的效力可循此予以判定。

---

[1] 以股权变动模式对股权代持予以分析,可以将股权代持视为名义股东对隐名股东进行的股权转让,只是尚未进行股东名册和市场主体登记的变更。

1. 代持协议双方的行为能力

股权代持作为一项商事主体之间的商事行为,一般不存在行为人不具备行为能力的问题。在一些特殊情况下,基于当事人的特殊利益考虑,可能出现未满18周岁的限制行为能力人委托他人持股的情况,此时应通过监护人制度解决,在法定代理人同意或追认的情况下,应当视产生该法律行为的主体行为能力缺陷得以弥补,不构成代持协议效力的障碍。

2. 意思表示是否真实

股权代持协议双方的意思表示是否真实,涉及通谋虚伪意思表示的识别。根据《民法典》第146条的规定,通谋虚伪意思表示的显著特征在于当事人双方均知晓对方意思表示不真实,不追求行为发生相应的法律效力。就股权代持而言,代持协议双方对一方通过隐名投资公司获取公司经营收益的目的甚为明确,在此目的基础上,双方约定股权出资、登记名义人、经营管理权的行使、投资收益的交付、代持管理费等内容,可谓积极追求代持结果之发生,并无虚伪意思可言。故股权代持与其他的不实登记行为相似,均不构成通谋虚伪意思表示。

3. 是否违反法律、行政法规的强制性规定

《民法典》沿袭了合同法中关于否定合同效力的法律规定,即违反法律、行政法规的强制性规定无效。根据通说,法律、行政法规的强制性规定应当作管理性强制性规定和效力性强制性规定的区分,违反效力性强制性规定的行为无效,违反管理性强制性规定的行为有效。股权代持的通常目的或曰直接目的系规避法律、行政法规关于股权投资主体或投资比例的限制,如《公务员法》第59条第16项规定,公务员不得违反有关规定从事或参与营利性活动,在企业或者其他营利性组织中兼任职务。实践中,不乏公务员为规避这一规定,通过股权代持的方式投资公司经营获取收益。《公务员法》中的这一关于公司投资主体的限制无疑属于强制性规定,但属于管理性强制性规定,其主要目的是严格规范"市场准入"和加强公务员管理,因此公务员作为隐名投资主体与名义股东签订的代持协议虽违反这一法律规定,但并不因此导致代持协议无效。

4. 是否违反公序良俗

《民法典》第153条将违背公序良俗作为民事法律行为无效的情形之一,适用于合同效力的认定和识别。公序良俗即公共秩序和善良风俗。股权代持一般不涉及违背善良风俗,但时常与公共秩序的建立和维系挂钩,尤其是在私权主体权

利日渐扩张,效力性强制性法律法规日渐限缩的潮流下,为克制私法自治的异化[①]和实现国家社会的基本利益,公共秩序规则的运用尤显重要,而公共秩序的价值主张和实现要件又常以部门规章的形式展现出来。因此,公序良俗原则的运用客观上导致了法律位阶不及法律法规的规章成为评判合同效力的另一个选择。《九民会纪要》第31条规定"违反规章一般情况下不影响合同效力,但该规章的内容涉及金融安全、市场秩序、国家宏观政策等公序良俗的,应当认定合同无效"即是明证。《合同编通则解释》第17条第1款进一步明确规定:"合同虽然不违反法律、行政法规的强制性规定,但是有下列情形之一,人民法院应当依据民法典第一百五十三条第二款的规定认定合同无效:(一)合同影响政治安全、经济安全、军事安全等国家安全的;(二)合同影响社会稳定、公平竞争秩序或者损害社会公共利益等违背社会公共秩序的;(三)合同背离社会公德、家庭伦理或者有损人格尊严等违背善良风俗的。"然而,在解释路径上亦不能违背《民法典》以违反规章之规定作为认定合同无效的要件,而须对规章是否涉及公序良俗进行分析判定,根据《合同编通则解释》第17条第2款之规定,考量因素通常包括综合考虑当事人的主观动机和交易目的、政府部门的监管强度、一定期限内当事人从事类似交易的频次、行为的社会后果等因素。如在杉浦立身与龚某股权转让纠纷案中,法院认为,证监会颁布的《首次公开发行股票并上市管理办法》第13条规定:发行人的股权清晰,控股股东和受控股股东、实际控制人支配的股东持有的发行人股份不存在重大权属纠纷。该规则属于证券市场基本交易规范,关系到以信息披露为基础的证券市场整体法治秩序和广大投资者合法权益,从实体正义层面认定符合证券市场公共秩序的构成要件,故认定上述办法中关于发行人股权清晰不得有重大权属纠纷的规定契合《证券法》的基本原则,不与其他法律、行政法规相冲突,已经成为证券监督的基本规范和业内共识,遂认定在格尔软件公司上市前,龚某代杉浦立身持有股份隐瞒了实际投资人的真实身份,违反了证券市场的公共秩序,损害了证券市场的公共利益,龚某代杉浦立身之间的代持协议无效。[②] 在福州天策实业有限公司与福建伟杰投资有限公司营业信托纠纷案中,最高人民法院认为,《保险公司股权管理办法》(2014年修订)第8条规定,任何单位或者个人不得委托他人或

[①] 参见谢潇:《公序良俗与私法自治:原则冲突与位阶的妥当性安置》,载《法制与社会发展》2015年第6期。

[②] 参见杉浦立身与龚某股权转让纠纷案,上海市高级人民法院参考性案例第78号。

者接受他人委托持有保险公司的股权。该管理办法的这一规定与《保险法》的目的一致,均是为了加强对保险业的监督管理,维护社会经济秩序和社会公共利益,促进保险事业的健康发展,该管理办法禁止代持的规定具有实质上的正当性和合法性。如果允许隐名持股将导致保险公司真正的投资人逃离国家监管,势必加大保险公司的经营风险,妨害保险行业的健康有序发展,损害包括众多保险法律关系主体在内的社会公共利益,故认定福州天策实业有限公司与福建伟杰投资有限公司之间的信托持股协议无效。① 结合上述实践案例可以看出,上市公司、保险公司投资领域相较于传统的民事法律关系如借名买车、买房等更多地涉及法律对于某一行业、领域的法律监管,涉及不特定主体的公共利益,在这些领域采取股权代持往往会因为有损监管制度和公共利益而被解释为代持违背公序良俗,从而导致代持行为的效力被否定。

5. 是否恶意串通损害他人合法权益

《民法典》第154条规定,行为人与相对人恶意串通,损害他人合法权益的民事法律行为无效。就股权代持中的"他人"而言,通常包括公司、其他股东、公司股东以外的其他第三人。就公司内部而言,公司以登记在股东名册或市场主体登记中的人为股东,向其主张权利履行义务,未登记在股东名册或市场主体登记中的人向公司主张权利,公司有权予以拒绝,且隐名股东往往已实际投入资本,即便未实际注入资本,公司也有权要求显名股东履行出资义务,故通常股权代持不会损害公司或其他股东的利益。对外部第三人而言,具体可分为以下几种情形:一是与公司交易的第三人。与公司交易的第三人通常仅需考察公司之资信,股东的情况往往不是其考虑的重点,且在公司财产不足清偿债务时,公司债权人亦得向名义股东主张在未出资范围内承担补充责任,故代持亦不损害此类第三人的利益。二是与名义股东从事股权交易之第三人。此类第三人受商事外观制度和善意取得制度的保护,亦不存在因代持损害其权利的情形。可能受到代持损害的情形是隐名股东的一般债权人,隐名持股造成的直接客观事实是,隐名股东的责任财产转移却不反映于特定股权的登记之上,因此股权代持亦常作为隐名股东转移责任财产、逃避债务和强制执行的旁门手段。此种情形的股权代持属于典型的恶意串通逃避债务,损害隐名股东债权人的合法权益,应当认定为无效。对于上市公司、

---

① 参见最高人民法院民事裁定书,(2017)最高法民终529号。

保险公司等涉及金融领域的代持,虽然代持双方可能并无损害这些领域公共利益的直接故意,但因客观上破坏了国家对特定领域的法律监管和管理秩序,涉及不特定多数人的权益保护,故应当认定有损于他人利益,但从法律解释层面而言,因代持双方的直接目的是获取代持利益,并非破坏公共秩序,故此种对公共秩序的破坏应当落入前述违背公序良俗的规制范畴,不宜认定恶意串通损害他人利益。

通过以上结合《民法典》有关民事法律行为效力规定的分析可知,在代持协议不违反法律、行政法规效力性强制性规定,不违反公序良俗,以及不存在恶意转移资产、规避债务、逃避执行的情形下,股权代持一般应当认定有效。此系讨论作为执行标的的股权归属,并进而确证隐名股东是否享有足以排除强制执行民事权益的基础。

(三)股权代持关系下股权归属的认定

股权代持协议有效,只是确认了代持协议在代持双方之间发生法律效力,代持双方应当按照代持协议的约定履行权利义务。此种权利义务的主要内容通常表现为名义股东出名登记,按照隐名股东的意思行使股东权利,将获得的公司红利交付给隐名股东,隐名股东给予名义股东代持费用。该种约定仅约束代持合同双方,不对代持双方以外的公司或其他第三人发生法律效力。在判断隐名股东能否排除对名义股东股权的强制执行时,隐名股东此种基于代持协议请求名义股东交付股权收益的权利作为一种债权请求权,显然不足以排除强制执行。但若作为执行标的之股权属于隐名股东,则答案就会有很大不同。

强制执行法上,债务人用于清偿债务的财产必须是强制执行开始时属于债务人的财产。[①] 因此,人民法院的强制执行财产范围应限于被执行人的责任财产,而不能是被执行人责任财产范围以外的财产。一旦执行债权人越界进入案外第三人的领域,第三人就有权通过提起案外人异议之诉来对抗该不当干涉,从而使对其物或权利的强制执行被宣告为不合法,因为第三人的财产并非债务之责任财产。[②] 因此,在实际出资人提起的排除名义股东的金钱债权强制执行的异议之诉

[①] 参见[德]卡尔·拉伦茨:《德国民法通论》(上),王晓晔等译,法律出版社2003年版,第409-415页。

[②] 参见[德]弗里茨·鲍尔、[德]霍尔夫·施蒂尔纳、[德]亚历山大·布伦斯:《德国强制执行法》(下册),王洪亮、郝丽燕、李云琦译,法律出版社2020年版,第176、239页。

中，应当关注的核心问题是股权的归属，即该股权究竟是名义股东还是实际出资人的责任财产。

由于股权是一种兼具财产权与社员权的复合型权利，故强制执行所要关注的是股权的财产权要素，但无法将财产权要素与社员权要素作彻底切割。因此，股权代持协议的约定其实并非判断股权归属的关键因素，同样也不能仅因存在股权代持关系就一律认为基于合同相对性原则，实际出资人仅对名义股东享有债权请求权，并进而得出不能对抗外部债权人的结论。① 对股权归属加以认定，应当回归到公司法的框架下来加以审视。

如前文所述，我国公司法对股权变动标准未有明确规定，学理上关于股权变动模式也存在不同观点。笔者认为采修正意思主义标准较为妥当，即股权变动除了当事人的合意外，还需要公司认可作为生效要件。股权代持的主要发生场域一是以股权转让为典型的股权变动，二是公司设立。在股权转让，在除去上述公司行为和市场行政管理行为后，最具有典型意义的法律行为仅剩下转让双方关于股权转让的合意，但仅以股权转让双方之间的合意认定股权已经转移显然过于仓促，因为股权主要作为股东对公司行使权利的集合，在公司未认可，甚至不知晓的情况下，认定受让人已经对公司享有了股权，显然并不合适。在公司设立，虽然设立时公司人格尚未形成，尚不具备意思表达机制，但在公司设立过程中，团体意志并非不存在，反而体现得更为鲜明：发起人之间存在基于发起人协议的紧密联系，对于公司的各项事宜需要达成全体一致而非奉行多数决；在公司诞生的"逻辑的一秒钟"时，社团意思就是发起人的共同意思，应当严格按照发起人协议或公司章程等注册文件的载明确定公司的股东组成。② 因此，对于公司设立时的股东身份，公司作为社团的意思必须得到充分体现。在公司成立后，则股权变动的认定即可回归至以股权转让为典型的股权变动认定框架中。

---

① 例如，在河南寿酒集团有限公司与韩某案外人执行异议之诉案中，法院认为，河南寿酒集团有限公司对名义股东河南三力公司享有的权利，在性质上属于债权请求权，较之韩某的权利不具有优先性；在叶某智与崔某健执行异议之诉纠纷案中，法院认为，隐名股东在公司对外关系上不具有公示股东的法律地位，不能以其与显名股东之间的代持约定对抗外部债权人。参见最高人民法院民事判决书，(2019)最高法民再99号；浙江省台州市中级人民法院民事判决书，(2016)浙10民终2417号。基于合同相对性原则分析，上述观点无疑具有正当性和合理性，但若对隐名股东的权利分析仅止步于此，似乎并未揭示隐名代理之特征和内涵。

② 参见冉克平、梁宇飞：《公司意思标准下有限责任公司股权代持的体系重构》，载《烟台大学学报（哲学社会科学版）》2024年第3期。

由此可见,在修正意思主义模式下,公司对股权代持是否知情并认可是关涉股权归属的关键因素,因此,将股权代持区分为完全隐名代持和不完全隐名代持有着重要意义。在完全隐名代持的情况下,实际出资人并不直接介入公司,公司对实际出资人存在的事实完全不知情,更遑论认可,而是自始至终都仅认可名义股东作为公司股东。因此,实际出资人并非股东,因而也不享有股权,仅能依据代持关系而享有对名义股东的债权。在不完全隐名的情况下,虽然存在名义股东,但公司不仅知道名义股东背后存在实际出资人,而且通过明示或默示的方式允许实际出资人参与公司并行使股东权利,因此,实际出资人就是真实股东,股权归属于实际出资人。

那么,公司意思如何辨明?首先,无论是完全隐名还是不完全隐名代持,若公司向实际出资人签发股东资格证、记载于股东名册或公司章程、办理了市场主体登记,则公司认可的意思已经通过法定的显名化程序所彰显,自无须赘言。其次,在不完全隐名代持中,若实际出资人已经实际行使股东权利,此过程中必然需要公司的容许与协助,因而可以推定公司对于实际出资人的股东身份是默许的,此时的实际出资人即所谓的"行权式隐名股东"。至于《九民会纪要》第28条规定所称的"有限责任公司过半数的其他股东知道其实际出资的事实,且对其实际行使股东权利未曾提出异议",不应理解为以股东认可代替公司认可,而是应当解释为推定公司默许的一种表现形式。①

综上所述,对于不完全隐名代持,若存在公司认可实际出资人股东身份的事实,如直接向其发放红利、通知其作为股东参加股东会、行使表决权等,则应认定诉争股权归属于实际出资人;对于完全隐名代持,实际出资人与公司不存在任何直接关系,公司亦未认可其身份,则不能认定其享有诉争股权。

(四)关于商事外观主义的适用之辩

关于商事外观主义是否适用于股权代持关系下名义股东债权人执行股权之排除的论证问题,理论与实践中争议激烈。肯定说认为,商事外观主义的适用范围应当限于交易相对方,非交易相对方不属于外观主义保护第三人范畴,实际出

---

① 参见冉克平、梁宇飞:《公司意思标准下有限责任公司股权代持的体系重构》,载《烟台大学学报(哲学社会科学版)》2024年第3期。

资人有权排除针对代持股权的强制执行;否定说认为,商事外观主义的适用范围不仅应当包括交易相对方,还应当包括执行债权人,实际出资人不能排除针对代持股权的强制执行。

外观主义源于德国,是在民法理论层面创设的一项法律规则,后拓展于商法领域。① 商事外观主义一般表述为,对于一项权利外观,纵然其与权利真实情况不符,对于相信该权利外观所作出的法律行为也应当予以保护。② 商事外观主义作为商法交易安全原则下的基本内容,其基本功能是减少交易成本、提高交易效率、保障交易安全。因此,主流观点认为,商事外观主义应限定于交易场合,非交易场合不属于商事外观主义的保护范畴。③

外观主义本质上是法律对信赖利益的保护。④ 回答外观主义适用与否,或曰执行(金钱)债权人是否属于外观主义保护第三人问题的关键,在于执行(金钱)债权人对于执行标的股权是否存在信赖利益。对于交易相对人而言,其在与名义股东就代持股权进行交易,是基于对该股权的权利外观之信赖而为,法律应当对此信赖予以保护,否则将严重影响交易的效率和安全。与此相对,对于非交易相对人,其在与名义股东发生非针对代持股权交易的债权债务关系时,可区分两种情形探讨:一是对于执行债权发生在股权代持之前的,执行债权人对名义股东产生债权时,并无股权代持的事实,故当然不存在其对权利外观的信赖问题。二是对于股权代持发生在前,执行债权形成在后的情形,实践中有观点认为,可认定执行债权人系基于信赖名义股东的整体财产范围而与之进行交易。笔者认为,如果执行债权人是基于对代持股权的信赖与名义股东从事交易行为,则完全可以就该股权设置质权,反之,则难以证明此种对于一般责任财产范围的信赖能够成为影响债权人交易决策的重要因素,执行债权人申请执行代持股权也通常是在财产调查过程中的"偶然发现"⑤,因而执行债权人对于代持股权这一特定权利并不具备信赖利益。综上,对名义股东的执行债权人,并无适用外观主义予以特别保护之必要。

---

① 参见冯玥:《商法中的外观主义》,武汉大学出版社2019年版,第1页。
② 参见赵万一:《商法基本问题研究》,法律出版社2002年版,第72页。
③ 参见崔建远:《论外观主义的运用边界》,载《清华法学》2019年第5期。
④ 参见丁南:《民法理念与信赖保护》,中国政法大学出版社2013年版,第30页。
⑤ 参见王毓莹:《股权代持的权利架构——股权归属与处分效力的追问》,载《比较法研究》2020年第3期。

事实上，立法变迁也能够说明立法者对于外观主义滥用的警惕。对于外观主义的保护对象，原《公司法》第32条第3款表述为"第三人"，原《民法总则》及《民法典》第65条、现行《公司法》第34条均修改表述为"善意相对人"。表述上的细微调整显系有意为之，更能凸显将外观主义的保护对象限缩为交易领域的意图。《九民会纪要》在引言部分亦阐明：外观主义是为保护交易安全设置的例外规定，一般适用于因合理信赖权利外观或意思表示外观的交易行为。这也表明了最高人民法院对此问题的基本立场。

此外，除了第三人的信赖以外，外观主义适用的另一正当性依据在于实际权利人本人行为的可归责性，即本人与因。也就是说，既然因实际权利人的原因导致权属公示错误，自然要为自身错误承担不利后果。这在因法律禁止超标的查封，导致申请执行人因申请查封了代持股权而必须放弃对名义股东的其他财产的查封申请的问题上表现得最为典型。在此种情形下，申请执行人确实可能会因此而错失执行名义股东其他财产以实现债权的机会，从而遭受损失。但这是强制执行程序中因执行效率之追求而进行形式审查的结果，与股权代持之间并不存在直接的因果关系。因而，即便实际出资人对于股权代持具有可归责性，但让其在强制执行领域承受本应归属其的股权被"剥夺"的后果，显然利益过于失衡。因此，从这个角度看，外观主义适用的正当性亦存疑。

（五）小结

执行债权人对债务人财产所能主张的权利，不应大于该债务人自身对该财产所享有的权利。[①] 因此，以财产归属为核心框定债务人的责任财产范围，是执行异议之诉中面对名实分离的权利时，判断案外人的异议能否成立所应遵循的基本逻辑。在股权代持关系中，以股权归属作为判断实际出资人能否排除对代持股权强制执行的立足点能够实现理论周延和利益平衡。通过上述分析，可得出如下结论：在股权代持协议有效的前提下，对于不完全隐名代持，若存在公司认可实际出资人股东身份的事实，则应认定代持股权归属于实际出资人，而并非名义股东的责任财产，对该股权的强制执行应予排除；对于完全隐名代持，因公司未认可实际

---

① 原文为："a garnishing creditor has no greater rights in the judgment debtor's assets than the judgment debtordoes." See *McFarland v. Brier*, 850 A. 2d 965, 979 (R. I. 2004)。

出资人的股东身份,实际出资人享有的权利为基于隐名代理关系请求名义股东交付约定收益的债权,故其主张排除对代持股权强制执行的请求不能成立。

三、股权让与担保情形下排除金钱债权执行问题

随着融资需求和信用关系的发展,股权让与担保在商事实践中的运用日益普遍。股权让与担保在债权实现、担保权及公司控制权获得方面能够为信贷市场的发展提供制度性激励,对优化我国营商环境、拓展公司融资途径具有重要意义。[①]股权让与担保因存在法律手段超越经济目的的特征,造成了经济运行实质与法律结构的背离[②],引发了司法实务中的诸多问题。其中的问题之一便是股权让与担保双方能否排除另一方的金钱债权人申请执行的问题。

(一)股权让与担保的性质

长期以来,由于缺乏明确的法律规定,实践中对股权让与担保的效力问题产生诸多分歧。《担保制度解释》第68条、第69条首次[③]明确规定了让与担保制度,使让与担保这一"司法领域的私生子"[④]终于在我国法律制度中获得了"认领"。上述司法解释对让与担保的概念、效力、实行方式以及股权让与担保的有关问题进行了规定,填补了让与担保法律制度的空白,回应了司法实践亟须统一让与担保法律解释和法律适用这一迫切需求,其重要意义不言而喻。股权让与担保不同于典型的担保物权类型,其以转让股权的方式来实现债权担保,造成公示效果和担保目的之间的背离,继而引发了股权让与担保合同效力、担保权人法律地位不明,以及股权内外部关系冲突等一系列法律问题。

股权让与担保在商事实践中的运用日益普遍,但其作为一项非典型担保,在《民法典》中没有其身影,甚至让与担保运用最为兴旺的德国、日本[⑤]的成文法典

---

① 参见王贺:《股权让与担保法律构成的检视与完善》,载《甘肃政法学院学报》2020年第3期。
② 参见蔡立东:《股权让与担保纠纷裁判逻辑的实证研究》,载《中国法学》2018年第6期。
③ 此前,在2017年最高人民法院民事审判第二庭第4次法官会议纪要和《九民会纪要》中对让与担保也有规定,但根据最高人民法院《关于司法解释工作的规定》,具有法律效力的司法解释只包括"解释"、"规定"、"批复"和"决定"四种,并不包括"会议纪要"的形式。
④ [日]我妻荣:《新订担保物权法》,岩波书店1981年版,第563页。转引自杨立新、李怡雯:《让与担保的权利受让人对受让权利支配的限制》,载《中国应用法学》2018年第4期。
⑤ 参见王闯:《关于让与担保的司法态度及实务问题之解决》,载《人民司法·案例》2014年第16期。

中也没有让与担保的一席之地。由于长期以来法律规范的缺乏,司法实践中关于股权让与担保的效力问题裁判观点不尽统一。[1]

效力认定之争实际上反映了对让与担保法律性质的认识问题。对此,谢在全先生指出,让与担保是否有效,与其法律构造有关,故应就其法律构造作一观察。按让与担保系当事人之间为达到担保债务清偿之经济目的,依信托约款(让与担保契约),将标的物之财产权移转于债权人之非典型担保。故其基本构造系信托行为的债之关系加上财产权(如所有权)之移转。[2] 笔者对此深以为然。以所有权作为清偿债权担保的实践,最早可追溯到罗马法的信托质制度。[3] 罗马法上的担保物权有两种类型,即"fiducia"和"pignus"。"fiducia"是指债权人通过要式买卖或拟诉弃权的方式取得担保人财产的所有权,用以担保债务清偿,而债权人则在债务清偿后返还原物,即信托质制度。[4] 信托质因受限于严格的要式买卖形式且未能妥当保护信托人的利益,后期质权的兴起逐渐替代了信托质。当今信托质以让与担保的形式获得重生,德国在判例法上首次用信托理论阐释了让与担保的合法性,将让与担保视为以担保为目的所设立的信托,信托人与受托人之间构成委托关系。[5]

有必要澄清的是,本书将股权代持的性质界定为隐名代理关系,而将股权让与担保界定为信托关系,这主要是考虑到委托关系和信托关系均系基于委托人对受托人的授信而产生的法律行为,二者在法律构造上具有很大程度的相似性,但股权代持和股权让与担保又较为典型地反映了二者的区别:一是信托关系作为一项特殊的委托关系,其典型的特征在于需要特定信托财产的转移,股权让与担保完全符合这一特征,而委托关系虽然也可以通过权利义务关系的特别安排来达到这一目的,但转移财产权利显然并非委托关系的典型形态。二是在股权让与担保中,出让人在将股权让与受让人后,股权以登记股东的名义行使,出让人虽可以根据合同约定对受让人行使股权进行指示,但并不存在股东显名的需求,因此在法律构造上,无须考虑解决公司与出让人之间的权利义务关系问题。股权代持存在

---

[1] 参见王贺:《股权让与担保法律构成的检视与完善》,载《甘肃政法学院学报》2020年第3期。
[2] 参见谢在全:《民法物权论》(下册),中国政法大学出版社2011年版,第1106–1107页。
[3] 参见沈达明编著:《法国/德国担保法》,对外经济贸易大学出版社2015年版,第82页。
[4] 参见江平、米健:《罗马法基础》(第3版),中国政法大学出版社2004年版,第257–258页。
[5] 参见杨立新、李怡雯:《让与担保的权利受让人对受让权利支配的限制》,载《中国应用法学》2018年第4期。

隐名股东显名的需要,这一点与隐名代理中委托人的介入权高度契合,故将股权代持的性质界定为隐名代理。

(二)股权让与担保的效力

2019年以来,最高人民法院出台的司法政策文件和司法解释对让与担保的规定,实际上背后所体现的理论依托就是对让与担保信托关系性质的肯认。《九民会纪要》第71条规定,让与担保合同有效,合同约定债务人到期没有清偿债务,财产归债权人所有的,该部分约定无效,但不影响合同其他部分的效力。当事人已经完成权利变动公示将财产转让至债权人名下,债务人到期没有清偿债务,债权人请求确认财产归其所有的,不予支持,但债权人请求就财产价值优先受偿的,予以支持。《担保制度解释》第68条沿袭了《九民会纪要》关于让与担保效力的规定,第69条则沿循上述规定之逻辑进一步表明了作为名义股东的让与担保权人的法律地位应作何认定。上述规定反映出关于让与担保的司法态度:一方面,尊重当事人意思自治,认可让与担保合同的效力;另一方面,以典型担保物权的法律框架构建让与担保的法律规则,在完成权利公示的情况下,赋予其担保物权效力,但不支持担保权人的所有权主张,不认可流质条款的效力,担保权的实行方式准用抵押、质押的法律规定。《担保制度解释》的规定统一了关于让与担保效力的认识,这一共识源于学理和司法实践对传统否定让与担保效力学说障碍的反思和摒除。传统否定让与担保效力的障碍包括:

阻碍一:违反物权法定原则。物权法定原则在各国物权法结构体系中处于枢纽地位。[1] 这意味着,物权的种类和内容必须由法律规定,而不能由当事人自由创设。传统观点认为,让与担保不是依法设立的物权,违反物权法定原则,应当认定无效。[2] 也有观点认为,习惯法属于民法法源之一,让与担保作为不违背公序良俗的交易习惯,可以创造物权种类和内容。[3] 基于让与担保信托关系构造的解释视角,则很好地解决了让与担保与物权法定原则的冲突问题。当事人设定让与担保

---

[1] 参见王闯:《关于让与担保的司法态度及实务问题之解决》,载《人民司法·案例》2014年第16期。

[2] 参见葛伟军:《股权让与担保的内外关系与权利界分》,载《财经法学》2020年第6期。

[3] 参见李磊、刘保玉:《让与担保存废论——基于实证考察的分析》,载《人民司法·应用》2018年第28期。

系利用担保物权以外之现有法律制度,实现担保债务清偿之目的,即据此取得与担保物权相同担保作用之法律利益,成为非典型担保之一种,然其并非创设法律未规定之担保物权,因此,不发生违反物权法定主义之问题。[1] 在(2015)粤高法民四终字第 196 号案中,法院认为,国融公司、长城公司与港丰集团系通过订立合同设定让与担保,并非创设一种单独的担保物权,形成的是在受契约自由和担保目的双重规范下的债权担保关系,只要不违反法律强制性规定和公序良俗原则,应认定该约定有效。关于股权让与担保是否发生等同于担保物权的效力,则应视其在"财产权转移"环节是否按照法律的规定履行公示方式而定。最高人民法院在黑龙江闽成投资集团有限公司与西林钢铁集团有限公司等民间借贷纠纷案中认为,在股权质押中,质权人可就已办理出质登记的股权优先受偿。举轻以明重,在股权让与担保中,担保权人形式上已经是让与担保股权的持有人,其就股权享有优先受偿的权利,显然更应受到保护。[2] 在此,实际上是将股权质押的法律结构和效力类推适用于股权让与担保,从而赋予其等同于股权质押的物权效力。

阻碍二:虚伪意思表示。主张无效者认为,担保人只是形式上将财产所有权移转给债权人以设定抵押或质押,双方实质上并无移转财产所有权的意思,故让与担保属于当事人通谋而为的虚伪意思表示,应为无效。[3] 但由信托理论观之,在让与担保中,就财产权之移转而言,当事人为实现担保债务清偿之目的,确有移转标的物权利之法效意思,此为当事人缔结让与担保契约,决定担保标的物,并约定清偿期、担保权人应如何行使对标的物之权利,与设定人对标的物之权利义务关系而言,亦复如此。因此,亦无通谋虚伪表示可言。[4] 换言之,当事人订立让与担保合同,将标的物转移给债权人作为债务履行的担保,在债务获得清偿时返还标的物,或在债务未能履行时以标的物清偿债务,均系当事人的真实意思,应当认定该约定有效,并非效果强加。

实践中,有采"分离论"的观点认为,股权转让合同与担保合同作为独立的法律行为,应当对其效力分别评价。当事人之间并不存在转让股权的真实意思,股

---

[1] 参见谢在全:《民法物权论》(下册),中国政法大学出版社 2011 年版,第 1107 页。
[2] 参见最高人民法院民事判决书,(2019)最高法民终 133 号。
[3] 参见夏正芳、马燕:《让与担保的法律属性与价值衡量——民法典分则编纂背景下让与担保的司法审视》,载《人民司法·应用》2018 年第 28 期。
[4] 参见谢在全:《民法物权论》(下册),中国政法大学出版社 2011 年版,第 1107-1108 页。

权转让合同属于虚伪意思表示,应属无效。①《民法典》第146条第2款规定,以虚假的意思表示隐藏的民事法律行为的效力,依照有关法律规定处理。据此,即便将股权转让合同认定无效,但隐藏的转让股权为债务履行提供担保作为当事人的真实意思表示,也并不因此无效。在(2015)粤高法民四终字第196号案中,法院认为,《股权及债权重组协议书》本质是通过转让股权为债务履行提供担保,此种担保形式是为适应现代市场经济高度融资需求而发展形成的一种非典型担保,该约定不违反法律、行政法规的强制性规定,应认定有效。

阻碍三:违反禁止流质规定。禁止流质,是指债权人在债务履行期限届满前,不得与担保人约定债务不能履行时质押物归债权人所有,以防止债权人利用其优势地位获取暴利。②让与担保中债权人可径直取得担保物所有权的约定违背了禁止流质的规定,是导致其备受批评的一个重要原因。③尽管股权让与担保的重要特征之一是将股权预先转移至债权人名下,但该股权是否终局性地归属于债权人将视合同约定的清算条款内容而定,如果合同约定在债务人不履行债务时,需对股权价值进行清算,则无论是将股权折价归债权人所有,还是就股权拍卖、变卖价款优先受偿,均不存在违反禁止流质条款的问题。在双方约定债务人不履行债务,股权归属于债权人的情况下,按照《担保制度解释》第68条的规定,也仅为该流质条款无效,并不影响当事人有关提供担保的意思表示的效力。此种无效法律行为的转化理论同样适用于质押合同中流质条款的认定和处理。在(2015)粤高法民四终字第196号案中,法院认为,《股权及债权重组协议书》约定,在港丰房地产公司债务不能履行时,国融公司、长城公司并不能直接取得港丰房地产公司的股权,而是将股权或资产处置用于清偿债务后,将剩余部分返还给港丰集团,且股权或资产的处置方式仍需双方协商,故《股权及债权重组协议书》的约定不违反流质规定。

(三)股权让与担保权排除金钱债权执行的思考

执行异议之诉中涉及股权让与担保的类型主要有两种:一种是股权让与担保

---

① 参见江苏省盱眙县人民法院民事判决书,(2014)盱商初字第0633号。
② 参见庄加园:《"买卖型担保"与流押条款的效力——〈民间借贷规定〉第24条的解读》,载《清华法学》2016年第3期。
③ 参见高圣平:《动产让与担保的立法论》,载《中外法学》2017年第5期。

人的金钱执行债权人对股权申请强制执行，担保权人提出执行异议；另一种是股权让与担保权人的金钱执行债权人对股权申请强制执行，担保人提出执行异议。

对前一类型而言，由于执行程序采用外观主义判断财产权利人，故一般情况下担保人的执行债权人难以就登记在担保权人名下的股权申请执行，但在有确切证据证明担保人是股权的实际权利人时，申请执行人仍然可以就股权申请强制执行。此时如让与担保权人主张优先受偿的，则显然并不符合足以排除强制执行的条件，故并不属于案外人异议程序的范畴，法院应当告知其向执行实施机构主张权利，执行实施机构不支持的，可依据《民事诉讼法》第 236 条的规定针对执行行为提出异议；若已经纳入分配方案，但相关当事人对于让与担保权人是否享有担保权、受偿顺位、受偿比例等有异议的，则应通过分配方案异议程序加以解决。如让与担保权人以其享有股权为由主张排除执行的，对于其权利的性质应通过审判程序加以判断，故应适用《民事诉讼法》第 238 条之规定进行审查。但即便股权让与担保权人已经取得股东名册记载并行使股东权利，基于股权让与担保的担保属性，其也并非真正的股权所有者，而仅享有担保权，法院在执行过程中只需保障担保权人对股权价款的优先受偿地位，即无损于担保权人的实体权益，故亦不能排除强制执行。担保权人认为其优先受偿权受到损害的，可以通过执行分配异议及异议之诉寻求救济。

后一类问题争议较大，实践中存在肯定说和否定说两种观点。肯定说认为，强制执行的对象是被执行人的责任财产，市场主体登记作为一种权利外观，仅具有权利推定的效力，并不一定与实际权利状况相符，如果经审查名义股东并非实际权利人，则应当优先保护实际权利人的权益，如果对真实权利人的权利视而不见，将造成司法不公的后果，与司法的正义价值追求背道而驰。否定说则认为，市场主体登记具有权利公示效力，隐名股东与名义股东受合同相对性约束，但合同对第三人不发生法律效力，第三人除包括交易相对人以外，名义股东的执行债权人亦属于第三人范畴，故应当优先保护申请执行人的权益。[1]

从股权让与担保的担保权构造出发，不宜认定名义股东的债权人有权申请执行担保股权，从商事外观主义出发，则根据商事外观主义的适用范围是否包括非

---

[1] 参见王毓莹、李志刚等：《隐名权利能否阻却法院执行：权利性质与对抗效力的法理证成》，载《人民司法·应用》2017 年第 31 期。

交易相对方而定。如果认定商事外观主义所适用的范围仅包括就股权产生交易的相对方,则担保人可以对抗执行;如果认定商事外观主义所涵摄的信赖利益不仅包括交易对价,还包括社会整体交易秩序和申请执行人的执行利益①,则仍应当对名义股东债权人的信赖利益予以优先保护。

《九民会纪要》认为,外观主义的目的是保护交易安全,一般适用于因信赖权利或意思表示外观而产生的交易行为,即采取的是限缩解释,排除了非交易行为的适用空间。但从股权变动模式的角度分析能够得出清晰的结论。担保人将股权转让给担保权人,虽其目的是债权担保,但作为意思表示构成要素的表示意思、法效意思和表示行为均指向其将股权转让给担保权人。比照股权转让的法律结构分析,在公司已经将担保权人登记为股东或已经变更市场主体登记的情况下,则受让人已经满足股权变动的生效要件,相应股权已经纳入受让人的责任财产范围并进入强制执行的领域,转让人不得对抗受让人的执行债权人提起的强制执行。从转让人的视角看,转让人选择通过将股权转让给债权人的方式设定担保,就应当知晓股权转让与股权质押后果的不同,其对股权转让给债权人后可能面临的股权被作为债权人的责任财产予以强制执行的风险具有充分的认知,认定其不能排除强制执行并未超出其合理预期。

此外,与股权代持不同的是,在股权让与担保中,名义股东的债权人申请对股权强制执行,相当于以股权让与担保人的股权估价清算后提前清偿债务,在申请执行人的执行利益存在不测风险的情况下,通过对股权让与担保人的股权估价提前清偿债务的成本也将小于申请执行人执行利益落空的风险。相应地,股权让与担保人为规避执行中股权估价的不利成本,也可以主动选择通过提前清偿债务的方式取回股权,以此获得排除强制执行的权利。

四、涉股份(股票)排除金钱债权执行问题

在执行过程中,案外人以其对作为执行标的的股份有限公司的股份享有民事权益请求排除强制执行,法院需要首先审查确认的是作为执行标的的股份是否归属于案外人,从而对案外人提出的排除执行请求能否得到支持作出判断。鉴于股

---

① 因法律禁止超标的查封,故申请执行人存在因信赖争议股权的登记外观申请查封而丧失查封被执行人其他财产机会的风险。

份有限公司与有限责任公司在公司性质、股权变动方面存在较大区别,其判断规则基于不同公司性质、股权变动方式提出的执行异议处理规则有所不同。

(一)股份与股权的关系

股份作为股份有限公司的权利份额,与有限责任公司股权既具有相同点,又存在不同之处。共同点在于二者均是投资人投资于公司所形成的出资份额,投资人依据其对公司所享有的股份或股权对公司享有权利,通过行使享有的权利实现投资获益的目的。但二者存在明显的不同:一是公司的性质不同。有限责任公司系封闭公司,具有较强的人合性,公司的设立、运转有赖于股东之间的高度信任;股份有限公司系开放公司,具有彻底的资合性,公司股东之间的人合色彩较淡。二是股权或股份的转让限制不同。有限责任公司的股权转让受到其他股东优先购买权的限制;股份有限公司股份的取得不依赖其他股东的认许,股份转让通常不受其他股东的干涉。三是股权变动模式不同。有限责任公司股权变动须获其他股东过半数认可,股东行权、股东名册变更等应视为股权变动的生效要素,而市场主体登记不设定股权,仅具有对抗效力;股份有限公司作为典型的资合性公司,公司法、证券法等对股份变动有明确的相关规定。根据《公司法》第147条的规定,股份有限公司只能发行记名股票。就股票转让而言,对于非公开发行股份的公司,根据《公司法》第159条第1款规定,股票的转让,由股东以背书方式进行,在完成背书、交付行为后即发生权利变动的法律效力。对于上市公司的股票而言,采取的是簿记券式,即以在证券登记结算机构记载股东账户的方式发行股权,不印制实物股票,其转让通过交易所电子化方式进行公开集中进行,所认购和交易取得的股票以证券登记结算机构的登记为准。[①] 因此,股份有限公司的股份或股票变动模式可以概括为"转让合意+交付/登记"。

(二)涉股份执行异议之诉的处理思路

1.基于股份买受人提出的执行异议之诉

上市公司的股票采取的是电子化的集中交易方式,在交易所系统撮合成交时,股票和资金即时交割,股票归属于对应账户的持有人所有。故通常不存在案

---

① 参见《证券法》第38条,《证券登记结算管理办法》第17条、第21条第2款、第27条。

外人基于股票买受人身份提出执行异议。

非公开发行股份的公司在完成背书交付后,股票归属于受让人。根据《公司法》第159条第1款的规定,转让后由公司将受让人的姓名或者名称及住所记载于股东名册,因此在股东名册尚未变更前,可能存在转让人的债权人依据股东名册对股票申请强制执行的问题,此时,已取得背书的记名股票受让人能否排除强制执行?笔者认为,上述条款中规定的"记载于股东名册"显然不是股份变动的生效要件。股份有限公司与有限责任公司相比,不具有人合性,公司亦无干预股票转让的正当性依据,故股票在背书转让后即完成权利变动,股东名册相关事项的变更仅是对抗公司的要件,且除非存在违反法律法规强制性规定的情况,公司无权拒绝办理股东名册变更登记。

我国台湾地区"公司法"第165条第1款规定:股份之转让,非将受让人之姓名或名称及住所或居所记载于公司股东名册,不得以其对抗公司。但即使未变更名义,仍不影响转让人与受让人之转让效力。《日本公司法》第128条第1款规定,在发行股票的公司,股份转让时,只有将股票交付给受让人方才发生转让的效力。股份的转让以意思表示与股票的交付为生效要件,且记名股票的转让亦采取了无记名证券的交付转让方式。[①] 因此,就记名股票而言,在转让合同有效,受让人已支付转让对价,且背书取得公司股份后,其有权排除依据股东名册对股份采取的强制执行措施。

2. 基于股份代持提出的执行异议之诉

股份代持是指实际投资人与名义股东约定,由实际出资人出资,而将股份登记在他人名下的权利义务关系。非公开发行股份的公司股票采取"转让合意+背书"的转让模式,并通常伴随股票的交付。代持双方若约定代持记名股票,则在名义股东持有记载其姓名或名称的记名股票时,应视为股票权利归其所有,隐名股东不享有排除执行的民事权益。上市公司的股票应以证券登记结算公司的登记信息作为判断股份归属的依据,未经证券登记结算公司登记的案外人,不享有排除强制执行的民事权益。

3. 基于股份让与担保提出的执行异议之诉

与股权让与担保中的处理规则相同,在股份让与担保中,转让人自愿选择以

---

① 参见崔香梅:《我国股票善意取得制度的立法缺失与完善》,载《法学》2010年第11期。

股份让与的方式为债务提供担保,在已经满足股份变动生效要件时,应当认定股份归属于受让人。具体而言,非公开发行股份的公司记名股票已经背书转让,上市公司的股份已经完成登记结算后,受让人即取得相应股份的权利,对于受让人的金钱债权人申请的强制执行,转让人不享有对抗的权利。

4. 基于夫妻共有股份提出的执行异议之诉

对夫妻一方对外所负债务进行强制执行时,根据《查封规定》第12条的规定,就夫妻共有的股份,人民法院可以采取冻结措施,举债人的配偶一方可以提出财产分割协议,或析产诉讼,申请执行人也可以提起代为析产诉讼,从而明确被执行人的财产份额。申请执行人对财产分割协议认可,或判决分割财产的,人民法院应当仅对被执行人的财产份额予以执行,对案外人的财产份额解除强制措施。因股份有限公司不具有有限责任公司的人合性和限制转让条件,故在确定被执行人的财产范围时,根据《婚姻家庭编解释(一)》第72条的规定,应当直接按股份数量比例进行分割,而不应将股份整体处置后为配偶分配变价款。当然,举债方配偶同意的除外。

规范依据

《民法典》

第六十五条 法人的实际情况与登记的事项不一致的,不得对抗善意相对人。

第一百四十三条 具备下列条件的民事法律行为有效:

(一)行为人具有相应的民事行为能力;

(二)意思表示真实;

(三)不违反法律、行政法规的强制性规定,不违背公序良俗。

第一百四十六条 行为人与相对人以虚假的意思表示实施的民事法律行为无效。

以虚假的意思表示隐藏的民事法律行为的效力,依照有关法律规定处理。

第一百五十三条 违反法律、行政法规的强制性规定的民事法律行为无效。但是,该强制性规定不导致该民事法律行为无效的除外。

违背公序良俗的民事法律行为无效。

第一百五十四条 行为人与相对人恶意串通,损害他人合法权益的民事法律行为无效。

《公司法》

第三十四条 公司登记事项发生变更的,应当依法办理变更登记。

公司登记事项未经登记或者未经变更登记,不得对抗善意相对人。

第五十六条第二款 记载于股东名册的股东,可以依股东名册主张行使股东权利。

第八十四条 有限责任公司的股东之间可以相互转让其全部或者部分股权。

股东向股东以外的人转让股权的,应当将股权转让的数量、价格、支付方式和期限等事项书面通知其他股东,其他股东在同等条件下有优先购买权。股东自接到书面通知之日起三十日内未答复的,视为放弃优先购买权。两个以上股东行使优先购买权的,协商确定各自的购买比例;协商不成的,按照转让时各自的出资比例行使优先购买权。

公司章程对股权转让另有规定的,从其规定。

第八十六条 股东转让股权的,应当书面通知公司,请求变更股东名册;需要办理变更登记的,并请求公司向公司登记机关办理变更登记。公司拒绝或者在合理期限内不予答复的,转让人、受让人可以依法向人民法院提起诉讼。

股权转让的,受让人自记载于股东名册时起可以向公司主张行使股东权利。

第八十七条 依照本法转让股权后,公司应当及时注销原股东的出资证明书,向新股东签发出资证明书,并相应修改公司章程和股东名册中有关股东及其出资额的记载。对公司章程的该项修改不需再由股东会表决。

第一百五十九条第一款 股票的转让,由股东以背书方式或者法律、行政法规规定的其他方式进行;转让后由公司将受让人的姓名或者名称及住所记载于股东名册。

《合同编通则解释》

第十七条 合同虽然不违反法律、行政法规的强制性规定,但是有下列情形之一,人民法院应当依据民法典第一百五十三条第二款的规定认定合同无效:

(一)合同影响政治安全、经济安全、军事安全等国家安全的;

(二)合同影响社会稳定、公平竞争秩序或者损害社会公共利益等违背社会公共秩序的;

(三)合同背离社会公德、家庭伦理或者有损人格尊严等违背善良风俗的。

人民法院在认定合同是否违背公序良俗时,应当以社会主义核心价值观为导向,综合考虑当事人的主观动机和交易目的、政府部门的监管强度、一定期限内当事人从事类似交易的频次、行为的社会后果等因素,并在裁判文书中充分说理。当事人确因生活需要进行交易,未给社会公共秩序造成重大影响,且不影响国家安全,也不违背善良风俗的,人民法院不应当认定合同无效。

《担保制度解释》

第六十八条 债务人或者第三人与债权人约定将财产形式上转移至债权人名下,债务人不履行到期债务,债权人有权对财产折价或者以拍卖、变卖该财产所得价款偿还债务的,人民法院应当认定该约定有效。当事人已经完成财产权利变动的公示,债务人不履行到期债务,债权人请求参照民法典关于担保物权的有关规定就该财产优先受偿的,人民法院应予支持。

债务人或者第三人与债权人约定将财产形式上转移至债权人名下,债务人不履行到期债务,财产归债权人所有的,人民法院应当认定该约定无效,但是不影响当事人有关提供担保的意思表示的效力。当事人已经完成财产权利变动的公示,债务人不履行到期债务,债权人请求对该财产享有所有权的,人民法院不予支持;债权人请求参照民法典关于担保物权的规定对财产折价或者以拍卖、变卖该财产所得的价款优先受偿的,人民法院应予支持;债务人履行债务后请求返还财产,或者请求对财产折价或者以拍卖、变卖所得的价款清偿债务的,人民法院应予支持。

债务人与债权人约定将财产转移至债权人名下,在一定期间后再由债务人或者其指定的第三人以交易本金加上溢价款回购,债务人到期不履行回购义务,财产归债权人所有的,人民法院应当参照第二款规定处理。回购对象自始不存在的,人民法院应当依照民法典第一百四十六条第二款的规定,按照其实际构成的法律关系处理。

第六十九条 股东以将其股权转移至债权人名下的方式为债务履行提供担保,公司或者公司的债权人以股东未履行或者未全面履行出资义务、抽逃出资等为由,请求作为名义股东的债权人与股东承担连带责任的,人民法院不予支持。

《九民会纪要》

引言 从现行法律规则看,外观主义是为保护交易安全设置的例外规定,一般适用于因合理信赖权利外观或意思表示外观的交易行为。实际权利人与名义权利人的关系,应注重财产的实质归属,而不单纯地取决于公示外观。总之,审判实务中要准确把握外观主义的适用边界,避免泛化和滥用。

典型案例

1. 滕州市某置业公司诉连云港某木业公司、石某勇及第三人连云港某房地产开发公司案外人执行异议之诉案

案例索引:人民法院案例库入库编号2023-08-2-471-003/民事/案外人执行异议之诉/司法冻结/担保/股权转让/合同效力/最高人民法院/2020.09.28/(2020)最高法民申4186号/再审/入库日期:2024.02.23。

裁判要旨:出质或被司法冻结的股权,其转让依法受到相应限制。但当事人订立合同,对已经冻结或出质的股权进行转让的,所订立的转让合同如果不存在法律规定的无效情形,则并不影响股权转让合同本身的效力。

2. 佳某公司诉汇某公司、飞某公司案外人执行异议之诉案

案例索引:人民法院案例库入库编号2023-10-2-471-002/民事/执行异议之诉/最高人民法院/2021.01.28/(2020)最高法民终675号/二审/入库日期:2024.02.22。

裁判要旨:根据商法公示主义与外观主义原则,公司的工商登记对社会具有公示公信效力。当事人通过省级产权交易所竞得案涉债权,并支付了相应对价,已经尽到审慎义务,其有权信赖公司登记机关的登记文件。案涉增加注册资本及调整持股比例相关协议的履行期间跨越了外资审批制度的实施日,其效力发生条件已发生改变。即便如此,前述协议是否有效亦不影响当事人作为善意相对人执行案涉标的的权利。

3. 黄某兴、厦门双润投资管理有限公司案外人执行异议之诉案

案例索引:最高人民法院(2019)最高法民终1946号民事判决书。

裁判要旨:在人民法院依法查封股权后,同时满足以下三个条件的,受让人对案涉股权享有足以排除强制执行的实体权利:其一,受让人与被执行人(转让人)应当在人民法院查封之前签订真实有效的转让合同;其二,受让人应在人民法院查封之前完成公司股东名册的变更,其可依据股东名册向公司主张股东权利;其三,受让人在查封之前已足额支付转让价款或已依约支付部分价款且将剩余价款按照人民法院的要求交付执行。

第二十章　涉共有关系的执行异议之诉

共有,是生活中财产权利的常见形态。民事强制执行领域中对共有财产的执行也是非常常见但又疑难的问题。其复杂性不仅源于按份共有与共同共有在权利构造上的分野,更深层次地体现为权利外观与实体真实之间的错位。

更为棘手的是,当共有关系与现代商事组织及家庭伦理相互交叠时,如夫妻共有股权的执行异议之诉,已非单纯的权利顺位之争,而是演变为公司法上的组织安定性、夫妻财产法上的伦理公平性与一般财产法上的交易安全性三者之间的价值权衡与规则协调。

同样,在身份关系变动遗留的财产争议中,面对离婚协议对房产归属的约定与被执行人个人金钱债权之间的冲突,法院是否应固守登记外观,抑或应当穿透形式,对协议背后的实质公平与信赖利益予以考量,直接关系到执行异议之诉制度功能的实现。

本章旨在系统梳理涉共有关系的执行异议之诉的各种样态,通过对按份共有、共同共有(尤其是夫妻共有股权)以及离婚后财产分割等典型情境的剖析,揭示不同场景下权利冲突的本质,辨析司法实践中的裁判思路与规则。

一、案外人基于共有权提起的执行异议之诉

对共有财产执行是强制执行中的常见类型。根据《民法典》第297条的规定,共有关系可分为按份共有与共同共有。两种情形下共有人对共有财产享有的权利并不相同。按份共有人对共有财产按照其份额享有所有权;共同共有人对共有财产共同享有所有权。因此,案外人基于共有权提起的执行异议之诉,应区分按份共有与共同共有分别探讨。

(一)按份共有人提起的执行异议之诉

按份共有人对于其他按份共有人作为被执行人时对共有财产执行的异议,相

对而言较为简单,实践中主要应注意:

1. 区分执行行为异议与执行标的异议。如对共有财产应仅执行相应份额还是应整体处置的异议,就属于执行行为异议,应根据《民事诉讼法》第236条的规定通过执行行为异议程序寻求救济。

2. 若案外人认为执行实施部门认定的作为被执行人的按份共有人的份额有误,其所享有的份额因此被错误地作为被执行人的按份共有份额一部分执行,提出的异议事由系基于其对共有财产的实体权利,应属《民事诉讼法》第238条规定的执行标的异议,可通过案外人执行异议及异议之诉程序寻求救济。在审查案外人所享有的共有份额时,根据《民法典》第308条、第309条规定,共有人对共有财产没有约定为按份共有或者共同共有,或者约定不明确的,除共有人具有家庭关系等外,视为按份共有。按份共有人对共有财产享有的份额,没有约定或者约定不明确的,按照出资额确定;不能确定出资额的,视为等额享有。

(二)共同共有人提起的执行异议之诉

共同共有权人执行救济路径与共同共有财产执行模式息息相关。部分共同共有人对外负债而被强制执行时,只能以被执行人享有的份额内的财产为限,故首先需要界定被执行人在共同财产中的份额,这就涉及共有财产分割问题。对执行程序中的共同共有财产分割,目前存在不同的模式之争。

根据《查封规定》第12条的规定,共同财产分割有两种方式,即协议分割与裁判分割。前者是指被执行人与其他共有人以协议的形式确定各自的共有份额并经申请执行人认可,后者是指在被执行人与其他共有人未能就份额的确定达成协议,或者申请执行人认为协议确定的份额侵害了其权益而不予认可时,被执行人、其他共有人提起析产诉讼或者申请执行人代位提起析产诉讼。在析产诉讼或者代位析产诉讼的过程中,在被执行人享有的共有份额确定之前,不得对共有财产进行处分。① 据此,法院对共同共有财产可以采取查控措施,但能否继续处置,则取决于析产结果。这种情况下,又可以分为两种情况。

一种情况是析产结果源自协议分割,此时执行债权人也已认可该协议结果,

---

① 参见金殿军:《被执行人共有财产的执行路径——以申请执行人代位分割之诉为中心》,载《法律适用》2023年第1期。

故法院即可按照分割协议确定的份额执行被执行人的相应份额,无论是案外共有人还是申请执行人均不应再享有针对执行份额提出执行标的异议的权利了。

另一种情况是析产结果源自裁判分割。裁判分割系通过析产诉讼而对共有财产的分割。析产诉讼本质上是形成之诉,其核心目的是通过法院的判决改变共有财产的现有权属状态或分割方式。共有人提起析产诉讼的条件一般包括存在共有财产关系且对财产的分割或份额存在争议。当共有人之间无法通过协商达成一致意见时,即可向法院提起析产诉讼。申请执行人代位提起析产诉讼的条件相对更为严格,通常需要满足被执行人与其他共有人未主动分割共有财产,且该共有财产的执行影响申请执行人债权实现等条件。析产诉讼的结果具有对世效力,不仅对诉讼当事人具有约束力,也会影响与该共有财产相关的其他第三人的权益。但根据《执行异议复议规定》第26条第2款之规定,查封之后作出的另案生效判决不能排除执行,故析产诉讼的裁判结果并不当然可以实现排除相应份额执行的效果,因而不能完全替代执行异议之诉。故即便是在提起执行异议之诉之前就通过析产诉讼获得了相应的分割判决,若执行实施部门并未对执行标的做相应调整,案外共有人或申请执行人仍应通过执行标的异议及异议之诉程序寻求救济。对于进入执行异议之诉后如何进行析产则存在不同观点。支持在执行异议之诉中进行析产的观点认为,这样可以提高诉讼效率,避免当事人在不同诉讼程序之间来回奔波,减少司法资源的浪费。反对在执行异议之诉中进行析产的观点则认为,执行异议之诉的主要功能是判断能否排除执行,而析产属于实体权利的分割,两者的诉讼目的和程序要求不同,不应在同一程序中处理。将析产纳入执行异议之诉可能会导致程序混乱,增加审理难度,影响案件的公正裁决。当前的主流观点认为,在执行异议之诉中发现需要进行析产才能准确判断能否排除执行时,法院需要中止执行异议之诉案件的审理,告知当事人另行提起析产诉讼,等待析产诉讼的结果,并根据申请执行人的意见决定继续审理还是终结诉讼。[1] 从理论上讲,将析产诉讼与执行异议之诉合并审理有一定的合理性。在共有财产执行的情况下,析产问题往往与执行能否顺利进行密切相关。通过在执行异议之诉中一并解决析产问题,可以使法院更全面地了解案件情况,在确定共有财产份额的同时,直

---

[1] 参见邵长茂:《执行法律适用方法与常见实务问题327例》,人民法院出版社2024年版,第229页。

接判断该份额是否足以排除执行,避免了在不同程序中对同一问题的重复审查。

《查封规定》第12条规定的模式在执行实践中的效果并不理想。协议分割需要债权人、债务人与其他共有人达成一致,由于各方利益的对立使协议分割面临重重困境。裁判分割则要求共有人或申请执行人(代位)提起析产诉讼,确定债务人在共有财产中的份额,但析产诉讼有一定的成本,析产诉讼的裁判判项落脚于明确共有份额,而对共有份额的执行效果不甚理想,导致(代位)析产诉讼实践中适用度有限。[1] 针对此种情况,执行实践中产生了第三种方式——执行分割。即在共有人之间未能协议分割共有财产的,无须通过诉讼方式,而是由执行实施部门在执行程序中直接确定共有财产的分割份额。如2016年3月3日广东省高级人民法院发布的《关于执行案件法律适用疑难问题的解答意见》规定执行程序可依据相关法律规定并结合案件具体情况,对共同共有财产进行强制分割。[2] 最高人民法院也有裁判观点认为,提起(代位)析产诉讼是当事人的权利而不是法定义务,当事人未提起诉讼的,执行法院可分割共同财产确定债务人的相应份额。[3] 2022年《民事强制执行法(草案)》亦采纳了这种方式,第173条明确规定收到通知之日起15日内各方当事人未达成财产分割协议的,执行法院可分割共同共有财产确定财产份额。针对实践中的执行分割模式,如对共有财产是否应整体处置、执行程序是否合法等提出异议,就属于执行行为异议,应根据《民事诉讼法》第236条的规定通过执行行为异议程序寻求救济。案外共有人基于其对共有财产应享有的份额提出的异议,则属于实体权利异议,故应当赋予此种模式下的案外共有人通过执行异议及异议之诉的方式寻求救济。如前述采取该种模式的地区,均通过指导性规范文件规定法院应当按照执行异议之诉程序进行审查。[4] 但这里可

---

[1] 参见童付章:《共同共有财产的执行与代位析产之诉的制度构建》,载《政治与法律》2014年第5期。

[2] 实践中采取类似做法的不在少数,如可参见江苏省高级人民法院《关于印发〈关于执行疑难问题的解答〉的通知》(苏高法〔2018〕86号)第4条、浙江省高级人民法院执行局《关于执行共有财产若干疑难问题的解答》(浙高法执〔2016〕7号,以下简称《浙江高院关于执行共有财产解答》)第4条、吉林省高级人民法院《关于审理执行异议之诉案件若干疑难问题的解答》问题二十七。

[3] 参见最高人民法院民事裁定书,(2017)最高法民申2083号;最高人民法院民事裁定书,(2017)最高法民申3819号。

[4] 参见江苏省高级人民法院《关于印发〈关于执行疑难问题的解答〉的通知》(苏高法〔2018〕86号)第4条、《浙江高院关于执行共有财产解答》第7条、吉林省高级人民法院《关于审理执行异议之诉案件若干疑难问题的解答》问题二十七。

能存在的问题是,如申请执行人不认可执行法院的分割结果提出异议,则因主体身份限制,无法作为案外人异议审查处理,更加无法依据《民事诉讼法》第228条规定赋予其提起执行异议之诉的救济权利,而只能依据《民事诉讼法》第236条的规定,通过执行异议复议程序审查处理。针对同样的执行行为提出执行异议,审查对象也是同样的法律关系,却仅因提出异议的主体不同而进入不同的审查程序,赋予不同的救济权利,既有悖于同样情况同样处理的法律论证原理,又面临着分类标准不统一的逻辑困境。① 若未来立法采用执行分割模式,则需要在救济程序方面再做完善。

二、配偶一方针对夫妻共有股权执行提起的执行异议之诉

夫妻共有股权指的是根据法律规定或夫妻约定共同享有股权的法律关系。我国法律规定的夫妻财产制为夫妻共同财产制。根据《民法典》第1062条的规定,夫妻在婚姻关系存续期间所得的财产原则上应属于夫妻共同财产。此外,根据《民法典》第1065条的规定,在夫妻共同财产制原则外,夫妻亦可实行约定财产制,其约定范围包括婚姻存续期间所获得的财产以及婚前个人财产,约定的内容可以归各自所有、共同所有,或者部分各自所有、部分共同所有。由此,登记在夫妻一方名下的股权原则上为夫妻共同所有,一方自愿将其婚前的股权约定归夫妻共有的,亦将产生股权的夫妻共有。

(一)涉夫妻共有股权执行异议之诉的裁判理念与难点

在举债配偶一方的债权人对登记在债务人名下的股权申请强制执行时,隐名配偶一方是否享有排除强制执行的民事权益。要厘清这一问题,涉及公司法、夫妻财产法和一般财产法适用范围的界定和衔接,以及他们之间不同价值理念和制度追求的协调和平衡,比一般财产关系的"权利竞争"更为复杂。一般财产法注重交易效率和形式平等,在充分尊重当事人的平等地位和意思自治条件下,实现利益最大化;夫妻财产法则不同,其强调家庭伦理和实质公平,其制度构建与安排需满足和提升家庭成员的稳定感与安全感。② 公司法系组织法,股东对公司股权的

---

① 参见褚红军主编:《民事执行裁判理论与实务》,人民法院出版社2022年版,第167页。
② 参见赵玉:《司法视域下夫妻财产制的价值转向》,载《中国法学》2016年第1期。

享有与行使有赖于公司和其他股东的接纳与认可,以及公司制度诸如公司章程、股东决议等对公司组织结构运行的维系和保障。因此,此类执行异议之诉的处理规则应当贯彻保障交易安全、保护夫妻合法权益的理念,并兼顾公司法作为组织法的特殊需求,其难点也在于如何协调和平衡这三种制度价值之间的关系。

（二）司法实践的选择及考量

1. 优先保护交易安全

出于优先保护交易安全的考虑,有裁判观点认为,股权登记在显名股东名下,应当视为显名股东所有,显名股东的债权人有权申请强制执行。在庞某花、司某与五莲汇丰典当有限责任公司、第三人司某春案外人执行异议之诉案中,法院认为,庞某花、司某、司某春对上述《离婚协议书》《补充说明》的内容均无异议,上述协议及补充说明对庞某花、司某春具有约束力,但庞某花、司某不能以该协议及补充说明约定的内容对抗协议之外的第三人。股权现在还登记在司某春名下,属司某春所有。[①] 此种裁判观点注重保护申请执行人的权利,其理论基础是商事外观主义,认为股权登记在显名股东名下,应当根据权利外观优先保护第三人的利益。对于就争议股权从事交易的相对方提起的执行而言,将其作为外观主义保护的第三人予以优先保护应当无异议,但正如本书前文所述,外观主义保护的第三人范围不应当扩及非交易第三人。因此,将夫妻共有股权依登记认定为显名配偶一方所有,从而否定隐名配偶一方可以对抗一般债权申请执行人的观点将日渐势弱。

2. 保护隐名配偶方的财产权

实践中,多数判决从保护夫妻配偶一方财产权的角度,认定隐名夫妻配偶一方有权基于婚姻法规定,以其对共有股权享有的份额排除名义股东一般债权人申请的强制执行。在沈某与浙江嘉兴福达建设股份有限公司、蒋某泉等案外人执行异议之诉案中,法院认为,案涉股权转让、登记行为均发生在蒋某泉和沈某的婚姻关系存续期间,依照《婚姻法》(已废止)的相关规定,案涉股权应为夫妻共同财产,为蒋某泉和沈某共同共有。根据《查封规定》第14条(注:现为第12条)的规定,案涉股权作为沈某与被执行人蒋某泉共有的财产被法院查封后,沈某与蒋某泉仍可以通过协议、诉讼等方式分割该股权,蒋某泉所占的份额确定后,法院再对

---

① 参见山东省高级人民法院民事判决书,(2015)鲁民一终字第152号。

属于蒋某泉的份额予以执行。沈某与蒋某泉签订的离婚协议约定案涉股权对半分割并不违反法律规定,且该离婚协议对夫妻其他共同财产的分割也属公平合理,故沈某根据该离婚协议的约定要求停止对案涉15%股权的一半份额的执行,理由充分。① 这一裁判观点从股权的实质归属出发,认定作为执行标的的一半属于隐名配偶一方的财产,从而得出案外人享有排除强制执行的民事权益的结论。此种观点在实践中颇具代表性,其在实质上保护了隐名配偶基于婚姻法所享有的财产权益,也与《查封规定》第12条规定的强制执行仅针对属于共有人责任财产范围的理念相吻合。但值得注意的是,仅基于婚姻法对股权作为共有财产认定忽略了公司法上股权认定归属的相关规则,对于股权是否真实属于隐名配偶一方未能从公司法上予以论证,对执行完毕后剩余的一半股权归谁所有、股权如何行使等问题未能顾及。

3. 兼顾公司法的组织法特性

公司法的组织法特性决定了并非任何一个人都能够随意进入公司内部,成为公司股东,行使股东权利,股东的配偶也不例外。实践中,有法院认识到公司法作为组织法的这一特殊性,在隐名配偶股权的认定上进行了深入分析。例如,在张某与曹某、杨某模案外人执行异议之诉案中,法院认为,股权作为一项特殊的财产权,除具有的财产权益内容外,还具有与股东个人的社会属性及其特质、品格密不可分的人格权、身份权等内容。如无特别约定,对于自然人股东而言,股权仍属于商法规范内的私权范畴,其各项具体权能应由股东本人独立行使,不受他人干涉。曹某不能当然地以其为杨某模持有的兴茂地产公司24%股权共有人为由要求分得其中12%的股权。但在对曹某与杨某模夫妻共同财产进行拍卖时,应在夫妻共有财产范围内对杨某模所享有的财产份额进行处分,不得损害曹某的财产份额。② 该判决从公司法的角度认为,股权属于财产权和身份权的集合,认定股权应当属于名义股东所有,但从婚姻法的角度出发,认为只能就被执行人享有的财产份额进行执行,不得损害隐名配偶一方的权利。这一裁判思路兼顾了婚姻法和公司法各自的适用领域和法律规则,既符合了公司法关于股权归属的认定规则,又满足了夫妻财产法下夫妻财产共有的制度要求,值得肯定,但关于股权归属的认定尚

---

① 参见浙江省高级人民法院民事裁定书,(2018)浙民申3334号。
② 参见重庆市高级人民法院民事判决书,(2019)渝民终335号。

需结合股权变动模式等理论进行具体分析。

（三）隐名配偶的权利排除股权强制执行的思考

显名配偶的一般金钱债权申请执行人对被执行人名下登记的股权申请强制执行，隐名配偶一方提出排除执行的异议，实际是隐名配偶以其对股权享有的共有份额或权益对抗强制执行。其法律依据是《查封规定》第12条，根据该条规定，对被执行人与其他人共有的财产，人民法院可以采取查扣措施，共有人可以提出财产分割协议，或析产诉讼，申请执行人也可提起代位析产诉讼，从而明确被执行人的财产份额。申请执行人对财产分割协议认可，或判决分割财产的，人民法院应当仅对被执行人的财产份额予以执行，对案外人的财产份额解除强制措施。

在显名配偶名下的股权被冻结时，隐名配偶是否享有排除强制执行的民事权益，仍然应当首先辨明作为执行标的的股权中是否有属于隐名配偶的股权份额。根据财产的实质归属确定执行标的物，不能简单适用外观主义。[①] 有关股权变动模式，前文已论及，在我国现行公司法框架下，认定股权变动及归属应采取公司认可生效主义模式。由此，可以将隐名配偶分为两种类型：一种是不完全隐名的配偶；另一种是完全隐名的配偶，对于不完全隐名配偶，公司认可隐名配偶的身份，如存在公司向其直接发放红利、通知其作为股东参加股东会，行使表决权等情形的，此时与前述股权代持情形下认定实际出资人的规则相同，隐名配偶应当被认定为公司股东，当该股权归属于夫妻共同财产时，隐名配偶对作为执行标的的股权享有相应份额。对于完全隐名股东，其与公司不存在任何关系，则不能认定其对诉争股权享有份额。

1. 不完全隐名配偶提出执行异议之诉的处理

当该股权归属于夫妻共同财产时，不完全隐名配偶对公司股权享有相应份额，但其能否在执行过程中提起析产诉讼从而排除执行，实践中存在不同观点。一种观点认为，应准许在执行过程中对夫妻共有的股权份额进行直接分割，对非举债配偶一方的份额予以保留。另一种观点认为，夫妻婚后财产原则上为共同共有，根据《民法典》第1066条的规定，在婚姻关系存续期间，夫妻一方可以向人民法院请求分割共同财产的情形限于以下两种：一是一方有隐藏、转移、变卖、毁损、

[①] 参见崔建远：《论外观主义的运用边界》，载《清华法学》2019年第5期。

挥霍夫妻共同财产或者伪造夫妻共同债务等严重损害夫妻共同财产利益的行为；二是一方负有法定扶养义务的人患重大疾病需要医治，另一方不同意支付相关医疗费用。夫妻一方因个人债务被申请强制执行并不在上述法律规定的两种情形之内，故不能进行婚内财产分割。① 照此理解，隐名配偶一方将无法依据《查封规定》第12条规定采取析产方式保留股权份额，并以此部分排除强制执行，而仅能够就变价款参与分配。笔者认为，《民法典》第1066条虽然列举了两种可以婚内分割共同财产的情形，但并未明确限定只能限于以上两种情形。分析该条中的两种情形可以归纳出它们相同的特征，即夫妻财产关系面临重大变故，若不分割共有财产则无法解决夫妻关系存续期间面临的客观困难，而解决这一客观困难又尚未达到必须解除婚姻关系的地步。夫妻一方因个人债务而被强制执行，其面临的财产变故显然与《民法典》第1066条规定的情形具有高度相似性。若不准许进行分割，则将造成进退两难的局面，如果准许隐名配偶一方以其对执行标的部分份额的共有权排除执行，则显然将架空人民法院的强制执行，如果对股权整体采取强制执行措施，又将损害隐名配偶一方的合法财产权。因此，在执行过程中，可以类推适用《民法典》第1066条的规定，允许不完全隐名配偶与作为显名股东的配偶协议分割股权或采取司法途径分割股权，隐名配偶方有权以分得的股权部分排除强制执行。此外，不准许析产的观点虽然严守了《民法典》第1066条规定的两种可分割情形，但执行后果显然也难逃在婚内对夫妻共有财产进行实质分割的命运，这与准许析产的观点看似并无太大差别，但从逻辑分析进路和对非举债配偶一方的财产权保护程度来看，准许析产的观点更具有优势。

就协议分割方式而言，如无特殊情形，应当平均分割，如果隐名配偶与显名股东之间的股权分割协议超出了合理的范围，申请执行人有权不予认可。隐名配偶提起析产诉讼或申请执行人提起代位析产诉讼的，人民法院应当准许，在析产诉讼期间，应当中止对该股权的执行。在通过分割协议或法院判决确定隐名配偶的份额后，人民法院应当在冻结的股权中直接划出隐名配偶的份额，并解除冻结措施。

2. 完全隐名配偶提出执行异议之诉的处理

完全隐名的配偶不享有公司股权，其不能以对公司享有股权份额为由请求排

---

① 参见内蒙古自治区高级人民法院民事判决书，(2016)内民终154号。

除强制执行。此时,隐名配偶享有的是对显名股东名下股权的财产收益权,包括股权分红和转让股权的所得价款。人民法院在执行时应当将作为执行标的的股权整体处置,再就变价款进行协议分割或通过司法程序进行分割,将属于隐名配偶一方的变价款分配给隐名配偶,将剩余部分作为被执行人的财产予以执行。

值得一提的是,对于股权的共有除了夫妻共有以外,还存在一般投资主体基于共同投资关系形成的股权共有。对于后者,就隐名一方所享有的权利,在其构造上应当比照股权代持予以处理,具体处理规则详见股权代持部分。

三、被执行人原配偶基于离婚财产分割协议关于房产权属约定提起的执行异议之诉

离婚协议对于房屋产权进行了约定,将房屋确定为归一方所有,但未办理权属转移登记,在另一方因所负个人金钱债务而被执行房屋时,离婚协议约定的房屋所有权人提出的排除执行的主张应否支持问题,理论与实务争议非常大。

(一)观点分歧及辨析

一种观点认为,不动产物权经登记发生效力,未经登记的不发生效力,法律另有规定的除外,故对于房屋产权的认定应以登记为准。《民法典》等法律并未对夫妻离婚财产分割的物权变动作出特别规定,因此,离婚协议对于房屋所有权的约定,在没有以特定的公示方法让第三人知晓的情况下,仅在双方之间发生效力,不具有物权变动的效力。故离婚协议对房屋产权的约定需要经过权属变更登记才发生分割的效力,在变更登记前,债权应当是平等的,不得对抗另一方的金钱债权人的强制执行。[1]

另一种观点认为,离婚协议约定房屋所有权归夫妻一方所有,但未办理产权变更登记,离婚后,该房屋因另一方负个人债务而被强制执行时,离婚协议关于房屋产权的约定能否排除执行,不宜仅依据权利外观而"一刀切"地否定,应当从债权的性质、申请执行人利益的考量、案外人过错的判定、价值的冲突与权衡等方面进行综合判断。[2]

---

[1] 参见朱鹏飞:《案外人异议之诉研究》,中国政法大学出版社2016年版,第207页。
[2] 参见孙美华、饶群:《离婚协议关于房屋产权的约定排除执行的标准》,载《人民司法·案例》2018年第17期。

司法实践中的案例对于两种观点亦均有体现。在付某华诉吕某白、刘某锋案外人执行异议之诉案中,法院认为,不动产物权变动原则上以登记完成为生效要件。夫妻双方签订的离婚协议中对不动产归属的约定并不直接发生物权变动的效果,一方仅可基于债权请求权向对方主张履行房屋产权变更登记的契约义务。在不动产产权人未依法变更的情况下,离婚协议中关于不动产归属的约定不具有对抗外部第三人债权的法律效力。① 在钟某玉与王某、林某达案外人执行异议之诉案中,法院从申请执行人债权在婚姻关系解除、财产分割后成立,一般金钱债权劣后于房屋过户登记请求权,涉诉房产具有生活保障功能等方面论证支持了当事人离婚协议关于房屋产权的约定可以排除执行的主张。②

笔者赞同后一种观点。首先,我国《民法典》等法律并未对因离婚财产分割而导致房产所有权转移作出特别规定,故《民法典》中基于法律行为发生的不动产物权变动规则即应一体适用。因此,离婚协议关于房产权属的约定仅有债权效力,不具有物权效力,只有在该协议约定的义务获得履行并完成各种必需程序后才会产生物权效力。但基于本书前文对于并非仅有物权方可排除强制执行的论述可知,离婚协议关于房产权属的约定是否具有物权效力与是否具有排除另一方的金钱债权人的强制执行的效力之间并不具有必然联系,前者答案为否并不意味着后者必然应得出否定结论。第一种观点一概依据"表面权利规则"保护名义权利人,明显有违执行异议之诉应进行实质审查的原则,使执行异议之诉的功能、审查标准与执行异议重叠,执行异议之诉似乎失去了存在的必要。③ 既然不动产买受人、借名买房等"名实不符"的情形下相应权利人在满足一定条件时可以排除登记权利人的金钱债权的强制执行,离婚协议关于房屋权属的约定是否具有排除执行效力的问题,也具有诸如我国不动产登记制度不够完善以及旧有社会观念影响等同样的"土壤",因而仅依据权利外观而"一刀切"地否定,则明显厚此薄彼,也不符合普通大众的朴素公平正义观念。

其次,从离婚协议关于财产权属约定的法律性质看,对于离婚协议财产分割条

---

① 参见付某华诉吕某白、刘某锋案外人执行异议之诉案,载《最高人民法院公报》2017年第3期。
② 参见钟某玉与王某、林某达案外人执行异议之诉纠纷案,载《最高人民法院公报》2016年第6期。
③ 参见王毓莹:《离婚协议关于房屋产权的约定能否对抗申请执行人》,载《人民法院报》2017年11月22日,第7版。

款的法律性质,大致存在赠与说①、具有道德义务性质的附条件特殊赠与说②、附条件法律行为说③、附随身份行为说④、夫妻财产制契约说⑤、财产清算协议说⑥等学说。虽然离婚协议财产分割条款在形式上具有无偿性,但离婚协议实际上是一个典型的混合契约,解除婚姻关系、子女抚养、共同财产分割、共同债务清偿、离婚损害赔偿等内容互为前提、互为结果,构成了一个整体,是"一揽子"的解决方案。⑦故上述除纯粹的赠与说以外的学说均或多或少地认识到了离婚协议财产分割条款的这一复合性、整体性特点。在财产分割约定的背后,可能涉及抚养义务的具体履行约定、弥补离婚对子女所带来的身心伤害、为子女未来婚嫁立业提前作出安排、对实际抚养一方提供居住等经济上的便利和保障、避免家庭财产随着一方未来组建新的家庭而外流等诸多复杂因素⑧,不可避免地带有一定的伦理属性。加之房屋在我国居民生活及家庭财产中具有其他财产无法比拟的重要性,因而,对离婚协议关于房屋权属的约定是否可排除金钱债权强制执行的问题,综合考量诸如债权性质、约定所有权一方的占有使用情况乃至子女抚养、离婚救济等因素加以处理,具有合理性,也符合一般公众所能接受的朴素的法感情。

---

① 该说认为,离婚协议中将一方所有或双方共有的房产归另一方所有的约定,在性质上属民法的赠与行为,赠与方有任意撤销权。参见陈敏、杨惠玲:《离婚协议中房产归属条款相关法律问题探析》,载《法律适用》2014年第7期。

② 该说认为,离婚房产归属约定是一种发生在特定身份关系当事人之间的有目的的赠与,具有一定的道德义务性质,也属一项诺成性的约定,一旦离婚即应认为赠与房产的目的已经实现,该赠与不能随意撤销。参见范瑜净:《目的赠与行为在赠与目的实现后不得随意撤销》,载《人民法院报》2006年10月30日,第6版。

③ 该说认为,离婚财产分割协议以双方离婚为条件。参见冉克平:《夫妻之间给予不动产约定的效力及其救济——兼析〈婚姻法司法解释(三)〉第6条》,载《法学》2017年第11期。

④ 该说认为,离婚房产归属约定不是赠与,因这种约定并不一定都是无偿行为,还可能涉及夫妻债务清偿、离婚经济帮助、经济补偿以及损害赔偿等内容,且该行为与离婚这一身份行为密切相关,属于附随的身份法律行为,赠与人无任意撤销权。参见许莉:《离婚协议效力探析》,载《华东政法大学学报》2011年第1期。

⑤ 该说认为,离婚财产分割协议是夫妻双方对离婚后或者一方提起离婚诉讼时财产的归属和处置所达成的协议,是夫妻约定财产制中的一种约定。参见李洪祥:《离婚财产分割协议的类型、性质及效力》,载《当代法学》2010年第4期。

⑥ 该说认为,夫妻共同体既是一个社会单位,也是一个经济单位,这样一个团体或实体在解散时必然涉及财产分配、债务清偿等清算内容,离婚财产分割协议正是这种合意清算的体现。参见叶名怡:《离婚房屋权属约定对强制执行的排除力》,载《法学》2020年第4期。

⑦ 参见《最高人民法院12月4日公布婚姻家庭纠纷典型案例》,载最高人民法院官网2015年12月4日,https://www.court.gov.cn/zixun/xiangqing/16211.html。

⑧ 参见陆青:《离婚协议中的"赠与子女财产"条款研究》,载《法学研究》2018年第1期。

最后，从权利的取得来源看，涉案房屋在离婚前通常为夫妻共有财产，实际权利人与执行标的的关联程度更为密切。反观作为普通金钱债权的申请执行人，其与实际权利人相比，和执行标的的关联程度明显要弱，其对于执行标的并不享有直接支配关系。①

综上所述，给予离婚财产分割协议关于房屋权属的约定在一定条件下排除金钱债权执行的效力，具有正当性与合理性。从我国各地法院的司法实践看，相当比例的法院也持这一观点。②

（二）离婚财产分割协议排除金钱债权执行的要件考量

与不动产买卖类似，通过离婚协议约定房屋产权后尚未办理权属转移登记的，约定所有权人对于房屋的权利虽仍系债权，但其目的是通过协议履行获得所有权，在满足一定条件时即具有了一定的物权特征。虽然约定所有权人获得房屋一般并不支付款项，但是离婚过程中一方取得房屋，往往包含着对该方在婚姻存续期间各项付出或者将来对子女承担更多抚养义务的补偿，这些内容可以视为获得房屋的"对价"。因此，对离婚协议关于房屋产权的约定排除金钱债权强制执行的要件，可类比不动产买受人权利排除金钱债权强制执行的情形加以考量。

1. 协议要件

《查封规定》第24条第1款规定："被执行人就已经查封、扣押、冻结的财产所作的移转、设定权利负担或者其他有碍执行的行为，不得对抗申请执行人。"由此可见，查封对被执行人的效力主要为对其所有权所具有的占有、使用、收益、处分权能的剥夺与限制。因此，在房屋被查封之后，通过离婚协议财产分割约定在房屋上设定债务，也不得对抗申请执行人，故离婚协议债权应当在房屋查封之前成立，且合法有效。这一点与不动产买受人权利排除强制执行的合同条件具有相似性，后者的有关审查要点往往可类比适用。

除此之外，需要特别讨论的是：离婚协议债权是否应要求早于执行债权的成立时间？对此，实践中存在不同观点。一种观点认为，离婚协议债权早于申请执行人的查封时间即可，但并不要求早于执行债权的成立时间。主要理由在于：无

---

① 参见王毓莹：《离婚协议关于房屋产权的约定能否对抗申请执行人》，载《人民法院报》2017年11月22日，第7版。

② 如江苏、江西、广东、山东、黑龙江等地高级人民法院出台的司法政策文件均体现了这一观点。

论是《查封规定》还是《执行异议复议规定》均无将执行债权形成时间作为裁判标准的先例;债权具有平等性,复数债权发生时间的早晚不影响它们之间的平等性;查封则不然,查封具有冻结效力,因此查封时间才是决定性标准。最后,对于被执行人的个人债务发生时间,其配偶无法控制,甚至并不知情,因此,将这种具有隐蔽性的一方个人债务发生时间作为配偶能否排除强制执行的决定性标准,显然对后者过于苛刻,这是一种不可测的风险。① 另一种观点则认为,应当要求离婚协议债权早于执行债权的成立时间。例如,江苏省高级人民法院《执行异议及执行异议之诉案件办理工作指引(二)》第28条第2项即将"离婚财产分割行为早于执行依据所确定的债务形成时间"规定为可排除执行的条件之一。江西省高级人民法院《关于执行异议之诉案件的审理指南》第26条也将"离婚协议约定的房屋变更登记请求权先于执行案件的债权而产生"作为可排除执行的条件之一。黑龙江省高级人民法院《关于审理执行异议之诉案件若干问题的解答(修订版)》第27条亦有"案涉债务形成于离婚财产分割之后"的要求。

前一种观点从债权平等性与查封的效力加以分析,合乎逻辑。但笔者认为,对于债权竞合下的权利比对,法政策考虑占有相当大的比重。后一种观点作此要求更多的是出于防范夫妻之间恶意串通逃避执行的考虑。与不动产买卖不同的是,夫妻之间更容易形成隐秘的串谋,故在房产查封给其提出了明白无误的可能会被强制执行的"信号"之后,两者通过离婚协议约定房屋归属以规避执行的意图概率无疑会大大提高。实践中的情况也是如此,夫妻之间恶意串通,通过离婚行为转移财产逃避债务的情形屡见不鲜。若在执行异议之诉中,交由申请执行人去证明夫妻之间存在恶意串通的行为,几乎是不可能完成的任务。如果离婚协议债权形成于债务发生之前,则涉案债务属于债务人的个人债务,与作为执行案外人的配偶无关,就可在很大程度上排除恶意逃债的故意。在钟某玉与王某、林某达案外人执行异议之诉案中,最高人民法院指出,由于该《离婚协议书》签订时间(1996年7月)在先,法院对讼争房产的执行查封(2013年6月)在后,时间上前后相隔长达十几年之久,林某达与钟某玉不存在借离婚协议处分财产逃避债务的主观恶意。② 因此,离婚协议债权要想排除金钱债权强制执行,对其成立时间设定更

---

① 参见叶名怡:《离婚房产权属约定对强制执行的排除力》,载《法学》2020年第4期。
② 参见钟某玉与王某、林某达案外人执行异议纠纷案,载《最高人民法院公报》2016年第6期。

为严苛的要求,完全符合实际。

2. 占有要件

在衡量是否支持约定所有权人排除金钱债权强制执行的请求时,约定所有权人在查封前占有房屋应否作为要件之一,存在争议。

一种观点认为,约定所有权人在查封前已占有涉案房产是其异议权的构成要件之一。这一方面源于《查封规定》第24条规定的查封的效力,另一方面是基于占有的事实是衡量物权期待权或债权物权化的重要因素,此外占有要件也是为了减少被执行人与第三人恶意串通的可能。① 部分地方高级人民法院出台的司法政策文件中亦将占有作为要件之一。② 另一种观点则并未强调将占有作为要件,而只是关注离婚协议财产分割行为发生的时间以及约定所有权人对于未办理权属转移登记是否存在过错。③

笔者认为,此处仍类比不动产买受人排除金钱债权强制执行,将占有作为排除执行的要件之一为宜。理由已如第一种观点所述,此处不再赘述。但是,离婚协议对房屋权属约定背后所隐藏的协议双方当事人的安排和考虑是非常复杂的,可能涉及抚养义务的履行、对一方提供经济上的便利和保障等诸多因素,故对于占有的认定标准不宜要求过严,不能将范围仅限定在实际占有使用房屋上,还应包括间接占有房屋的情形,如为子女上学便利,出租涉案房屋给他人,约定所有权人和子女另行租赁学校附近房屋居住,仍应认定为符合占有要件。

3. 过错要件

未办理房屋权属转移登记是导致房屋所有权"名实不符"的关键原因,因此,在对比案外人与申请执行人两者的权利在强制执行中的保护顺位时,案外人对于未办理房屋权属转移登记是否存在过错,就是其能否获得排除执行的优先保护的重要因素。在此问题上,离婚协议约定房屋所有权人与房屋买受人所处情境并无本质不同。因此,约定所有权人对未办理房屋权属转移登记没有过错,应当作为

---

① 参见叶名怡:《离婚房产权属约定对强制执行的排除力》,载《法学》2020年第4期。相似观点参见冉克平:《夫妻之间给予不动产约定的效力及其救济——兼析〈婚姻法司法解释(三)〉第6条》,载《法学》2017年第11期。

② 如广东省高级人民法院《关于审查处理执行裁决类纠纷案件若干重点问题的解答》第20条,黑龙江省高级人民法院《关于审理执行异议之诉案件若干问题的解答(修订版)》第27条。

③ 如江苏省高级人民法院《执行异议及执行异议之诉案件办理工作指引(二)》第28条,江西省高级人民法院《关于执行异议之诉案件的审理指南》第26条。

支持约定所有权人排除金钱债权强制执行请求的要件之一。对此,理论与实践的观点基本是一致的。在过错与非过错的认定上,也可参考不动产买受人排除金钱债权强制执行中对错过的认定,此处不再赘述。

综上所述,在同时符合财产分割行为早于执行依据所确定的债务形成时间、约定所有权人在查封前已占有房屋、约定所有权人对未办理房屋所有权转移登记没有过错三个条件的,离婚财产分割协议约定的所有权人对于房屋的权利原则上可以排除被执行人的金钱债权人的申请执行。需要特别强调的是,由于离婚财产分割协议毕竟是形成于原夫妻关系内部的协议,为防止夫妻之间利用这种内部关系逃避债务执行、损害债权人权益,还应当对离婚财产分割协议的公平合理性,综合财产来源、夫妻共同财产整体分割及履行情况、子女抚养、离婚过错等因素进行考察。根据《婚姻家庭编解释(二)》第3条的规定,夫妻一方的债权人有证据证明离婚协议中财产分割条款影响其债权实现,请求参照适用《民法典》第538条或者第539条规定撤销相关条款的,人民法院应当综合考虑夫妻共同财产整体分割及履行情况、子女抚养费负担、离婚过错等因素,依法予以支持。

此外,与不动产买受情形相似,可对抗担保物权强制执行的,应仅有商品房消费者优先权,而离婚协议财产分割情形下显然并不存在与房地产开发企业存在买卖关系的"消费者",故在离婚财产分割协议关于房屋权属的约定可对抗的金钱债权类型上,应不包括被执行人的担保债权。

规范依据

《民法典》

第二百九十七条 不动产或者动产可以由两个以上组织、个人共有。共有包括按份共有和共同共有。

第二百九十八条 按份共有人对共有的不动产或者动产按照其份额享有所有权。

第二百九十九条 共同共有人对共有的不动产或者动产共同享有所有权。

第三百零三条 共有人约定不得分割共有的不动产或者动产,以维持共有关系的,应当按照约定,但是共有人有重大理由需要分割的,可以请求分割;没有约定或者约定不明确的,按份共有人可以随时请求分割,共同共有人在共有的基础丧失或者有重大理由需要分割时可以请求分割。因分割造成其他共有人损害的,应当给予赔偿。

第三百零四条 共有人可以协商确定分割方式。达不成协议,共有的不动产或者动产可以分割且不会因分割减损价值的,应当对实物予以分割;难以分割或者因分割会减损价值的,应当对折价或者拍卖、变卖取得的价款予以分割。

共有人分割所得的不动产或者动产有瑕疵的,其他共有人应当分担损失。

第三百零八条 共有人对共有的不动产或者动产没有约定为按份共有或者共同共有,或者约定不明确的,除共有人具有家庭关系等外,视为按份共有。

第三百零九条 按份共有人对共有的不动产或者动产享有的份额,没有约定或者约定不明确的,按照出资额确定;不能确定出资额的,视为等额享有。

第一千零六十二条 夫妻在婚姻关系存续期间所得的下列财产,为夫妻的共同财产,归夫妻共同所有:

(一)工资、奖金、劳务报酬;

(二)生产、经营、投资的收益;

(三)知识产权的收益;

(四)继承或者受赠的财产,但是本法第一千零六十三条第三项规定的除外;

(五)其他应当归共同所有的财产。

夫妻对共同财产,有平等的处理权。

第一千零六十六条 婚姻关系存续期间,有下列情形之一的,夫妻一方可以向人民法院请求分割共同财产:

(一)一方有隐藏、转移、变卖、毁损、挥霍夫妻共同财产或者伪造夫妻共同债务等严重损害夫妻共同财产利益的行为;

(二)一方负有法定扶养义务的人患重大疾病需要医治,另一方不同意支付相关医疗费用。

《查封规定》

第十二条 对被执行人与其他人共有的财产,人民法院可以查封、扣押、冻结,并及时通知共有人。

共有人协议分割共有财产,并经债权人认可的,人民法院可以认定有效。查封、扣押、冻结的效力及于协议分割后被执行人享有份额内的财产;对其他共有人享有份额内的财产的查封、扣押、冻结,人民法院应当裁定予以解除。

共有人提起析产诉讼或者申请执行人代位提起析产诉讼的,人民法院应当准许。诉讼期间中止对该财产的执行。

《执行异议复议规定》

第二十六条 金钱债权执行中,案外人依据执行标的被查封、扣押、冻结前作出的另案生效法律文书提出排除执行异议,人民法院应当按照下列情形,分别处理:

(一)该法律文书系就案外人与被执行人之间的权属纠纷以及租赁、借用、保管等不以转移财产权属为目的的合同纠纷,判决、裁决执行标的归属于案外人或者向其返还执行标的且其权利能够排除执行的,应予支持。

(二)该法律文书系就案外人与被执行人之间除前项所列合同之外的债权纠纷,判决、裁决执行标的归属于案外人或者向其交付、返还执行标的的,不予支持。

(三)该法律文书系案外人受让执行标的的拍卖、变卖成交裁定或者以物抵债裁定且其权利能够排除执行的,应予支持。

金钱债权执行中,案外人依据执行标的被查封、扣押、冻结后作出的另案生效法律文书提出排除执行异议的,人民法院不予支持。

非金钱债权执行中,案外人依据另案生效法律文书提出排除执行异议,该法律文书对执行标的权属作出不同认定的,人民法院应当告知案外人依法申请再审或者通过其他程序解决。

申请执行人或者案外人不服人民法院依照本条第一、二款规定作出的裁定,可以依照民事诉讼法第二百二十七条规定提起执行异议之诉。

《婚姻家庭编解释(二)》

第三条 夫妻一方的债权人有证据证明离婚协议中财产分割条款影响其债权实现,请求参照适用民法典第五百三十八条或者第五百三十九条规定撤销相关条款的,人民法院应当综合考虑夫妻共同财产整体分割及履行情况、子女抚养费负担、离婚过错等因素,依法予以支持。

第十条 夫妻以共同财产投资有限责任公司,并均登记为股东,双方对相应股权的归属没有约定或者约定不明确,离婚时,一方请求按照股东名册或者公司章程记载的各自出资额确定股权分割比例的,人民法院不予支持;对当事人分割夫妻共同财产的请求,人民法院依照民法典第一千零八十七条规定处理。

典型案例

1. 刘某华诉陈某贤、刘某坤申请执行人执行异议之诉案

案例索引：人民法院案例库入库编号 2024-08-2-471-002/民事/执行异议之诉/广东省高级人民法院/2022.09.22/(2022)粤民终890号/二审/入库日期：2024.06.13。

裁判要旨：夫妻共同财产中的一半份额,是配偶一方债务的责任财产,债务形成后离婚协议约定房屋归夫妻一方所有的,不能排除配偶一方的债权人申请强制执行。申请执行人提起许可执行异议之诉的,可以判决执行共有房屋中50%的份额。

2. 徐某萍与某国际融资租赁(天津)有限公司执行异议案

案例索引：人民法院案例库入库编号 2024-17-5-201-008/执行/执行异议案件/会昌县人民法院/2023.01.10/(2023)赣0733执异3号/其他审理程序/入库日期：2024.12.22。

裁判要旨：民事执行中,人民法院查封在婚姻关系存续期间购买并登记在被执行人名下的房产,当事人仅以离婚协议约定案涉房产归其所有为由,提出案外人异议主张阻却执行的,人民法院不予支持。

3. 钟某某与王某某、林某某案外人执行异议纠纷案

案例索引：最高人民法院(2015)民一终字第150号民事判决书,载《最高人民法院公报》2016年第6期(总第236期)。

裁判要旨：由于执行程序需要贯彻已生效判决的执行力,因此,在对执行异议是否成立的判断标准上,应坚持较高的、外观化的判断标准。这一判断标准,要高于执行异议之诉中原告能否排除执行的判断标准。符合最高人民法院《关于人民法院办理执行异议和复议案件若干问题的规定》第二十五条至第二十八条的规定,应当在如下意义上理解,即符合这些规定所列条件的,执行异议能够成立;不满足这些规定所列条件的,异议人在执行异议之诉中的请求也未必不成立。是否成立,应根据案件的具体情况和异议人所主张的权利、申请执行人债权实现的效力以及被执行人对执行标的的权利作出比较并综合判断,从而确定异议人的权利是否能够排除执行。

4. 陈某与海南某融资担保有限公司案外人执行异议之诉案

案例索引：海南省高级人民法院(2020)琼民终203号民事判决书,海南省高级人民法院2022年发布关于审理执行异议之诉纠纷案件的裁判指引(试行)及典型案例之一。

裁判要旨：申请执行人不认可全体共有人就执行标的达成的分割协议的,共有人可以提起析产诉讼,申请执行人也可以代为提起析产诉讼。析产诉讼期间,人民法院应当裁定中止本案诉讼。案外人系执行标的的共有人,其以对执行标的享有共有权为由,提起执行异议之诉,请求排除对整个执行标的的强制执行的,人民法院不予支持。

第二十一章　涉担保权的执行异议之诉

担保物权,是指以确保债务人的清偿为目的,于债务人或第三人所有之物或权利所设定的物权。①《民法典》物权编第四分编对抵押权、质权和留置权三种典型的担保物权作出了规定。同时,《民法典》借由第388条规定"担保合同包括抵押合同、质押合同和其他具有担保功能的合同",扩张了担保制度的外延,《担保制度解释》进一步明确将所有权保留买卖、融资租赁、保理、让与担保、保证金质押等作为非典型担保进行了规定。因此,本章使用"担保权"这一表述,意在涵盖上述典型担保物权与非典型担保权。无论是典型担保物权还是非典型担保权,均是以支配物的交换价值为内容,是在他人所有的物或权利上设定的物权或具有物权效力的权利,其主要功能是促使债务履行和债权的实现。在债务人逾期不履行时,担保权人可就担保财产之出卖优先获得清偿。基于担保权的法律功能和效力,通常情况下并不因担保财产的转让、交付等行为使其权利受到损害。② 案外人提起执行异议之诉则是基于其对执行标的享有的足以排除强制执行的民事权益。由此,涉担保权的执行异议之诉需要回应的主要问题,一是担保权人是否有权提起执行异议之诉;二是如有权提起执行异议之诉,应如何审查确定其足以排除执行所需的构成要件。本章将围绕这些问题展开分析。

一、担保权人是否有权提起执行异议之诉的观点分歧及评析

(一)担保权人是否有权提起执行异议之诉的观点分歧

针对担保权人是否有权提起执行异议之诉,众说纷纭,分歧较大。归纳起来,主要存在以下三种观点。

1.否定说。该观点认为,担保权的目的是以特定财产的交换价值担保债权的

---

① 参见王泽鉴:《民法概要》,北京大学出版社2009年版,第442页。
② 参见唐力:《案外人执行异议之诉的完善》,载《法学》2014年第7期。

履行,在本质上是一种优先受偿权,法院对执行标的强制执行并不影响债权人从变价所得中优先受偿①,故担保权并不具有排除强制执行的效力,担保物权人不能提起执行异议之诉。即使执行法院的强制执行行为影响到担保权人的权利行使,亦属于《民事诉讼法》第236条规定的执行行为异议,应当通过执行复议程序解决。担保权人提起执行异议之诉的,应当不予受理;已经受理的,应当裁定驳回起诉。②

2. 肯定说。该观点从程序权利的角度认为,《民诉法解释》第310条规定的"享有足以排除强制执行的民事权益",是法院对案外人执行异议之诉进行审理后,作出不得执行或驳回诉讼请求判决的认定标准,而非对案外人是否有权提起执行异议之诉的判断标准。判断案外人执行异议之诉应否受理,应严格依据法定要件进行程序性审查,并不包含对案外人是否"享有足以排除强制执行的民事权益"的实体审查,对于符合法定要件的案外人执行异议之诉,应予受理。因此,担保权人在目前的司法实践中原则上均可以对担保财产提出案外人执行异议之诉。③

3. 区分说。该观点从实体权利的不同特点出发,认为对于担保权人是否有权提起执行异议之诉不应一概而论,应作区分处理。担保权是否足以排除强制执行应视其是否因强制执行而丧失或受侵害而定。若不因强制执行而丧失或受侵害,纵然其具有优先效力,亦不足以排除强制执行。但强制执行若侵害质权人、留置权人对执行标的之占有,或者对抵押物为无益执行,则应当允许担保权人提起案外人异议之诉,且根据物权的优先效力,担保权足以排除强制执行。④ 如抵押权,若只对标的物的一部分执行,将毁损整个标的物的担保价值时,抵押权人有排除强制执行的权利,可以提出执行异议之诉。⑤ 还有观点基于我国执行的现实情况

---

① 参见王飞鸿:《略论案外人异议制度》,载最高人民法院执行工作办公室主编:《强制执行指导与参考》2002年总第4辑,法律出版社2002年版,第277-279页。

② 如吉林省高级人民法院《关于审理执行异议之诉案件若干疑难问题的解答(一)》问题二十四,广东省高级人民法院《关于审查处理执行裁决类纠纷案件若干重点问题的解答》第4条,山东省高级人民法院民事审判第一庭《关于审理执行异议之诉案件若干问题的解答》第3条均持此观点。

③ 参见尹亮:《关于案外人执行异议之诉中,担保物权能否排除强制执行的思考》,载微信公众号"天同诉讼圈"2018年7月27日,https://mp.weixin.qq.com/s/PXuqZJMIbHH6dEBHgQUCuw。

④ 参见赖来焜:《强制执行法总论》,台北,元照出版公司2007年版,第672-681页;张登科:《强制执行法》,台北,三民书局2013年版,第194-197页;肖建国、庄诗岳:《论案外人异议之诉中足以排除强制执行的民事权益——以虚假登记财产的执行为中心》,载《法律适用》2018年第15期。

⑤ 参见朱新林:《民事执行救济制度的司法适用与立法完善——以民诉法第225、227条为中心》,载《法治研究》2015年第1期。

指出，"否定说"是建立在担保权人的优先受偿权能够得到保障的基础上，但往往最让人担心的反而是优先受偿权的保障问题，如果担保权人的执行异议被否定，其优先受偿权如何保障，以执行复议程序和另行起诉的方式解决吗？从诉讼经济原则、担保权人权益保障出发，此种处理方式还不如直接规定部分特殊情形下的担保权人可以提出案外人执行异议之诉，从而排除强制执行。① 部分地方高级人民法院的规范性文件采用了这一观点。②

最高人民法院在这一问题上呈现出摇摆的态度，如在最高人民法院《关于审理执行异议之诉案件适用法律问题的解释（一）》（2019年11月29日向社会公开征求意见稿）第16条[优先受偿权人提起的执行异议之诉的处理]中提供了两种方案。"方案一 金钱债权执行中，案外人以其对执行标的享有担保物权、建设工程价款优先受偿权等优先受偿权为由，提起执行异议之诉，请求排除强制执行的，人民法院不予受理，案外人应根据《最高人民法院关于适用〈中华人民共和国民事诉讼法〉的解释》第五百零八条的规定，在执行程序中直接申请参与分配，就拍卖价款、应收账款等担保财产主张优先受偿。但是，案外人尚未取得执行依据且对其是否享有优先受偿权存在争议，或者强制执行可能导致优先受偿权受到其他实质性损害，案外人以其享有优先受偿权为由，提起执行异议之诉，请求排除强制执行的，人民法院应予受理。案外人在执行程序中就优先受偿顺序、数额等主张未获支持的，可以根据《最高人民法院关于适用〈中华人民共和国民事诉讼法〉的解释》第五百一十二条的规定，对执行分配方案提出书面异议，并提起执行分配方案异议之诉。""方案二 金钱债权执行中，案外人以其对执行标的享有担保物权、建设工程价款优先受偿权等优先受偿权为由，提起执行异议之诉，请求排除强制执行的，人民法院不予受理，案外人应根据《最高人民法院关于适用〈中华人民共和国民事诉讼法〉的解释》第五百零八条的规定，在执行程序中直接申请参与分配，

---

① 参见汤维建、陈爱飞：《"足以排除强制执行民事权益"的类型化分析》，载《苏州大学学报（哲学社会科学版）》2018年第2期。

② 如浙江省高级人民法院《关于审理案外人异议之诉和许可执行之诉案件的指导意见》第8条规定："案外人依照民事诉讼法第二百零四条的规定提起诉讼的，须对执行标的享有足以阻止其转让、交付的实体权利，该实体权利包括：……（3）部分担保物权，如质权、留置权；……"江苏省高级人民法院《执行异议及执行异议之诉案件办理工作指引（一）》"三、1."规定："案外人基于以下权利对执行标的提出异议，请求排除执行的，应依据《民事诉讼法》第二百三十四条规定审查处理：……（4）部分可以排除执行的特殊担保物权；……"

就拍卖价款、应收账款等担保财产主张优先受偿。在执行程序中,案外人因未取得执行依据且对其是否享有优先受偿权存在争议,或者就优先受偿顺序、数额等主张未获支持的,可以根据《最高人民法院关于适用〈中华人民共和国民事诉讼法〉的解释》第五百一十二条的规定,对执行分配方案提出书面异议,并提起执行分配方案异议之诉。"分别体现了"区分说"和"否定说"的观点。

(二)担保权人是否有权提起执行异议之诉的观点评析

笔者认为,"否定说"认为担保标的物的强制执行并不会侵蚀、剥夺担保权人的优先受偿权的观点在原则上是成立的。这是因为,担保权本质上系一种价值权,包含了变价权和优先受偿权的内容,其主要的法律功能和效力系当债务人逾期或不履行债务时,担保权人可就担保物拍卖、变卖的价款优先获得清偿,而担保权通常不会因执行程序的启动而受到损害,担保权人在担保物拍卖后能够优先获得清偿。[①] 因此,在执行程序中,原则上,担保权人可以主张优先受偿,但不能以此排除执行。其据此主张法院停止处分行为的,应当首先告知其向法院执行实施机构主张优先受偿权,如实施部门不同意其参与分配或不认可其优先权的,有权依据《民事诉讼法》第236条之规定提出执行异议,在该异议程序中对其分配资格予以审查。其对分配方案存在异议的,则可根据《民诉法解释》第509条、第510条的规定提起执行分配方案异议和异议之诉。但"否定说"完全将担保权用优先受偿特性作整体描述,却忽略了不同类型的担保权在是否具有排除执行效力方面的差异,这种"一刀切"式的处理方式则过于简单粗暴,与法理不符,实不足取。案外人异议制度的法定异议事由是"案外人就执行标的享有足以排除强制执行的民事权益",何种民事权益能够对抗强制执行是以实体法规定为根据的。[②] 其界定标准

[①] 如《执行工作规定》第31条规定:"人民法院对被执行人所有的其他人享有抵押权、质押权或留置权的财产,可以采取查封、扣押措施。财产拍卖、变卖后所得价款,应当在抵押权人、质押权人或留置权人优先受偿后,其余额部分用于清偿申请执行人的债权。"《查封规定》第11条规定:"查封、扣押、冻结担保物权人占有的担保财产,一般应当指定该担保物权人作为保管人;该财产由人民法院保管的,质权、留置权不因转移占有而消灭。"第25条规定:"人民法院查封、扣押被执行人设定最高额抵押权的抵押物的,应当通知抵押权人。抵押权人受抵押担保的债权数额自收到人民法院通知时起不再增加。人民法院虽然没有通知抵押权人,但有证据证明抵押权人知道或者应当知道查封、扣押事实的,受抵押担保的债权数额从其知道或者应当知道该事实时起不再增加。"《民诉法解释》第157条规定:"人民法院对抵押物、质押物、留置物可以采取财产保全措施,但不影响抵押权人、质权人、留置权人的优先受偿权。"

[②] 参见张卫平:《案外人异议之诉的功能与价值》,载《人民法院报》2009年3月26日,第5版。

在于,实体权利的功能、效力与强制执行的目的、方法是否冲突,案外人是否有忍受标的物强制执行之法律义务。凡第三人在执行标的物上所存在的权利无忍受强制执行的法律上理由者,无论是否物权,均可提起异议之诉。① 下文将通过类型化分析具体阐述。

"肯定说"则从当事人程序权利保障的视角认为应区分是否享有诉权与请求应否支持,有其道理。毕竟从《民事诉讼法》第122条、第238条以及《民诉法解释》第303条的规定看,执行异议之诉的起诉条件为:(1)需对执行标的而非执行行为提出异议作为前置程序;(2)执行异议申请已经被人民法院裁定驳回;(3)有明确的排除对执行标的执行的诉讼请求,且诉讼请求与原判决、裁定无关;(4)自执行异议裁定送达之日起15日内提起。也就是说,并无要求具有排除强制执行的民事权益的条件。如果按照"区分说"中提出的,要区分不同类型的担保权的效力与强制执行之间是否存在冲突的话,也应让担保权人先进入执行异议之诉程序中加以实体审理方可判断。但通过下文类型化分析可知,担保权中能够排除强制执行的类型仅为少数,大部分权利均通过执行分配程序即可实现其优先受偿权。如此一来,即使赋予担保权人提起执行异议之诉的诉权,但其请求大多数情况下无法得到支持,法官还要在诉讼中指引当事人回归执行程序通过执行分配程序解决。无论是对当事人还是对法院,这均是一种程序空转与资源消耗。考虑到执行异议之诉毕竟是一种特殊类型的诉讼,其衍生于执行程序,故执行程序中相关权利与程序的分类其实决定了执行异议之诉的起诉条件。就此意义而言,在执行程序中提出执行异议并已经由执行部门对此加以处理的条件,其实就隐含了对担保权人是否可以提起执行异议之诉的起诉条件要求。因为只有通过执行程序先行由执行部门就哪些类型的担保权可对执行标的提出执行异议,哪些类型的担保权可通过执行分配程序优先受偿,即由执行部门在执行程序中对担保权提出的异议进行分类、分流,才可进一步涉及是否可提起执行异议之诉的问题。通过执行部门的处理,完全可以过滤掉大部分类型的担保权再行提起执行异议之诉的可能,而是直接交由执行分配方案异议以及异议之诉加以解决;对于少数类型的担保权,则明确赋予其提起执行异议的权利。

---

① 参见刘学在、朱建敏:《执行异议之诉若干问题探析》,载《人民法院报》2008年9月19日,第6版;杨与龄:《强制执行法论》,台北,三民书局2007年版,第233页。

综上所述,笔者赞同"区分说"的观点。此外,有观点指出,为避免执行分配程序失灵后堵塞优先权人的救济渠道,应规定在优先权人申请参与分配被执行法院不予受理或在法定期限内未作回应时,有权提起案外人执行异议之诉。[①] 这一观点不无道理。

需要说明的是,我国法律体系中还有债权人直接基于法律规定而对债务人的全部财产或特定财产享有的优先受偿其债权的权利,即法定优先权,常见类型主要有建设工程价款优先受偿权、船舶优先权、税收优先权、土地使用权出让金优先权、民用航空器优先权、受教育者学杂费用优先权等。与担保权相似,法定优先权也是起到破除债权平等原则而实现优先受偿之功能,因此,本部分的分析及结论对于法定优先权同样适用。

二、担保权是否可以排除执行的类型化分析

(一)关于抵押权

抵押权作为担保物权,是以支配物的交换价值为内容,其主要功能是促使债务履行和债权的实现,在债务人不履行到期债务或者发生当事人约定的实现抵押权的情形时,抵押权人可就抵押物之出卖价款优先获得清偿。也就是说,在债务未届清偿期或者尚不符合当事人约定的实现抵押权的条件时,抵押权人就担保财产并不能够行使优先受偿权。故对于强制执行是否会损害抵押权,还应该区分抵押权人行使优先受偿权的条件是否满足加以分析。为了更为明确地区分强制执行措施是否对抵押权造成损害,还应具体区分强制执行措施的类型。强制执行措施可分为保全性执行措施和处分性执行措施,前者是以防止被执行人转移、隐藏、变卖、毁损财产为目的的执行措施,主要是查封、扣押、冻结;后者则是对被执行人的财产予以处分以满足申请执行人的请求的执行措施,主要是拍卖、变卖、折价。

在抵押权人行使优先受偿权的条件未满足时,抵押权处于有效但限制处分担保财产的状态,而对抵押财产采取保全性执行措施的目的也是限制债务人处分、损毁财产,两者的目的并不矛盾;对抵押财产采取处分性执行措施的,执行部门会

[①] 参见刘洋:《执行异议之诉立法方向探究》,载《山东法官培训学院学报(山东审判)》2020年第2期。

为抵押权人保留相应的变价款,因而也并不会造成抵押权人利益受损。在抵押权人行使优先受偿权的条件未满足时,抵押权的效力表现为优先受偿,抵押物被执行后,案外人基于所享有的抵押权仍可就抵押物拍卖、变卖价款在抵押担保范围内得到优先受偿。综上所述,一般情况下,对抵押物进行强制执行不会损害抵押权人权益。案外人基于抵押权对执行标的提出执行异议,不应得到支持。

根据《民诉法解释》第506条第2款"对人民法院查封、扣押、冻结的财产有优先权、担保物权的债权人,可以直接申请参与分配,主张优先受偿权"以及《执行工作规定》第31条"人民法院对被执行人所有的其他人享有抵押权、质押权或留置权的财产,可以采取查封、扣押措施。财产拍卖、变卖后所得价款,应当在抵押权人、质押权人或留置权人优先受偿后,其余额部分用于清偿申请执行人的债权"的规定,抵押权人可以在执行程序中直接申请参与分配。该制度设计已考虑了抵押物作为另案执行标的时抵押权人的权益救济途径,抵押权人无须再提起案外人执行异议之诉维护权益,若申请执行人等其他执行债权人对分配方案上抵押权人的抵押权存在与否及优先顺位,或者被担保债权额及分配额提出异议,则抵押权人可以进一步根据《民诉法解释》第510条提起分配方案异议之诉。①

对于因强制执行行为造成抵押物毁损、贬值,损害抵押权人权益的,抵押权人可否提起执行异议之诉,在实践中存在分歧:一种观点认为,这种异议并不属于对执行标的的异议,而是属于执行行为异议范畴;另一种观点认为,强制执行是否会导致抵押物毁损、贬值,只有通过审判程序才能够作出认定,故应赋予抵押权人提起执行异议之诉的权利。笔者原则上赞同第一种观点。该异议实系认为执行行为本身违法,而非认为其对执行标的享有的抵押权足以排除执行,故构成《民事诉讼法》第236条规定的执行行为异议。本书前文中已经阐述了执行行为异议与执行标的异议的区别,此处不再赘述。

但从比较法的角度考察,对于抵押权效力及于的从物单独执行时似应存在例外。如在德日的学界通说认为,若抵押权因其效力所及的从物被法院查封而受到影响的,则抵押权人可以提起第三人异议之诉,请求排除对该从物的强制执行。②盖因从物往往和主物密不可分,整体变价的价值通常会大于单独变价的价值总

---

① 参见刘颖:《分配方案异议之诉研究》,载《当代法学》2019年第1期。
② 参见[德]奥拉夫·穆托斯特:《德国强制执行法》,马强伟译,中国法制出版社2019年版,第116、268页;中野貞一郎=下村正明「民事執行法」(青林書院,2016年)287頁参照。

和,因此,从物被单独变价时,抵押权人的优先受偿权虽未受到影响,但变价权受到影响,因而允许抵押权人提起执行异议及异议之诉以排除对从物的单独执行,有其道理。①

(二)关于质权

1. 动产质权

有观点认为,质权人在对质物的合法占有状态中,面对其他债权人的强制执行时,应产生对抗的效力。因为质权的实现是依赖于质权人对质物的合法占有,占有的效力虽劣后于所有权,但能够产生一种类似物权的效力,包括占有人对侵犯其占有的行为有权请求返还原物;对妨害占有的行为,占有人有权请求排除妨害或者消除危险;因侵占或者妨害造成损害的,占有人有权请求损害赔偿。一般债权人对质押财产申请强制执行时,无论是通过拍卖、变卖还是划拨等执行措施,均会产生交付、转让质押财产的效果。在此,执行措施将导致的占有丧失与质权人因合法占有所享有的排除妨害、返还请求权将会产生冲突,如何在该种冲突中区分权利的优先性显得尤为关键。②

笔者不赞同这一观点。动产质权作为担保物权,是以直接取得或者支配特定财产的交换价值为内容的优先受偿权。质权的成立及效力均以占有为公示方式,因此,强制执行会影响到质权人对质物的占有,是判断应否赋予质权人提起执行异议之诉权利的关键。根据质权的性质和功能,占有、使用担保物并不是担保物权人的目的,担保物权人的权利最终要在对质物价值的优先受偿中得以实现,而该权利并不会因质物被法院采取强制执行措施而受到损害,而且根据《查封规定》第 11 条的规定:"查封、扣押、冻结担保物权人占有的担保财产,一般应当指定该担保物权人作为保管人;该财产由人民法院保管的,质权、留置权不因转移占有而消灭。"故一般而言,动产质权人并不具备提起案外人执行异议之诉的诉之利益。此外,与抵押权一样的是,质权人行使优先受偿权的条件是否满足对质权排

---

① 参见刘颖:《民事执行中案外担保权人的救济路径》,载《环球法律评论》2022 年第 5 期。
② 参见朱腾飞:《案外人异议之诉研究》,中国政法大学出版社 2016 年版,第 119 页;唐力:《案外人执行异议之诉的完善》,载《法学》2014 年第 7 期;肖建国、庄诗岳:《论案外人异议之诉中足以排除强制执行的民事权益——以虚假登记财产的执行为中心》,载《法律适用》2018 年第 15 期;尹亮:《关于案外人执行异议之诉中,担保物权能否排除强制执行的思考》,载微信公众号"天同诉讼圈"2018 年 7 月 27 日,https://mp.weixin.qq.com/s/PXuqZJMIbHH6dEBHgQUCuw。

除强制执行的关系并无影响。

2. 权利质权

根据《民法典》物权编第十八章的规定,权利质权以交付或登记时设立。具体而言,以汇票、支票、本票、债券、存款单、仓单、提单出质的,质权自权利凭证交付质权人时设立;根据《担保制度解释》第58条、第59条的规定,对于可以背书记载的汇票、仓单,还应当进行背书。以没有权利凭证的汇票、支票、本票、债券、存款单、仓单、提单出质以及基金份额、股权、应收账款、知识产权中的财产权出质的,自办理出质登记时设立。

对于权利质权人是否有权提起执行异议之诉,也应以强制执行是否会造成质权人的担保利益落空为标准加以考量。从救济途径上讲,上述大部分权利质权的行使都需要经由变价处分而就变价款优先受偿方可实现,因此,无论是查封还是财产处置变现行为均未损害其优先受偿权,故并不具备提起案外人执行异议之诉之诉之利益。但对于部分可能导致质权人享有的质权丧失、标的价值减损且案外人优先受偿权的实现受到实质性损害的情形,应赋予质权人提起执行异议之诉以排除执行的权利。例如,执行法院在执行被执行人对第三人到期债权时,依照《民诉法解释》第499条第1款和《执行工作规定》第45条的规定,法院可以作出冻结裁定并向第三人发出履行通知,其内容包括第三人"直接向申请执行人履行其对被执行人所负的债务,不得向被执行人清偿",此时,因质权人并无参与分配并主张优先受偿的机会,若不赋予其以对该应收账款享有质权为由提起执行异议之诉,质权将会面临因此而消灭之风险,故其享有通过执行异议之诉以主张排除强制执行的诉的利益。

(三)关于留置权

根据《民法典》的规定,无论是民事留置权还是商事留置权,均需以债权人合法占有债务人的动产为留置权成立要件之一。留置权人丧失对留置物的占有的,留置权消灭。留置权的成立及效力均以占有为公示方式,因此,强制执行会否影响到留置权人对留置物的占有,是判断应否赋予留置权人提起执行异议之诉权利的关键。

对于留置物而言,保全性执行措施主要是指查封、扣押,处分性执行措施则主要包括拍卖、变卖、折价。两种强制执行措施对留置物以及留置权的影响显然存在重大区别,亦应加以区别分析。

因留置权属于法定担保物权，债权人与债务人不存在协商留置权的行使条件问题，因此债权人仅能按照法律规定的条件行使留置权。与抵押权、质权的行使条件有别的是，法律规定留置权的行使条件不是被担保的债务到期，而是"留置权人与债务人约定的债务清偿期间"届满。依据《民法典》第453条的规定，债权人留置财产后，债务人应当按照债权人与债务人约定的债务清偿期间（宽限期）履行债务。该宽限期在债务到期之后，期限长短由债权人与债务人约定，法律不作限制。如果债权人与债务人在合同中未约定宽限期的，债权人留置债务人财产后，应当确定2个月以上的期限，并通知债务人在该期限内履行债务。债务人逾期仍不履行债务的，留置权人方可实现留置权，将留置物变价并就所得价款优先受偿。如果债权人没有履行通知义务而直接变价处分留置物的，应当对此造成的损失承担赔偿责任。因此，留置权不同于其他担保物权的一个重要特点就在于其发生二次效力，当债权清偿期限届满而债务人不履行债务时，留置权仅产生留置的效力，即债权人有权留置标的物，但尚不发生优先受偿效力。也就是说，留置权人不能立即将留置物进行变价并优先受偿，而必须再履行法律规定的程序方能真正实现留置权。

对于留置权的留置效力而言，是否在法律上认可留置权人对于留置物的占有至关重要。根据《查封规定》第13条第2款的规定，法院可以对留置物采取查封、扣押措施，但留置权人可以继续占有该财产。一方面，司法解释允许对留置物采取查封、扣押措施；另一方面，留置权人并未因此丧失占有，因而该强制执行措施也未影响留置权，故留置权人无权排除法院采取的查封、扣押措施，其不符合《民事诉讼法》及其司法解释规定的提起执行异议之诉的条件。但若法院采取扣押等改变占有的执行措施，留置权人是否有权提出执行异议之诉呢？《查封规定》第11条对此给予了明确回答："查封、扣押、冻结担保物权人占有的担保财产，一般应当指定该担保物权人作为保管人；该财产由人民法院保管的，质权、留置权不因转移占有而消灭。"由此可见，即便对留置物采取的查封或扣押措施导致留置权人丧失对留置物事实上的占有的，法律上亦拟制其仍为该留置物的占有人，故该强制执行措施也未影响其留置权，因此也不符合《民事诉讼法》及其司法解释规定的提起执行异议之诉的条件。但上述《民诉法解释》并未进一步涉及处分性强制执行措施。如果在留置权人基于留置权的二次效力得以行使优先受偿权之前，法院对该留置物采取查封、扣押措施之后又进一步进行拍卖、变卖、折价的，此时留置权人尚不具备行使优先受偿权的条件,其无法就拍卖、变卖所得价金优先受偿,也难以针对基于强制执行而折价受让的第三人提起返还占有之诉,留置权人将因此丧失对留置物的占有而导致留置权消灭,这将在根本上影响留置权的实现,故其应当有权于此种情况下针对执行标的(留置物)提起执行异议之诉。此外,在这一情形下,因留置权人尚不能通过行使优先受偿权的方式实现债权,故即便法院和申请执行人均认可留置权人优先受偿,也并不能满足这一要件,况且亦不能够确定被执行人是否还有其他债权人,因此,法院和申请执行人认可留置权人优先受偿并不构成法院采取处分性强制执行措施的例外条件。

对于留置权的优先受偿效力而言,在当事人约定或者法律规定的履行债务宽限期届满之后,留置权的行使就和抵押权、一般的质权没有本质区别了,其在性质上表现为变价受偿性,即留置权人利益的实现,并非直接通过占有、转移债务人财产而实现,而是首先使债务人财产售出转换为价款,再从价款中实现清偿。也就是说,留置权人对留置物(执行标的)享有的仅为拍卖、变卖后所得价款的优先受偿顺位,故既无权排除对留置物的查封、扣押,亦无权排除对留置物的拍卖、变卖。此时,如留置权人对强制执行有异议,则应当通过《民事诉讼法》第236条规定的执行行为异议程序寻求救济。

(四)关于非典型担保权

对于非典型担保中的所有权保留中的出卖人、融资租赁中的出租人的执行异议救济路径,已在本书前文中详细分析过;让与担保权人的执行异议救济路径,在前文中的"股权让与担保情形下排除金钱债权执行问题"也已涉及,结论可扩展适用于所有类型的让与担保,故此处均不再赘述。

1. 保证金账户质押

最高人民法院《关于适用〈中华人民共和国担保法〉若干问题的解释》(以下简称原《担保法解释》)第85条规定:"债务人或者第三人将其金钱以特户、封金、保证金等形式特定化后,移交债权人占有作为债权的担保,债务人不履行债务时,债权人可以以该金钱优先受偿。"该规定置于动产质押项下规定,因为此前长期的理论和实务中均认为保证金质押应属于质押的一种,至于保证金质押是属于权利质押还是动产质押则一直存有争议。但《担保制度解释》则认为保证金质押应属一种非典型担保①,并在第四部分"关于非典型担保"中通过第 70 条第 1 款对其规则进行了专门规定:"债务人或者第三人为担保债务的履行,设立专门的保证金账户并由债权人实际控制,或者将其资金存入债权人设立的保证金账户,债权人主张就账户内的款项优先受偿的,人民法院应予支持。当事人以保证金账户内的款项浮动为由,主张实际控制该账户的债权人对账户内的款项不享有优先受偿权的,人民法院不予支持。"这一规定区分了债务人或者第三人为担保债务的履行设立专门的保证金账户并由债权人实际控制和债务人或者第三人将资金存入债权人设立的保证金账户两种情形。从法律关系的角度看,前者属于原《担保法解释》第 85 条规定的"特户",在性质上是金钱质押;而后者可称为账户质押。②

对于案外人是否有权基于保证金质权提起执行异议之诉,存在不同观点。一种观点认为,针对专户资金设立的保证金质权,其标的物本身就是作为一般等价物的金钱,不存在变价问题,具有直接的可执行性。因此,在多个债权人申请执行同一特定账户内资金的情况下,即便该特定账户上设有质权,也仅存在执行顺序如何确定、执行方案如何制定的问题,不存在该金钱质权排除其他债权人执行的问题。故不应赋予保证金质权人提起执行异议之诉的权利。③ 另一种观点则认为,保证金质权的标的物形式上是账户,但其优先受偿权的客体实质上是保证金账户内的资金,执行即意味着受偿。④ 金钱一旦被执行,质权人所享有的优先受偿权等权益将无从谈起,会直接损害质权人实体权利。因此,通过执行分配方案异议之诉无法对金钱质权人提供有效的救济,应赋予保证金质权人通过执行标的异议之诉寻求救济的权利。

笔者认为,由于保证金质权人得对保证金账户内的资金享有优先受偿权,故不存在变价程序,执行标的就是可以直接分配的货币。因此,通过执行分配方案保障质权人优先受偿的顺位和通过执行异议之诉保障质权人可优先受偿的金额,在最终效果上是相同的。也就是说,选择通过执行异议之诉还是执行分配方案异

---

① 参见最高人民法院民事审判第二庭:《最高人民法院民法典担保制度司法解释理解与适用》,人民法院出版社 2021 年版,第 580 页。
② 参见吴光荣:《担保法精讲:体系解说与实务解答》,中国民主法制出版社 2023 年版,第 551 页。
③ 参见最高人民法院民事裁定书,(2017)最高法民申 3815 号;刘颖:《民事执行中案外担保权人的救济路径》,载《环球法律评论》2022 年第 5 期。
④ 参见最高人民法院民事审判第二庭:《最高人民法院民法典担保制度司法解释理解与适用》,人民法院出版社 2021 年版,第 579 - 580 页。

议之诉来解决保证金质权人就其优先受偿范围内排除强制执行的问题,在理论上都是讲得通的。在这种情况下,应当选择一种对当事人最优的方案。无论是通过执行异议之诉还是执行分配方案异议之诉确定不得执行的金额,对于保证金质权人之外的申请执行人并无不同。但对保证金质权人而言,却存有差异。本来质权人行使优先受偿权的条件满足时其即可按照约定直接扣划质押账户中的金钱,但账户被冻结使质权人无法进行扣划操作,在这种情况下通过提出执行异议以及异议之诉直接排除强制执行,无疑比等待人民法院作出分配方案(更何况在诉前保全或诉中保全时根本尚不涉及执行分配问题)更加高效,更有利于及时保障保证金质权人的合法权利。

实践中的案例也反映出这一特点。如在大连银行股份有限公司沈阳分行与抚顺市艳丰建材有限公司、郑某旭案例人执行异议之诉案中,2011年12月,抚顺市艳丰建材有限公司(以下简称艳丰公司)与大连银行股份有限公司沈阳分行(以下简称大连银行沈阳分行)签订《汇票承兑合同》,约定大连银行沈阳分行向艳丰公司签发票面金额为1000万元的承兑汇票8张,全部汇票金额合计8000万元。艳丰公司于汇票承兑前,在大连银行沈阳分行开立保证金专用账户,并存入8000万元保证金,保证金及由其产生的利息作为履行合同的担保。若艳丰公司未能在汇票到期日2012年6月6日足额交付全部汇票金额,则大连银行沈阳分行有权将保证金账户直接用于支付到期汇票或偿还大连银行沈阳分行对持票人的垫款以及相应利息和手续费。同日,大连银行沈阳分行向艳丰公司交付了8张承兑汇票。艳丰公司于当日转款8000万元至指定保证金账户。2012年5月,中国邮政储蓄银行有限责任公司辽宁省分行、中国民生银行股份有限公司深圳分行以委托收款形式,对案涉8张银行承兑汇票进行收款。2012年6月6日,大连银行沈阳分行文艺路支行对8张汇票总计金额8000万元进行了付款。大连银行沈阳分行文艺路支行于付款当日将8000万元转为承兑逾期垫款。在另案诉讼中,法院依财产保全申请冻结了案涉保证金账户中的保证金8000万元。其中一案判决生效后,郑某旭申请强制执行。大连银行沈阳分行提出执行异议,申请解除对银行保证金存款4000万元的查封。执行法院驳回大连银行沈阳分行的异议,大连银行沈阳分行遂起诉请求撤销该裁定,并确认其对案涉保证金账户内的4000万元享有优先受偿权。最高人民法院认为,大连银行沈阳分行依据约定,在艳丰公司未能在汇票到期日前足额交付全部汇票金额的情况下,有权将保证金账户中的款项直接用于支付到期汇票或者偿还大连银行沈阳分行对持票人的垫款，即大连银行沈阳分行有权直接扣划保证金专用账户内的资金。冻结行为显然直接损害了大连银行沈阳分行的质权行使。[1]

此外，有学者指出，通过执行分配方案异议之诉解决保证金质权人就其优先受偿范围内排除强制执行的问题的设计略带有理想主义的色彩，而未考虑到人民法院实际的执行分配能力以及意愿，使优先权人实现权利的路径和效率均不甚理想，与制度设计的目的南辕北辙。[2] 因此，当执行标的为保证金账户内的资金时，应当允许保证金人直接对相应的金额提出排除执行的异议之诉。这也是目前理论界和实务界的通说。[3] 最高人民法院发布的指导案例54号中国农业发展银行安徽省分行诉张某标、安徽长江融资担保集团有限公司执行异议之诉纠纷案也体现了对这一观点的认可。

据此，案外人有权以其对保证金享有质权并主张行使质权为由提出执行异议，请求解除查封、冻结措施或者不得扣划账户内资金。根据《担保制度解释》第70条之规定，对于保证金质押是否有效设立，应符合以下要求：(1)财产特定化。通过开立保证金账户这一特定形式，与出质人的其他财产予以区分，同时保证金账户内的资金能够专款专用。但保证金账户的特定化并非金额的固定化，保证金质押所要求的特定化仅要求账户及资金区别于质押人的其他财产，而不是要求账户资金固定不变。(2)债权人对于标的财产能够实际控制，已达到占有标的物财产的公示要求。债权人对于保证金账户的实际控制主要分为两种不同的情形：一是以债权人的名义开立保证金账户，债务人或者第三人将资金存入该账户内，此

---

[1] 参见大连银行股份有限公司沈阳分行与抚顺市艳丰建材有限公司、郑某旭案外人执行异议之诉案，最高人民法院(2015)民提字第175号民事判决书，载《最高人民法院公报》2016年第10期(总第240期)。

[2] 参见刘洋：《执行异议之诉立法方向探究》，载《山东法官培训学院学报(山东审判)》2020年第2期。该文指出，在实践中极度弱态的执行分配方案异议之诉制度，不但没有达到提高执行效率的目标，反而常常使优先权人救济无门，引发优先权人普遍倾向于以案外人执行异议之诉寻求救济的现象。这一笼统的规定在应对实践中纷繁复杂的案情时也显得过于单薄和乏力：如优先权人主债权未到期甚至金额无法确定时如何开展执行分配，并无具体可操作的规定；执行标的为金钱或可分物时，优先权人参与分配的救济效率明显低于提起案外人执行异议之诉的效率；优先权金额明显大于执行标的价值时，强令优先权人参与分配难以防止无益执行，也不利于保证优先权人对执行进度的合理主导，等等。在涉及相应救济程序时，这些因素确实不能不加以全面考虑。

[3] 各地高级人民法院出台的规范性文件多反映出这一观点。如江苏省高级人民法院《执行异议及执行异议之诉案件办理工作指引(三)》第6条，江西省高级人民法院《关于执行异议之诉案件的审理指南》第17条。

时债权人作为账户所有人能够实际控制该笔资金,符合移交债权人占有的条件;二是保证金账户并非以债权人的名义开立,出质人因对于银行享有存款债权而无法直接向债权人完成货币交付,债权人实现对保证金账户的实际控制往往需要与银行签订账户监管协议,约定非依债权人指令不得对账户内资金操作,账户密码由债权人设定并占有预留印鉴,或者通过设立共管账户,约定对于账户共同监管,以实现对于保证金账户的实际控制。①

2. 保理

保理业务作为一种创新的金融服务模式,在企业融资与应收账款管理等方面发挥着重要作用。依据《民法典》第761条之规定,保理合同是应收账款债权人将现有的或者将有的应收账款转让给保理人,保理人提供资金融通、应收账款管理或者催收、应收账款债务人付款担保等服务的合同。其中,保理人提供的"应收账款债务人付款担保"服务具有特定内涵。在有追索权的保理业务中,保理人就应收账款债务人的付款义务向债权人提供担保,这与无追索权保理有着本质区别。无追索权保理的保理人主要是为赚取应收账款与保理融资款之间的差价而受让应收账款,而有追索权的保理中,应收账款虽然名义上已经转让给保理人,但其目的在于担保保理人对应收账款债权人所享有的保理融资款本息。就此而言,有追索权的保理在性质上是应收账款债权让与担保,当然其功能也与应收账款质押相似,都是为了担保债权的实现。

《民法典》第768条进一步明确了应收账款在保理合同关系中的登记效力。当同一应收账款订立多个保理合同时,登记成为确定保理人权利顺位的关键因素。已登记的保理人优先于未登记的取得应收账款;均已登记的,则按照登记时间先后顺序确定权利;均未登记时,由最先通知应收账款债务人的保理人取得应收账款;若既未登记也未通知,则按保理融资款或服务报酬比例分配应收账款。这一规定体现了公示对抗原则,旨在平衡各方利益,维护交易秩序。

在执行中,常见的问题即被执行人系应收账款债权人,第三人系应收账款债务人,人民法院在执行对第三人到期债权中,案外人以保理人身份主张优先受偿。此时,保理人面临的风险与前述应收账款质押权人相同,即无参与分配并主张优

---

① 参见最高人民法院民事审判第二庭:《最高人民法院民法典担保制度司法解释理解与适用》,人民法院出版社2021年版,第580–581页。

先受偿的机会,若不赋予其提起执行异议之诉的权利,质权将会面临因此而消灭之风险,故案外人以其系可追索保理的权利人为由对查封、冻结或者强制执行的被执行人的应收账款(到期债权)提出案外人异议或异议之诉,请求解除查封、冻结或不得强制执行的,应适用《民事诉讼法》第238条之规定进行审查。重点审查该保理合同是否合法有效,是否签订于被执行人债权被查封或冻结之前,是否进行了相应登记,此外还应注意关注案外人与被执行人是否存在恶意逃债以及规避执行的情形。

规范依据

《民法典》

第七百六十一条 保理合同是应收账款债权人将现有的或者将有的应收账款转让给保理人,保理人提供资金融通、应收账款管理或者催收、应收账款债务人付款担保等服务的合同。

第七百六十六条 当事人约定有追索权保理的,保理人可以向应收账款债权人主张返还保理融资款本息或者回购应收账款债权,也可以向应收账款债务人主张应收账款债权。保理人向应收账款债务人主张应收账款债权,在扣除保理融资款本息和相关费用后有剩余的,剩余部分应当返还给应收账款债权人。

第七百六十八条 应收账款债权人就同一应收账款订立多个保理合同,致使多个保理人主张权利的,已经登记的先于未登记的取得应收账款;均已经登记的,按照登记时间的先后顺序取得应收账款;均未登记的,由最先到达应收账款债务人的转让通知中载明的保理人取得应收账款;既未登记也未通知的,按照保理融资款或者服务报酬的比例取得应收账款。

《民诉法解释》

第五百零六条第二款 对人民法院查封、扣押、冻结的财产有优先权、担保物权的债权人,可以直接申请参与分配,主张优先受偿权。

第五百零九条 多个债权人对执行财产申请参与分配的,执行法院应当制作财产分配方案,并送达各债权人和被执行人。债权人或者被执行人对分配方案有异议的,应当自收到分配方案之日起十五日内向执行法院提出书面异议。

第五百一十条 债权人或者被执行人对分配方案提出书面异议的,执行法院应当通知未提出异议的债权人、被执行人。

未提出异议的债权人、被执行人自收到通知之日起十五日内未提出反对意见的,执行法院依异议人的意见对分配方案审查修正后进行分配;提出反对意见的,应当通知异议人。异议人可以自收到通知之日起十五日内,以提出反对意见的债权人、被执行人为被告,向执行法院提起诉讼;异议人逾期未提起诉讼的,执行法院按照原分配方案进行分配。

诉讼期间进行分配的,执行法院应当提存与争议债权数额相应的款项。

《查封规定》

第十一条 查封、扣押、冻结担保物权人占有的担保财产,一般应当指定该担保物权人作为保管人;该财产由人民法院保管的,质权、留置权不因转移占有而消灭。

第十三条 对第三人为被执行人的利益占有的被执行人的财产,人民法院可以查封、扣押、冻结;该财产被指定给第三人继续保管的,第三人不得将其交付给被执行人。

对第三人为自己的利益依法占有的被执行人的财产,人民法院可以查封、扣押、冻结,第三人可以继续占有和使用该财产,但不得将其交付给被执行人。

第三人无偿借用被执行人的财产的,不受前款规定的限制。

第二十条 查封、扣押的效力及于查封、扣押物的从物和天然孳息。

《执行工作规定》

31. 人民法院对被执行人所有的其他人享有抵押权、质押权或留置权的财产,可以采取查封、扣押措施。财产拍卖、变卖后所得价款,应当在抵押权人、质押权人或留置权人优先受偿后,其余额部分用于清偿申请执行人的债权。

《担保制度解释》

第六十八条 债务人或者第三人与债权人约定将财产形式上转移至债权人名下,债务人不履行到期债务,债权人有权对财产折价或者以拍卖、变卖该财产所得价款偿还债务的,人民法院应当认定该约定有效。当事人已经完成财产权利变动的公示,债务人不履行到期债务,债权人请求参照民法典关于担保物权的有关规定就该财产优先受偿的,人民法院应予支持。

债务人或者第三人与债权人约定将财产形式上转移至债权人名下,债务人不履行到期债务,财产归债权人所有的,人民法院应当认定该约定无效,但是不影响当事人有关提供担保的意思表示的效力。当事人已经完成财产权利变动的公示,债务人不履行到期债务,债权人请求对该财产享有所有权的,人民法院不予支持;

债权人请求参照民法典关于担保物权的规定对财产折价或者以拍卖、变卖该财产所得的价款优先受偿的,人民法院应予支持;债务人履行债务后请求返还财产,或者请求对财产折价或者以拍卖、变卖所得的价款清偿债务的,人民法院应予支持。

债务人与债权人约定将财产转移至债权人名下,在一定期间后再由债务人或者其指定的第三人以交易本金加上溢价款回购,债务人到期不履行回购义务,财产归债权人所有的,人民法院应当参照第二款规定处理。回购对象自始不存在的,人民法院应当依照民法典第一百四十六条第二款的规定,按照其实际构成的法律关系处理。

第七十条 债务人或者第三人为担保债务的履行,设立专门的保证金账户并由债权人实际控制,或者将其资金存入债权人设立的保证金账户,债权人主张就账户内的款项优先受偿的,人民法院应予支持。当事人以保证金账户内的款项浮动为由,主张实际控制该账户的债权人对账户内的款项不享有优先受偿权的,人民法院不予支持。

在银行账户下设立的保证金分户,参照前款规定处理。

当事人约定的保证金并非为担保债务的履行设立,或者不符合前两款规定的情形,债权人主张就保证金优先受偿的,人民法院不予支持,但是不影响当事人依照法律的规定或者按照当事人的约定主张权利。

典型案例

1. 中国农业发展银行安徽省分行诉张大标、安徽长江融资担保集团有限公司执行异议之诉纠纷案

案例索引:人民法院案例库入库编号2015-18-2-471-001/民事/执行异议之诉/安徽省高级人民法院/2013.11.19/(2013)皖民二终字第00261号/二审/入库日期:2023.08.24/指导性案例54号。

裁判要旨:当事人依约为出质的金钱开立保证金专门账户,且质权人取得对该专门账户的占有控制权,符合金钱特定化和移交占有的要求,即使该账户内资金余额发生浮动,也不影响该金钱质权的设立。

2. 富滇银行股份有限公司大理分行与杨某鸣、大理建标房地产开发有限公司案外人执行异议之诉案

案例索引:云南省高级人民法院(2018)云民终1121号民事判决书,载《最高人民法院公报》2020 年第 6 期。

裁判要旨：保证人与债权银行之间约定设立保证金账户，按比例存入一定金额的保证金用于履行某项保证责任，未经同意保证人不得使用保证金，债权银行有权从该账户直接扣收有关款项，并约定了保证期间等，应认定双方存在金钱质押的合意。保证金账户内资金的特定化不等于固定化，只要资金的浮动均与保证金业务对应、有关，未作日常结算使用，即应认定符合最高人民法院《关于适用〈中华人民共和国担保法〉若干问题的解释》第八十五条规定的金钱以特户形式特定化的要求。如债权银行实际控制和管理保证金账户，应认定已符合对出质金钱占有的要求。

3. 华阴市某信用社与杨某案外人执行异议案

案例索引：人民法院案例库入库编号 2024-17-5-201-006/执行/执行异议案件/陕西省渭南市中级人民法院/2023.03.10/(2023)陕 05 执异 3 号/执行异议/入库日期：2024.12.20。

裁判要旨：执行中，人民法院扣划被执行人在金融机构开设的保证金账户的资金用于执行，该金融机构以其与被执行人签订有保证金质押合同，并以此开设专用保证金专户，被执行人已经将约定保证金存入保证金账户予以质押为由，提出排除执行的，人民法院依法予以支持。

4. 某银行与周某、邓某执行异议案

案例索引：人民法院案例库入库编号 2024-17-5-201-017/执行/执行异议案件/东台市人民法院/2016.11.28/(2016)苏 0981 执异 16 号/执行异议/入库日期：2024.08.05。

裁判要旨：债务人或者第三人将其金钱以特户、封金、保证金等形式特定化后，移送债权人占有作为债权担保，债务人不履行时，债权人作为质权人享有优先受偿权。人民法院在另案执行时可以采取查封、冻结等强制措施，但在质押范围内需优先清偿该债权人（质权人）的债权。

5. 某经营管理公司与某投资公司执行异议案

案例索引：人民法院案例库入库编号 2024-17-5-201-030/执行/执行异议案件/云南省昆明市中级人民法院/2022.10.20/(2022)云 01 执异 2652 号/执行/入库日期：2024.02.24。

裁判要旨：执行过程中，除法律有特别规定的情形外，应当由首先查封、扣押、冻结(以下简称查封)法院负责处分查封财产。案外人主张对被执行的财产享有抵押权,并以此为由向负责处分查封财产的执行法院提起执行标的异议,请求排除执行的,依法不能成立,人民法院不予支持。案外人可通过申请参与分配主张权利。

6. 某海银行股份有限公司某支行与张某某等执行异议案

案例索引: 人民法院案例库入库编号 2024-17-5-201-014/执行/执行异议案件/上海市徐汇区人民法院/2017.10.13/(2017)沪0104执异104号/执行异议/入库日期:2024.05.10。

裁判要旨: 人民法院冻结被执行人名下存单,案外人以其对该存单享有质押权为由提出异议的,人民法院在审查过程中,应当从实现权利质押的法定要素入手,对满足权利特定化、实际占有、债务到期未履行等生效要件的存单,不予执行,已经采取执行措施的,中止执行。

7. 陕西秦农农村商业银行股份有限公司沣东支行诉西安沣祥工贸有限责任公司、吴某鸿、西安一得贸易有限公司、陕西一得贵金属贸易有限公司案外人执行异议之诉案

案例索引: 最高人民法院(2019)最高法民再198号民事判决书,最高人民法院第六巡回法庭2020年发布的2019年度参考案例。

裁判要旨: 保证金账户系债权人与保证人按约定设立,债权人对该账户实际控制管理,该账户内的款项符合金钱以保证金的形式特定化及移交债权人占有的条件,可以认定债权人与保证人对该账户内的款项设立了质权。经保证人申请,债权人及其相关下属支行层级批准后退还部分保证金是在案涉账户内款项已设立质权的前提下,债权人作为质权人放弃部分质押财产的行为,该行为并未改变债权人对案涉账户内款项的实际控制及账户内剩余款项的性质和用途。债权人对保证金账户的款项享有质权,足以排除强制执行。

8. 天津银行股份有限公司唐山分行、天津银行股份有限公司唐山迁安支行与浙江物产融资租赁有限公司等案外人执行异议之诉案

案例索引: 最高人民法院(2018)最高法民再27号民事判决书,最高人民法院第三巡回法庭精选案例。

裁判要旨: 案外人执行异议之诉的目的在于排除对异议标的的强制执行,而其前提则是享有对于执行标的的实体权利。根据最高人民法院《关于适用〈中华人民共和国担保法〉若干问题的解释》第八十五条规定,"金钱特定化"和"移交占有"是判断资金是否为信用证开证保证金的前提条件,是判断案外人是否享有足以排除人民法院强制执行的民事权益的必备要件。

9. 重庆某保理公司诉杨某等案外人执行异议之诉案

案例索引:人民法院案例库入库编号2023-16-2-471-003/民事/执行异议之诉/重庆市高级人民法院/2021.11.29/(2020)渝民再160号/再审/入库日期:2024.02.23。

裁判要旨:(1)有追索权的保理特点在于保理商合法取得保理申请人对第三人的应收账款债权后,在保理申请人未能足额支付回购价款前,提供资金的保理商仍是应收账款的债权人。即便保理商另案向保理申请人主张权利并取得生效判决,在保理申请人未能足额支付回购价款前,保理商仍有权要求债务人清偿应收账款。(2)在执行异议之诉案件中,人民法院可判决不得执行应收账款,并判决确认应收账款债权,但是否"解除对应收账款的司法冻结"系针对执行行为,应由执行法院的执行机构自行依据生效判决作出判断,不宜在执行异议之诉中作出处理。

第二十二章　涉到期债权执行的执行异议之诉

债权执行又称"代位执行",它是指按照执行程序,第三人不能清偿到期债务,法院可依执行债权人的申请,通知该第三人向执行债权人履行债务。该第三人对债务没有异议,但又在通知指定的期限内不履行的,人民法院可以强制执行。[①] 在我国,该制度首先出现在最高人民法院《关于适用〈中华人民共和国民事诉讼法〉若干问题的意见》(已失效)第300条,后由《执行工作规定》第61~69条(2020年修正后的第45~53条)重申、细化,再由《民诉法解释》第499条修改,已具备一定的可操作性。[②] 到期债权执行制度本身在其正当化依据方面尚存有诸多质疑[③],但因该制度为强制执行实务所采用,并为《民诉法解释》第499条所确认,故本章仍从解释论的角度对相关问题加以探讨。

一、对到期债权提起执行异议之诉的适格主体

执行异议之诉是处理案外人对执行标的的民事权益是否足以排除强制执行的诉讼程序,若并非以此而提出异议的,该主体因并不具有相应的诉的利益而不是执行异议之诉的适格原告。《民诉法解释》第499条规定了被执行人的债务人(次债务人)提出异议与利害关系人提出异议两种情形,两者应当分别适用不同的执行救济程序。

被执行人的债务人(次债务人)如对人民法院拟执行的到期债权提出异议,无

[①] 参见庄加园:《初探债权执行程序的理论基础——执行名义欠缺的质疑与收取诉讼的构造尝试》,载《现代法学》2017年第3期。

[②] 参见李哲:《到期债权执行若干理论和实务问题探析》,载《人民司法》2021年第10期。

[③] 对该制度的主要质疑是到期债权执行突破合同相对性并带来执行权的不当扩张,使其在诉讼法理论中难以获得正当化依据,而且执行效率原则由于背离权利外观也颇受怀疑。详见赵晋山、葛洪涛:《〈民事诉讼法〉司法解释执行程序若干问题解读》,载《法律适用》2015年第4期;庄加园:《初探债权执行程序的理论基础——执行名义欠缺的质疑与收取诉讼的构造尝试》,载《现代法学》2017年第3期;高小刚:《到期债权执行问题研究——以执裁分离实践及典型案例分析为视角》,载《法律适用·司法案例》2019年第10期;李哲:《到期债权执行若干理论和实务问题探析》,载《人民司法》2021年第10期。

权提起执行异议之诉。执行被执行人的到期债权,其理论依据为债权人代位权制度,即债权人可以代替债务人行使追偿其债权的权利,因此如生效判决中的债务人对其他人享有到期债权的,该判决确定的债权人可以申请人民法院执行,相对生效判决确定的主体而言,到期债权的债务人为第三人。次债务人与执行案件本身并无直接利害关系,只是因为其对被执行人负有到期债务才被纳入执行措施中。次债务人所提异议无非以下几种类型:(1)不承认被执行人的债权存在。例如,次债务人主张其与被执行人间的债权关系系串通虚伪设立,或者双方虽曾有该项债权存在,但于冻结裁定送达前已消灭。(2)对到期债权的款额有争议。对于被执行人的债权虽存在,但实际数额较执行法院所裁定数额为少,或是次债务人并不否认该债权存在,双方的债权债务关系尚未结算清楚等。(3)其他得对抗被执行人请求的事由,包括次债务人主张对被执行人行使抵销权、同时履行抗辩权,主张其债权人对其请求权的条件尚未成就、期限尚未届满等。[1] 简言之,次债务人是通过抗辩债权不成立、未届清偿期、已变更或者已消灭等事由来提出异议,在"审执分离"理念下,执行机构对第三人异议只作形式审查,而将可能存在的实体性争议交由诉讼程序裁断,故一旦次债务人在异议期内提出上述异议,则法院即应当停止执行。申请执行人可另行通过提起代位权诉讼来寻求救济。

《民诉法解释》第 499 条规定到期债权执行的异议主体,是指案外人即他人和与他人有法律上的利害关系人,实践中主要包括债权附条件或期限的权利人、债权的优先权人、债权的受让人、债权的抵押权人、质权人、债权附有动产质权人、债权附有债权质权人、信托财产的委托人、受益人等与他人具有法律上的利害关系人。[2] 利害关系人并不否认债权的存在,而是主张被执行人对该债权不享有所有权,利害关系人自身才是该债权的实际权利人,次债务人应当向其清偿债权,或者应就债权变价所得价款优先受偿。这种针对谁享有到期债权的异议显然与次债务人所提的直接关涉债权是否存在、金额大小、是否到期等事项的异议有本质区别。利害关系人所提的这种异议才与执行异议(之诉)所要关注的,执行标的的权益归属或者是否因案外人对执行标的享有权益从而得排除执行相吻合,因而将其

---

[1] 参见葛文:《案外人对到期债权执行的异议——对民事诉讼法解释第 501 条的理解与运用》,载《人民司法·应用》2015 年第 17 期。

[2] 参见葛文:《案外人对到期债权执行的异议——对民事诉讼法解释第 501 条的理解与运用》,载《人民司法·应用》2015 年第 17 期。

交由执行异议之诉加以处理。

对于两者的救济程序区分,部分地方法院的规范性文件作出了指引。①

二、案外人以其为到期债权受让人为由提起的执行异议之诉的审查规则

利害关系人主张其已受让有关到期债权,据此提起执行异议之诉,如果双方之间转让债权的行为真实有效,可以认定利害关系人系该到期债权的合法权利人,因该债权已转移至他人所有,不能再作为被执行人的财产予以执行。在此类纠纷审查过程中,应当注意全面审查与债权转让真实性相关的事实与因素,在此基础上综合判断案外人对到期债权是否享有排除强制执行的民事权益。

1. 案外人与被执行人是否在案涉债权被查封、冻结等强制执行措施之前就案涉债权签订了书面的债权转让合同。如果该转让行为发生在法院查封、冻结等强制措施执行案涉债权之后,则案外人不享有排除执行的合法权益。

2. 案涉债权转让合同是否成立并生效。该转让合同应为各方的真实意思表示,不能违反法律、行政法规的强制性规定。案外人与被执行人之间存在恶意串通,损害申请执行人或被执行人其他债权人利益等情形的,可依据《民法典》第143条、第146条、第153条、第154条的规定,认定该债权转让行为无效。

3. 被执行人在第三人处有多笔债权的,案外人主张受让的债权是不是被执行的债权。案外人应当对其受让了被执行债权而非被执行人未转让的其他债权承担证明责任。

4. 被执行人是否向次债务人送达了债权转让通知。根据《民法典》第546条第1款的规定,债权人转让债权,未通知债务人的,该转让对债务人不发生效力。需要注意的是,未通知债务人并不导致债权转让不成立或无效,通知义务的履行与否,只影响对债务人的效力。

因此,对于已经通知债务人这一条件是否应当作为案外人得以排除强制执行的要件之一,实践中存在不同观点:一种观点认为,由于被执行人已经将债权让予

---

① 如江西省高级人民法院《关于执行异议之诉案件的审理指南》第35条规定:"人民法院针对被执行人对第三人的到期债权实施强制执行,第三人否认其与被执行人之间存在到期债权或主张债权债务未经结算的,应通过执行复议程序或提起代位权诉讼解决。申请执行人或第三人提起执行异议之诉的,不予受理,已经受理的,裁定驳回起诉。另案生效的法律文书在裁判主文中就被执行人对第三人的到期债权进行了确认,申请执行人或第三人对人民法院的执行异议裁定不服提起执行异议之诉的,应予受理。"

受让人,且已经取得对价或取得对受让人的债权,责任财产并未因此减损,债权受让人主张排除强制执行并不会对执行产生不利影响,应当得到支持;另一种观点认为,在次债务人得到通知之前,债权受让人并非次债务人的债权人,不享有排除强制执行的权利。

基于前述通知要件的法律效果,笔者倾向于否定回答。不过,虽然通知并非排除强制的要件之一,但是否通知仍会对强制执行产生影响。债权转让后未通知次债务人时,次债务人对被执行人清偿债务仍发生债之消灭法律效果。到期债权的执行作为代位执行,次债务人将应支付给被执行人的价款直接支付至执行法院,在支付价款的数额内,同时产生消灭被执行人对次债务人、申请执行人对被执行人等额债权的效力。也就是说,在债权转让未通知次债务人的情况下,法院通知次债务人直接履行该到期债权,并无法律上的障碍。此时债权转让对次债务人并未产生效力,债权受让人对此债务人尚不存在到期债权,亦不享有排除强制执行的民事权益,因此所提执行异议不应得到支持。[①] 此外,审查债务人是否因不知晓债权转让的事实而自行向被执行人清偿了债务等事实对于认定该债权是否仍存在具有重要意义。而且,通知与否、何时通知的事实对于判断债权转让的真实性也有着重要的参考价值。

关于对价支付与否,与租赁权排除金钱债权强制执行问题相似,并非债权转让是否完成的要件,故案外人是否支付了合理对价不宜作为排除执行的要件之一。当然,这一事实对于判断债权转让的真实性非常重要。即使支付了对价,对价是否合理也应当重点审查,如受让人虽然并未与被执行人恶意串通,但被执行人以不合理低价转让案涉债权、恶意逃避执行的,申请执行人可依法另行主张行使撤销权。例如,山东省高级人民法院民一庭《执行异议之诉案件审判观点综述》即指出:"20. 债权受让人提起执行异议之诉的处理观点:人民法院执行被执行人对他人的到期债权,案外人以债权受让人身份提起执行异议之诉,请求排除执行,经审查当事人在人民法院查封前已签订合法有效的书面债权转让协议并通知了债务人的,可予支持。但被执行人无偿或以明显不合理的低价转让债权的,申请执行人可以依据合同法第七十四条规定,另案起诉请求人民法院撤销转让行为,执行异议之诉案件可以中止审理。"

[①] 参见王毓莹、沈建红、李炳录:《到期债权执行异议的处理路径》,载《人民司法》2021年第10期。

三、实际施工人以其对发包人享有工程价款债权为由提起的执行异议之诉的处理

在涉到期债权执行中,实际施工人作为案外人提起执行异议的数量非常之多。这与我国建筑市场大量存在转包、违法分包、借用资质的行为,从而使名义上的承包人与实际上承担建设工程施工任务的主体相分离密切相关。在转包、违法分包、借用资质情况下,实际施工人隐身于承包人背后,故从形式上看,工程价款债权人应为承包人。因而,承包人的金钱债权人为了追求债权实现,常常会申请执行发包人的应付工程款。但《建工解释(一)》第43条又赋予实际施工人突破合同相对性直接要求发包人在欠付工程款的范围内支付工程价款的请求权,因此,对于该款项,实际施工人往往会以其系相应工程价款债权的实际权利人为由主张应排除该强制执行。那么,案外人的实际施工人身份如何认定?实际施工人与承包人两者对发包人的工程价款请求权之间的关系如何?两者之间是否非此即彼、相互排斥,是否应当在归属意义上确定最终的"所有者",从而划定责任财产的范围呢?这是此类案件在认定是否应排除强制执行时所要面对和解决的主要问题。

(一)实际施工人的认定

1. 制度沿革

我国法律法规中并未出现"实际施工人"这一术语,所能找到的与之最为接近的表述是"施工人"。为了"保护农民工利益,同时也考虑到了当前建筑市场的客观情况和建筑行业的发展"[①],最高人民法院在2004年10月25日发布的《关于审理建设工程施工合同纠纷案件适用法律问题的解释》中创设了"实际施工人"的概念,并一路延伸至2018年最高人民法院《关于审理建设工程施工合同纠纷案件适用法律问题的解释(二)》、2020年《建工解释(一)》,后两者仅做了一定程度的增改,并未改变该制度的实质内核。

2. 概念与分类

最高人民法院在2016年8月24日发布的《关于统一建设工程施工合同纠纷

---

① 最高人民法院民事审判第一庭编著:《最高人民法院建设工程施工合同司法解释(二)理解与适用》,人民法院出版社2019年版,第489页。

中"实际施工人"的司法认定条件的建议的答复》,即对十二届全国人大四次会议第9594号建议的答复中指出:"实际施工人"是指依照法律规定被认定为无效的施工合同中实际完成工程建设的主体,包括施工企业、施工企业分支机构、工头等法人、非法人团体、公民个人等,是2004年最高人民法院《关于审理建设工程施工合同纠纷案件适用法律问题的解释》(现已失效)确定的概念,目的是区分有效施工合同的承包人、施工人、建筑施工企业等法定概念。

据此,实际施工人是指因转包、非法分包、肢解合同等违法行为,施工合同被认定为无效,实际从事工程建设的主体。实际施工人可能是自然人、超资质等级施工的建筑施工企业、超资质许可施工范围从事工程基础或结构建设的劳务分包企业等。① 实际施工人包括:(1)转包合同的承包人;(2)违法分包合同的承包人;(3)缺乏相应资质而借用有资质的建筑施工企业名义与他人签订建设工程施工合同的单位或者个人。②

转包,是指承包单位承包工程后,不履行合同约定的责任和义务,将其承包的全部工程或者将其承包的全部工程肢解后以分包的名义分别转给其他单位或个人施工的行为。③

违法分包,是指承包单位承包工程后违反法律法规规定,把单位工程或分部分项工程分包给其他单位或个人施工的行为。④

借用资质,俗称挂靠,是指单位或者个人以其他有资质的施工单位的名义承揽工程(包括参与投标、订立合同、办理有关施工手续、从事施工等活动)的行为。⑤

3. 认定标准

根据上述概念及分类可知,并非所有的建设工程施工合同履行中均会有实际

---

① 参见张志弘、裴跃:《〈最高人民法院关于审理建设工程施工合同纠纷案件适用法律若干问题的解释〉第二十六条第二款的限缩适用问题——大连恒达机械厂与普兰店市宏祥房地产开发有限公司、大连成大建筑劳务有限公司、大连博源建设集团有限公司、赵学君建设工程施工合同纠纷申请再审案》,载最高人民法院民事审判第一庭编:《民事审判指导与参考》总第62辑,人民法院出版社2015年版。
② 最高人民法院民事审判第一庭编著:《最高人民法院新建设工程施工合同司法解释(一)理解与适用》,人民法院出版社2021年版,第445页。
③ 具体情形参见住房和城乡建设部《建筑工程施工发包与承包违法行为认定查处管理办法》(建市规〔2019〕1号)第8条规定。
④ 具体情形参见《建筑工程施工发包与承包违法行为认定查处管理办法》第12条规定。
⑤ 具体情形参见《建筑工程施工发包与承包违法行为认定查处管理办法》第10条规定。

施工人的存在,实际施工人只产生于特定情形下。认定案外人系该到期债权对应建设工程的实际施工人,一般应具备如下条件:

(1)实际施工人应当是实际组织施工的人。实际施工人应是实际施工的资金投入方,并由其组织人力、物力与财力进行工程管理,工程管理团队由其组织,材料设备由其采购,其对工程施工与结算活动享有最终决策权,对工程款享有支配权。与上述权利相对应,其还应是涉案工程成本与责任的承担方。因层层转包、违法分包情形下中间层级的转包人、违法分包人不是资金投入方,对工程施工并不进行组织管理,故不属于实际施工人。建设工程层层多手转包、分包的,实际施工人一般指最终投入资金、人工、材料、机械设备实际进行施工的施工人。[1]

(2)实际施工人是承包主体,即在经营上具有一定独立性,具有独立经营、自担风险、自享利润的特点。因此,履行了工程管理职责并非认定实际施工人身份的充要条件,因为实践中有部分实际施工人,尤其是实力雄厚的实际施工人,往往聘请有经验的工程管理人员担任工程的项目经理一职,由项目经理履行日常的工程管理职责,但决策权、支配权及最终责任承担依然归实际施工人,那么,此时的"项目经理"并非实际施工人。

(3)实际施工人未以自己名义与发包人订立建设工程施工合同,并且其与承包人签订的合同因违法而无效。与发包人订立建设工程施工合同的施工人本身就属于承包人,无须强调"实际"二字。[2] 实际施工人系与承包人之间形成转包、违法分包或借用资质关系,而这些行为均系违法行为,根据《建工解释(一)》的规定,均应认定为无效。

对此,还应结合实际施工人与承包人之间是否存在劳动人事关系或者劳务关系加以认定。如果所谓的实际施工人同与其签订转包合同、违法分包合同的承包人或者出借资质的建筑施工企业之间存在劳动人事关系或劳务关系,其参加建设工程施工就属于职务或劳务行为,其并非法律所禁止的违法行为;或者两者之间为内部承包关系,而内部承包关系是法律所认可的合法行为,故这些情形下实际参加工程施工的人均不应认定构成实际施工人。

---

[1] 参见最高人民法院民事审判第一庭编著:《最高人民法院新建设工程施工合同司法解释(一)理解与适用》,人民法院出版社2021年版,第445页。

[2] 参见谢勇、郭培培:《论实际施工人的民法保护》,载《法律适用》2021年第6期。

(二)实际施工人对发包人的工程价款请求权

首先需要强调的是,根据《民法典》第793条的规定,无效施工合同,只有在验收合格的前提下,才获得参照合同有关工程款约定折价补偿的权利。因此,交付质量合格的建设工程是施工人最主要的合同义务,也是实际施工人获得工程价款的前提。

实际施工人(尤其是在转包、违法分包情形下)本来只与承包人之间存在合同关系,而与发包人之间并无合同关系,因而并不具备直接要求发包人给付工程价款的基础法律关系,但《建工解释(一)》第43条第2款赋予实际施工人突破合同相对性直接要求发包人在欠付工程款的范围内支付工程价款的请求权,该款规定:"实际施工人以发包人为被告主张权利的,人民法院应当追加转包人或者违法分包人为本案第三人,在查明发包人欠付转包人或者违法分包人建设工程价款的数额后,判决发包人在欠付建设工程价款范围内对实际施工人承担责任。"理解适用该条规定,至少有以下几个问题:

1. 借用资质的实际施工人(挂靠人)是否可依该条直接请求发包人支付工程价款

从《建工解释(一)》第43条第2款的文字表述看,其只规定了转包人或者违法分包人,并未涉及借用资质的实际施工人,因此,长期以来,一直存在借用资质的实际施工人是否对发包人享有直接的工程价款请求权的争议。在2018年最高人民法院《关于审理建设工程施工合同纠纷案件适用法律问题的解释(二)》(现已失效)征求意见稿中,曾对转包、违法分包和挂靠两种形式分别作了规定,第25条规定了借用资质情形下实际施工人的权利救济:"发包人订立合同时明知实际施工人借用资质,实际施工人向发包人主张工程价款的,应予支持;实际施工人向出借资质的建筑施工企业主张工程价款的,出借资质的建筑施工企业在其收取的工程价款范围内承担责任。没有证据证明发包人订立合同时明知实际施工人借用建筑施工企业名义签订合同,实际施工人向发包人主张工程价款的,不予支持。"虽然该条规定最终因争议较大而未获通过,但司法实践中的主流观点多认为,可区分发包人知道或应当知道和不知道或不应当知道两种情形对挂靠关系中的建设工程施工合同关系加以认定。在发包人知道或应当知道挂靠的情形下,尽管建设工程施工合同名义上的承包人是被挂靠人,但两者之间并无建立该合同关系的合意,该合同因构成通谋虚伪表示而无效,但发包人与挂靠人之间具有建立建设工程施工合同关系的合意,并已经实际履行了工程施工建设,故发包人和挂靠人之间形成了事实上的建设工程施工合同关系。[①] 因此,挂靠人向发包人主张工程价款,是合同相对性原则的当然之义,无须以《建工解释(一)》第43条第2款的规定为依据。在发包人不知道或不应当知道挂靠的情形下,为保护发包人对于交易的信赖利益,与发包人之间形成建设工程施工合同关系的相对人是被挂靠人,法律、司法解释并未赋予挂靠人突破合同相对性原则直接向发包人主张工程价款债权的权利。[②] 与转包、违法分包关系不同的是,借用资质情形下,挂靠人与被挂靠人之间仅为借用资质关系,并不存在转包或违法分包关系,因而两者之间也就不存在支付工程款的关系,而是仅在被挂靠人收到发包人工程款时负有"转付"义务,在未收到发包人工程款时并不欠付挂靠人的工程款。《建工解释(一)》第43条适用的前提是承包人欠付实际施工人工程款,故挂靠人不能依据《建工解释(一)》第43条直接向发包人主张工程价款。

2. 多层转包、违法分包关系中的实际施工人是否为《建工解释(一)》第43条第2款规定的实际施工人范围

对此,实践中也一直存在争议。前文述及,最高人民法院的观点认为,实际施工人一般指最终投入资金、人工、材料、机械设备实际进行施工的施工人。[③] 实务中,与实际施工人无直接合同关系的前手转包人、分包人在收到工程款后,并非均能如约付款,由此亦导致实际施工人的合同相对方无法向实际施工人及时、足额支付工程款。此情形下,真正存在欠付工程款的主体是与实际施工人无直接合同关系的前手转包人、分包人。因此,最高人民法院也一度认为,从实践来看,多层转包或者违法分包的现象较为常见;从价值取向来看,多层转包或者违法分包中实际施工人的权利保护也涉及农民工权利保护问题。因此,本条规定应当适用于

[①] 参见《民一庭专业法官会议纪要专题:合同无效,承包人请求实际施工人按合同约定支付管理费的不予支持》,载《民事审判指导与参考》2021年第3辑(总第87辑),人民法院出版社2022年版,第166页。

[②] 参见最高人民法院民事判决书,(2021)最高法民终394号。

[③] 参见最高人民法院民事审判第一庭编著:《最高人民法院新建设工程施工合同司法解释(一)理解与适用》,人民法院出版社2021年版,第445页。

多层转包或者违法分包中实际施工人的权利保护。[①] 最高人民法院作出的裁判中也有不少持此观点。如在实际施工人五冶公司与发包人榆钢公司、承包人（转包人）西安有色公司、次承包人（分包人）华江公司建设工程施工合同纠纷案中，最高人民法院认为，西安有色公司、华江公司、五冶公司就案涉土建工程属于多层转包，西安有色公司非工程物化利益的享有者、发包方，亦非五冶公司的合同相对方，原则上五冶公司作为实际施工人不能向既不是发包人又与其无合同关系的转包人西安有色公司主张权利，但西安有色公司在收到榆钢公司支付的 118183000 元工程款后，并未全额向华江公司转付，西安有色公司向华江公司已付款 107463000 元，差额为 10720000 元。根据分项 EPC 总承包合同，其与华江公司约定的固定总价 126750000 元，与其同榆钢公司约定的价款 129500000 元，减少 2750000 元，此差额应属管理费性质，西安有色公司根据总承包合同履行了相应管理职责。但对于其收到工程款扣除管理费后剩余的 7970000 元，五冶公司有权向其主张权利，即西安有色公司应在 7970000 元范围内向五冶公司承担责任。[②] 在最高人民法院民一庭发布的 2021 年第 20 次专业法官会议纪要之前，最高人民法院及各级地方法院对于多层转包和违法分包关系中的实际施工人能否直接向发包人主张工程价款债权多持肯定态度。

但最高人民法院的观点存在摇摆。2022 年 3 月，最高人民法院民一庭发布的 2021 年第 20 次专业法官会议纪要提出："《建工解释（一）》第 43 条规定的实际施工人不包含借用资质及多层转包和违法分包关系中的实际施工人。"具体理由是，该条解释只规范转包和违法分包两种关系，未规定借用资质的实际施工人以及多层转包和违法分包关系中的实际施工人有权请求发包人在欠付工程款范围内承担责任。[③] 据此，只有从总承包人手中第一手转包或者分包的承包人，才属于直接享有对发包人的工程价款债权请求权的实际施工人。

客观而言，实际施工人本身就是司法解释为解决实际问题而创设的概念，因其突破合同相对性原则而争议很大。因而，实际施工人的范围界定问题政策因素

---

① 参见最高人民法院民事审判第一庭编著：《最高人民法院建设工程施工合同司法解释（二）理解与适用》，人民法院出版社 2019 年版，第 503 页。
② 参见最高人民法院民事判决书，（2021）最高法民终 750 号。
③ 参见《民一庭专业法官会议纪要专题：可以突破合同相对性原则请求发包人在欠付工程款范围内承担责任的实际施工人不包括借用资质及多层转包和违法分包关系中的实际施工人》，载《民事审判指导与参考》2021 年第 3 辑（总第 87 辑），人民法院出版社 2022 年版，第 160－161 页。

极强,最高人民法院也基于不同时期的形势考量而一直在突破合同相对性并强化对实际施工人的保护与限制突破合同相对性的范围之间摇摆。在执行异议之诉中认定实际施工人的范围时应结合案件事实并根据当时的司法政策趋势综合把握。

3. 实际施工人[①]与承包人对于发包人支付工程价款的请求权之间的关系

承包人基于与发包人之间的建设工程施工合同而对发包人享有工程价款债权,实际施工人则依据《建工解释(一)》也享有对发包人(在欠付范围内的)工程价款债权,那么,两个债权请求权在一定范围内必然存在重合。如何认定两者之间的关系,即实际出资人对发包人的请求权是独立还是依附于承包人的请求权,在执行异议之诉中是关系到实际出资人提出的排除金钱债权执行请求是否应得到支持的关键问题。

对于两者之间的关系,实践中存在两种观点。一种观点认为,实际施工人的请求权并非独立的请求权,而是建立在承包人对发包人的工程款请求权的基础之上,由承包人请求权转致的请求权。发包人对实际施工人直接付款导致承包人工程款债权相应消灭,显然表明实际施工人的债权建立在承包人债权的基础之上,是通过债的抵销制度,将原本的"发包人→承包人→实际施工人"的关系,转变为"发包人→实际施工人 = '发包人→承包人 + 承包人→实际施工人'"的关系。另一种观点认为,实际施工人的请求权是独立的请求权,不受承包人对发包人的请求权的影响。[②]

客观而言,第一种观点具有一定的合理性,毕竟实际施工人的权利并非凭空而来,是因承包人转包、违法分包产生,因而原则上要受到承包人与发包人之间约定的制约,如发包人与承包人合同中约定的能够对承包人行使的抗辩,就也有权对实际施工人行使。但从《建工解释(一)》第 43 条的目的解释角度看,第二种观点更值得赞同。《建工解释(一)》第 43 条的立法目的是保护广大农民工的合法权益。通过保护实际施工人而保护农民工的合法权益,是在当前我国建筑市场不规范的情况下为了保障农民工基本生存权益而作出的特殊规定,虽然在法理上与合同相对性原则有所冲突,但更符合实质公平。而且该条适用价值最大的场域,就

---

① 基于上一问题的分析,此处的实际施工人显然仅指转包、违法分包情形下的实际施工人。
② 参见邬砚:《规则重构:建设工程施工合同纠纷裁判路径总梳理》,法律出版社 2024 年版,第 1119 – 1121 页。

在于承包人下落不明或者处于债务危机之时。因为此时实际施工人难以通过向承包人主张而获得工程款。若要认为此时实际施工人对发包人享有的仅是附属于承包人的"转致的请求权",从而认为不能排除承包人的金钱债权人申请的强制执行,那么,实际施工人的工程价款债权将难以实现,《建工解释(一)》第43条的立法目的无疑将会落空。正因如此,在戚苏蓉与扬州扬子建筑市政工程有限公司等案外人执行异议之诉案①中,最高人民法院即认为,承包人的债权人对承包人工程款债权的查封,不影响实际施工人直接向发包人追索工程款。在明业建设集团有限公司与袁文忠、杭州市余杭区人民政府崇贤街道办事处建设工程施工合同纠纷案②中,一审法院与二审法院均认为,承包人破产的,不影响实际施工人直接向发包人追索工程款。最高人民法院第二巡回法庭2020年第3次法官会议纪要即认为,《建工解释(一)》第43条、《保障农民工工资支付条例》已经明确了转承包人可以取得对发包人的直接请求权。③

(三)实际施工人对发包人的工程价款请求权是否得排除金钱债权执行审查中应考虑的其他重要因素

1. 关于执行异议之诉中是否适宜对实际施工人的身份作出认定的问题

实际施工人制度涉及发包人、承包人、施工人三方主体之间的两个合同关系,加之建设工程施工合同价款金额认定往往又较为复杂,因而在涉到期债权执行异议之诉中,是否适宜对实际施工人的身份作出认定,实践中存在争议。

"否定说"因最高人民法院的一则公报案例而流传甚广。最高人民法院对李建国与孟凡生、长春圣祥建筑工程有限公司、长春市腾安房地产开发有限公司案外人执行异议之诉案总结的"裁判要旨"指出:"实际施工人是最高人民法院在有关审理建设工程施工合同纠纷案件适用法律问题的司法解释中规定的概念,因其规范情形的特定性,故亦应在该规范所涉及的建设工程施工合同纠纷案件中,才适宜对实际施工人的身份作出认定。"在该案的裁判理由中,最高人民法院因此认

---

① 参见最高人民法院民事裁定书,(2021)最高法民申5771号。
② 参见浙江省高级人民法院民事判决书,(2019)浙民终1104号;最高人民法院民事裁定书,(2020)最高法民申2906号。
③ 参见贺小荣主编:《最高人民法院第二巡回法庭法官会议纪要》(第2辑),人民法院出版社2021年版,第104页。

为,本案系案外人执行异议之诉,并非实际施工人以发包人和承包人为被告提起的建设工程施工合同纠纷,原判决认定李建国为蓝天佳苑二期工程的实际施工人,超出了本案的审理范围。①

笔者认为,这一观点过于片面,实际上是反映出在执行异议之诉中逃避过于复杂裁判的倾向,与人民司法的"人民性"本质不符。事实上,普通民事案件案由划分并不意味着对同一法律关系只能划归某一种案由项下,不同案由完全有可能会涉及同一法律关系并对其作出处理认定,上述认为实际施工人身份认定并非执行异议之诉审理范围而只能交由建设工程施工合同纠纷案件审理的观点,显然是对案由划分的误解。执行异议之诉审理的核心内容就是提出异议的案外人是否对执行标的享有足以排除强制执行的民事权益,这当然就包括了案外人在法律关系中的身份性质认定。而且,这恰恰是认定案外人对此享有何种权利的基础,因而不应将其排除在执行异议之诉的审理范围之外。如按上述"否定说"观点,执行异议之诉对实际施工人将"关上大门"。从实操层面看,法院在执行异议之诉中可以将发包人与承包人列为第三人,因而完全有条件查明案外人是否具有实际施工人身份。即便实际施工人对转包、违法分包行为存在过错,应承担责任,但法律既然规定其有权获取工程价款,并且有权直接请求发包人在欠付范围内支付工程价款,则意味着其不应因上述违法行为而导致权利被剥夺的后果,因而在执行异议之诉中也应作同等对待。事实上,在上述(2016)最高法民再149号案中,最高人民法院也在裁判理由中进一步阐述了为何不支持实际施工人的请求:"另一方面因一、二审法院并非针对建设工程施工合同纠纷进行审理,并未围绕该工程所涉各方之诉辩主张、举证质证情况进行庭审、判断及裁决,故作出该认定可能有失公正且可能对于该工程所涉各方之权利义务关系造成一定影响。因此,原判决作出的关于李建国为蓝天佳苑二期工程的实际施工人的认定欠妥,应予以纠正。"由此可见,由于该案一、二审中对建设工程施工合同的有关事实进行全面审理,故而支持将案外人认定为实际施工人的证据不足,这才是未支持案外人主张的最根本理由。该案的"裁判要旨"提炼只强调了非常片面的一面,实不可取。

当然,这并不是要求执行异议之诉中一定要对案外人是否为实际施工人、其

---

① 参见李建国与孟凡生、长春圣祥建筑工程有限公司等案外人执行异议之诉案,最高人民法院(2016)最高法民再149号民事判决书,载《最高人民法院公报》2017年第2期(总第244期)。

主张排除执行的金额是否正确进行认定,还是要平衡把握在执行异议之诉中认定实际施工人的权利与是否应在建设工程施工合同案件中认定相关事实的关系。比如,实践中,一个工程存在多个实际施工人且各自对施工内容发生争议,其中一个实际施工人主张权利,未能举证证明其与其他实际施工人的权利范围,此时就可能很难在执行异议之诉中查清,而适宜由其他权利人在建设工程施工合同纠纷诉讼中主张,法院在相关案件中加以审理查明。这种情况下,执行异议之诉宜中止审理,待相关案件权利争议解决后再行恢复审理。①

总之,在相关事实明确的条件下,只有允许在承包人与实际施工人之间作出判断,才符合《建工解释(一)》第43条第2款规定实际施工人制度的初衷,同时符合执行异议之诉就是要解决执行程序中权利冲突的目的。

2. 关于到期债权内容的审查问题

这是到期债权执行的前提,也是执行异议之诉中判断权益归属的基础条件。争议事实往往表现为不同主体之间的债权债务数额。根据合同相对性原则,发包人和转包人或者违法分包人之间的工程款,转包人或者违法分包人和实际施工人之间的工程款,按照各自的合同确定,而非按照同一标准确定。根据《民诉法解释》第309条的规定,实际施工人作为案外人主张其对执行标的享有足以排除强制执行的民事权益,应由其承担举证证明责任。实际施工人不仅要证明发包人欠付建设工程价款的数额,而且要证明承包人欠付其工程款数额,法院从而得出其主张的工程款债权是否真实存在的结论,进而作出全部或部分排除执行的审判结果。

在建设工程实务中,转包现象较为普遍,部分工程甚至被多次转包,出现款项支付不清、责任不明等情形。此时,必须严格审查实际施工人主张的债权额。《建工解释(一)》第43条第2款要求在查明发包人欠付转包人或者违法分包人建设工程价款的数额后,判决发包人在欠付建设工程价款范围内对实际施工人承担责任,目的在于保护发包人的权益免受损害,防止实际施工人对发包人滥用诉权及虚假诉讼发生。同理,在异议之诉审理中,既要保护发包人的合法权益,也要同等保护转包人、分包人、总承包人的合法权益,查清工程款欠付事实,避免出现发包人欠付转包人工程款高于转包人欠付实际施工人工程款时对实际施工人的过度

---

① 参见褚红军主编:《民事执行裁判理论与实务》,人民法院出版社2022年版,第234页。

保护,从而损害其他权利人的合法权益。[1]

规范依据

《民法典》

第五百四十五条 债权人可以将债权的全部或者部分转让给第三人,但是有下列情形之一的除外:

(一)根据债权性质不得转让;

(二)按照当事人约定不得转让;

(三)依照法律规定不得转让。

当事人约定非金钱债权不得转让的,不得对抗善意第三人。当事人约定金钱债权不得转让的,不得对抗第三人。

第五百四十六条 债权人转让债权,未通知债务人的,该转让对债务人不发生效力。

债权转让的通知不得撤销,但是经受让人同意的除外。

第七百九十三条 建设工程施工合同无效,但是建设工程经验收合格的,可以参照合同关于工程价款的约定折价补偿承包人。

建设工程施工合同无效,且建设工程经验收不合格的,按照以下情形处理:

(一)修复后的建设工程经验收合格的,发包人可以请求承包人承担修复费用;

(二)修复后的建设工程经验收不合格的,承包人无权请求参照合同关于工程价款的约定折价补偿。

发包人对因建设工程不合格造成的损失有过错的,应当承担相应的责任。

《民诉法解释》

第四百九十九条 人民法院执行被执行人对他人的到期债权,可以作出冻结债权的裁定,并通知该他人向申请执行人履行。

该他人对到期债权有异议,申请执行人请求对异议部分强制执行的,人民法院不予支持。利害关系人对到期债权有异议的,人民法院应当按照民事诉讼法第二百三十四条规定处理。

---

[1] 参见褚红军主编:《民事执行裁判理论与实务》,人民法院出版社2022年版,第233-234页。

对生效法律文书确定的到期债权,该他人予以否认的,人民法院不予支持。

《建筑法》

第十三条 从事建筑活动的建筑施工企业、勘察单位、设计单位和工程监理单位,按照其拥有的注册资本、专业技术人员、技术装备和已完成的建筑工程业绩等资质条件,划分为不同的资质等级,经资质审查合格,取得相应等级的资质证书后,方可在其资质等级许可的范围内从事建筑活动。

第二十六条 承包建筑工程的单位应当持有依法取得的资质证书,并在其资质等级许可的业务范围内承揽工程。

禁止建筑施工企业超越本企业资质等级许可的业务范围或者以任何形式用其他建筑施工企业的名义承揽工程。禁止建筑施工企业以任何形式允许其他单位或者个人使用本企业的资质证书、营业执照,以本企业的名义承揽工程。

第二十八条 禁止承包单位将其承包的全部建筑工程转包给他人,禁止承包单位将其承包的全部建筑工程肢解以后以分包的名义分别转包给他人。

第二十九条 建筑工程总承包单位可以将承包工程中的部分工程发包给具有相应资质条件的分包单位;但是,除总承包合同中约定的分包外,必须经建设单位认可。施工总承包的,建筑工程主体结构的施工必须由总承包单位自行完成。

建筑工程总承包单位按照总承包合同的约定对建设单位负责;分包单位按照分包合同的约定对总承包单位负责。总承包单位和分包单位就分包工程对建设单位承担连带责任。

禁止总承包单位将工程分包给不具备相应资质条件的单位。禁止分包单位将其承包的工程再分包。

《建工解释(一)》

第一条 建设工程施工合同具有下列情形之一的,应当依据民法典第一百五十三条第一款的规定,认定无效:

(一)承包人未取得建筑业企业资质或者超越资质等级的;

(二)没有资质的实际施工人借用有资质的建筑施工企业名义的;

(三)建设工程必须进行招标而未招标或者中标无效的。

承包人因转包、违法分包建设工程与他人签订的建设工程施工合同,应当依据民法典第一百五十三条第一款及第七百九十一条第二款、第三款的规定,认定无效。

第四十三条 实际施工人以转包人、违法分包人为被告起诉的,人民法院应当依法受理。

实际施工人以发包人为被告主张权利的,人民法院应当追加转包人或者违法分包人为本案第三人,在查明发包人欠付转包人或者违法分包人建设工程价款的数额后,判决发包人在欠付建设工程价款范围内对实际施工人承担责任。

典型案例

冯某、车某与李某、张某甲案外人执行异议之诉案

案例索引:人民法院案例库入库编号 2024-07-2-471-001/民事/执行异议之诉/最高人民法院/2020.03.25/(2020)最高法民再3号/再审/入库日期:2024.02.23。

裁判要旨:"对他人的到期债权"享有执行异议之诉的起诉主体,须是针对执行标的"对他人的到期债权"享有实体权利的人。次债务人已依法提出执行异议的,申请执行人若想取得到期债权利益,可以通过代位诉讼程序,实施权利救济。

附录一　解释原文

最高人民法院关于审理执行异议之诉案件适用法律问题的解释

(2024年12月14日最高人民法院审判委员会第1938次会议通过　2025年7月23日公布　法释〔2025〕10号　自2025年7月24日起施行)

为正确审理执行异议之诉案件,依法保护当事人合法权益,根据《中华人民共和国民法典》《中华人民共和国民事诉讼法》《中华人民共和国企业破产法》等法律规定,结合审判实践,制定本解释。

第一条　案外人依照民事诉讼法第二百三十八条规定,在执行过程中就执行标的提出执行异议,由提出异议时负责执行该执行标的的人民法院审查处理;案外人、当事人对执行异议裁定不服,自裁定送达之日起十五日内向作出执行异议裁定的执行法院提起执行异议之诉的,人民法院应予受理。

案外人未在《最高人民法院关于人民法院办理执行异议和复议案件若干问题的规定》第六条规定的期限内提出异议,人民法院裁定不予受理的,可以依法另行向申请执行人、被执行人等主张权利。

第二条　金钱债权纠纷的财产保全、执行中,执行标的存在轮候查封、扣押、冻结的,案外人提起执行异议之诉,以首先查封、享有担保物权等优先受偿权的申请保全人、申请执行人为被告,以其他已知的轮候查封的申请保全人、申请执行人为第三人。

第三条　案外人就执行标的享有足以排除强制执行的民事权益,人民法院判决不得执行该执行标的的,同时判决解除执行措施并写明相关查封、扣押、冻结裁定书案号。案外人可以持生效判决请求相关执行法院解除执行措施。

第四条 案外人提起执行异议之诉并依照《民法典》第二百三十四条等规定就执行标的的归属提出确权请求的,以被执行人为被告。

第五条 案外人提起执行异议之诉并以被执行人等为被告提出返还原物、返还价款或者交付标的物、办理转移登记手续等给付请求的,人民法院可以合并审理,法律另有规定不宜合并审理的,应当分别立案。

第六条 案外人执行异议之诉案件审理期间,申请执行人请求人民法院继续执行并提供相应担保的,由负责审理执行异议之诉的人民法院裁定是否准许。执行法院依法继续执行的,案外人执行异议之诉案件按照下列情形分别处理:

(一)案外人就执行标的不享有足以排除强制执行的民事权益的,判决驳回诉讼请求;

(二)案外人就执行标的享有足以排除强制执行的民事权益,执行标的由申请执行人通过拍卖、抵债等执行程序受让的,判决不得执行该执行标的,并撤销相关拍卖或者抵债裁定;已向申请执行人交付的,同时判决申请执行人返还,拒绝返还的,强制执行;

(三)案外人就执行标的享有足以排除强制执行的民事权益,执行标的已由他人通过拍卖、变卖等执行程序合法取得的,判决不得执行该执行标的的变价款,执行法院向案外人发放变价款;已向申请执行人发放变价款或者已向被执行人退还剩余变价款的,同时判决申请执行人、被执行人返还,拒绝返还的,强制执行;执行法院向案外人释明执行标的已由他人合法取得而案外人拒绝受领变价款的,应当将变价款予以提存,并告知案外人自提存之日起五年内可以随时领取。

在前款第二项、第三项规定情形下,案外人认为申请执行人请求继续执行错误,给其造成损失的,可以依法另行向申请执行人、执行担保人等主张权利。

第七条 案外人执行异议之诉案件审理或者再审申请审查期间,执行案件已经结案,执行法院未对执行标的进行处分且执行措施已经解除的,人民法院应当裁定终结诉讼或者终结审查。原由执行法院作出的执行异议裁定失效。案外人根据本解释第四条、第五条提出的确权、给付请求,人民法院可以继续审理或者审查。

第八条 执行异议之诉案件审理或者再审申请审查期间,人民法院对作为执行依据的原判决、裁定等依法决定再审,执行标的系原判决、裁定等所涉争议标的以外的财产,或者案外人可能享有足以排除担保物权等优先受偿权的强制执行的民事权益的,执行异议之诉案件可以继续审理或者审查,不能认定案外人享有足以排除强制执行的民事权益的,执行异议之诉案件应当中止审理或者审查。

第九条 执行异议之诉案件审理或者再审申请审查期间,人民法院裁定受理被执行人破产案件的,执行异议之诉案件应当中止审理或者审查,管理人接管债务人财产后,执行异议之诉案件可以继续审理或者审查。

第十条 案外人执行异议之诉案件经审判监督程序发现支持案外人排除强制执行确有错误,人民法院认定案外人不享有足以排除强制执行的民事权益,判决驳回案外人诉讼请求的,原相关执行法院按照原顺位恢复执行;执行标的已合法转让给他人,人民法院裁定撤销原判决、终结诉讼的,申请执行人可以依法另行向被执行人、案外人等主张权利。

第十一条 人民法院对登记在被执行的房地产开发企业名下的新建商品房实施强制执行,案外人以其系商品房消费者为由,提起执行异议之诉,请求排除建设工程价款优先受偿权、抵押权以及一般金钱债权的强制执行,并能够证明其主张同时符合下列条件的,人民法院应予支持:

(一)查封前,案外人已与房地产开发企业等签订合法有效的书面买卖合同;

(二)查封前,案外人已支付全部价款,或者已按照合同约定支付部分价款且查封后至一审法庭辩论终结前已将剩余价款交付人民法院执行;

(三)所购商品房系用于满足家庭居住生活需要。

案外人起诉请求被执行人办理商品房所有权转移登记手续,符合前款规定的,人民法院依法予以支持。

人民法院判决驳回案外人诉讼请求的,案外人交付执行的剩余价款应予及时退还。

第十二条 执行法院冻结被执行的房地产开发企业的预售资金监管账户,案外人以其已向该账户交付购房款,且房屋买卖合同已经解除为由,提起执行异议之诉,请求排除相应购房款的强制执行并申请向其发放,事由成立的,人民法院应予支持。

执行法院对被执行的房地产开发企业的建筑物及其占用范围内建设用地使用权实施强制执行,符合前条第一款第一项、第三项规定的商品房消费者因房屋不能交付且无实际交付可能导致房屋买卖合同已经解除,提起执行异议之诉,请求在建筑物及其建设用地使用权的变价款中排除相对应的强制执行并申请向其发放的,人民法院应予支持。

第十三条 人民法院对登记在被执行人名下的不动产实施强制执行,案外人以其系不动产的买受人为由,提起执行异议之诉,请求排除建设工程价款优先受偿权、抵押权以及一般金钱债权的强制执行,案外人与被执行人签订合法有效的书面买卖合同且在一审法庭辩论终结前交付执行法院的价款足以代为清偿相应主债权的,人民法院应予支持。

符合前款规定的案外人起诉请求抵押权人按套办理抵押权注销登记手续的,人民法院应予支持。

人民法院按照本条第一款规定判决不得执行,申请执行人可以申请将案外人依本条第一款交付的价款替代被执行人清偿相应债务。

人民法院判决驳回案外人诉讼请求的,案外人交付执行的价款应予及时退还。

第十四条 人民法院对登记在被执行人名下的不动产实施强制执行,案外人以其系该不动产买受人为由,提起执行异议之诉,请求排除一般金钱债权的强制执行,并能够证明其主张同时符合下列条件的,人民法院应予支持:

(一)查封前,案外人已与被执行人签订合法有效的书面买卖合同;

(二)查封前,案外人已支付全部价款,或者已按照合同约定支付部分价款且查封后至一审法庭辩论终结前已将剩余价款交付人民法院执行;

(三)查封前,案外人已合法占有该不动产;

(四)非因案外人自身原因未办理不动产所有权转移登记。

人民法院判决驳回案外人诉讼请求的,案外人交付执行的剩余价款应予及时退还。

第十五条 人民法院对登记在被执行人名下的不动产实施强制执行,案外人以被执行人已将该不动产向其抵偿债务为由,提起执行异议之诉,请求排除一般金钱债权的强制执行,并能够证明其主张同时符合下列条件的,人民法院应予支持:

(一)案外人与被执行人存在真实的债权债务关系且债务履行期限已届满,案外人与被执行人在查封前已签订合法有效的以不动产抵债协议;

(二)有证据证明抵债金额与抵债时执行标的的实际价值基本相当;

(三)案外人在查封前已合法占有该不动产;

（四）非因案外人自身原因未办理不动产所有权转移登记。

第十六条 人民法院查封前，符合下列情形之一，可以认定为本解释第十四条、第十五条中的"非因案外人自身原因"：

（一）案外人与被执行人已共同向不动产登记机构提交办理所有权转移登记申请；

（二）案外人已请求被执行人履行办理所有权转移登记手续等合同义务，或者因办理所有权转移登记与被执行人发生纠纷并已起诉或者申请仲裁等；

（三）新建商品房尚不符合首次登记条件；

（四）已办理买卖合同网签备案；

（五）被执行人等通知案外人办理不动产所有权转移登记而其未怠于办理；

（六）其他非因案外人自身原因的情形。

第十七条 人民法院对登记在被执行的发包人名下的不动产实施强制执行，案外人以其与被执行人约定以不动产折抵工程债务为由，提起执行异议之诉，请求排除抵押权和一般金钱债权的强制执行，并能够证明其主张同时符合下列条件的，人民法院应予支持：

（一）案外人依据《民法典》第八百零七条规定，在查封前行使建设工程价款优先受偿权，与被执行的发包人签订合法有效的以不动产折价协议；

（二）有证据证明抵债金额与抵债时执行标的的实际价值基本相当。

案外人起诉请求被执行人办理不动产所有权转移登记手续，符合前款规定的，人民法院依法予以支持。

第十八条 人民法院对登记在被执行人名下的不动产实施强制执行，案外人以该不动产系用于产权调换的征收补偿为由，提起执行异议之诉，请求排除建设工程价款优先受偿权、抵押权以及其他债权的强制执行，并能够证明其主张同时符合下列条件的，人民法院应予支持：

（一）查封前，案外人已与房屋征收部门、房屋征收实施单位等依法签订征收补偿性质的协议；

（二）用于征收补偿的不动产的位置明确特定。

案外人起诉请求被执行人办理不动产所有权转移登记手续，符合前款规定的，人民法院依法予以支持。

第十九条 人民法院对登记在被执行人名下的不动产实施强制执行，案外人以在查封前已与被执行人签订合法有效的书面买卖合同且已按照合同约定支付价款,并已办理了合法有效的不动产预告登记为由,提起执行异议之诉,请求停止处分,事由成立的,人民法院应予支持;符合物权登记条件,案外人请求排除强制执行的,人民法院应予支持。

第二十条 不带租拍卖、变卖等情况下的强制执行中,案外人以在查封前已与被执行人签订合法有效的书面租赁合同并合法占有使用执行标的,且已按照合同约定支付租金为由,提起执行异议之诉,请求在租赁期内排除一般债权的不带租强制执行,事由成立的,人民法院应予支持;符合上述规定条件的案外人签订租赁合同及合法占有使用执行标的均在抵押权设立之前,请求在租赁期内排除抵押权的不带租强制执行的,人民法院应予支持。

申请执行人可以对带租拍卖、变卖等情况下的强制执行提出书面异议。执行法院作出执行裁定后,案外人不服,自裁定送达之日起十五日内向执行法院提起诉讼的,按前款规定处理。

申请执行人对执行裁定不服,可以自裁定送达之日起十五日内以承租人、被执行人为被告向执行法院提起诉讼,请求不带租强制执行执行标的的,人民法院经审理,按照下列情形分别处理:

(一)承租人符合本条第一款规定的,判决驳回诉讼请求;

(二)承租人不符合本条第一款规定的,判决准许不带租强制执行该执行标的。

第二十一条 案外人与被执行人、申请执行人之间恶意串通,通过伪造证据,或者单方捏造案件基本事实,以执行异议之诉妨碍依法执行的,人民法院应当驳回其诉讼请求,并根据情节轻重予以罚款、拘留;涉嫌刑事犯罪的,人民法院应当将犯罪线索移送公安机关。

诉讼代理人、证人、鉴定人等诉讼参与人适用前款规定。

案外人等通过虚假诉讼等方式致使执行标的无法执行或者价值减损等,给申请执行人造成损失的,应当依法予以赔偿。

第二十二条 申请执行人依照民事诉讼法第二百三十八条规定提起执行异议之诉的,参照本解释的相关规定处理。

第二十三条 本解释自2025年7月24日起施行。

附录二 答记者问

最高法民一庭、执行局负责人就执行异议之诉司法解释答记者问

（2025年7月23日）

最高人民法院为正确审理执行异议之诉案件，依法保护当事人合法权益，根据《中华人民共和国民法典》（以下简称《民法典》）《中华人民共和国民事诉讼法》等法律规定，结合审判实践，制定了《最高人民法院关于审理执行异议之诉案件适用法律问题的解释》（法释〔2025〕10号，以下简称《解释》），于2025年7月23日正式发布，并自2025年7月24日起施行。为准确理解《解释》的内容，记者采访了最高人民法院民一庭、执行局负责人。

问题1：执行异议之诉是执行中的争议引发的诉讼，结合本次《解释》出台，请谈一谈人民法院围绕"严格依法规范执行、审执协同前端化解"方面做了哪些工作？

答：近年来，为维护群众利益，解决执行难，最高人民法院坚持问题导向，针对实践中的难点、痛点和堵点，提出工作举措，严格依法规范执行，做深做实前端纠纷化解。2024年8月29日最高人民法院印发《关于加强立审执协调配合推动矛盾纠纷执前化解的工作指引》，强化立审执协调配合解决执行难，推动形成整体合力，不断优化立审执协调配合工作机制。今年，最高人民法院又在全国法院部署开展执行工作规范提升三年行动，确定了包括规范执行实施与执行审查衔接等27项规范执行重点环节，一步一个脚印，协同推进执行工作规范提升。此次出台《解释》，进一步优化机制，凝聚审判部门与执行部门合力，提升矛盾纠纷前端实质性

化解效能。

第一，争议前置化解，强化审执协调。做好矛盾纠纷前端化解工作，建立审执协调机制、凝聚起内部合力是必要保障。执行异议前置化解工作扎实推进，才能真正助推人民法院审判、执行等各项工作全面提升。本次发布的典型案例一就是审执协同发力，推动矛盾纠纷在执行程序中的异议审查阶段妥善化解，各方当事人均较为满意，也未再提起执行异议之诉，体现了审执协调配合的工作成果。

第二，明确规则适用，审判兼顾执行。近年来，全国法院执行条线不断加强执行规范化建设，取得积极成效。但是，在涉及案外人异议等案件中，一定程度上还存在规则不明、审执协调配合不畅问题。《解释》进一步畅通案件审理与执行程序衔接，明晰案外人、执行当事人，以及拍卖、变卖买受人等各方主体的权利范围、救济途径等，避免因规则不清而在执行程序引发新的争议，衍生异议、复议等执行审查类案件，助力执行程序进一步严格依法规范。

第三，审执协同发力，做实实质解纷。执行程序中的案外人异议及执行异议之诉案件，涉及案外人和申请执行人等主体利益，矛盾较为突出，"案已结"而"事未了"、"处理没问题，问题没解决"等情况在部分案件中仍然存在。此次出台司法解释，进一步统一了裁判尺度，执行环节也将持续加强释明和引导，根据可预见的处理结果，在解除查封或者继续执行前，执行部门、审判部门可以采取多种方式共同做好对申请执行人、案外人的释法说理工作，把判后履行作为工作重点，真正在执行环节实现定分止争。

问题2：执行异议之诉作为新类型案件，当前司法实践中一定程度存在管辖确定难、关联诉求一揽子解决难现象，《解释》在减少管辖争议、一揽子实质化解矛盾纠纷、减轻当事人诉累等方面作出了哪些规定？

答：《民事诉讼法解释》规定提起执行异议之诉应当向执行法院提出。但是司法实践较为复杂，人民法院为了强化执行、便利执行，会采取指定执行、提级执行、委托执行等措施，也会存在多家法院对同一财产采取执行措施、财产处置权由首封法院依法向优先债权执行法院移送等情形。按照《解释》第一条规定，这些情形下提起执行异议之诉，应当向提出执行异议时负责执行该财产的人民法院提起执行异议之诉。《解释》第二条规定，争议财产上有多轮查封的，应当以首先查封中和查封中享有优先受偿权的申请保全人、申请执行人为被告。同时，尽可能了解掌握对同一财产采取执行措施的其他申请保全人、申请执行人，将其列为第三人。

以便人民法院一揽子解决案外人的民事权益能否排除多重查封的问题,防止当事人多头提起诉讼形成矛盾判决,或者又引发衍生纠纷。

关联诉求一揽子解决的问题,涉及案外人针对查封财产提起执行异议之诉的同时,还可能要求确认查封财产归属,或者请求办理过户手续等。因缺乏明确的规定和制度安排,实践中,一方面,此类关联诉求往往被以种种理由拒之门外,或者在判决中未得到明确回应;另一方面,为对抗执行,案外人在异地法院起诉并依据另案生效法律文书提出排除强制执行也较为常见。对相关诉求合并审理、实质性化解矛盾纠纷,可以防止程序空转,遏制虚假诉讼,减少当事人诉累,也是人民法院坚持以人民为中心,切实推动"案结事了人和"的重要举措。《解释》第四条对案外人提出确权请求在执行异议之诉中一并处理进行了细化规定。《解释》第五条规定,除法律另有规定不宜合并需要分别立案的外,人民法院对案外人提出的返还原物、返还价款或者交付标的物、办理转移登记手续等给付请求的,原则上可以合并审理。与此相对应,《解释》第十一条、第十八条等条款规定,商品房消费者、被征收人等起诉请求办理不动产所有权转移登记手续的,依法予以支持。《解释》的程序条款和实体条款相互配合,有力维护当事人合法权益。

问题3:《解释》在稳定预期、化解风险,保障商品房消费者权益,提振市场信心,引导规范市场行为等方面有哪些规定?

答:1995年起施行的《中华人民共和国城市房地产管理法》建立了期房预售制。2002年《最高人民法院关于建设工程价款优先受偿权问题的批复》基于消费者的利益属于生存利益应当优先,承包人的利益属于经营利益应当退居其次的理念,首次明确了商品房消费者权益可以对抗承包人的建设工程价款优先受偿权及抵押权人的抵押权原则。不动产属于人民群众的基本生活资料,在执行程序中优先保护商品房消费者,对于增强人民群众对法律公平的信心具有重要意义。2021年1月1日,该批复在《民法典》颁布后的司法解释清理中废止并不意味着商品房消费者权利的消失,审判实践多参照《执行异议和复议规定》第29条规定处理。2023年,最高人民法院发布了《商品房消费者权利保护批复》,重申上述原则精神,切实保障购房人合法权益,也有利于稳定各方预期,提振房地产市场信心,防范化解房地产风险。对于期房预售中的交易监管、预售资金监管、不动产登记等环节存在的问题,《解释》从风险"去存量""减增量"两个方面着手细化落实稳定预期、化解风险工作:

一、风险"去存量"方面。对于所购商品房系用于满足家庭居住生活需要的商品房消费者,《解释》第十一条、第十二条第二款从保障房屋交付请求权和价款返还请求权两个方面予以规范。《解释》第十一条对商品房消费者的范围进行了界定,并对其房屋交付请求权予以保护:一是明确"所购商品房系用于满足家庭居住生活需要","家庭"一般是指夫妻和未成年子女,以家庭为单位考察房屋的持有状况。"居住生活需要"应不再限于家庭唯一住房,并可涵盖改善性住房。此次发布的典型案例二和案例三就体现了《解释》的上述精神。二是严格付款条件。《解释》强调消费者权益的取得必须支付对价,避免被执行人责任财产的不当减少,维护申请执行人权益。《解释》第十一条第二款为维护群众合法权益,以《民法典》第四百零六条为依据,支持商品房消费者办理过户登记,保障其房屋交付请求权。

消费者购房价款返还请求权的保护与房屋交付请求权的保护在逻辑上具有一致性。因房屋不能交付且无实际交付可能导致房屋买卖合同已经解除,历经长时间的期待之后房屋无法交付,可能让消费者承受更大的损失,其个人的生存和生活亦可能由此遭受巨大冲击。在此前提下,应支持消费者从执行中取回购房款。对此,《解释》第十二条第二款明确规定,商品房消费者因房屋不能交付且无实际交付可能导致房屋买卖合同已经解除,请求在变价款中支持其价款返还的,人民法院应予支持。

二、风险"减增量"方面。为推动减少生存权与抵押权利益出现冲突和竞争,引导、鼓励购房人采取法律赋予的风险防范手段维护自身权益非常重要,进而达到房地产市场稳预期、交易风险"减增量"的效果。《解释》第十二条第一款、第十三条、第十九条,对不动产买受人向预售资金监管账户交付价款、将价款交付执行以及办理预购商品房买卖合同预告登记形成排除执行的效力进行了规定。房屋烂尾导致购房者集体维权,根源在于实践中预售资金未得到有效监管。从落实配合完善预售资金监管制度要求出发,鉴于预售资金监管账户具有特殊性,在房屋买卖合同已经解除的前提下,买房人作为案外人提出执行异议之诉,要求排除监管账户相应购房款的强制执行的,人民法院应予支持。对于已将价款交付执行的购房人,面临房地产开发企业为债务人的强制执行时,应当依法予以保护。购房人交付法院执行的价款,可以由执行法院予以发放申请执行人以代替被执行人清偿相应债务,依照法律规定的清偿顺序进行分配的条件已经具备。在此基础上,相应的主债权可以视为已获清偿,案外人有权主张排除优先债权的执行以及请求按套注销抵押登记。房屋买受人依法进行预告登记的,可以排除他人通过交易、强制执行等方式取得物权登记的可能性,故预告登记权利人提出执行异议之诉,请求停止处分的,应予支持。预告登记权利人证明其已符合办理物权登记条件,如新建商品房完成权属首次登记并已符合办理转移登记的条件,案外人可以确定的取得不动产物权的,仅因查封不能完成物权转移登记,可以请求排除包括查封措施在内的强制执行,以扫除其进行不动产物权登记的障碍。

综上,《解释》通过类型化处理的规定,力争实现风险"去存量""减增量",维护消费者权益稳定市场预期,支持、引导、鼓励消费者采取法定防范风险手段规范交易行为、推动权利公示,进而提振市场信心,落实"更大力度推动房地产市场止跌回稳"的要求。

问题 4:针对近年来出现的被执行人与案外人恶意串通,滥提执行异议,并通过虚假执行异议之诉逃废债务、逃避执行,进而破坏社会诚信、损害人民群众合法权益、危害司法公信力的行为,人民法院应当如何防范?

答:党的十八届四中全会通过的《中共中央关于全面推进依法治国若干重大问题的决定》提出:"加大对虚假诉讼、恶意诉讼、无理缠诉行为的惩治力度。"党的二十大报告提出:"弘扬诚信文化,健全诚信建设长效机制。"《民事诉讼法》第十三条对民事诉讼诚信原则作出规定。近年来,最高人民法院通过制定司法解释、司法政策、发布典型案例、加强审判指导、建立预警机制、强化部门协作等多种方式,刑民并进、多措并举、联合施治,重拳惩处各类虚假诉讼。最高人民法院、最高人民检察院于 2024 年 10 月 30 日公布了《关于办理拒不执行判决、裁定刑事案件适用法律若干问题的解释》,该解释第八条规定"案外人明知负有执行义务的人有能力执行而拒不执行人民法院的判决、裁定,与其通谋,协助实施隐藏、转移财产等拒不执行行为,致使判决、裁定无法执行的,以拒不执行判决、裁定罪的共犯论处。"2024 年 11 月,最高人民法院发布打击通过虚假诉讼逃废债典型民事案例。

执行异议之诉旨在为真实权利人提供执行救济,发挥着保护案外人民事权益、保证执行公正的重要功能。现实中,个别被执行人试图"钻制度的空子",为了规避执行、拖延执行,与案外人恶意串通、提供虚假证据,捏造事实向法院提出执行异议及执行异议之诉,企图规避执行,此类情形应严厉打击,确保执行救济制度不被滥用,真正将有限司法资源用于保护需要救济的实体权益。对此,《解释》第二十一条第一款规定:"案外人与被执行人、申请执行人之间恶意串通,通过伪造证据,或者单方捏造案件基本事实,以执行异议之诉妨碍依法执行的,人民法院应当驳回其诉讼请求,并根据情节轻重予以罚款、拘留;涉嫌刑事犯罪的,人民法院应当将犯罪线索移送公安机关。"实践中,人民法院审理执行异议之诉案件,应当严格审查案外人异议所依据事由发生原因、时间、地点、真实内容和法律性质,案外人对执行标的是否享有占有、使用等实际权利,权益取得是否导致被执行人责任财产重大不当减少,案外人经济状况、支付对价款项来源、交付方式、款项流向,以及案外人与被执行人双方是否存在亲属或者其他利害关系等事实,综合判断是否属于虚假民事诉讼。审理过程中,人民法院依据《民事诉讼法解释》应认真查明案外人相关情况的具体细节,认为有必要的,可以依职权对执行标的进行实地查看、入户调查,并向有关单位或个人进行调查。同时,人民法院应建立并不断完善与检察机关、公安机关等部门线索移送会商工作机制,有效衔接司法制裁与刑事制裁,有力打击虚假诉讼不法行为人。《解释》第二十一条第三款规定:"案外人等通过虚假诉讼等方式致使执行标的无法执行或者价值减损等,给申请执行人造成损失的,应当依法予以赔偿。"通过上述规定,将案外人等通过虚假诉讼损害他人权益的民事责任予以明确。

  近年来,逃废债务手段不断翻新,逃废债务行为趋于隐蔽和复杂,其中,不动产租赁成为执行异议之诉案件中虚假诉讼高发的领域。债务人为达成逃废银行贷款的目的,通过虚构租赁关系,串通案外人主张租金已一次付清或已经通过以租抵债形式付清,或者倒签租赁合同延长租期、降低租金等,以对抗执行债权。由于租赁权成立并不以租赁合同的登记为生效或者公示要件,被执行人利用租赁合同的内部性,与承租人恶意串通,通过事后虚构租赁合同、降低租金、延长租期以帮助承租人达到长期、低价承租不动产的目的,并从中牟利。此种行为势必影响租赁物的司法处置价格,进而损害申请执行人的合法权益,本质上也是一种逃避执行的虚假诉讼行为。对此,《解释》第二十条规定,真实承租人必须符合法定事由才能排除不带租强制执行,申请执行人可以对带租强制执行提出异议并有权提起执行异议之诉。人民法院通过严格审查在案证据查明系虚假诉讼的,依据《解释》第二十一条予以处理,彰显司法权威,促进社会诚信建设。

附录三　各地高级人民法院发布的有关执行异议之诉的指导性文件[*]

---

[*] 由于篇幅所限,此部分文件请扫描本页的二维码阅读。